我把世界装进背包

Everything
Everywhere
All in a circle

小鹏 著

北京科学技术出版社

父亲说，路选对了，就要坚持下去。

图书在版编目（CIP）数据

我把世界装进背包 / 小鹏著. -- 北京 ：北京科学
技术出版社, 2025.3（2025.7重印）.
ISBN 978-7-5714-4269-9

Ⅰ. K919

中国国家版本馆CIP数据核字第2024LF2809号

策划编辑：郑宇芳	电　话：0086-10-66135495（总编室）
责任编辑：郑宇芳	0086-10-66113227（发行部）
责任校对：贾　荣	网　址：www.bkydw.cn
营销编辑：赵倩倩　刘叶函	印　刷：北京顶佳世纪印刷有限公司
责任印制：吕　越	开　本：889 mm×1194 mm　1/32
出 版 人：曾庆宇	字　数：900千字
出版发行：北京科学技术出版社	印　张：24.125
社　　址：北京西直门南大街16号	版　次：2025年3月第1版
邮政编码：100035	印　次：2025年7月第3次印刷
ISBN 978-7-5714-4269-9	

定　价：128.00元

我走了很远的路

看了很多本书

遇见许多许多的人

才把这本书

捧到你面前

出发的理由

从初中到现在，认识小鹏已经超过三十年，他是我见过天底下最邋遢的人，他的房间永远下不去脚，一半衣服一半书。

小鹏做事喜欢吹牛，但他总能把自己吹出去的牛圆回来。他说他想造个青旅，然后吭哧吭哧用了一年时间，实现了。他说他要走遍七大洲四大洋，然后吭哧吭哧走了二十年，也实现了。所以我虽然怀疑小鹏在生活方面的自理能力，却从没怀疑过他的行动力。

小鹏出走的这二十多年，我们的世界好像变得不太一样了，没有人再盼望每个月寄到家里的旅行杂志，期待着这次又会推荐什么有意思的目的地，因为网络上那些令人眼花缭乱的旅游短视频，让我们觉得自己好像已经环游世界好几圈了。我们的好奇心被一点点消磨，也忘了当初即将出发时的心情。

但小鹏没有忘，他还是像二十年前一样，一个字一个字，一张图一张图地描述着这个世界。他讲旅途中人与人相逢时的温暖，他讲遇到困难时的无助，他说大海有七种色彩，山风有八种味道，他为读者留住了对世界的想象空间和一点点悬念。

希望这本书能给你一个出发的理由，不要再看着别人的背影，而是可以找到同伴，并肩前行。

季磊

2024 年 9 月

如梦

六岁。每晚睡觉前，妈妈都会拍着我，给我讲《365 夜故事》。

十岁。《三百六十五里路》上了央视春晚，里面有句歌词：三百六十五里路呀，从故乡到异乡；三百六十五里路呀，从少年到白头。那时的我，并不明白歌词的含义。

十一岁。我在一张四百个格子的作文纸上，写了一篇关于熊猫的小作文。当时我想，如果每页写一种小动物，写它们的外貌、习性及可爱之处，等我把作文本写满，我就拥有整个动物园了。

二十三岁。本科毕业那一年，第一次背包旅行去了阳朔，自此一发不可收拾。

二十六岁。我的第一本游记《我把欧洲塞进背包》出版。当时我跟季磊吹牛，我说我要写一个旅游系列，七大洲，四大洋，如果可能的话，结集成专辑，二十年后，自是一片海阔天空。

四十二岁。和几个朋友在印度尼西亚的西巴布亚跨年时，我跟他们说，我想写一封给旅行者的情书，里面有关于旅行的一切。

四十六岁，也就是今年，二十年之期已到。

以上的所有，促成了这本书的诞生。

就像年少时做了一个梦，丁零一声，下课铃响起，我揉着眼睛，抹去课桌上的口水，可脑子仍旧停在那场关于环游世界的白日梦里，回不过神。

这时我掐了一下大腿，疼得要命。

小鹏

2024 年 9 月

写在开头

在编排本书目录时，我设计了明暗两条线索。

时间线是明线，从1月1日到12月31日，推荐的目的地基本能与时令相对应，比如春天去荷兰看郁金香，夏天到北极寻找北极熊，秋天到加拿大赏枫叶，冬天到阿尔卑斯山滑雪……同时，一些节庆也要和月份相符，比如五月的戛纳国际电影节，七月的锡耶纳赛马节，九月的慕尼黑啤酒节，十一月的墨西哥亡灵节……因为时令对了，旅行就会事半功倍。

暗线则是篇目之间的相关性，这种相关性设计就像电影中的转场，可以将原本独立的两个镜头剪辑在一起。比如埃及的阿布辛贝神庙和约旦的佩特拉通过这两个地方的共同发现者——瑞士探险家让·路易斯·布克哈特——连接在一起；南极的企鹅殖民地和东南亚的蝙蝠洞通过相同的气味——臭——连接在一起；印度的焦特布尔和突尼斯的西迪布萨义德通过相同的颜色——蓝——连接在一起；阿根廷的伊瓜苏大瀑布和埃及的阿斯旺通过同名著名酒店——老瀑布酒店——连接在一起……

找出这些相关性成了本书写作时的难点与痛点，因为这个过程非常"烧脑"，从产生想法到形成最终版目录，我已在脑子里和稿纸上将所有目的地排列组合了无数次。即使这样，现在的"最终版"也并不完美，似乎还有让"转场"变得更加丝滑和巧妙的无限可能。

我希望这种相关性设计能够让读者在阅读时产生一种天马行空的感觉——今天还在北冰洋，明天就跑到了东非大草原。其实，天马行空这四个字也是旅行带给我们的乐趣之一，通过飞机、火车、轮船等交通工具的转场，一下子就把我们从熟悉的地方带到陌生的地方。

本书既可以从头到尾通读，也可以随便翻开其中一页，如果这个目的地恰好让你感到好奇，说不定还能开启一场说走就走的旅行。

CONTENTS 目录

4月

塞维利亚 / 马德里 / 罗马 / 伊斯坦布尔 / 复活节岛 / 奥伦戈 / 托克马克 / 比什凯克 / 费尔干纳山谷 / 杰伊瑟尔梅尔 / 比卡内尔 / 加德满都 / 曼谷 / 蒲甘 / 卡帕多细亚 / 梵蒂冈 / 摩纳哥 / 五渔村 / 志志伎 / 平户 / 代尔夫特 / 比萨 / 日内瓦 / 纳斯卡 / 波多黎各 / 哈瓦那 / 巴拉德罗 / 蒙特利尔 / 鹿特丹 / 阿姆斯特丹

5月

达尔文 / 阿斯旺－卢克索 / 卢克索 / 死海 / 马萨达 / 耶路撒冷 / 凯鲁万 / 希瓦 / 布哈拉 / 大峡谷 / 科尔卡 / 阿雷基帕 / 戛纳 / 洛杉矶 / 金奈 / 马杜赖 / 格拉纳达 / 大加那利岛 / 圣克拉拉 / 上格拉西亚 / 特里贝格 / 孔弗朗自由城 / 卡尔卡松 / 雅砻河谷 / 加查 / 库拉岗日 / 普那卡 / 婆罗浮屠 / 弗里曼特尔 / 霍巴特 / 摇篮山

6月

罗瓦涅米 / 朗伊尔城 / 新奥尔松 / 海豹峡湾 / 流木峡湾 / 马赛马拉 / 纳库鲁 / 马六甲 / 科钦 / 好望角 / 圣马丁－德洛斯安第斯 / 七湖之路 / 巴里洛切 / 巴拉斯港 / 香农河 / 莫赫悬崖 / 奥斯安萨斯山 / 纽伦堡 / 奥斯威辛 / 克拉科夫 / 乌鲁班巴 / 马丘比丘 / 库斯科 / 皮萨克 / 勒芒 / 布罗莫火山 / 京都 / 以弗所 / 帕穆克卡莱 / 瓦拉纳西

CONTENTS

目录

10月
申根 / 香槟 / 洛格罗尼奥 / 箭镇 / 旧金山 / 雅加达 / 日惹 / 阿旃陀 / 埃洛拉 / 敦煌 / 喀什 / 塔什库尔干 / 撒马尔罕 / 阿格拉 / 阿勒皮 / 丹嫩沙多 / 江原道 / 奥索尤斯 / 欧文桑德 / 龟岛 / 圣克鲁斯岛 / 科莫多 / 西班牙岛 / 圣克里斯托瓦尔岛 / 图卢兹 / 欧什 / 莫斯科 / 圣彼得堡 / 瓜纳华托 / 孔苏埃格拉 / 堂吉诃德之路

11月
辛祖坦村 / 墨西哥城 / 纳塔莱斯港 / 班夫 / 凯恩斯 / 汤斯维尔 / 悉尼 / 新加坡 / 亨比 / 吉隆坡 / 大阪 / 基督城 / 德雷克海峡 / 欺骗岛 / 宝利特岛 / 巫鲁山 / 怀托摩 / 伊真火山 / 苏利文湾 / 毛伊岛 / 西尔瓦湾 / 天堂湾 / 皇后镇 / 科夫 / 纽约 / 香港 / 特卡波 / 圣地亚哥之路 / 方瑟巴东 / 圣地亚哥 – 德孔波斯特拉

12月
乌鲁鲁 / 宝山石头城 / 少女峰 / 萨尔茨堡 / 华沙 / 哥本哈根 / 布鲁塞尔 / 里昂 / 瓦尔帕莱索 / 巴拿马城 / 昂布瓦斯 / 贝尔格莱德 / 基多 / 明多 / 普洱 / 大吉岭 / 马切姆营地 / 巴兰克营地 / 乌呼鲁峰 / 安博塞利 / 米特西尔 / 滨湖采尔 / 玛丽亚·阿尔姆 / 非洲之傲列车 / 克什克腾旗 / 杜兹 / 泰塔温 / 托泽尔 / 迪拜 / 拉斯维加斯 / 束河

阿斯旺 | 埃及

1/2. 世界尽头的灯塔和邮局　3. 仿佛企鹅们走到哪里，世界尽头就在哪里

4. 以雪山为背景的乌斯怀亚　5. 火地岛国家公园　6. 曾经的监狱，现在已经变成博物馆

推开世界的门

乌斯怀亚 Ushuaia

位于阿根廷最南端

推荐旅行时间：2 天

这么长的一段旅程应该从哪里下笔呢？我想了想，然后把第一站选在了乌斯怀亚。

乌斯怀亚位于南纬 54 度，曾是名副其实的世界最南端的城市，绝大多数前往南极的邮轮都会从这里起航。

这座小城也深知自己的地理位置十分特殊，于是把"世界尽头"的噱头运用到了极致。

这里有世界尽头的灯塔。红白相间的塔身耸立在比格尔海峡中央，为往来船只指明了航向。十几只海狮在竖着灯塔的礁石上懒洋洋地趴着，它们才是这块礁石真正的主人吧。相信在灯塔消失之后，它们仍然会来此休憩。

这里是泛美公路的终点。这条公路长达 3 万多千米，从北美洲的阿拉斯加一直延伸到南美洲的乌斯怀亚，每年都会有无数旅行者在这条公路上骑行或者自驾，去实现公路旅行的梦想。

这里有很多"世界尽头"的标志牌，有的用英语写着"World's End"，有的用西班牙语写着"Fin del Mundo"。最醒目的那块标志牌位于一面涂鸦墙上，就在乌斯怀亚最热闹的商业街——圣马丁街的拐角，你不必刻意寻找就能看到那面涂鸦墙。画面上是几只摆手大步往前走的企鹅，领头的企鹅手里握着那块写着"世界尽头"的标志牌，仿佛企鹅们走到哪里，世界尽头就在哪里。由于那几只企鹅有真人大小，游客喜欢将其中一只替换成自己，再和企鹅们拍合照。

乌斯怀亚还有世界尽头的邮局、世界尽头的监狱、世界尽头的火车站……无论多么平平无奇的事物，只要和乌斯怀亚沾上边，都会被自动加上"世界尽头"这个修饰语。

火地岛国家公园距离乌斯怀亚市中心大约半个小时车程，这里自然也成了世界尽头的国家公园。白色的冰川、蓝色的大海和绿色的森林构成一种冷峻的视觉景观，可当你闭上眼睛，色彩又会转换成风的声音和海的气味。

当地的原住民亚格汉人还会用一种叫"Maiá-Kú"的方式看待世界，具体来说就是首先成为一个观察者，然后去观察身边的一切，无论大或小、远或近、生或死，也无论过去、现在还是未来，所有的一切都紧密相连。

当你学会从"万物相连"的视角去看世界时，你会发现，此时此刻，自己并非身处世界的尽头，而是站在一个新世界的入口，那个新世界正敞开大门迎接你的到来，并为你解答心中的所有谜题。

作者推荐

那座世界尽头的监狱现在已经被改造成一座博物馆（Museo Marítimo & Museo del Presidio）。在这里，你可以了解到关于亚格汉人的故事。他们已经在火地岛上生活了 6 500 多年，在欧洲人抵达之前，他们用石头和骨头制成武器用于狩猎，也会使用 4 米长的木叉捕鱼。

1. 披着驼皮的塞尔克南妇女雕像　2. 两个耳朵换一枚金币　3. 一间杂货铺

4. 绵羊在海边的牧场里吃草　5. 骆马　6. 王企鹅栖息地

消失的塞尔克南人

波韦尼尔 Porvenir
位于智利最南端的火地岛
推荐旅行时间：1 天

　　火地岛被一条看不见的国境线一分为二，东部属于阿根廷，西部属于智利，乌斯怀亚和波韦尼尔分别是这两块领地的首府。"火地岛"这个名字是航海家麦哲伦起的。1520年10月，麦哲伦率领远洋舰队途经此处时，看到岛上腾起火焰。他惊呼道："看！那座岛屿在燃烧！"火地岛因此得名。其实，那火焰是岛上的原住民塞尔克南人对外来者发出的警告。

　　波韦尼尔有一座关于塞尔克南人的博物馆，该馆用文献和照片再现了这个部落从出现到衰亡的历史。

　　虽然塞尔克南人与亚格汉人同属火地岛原住民，但两者的生活方式天差地别。亚格汉人靠海吃海，更像北半球的因纽特人，喜欢捕食海豹和海狮，还会用海豹油点灯，独木舟是他们主要的交通和运输工具。塞尔克南人更喜欢在陆地上随猎物一起迁徙，羊驼肉和骆马肉是他们的主食。塞尔克南博物馆里立着很多雕像，雕刻的是披着褐色驼皮的妇女。

　　塞尔克南人有一种叫"Hain"的成人礼，只有男性可以参加。为了让男孩尽快适应恶劣的自然环境，成年男性会打扮成"邪灵"，然后冲到男孩面前，以考验孩子的勇气和胆量。"邪灵"浑身赤裸，身上涂满黏土、炭渣和动物脂肪，更像人体彩绘艺术作品，即使放到现在也一点儿不过时。只不过塞尔克南人从未想到，真正的"邪灵"并非丛林中的猛兽，而是另一种与他们的肤色、语言和长相都截然不同的人类。

　　当火地岛的神秘面纱被欧洲探险家揭开之后，拓荒者接踵而至。他们开垦荒原，饲养绵羊，这让羊驼和骆马的迁徙范围急剧缩小，塞尔克南人的生存空间也因为食物的锐减而被压缩，于是他们开始捕食绵羊，这直接激怒了农场主，农场主甚至雇用赏金猎人去杀害塞尔克南人。塞尔克南博物馆的一面墙上有一幅恐怖的壁画：赏金猎人掏出一个布口袋，里面全是塞尔克南人的耳朵，两个耳朵可以换一枚金币。

　　1919年，一位人类学家经过统计后发现了一个惊人的事实：血统纯正的塞尔克南人只剩下279人。1974年，随着最后一名塞尔克南人的离世，这个繁衍生息了上万年的火地岛部落彻底从地球上消失了。

作者推荐

　　很多旅行者会经波韦尼尔前往王企鹅的自然栖息地（两地相距120千米）。成年王企鹅身高1米左右，仅次于帝企鹅，它的下喙、后脑和脖颈的羽毛都是橘黄色的，上腹的羽毛从橘色过渡到白色，就像用毛笔饱蘸颜料，然后一抹，收笔时颜料已用尽。未成年的王企鹅都长得灰不溜秋的，就像立在地上的猕猴桃。

1. 麦哲伦的雕塑立在武器广场的正中央　2. 城市街景　3. 仰天长啸的麦哲伦企鹅

4. 一对熊猫海豚　5. 海鸟把码头边的断桥当成了家　6. 帝王蟹是当家菜

船长、海峡和企鹅

火地岛与南美洲大陆隔着一条海峡。这条海峡最窄的地方只有 3.3 千米，可以搭乘渡轮横渡。走上渡轮甲板，你可能会看到一种黑白相间的熊猫海豚，它的学名叫花斑喙头海豚，全世界只有南美洲的南部海域和印度洋的凯尔盖朗岛附近可以看到它们。如果两只熊猫海豚恰好一起游来，看起来就像一双在海面上跳跃的踢踏舞鞋。

渡轮靠岸之后，再坐约一个小时汽车，就能抵达智利最南端的城市——蓬塔阿雷纳斯（以下简称蓬塔）。最初，蓬塔只是一个由智利政府设立的定居点，负责给往来的船舶提供补给。随着巴拿马运河的开通，轮船不必再绕行南美洲大陆，蓬塔的发展就停滞了，直到旅游业的蓬勃发展给蓬塔带来了复兴的希望。现在，你既可以从蓬塔的码头坐船前往南极，也可以选择短途航线出海观鲸。

其实蓬塔最应该感谢的人只有一个，他的雕像就矗立在城市中心的武器广场，要不是他当年成功穿越了那条海峡，这座城市可能根本不存在。没错，我说的这个人就是麦哲伦。

1520 年，麦哲伦想找到一条从大西洋前往太平洋的捷径。他以为拉普拉塔河口就是这条捷径的入口，后来才发现这条河只能通向南美洲大陆内部。舰队只得继续沿着南美洲东侧的海岸线南行，终于在这年 10 月找到了真正的入口。接下来的任务是如何在没有航海图指引的情况下穿越海峡，做第一个吃螃蟹的人。对其他人来说，这是挑战；对麦哲伦来说，这成了机遇。这次航行展现了他的领导才能。他派出侦察小分队到四周勘察，根据传回来的信息确定航向，以避开浅滩和暗礁。他还通过辨别海水的味道来选择航路，如果海水越来越淡，说明此路通向内陆；如果海水盐度不变或者越来越咸，说明航线正确。麦哲伦的书记官安东尼奥·皮加费塔将这条海峡称作"巴塔哥尼亚海峡"，在麦哲伦去世后第 6 年，正式更名为麦哲伦海峡。

马格达莱纳岛的半日观光团是蓬塔最受欢迎的旅游项目。这座小岛也曾出现在皮加费塔的航海日志中："船长下令，插一面旗，旗下埋一个陶罐，罐里放一封信。这样，迷航的船只只要发现了这面旗，就能知道伙伴们的航行路线。"马格达莱纳岛上几乎没有植被，是一个做标记提醒迷航船只的理想之地。现在的小岛也依旧植被稀疏。岛上一共生活着 10 多万只企鹅，它们的胸口有两条黑线，后来被称为麦哲伦企鹅。

作者推荐

来蓬塔一定要品尝帝王蟹，这种蟹有三种做法：一是将帝王蟹煮至蟹壳变红，服务员会帮你把它大卸八块，再给你一把蟹钳，你可以体验从蟹壳里拆肉的乐趣；二是将蟹肉堆成圆柱形的沙拉，这比较接近法餐；三是做成蟹肉饼，先把鸡蛋和面粉搅拌均匀，摊成薄饼，再用饼将蟹腿肉包起来，这种做法很对中国人的胃口。

1. 圣婴教堂　2. 公鸡中的"战斗鸡"　3. 渔夫岛上的海鲜餐　4. 螃蟹船　5. 躲雨的孩子
6. 从西班牙传入的吉他是菲律宾人最喜欢的乐器之一

麦哲伦船长航程的终点

麦哲伦船长在南美洲发现了麦哲伦海峡之后，又经过 3 个多月的航行来到菲律宾。由于这 3 个月风平浪静，他便给横渡的这片广阔水域起名为太平洋。

1521 年 4 月，麦哲伦在麦克坦岛[1]登陆后和岛上土著的首领拉普拉普产生矛盾，可怜的麦哲伦空有环球航行的壮志，却难抵一剑封喉。后来，当地人为这对生死冤家双双竖起雕像。时过境迁之后，不知两位老人家是否早已化干戈为玉帛。

麦克坦岛现在是宿务机场的所在地。宿务是菲律宾第二大城市。宿务港旁边的圣佩特罗城堡[2]由最早来到此地的西班牙人建造。每次土著居民或者海盗攻陷这里后都会放一把火，把木头城堡烧毁。后来，西班牙人学聪明了，用珊瑚礁石垒起更坚固的堡垒。城堡不大，二层仍架着泛着黑色金属光泽的大炮，炮口直指大海。除了在军事上完成对宿务的占领，西班牙人还在这里建了很多教堂，圣婴教堂就是其中之一。这座教堂入口处的祈祷台上点着很多蜡烛，教堂正中摆着麦哲伦从西班牙带到此地的 40 厘米高的圣婴像。教堂四周有很多街头艺人弹吉他，据说宿务出产的木材是制造吉他的上好材料。

渔夫岛[3]距离宿务主岛有半个小时航程，交通工具通常是螃蟹船。这种船的两侧伸出几根铁爪，末端用横杆连接。这种设计的优点是船体不容易侧翻，缺点是当船快速行驶时，船身遇到的阻力会加大。大型螃蟹船无法直接靠岸，游客会被转运到更小的螃蟹船中，里面只能一前一后坐两个人。如果把"螃蟹爪"拔掉，它更像一艘皮划艇。

渔夫岛上有个渔村，村子由错落的木屋组成，屋子高出地面一两米，涨潮时海水不会"一拥而入"。岸边有很多卖椰汁和海鲜的摊位，现烤的螃蟹和撒尿虾让人食指大动，吃完后再来一杯椰汁溜缝儿，你会彻底明白一句话：夫复何求。

在我打算离开渔夫岛的时候，岛上下起了大雨。大雨并没有打乱岛民的生活节奏，织网的仍旧穿针引线，采贝壳的仍旧把贝壳扔进提篮，只有屋檐下接雨水的塑料桶里的水渐渐满了。

对游客来说，雨后的村庄有了一些不易察觉的变化。对本地人来说，这是属于岛居生活的平淡，日子也在这平淡中慢慢消磨。

1. Mactan Island　2. Fort San Pedro
3. Caohagan Island

作者推荐

渔夫岛上不时会有斗鸡比赛，参加比赛的都是公鸡中的"战斗鸡"。公鸡可真是骄傲的动物，容不得更骄傲的同类。当其中一只公鸡再也无法站起来时，比赛才宣告结束。此时，双方主人往往与自己的爱将有着相同的神态：要么趾高气扬，要么垂头丧气。

1. 弹着吉他的花衬衫大叔　2. 绿色的巧克力山　3. 罗博河　4. 眼镜猴
5. 水下的世界　6. 我的第一次水肺潜水

薄荷味的小岛

保和岛 Bohol Island

位于菲律宾南部

推荐旅行时间：2 天

保和岛又叫薄荷岛，与宿务岛相邻。"薄荷"是"Bohol"的音译，却恰到好处地点了睛——只需望一眼这座被原始森林覆盖的小岛，就仿佛嚼了一块薄荷味的口香糖，感觉浑身清爽。

站在山顶的观景台上，你可以俯瞰连绵无际的巧克力山。巧克力山由上千个山包组成，每逢旱季，山包上的青草枯萎后变成褐色，就像给山披了一层巧克力做的外衣。不过，在一年中的其他月份，巧克力山是青绿色的。

山脚下的罗博河[1]的颜色变化与巧克力山正好相反。雨季时，河水变成浑浊的暗褐色；旱季时，河水又变成清澈的绿色。你可以坐船沿罗博河顺流而下，一边在船上享用可口的海鲜大餐，一边欣赏两岸由瀑布、椰树组成的美景。游客唱起一首首老歌，船上还会有花衬衫大叔弹吉他伴奏。看电影时，大家都喜欢新故事，听歌时，则是老歌更能引发大家的共鸣。为了呼应船上热闹的氛围，当地人还会站在岸边的竹筏上表演土著舞蹈，从三四岁的孩童到脸上布满褶皱的老人，或弹或唱，边跳边笑。不算轻舟，也听不见猿啼，可万重山就在这欢歌笑语中倏忽而过。

浓密的雨林中还居住着一种可爱的灵长类动物——眼镜猴。它的个头比麻雀大不了多少，有着与身材不成比例的大眼睛，仿佛戴着一副老花镜。野生的眼镜猴习惯在夜间活动，且胆小腼腆，平常很难见到。不过，游客可以在岛民家中找到它。

薄荷岛也是著名的潜水胜地，我的第一堂水肺潜水课就是在这里上的。我先上了 20 分钟的理论课程，学习潜水的基本知识。然后，我穿上全套潜水衣，背上氧气瓶，到游泳池进行水下训练。老师先在水下示范动作，然后让我模仿练习。潜水时，有个关键动作一定要熟练掌握，就是当氧气罩松动脱落时，老师会用他的备用氧气罩带我进行呼吸，此时如何吸气吐气就变得十分重要，否则很容易溺水。随后，我们带上全套装备，乘坐一条螃蟹船来到一片开放水域。在老师的带领下，我沿着一条粗大的缆绳向水底世界走去。色彩斑斓的热带鱼群出现在上下左右各个方向，所谓鱼之乐，就是可以游向任何地方的自由。

1. Loboc River

旅行提示

建议心脏病、高血压、中耳炎、鼻窦炎患者不要尝试潜水，以免遇到危险。如果 24 小时内要乘坐飞机，不能潜水。潜水课程由国际专业潜水教练协会（Professional Association of Diving Instructors, PADI）提供，除了初级的体验课程，还有"开放水域潜水员"（OW）和"开放水域高级潜水员"（AOW）等课程。

1. 巴瑶族人的小船划过一片玻璃海　2. 向游客推销海鲜和椰子　3. 巴瑶族的孩子
4/5. 马布岛上的巴瑶族村落　6. 马布岛度假村

海上吉卜赛人

仙本那 Semporna

位于马来西亚沙巴州

推荐旅行时间：3 天

1521 年 9 月，在麦哲伦意外去世之后，他的舰队决定继续南下，去寻找传说中的香料群岛。

在舰队经过菲律宾南部的棉兰老岛之后，书记官安东尼奥·皮加费塔在航海日志中提到了一个名叫巴瑶族的部落："巴瑶族人以船为家，平常不住在岸上，他们主要根据季风的方向来选择停泊点。"巴瑶族人的流浪气质和欧洲的吉卜赛人很像，因而又被称为"海上吉卜赛人"。现在的巴瑶族人依旧在大海上流浪，主要生活在马来西亚、菲律宾和印度尼西亚之间的海域，但这三个国家似乎都不愿意承认他们的存在，因此巴瑶族人没有国籍。

在欧洲船队遇到巴瑶族之前，中国商人就已经与巴瑶族人做生意了。巴瑶族人生活的海域盛产海参，在中国商人看来，海参就是海中的人参，具有滋补功效。巴瑶族人天生就是潜水专家，可以潜到海底寻找这种宝贝。

巴瑶族人的潜水能力来自先天与后天两个方面。他们的脾脏比普通人大很多，可以为身体提供更多氧气，所以他们能在水下待很久；他们的瞳孔缩放速度快，能迅速适应海底的光线。为了潜水方便，巴瑶族人在小时候就把耳膜刺穿。普通潜水者在下潜过程中要不停地捏鼻孔或吞咽口水来调节耳压，耳膜穿孔的巴瑶族人就省略了这个步骤。不过，等到他们人过中年，听力往往会出现严重问题。

我第一次遇到巴瑶族人是在仙本那的海边。他们化身鱼贩，坐在自家的小船里，举着刚捕捞的新鲜鱼虾，和岸上的游客讨价还价。

我第二次遇到的巴瑶族人是我的潜水向导，我俩只能通过简单的手势进行交流。不过有他在身旁，我在潜水时就多了几分安全感。

我第三次遇到巴瑶族人是在距离仙本那大约一个小时船程的马布岛。岛上有个巴瑶族村落，他们的房子建在高耸的木桩上，涨潮时海水就不会冲进家门。我在村子里走了一圈，听见孩子们的笑声和哭声连成一片，也遇到找我要东西的孩子，却不是要钱，而是要淡水。对巴瑶族人来说，淡水比食物还珍贵。

这个巴瑶族村落紧挨着一个旅游度假村，我用无人机拍了两张俯瞰视角下的照片做对比，一边杂乱无章，一边秩序井然，这也是很多游客将马布岛形容为"一半地狱，一半天堂"的原因。

我认为这句评语有点儿片面，幸福感应该来自物质和精神两方面，即使一个人拥有再多财富，如果他一直受到心理疾病的折磨，这样的生活似乎也并不幸福。

作者推荐

仙本那的诗巴丹岛是很多潜水爱好者心中的圣地，在岛屿附近的潜水点可以看到"海狼风暴""杰克鱼风暴"，以及鲨鱼群等。不过，诗巴丹岛限制了每天的上岛人数，而且游客上岛前还需取得"开放水域高级潜水员"证书。

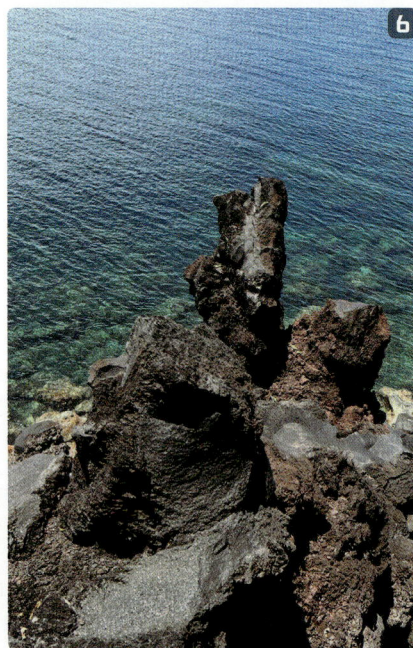

1. 圆锥形火山岛　2. 欧洲人在特尔纳特岛上建造的城堡　3. 岛上的孩子
4. 挂在树上的肉豆蔻　5. 晾晒的肉豆蔻衣和种仁　6. 海边的熔岩雕塑

香料王国

虽然在当今世界的版图上，半径只有 5 000 米的特尔纳特岛毫不起眼，但在五六百年前的大航海时代，这个弹丸之地实打实地推动了人类历史的进程。

16 世纪时，全世界的丁香都产自特尔纳特岛及其相邻的 4 座小岛，这 5 座岛屿合称为香料群岛，官方名称则是摩鹿加群岛。在当时的欧洲，丁香堪比黄金，不仅可以用来烹饪佳肴，还能治牙疼、防口臭，甚至可以用作食物保鲜剂。欧洲人很快就发现，丁香的价格之所以如此高昂，主要是因为无数中间商赚足了差价，于是打算绕过中间商，直接与统治着香料群岛的苏丹做生意。

葡萄牙人率先打通了从欧洲出发、绕过非洲、再穿过印度洋前往香料群岛的商贸航线。西班牙人也不甘示弱，派出由麦哲伦率领的远洋舰队，打算另辟蹊径，找到一条先绕过美洲、再横穿太平洋前往香料群岛的远洋航线。"摩鹿加"正是麦哲伦所率领舰队的名称，其目的可见一斑。这次伟大的航行首次证明了地球是圆的，所谓的"全球化"也从这一刻拉开了帷幕。

虽然麦哲伦在抵达"香料群岛"之前就不幸身亡，但剩下的 100 多名船员继承了他的遗志。1521 年 11 月 6 日，摩鹿加舰队的船员终于在苍茫大海上看到了"香料群岛"的轮廓。到达"香料群岛"后，他们几乎将船上所有值钱的物品都换成了丁香。根据《黄金、香料与殖民地》的记述，假如一名水手带回一小袋类似丁香或肉豆蔻的香料，"那么卖香料的钱不仅足够他买一幢小房子，还可以让他安稳度过余生"。其实，这才是船员甘愿踏上探险之旅的真实原因。

特尔纳特岛是一座圆锥形火山岛，火山灰令土壤肥力充足，特别适合丁香树的生长。随着"香料群岛"在丁香贸易中的垄断地位被动摇，从东非到南亚，越来越多的地方开始种植丁香树。现在，特尔纳特岛上的丁香种植园更像旅游景点，其意义只在于向游客展示丁香的历史功绩。另一种香料——肉豆蔻，则成了岛上更具代表性的经济作物。

1858 年，英国博物学家华莱士在特尔纳特岛养病时，写下一篇随笔，阐述了一个物种会在生存竞争中转变为另一个物种的观点，这和达尔文的进化论不谋而合。

旅途随感

印度尼西亚的打车软件可以打到摩托车。我坐在摩托车后座上，看到无论是同向还是对向都有无数机动车前赴后继。司机们被噪声笼罩着，有的刚踢完一场足球赛，有的忙了一天正下班回家，还有一些像我一样饿着肚子找餐馆……每个人都像量子力学中的"薛定谔的猫"，这一秒还在我眼前，下一秒就消失不见。这让我产生了一个奇怪的念头：世界上的所有人可能都是平行宇宙中的另一个自己。

1. 长着一张圆盘形大脸的雄性红毛猩猩　2. 妈妈和孩子相依相偎　3. 马来渔鸮　4. 基纳巴唐岸河像一条趴在丛林中的水蟒　5. 冠斑犀鸟扬起翅膀，似乎在和我们打招呼　6. 一只雄性长鼻猴

红毛猩猩
和长鼻猴

山打根 Sandakan

位于马来西亚沙巴州

推荐旅行时间：3 天

1860 年，华莱士在调研后发现，虽然龙目岛和巴厘岛只隔了一条约 50 千米宽的海峡，但两座岛屿上的生物种类有很大差异。龙目岛的物种更接近大洋洲，巴厘岛的物种更接近亚洲。这条分割线向北延伸，东边的苏拉威西岛和西边的加里曼丹岛（婆罗洲）也存在类似的物种差异。后来，人们将这条线称为华莱士线。

红毛猩猩和长鼻猴是婆罗洲的代表性物种，两者都没有跨过华莱士线到对岸的苏拉威西岛安家。红毛猩猩被马来人称作 "Orangutan"，意为 "丛林中的人"，它与人类的基因相似度高达 96.4%。红毛猩猩最突出的外形特征就是成年雄性有着圆盘形的脸，看起来不怒自威。其实，那是被称为颊胝的脂肪垫，用来彰显雄性气质。

山打根的西必洛猩猩康复中心有几十只红毛猩猩。康复中心将受伤的、失去父母或家园的红毛猩猩接到这里，当它们掌握了野外生存技能之后，再放归山林。康复中心每天有两次喂食时间，这是观看红毛猩猩的最佳时段。饲养员会把一篓子食物放到喂食平台上，母猩猩和小猩猩最先赶到，它们吃水果的速度很快。那只身为首领的雄性猩猩爬上平台后会先坐一会儿，然后拿起食物吃几

口，此时其他猩猩都躲得远远的。

红毛猩猩也生活在婆罗洲之外的东南亚地区，长鼻猴却是婆罗洲的特有物种。雄性长鼻猴的鼻子比雌性的大了一倍不止，就像脸上挂了一个茄子，晃晃悠悠的，把嘴都挡住了。长鼻猴通常分为两种类型的群体：一种是家族群，群体中男女老少都有；另一种是纯雄性群，由未成年的雄性组成，早晚有一天，这其中的一只将打败家族群的领袖，成为家族群新的领导者。

拉布克湾长鼻猴保育区与西必洛相距不远，几百只半野生的长鼻猴生活在这里，每天也有两次喂食时间。如果想看完全野生的长鼻猴，距离山打根两个小时车程的基纳巴唐岸河是个不错的选择。棕褐色的河道蜿蜒曲折，就像一条趴在绿色丛林中的巨型水蟒，这可能是地球上最接近亚马孙河风光的地方了。两个地方的游览方式也类似，都是坐着观光船到河岸两边去寻找野生动物。在游览基纳巴唐岸河的过程中，你不仅能看到长鼻猴，还能看到猫头鹰、蜥蜴、鳄鱼、侏儒象……

当两艘观光船相向行驶时，卷起的波浪会传导给对方，随后船身会微微晃动，就像在点头致意。树上的冠斑犀鸟也学会了打招呼，它把一侧翅膀展开，像在轻轻挥手。

作者推荐

西必洛猩猩康复中心有一项红毛猩猩领养计划，领养人每年只需支付少量费用，工作人员就会定期将被领养的红毛猩猩的照片和成长报告发给领养人。你还可以在这里做义工，给 1 岁以下的小猩猩喂奶。

1. 亚马孙河的清晨　**2.** 老虎是亨利号的标志　**3.** 日落亚马孙　**4.** 船上的午餐
5. 船上的吊床　**6.** 前方的航道看起来就像一条死胡同

船行亚马孙

普卡尔帕 Pucallpa

位于秘鲁东部

推荐旅行时间：3～7天

普卡尔帕是我在亚马孙航程的起点，终点是伊基托斯[1]。这段航路只有货轮可以通行，通常要行驶3～7天。我当时乘坐的亨利号上下一共5层，下面放重货，比如汽油桶和轮胎，上面放轻货，比如床垫。中间一层是客舱，里面横七竖八地挂着几十张吊床，简直就像一座吊床博物馆。客舱内无门无窗，大风自由来去。

每天早中晚三次，尖锐的铃声会从一片发动机制造的茫茫噪声中突显出来。随后，船上的人像收到了指令，纷纷从各自的吊床上翻身而下，然后自觉地排成一条歪七扭八的长龙，龙头的位置就是厨房了。厨师往每个人的塑料饭盆里放一勺米饭、一勺煮豆子、一根烤香蕉，中午会加一小块鸡肉，晚上会加一小块排骨，清汤自取。说句公道话，这饭如果只吃一天，也还能将就，可连吃5天，恐怕连味蕾迟钝的英国人都受不了，还好我提前准备了午餐肉。在船上的几天没有手机信号，我除了翻翻随身带的小说，更多的时候只能对着窗外发呆。天空总是很蓝，望一眼，心里就能静一会儿。河道两边生长着茂密低矮的灌木丛，一副与世无争的样子，可我知道亚马孙的丛林法则一定是自然界最残酷的法则之一。

天气晴朗时，无风的河面就像一块完整的镜面，倒映着天空的颜色。乌云满天的时候，船员会迅速往堆在甲板的货物上盖一层塑料布。

每天的日落大戏在6点半左右准时上演，而表演时长跟云层多寡有关。如果天气晴朗，太阳落山后，天色也跟着暗下来，一眨眼就过渡成深蓝。这时，吹在身上的风也变得凉飕飕的，就像被冷冻过一样。如果云层密布，那么太阳落山后还会有返场表演，余晖能把天上的每朵云都点燃。

等天光完全暗下去，亮起白炽灯下的船舱外瞬间变得像集市一样热闹，成千上万只蚊虫纷纷赶来赴死。它们以百米冲刺的速度飞向生命中最后的愉悦，随后自由落体，灯下很快积满一层虫尸。

不用等很久，天空又会再次明亮起来，因为星星都出来上班了。我还看到两颗流星，唰地一下就飞过天际。它们消失得太快了，我还来不及许下愿望。

在这段航程的最后一天，你能看到两条大河——乌卡亚利河[2]和马拉尼翁河[3]，它们汇合在一起，成为世界上流量第一、流域最广、支流最多的亚马孙河。

1. Iquitos 2. Ucayali River 3. Maranon River

旅途随感

亚马孙河有时又弯又窄，只要河道稍微扭一下腰，前方的航道可能就会像死胡同般无法通行。其实，我们的人生也是在狭窄的河道中航行，看起来四面八方都是铜墙铁壁，但只要一直往前走，那些墙就会后退或转向，新的路途也会随之出现。

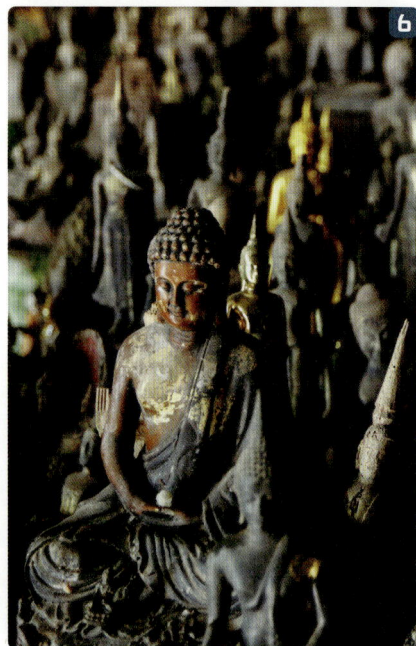

1. 船行湄公河　2. 在船上打发时间的背包客　3. 北宾的集市　4. 宽阔的湄公河

5. 前往孟威村的渡船　6. 千佛洞

船行湄公河

北宾 Pakbeng

位于老挝北部

推荐旅行时间：2 天

湄公河发源于中国青海唐古拉山，在中国境内叫澜沧江。湄公河流经中南半岛的 5 个国家，分别是缅甸、泰国、老挝、柬埔寨和越南，最终在越南的胡志明市入海。

从老挝的琅勃拉邦到泰国的清孔要在湄公河上逆流行船两天，后半段会经过著名的金三角。有多种船型可供选择，背包客通常会选最便宜的。也有快船走这段路，航程可以缩短到 7 个小时。不过旅游攻略不太推荐乘快船，尤其是在雨季，迎面漂来的木头可能会把船撞翻。

慢船上的背包客通常用阅读来打发时间，难怪琅勃拉邦二手书店的生意那么好。不看书的时候就看一看风景，但由于景物缺乏变化，所以很难找到焦点。船上的每个人看起来都面色安详，脸上绝对不会出现着急慌张的表情，就像刚刚做完禅修。

乘慢船的第一晚，你会在一个叫北宾的山村过夜，第二天早晨开船前还能去赶个集，吃块烤肉。总体来说，北宾还是太普通了，让抵达和离开都不会引起情绪波动。路过金三角时，一切依旧平静，河水平稳，你丝毫感受不到电影里经常出现的那种危机感。快到终点时，湄公河成了老挝和泰国的国界线，河这边叫会晒，河那边叫清孔。

在湄公河上游的南欧江，还有一条前往孟威村的 2 小时短途航线。渡船很窄，只有左右两排座位。与前往泰国的慢船相比，船里多了一些本地人，有僧侣、孩子，还有赶集的农民。与他们相比，背包客很容易识别——背着大包，裹着头巾，戴着太阳镜，手捧旅行攻略。无论本地人还是背包客，都会根据体重被船夫换算成千克，然后分配到左右两边，以保证配载平衡。逼仄的空间让相对而坐的两个人只能膝盖抵着膝盖，乘客们的腿就像几十条蜷缩在一起的螃蟹腿。

一路要经过几个江边村落，大多数村落都没有泊船的码头，只用碎石铺了一条通往村口的土路。终点站孟威村要大一点儿，一条用石板铺成的山路像鼻梁一样架在码头和村口之间。码头边停着十来艘渡船，都以船头抵岸，一下下吻着岸边湿滑的礁石。每艘船的颜色都不一样，混在一起色彩斑斓，却被阳光晒得有点儿浅。船尾则各自散开，像打开的巨大花瓣。

当地人先下船，扛着包裹一步一跳地抄近路回家。游客随后下船，倒不是因为谦让，而是得先活动活动麻木的腿脚，才有力气支撑起背包的重量。

作者推荐

在湄公河上游大约 25 千米处，有两个嵌在石灰岩中的溶洞。在当地人看来，这种难以抵达的山洞是神仙的居所。几百年来，他们将佛像供奉于此，到现在已有 8 000 余尊，溶洞也被称为千佛洞。你可以从琅勃拉邦直接坐船到洞口外的码头。

1. 生活在村子里的僧侣　2. 雨季的湄公河　3. 敲鼓的妇女　4. 村中唯一一条主路
5. 孟威村的码头　6. 蝴蝶幼虫　7. 一场藤球赛

藏在湄公河上游的村落

当你从孟威村的码头下船上岸后，首先要去找住宿的地方。这时候，你会看到很多为自家客栈拉客的本地人，他们吸引游客的招数各不相同，如价格便宜，能洗热水澡，或者推开窗就能看到风景。通常能同时满足以上三项的客栈就是最理想的选择。

选好住处安顿好后，大概已到黄昏时分。下地干活的农民结束了一整天的劳作，正扛着锄头往家走。男人们正借着最后一缕日光织补渔网，女人们都在自家厨房里忙碌，在土灶上蒸一大锅糯米饭，或者在案板上处理丈夫前一天打来的鱼。年纪大一些的女性则坐在家门口的织布机前，编织着复杂的图案，她们的孙女负责纺线。

男孩们在踢藤球。村里有两块固定的藤球场地，两根木棍中间拴条绳子就成了球网，球网两边各站 3 名球员。藤球的规则就是球员用头或脚把球踢到对方的场地，通常触球高度比球员还高，这就要求他们拥有出色的弹跳力和对触球时间的精准把控。只要藤球不落地，场上场下所有人的目光都会被空中的藤球吸引。

捕鱼种田、纺纱织布是孟威村人的主要生产生活方式，几百年来一直如此，比这更根深蒂固的，则是他们的信仰。

孟威村主路的尽头有一座庙宇。庙门口有十来级向上的台阶，台阶护栏上盘旋着张牙舞爪的金龙，只是做工比较粗糙，龙身上的金漆少了一大片。正殿供奉着如来佛祖，他居中而坐，宝相庄严，金身护体，但头顶却是由无数蛛网搭起的顶棚。禅房前的空地上晾着两件袈裟，晚风把半干的袈裟吹起，像拉开的舞台幕布，整个村庄就呈现在眼前。这时你如果深吸一口气，就会觉得这口气仿佛帮你扫去了心中的尘埃。

我在孟威村遇到一位赤足行走的旅行者，他叫阿莱克斯，平时住在印度果阿，来孟威村是为了收集当地原生态的织布图案，然后印到衣服上，再到果阿的安朱纳跳蚤市场上出售。阿莱克斯告诉我，在这个世界上，每个人都有自己的使命，剧本早就被写好了，我们做的任何事都已经被无数人做过了，仅仅是在无尽时间和空间中的又一次重复，所以我们来到这个世界的唯一目的就是认识自己。他从小就想成为一位旅行者、一位冒险家、一位英雄，因为他只对这些事情感兴趣。阿莱克斯也相信，当一个人决定走上寻找自我的旅途时，全世界都会帮他。

旅行技能

每天黄昏，孩子们会到岸边的浅滩里抓鱼。十几个孩子肩并肩蹚水而行，每个人的腰间都挂着一个窄口大肚的竹篓。孩子们蹚水时都弓背猫腰，把双手伸到水中。如果有鱼游过来撞上人墙，孩子们会立刻抓住，扔进腰间的竹篓。你如果去了，可以尝试跟孩子们一起抓鱼。

1. 用竹子搭建的房子　2. 蝴蝶泉边　3. 哥哥抱着妹妹　4. 回家的路
5. 一窝猪崽　6. 放牛郎和他的水牛

老挝的桃花源

班纳村 Ban Na
位于老挝北部、南欧江东侧
推荐旅行时间：1 天

班纳村位于大山深处，从孟威村前往这里要先经过一个名为谭帕高[1]的山洞，在战争期间，美军曾在此地投下无数集束炸弹，手无寸铁的村民只能逃到山洞里避难。洞里有一条暗河，河水向外流出形成瀑布，瀑布下方是一潭碧水。经常有放牛郎从这里路过，他们把水牛赶到水潭中间，往牛背上撩两捧水，就爬到树上打盹去了。

如果刚下过雨，在雨水积聚而成的水洼边，很有可能出现群蝶乱舞的景象。蝴蝶有大有小、有黄有白，有的蝴蝶翅膀上的花纹好看到只有六七岁的孩子才能想象出来。一阵风吹来，眼前一下子繁花似锦，再一阵风吹过，蝴蝶就全都飞走了，缥缈得像一个无法抓住的梦。在班纳村的入口，你会看到一块指路牌，牌子上用 4 种语言（英语、德语、法语、西班牙语）写着"欢迎来到班纳村"。

所谓村庄，就是几十间茅草屋随意地搭建在一块平地之上。茅草屋都被木桩抬高，底下是给雨水留出的通道。这里没有篱笆，没有砖瓦房，甚至没有一条像样的主路，曲折的小路就像迷宫，不是走进了死胡同就是又回到原地。

在村子里走两圈就能大致判断出村民之间的血缘关系，因为他们有着相似的脸型与五官，而几乎与世隔绝的生活环境也使基因代代相承。

陶渊明在《桃花源记》中写道："土地平旷，屋舍俨然，有良田、美池、桑竹之属。阡陌交通，鸡犬相闻……黄发垂髫，并怡然自乐……便要还家，设酒杀鸡作食。"这些文字所描绘的景象，你都能在班纳村找到。

这里的村民不愁吃喝，因为山里有泉水，田里种的粮食提供了碳水化合物，河里的鱼虾提供了蛋白质，家禽家畜提供了脂肪。当地人可以自己养蚕织布做衣服，我也看到有人穿着牛仔裤和 T 恤衫，应该是到集市上用农产品以物易物所得。盖房子的木头和竹子都长在森林里，可以随用随取。一旦生病，小病就交给免疫力，大病就交给神灵保佑，治不好也没关系，坦然面对生死，把希望寄予来生。自然赐予了村民生存所需的全部，而村民一生似乎只关注两件事：吃饱穿暖和传宗接代。

这也是桃源村民的日常生活吧，即使武陵人偶然闯入也并未影响他们的生活，因为后来者都"不复得路"。不过，班纳人原本平静的生活还是被游客打破了。村口的指路牌说明这里已经接待过数不清的来自不同国家的游客，而今后还会有更多游客到来。

1. Tham Pha Kaew

旅途随感

所谓乌托邦，它可以大到一座城池，也可以小到几十个暂时把柴米油盐抛诸脑后而聚在一起的灵魂，甚至仅仅只是一颗安静的心。

1. 跳蚤市场上售卖的印度风摆件　2. 销量不错的非洲鼓　3. 热闹的海边酒吧
4. 安朱纳的海边　5. 瑜伽老师　6. 街头艺人的表演

嬉皮士的东方大本营

安朱纳 Anjuna

位于印度南部果阿邦

推荐旅行时间：2 天

在葡萄牙人的殖民统治结束之后，果阿邦并没有像英国人离开后的加尔各答一样没落。因为这里有未被污染的连绵海滩，几近完美的气候条件——除了 6 至 9 月的季风会带来满城风雨，神秘的东方情调和异常低廉的生活成本。世界各地的嬉皮士蜂拥而至，他们乘坐横跨欧亚大陆的长途汽车，到果阿建起自然村落，自给自足。

谁也没指望嬉皮士能下地干活、进厂做工，不过他们大多想象力丰富，愿意发挥自己的聪明才智，用村子里现成的泥土、布等鼓捣出一些小玩意。当然，这些小玩意在绝大多数人看来不值一文，但也会令有些人爱不释手。为嬉皮士提供一个原始的物物交换场地是安朱纳跳蚤市场形成的最初原因。按照他们"一天打鱼，六天晒网"的生活习性，跳蚤市场每个星期开一天就够了，他们能赚到够他们活到下个星期的钱。后来，跳蚤市场的规模不断扩大，变成了"只有想不到，没有买不到"的地方，但市场只在星期三开放的规矩一直延续至今。

在星期三的安朱纳海边，空气中弥漫着一股燥热。在海滩边的一大块空地上，摊主们支起几根竹竿，竹竿顶端挑起一张草席，摊位就算摆好了。每个摊位都不兼营，只卖同一类型的东西，如 CD、烟盒、香料、唐卡、T 恤、首饰、面具、木偶、吊床……摊主们的穿衣打扮也有很高的辨识度，有的穿黑衣、留着络腮胡；有的穿宽厚袍子、脖子上挂着天珠。有眼神游移不定的吉卜赛女郎，追着游客看手相；有跳蚤市场的发起人，他们是已经在这里做了几十年生意的老嬉皮士，虽然在年龄上优势全无，但气势不输当年，开着挎斗哈雷摩托车，牵着德国黑贝，只不过眉宇间已看不到多少曾经的桀骜。

跳蚤市场上还有很多热闹的表演。一个男孩先在一块海边空地上竖起两根木桩，随后在木桩中间拴一条麻绳。这时一个十来岁的女孩踩上麻绳，她平托着一根竹竿，光脚在绳子上行走。随后难度加大，不一会儿，她头上就多了几个空碗，脚下还踩着一个钢圈。又比如一个印度男人平躺在沙地上吹响长笛，立在他身旁的一头驴子竟然用蹄子朝男人身上踩去，没想到这怪异的举动却引起周围看客的叫好。

太阳慢慢变红，慢慢落下去，跳蚤市场打烊后，酒吧里的音乐却更响了。穿豹纹服的主唱用吉他即兴弹一段华彩，连举着托盘的服务生都跟着摇摆起来。在安朱纳的海边，一天是一年，一年也是一天。

作者推荐

安朱纳的海边也是学习瑜伽的好地方。你可以把瑜伽想象成一种静止的舞蹈。瑜伽有两条箴言：一条是，以瑜伽的戒律要求自己；另一条是，瑜伽是意识活动的停息。

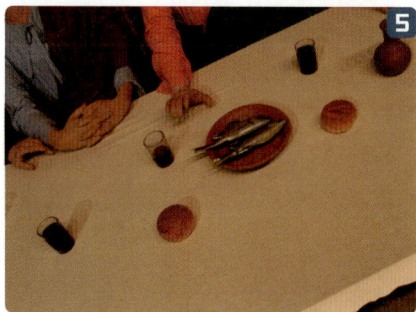

1. 殖民风格的建筑　2. 果阿天主教堂　3. 落英缤纷　4. 昂德纳丘之家
5. 耶稣餐盘里的两条银鱼　6. 教堂的侧翼

东方的罗马

老果阿 Old Goa

位于印度果阿邦

推荐旅行时间：2 天

老果阿距离安朱纳海滩只有 1 个小时车程，这里的教堂密度非常高，在路的南北两端分布着十几座教堂。这些教堂大多建于 16—18 世纪，这让老果阿变成了东方的罗马，人口数量甚至超过了同时期的里斯本和伦敦。

为什么这里能够获得罗马教廷的青睐与厚爱？这一切要从传教士圣方济各·沙勿略讲起。虽然沙勿略把一生都献给了传教事业，可仅凭这一点很难让红衣主教同意在他的名字前加上"圣"字，毕竟为传教事业奉献一生的远不止他一个。那沙勿略究竟有何能耐，可以让生前寂寂无闻的自己在死后声名大噪呢？

1552 年，沙勿略从果阿邦搭乘葡萄牙商船来到中国台山的上川岛。当时，明朝为防范倭寇实行海禁，沙勿略无法进入中国内陆地区，最终因身患疟疾病逝于上川岛。不知基督世界是否也有落叶归根的传统，反正沙勿略的侍从千里迢迢把他的遗体运回了老果阿。验尸官打开棺木，看到里面的沙勿略面色红润，容颜未改。验尸官的手摸到沙勿略肩膀上的一处伤口时，手指竟然沾到了鲜红的血液。

这件事很快就从老果阿传到千里之外的梵蒂冈，教皇也正急着为基督教在东方世界的传播找个名正言顺的借口——好吧，就把这当作神迹吧！教皇命手下为沙勿略打造了一具水晶棺，从 19 世纪中叶开始，这具水晶棺每 10 年开启一次，上一次开启是在 2014 年。

老果阿的众多教堂会让每个初来乍到的游客患上选择困难症。接下来，我给你划几个参观重点。沙勿略长眠的地方是仁慈耶稣教堂；关于沙勿略的壁画在圣方济各教堂；要想了解葡萄牙殖民者的统治历史，你可以前往圣方济各教堂旁的考古学博物馆；在曼德尔美术馆[1] 有一组《最后的晚餐》的雕塑群像，耶稣面前的餐盘里摆着两条银鱼（在达·芬奇的原作中，耶稣的盘子是空的），可能是因为这里离大海比较近。

你可以在老果阿找到很多至今仍有人居住的葡萄牙殖民风格建筑，比如建于 1878 年的昂德纳丘之家。如果主人在家，你还可以和她聊两句。

总而言之，老果阿的魔力就在于能让你被过去某个时代的氛围感染。正是旅行为我们提供了一个可以沉浸式体验历史的机会。

1. Kristu Kala Mandir Art Gallery

旅途随感

一次完整的旅行通常由 5 个环节构成：意念兴起（对某个目的地产生兴趣）、线路设计（怎么走、多少天）、产品购买（买机票、订酒店）、在路上（海阔天空和风土人情）、分享（通过记录的方式分享给更多人，通过回忆的方式分享给未来的自己）。

41

1.大三巴牌坊　2.大炮台　3.金庸图书馆　4.虾子面　5.《水舞间》
6.金沙度假区的威尼斯人酒店　7.手打咖啡店用来烧热水的铁皮炉

老城和新城

澳门 Macau
位于中国南部
推荐旅行时间：4 天

　　圣保罗大教堂始建于 1602 年，在 200 多年后的一场大火中，这座教堂被烧得只剩下前脸。葡萄牙语的"圣保罗"被澳门人简化成"三巴"，而这个前脸又有点儿像中式的牌坊，于是"大三巴牌坊"就成了它现在的名字。

　　沿着牌坊前的一条石板路，可以走到山顶的大炮台，这里曾是防御要塞，火力覆盖澳门半岛。现在大炮台共有 22 门英制滑膛炮，炮口依旧指向四面八方，仿佛只要它们还在，历史就不会走得那么快。炮台中央是澳门博物馆，里面呈现的澳门史跨越几千年，我感兴趣的却是那些做小买卖的人，如卖火柴的、卖爆竹的、卖凉茶的，他们构成了一部更生动的澳门史。

　　澳门老城区位于炮台下方。除了诸多教堂，老城区还有不计其数的当铺、猪肉脯店、手信店和药妆店，我还在这里找到一家金庸图书馆。金庸题写的金色牌匾下是一排竹竿，每根竹竿上都写着一本书的名字，把每本书书名的第一个字连在一起正好是一副对联："飞雪连天射白鹿，笑书神侠倚碧鸳。"这 14 个字让年少的我做了很多成为"侠之大者"的梦。在老城区走累了，你可以找家老字号面馆点一碗虾子面，虾子和面拌匀后，入口满嘴鲜香。

　　说起美食，不能不提葡式蛋挞。路环有一家安德鲁蛋挞总店，安德鲁和太太玛嘉烈离婚后，各自开的蛋挞店都生意兴隆。后来，玛嘉烈把配方卖给肯德基，让蛋挞成了一种世界性美食。与大多数美食一样，蛋挞好吃的秘诀只有三个字：趁热吃。

　　路环的汉记手打咖啡店也是澳门人喜欢向外地朋友推荐的地方，手打冰咖啡是这家的招牌。所谓手打咖啡，就是将咖啡粉、砂糖和热水按照相同的比例放入杯中，手动搅拌 400 下，就能得到绵密的泡沫。汉记手打咖啡店依旧用铁皮炉烧热水，炉膛里还冒出火光，这说明咖啡原本只是码头工人用来提神的饮料，和高雅根本不沾边儿。

　　走在路环的海边，你能看到晾晒的鱼干和渔网。曾有一个路环的渔民在出海时被卷入另一个时空，帮助一名年轻人拯救出了被囚禁的公主，这就是号称全球最大型水上汇演《水舞间》的故事梗概，不过与这场集杂技和特效于一体的演出相比，剧情似乎并不重要。你永远不知道平静的水面之下藏着多少道具，也不知道杂技演员会以多少种姿态跃入水中。《水舞间》所属的新濠天地和隔壁的金沙度假区，以及几家酒店组成了一座可以让人醒着做梦的不夜城，与以大三巴牌坊为中心的老澳门是两个完全不同的世界。

作者推荐

　　氹仔的新好利咖啡饼店有 4 种味道的蛋挞，分别是椰汁鲜奶蛋挞、燕窝椰汁蛋挞、酥皮鲜奶蛋挞和忌廉酥皮椰挞。这家店的粤语广告词直击食客痛点：吃一个点够喉呀（吃一个怎么够）！

1. 抹香鲸的尾巴　2. 浮在海面上的抹香鲸　3. 凯库拉的海岸线
4. 在凯库拉街头，与鲸鱼相关的元素随处可见　5. 观鲸船　6. 领航鲸

上天下海观鲸

凯库拉 Kaikoura

位于新西兰南岛
推荐旅行时间：3 天

明朝的嘉靖皇帝为了求得长生不老，昭告天下寻找一种叫作龙涎香的药材——其实就是抹香鲸的排泄物。在大航海时代吃尽甜头的葡萄牙人正好掌握着龙涎香在欧洲与亚洲之间的贸易渠道，于是大明王朝的南大门就被一坨坨的抹香鲸排泄物叩开了。

事实上，龙涎香来自抹香鲸的排异反应。为了对付无法被胃液消化的章鱼牙齿，抹香鲸的肠道会分泌一层蜡质将章鱼牙齿裹住，这有点儿像珠蚌分泌珍珠质裹住沙子。蜡质被抹香鲸排出体外后，还要经过七八十年的海水皂化作用才能形成龙涎香，欧洲人常用它来做香水的定香剂。

在凯库拉，一年四季都能看到抹香鲸，不仅有迁徙来的，还有在此定居的。在每年的不同时间段，虎鲸、领航鲸和蓝鲸也是这里的常客。这么多鲸鱼汇聚于此的原因在于食物充足。凯库拉附近的海床从 90 米深陡然下降到 800 米深，形成了一座海底峡谷，来自南方的洋流将峡谷底部的鱼虾托到海面，这里就成了鲸鱼的乐土。

在凯库拉，观鲸有两种方式：上天和下海。

先说上天。游客可以乘坐滑翔机观鲸，滑翔机通常会在空中飞行 40 分钟。前 10 分钟在内陆，乘客可以从空中俯瞰新西兰南岛的田园风光。接着，滑翔机飞向大海，不过能不能看到鲸鱼要看运气。我乘坐的那架滑翔机在前半个小时一直处于搜寻状态，我举着相机的双手都垂到了膝盖上，觉得这次大概率要无功而返了。就在我们准备返程时，我突然感到滑翔机倾斜了一个角度，一定是飞行员发现了什么。很快，我就看到了那个浮在水面上的庞然大物，它正在有规律地朝天空喷水。为了让所有乘客都能看清楚，飞行员驾驶滑翔机在空中盘旋了好几圈，直到那个大家伙扬起尾鳍拍出巨大水花后消失不见。回程时，我还看到上百条海豚在海面上戏水，与十几米长的抹香鲸相比，它们就像一个个跳跃的小黑点。

再说下海。乘坐观鲸船看到抹香鲸的概率能达到 90% 以上。船长利用水听器来寻找抹香鲸，这是一种单方面接收信号的系统，而非那种会干扰鲸鱼之间交流的声呐系统。锁定目标后，船长就会将船开到附近海域守株待兔。抹香鲸每隔 45 分钟左右会回到海面换气，这是观鲸的最佳窗口期。

每条在凯库拉定居的抹香鲸都有自己的名字，我遇到了其中两条，一条叫活力茉莉[1]，第一次被发现是在 2006 年 6 月 6 日。另一条叫蒂亚提[2]，向导说，它的爱好是躺在海面上睡觉。

1. Holey Moley　2. Tiaki

旅行提示

你可以把拍到的鲸鱼尾鳍照片上传到快乐鲸鱼网站（happywhale.com），如果匹配成功，该网站会给你发一封邮件，告诉你这条鲸鱼的名字。

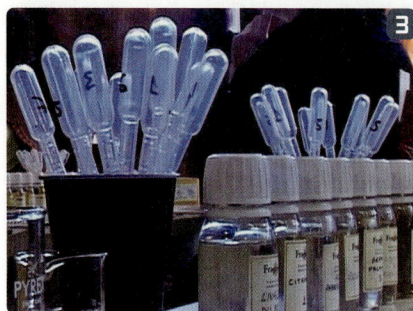

1. 花宫娜的工作人员讲解关于香水的知识　2. 香水工厂　3. 调制香水　4. 鲜花盛放的小城

5. 格拉斯街景　6. 金合欢花

格拉斯的鼻子

格拉斯 Grasse

位于法国南部蔚蓝海岸地区

推荐旅行时间：1 天

在 17 世纪初，法国农民就开始在格拉斯种植各类花卉，并从花瓣中提取精油制成香水。随着欧洲王室成员大量使用这种芳香液体掩盖体味，格拉斯逐渐成为公认的香水之城，国际香水博物馆就建在这里。

格拉斯之所以能从蔚蓝海岸诸城中脱颖而出，根本原因在于多条阿尔卑斯的山泉汇聚于此，加上充足的阳光，让这里成为最适合花卉生长的地方之一。

香水的气味并不单一，是多种香精的合成物。选择、混合和调配各种气味是一门艺术，与其他艺术门类一样，气味艺术家同样凤毛麟角。从一出生，他就必须具有对气味的敏锐感知力，也就是拥有一个灵敏的鼻子。后来，"鼻子"成了调香师的特别称谓，据说现在全世界 1/3 的"鼻子"都来自格拉斯。合格的"鼻子"能分清 3 000 多种不同的香味，但是每次工作不能超过 2 个小时，否则鼻子就失灵了。

"鼻子"创作香水的过程就像画画一样，只不过用前、中、后调香味的千种组合代替了颜色明暗的百般变化。看来，任何艺术都是在穷尽所有可能后的创造性发现，好在艺术家们向来乐此不疲。

在格拉斯，花宫娜[1]、慕莲勒[2] 和嘉利玛[3] 这三家香水厂可以提供香水体验课程，主要讲解香水的使用、提炼精油的方法、"鼻子"的工作流程等。很多大牌香水的原产地都在格拉斯，比如著名的香奈儿五号。如果你问老师香奈儿五号的配方是什么，她的回答可能是一个迷人的微笑。

精油提炼遵循严格的操作流程，先让水蒸气与具有某种特定气味的植物相遇，如柠檬、玫瑰、薄荷等，高温使植物中的气味与水蒸气混合在一起，混合蒸汽通过弯弯曲曲的管道进入冷凝设备，在这里，混合蒸汽被迅速液化，植物中的油脂就会浮于水面，此时再把油水分离，就得到了纯天然的植物精油。

你还可以在老师的指导下制作一瓶属于自己的香水。操作台上摆着 11 个装着透明液体的小瓶、一打试纸、一个量杯，还有一个 100 毫升的空瓶。你要用前 6 种液体配出 70 毫升前调，再用第 7 至 9 种液体配出 25 毫升中调，用最后两种配出 5 毫升后调，混合在一起正好 100 毫升。老师讲解，前面 6 种液体用来打底，中间 3 种液体调配基本香型，最后两种液体的用量才是决定香水档次的关键，因而价格也最昂贵。我当时把某种香料加多了，过犹不及的结果就是合成出一种刺鼻的香型。我给它起名"秋香"，意为秋天的蚊香，驱蚊用的。

1. Fragonard 2. Molinard 3. Galimard

作者推荐

格拉斯是"金合欢之路"的终点。金合欢之路连接法国南部普罗旺斯和蔚蓝海岸地区的 8 个小镇，长 130 千米，从每年 12 月底到次年 3 月，沿途会开满黄色的金合欢。

1. 带刺的金合欢树　2. 站在金合欢树前的长颈鹿　3. 非洲五霸象棋　4. 瞭望山庄园

5/6. 阿德摩尔陶瓷工作室的作品

南非古战场

瞭望山 Spoinkop

位于南非夸祖鲁—纳塔尔省
推荐旅行时间：1 天

　　瞭望山野生动物园中生活着许多长颈鹿，要想找到它们，有一个守株待兔式的好办法，就是先找到金合欢树，因为它的树叶是长颈鹿最爱吃的食物。千万年来，金合欢树为了避免树叶被吃掉，树干越长越高，而长颈鹿的脖子也越来越长。眼看光长高还不顶用，金合欢树又在树枝上长出许多 10 厘米长的尖刺，长颈鹿也没服输，进化出长达 50 厘米的舌头……这场进化大战直到今天也没分出胜负。

　　1899 年，同样想在瞭望山分出胜负的还有两伙殖民者，一伙是英国人，另一伙是最早来到南非的白人后裔，以荷兰裔为主，被称为布尔人，所以这场战争也被称为"布尔战争"。在这场长达近 3 年的战争中，双方都伤亡惨重，最终以签订和平协议收场。从那以后，英国出现了很多以"瞭望山"命名的足球场看台，尤以利物浦的看台最为著名，每次比赛都会聚集无数忠实球迷，也像要和对方打仗似的。

　　你可以在瞭望山庄园了解关于布尔战争的陈年往事，接待大厅里摆满了当年使用的炮弹、士兵的日记、行李箱，以及很多黑白老照片。如果仔细看，你还能在照片中找到一些历史人物的身影，比如英国首相丘吉尔，他年轻时也曾参加瞭望山战役，还有印度的圣雄甘地，他当时是红十字会成员，负责抬担架。

　　在瞭望山南部的狮河边，有一家叫阿德摩尔[1]的陶瓷工作室，创办人费女士是出生在坦桑尼亚的白人，由于从小在非洲长大，所以她自称白祖鲁（祖鲁为南非黑人部落之一）。在工作室的中央，你会看到一张原木长桌，桌子上摆满了费女士的宝贝，其中有一个瓷盘，边缘画着一前一后奔跑的斑马和猎豹，这是关于非洲野生动物的主题；还有一个瓷盘上画着一群黑人妇女正用陶罐取水，这是关于祖鲁人生活的主题；还有的瓷盘描绘的是战争，主题是非洲土著如何抗击殖民者。虽然在冷兵器与枪炮的对抗中，祖鲁人失败了，但在费女士的作品中，获胜者永远是非洲土著。桌子上还有一组作品以避孕套和黑骷髅为创作元素，表现了对艾滋病在南非快速蔓延的担忧。

　　虽然阿德摩尔的作品价格不菲，但其创意都独一无二，具有很高的收藏价值。除了自己创作，费女士还会培养有艺术天分的黑人青年，当他们的作品被买家看中后，他们就会获得丰厚的收入，这也给了这些青年艺术家继续创作的动力。

1. Ardmore

　　在艺术品的创作中，技术、主题与创意缺一不可，而且创意——或者说是想象力——对艺术品的定价具有决定性作用。

1. 十万佛塔　2. 乃钦康桑峰　3. 扎什伦布寺的金殿　4. 身穿绛红色袈裟的喇嘛
5. 冬天的羊湖　6. 门上的铜环

后藏保卫战

日喀则 Shigatse

位于中国西藏

推荐旅行时间：3 天

在 19 世纪和 20 世纪相交之时，英国人不仅忙着在南非和布尔人争地盘，他们在亚洲的部队也没闲着。1904 年，英军在攻占中国通往印度的重要口岸亚东后，剑指拉萨，他们的野心昭然若揭——在完全占领印度后，将势力范围继续向北推进。虽然中国西藏军民在江孜围歼了部分敌人，可冷兵器毕竟不是枪炮的对手，就像潘多拉星球的阿凡达无法用弓箭战胜地球人的坚船利炮一样，西藏军民只能退守江孜的宗山古堡。

这场保卫战打得异常艰难，最终守军全部牺牲，他们的鲜血染红了山谷与湖泊，这也是电影《红河谷》的故事原型。你可以在卡若拉冰川旁的观景台找到当年拍摄《红河谷》的地方，从这里你还能看到海拔 7 191 米的乃钦康桑峰。

现在的宗山古堡早已失去了当初的行政及宗教功能，仅仅负责提醒游客：到江孜了。不过，它仍旧值得一看，至少你能找到那场战争曾在这里发生的证据——墙上的弹孔。古堡之下的白居寺香火旺盛，寺中最醒目的建筑是一座八角塔，里面绘有近 10 万个佛像，故又称"十万佛塔"。

江孜是日喀则的属地，这里被称为后藏，以区别于拉萨所在的前藏。后藏物产丰饶，是整个西藏地区的粮仓，盛产青稞、油菜籽、豆类等农作物。

日喀则的扎什伦布寺承载着重要的宗教功能，它是历任班禅喇嘛的驻锡地——僧人居住的地方。参观按照顺时针顺序，从西到东一字排开的几座大殿分别是强巴佛殿（供奉弥勒佛）、历代班禅灵塔和措钦大殿。佛身上下用了不计其数的黄金、白银、珍珠、玛瑙、钻石……扎什伦布寺的特殊地位可见一斑。

除了金光闪耀的大殿，扎什伦布寺的其他建筑皆为乳白色，在强烈日光的照射下，建筑及其阴影组合在一起，呈现出黑白分明的视觉效果，加之僧人身上晃动的绛红色袈裟，以及从庙堂中飘出的酥油香气，竟让人产生眩晕感。

日喀则雄踞后藏的中心，你可以从这里继续西行，到定日看珠穆朗玛峰，到冈仁波齐转山，到阿里探访古格王朝遗址，然后沿着新藏线前往新疆。

从拉萨到日喀则除了走两地之间的直达公路，还可以绕道羊湖。在海拔近 5 000 米的岗巴拉山观景台上往下看，羊湖湖面近乎静止，就像画师在画布上涂了一整块毫无层次变化的冰蓝色。

旅途随感

梦想与信仰的区别：梦想是为了获得，信仰则是指引我们去做一些对的事情的精神与价值体系，它与获得无关。

1. 虎穴寺　2. 帕罗开满高山红杜鹃　3. 从飞机舷窗看到的珠穆朗玛峰　4/5. 安缦库拉
6. 乐师在弹奏扎念琴

虎穴寺
和安缦迷

帕罗 Paro

位于不丹西部

推荐旅行时间：2 天

相比在定日看到的模模糊糊的珠穆朗玛峰，我在从曼谷飞往帕罗的飞机上看到的珠穆朗玛峰才叫一个清楚，差别就像近视者戴或不戴眼镜。万山之王挺立在云层之上，和它在一起的还有几座海拔超过 8 000 米的山峰。

帕罗机场是不丹唯一的国际机场，在机场所在的帕罗山谷中，还有一张可以代表不丹的"名片"——虎穴寺。

相传，莲花生大师身骑母虎来到不丹，斩妖除魔后，又在山洞中修行了 3 个月。后来，历代佛教名士都把他修行的地方视为圣迹，直到 1692 年，虎穴寺才有了今天的样子。不过，1998 年的一场大火几乎让它损毁殆尽，我们现在看到的是 2005 年重修的虎穴寺。

虎穴寺内部十分逼仄，可能是依山而建的缘故。石阶都很窄，房子都很小，不过这也应了那句古话：山不在高，有仙则名。我总感觉住在这里的都是可以御剑飞行的神仙，想去哪里就去哪里。

帕罗山谷中有一家叫安缦库拉[1]的酒店。在不丹中西部，共有 5 家统称为安缦库拉的酒店。酒店房屋以夯土墙建造，也就是先用木板夹出墙体轮廓，然后往里面填入泥土，再用木棍捶打，将泥土夯实。

安缦系列酒店的名称由两部分组成，"安缦"二字放在前面，后面再加一个代表所在地属性的词汇，比如"库拉"在不丹语中是"循环朝圣"的意思，日本的安缦伊沐[2]中的"伊沐"是日语"快乐"的意思，安缦法云[3]中的"法云"则代表了杭州法云古村。

入住帕罗的安缦库拉后，站在酒店的绿地之上，你就能看到对面山顶的杜克耶宗堡[4]。过去，往返于不丹与中国的商人都要经过这座宗堡，在这里把不丹产的稻米换成盐与茶。

安缦库拉为客人准备了不丹的传统服装。男性穿的叫"帼"，女性穿的叫"基拉"，都是先用一整块长方形布料裹身，再系上一条腰带。相比较而言，"基拉"更修身，"帼"更宽松，不仅有宽大的外翻白色袖口，腰带上还会形成一个囊状口袋，当地人是用来放木碗、奶酪块、匕首等物品的，当然，客人们也会在里面放手机。

每天入夜，安缦库拉都会开设民俗体验课程，比如拓印经文。你还能听到喜马拉雅地区的传统乐器扎念琴的演奏。

普通酒店只负责解决游客的食宿问题，安缦系列酒店还起到了传播当地文化的作用，这也是很多人到世界各地"打卡"安缦系列酒店的原因。这些人被统称为"安缦迷"[5]。

1. Amankora 2. Amanemu 3. Amanfayun
4. Drukgyel Dzong 5. Aman junkies

作者推荐

预订从曼谷去帕罗的飞机座位时，最好选左手舷窗边的位置，因为珠穆朗玛峰会出现在这一边。

1. 只要天一放晴，天空中就会出现彩虹　2. 275 条子瀑布分布在 2.7 千米的范围内
3. "老瀑布"酒店　4/5. 冲瀑历险　6. 长鼻浣熊

冲入瀑布的那一刻

伊瓜苏 Iguazu

位于阿根廷和巴西交界处

推荐旅行时间：2 天

"伊瓜苏"在瓜拉尼语中是"大水"的意思，这水究竟有多大？你去看看伊瓜苏瀑布就知道了。伊瓜苏瀑布是世界上最宽的瀑布群，275条子瀑布分布在2.7千米的范围内，其中80%在阿根廷境内，20%在巴西境内，在巴西那边更容易看到壮观的全景，而在阿根廷这边更适合观察瀑布的细节。

两个国家都在瀑布边缘建了一处名叫"魔鬼的咽喉"的观景台，站在观景台上，可以看到浩浩荡荡的"大水"陡然落入深渊，原来魔鬼的咽喉就是可以吞没一切的意思。可惜的是，阿根廷那边的"咽喉"被一场洪水冲垮了，至今没有修复。

你可以将阿根廷的伊瓜苏港和巴西的福斯-杜伊瓜苏市看作瀑布的配套设施。

从伊瓜苏港到景区入口有直达班车，进入景区后，游客要先乘坐观光火车前往一个类似游客中心的地方，这里有十几幢散落在丛林中的建筑，包括餐厅、购物点、休息站等。你还能在这里看到一幢具有历史感的老房子，它曾是一家叫"老瀑布"的酒店，现在被改造成展示瀑布历史的展览馆。

从游客中心延伸出两条参观步道，分别为"高线"和"低线"，沿途有多个观景台，可以让游客从不同角度俯望或仰望瀑布。

只要天一放晴，弥漫在空气中的水珠就会像变魔术一样把彩虹召唤出来。当瀑布的水流从上向下冲击空气时，会产生高浓度的负氧离子，负氧离子被称为"空气维生素"，深吸几口这样的空气，不仅可以缓解疲劳，还能让心情舒畅。

除了移步易景的步行游览，冲瀑能让你直观感受到"大水"的磅礴气势。冲瀑的前半程是一段乘坐敞篷卡车的丛林探索之旅，卡车线路的终点就是汽艇冲瀑之旅的起点。工作人员不仅会发放救生衣，还会给每位乘客发一个防水袋，你要把所有怕被淋湿的物品放进去，比如护照、现金、手机等，因为这将是一趟湿身之旅，雨衣也无法提供任何保护，相信我，不要心存侥幸。接下来，敞篷汽艇沿河道逆流而上，不一会儿，你就能看到瀑布下的圣马丁岛。此时，水势越来越猛，汽艇被激流裹挟，不停地左右晃动。

汽艇先开到圣马丁岛的右侧，冲进瀑布形成的水帘后就像淋了一场大雨。当然，这只是"前菜"。接着，汽艇驶向圣马丁岛左侧，也就是"魔鬼的咽喉"正下方。随着汽艇逐渐加速，船身剧烈摇晃起来，人就像身处风暴之中，瞬间失明失聪，连意识都变得模糊。汽艇冲出"风暴"后，大家还没缓过神来，第二次、第三次冲瀑就接踵而至……

旅行提示

你会在栈道上看到成群结队的长鼻浣熊，最好离它们远点儿，它们的爪子除了抓猎物，还会挠人。

1. 采石场内未完工的方尖碑　2. 从"老瀑布"酒店看到的尼罗河河段　3. 阿加莎·克里斯蒂套房
4. 1902 餐厅　5/6. 费卢卡帆船

阿斯旺的
旧时光

阿斯旺 Aswan

位于埃及南部

推荐旅行时间：3 天

尼罗河第一瀑布位于阿斯旺南郊，瀑布的高低落差阻挡了从尼罗河下游逆流而上的货船。在古埃及，地理位置的特殊性让阿斯旺成了埃及的南大门，所有过境货物都要在阿斯旺的象岛上接受检查。象岛得名于象牙贸易，岛上古迹众多，在长达 4 500 年的时间里一点点出现，再一点点消失，现在只剩下一片与沙丘同色的废墟，尽显历史的沧桑本色。

阿斯旺的重要性还体现在这里盛产一种红色花岗岩，古埃及人通过尼罗河把这种石材源源不断地运往金字塔和神庙，用来建造神像、存放木乃伊的棺椁和大大小小的方尖碑。有人曾用液压机对花岗岩和钢筋混凝土进行硬度测试，花岗岩完胜。现在的阿斯旺采石场变成了一座博物馆，花岗岩岩床中躺着一块未完工的方尖碑，石匠已经凿出方尖碑的三面，只剩下第四面和基石连在一起，这块方尖碑上的裂缝暗示了它被弃用的原因，否则以它 42 米的高度和 1 168 吨的重量，无疑会成为那个时代最高最大的一座方尖碑。

在尼罗河岸边，1899 年开业的"老瀑布"酒店也建在一片花岗岩之上。相比伊瓜苏那家现已变成展览馆的同名酒店，阿斯旺的老瀑布酒店至今仍在营业，这主要得益于它的选址极佳。站在酒店房间的阳台上，你能看到一幅由河流、棕榈树、沙丘和历史遗迹组成的画卷，落日余晖还会为这幅画卷罩上一层旧时光的滤镜。

每天下午 5 点，"老瀑布"酒店都会组织住店客人参观两间套房，有两位名人曾下榻于此。传奇推理小说家阿加莎·克里斯蒂曾住在 1101 号房间，她被很多书迷亲切地称为"阿婆"，《尼罗河上的惨案》的部分章节就是她在这个房间里完成的。温斯顿·丘吉尔曾住在 1201 号房间，1902 年，丘吉尔受邀参加阿斯旺旧坝的竣工仪式，当时埃及的统治者阿拔斯二世在"老瀑布"酒店的餐厅设宴款待各界来宾，后来这间餐厅被命名为"1902"。走进 1902，你会看到透光穹顶、星形灯饰、摩尔拱门和摆在桌上的长嘴铜壶，就像穿越到 100 多年前的阿拉伯宫廷。

在阿斯旺，另一种感受旧时光的方式是乘坐费卢卡帆船在尼罗河上漫游。费卢卡是一种无动力帆船，顺风时可以走直线，逆风时则与风达成某种默契，沿着"之"字形行驶，慢是慢了点儿，好在乘坐费卢卡的人都不赶时间。黄昏时的光线让河面的反光变得不那么刺眼，整个河面就像一块被风吹皱的蓝丝绒地毯，从脚下一直铺到天边。

作者推荐

如果住在"老瀑布"酒店，你打开电视就能看到 1978 年版的《尼罗河上的惨案》，1902 餐厅也出镜了。

1. 拉美西斯坐像的侧面　2. 阿布辛贝神庙　3. 多柱厅　4. 战马的每条腿都有重影

5. 努比亚村　6. 尼罗河鳄鱼

自恋的法老

为了治理尼罗河年复一年的水患，埃及政府斥巨资修建了阿斯旺水坝，从此尼罗河上游的地表径流全部被水坝拦住，同时形成了一个巨大的人工湖——纳赛尔湖。由于湖水水位比之前高出几十米，湖水几乎将努比亚人的家园完全淹没，他们不得不背井离乡，到地势更高的地方重建家园。努比亚人与埃及人打了几千年交道，埃及人一直牢牢占据统治地位，只在古埃及后期的第25王朝，努比亚人才翻身做了89年的主人。

在阿斯旺水坝正式投入使用之前，联合国教科文组织为了抢救即将遭受灭顶之灾的阿布辛贝神庙，花了4 000万美元将神庙切割成2 000块四四方方的大石头，搬到比原址高出65米的地方重建。

阿布辛贝神庙建于公元前13世纪，拉美西斯二世在位期间。在古埃及的历史中，这是一位可以用"伟大"二字来形容的法老，他在位67年，活到了91岁，这在人均寿命只有40岁的古埃及，的确会让人产生某种自命不凡的心理暗示。

19世纪初，瑞士探险家让·路易斯·布克哈特——失落古城佩特拉的发现者，在沙漠中看到了露在外面的雕像头部，经过进一步考古发掘，神庙的入口得以重见天日。

4座20米高的拉美西斯坐像位于神庙正面，虽然左数第二座石像的头部已经损毁，但其他3座依旧神圣而庄严。据导游介绍，4座石像分别是不同年龄的拉美西斯，恕我眼拙，它们看起来几乎一模一样。

神庙内部为层层递进的3座大厅。第一座是多柱厅，在8根柱子朝外一侧雕刻的依旧是拉美西斯的立像，由此可见这位法老的自恋程度。这个厅的壁画值得一看，可以看到驾驶战车与地中海北部的赫梯人打仗的拉美西斯。这幅壁画的特色是将战马的每条腿都画出重影，说明战马奔跑时的速度之快，以及战斗之激烈。

穿过第二座四柱厅，就来到了最里面的圣堂。4座石像居中而坐，除了拉美西斯，其他3位都是神祇，这说明作为凡人的拉美西斯已经可以和神平起平坐了。

每年2月21日和10月21日，即拉美西斯的生日和加冕日，清晨的第一缕阳光都会穿过三座大厅照到拉美西斯身上。在神庙搬迁之后，由于极细微的误差，两个日期都顺延了一天。不少冒险片的导演被这个设计激发出创作灵感，让主角根据阳光照射的位置找到暗藏的机关，触发机关后，一道石门应声而开，里面的宝藏缓缓露出。

作者推荐

阿斯旺附近的努比亚村也值得参观。努比亚人认为蓝色代表尼罗河和天空的颜色，因此很多房子的外墙都被刷成蓝色。有些墙上还画着很多人物，游客可以直观地了解努比亚人的风俗习惯。

1. 卡兹尼神殿　2. 夜游佩特拉　3. 蜿蜒的蛇道　4. 丝绸墓　5. 宫殿墓穴　6. 皇室陵墓

玫瑰之城

佩特拉 Petra

位于约旦南部

推荐旅行时间：2 天

佩特拉古城建于 2 000 多年前的纳巴泰帝国时代。纳巴泰人既是古老的阿拉伯游牧民族，又是往来于红海和地中海沿岸城邦的商人，正是他们把埃及、希腊和罗马的建筑样式带到了佩特拉，这也让佩特拉看起来更像一座罗马古城。这里既有阶梯剧场，也有用罗马柱装饰的古墓。进入公元纪年之后，佩特拉曾一度由罗马接管，可在两次地震后，它就彻底从世界史上消失了，只有纳巴泰人的后继者贝都因人知道它在哪里。瑞士探险家让·路易斯·布克哈特为了找到这座消失的古城，苦学了 3 年阿拉伯语，还乔装打扮成阿拉伯人，这才取得了贝都因人的信任。1812 年，在贝都因人的带领下，布克哈特重新揭开了这座古城的神秘面纱。佩特拉不仅入选了世界遗产，还被评选为世界新七大奇迹之一。

佩特拉的建筑以陵墓为主，其中最重要的是某任纳巴泰国王的寝陵——卡兹尼神殿[1]，又被称为"宝库"，当地人认为埃及法老曾把自己的财宝藏在这里。这个传说还启发了电影导演史蒂文·斯皮尔伯格，他把《夺宝奇兵 3》的故事搬到佩特拉，让印第安纳·琼斯跑来寻找耶稣喝酒的圣杯。与印度的埃洛拉神庙一样，卡兹尼神殿也是由一整块山岩从上至下凿刻而成，你还能在神殿两边看到架设脚手架的沟槽。

游客前往"宝库"要经过一条 1.5 千米长的蛇道。所谓蛇道，就是两侧岩壁之间如蛇身一样蜿蜒的狭窄通道。在蛇道的最窄处，两侧岩壁凹凸的地方似乎可以拼合在一起，这说明蛇道因大地的某次开裂而形成，也间接证明了此地地震频发。

蛇道的尽头是"宝库"，但"宝库"仅是古城的入口。佩特拉建在淡红色的砂岩之上，所以也被称为"玫瑰之城"。

接下来的参观可以根据个人喜好。从宫殿墓穴外的 18 根立柱可以看出纳巴泰人对罗马建筑的模仿，丝绸墓的岩石花纹呈现指纹状的螺旋变化，使墓穴看起来像一块质地柔软的丝绸。如果你脚力好，可以前往比"宝库"还大一号的修道院。不过烈日炎炎，说不定你很快就会产生"挑几个古墓随便逛逛就好"的想法。

要想改变这种心态，你就得把自己想象成那位费了九牛二虎之力才走进佩特拉的瑞士探险家。

夜游佩特拉就凉快多了！蛇道中摆满蜡烛，走入其中，如同身处一场神秘的祭祀仪式。"宝库"前面的广场上也摆满了蜡烛，似乎为了与繁星呼应。广场上，贝都因人一边弹奏古老的民族乐器，一边讲述关于古城的美丽传说。

1. Al Khazneh

旅途随感

人活一世，就是要去体验、去感受，而且体验的过程远比结果重要。

1. 奶奶、媳妇和孙子　2. 风之宫　3. 在楼顶上放风筝的孩子　4/5. 粉色的城市
6. 斋浦尔街头的耍蛇人

追风筝的人

斋浦尔 Jaipur

位于印度拉贾斯坦邦

推荐旅行时间：2 天

如果只看颜色，斋浦尔比佩特拉更像一座玫瑰之城。1727 年，当时的斋浦尔王公斋·辛格二世（斋浦尔市名中的"斋"就从他的名字而来）为了向莫卧儿帝国的沙·贾汉大帝致敬，按照德里红堡的样式，用红色砂石建造了一座宫殿。他的子孙继承了他的遗志，继续扩建翻新王宫。1876 年，斋浦尔王公为了迎接英格兰王子到访，特颁布一条强制性法令：城内所有房子都要刷成粉红色！100 多年的风雨已经让古城里有些房子的墙皮脱落，虽然局部褪色，但大色块还在，整体格局也依然没变。

直到我爬到城市北面一座小山的山顶，从高处俯瞰时才发现，原来只有建筑的外立面被刷成粉红色，其他地方仍旧泥黑瓦黄，看来期望从高处看到城市被粉红色填满的想象，只是我的一厢情愿。斋浦尔四面环山，是一座建在山谷中的城市。这样的地貌会让声音产生聚拢效应，城市里的各种声音汇合成巨大声响，在山谷间盘旋。

风之宫[1]无疑是斋浦尔最具特色的宫殿。5 层屏风式建筑自然也是通体红色。"屏风"上大大小小几十扇窗户镶满细密网格，里面的人可以倚窗观察市井生活，而不为外人所见。

每年 1 月，斋浦尔都会举办风筝节，大街上、房顶上都是放风筝的孩子。每根风筝线都牵引着碧蓝天空中一个飘浮不定的黑点，那些黑点又反过来牵引住孩子们的视线，所以他们几乎采用相同的姿势——仰望。

孩子们手中的风筝看起来十分简易，就是两根木棍架着一块有颜色的塑料布或者一张破报纸。正在放风筝的孩子中，有的指挥若定，手指灵巧地一拉一放；有的正全力奔跑，身后的风筝跌跌撞撞；有的借来长长的竹竿去挑挂在树枝上的断线风筝。千百个风筝占据蓝天的每一寸空间，孩子们笑着、叫着，看着他们，我仿佛看到了年少时的自己。

风筝之于孩子，就像梦想之于每一个人。每个孩子手里只有一根线，线的那头只有一个风筝。孩子们总希望自己的风筝能够飞得比别人的高、比别人的远。有的风筝始终无法起飞，有的却越飞越远。由于风筝的大小、颜色、形状各不相同，飘满风筝的天空显得异常热闹。

风筝能否高飞，梦想能否实现，关键不在于线有多长、风有多大，或者有多少人的支持与帮助，而在于我们自己的态度——是否乐观，是否坚定，是否专注。

1. Hawa Mahal

作者推荐

拉贾斯坦邦有很多耍蛇人，他们通常穿着色彩鲜艳的衣服，吹一支挂满金银玉片的笛子，只要笛音一响，柳条篮中的眼镜蛇就会在伴奏下摇晃它那大大的脑袋。

1.布什格尔的日落　2.婚礼现场　3.新郎接受祝福　4.迎亲的队伍　5.婚礼上的小道具
6.穿着纱丽的新娘

64

邂逅一场印度婚礼

布什格尔 Pushkar

位于印度拉贾斯坦邦

推荐旅行时间：2 天

从斋浦尔继续西行，就到了布什格尔。布什格尔围湖而建，对很多印度人来说，布什格尔湖是天神梵天遗落在尘世的一朵莲花，湖水圣洁，可以洗去人世间的一切罪孽。

布什格尔湖边有许多路标，它们无一不提醒着旅行者来到此地的目的之一——看日落。原本布什格尔并不属于旅途中的一站，我无意间看到一张描绘布什格尔日落的明信片，仿佛被瞬间击中。一个人旅行时，打乱行程的往往是一句话、一个故事、一张图片……

观景台上已经坐满等待日落的观众，不少当地人陪着游客一起看热闹：有的在树下打鼓，鼓点时缓时急；有的在表演杂技，双臂在身上缠来绕去；有的在石阶上用民间乐器独奏。当然，他们不是来此消遣，而是为了完成日常的工作，这是最容易赚到打赏的时候。

太阳缓缓坠落，不甘心地把原本湛蓝的天空烧成炭火般的橘红色。随后，太阳仿佛直接掉进湖里。天空却更红了，"炭火"变成赤红的"烙铁"。

晚上 8 点左右，远方的"烙铁"随着温度降低而由红转黑，倒映在湖水中的庙宇也慢慢睡了过去。

突然，在夜的暗处闪现出许多来历不明的亮点，一阵突兀的锣鼓声随后响起——那是迎亲的队伍。

迎亲的队伍仿佛一块磁石，吸引了小城里所有的光和声，越来越多的人加入其中。一匹披着绫罗绸缎的白马走在队伍最后面，马上端坐的就是今晚的男主角。

大队人马在一座大帐前停下，这是婚礼的主场地。新郎下马入帐，与女方父母在喜帐中央落座，此时新娘仍未出现。

随后婚礼进入第一个流程，女方家长给女婿礼金作为陪嫁。以前的彩礼大多是金银珠宝、牛羊织锦，现在的陪嫁中多了些电子设备和交通工具。

接受彩礼之后，新郎再次跨鞍上马，到新娘家接她出阁。新娘的母亲已经先于准女婿守候在自家门口，身后跟着家族中几乎全部女眷。接下来，新郎要接受新娘家人的祝福，这些祝福涵盖婚后生活的方方面面。三姑喂新郎吃几粒绿豆，六舅母在他脑门中央按上一个红点，八婆在新郎耳边晃动一个摇铃……据说最正规的印度婚礼通常要持续 4 天。虽然这场婚礼已经简化了，但仍要到次日清晨才能结束。

新娘终于出场了，她身穿暗红色纱丽，妆容浓淡相宜，羞涩中带着骄傲。

作者推荐

每年 10 月或 11 月，布什格尔会举办盛大的骆驼节，会有大约 20 万人和几万头骆驼汇聚于此。在节日的最后一天，印度教教徒还会到布什格尔湖中沐浴。

1. 梅兰加尔城堡　2. 石碑上的神鸟　3. 装饰着狮子的象轿　4. 住在蓝城的一对父子
5. 外墙被涂成蓝色　6. 城堡下的城市

蓝色之城

焦特布尔和斋浦尔一样，都是拉贾斯坦邦以色彩著称的城市。梅兰加尔城堡是焦特布尔的军事制高点，屹立于一座小山之巅，城市中的其他建筑都环绕山体而建。

据当地人说，在建造城堡之前，山顶原本是鸟神的宫殿。被驱赶的鸟神发出了最恶毒的诅咒：让这座罪恶之城永世缺水并瘟疫横行！没多久，旱灾和鼠疫果然接踵而至！就在这座城市危在旦夕之际，一位苦修圣者甘愿以献祭自己的方式来完成对城市的救赎。鸟神被他的舍己精神感动，收回了咒语，求雨的人们随即看到从远方飘来一朵久违的乌云。

在通往梅兰加尔城堡的山路上，你能看到那块为歌颂圣者功德而凿刻的石碑，碑文上方是一只头顶华盖的神鸟。

从石碑到城堡大门有大约 200 米山路，但它不是一条笔直大道，在接近城门的地方有个 90°的拐弯。这是城堡建造者为了防止冲锋的象群凭惯性冲破城门而设计的。

为了进一步加强防御，城门朝外的一侧排列着几百枚一尺来长的铁钉，泛着金属光泽的铁钉到现在依然会让人心中一凛。虽然它们的功能早已从军事防御转变为装饰，但在藩王割据、战乱频繁的年代，不知有多少攻城的士兵被铁钉刺穿身体，惨死于城门之下。

梅兰加尔城堡结构复杂，由许多宫殿组成，包括珍珠宫、琉璃宫、藏宝阁等，这些宫殿本身就是精美的艺术品。城堡依山势建造，虽然外表浑然一体，但内部各个宫殿处于不同的平面，通过回廊或楼梯连接。这座外圆内方的建筑一直是建筑从业者研究的对象。

城堡最高处建有炮台，几十门加农炮护卫着这座拥有数百年历史的城市。从炮台上眺望市区，你会看到一片蓝白相间的民宅，在午后的阳光下，甚至有点儿晃眼。

为什么房子被涂成了蓝色？有两种说法：其一，蓝色有驱除蚊虫的功效；其二，印度教主神毗湿奴和湿婆的皮肤都是蓝色的。

在这座"蓝城"的巷子里穿行，你会看到破旧的老房、密布的线缆、窗户上的花纹、众多的神像、从楼顶垂下的菜篮……调整眼睛的"焦距"和"景深"，你还会看到拄着拐杖艰难行走的老人、骑着自行车回家的学生、站在家门口哄幼子入睡的男人……

此时，蓝色已经虚化为背景，比这更鲜明的，则是普通人的平凡生活，正是后者，构成了城市起伏的脉搏。

这才是真正的蓝城吧！即使某年某月那些颜色会褪色消失，但蓝城居民的小日子依旧会韧性十足地往前走。

作者推荐

梅兰加尔城堡中有一家轿子博物馆，收藏了历代印度藩王出行时乘坐的轿子。最具特色的是一顶象轿，轿身上装饰有铜塑的狮子。使用时，象轿置于象背，可坐两人。

chambres d'hôtes
DAR
EL FELL

1/2/3/4. 蓝与白构成了小镇的全部　5. 草席咖啡馆　6. 左耳戴花的老人

蓝白小镇

西迪布萨义德 Sidi Bou Said

位于突尼斯北部

推荐旅行时间：2 天

地中海边有一座平静祥和的小镇，叫西迪布萨义德。由于地处从欧洲进入非洲北部的咽喉要地，千百年来这里一直是欧洲列强的必争之地。现在的小镇早已丧失军事功能，但游客仍旧纷至沓来，因为西迪布萨义德有一个流传更广的名字：蓝白小镇。

小镇中央有条主路，沿着主路朝山顶走去，道路两旁的白房蓝窗无疑是绝对主角。与满目蓝白交相辉映的，是开满各家窗台的鲜艳花朵、几只毛色纯正的野猫和在路边奔跑打闹的孩子。

石板路两边的民宅都不超过 3 层，最吸引游客眼球和相机镜头的是那一扇扇最具北非风情的蓝色大门。对称的木门上用铜钉镶嵌出充满寓意的纹样，星星代表平静，月亮代表和谐。

在当地有种说法，你只要卖蓝色油漆和白色石灰，就永远不会失业。用白色石灰刷墙不仅仅是为了让游客心情舒爽，更是出于生活上的考虑。地中海沿岸地区夏日酷热，白色是最好的散热器，可以让室内像开了空调般凉爽。

在小镇中段有家草席咖啡馆[1]，它太有名了，毕加索来过，凡·高也来过。每次来蓝白小镇，我都能在这家咖啡馆遇到同一位老人，他坐在台阶下的椅子上，耳朵后面总是别着一朵白色的茉莉花，甚至连姿势都没有变过——总是一动不动地晒着太阳。更神奇的是，我来了 4 次，他似乎一点儿都没有变老。我总把他当成蓝白小镇的布景，因为有人物出现的照片总会显得生动一些。如果还有第五次，我一定会走到他跟前，说一声："您好，下次再见。"

小镇里有一家介绍当地人生活的阿纳比博物馆[2]，里面房屋格局错综复杂，起居室、会客厅、厨房、阁楼被随意地安排在博物馆的任意位置。中堂有一口古井，井边摆满各种取水器皿，一棵巨冠大树给整个院落带来了一丝清凉。博物馆里虽然不见白墙蓝门，但也充满了蓝白元素。例如，白色桌子配蓝色坐椅，白色瓷砖搭配蓝色地毯，白色茉莉花插在蓝色花瓶里。

沿着旋转楼梯可以走到二层露台，这里的观景平台虽然不高，却可以恰到好处地让游客把小镇尽收眼底。此时，蓝白再次成为主视觉元素——眼前是蓝白相间的小镇，远方则是海天一色。

1. Café de Nattes 2. Museum Dar el-Annabi

旅途随感

喜欢旅行的人大多也喜欢摄影，我们总会被旅行中邂逅的缤纷色彩打动。摄影应该像写作一样，是对一瞬间所见所感的记录，是对一个人成长的记录，永远不需要追求大多数人的认可。当一个人足够强大，强大到可以建立自己的审美体系和价值标准的时候，他怎么还会在意别人的评价呢？

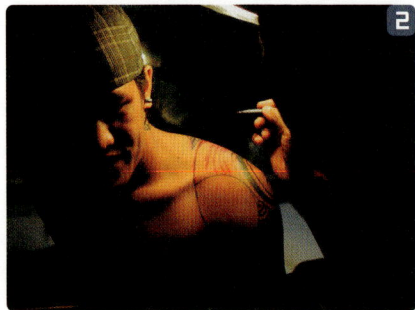

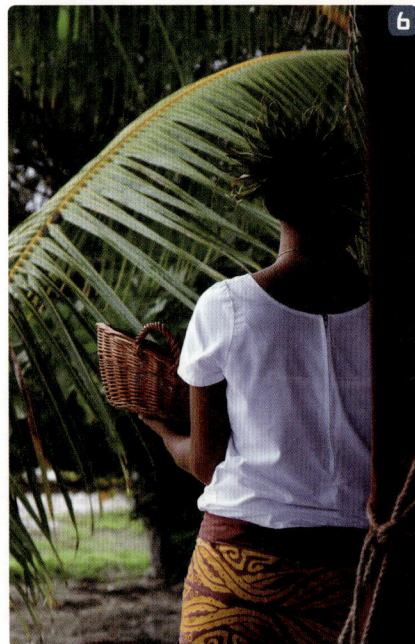

1. 塔希提男人身上的文身图案　2. 添加新文身　3.《我们朝拜玛利亚》（高更作品）
4. 喜欢戴花的塔希提女人　5. 银灰色的黑珍珠　6. 发髻上的叶子与棕榈叶相得益彰

月亮与六便士

英语中"tattoo"（文身）一词源自塔希提语中的"tatau"，这虽然不能说明塔希提是文身文化的发源地，但至少能够说明这种行为在当地备受欢迎。

据说，以前塔希提人的文身并非一次性完成，而是像树木的年轮一样缓慢增加。在人生的不同节点，如成人礼、婚嫁、取得战斗胜利等重要时刻，他们都会在身上增添具有特殊意义的花纹和线条，他们相信这些符号具有能够保护自己的神秘力量，文身也是塔希提人去世后祖先神灵评定他们一生功过的依据。然而，对世界各地的文身爱好者来说，他们只是单纯地喜欢由海豚、魔鬼鱼组成的图案，这些图案似乎能够带来一丝海洋的气息。

除了文身，塔希提人还喜欢把鲜花穿戴在身上。有的人会在耳后别一朵提亚蕾花（塔希提栀子），其作用相当于无名指上的戒指。

即使在飞机往来频繁的现代，人们想去一趟塔希提也并非易事。中国到塔希提没有直飞航班，你只能从东京、悉尼等地转机。塔希提是法国的海外领地，然而，这里到法国的距离比到中国更遥远。从塔希提到巴黎的直飞航线全程 16 000 千米，飞机即使中途不落地也要飞 18 个小时左右。

在飞机还未出现的 19 世纪，人们去塔希提只能坐船。1891 年，画家高更在海上漂流了 63 天才抵达塔希提。当时，他的身份是文化交流特使，所以受到了塔希提王国王后的接见。王后名叫马鲁，是犹太人与毛利人的后代。她身上的纱笼布（指当地人围在腰间的长方形印花布）用无数鲜花装饰，被她触摸过的东西都像艺术品。这种美好的气质在艺术家眼中还有一种解读方式："一座岛屿从海洋中涌现，花木迎着第一缕阳光发芽。"（摘自高更手记《诺阿诺阿》）

很快，高更就发现原始、充满野性的塔希提非常适合作为创作的素材，于是决定留下来潜心绘画，并娶了一个当地女孩为妻。

与大多数到塔希提探险的欧洲人不同，高更并非抱着浅尝辄止的态度，他的生命之火正是在塔希提燃烧到了最后，他把自己的才情全都交付给这一片自然天堂。

毛姆根据高更的人生经历创作出《月亮与六便士》，书中的主人公思特里克兰德在塔希提完成了梦想之作后，让妻子在他死后把这幅最令他满意的作品烧毁。思特里克兰德画画不是为了让别人欣赏，更不是为了卖个好价钱，他只是做了自己最想做的事，仅此而已。

作者推荐

著名的黑珍珠产自塔希提的黑碟贝。黑珍珠的色彩异常炫目，是一种闪烁着银光的灰。由于产量有限，黑珍珠的价值堪比黄金。

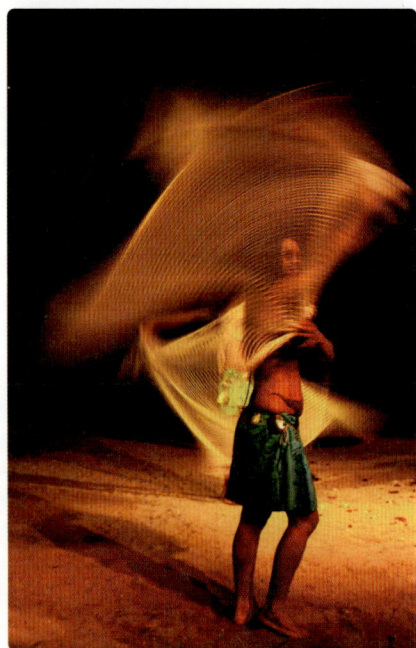

1. 时装表演　**2.** 紫色的日落　**3.** 火把舞　**4/5.** 载歌载舞

南太平洋岛居生活

莫雷阿岛 Moorea

位于南太平洋法属波利尼西亚

推荐旅行时间：2 天

如果你想体验最纯正的南太平洋岛居生活，莫雷阿岛是个不错的选择。

岛上有个叫提基[1]的村庄，村庄朝向西方，拥有看日落的最佳角度。

日落时分，平静的海面被万道霞光染红。近海处一座孤零零的水上屋成全了构图，却破坏了天地间的自然风景。水上屋并没有木桥与主岛连接，只能乘坐独木舟前往。它应该是为蜜月中的情侣而建的。如此想来，人们就不再觉得它突兀，反倒羡慕此时正在水上屋中欣赏日落的那对神仙眷侣。

提基村由几十座功能不同的屋子构成，有一座屋子的门外贴着厨房的标签，可里面空空如也。十几个精壮小伙从屋外进来，他们把地上的浮沙铲走，地面上就多出几条横架的橡木，他们再把橡木搬开，地坑中就出现了丰盛的食物。这种烹调方式可以为食物增添一种天然的泥土香气。

有一间屋子只有屋顶，没有门窗，正中摆着一艘巨大的独木舟。这是因为这里的气候有明显的旱季、雨季之分，每到雨季，当地人就会把打鱼的木船搬到屋子里，以免木船被雨水腐蚀。

村子里还有一面墙壁十分引人注目，上面贴满了世界各地的艺术家到这里采风的杰作，画面的主题无一例外都是当地的少女，她们出现在海滩上、椰树下、夜风中，与天地融为一体。

村里的餐厅是间长长的屋子，游客们在这里享用晚餐。除了品尝刚刚煮熟的混着泥土气味的香蕉、一种可以充当面包的果子、芋头、菠菜、鸡肉等塔希特色美食之外，游客还能欣赏一场时装表演。

模特都来自本地，她们随着音乐节拍，把一块简单的长方形花布在身上围绕出几十种花样，时而是纱裙，时而是抹胸，时而是头巾。她们甚至能把两三块花布组合在一起，搭配出一整套时装。原来成为时装设计师如此简单，需要的只是创意。

其实时装表演只是为了暖场，随后才正式进入真正的表演环节。几十名身穿草裙、头戴鸟羽的当地青年为游客模拟了一场盛大的婚礼，从情人见面到订下终身，从婚礼仪式到部落狂欢。虽然他们每天表演同样的节目，但热情不减，看不到丝毫敷衍。

如果想深入了解当地野趣十足的生活方式，你还可以跟当地人学习如何从椰壳中削出椰肉，再把椰肉挤成椰汁。不过操作时一定要加倍小心，否则椰汁可能会变成粉红色。

1. Tiki

作者推荐

你可以到海伦娜水疗中心（Helene Spa）体验雨浴，先趴在一张被温水打湿的木床上，随后温热的雨水就从屋顶的管道慢慢洒落到身上。听着丛林中不知名的鸟叫个不停，人也很快进入梦乡。

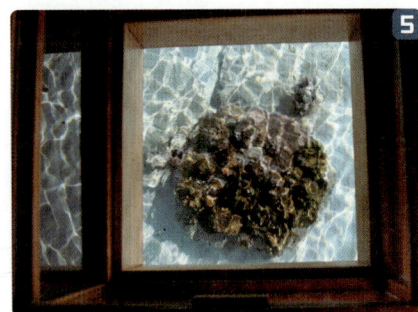

1. 如同在透明的空气中划桨板　2/3. 博拉博拉岛的水上屋　4. 在博拉博拉岛可以看到山景
5. 透过房间内的玻璃板可以看到水下的珊瑚　6. 艾美酒店的小海龟

住在水上屋

博拉博拉 Bora-Bora

位于南太平洋法属波利尼西亚
推荐旅行时间：4 天

博拉博拉与马尔代夫同为世界顶级度假胜地，两者的区别在于，马尔代夫只有海景，而博拉博拉除了海景，还有山景。

博拉博拉的主岛上有几座海拔不到 1 000 米的山，主岛四周是一圈潟湖，潟湖外的离岛上建了十几家度假酒店。

艾美酒店以保护海龟为主题，酒店的餐厅外有条海龟通道，通道里散养着几百只小海龟，小海龟成年后会被放归大海。

泰拉索洲际酒店把海平面下 800 米处的冰凉海水抽到地表，再通过管道让海水在酒店内循环一圈，酒店内的温度自然就降下来了，这种制冷方式节省了 90% 的空调电能。

水上屋是各家酒店的主打屋型，建在潟湖上的水上屋通过像触角一样的木桥连在一起。珍珠海滩酒店的水上屋为波利尼西亚风格，每间水上屋都有私人码头及扶梯通向潟湖。房间里还有一块透明的玻璃板，玻璃板下面就是一块完整的珊瑚。

每天早上，我那拍摄日出的冲动都被睡意抵消。不过也用不着沮丧，不一会儿，一阵早餐的香气已从海面上飘来。送早餐的塔希提小伙子划着独木舟，头戴鲜花的女孩微笑着走上水上屋的码头阶梯，把餐篮中烤得焦黄的吐司和热带水果摆上餐桌。

吃完早点，此时的太阳已经足够耀眼，如果不想被晒成焦炭，那就躲在房间里看书吧。看书看累了，那就打开窗，眺望远处平静的水面，又或者只看游弋的鱼群。鱼是很聪明的生物，它们先慢慢从房屋投射的阴影里游到阳光下，而炽热的阳光让它们犹豫了一下就退回到阴影里。等下一次再靠近明暗交界线时，有了经验的鱼儿就不会再越雷池半步。

下午的阳光已经不像早上那般彪悍，可以换上泳装跳进大海。黄昏将至，我一个人站在连接水上屋的木桥上等候日落。到各个房间打扫卫生的大溪地女孩骑着自行车从身前经过，她耳鬓的白花留下一阵清香。我问她，自行车能借我骑一下吗？她笑着答应。木桥很窄，两边又没有护栏，挂在胸前的相机让我差点儿失去平衡落入水中。我把车骑到木桥的最远处，一个人坐在桥边安静地看着太平洋的日落。

到了晚上，外面漆黑一片，我把水上屋里的灯关掉，只保留玻璃板下的那盏。鱼群被灯光吸引而来，甚至还有小鲨鱼，让我如同置身水族馆。

作者推荐

摩托艇骑行是博拉博拉最受欢迎的水上项目之一，摩托艇绕主岛一周大约需要 1 个小时。出发前，教练会为你讲解驾驶摩托艇的动作要领。出于安全考虑，每个人的手腕上都要系一个塑料圈，塑料圈连接着摩托艇钥匙，人一旦落水，钥匙就会脱落，这样摩托艇就会因失去动力而停在原地。

瓦迪拉姆 | 约旦

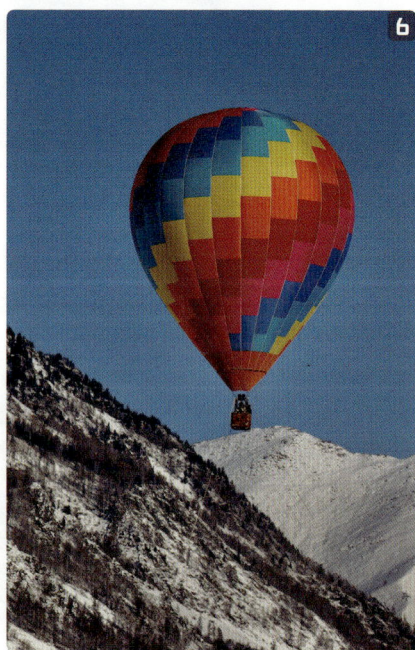

1. 马拉爬犁　2. 日出　3. 禾木村　4. 洒水成冰　5. 雪地摩托　6. 飞到半空看禾木

神的自留地

禾木 Hemu

位于中国新疆布尔津县

推荐旅行时间：2 天

禾木村是图瓦人在中国的三个定居点之一，另外两个是白哈巴村和喀纳斯村。相传图瓦人是成吉思汗旧部的后代，但其实他们的祖先是蒙古的兀良哈部落。图瓦人已经在喀纳斯的森林里生活了 400 多年，他们的家园又被称为"林中部落"。禾木村的房子都是圆木建造的，屋顶搭成陡峭的"人"字形，这样有两个好处：一个是到了冬天，屋顶不会被积雪压塌；另一个是这样的屋顶显得有棱有角，很上镜。当然，第二个好处只针对游客而言。

在禾木村，有一家百年老屋，老屋里陈列了图瓦人的老物件和不少图文资料，你可在这里了解图瓦人的历史。100 多年前，一群金发碧眼的人来到禾木村，他们是逃亡到这里的白俄罗斯人。他们在村子里盖房架桥、养蜂取蜜，与当地的图瓦人和哈萨克人交流，一起生活。后来，这些白俄罗斯人陆续迁离了禾木。

所有人都不应错过禾木村的日出。站在半山腰的观景台上，你会看到村庄在晨雾与炊烟中缓缓苏醒。秋天无疑是色彩最丰富的季节，但冬天的雪景也呈现出另一种美。只不过，冬天看日出要辛苦些，出发时间得提前半个小时，因为一路的冰雪让你走不快，更别说跑起来。越过禾木河，还要再走一段上坡路才能抵达观景台。这段路也可以乘坐马拉爬犁，但要做好被寒风折磨的准备。

日出时分，灿烂的太阳先从对面的山顶跳出，随后晨雾、炊烟、白桦树、覆盖着白雪的木屋依次露出来。说来也奇怪，这些事物原本都是白色的，却在晨光的照耀下呈现出景深和层次。看完日出回到房间，脱下帽子、手套、围巾、羽绒服、棉坎肩，就像在剥一棵圣诞树。除了马拉爬犁，冬天的禾木村还有 3 个深受游客喜爱的户外项目。一个是雪地摩托，你既可以骑直线，也可以放肆地在雪地上画圈，反正到处都是方向，就是千万不要急刹车，否则容易飞出去。另一个是热气球，虽然只是在固定的地方上上下下，但它至少提供了另一个看村庄的视角。最后一个是洒水成冰，实操技巧是使出最大的力气把开水泼出去，让水雾在头顶画出一道弧线。

离开禾木村时，天色已暗，一钩弯月正好挂在车道正前方，这个瞬间竟让我莫名感动，这种感动可以让人上瘾，并催促我们，再次出发。

作者推荐

禾木村被誉为"神的自留地"，当地有一家同名奶茶馆，不仅卖奶茶，还卖咖啡和大盘鸡，一日三餐基本上都可以在这里解决。奶茶馆的墙上贴满了旅行者的留言，其中一则引用了泰戈尔的诗句："有一个夜晚，我烧毁了所有的记忆，从此我的梦就透明了；有一个早晨，我扔掉了所有的昨天，从此我的脚步就轻盈了。"

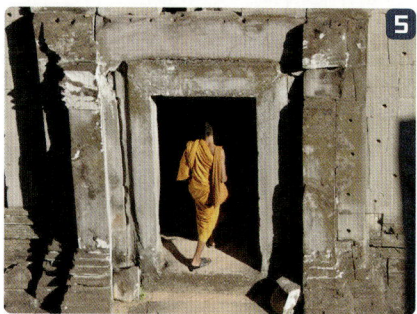

1. 藏在树干中的佛像　**2/3.** 佛祖的微笑　**4.** 塔布隆寺　**5.** 在庙宇间穿行的僧侣
6. 五峰塔日出

巨树与古寺的战争

吴哥窟 Angkor Wat

位于柬埔寨西北部

推荐旅行时间: 4 天

吴哥窟是隐藏在东南亚热带雨林深处的废墟, 始建于 12 世纪, 是当今世界上占地面积最大的庙宇类建筑群。1992 年, 吴哥窟被列入世界文化遗产。

每天早晨 5 点半, 日出会在吴哥窟的五峰塔准时上演。看日出的最佳地点位于一片莲花池塘的旁边, 在这里, 你不仅可以看到五峰塔的嶙峋轮廓, 还可以看到太阳从天上和水中同时升起。这时候的吴哥窟更像是用千年石块搭起的一个舞台, 太阳成了真正的主角。所有人都屏住呼吸, 看着晨光一点点把云朵染成紫色。你会听到周围响起咔嚓咔嚓的相机快门声, 也能听到池塘里传来几声不连贯的蛙叫声。等到太阳从五峰塔后面露出脑袋, 不知是谁带头鼓起掌来, 随后掌声迅速蔓延, 随之起伏的还有叫好声和口哨声。

吴哥窟内古迹众多, 其中最值得参观的有两处, 即巴戎寺[1]和塔布隆寺[2]。

逆光的巴戎寺看起来就像一头沉睡的巨兽, 寺内一座座塔峰的轮廓则像巨兽脊梁上凸起的纹路。寺内一共有 54 座佛塔, 每座佛塔分四面, 每面都刻着一张笑脸。那四方的脸庞、微垂的眼睑、宽厚的嘴唇、上扬的唇角, 会让人心神宁静。我想, 所谓信仰应该就是一种嘴角上扬的人生态度。虽然吴哥窟所在的大地曾经历过不止一次战火, 但佛祖的淡定让人们相信, 只要像他们一样保持乐观, 总有一天能看到乌云散尽。

塔布隆寺有东南西北四个门, 大多数游客会走东门或西门, 因为这两处路况较好, 不容易迷路。走北门会感受到探险的乐趣, 因为脚下的落叶已积攒百年。把守北门的是一尊慈眉善目的四面佛, 佛祖嘴唇处的石块已经龟裂, 绿色的植物根茎从里面探出来。当时我看到一个农夫正赶着牛车从四面佛下面的石门中慢悠悠地经过, 牛车上装满了刚砍的新柴。

塔布隆寺如同被雨林植物包裹的珍珠。那黑褐色的石块构成了它的坚硬。这场巨树与古寺之间的战争已经持续了几百年, 胜负已基本可以预判。高大的丝棉树从天空汲取养料以构建庞大的地下王国, 然后用像蛇皮一样光滑的树枝将庙宇死死缠住, 或者从地下石缝里钻出像毒蛇信子一样的纤细根茎, 最终的结局就是寺庙的"骨骼"土崩瓦解。可能正是因为这种缠斗形成的强烈视觉冲击力, 电影《古墓丽影》才把外景地选在了这里。

1. Bayon   2. Ta Prohm

旅行提示

吴哥窟的门票分为一日、三日、七日三档, 大多数游客会买三日票。吴哥窟的许多建筑中的楼梯又窄又滑, 上下楼梯要注意安全。中午时分天气炎热, 最好在清晨和黄昏时游览。

1. 乱石嶙峋的废墟　2. 阳光刺下光剑　3. 石块上长满青苔　4. 手持莲花的女孩

5. 柬埔寨乡间风景　6. 红色砂岩建造的女王宫

废墟中的废墟

崩密列 Beng Mealea

位于柬埔寨西北部

推荐旅行时间：1 天

崩密列位于吴哥窟古迹群以东约 40 千米的地方，虽然前往崩密列的路途较远，但它被旅游指南评价为最值得一去的吴哥窟庙宇。在高棉文明的鼎盛时期，崩密列被护城河环绕，河水通过曲折的河道与洞里萨湖相连。

为崩密列把守大门的是雕刻在石头上的七头蛇神那伽，在印度教神话中，那伽代表着不朽，因为蛇可以通过蜕皮永生。

崩密列已完全是丝棉树的天下，它们的茂密树冠连成一片，连阳光想透进来都很困难。巨大的青色石块随处可见，曾经由它们组合而成的佛塔、图书馆、庙堂已随着时光的流逝轰然倒塌，只剩下一堆残骸，看不到任何成形建筑的轮廓，我动用了想象力也无法将它们复原。电影《虎兄虎弟》拍摄时曾在这里修建了一条栈道，现在仍可供游客行走。

女王宫与崩密列一样，都属于吴哥窟的支线探庙行程，可安排一日游览两地。女王宫由红色砂岩建造，这赋予了它女性气质；这里的石雕看起来比其他寺窟更细腻，似乎出自女性之手。1923 年，法国人安德烈·马尔罗在偷运女王宫的几尊雕像时被捕，罪名是盗取柬埔寨国宝，讽刺的是，后来他成了法国戴高乐内阁的文化部长。1930 年，当时位于西贡的法国远东学院首次在女王宫采用旧物复原法修复吴哥窟古迹，包括巴戎寺。

女王宫的护城河位于围墙之内，与其说它是一条护城河，不如说是一片莲花池塘。我看到一个没穿衣服的小女孩从池塘中摘了一朵莲花，跑向在池塘边洗衣服的妈妈。小女孩奔跑的样子让我想到一张著名的照片，正是这张照片让越南战争提前结束。照片中也有一个赤裸的小女孩，她也在奔跑，可她的身后战云密布，脸上写满恐惧。眼前的女孩则手中握着莲花，嘴角挂着微笑。

在女王宫门口，我遇到一个演出团体，演奏者有的断腿，有的失明。其实类似的乐团在吴哥窟随处可见，他们都是一场浩劫的幸存者。20 世纪 70 年代，红色高棉上台，暴徒一般的独裁者视艺术如粪土，竟然把超过 90% 的艺术工作者野蛮杀害，侥幸活下来的艺术工作者也不得不隐姓埋名，到乡下种田为生。红色高棉倒台后，部分艺术工作者重操旧业，不过他们再也无法回到闪耀的舞台，只能在旅游景点靠游客的打赏糊口谋生。一个名叫提姆的柬埔寨青年正在寻找那些劫后余生的老艺人，并用高保真录音设备把他们的艺术留存下来。提姆说，当那些老人谈到自己的人生经历时，无不潸然泪下，可一旦说起自己的艺术，就又变得目光炯炯。

作者推荐

崩密列有条小路通往废墟后面的河流，河边虽然没有古迹，却能让你在无人打扰的雨林中安静地度过一两个小时的时光。

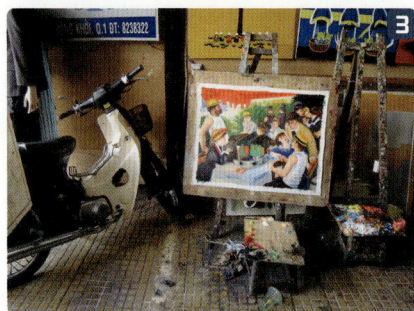

1. 虽然这座城市早已改名，但"西贡"的标牌仍旧比比皆是 2. 街景 3. 一间画廊

4. 让越南战争提前结束的照片 5. 当代越南儿童的绘画作品 6. 悬挂着胡志明像的中央邮局

摩托之城
和战地记者

胡志明市 Ho Chi Minh City
位于越南南部
推荐旅行时间：4 天

胡志明市的夜色让人惊艳，因为白天时的阳光暴露了城市的本来面目，夜晚的灯光则巧妙地把璀璨突出，把粗陋隐藏。如果你不想对一座城市失望，一定要在夜色中抵达。

胡志明市也是一个热得离谱的地方，除了天气炎热，还因为时刻奔驰的几十万辆摩托车，它们的排气管就像火龙的鼻孔一样喷着热气，光喷出热气还不够，那亮银色的排气管就是移动的暖气片。

我对胡志明市的第一印象来自电影《情人》，它改编自法国作家玛格丽特·杜拉斯的小说。电影中用了很多快切镜头来展现这个城市：高大的殖民建筑、戴着斗笠在街头穿梭的越南人、阴暗潮湿的房间、缓慢转动的吊扇……

这是一个贴着鲜明法属殖民地标签的城市，人们更乐意使用它的旧称"西贡"。当法国人离开后，这里又相继被日本人和美国人占领，60 多年前的那场战争更是让它"遍体鳞伤"。

战争遗迹博物馆位于胡志明市三区，馆内陈列了大量越南战争时期使用过的武器，以及珍贵的新闻照片。博物馆大门外，有书贩兜售各种与越南战争有关的小说。

展厅的第一部分是献给战地记者的。战地记者或许是世界上最危险的职业，他们像士兵一样冲在最前面，可手中握着的不是枪炮，而是钢笔和相机。在越南战争中，共有 70 多名战地记者死在战场上，他们来自交战双方。将他们拍摄的照片摆在一起，就形成了对这场战争的客观描述。游客就像在观看一场辩论赛，随着正反双方的阐述而兼听则明。让我印象最深刻的是一位美国战地记者山姆，他来自《瞭望》新闻周刊，在倒下的那一刻，他向同伴发出了撤退的信号，挽救了同伴的生命。还有一张照片中一个美国大兵在给战友做人工呼吸，旁边的注释说，他的努力最终失败；另一张照片中一个越南女人双手被反绑，旁边的注释是，她正在被审问越南共产党的下落。

很难得的是，战争遗迹博物馆并没有连篇累牍地控诉战争给自己国家和人民造成的伤害，而是聚焦于战争带给全人类的伤害以及战争中展现的真实人性。那最闪亮也最阴暗的人性，坚强或者懦弱，镇定自若或者丧心病狂。在战争面前，没有赢家。

最后一个展厅展出的是一些当代越南儿童的绘画作品，画中有放风筝的孩子、骑白鸽的孩子、跳舞的孩子……孩子们的眼中终于出现了缤纷的色彩。

作者推荐

在中央邮局寄出一张明信片是大多数旅行者都要完成的仪式。你可以坐在大厅中央的木椅上，用密密麻麻的思念把明信片的背面填满。

1. 日本廊桥 2. 灯笼店 3. 戴斗笠的越南大婶 4/5. 会安的船 6. 画师笔下的背影

越南古镇

会安 Hoi An

位于越南中部

推荐旅行时间：2 天

从地图上看，越南的国土形状像一个两头粗、中间细的哑铃。两个大头分别是河内和胡志明市，它们几乎承担了越南的所有"重量"。这两座城市通过一条像扁担一样的狭长通道连接。背包客大多选择乘坐长途巴士在这两点间穿行，中途巴士会停靠几站，会安就是其中之一。

会安曾是东南亚十分重要的海港小镇，每年春天，中国和日本的商人都会乘着季风来此做生意，几个月后再搭乘南风北归。因此，你可以在会安找到日本人建造的廊桥和中国人为聚会而修筑的会馆，规模较大的会馆有潮汕会馆、福建会馆、海南会馆等。港口贸易衰落后，会安沉寂过一段时间，但在黄金时代积累下的老建筑就像压箱底的珠宝，在旅游大潮兴起之后，它们为会安争得了一个世界文化遗产的头衔。背包客喜欢这里，除了因为这里有鳞次栉比的老街老房，更因为这里的生活节奏缓慢，一切都像在慢动作中前进着。

会安有一些特色小店。灯笼店门口挂着各种颜色的灯笼，看一眼就会让人心情愉悦。裁缝店可以为游客定制奥黛，紧身高领的奥黛相当于越南女人的"旗袍"，可穿在那些高大的西方女孩身上就不见了窈窕美感。最多的是画坊，许多画师现场作画，看起来不

过唯手熟耳。不过，他们的画很有越南特色，画中是各种人的背影：打坐和尚的背影，沙漠行者的背影，戴斗笠的越南女人的背影……

一条小河穿城而过，几只木船在河面上漂漂荡荡。河边有一座三层小楼，是一家餐馆，叫作灯塔屋。我和旅伴小美走到灯塔屋的三楼，选了一个可以把古镇尽收眼底的位置。

点餐之后，小美掏出一个牛皮本子，开始在上面画画。这是她在旅途中一直在做的事情，那个本子已经快被长长短短的线条填满。她画墙壁上吸饱鲜血的蚊子，画越南街头一晃而过的摩托车，画卫生间里的马桶，画龇牙暴眼叼着烟卷的魔鬼。有的极其写实，有的又极其抽象。

小美画画的时候，她的世界就被隔离开了，此时的她仿佛被某种神秘力量控制着。她运笔极快，局部线条凌乱，可总体看来异常干净，好似那画纸上早已有底稿，她只是把半成品填充完整。有时，她会在画面的空白处用零碎的文字记录下所思所想："旅行时爱做奇怪的梦，我们此刻路过了大概要过洪水的地方。""我几乎什么都看不见，远处微弱的白光消失之后，我就只愿意抬头看星了。""我们从顺化到会安了，沿路的风景让我不敢相信这里是越南。无法形容的色彩和大自然近乎完美地结合。"

旅途随感

我喜欢和有天赋的人一起旅行，他们会为我打开旅途之外另一个多姿多彩的世界。

1. 苗族奶奶 2. 沱江边的吊脚楼 3. 过河用的跳岩 4. 苗族村寨 5. 姜糖是凤凰特产
6. 画师在写生

"火"凤凰

凤凰是中国最早火起来的古城之一。烧起这把火的原因有三。

第一，"赶尸"和"下蛊"等神秘的苗疆巫蛊文化。湘西苗疆自古战火不绝，士兵战死疆场却不瞑目，必须落叶归根才能入土为安。于是，赶尸匠应运而生，成了三百六十行之外的又一崭新行当。如果赶尸为湘西男人专擅，那下蛊则只有苗家女人才能掌握。湘西有"无蛊不成寨"的说法，也就是说每个苗寨都必定有至少一个下蛊女人。赶尸与下蛊为湘西笼上一层神秘面纱，这也是聪明的苗族祖先自我保护的手段。

第二，这里出了一个沈从文。沈从文幼年参军，在《从文自传》中，他不止一次提到看杀头到麻木，明白了人命并不比猪狗高贵多少。后来，沈从文辗转来到北京，开始写作。可能是看多了深红浅红的鲜血和残缺不全的尸体，那一段本可大书特写的战事却被他有意规避，流转笔端的始终是唯美纯粹的湘西爱情故事。湘西男子都白脸长身且能歌善舞，女子皆聪慧美丽还有一点儿倔强。许多个性鲜明的人物，如翠翠、夭夭、二佬、龙朱，伴着《边城》《长河》《龙朱》，一个个走进了读者心里。

1988 年，沈从文病逝于北京，后被安葬在沱江边的听涛山上。他的侄子、著名画家黄永玉先生在他长眠的地方写下这样的话："一个士兵要不战死沙场，便是回到故乡。"我恍然大悟，原来河流的归宿不是注入大海，而是回到开始的地方。除了沈从文，新西兰作家路易·艾黎也为凤凰的"火"添了一把柴。他把凤凰形容为"中国最美丽的城镇"，这毫不吝啬的褒扬让许多外国读者认识了凤凰。

第三，凤凰永远热闹。这种闹是有原因的。200 多年前，这里原是军事基地，枪声与炮火最先打破了这里的宁静。后来，军事基地名存实亡，城镇功能却慢慢演化出来。每月初一、十五，很多人从乡下到城里赶集，卖炭的、卖水果的、卖米面的，人人都大声叫卖。人声的喧哗让这里愈发热闹。凤凰女子喜欢打麻将，吃鸭霸王；凤凰男子喜欢下象棋，喝自酿米酒。每到夜色浓时，凤凰才真正进入一天中最好的时光。吊脚楼、红灯笼，沱江中顺流而下的纸灯与祝福，一个个远年风景的残存片段尽数复活。

一旦你喜欢上凤凰的热闹，便会有一种不自知的风险开始生长，当你重返都市时才会发现这风险——原来调节心理时差远比调节海外归来的生理时差艰难得多。

作者推荐

你可以到听涛山寻找沈先生的墓碑。山不算高，终年苍翠。墓碑旁伴着五彩石与野菊花，还有沱江水日夜流淌。来看望他的人不多，有的低着头，努力回忆着边城故事，有的干脆找个地方坐下，摊开书，无声地读。

1.生活在大象孤儿院里的大象　2.上百头大象一起洗澡　3.给小象喂奶

4.果蝠把一棵棕榈树的叶子吃光了　5.一棵巨大的爪哇无花果树　6.炮弹树

围观大象洗澡

平纳维拉 Pinnawala

位于斯里兰卡中部

推荐旅行时间：1 天

连接斯里兰卡首都科伦坡与山城康提[1]的主干公路在靠近康提的地方出现了一条岔路，汽车拐上岔路后再向前行驶 6 000 米，便到达了一座没有边界的天然公园，这就是著名的平纳维拉大象孤儿院。大象孤儿院建于 1975 年，起初只是为了照看 4 头离群的小象，后来象群逐渐壮大，现在已经有将近 100 头。

大象孤儿院分为喂养地和水源地两部分，所以参观也被一分为二。记住，一定要保存好票根，因为会检查两次。

象群严格遵守作息时间，几点起床，几点吃饭，几点洗澡，几点睡觉，都在人类的安排下井井有条地进行。这些庞然大物似乎也乐于接受人类的安排，逍遥自在地往返于喂养地与水源地。游客可以和大象近距离接触。需要注意的是，这些大象虽然从小由人喂养，但仍是野生动物，所以不要过分接近它们或者做出一些不当行为。

观看群象洗澡是让所有年龄段的游客都很兴奋的事情。上百头大象在河中溅起巨大的水花，在那一瞬间，河水水位仿佛陡然升高了十几厘米。大象似乎很享受当明星的感觉，有的大象还会做出抬腿挺身的动作，这应该是在每日的香蕉诱惑下形成的条件反射。

你可以在大象孤儿院旁边的旅店住一晚，当潮水一样的游客散去之后，你会在大象的鼾声中听到清脆的蛙鸣。大象孤儿院招收来自世界各地的义工，工作时间在 2 个星期到 3 个月左右，主要负责给刚出生的小象喂奶。

佩拉德尼亚皇家植物园离大象孤儿院不到 1 个小时车程，其特色是同一物种的所有亚种生活在同一空间。例如，公园里的棕榈大道就有 4 条，分别为大叶棕榈林、扇叶棕榈林、卷心棕榈林和皇家棕榈林，每条棕榈大道都有几百米长；野竹林则种着不同种类的竹子，其中有种巨竹，每天能长两三厘米，通常能长到 40 米高。

这个植物园里还有原产于南美洲的炮弹树，一长串"炮弹"挂在树干上，就像马上要去冲锋陷阵的士兵。

植物园的镇园之宝是一棵巨型爪哇无花果树，它就像一把巨大的绿色雨伞，覆盖面积相当于 6 个篮球场大小。

除了各种神奇的植物，这里还有一种神奇的动物，那就是罗德里格斯果蝠。这种果蝠以棕榈树的嫩叶为食，通常成百上千只果蝠把一棵棕榈树的叶子吃光后，再去占领下一棵，这和蝗虫的策略有点儿像。果蝠长得像带翅膀的老鼠，当几百只果蝠在空中盘旋时，那景象是相当恐怖的。

1. Kandy

作者推荐

康提的佛牙寺中供奉着一颗佛祖舍利，不过据说那只是一颗水牛的牙齿，真正的佛祖舍利已被曾经占领康提的葡萄牙人偷运回国。

1. 棕果蝠　2. 海中喀斯特和茂密的红树林　3. 红树林的气生根　4. 栗鸢　5. 生气的河豚
6. 基里姆地质森林公园中的猴子

海中喀斯特

兰卡威 Langkawi
位于马六甲海峡
推荐旅行时间：3 天

　　棕果蝠喜欢住在潮湿阴暗的洞穴里，这和它喜欢吊在树上的远亲罗德里格斯果蝠不同。兰卡威的基里姆地质森林公园[1]里的洞穴中就生活着几百只棕果蝠，它们可以将植物的种子带到其他地方，有助于植物的传播。蝙蝠洞的墙面上贴着很多贝壳的残骸，经放射性碳测定，这些贝壳已有约 5 000 年的历史。从贝壳残骸的高度判断，在过去的 5 000 年里，海平面下降了整整 2 米。

　　兰卡威的蝙蝠洞被称为喀斯特溶洞，这种由可溶性岩石分解后形成的溶洞和峰丛构成的地质景观以斯洛文尼亚的喀斯特高原命名，"甲天下"的桂林山水就是典型的喀斯特地貌，又比如越南的下龙湾，也是喀斯特海湾，峰丛之间被海水灌满。基里姆地质森林公园的喀斯特地貌又在海中喀斯特的基础上叠加了红树林景观。

　　"红树林"这个名字很容易误导人，其实红树林并不是红色的，红树林也像很多树木一样拥有碧绿色的枝叶，只是它的根茎中含有大量单宁酸，单宁酸暴露在空气中就会氧化变红，因此当红树的树皮或树干被割开或断裂时，破损处就会变成红色。但在它的脚下，无数像爪子一样分叉的黑色气生根牢

牢插进淤泥之中。当海啸袭来时，茂密的红树林就变成了防波堤，有助于降低海啸对岸边生态系统的损害。

　　除了喀斯特地貌，你还能在兰卡威找到形成于 5 亿年前的碳酸盐岩层。这两种独特的地质景观为兰卡威群岛赢得了"东南亚首个世界地质公园"的称号。要想获得这一称号，拥有独特的地质景观是一方面，另一方面还取决于当地对这些景观的保护和开发。

　　你可以通过半日的游船之旅走进这座天然的地质公园，除了探访蝙蝠洞，还能在通过水路连接的喀斯特峰丛之间穿行。

　　你不仅有机会看到藏在红树林中的猴子和蛇，还能看到一种名为栗鸢的鹰科鸟类。"langkawi"在马来语中就是红褐色老鹰的意思，兰卡威的巨鹰广场上有一座巨大的栗鸢雕塑，更多的栗鸢在食物的诱惑下成群结队地在海面上飞舞。

　　半日游线路上还有一座海上渔场。不同种类的海鱼分别养在巨大的水下格子里，你可以在饲养员的引导下用鲜肉喂食魔鬼鱼，饲养员还会故意惹河豚生气，河豚充气后像刺球一样漂在水上。

1. Kilim Geoforest Park

作者推荐

　　兰卡威机场位于岛屿西部，你可以在机场附近的海边找一家酒店，这样每天都能看到落日。你还可以通过跳岛游的方式前往同在马六甲海峡的泰国皮皮岛。电影《海滩》中有一片白沙滩，很多背包客拿着藏宝图寻踪而至，那里水清沙幼，与世隔绝，岛民在沙滩旁过着自给自足的生活。那片白沙滩的取景地就是皮皮岛的玛雅湾。

1. 龙王鲸的脊椎骨　2. 龙王鲸的头骨和牙齿　3. 长得像狮身人面像的天然沙雕

4. 鲸鱼谷的标志　5. 司机正在准备热茶　6. 沙漠中的咸水湖

史前巨鲸

鲸鱼谷 Wadi Al-Hitan
位于埃及中部法尤姆省
推荐旅行时间：1 天

在大约 4 000 万年前，现在的非洲北部还是一片汪洋，被称为特提斯海，也就是地中海的前身。随着沧海桑田的变迁，波涛逐渐被黄沙替代，干燥的气候条件也让埋在地层中的化石保存到今天。古生物学家在这片沙漠中发掘出了 400 余具鲸鱼的骨骼化石，鲸鱼谷由此得名。这也是埃及唯一一处世界自然遗产，其他 6 处皆为世界文化遗产。

鲸鱼谷的入口处有一座名为"化石与气候变化"的博物馆。气象学家根据数学模型推算，到 21 世纪末，地球平均气温将升高 1.8 ～ 4℃，很多海洋生物都将随着气候变化而灭绝。鲸鱼谷的鲸鱼并不是因为气温升高而消失的，相反，它们的灭绝与始新世末期的降温有关，其中就包括龙王鲸。龙王鲸体长可达 18 米，是当时海洋中的顶级掠食者之一。它的咬合力十分惊人，可以轻松嚼碎海龟壳或小型鲸鱼，比如 5 米长的矛齿鲸。这一点从博物馆展出的龙王鲸头骨化石就能看出来，在打开的口腔中，你能看到上下两排巨齿。龙王鲸还长着已经退化的短小四肢，这说明鲸鱼是由陆生哺乳动物进化而来。

其实最能体现气候变化这一主题的例子是博物馆内外的温差。室内冷气十足，室外烈日炎炎，沙漠中的空气还十分干燥，我没走几步就感到步履维艰。

整个景区里的十几处鲸鱼骨骼化石连成一条步道，你不用走回头路就能参观完。你可以看到龙王鲸和矛齿鲸的脊椎骨，还有海龟、海牛的化石和红树林的根系化石。

红树林生长在陆地与海洋交界的潮间带，附近有大量鱼类繁殖，鱼群引来鲸鱼，鲸鱼又因红树林错综复杂的根系而搁浅。

每走一段路，你就会看到一间黄色小屋，小屋里的图文介绍相当于博物馆功能的延续。在我看来，这些四面通风的小屋就是沙漠中的避难所，可以偷来几分钟的凉爽。

鲸鱼谷是拉耶恩谷保护区的一部分，该保护区位于撒哈拉沙漠边缘地带。在 20 世纪 60 年代，埃及政府打算把这里开发成良田，于是建了 3 个湖泊。随着湖水的含盐量逐渐升高，打造沙漠绿洲的计划被搁置了。现在，这些湖泊已经成了鸟类的栖息地，从山谷高处可以看到与黄沙格格不入的一潭碧绿。

旅行技能

游客进入拉耶恩谷只能乘坐四驱越野车。我的司机是个贝都因人，代代相传的生存技能让他知道如何应对炎热天气。他先把越野车停在湖边，然后把两块地毯铺在车子的阴影里，又光着脚在沙地上踩出一个坑，并在坑里埋了几段树枝，再用纸巾引火点燃。接下来，他像魔术师一样掏出一个黑色的茶锅、一捧茶叶和一把白糖，不一会儿，一杯甜茶就被端到我面前。热茶下肚后加速了毛孔扩张，沁出的汗珠被风一吹，浑身上下十分舒爽。

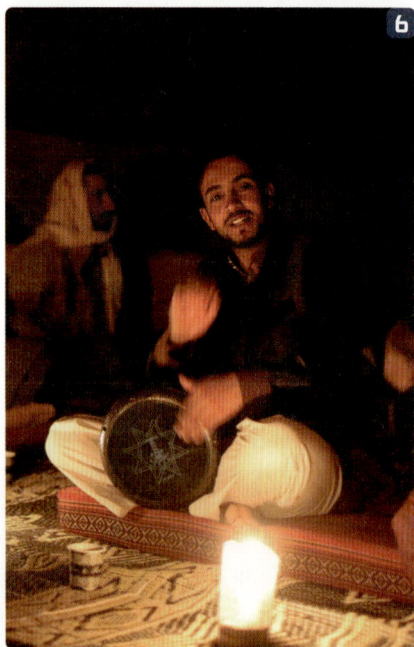

1. 悬空桥　2. 骑骆驼的贝都因人　3. 峡谷与沙漠混合在一起的地貌景观　4. 红色的沙漠
5. 躲在树荫里的羊群　6. 营地中的贝都因乐队

贝都因人的世界观

瓦迪拉姆 Wadi Rum

位于约旦南部

推荐旅行时间：3 天

瓦迪拉姆又被称为月亮峡谷，因其地貌景观与月球表面极为相似而得名。沙漠是这里的主要地貌，但又与撒哈拉那种纯粹的沙海不同，在这里你还能看到很多已被风化的矮山，山里的罅隙是泉水的发源地。或许几百万年后，这些山峦也将被黄沙掩埋。

在 20 世纪 60 年代之前，瓦迪拉姆只是一个默默无闻的小地方。随着电影《阿拉伯的劳伦斯》在这里取景，并获得奥斯卡最佳影片，瓦迪拉姆也跟着名声大噪，光是络绎而来的影迷就包办了这里一多半的生意。后来又有几部大热作品在这里拍摄，比如《夺宝奇兵》《火星救援》《沙丘》等，月亮峡谷的知名度节节攀升，旺季时一帐难求。

在瓦迪拉姆旅行通常有 3 种方式：徒步、骑骆驼和搭越野车。如果搭越野车，只需一两天就能逛完所有景点；如果骑骆驼，那需要三四天；如果选择徒步，那就需要五六天，这也是我的选择。

我每天会徒步前往三四个景点，其中包括山泉、崖刻、回音壁、风化成不同形状的岩石、三种颜色的沙漠等。余秋雨在《文化苦旅》中提到，每本县志上都会有十景八景，什么"远村明月""萧寺清钟"之类的名目，不过就是一个荒村、一座破庙。沙漠中的风景其实也差不多，那些所谓的景点只是休息站，更多的时候，游客只是在沙漠中行走，有时连风声都听不见，周遭像末日后的世界一样安静。日落时就更安静了，每一寸沙漠、岩石、天空都被映成血红色。人也很容易在这种与外界隔绝的地方暂时忘记一些日常、琐碎、无用的小事，是不是很像倒垃圾？

我的向导是个贝都因人，他教了我一个求生技能——在沙漠中遇到麻烦时就用镜子反射阳光，让远方的车队或者驼队看到。我问他，这种方法是否管用。他说管用，远方的人会以为那是金子。

他相信阿拉丁神灯就埋在这片沙漠之中。我问他找到神灯后会许哪三个愿望。他想了一下说："第一，我要成为世界之王；第二，帮助所有需要帮助的人；第三，消除所有负能量。"他说，有时在沙漠里能看到一片水塘，其实那是比魔鬼还可怕的海市蜃楼，去寻找水源的人都渴死了。

夏天时沙子表面的温度高达六七十摄氏度，贝都因人便在白天睡觉，晚上则在月色星光下赶路。我的向导曾在一个洞穴中住了几个月。我问他每天在洞里干什么，他说什么都不干。他说灵魂能看见万物，可是万物看不见灵魂。我们边走边聊，他的话竟撼动了我的世界观，虽然他连约旦首都都没去过，但他对世界的解读与众不同。

1. 夏克萨湖中的火烈鸟　2. 米斯坎蒂湖　3. 前往米斯坎蒂湖的沿路风景

4. 月亮谷　5. 牛油果和西红柿　6. 圣佩德罗

在世界的干极

阿塔卡马 Atacama

位于智利北部

推荐旅行时间：4 天

阿塔卡马沙漠是世界的干极，从亚马孙雨林吹来的潮湿气团被安第斯山脉阻挡，所以这里的平均年降水量小于 0.1 毫米，从 1845 年到 1936 年的 91 年间甚至滴雨未落，这也创造了世界上最长的"无降雨时间"纪录。由于空气洁净度高，又地处高原，阿塔卡马沙漠成为世界上最适合观星的地方之一。

在沙漠里的查赫南托尔高原[1]上，66 个蝶形天线按照一定规律排列，它们组合在一起就是阿塔卡马毫米 / 亚毫米波望远镜，简称 ALMA（在西班牙语中的意思是"灵魂"）。ALMA 相当于一个直径 16 千米的射电望远镜，其精度是哈勃望远镜的 10 倍。ALMA 的主要作用是寻找新天体，以及探寻宇宙中是否存在其他可以进化成生命的物质。在宇宙逐渐被精确化定义的道路上，人类又向前迈了一步。

圣佩德罗-德阿塔卡马（以下简称圣佩德罗）位于阿塔卡马沙漠边缘，原本只是商人穿越沙漠时落脚的驿站，随着沙漠中的景点相继开发出来，它摇身变成一个"旅行超市"，你能在这里采购到可口的食物，了解各种各样的旅行线路，还能找到不同档次的酒店。镇上的人流每天呈潮汐式变化：白天时游人寥寥，大家要么还在睡觉，要么已经前往周边景区；到了晚上，数不清的狂欢派对无限拖延着人们入睡的时间。

阿塔卡马沙漠虽然是世界的"干极"，但仍有几个值得探访的湖泊。夏克萨湖[2]栖息着 3 种火烈鸟，湖水只有浅浅一层，火烈鸟可以直接站在水中，它们身后的火山成为背景，仿佛这些火烈鸟才是这片天地的主宰。夏克萨湖是阿塔卡马盐湖的一部分，盐湖中的锂矿储量非常丰富。如今，锂是制造新能源汽车电池的重要原料，从某种程度上说，它已经成为战略资源。米斯坎蒂湖[3]则呈现出由冰湖、雪山、流云、日光组成的美景，根本不用取景构图，把镜头随便对准一处，再一按快门，就是一张绝美的照片。

月亮谷距离圣佩德罗只有 13 千米，人们喜欢到这里看日落。月亮谷由风雕刻而成，部分嶙峋岩石的表面覆盖着盐霜，就像刚下了一场雪。这里的风带着咸味，让人口干舌燥。站在峡谷高处，俯瞰着毫无生机的峡谷，如同身处某个地外星球，此时我脑子里冒出的也都是一些宏大的问题，比如生存还是毁灭。

1. Chajnantor Plateau　2. Laguna Chaxa
3. Laguna Miscanti

旅途随感

我在米斯坎蒂湖帮其他游客拍了一张腾空跃起的照片，拍完之后，我低头看了一眼自己的徒步鞋和牛仔裤，鞋面和鞋帮都很脏，因为一路跋山涉水；膝盖很脏，因为仰拍时得单膝跪地；屁股很脏，因为经常席地而坐。即便如此，我一点儿也不觉得寒酸，这是真正的旅行纪念品，充满风尘仆仆的味道。

1. 矿工雕塑　2/3. 空无一人的矿工小镇　4. 丘基卡马塔铜矿　5. 采矿车　6. 铜矿石

世界上最大的露天铜矿

卡拉马 Calama

位于智利北部

推荐旅行时间：1 天

卡拉马的繁荣完全由它背靠的最大露天铜矿丘基卡马塔[1]塑造，所以点缀商业街的雕塑不是英雄或者市长，而是一个个手握钻机的矿工。

这座露天铜矿距离卡拉马市只有 15 千米，你可以参加由铜矿公司组织的半日游（周一至周五，需预订）。丘基卡马塔是一个巨大的综合体，包括矿工小镇、露天铜矿和一个由许多巨型冶炼机械组成的炼铜厂。矿工小镇其实是一座空城，满街的发廊、餐馆、商店全都大门紧闭，安静地立在阳光下，立在过去的时光里。小镇最热闹的时候有两万多居民，矿工们的福利相当丰厚，不仅不用交房租，连煤和水电费都由公司承担。不过，这里和矿坑挨得太近了，从那边飘过来的粉尘把居民们害得不轻，大家三天两头往医院跑，轻则得了哮喘，重则患上重病。2004 年，矿工小镇被废弃，矿工和家属搬到城里，而小镇成了如电影布景一样的景点。

矿工小镇给人一种末世之感，说不定人类也将终结于漫天的粉尘、雾霾或者沙尘暴之中。这些自然灾害不仅给我们带来短期或长期的生理痛苦，还有心理上的沮丧。那漫天的灰色，让人看不到一点儿希望。

小镇中唯一开门的是一座铜矿博物馆。博物馆内的墙上贴着一张时间表，详细说明了人类使用铜的历史。考古学家在公元前 6000 年的人类定居点中首次发现了铜的使用痕迹，农民耕地的犁和渔民钓鱼的钩中都含有铜。随后，古埃及和美索不达米亚地区的人又将铜用在金字塔和神庙里。到了工业革命时代，铜成了历史的推进器，应用于电话机、蒸汽机、电线电缆……到了现代，铜仿佛隐形了，但如果把铜元素从手机、电脑、飞机、卫星、潜艇、航空母舰里抽离，世界将马上陷入瘫痪。对我来说，没有铜，我就再也不能用铜锅吃涮羊肉了。

丘基卡马塔铜矿于 1910 年正式投产，到今天已经开采了 100 多年，每年的铜产量占据了智利铜总产量的半壁江山。

离开矿工小镇后，你可以前往世界上最大的露天铜矿。随着旅游大巴驶入矿区核心地带，你会看到很多工程车辆，其轮胎直径达到了 3 米！爬上主路边的观景台，火山口形状的巨大矿坑一览无余。这个矿坑究竟有多大？从数据上说，长 5 000 米，宽 3 000 米，深 1 000 米。从视觉上说，那些巨大的运输车到了坑底就成了缓慢爬行的小甲虫。矿坑内有上千个开采平台，平台上的挖掘机正一下下地掏着矿山的躯体。

1. Chuquicamata

旅行提示

卡拉马的出租车更像微型公交车，每辆车都有固定行驶路线，如果方向不对，即使你招手拦下，司机也会拒载。

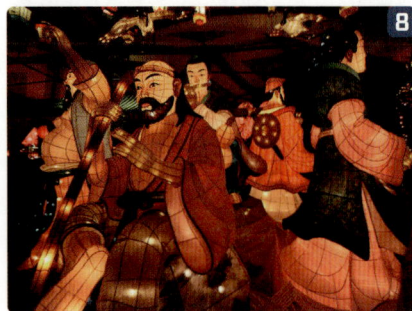

1/2. 军舰岛 3/4. 旗鱼拍卖 5. 鲷鱼 6. 鲷鱼被炖了 7. 春节期间华人社区的舞龙表演
8. 长崎灯会上的八仙过海

旗鱼拍卖会

长崎 Nagasaki

位于日本九州岛西岸

推荐旅行时间：3 天

在电影《007：大破天幕杀机》中，詹姆斯·邦德被抓到一座与世隔绝的孤岛。那里就像一座鬼城，虽然楼宇厂房林立，却看不到一个人，再加上四周环绕的电台立体声，恐怖感油然而生。这个外景地就是位于长崎外海的军舰岛。从空中俯瞰，这座岛的确很像一艘漂在海上的巨型军舰。这里曾是煤炭工业基地，在 20 世纪 70 年代矿产资源枯竭后被废弃。

每天都有前往军舰岛的渡轮，游客上岛后，可以沿着安全步道参观。如今的军舰岛只剩下一片废墟，你可以看到高达 7 层的钢筋混凝土住宅楼、为矿工建造的大型浴池、架设传送带的水泥柱……岛上最热闹的时候，人口密度是东京的 9 倍。由于煤产量惊人，当时的矿工家庭都很富裕，拥有现代化的家电厨卫设备。时移势易，我们现在只能看到一个庞大的"废物"，置身其中，犹如参观一场由旧时光堆砌而成的行为艺术展。

长崎靠海吃海，每天早晨，长崎水产市场都会举办两场拍卖会。清晨 5 点整，拍卖会正式开始，鱼贩围在拍卖师身旁，从帽子的颜色就能看出各自的身份，拍卖师戴白帽子，鱼贩戴黄帽子。拍卖师语速飞快地喊着价格，鱼贩则快速出价，快速成交。

5 点的鲷鱼、带鱼、乌贼拍卖只是"热身"

项目，6 点的旗鱼拍卖才是重头戏。不到 6 点，渔民已经把前一夜捕获的旗鱼一条条摆在空地上，小的旗鱼大约重 40 到 50 千克，大的则超过 100 千克。

旗鱼有两个典型特征：它的上颌向前突出，像一把刺刀；当它在大海中遨游时，背鳍就像一面招展的旗帜，它也因此得名。每个买家的屁兜里都挂着一个铁钩子，如果觉得哪条鱼不错，他们就用钩子掀起鱼鳃，把鱼头提起来，据说这样可以看出鱼的脂肪含量，就像买驴时看牙口就能知道驴几岁一样。

6 点整，拍卖师摇响手中的铃铛，鱼贩们再次聚集在拍卖师周围，拍卖流程跟之前一样。旗鱼拍卖结束后，水产市场里的摊位才陆续开张。鱼贩会直接将刚拍下的旗鱼拉到操作台，剁成一块块三棱形的鱼肉刺身。拍卖时，旗鱼是按照整条结算批发价的，变成刺身后，价格就变成按千克结算的零售价了。水产市场里的食堂生意非常好，一个"鲜"字足以打败其他所有日料店。

从大年初一到十五，长崎会举办规模盛大的灯会。写着"长崎灯会"的红灯笼会挂满市区商业街，庙宇前有舞龙、舞狮表演，晚上还有花灯展，花灯的装饰有不少来自中国传统文化的元素，比如八仙过海、西游记、四大金刚等。

旅途随感

相同的地方，相同的人，相同的事情，但是对不同人施加的影响截然不同，这是别人的旅行无法被复制的原因，也是旅行的魅力所在。

1. 印度门　**2.** 沙逊渔港的清晨　**3.** 泰姬陵大酒店　**4.** 维多利亚火车站　**5.** 槟榔小吃帕安
6. 电影《向爱致敬》的海报

渔港和电影

孟买 Mumbai

位于印度西部

推荐旅行时间：4 天

全世界渔港的工作时间似乎都是从凌晨开始，孟买的沙逊渔港[1]也不例外。当我在早晨 5 点来到这里时，渔港边已是一派忙碌景象。身穿鲜艳纱丽的妇女排成一列纵队从我身边走过，她们要先到归航的渔船上把挑拣好的渔获放进箩筐，再把箩筐顶在头上，送到不远处的买家那里。

距离沙逊渔港不到 2 000 米的印度门是为了纪念英国国王和王后访问孟买而建造的，门外即是浩瀚的阿拉伯海。海洋的诱惑在于制造出一种联通的意向，正是通过这片大海，南亚和欧洲联通，古老的印度文明和现代的工业文明联通。

比印度门更出名的建筑是与它比邻而居的泰姬陵大酒店，不过让这家酒店出名的可不是什么好事情。2008 年，恐怖分子袭击了这家酒店，造成了严重的人员伤亡和财产损失。后来，好莱坞将这次袭击搬上大银幕，担纲这部电影（《孟买酒店》）男主角的是戴夫·帕特尔，他也是另一部曾获奥斯卡最佳影片的电影——《贫民窟的百万富翁》的主演，电影中的贫民窟指的就是孟买的达哈维贫民窟，也是亚洲最大的贫民窟。

总部设在孟买的宝莱坞是世界上电影产量最高的生产基地，平均每天都有一部电影和观众见面。到了孟买，无论停留时间多么短暂，也无论能否听懂印地语，都别忘了去看一部宝莱坞大片。

影院大多位于城市的繁华地段，几乎全是单厅格局，一天只放四场，两场好莱坞电影，两场宝莱坞电影，我当然选择后者。

我看的那部电影叫《向爱致敬》，剧情有点儿类似于经典圣诞电影《真爱至上》，讲述了 6 个看起来相互独立但又环环相扣的爱情故事，由宝莱坞当红影星出演。这部电影让我对"宝莱坞"这三个字有了更直观的印象：在印度，要想成为明星，能歌善舞绝对是基本条件；演员的哭戏都很出彩，男演员哭起来就像开了两眼新泉，而女演员哭起来静默无声；蒙太奇技术被广泛使用，一个镜头可以从中午切换到傍晚、从男人切换到女人、从孟买切换到伦敦；电影时长超过 3 个小时，中场有短暂休息；结局皆大欢喜。

根据我的实地观察，大多数印度人的生活与电影呈现出的精彩纷呈毫不相干，而看电影对他们来说应该是摆脱现实苦难的一剂良药，这也是宝莱坞电影中加入大量歌舞的原因。

1. Sassoon Dock

作者推荐

孟买的路边摊是检验肠胃能力的一大标准——很多人吃完会拉肚子。有一种叫帕安的小吃，有点儿像可以卷一切的天津大饼，就是在槟榔叶上撒满槟榔果碎、薄荷油、花生碎、开心果碎、豆蔻、丁香、肉桂等，再卷在一起塞进嘴里。一口下去，我的舌头和嘴唇立马变成血红色。

1. 鲜花市场　2. 路边摊　3. 街头的人力车夫　4. 拥挤的黄色出租车
5. 拉宾德拉巴拉蒂大学中的泰戈尔故居　6. 特蕾莎修女雕像

逐渐没落的
加尔各答

加尔各答 Calcutta

位于印度东部

推荐旅行时间：4 天

每个初来乍到的旅行者都能一眼看出加尔各答曾经的辉煌和当下的衰败。毕竟，当年的英国殖民者可是把加尔各答当成另一个伦敦来建设的。伦敦有什么（如大英博物馆、海德公园、圣保罗大教堂），加尔各答也要一样不差（如维多利亚纪念馆、马坦公园和同名的圣保罗大教堂）。殖民者还带来了成熟的管理模式、科学的工作方法和得体的礼仪规范，以此来建设加尔各答。

1947 年，当印度独立之后，英国人留下的是一个殖民城市的外壳。贫民一下子涌进城市，设计容量仅为 200 万人的城市却挤进了 600 万人。当外国评论家再次来到加尔各答，看到马路上老鼠横行时，直言这座城市正在死去。

我曾两次到访加尔各答，中间隔了 10 年，我都变老了，它却依然如故。整座城市就像一台功率强大的噪声制造机，汽车的轰鸣、小贩的叫卖、人来人往的嘈杂组合成源源不断的音浪，我被裹挟其中，逃无可逃。往好了说，这叫人间烟火；往坏了说，这叫城市管理的缺位。

大批流浪汉混迹于加尔各答，为了帮助那些最穷的人，1952 年，特蕾莎修女创办了一家公益组织"仁爱会"，专门收留无家可归的人、残疾人和垂死的老人。因为几十年如一日的付出，1979 年，特蕾莎修女被授予诺贝尔和平奖。现在的特蕾莎故居除了供人凭吊，还是仁爱会总部。每天清晨，来自世界各地的义工到这里领取当日任务，再到仁爱会的各个分部提供服务，具体工作主要是洗衣、刷碗、喂药等。

我的工作从洗衣开始，水房内空间一半被洗衣的义工占据，另一半是洗碗的人。每个盘子都要至少清洗 3 遍，直到清水流过后仍旧清澈。接下来，我的工作是帮一个老人洗澡。我托着他的导尿管，另一名义工用温水小心地帮他擦洗那羸弱的躯体。他实在太老，像即将燃尽的蜡烛，已经没有多少在这个世上的时光。

写出脍炙人口的《飞鸟集》《新月集》，并创作了印度国歌的大诗人泰戈尔就出生于加尔各答，你可以到拉宾德拉巴拉蒂大学的泰戈尔故居寻找他的身影。晚年的泰戈尔化身革命斗士，控诉英国殖民者的暴行。虽然印度人最终把殖民者赶跑了，可关于加尔各答的未来，泰戈尔并没有给出答案。

旅途随感

仁爱会的义工身份多样，有法国来的学生、加拿大来的司机、荷兰来的银行家。人们来这里工作，不但没有任何报酬，还要搭上机票、伙食费、住宿费等开销。但大家仍义无反顾地来了，因为我们明确地知道，帮助别人就是帮助自己，这份精神上的所得远比物质丰厚得多。

1. 一对住在青年旅舍的老夫妻　2. 武器广场上的"小丑"　3. 城市头顶的安第斯雪山

4. 圣地亚哥海鲜汤　5. 斑马线上的表演　6. 圣母像

爱和人生一样长

圣地亚哥 Santiago

位于智利中部

推荐旅行时间：4 天

聂鲁达和泰戈尔有很多相似的地方，都是诗人，都曾获诺贝尔文学奖，也都来过中国。聂鲁达年少成名，20 岁时就发表了《二十首情诗和一首绝望的歌》。"爱那么短，遗忘却那么长"是这部诗集中流传最广的诗句，就像做了一个美梦，醒来后仍旧念念不忘。

这句诗自带的忧伤在我走进圣地亚哥青年旅舍的公共休息室时被冲散了。一对年逾古稀的夫妻坐在我旁边的沙发上，老先生戴着花镜，专注地按着手机，老太太用两根食指费劲地敲着笔记本上窄小的按键，一缕晨光将他们的银发照得丝丝发亮。他们一直没有说话，但我非常羡慕这样的晚年，仿佛被镀上了一层金。我相信，他们的爱情也像人生一样长。

青年旅舍前台旁的格子里摆满一日游宣传单，我选了一条包括聂鲁达博物馆的 City Walk 路线。集合地点在武器广场，导游的衣服上印着和宣传单上一模一样的 Logo。如果你摸不准南美城市的"脉门"，我告诉你一个提纲挈领的方法——先找到这座城市的武器广场。武器广场不仅是一座城市的地理中心，也多半是历史中心，广场旁通常是大教堂。我们顺着武器广场的一侧来到圣地亚哥最繁华的商业街，这里密集的人流制造出一个噪声区，仿佛有一万张嘴同时在说话。

从商业街向西穿过两个街区就到了宪法广场。广场上不仅站着一排表情冷峻的士兵，还趴着十几条流浪狗，看来这座城市对狗比较友好，才能让它们放下防备随地就寝。导游说："在军政府统治智利的十几年里，宪法广场不对外开放，那个时候非常恐怖，好几千人被秘密绑架和杀害。"

穿过马波乔河[1]，圣母山就矗立在眼前。站在山顶眺望这座城市，近处是西班牙殖民时期修建的老城，楼都不高，呈扁平化分布；远处则是高楼林立的现代化新城，许多跨国公司将南美总部设在那里。导游介绍，智利地处环太平洋地震带，这些高楼中间必须立一根可以减震的刚性中轴。导游又掏出一张明信片让大家传阅，一看就是在我们所站的位置拍的，因为前景完全一样，可后景就不同了，城市与天空之间的那层雾气竟神奇地变成了连绵的雪山。导游说："这是天晴的时候。这两年圣地亚哥雾霾特别严重，如果没有风吹走雾霾，我的嗓子就会不舒服。"后来我出城时的确看到了安第斯山脉上的积雪，这一眼还起到了修辞中的通感效果——我顿时觉得空气变清新了。

1. Río Mapocho

作者推荐

南美洲的很多城市都有一类特殊的街头艺人，他们会在红灯亮起时冲到斑马线前表演，有的舞旗，有的喷火，有的抛接球，一出手就得是看家本领，因为表演时间只有几十秒，在绿灯亮起前，还要飞奔到各个汽车窗口要小费。

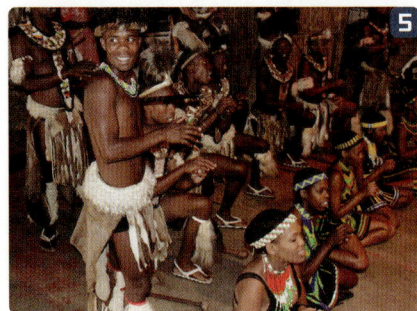

1. 金礁城的矿道　**2.** 纯金金块　**3.** 举办 2010 年世界杯的球场　**4.** 莱西迪民俗文化村
5. 能歌善舞的祖鲁人　**6.** 祖鲁族战士

金矿和民俗村

我要写在开头的特别提示：约翰内斯堡是世界上犯罪率最高的城市之一，不要去旅游区之外的地方，天黑后不要独自出门。

1886 年 2 月的一天，一个小伙子在去农场打工的路上不小心被绊了一跤，他气急败坏地瞪了一眼绊他的石头，就在那一瞬间，他看到石头上闪过一丝金光……这就是世界上最大金矿诞生的序曲，正是这座金矿的发现和开采，让约翰内斯堡这座高原小镇一跃成为南非的经济中心。南非世界杯开幕式和闭幕式主会场的外墙由红色、黄色马赛克拼接而成，这两种颜色就是呼应"红色土壤中孕育的金山"。

在 20 世纪 70 年代金矿停止开采后，这里变成了一个主题公园——金礁城。你可以跟随矿工打扮的导游来到 220 米深的地下矿道，矿道中央铺设着铁轨，里面还有娱乐室、医疗室，以及类似结绳记事的工具——每拉走一辆矿车，就在上面打一个结。如果你问导游："我能在这儿捡到金子吗？"他马上会说出一个应对此问题的标准答案："当然能！上个客人来的时候不小心弄丢了一只金耳环，你要是仔细找找，没准儿真能找到。"越往前走，矿道越窄，似乎在考验人类身体的蜷缩极限，这时导游会告诉你，其实金矿中最辛苦的是身材偏瘦小的矿工，因为很多地方只有他们才能进去作业。

参观完代表约翰内斯堡发迹史的金山后，你还可以到约翰内斯堡郊外森林中的莱西迪民俗文化村了解原住民祖鲁人的生活方式。民俗村规模很大，由 3 个直接从原始部落搬过来的村庄构成。

祖鲁人喜欢在墙壁和地面上涂一层牛粪，一方面，牛粪可以隔绝蚊虫骚扰；另一方面，牛粪的主要成分是甘草，所以还能起到抗菌的作用。有些部落的室外灶台拥有东南西北 4 个面，无论风从哪个方向刮来，他们都能把大铁锅支在背风的一面。有的部落喜欢戴羽毛帽子，因为在殖民者和祖鲁部落的战斗中，枪手总是瞄准最先露出脑袋的战士，而高耸的羽毛能扰乱敌人的视线，让枪手不能一击命中。你还可以学到当地青年的握手方式：先是拇指对拇指，随后另外四指相对，再转一个圈，双手就握在一起。

祖鲁人似乎把能歌善舞刻进了自己的基因，在非洲手鼓的伴奏下，他们旋转跳跃，就像围猎成功后快活地走在回家的大路上。

旅途随感

与旅行中随时随地都能获得的快乐相比，生活中的快乐大多来之不易，因为我们都活在一个比较系统里，似乎只有拥有更好的车与房才会快乐。可比较永无止境，你可能不得不以牺牲健康、与亲朋聚少离多甚至搁置梦想为代价。

1. 好望堡的放炮仪式　**2.** 桌山　**3.** 马来人社区　**4.** 4 位诺贝尔和平奖获得者　**5.** 绿点球场
6. 笑容灿烂的南非人

最像欧洲的
非洲城市

开普敦 Cape Town

位于南非南部

推荐旅行时间：3 天

开普敦身在非洲，却长着一张欧洲面孔。每天黄昏，当你在维多利亚港休闲区漫步时，你会看到港湾里的游艇桅杆林立，像棕榈林一样看不到边际。海港边的街道干净整洁，人们在街上遛狗、慢跑，或者在草坪上野餐……在维多利亚港的诺贝尔广场上，4 位曾经获得诺贝尔和平奖的南非人像老朋友一样肩并肩望向远方。

其实，开普敦的性格比它的外表更加欧洲化。这里的一切都实行公投，就拿 2010 年南非世界杯来说，人们围绕半决赛举办地的绿点球场是否需要新建的议案争吵了很久，最终公投否决了新建议案，于是政府只能从银行借钱，将老球场的外观进行了一番改造。

绿点球场像一只碗口外翻的大碗，从色彩到造型完全看不到非洲风格的饱和与浓艳，而是呈现出一种现代感。这座球场的背景就是堪称开普敦地标的桌山[1]。

桌山像被一把利斧削掉了山尖，只留下了底座。每当起雾时，桌山就像铺了一块巨大的白色桌布，让人误以为走进了《格列佛游记》里的大人国，就差再摆两张高耸入云的椅子了。有缆车直接通往桌山山顶，缆车的底盘可以像旋转餐厅一样 360 度旋转，在

整个上升过程中正好转两圈。刮风和起雾都会影响缆车的正常运行：一旦刮风，缆车就会被吹得摇摇晃晃；一旦起雾，游客即使到了山顶也什么都看不见。登顶之后，你会发现若干条徒步线路（据说一共有 360 条，很容易迷路），沿着那些小路走，你可以看到远近山峰的轮廓、浅蓝色的印度洋暖流、深蓝色的大西洋寒流，还有监禁过曼德拉的罗本岛[2]……在春季，你还能看到直径达 30 厘米的帝王花。帝王花又叫普蒂亚花，是南非的国花，花语是胜利和圆满。

除了游览桌山，你还可以在荷兰人修建的好望堡里围观一场迷你版放炮仪式，或者到马来人社区寻找彩色的房子。

马来人社区又叫波卡普[3]，最早住在这里的是被荷兰人从亚洲掠来的奴隶，其中以马来人为主。20 世纪 30 年代，南非政府打算将波卡普收归国有，当地人为了继续住在自己的家园，拒绝了高额赔偿。在拆迁计划失败后，政府竟然剥夺了波卡普的门牌号，但这难不倒聪明的马来人后裔，他们把自己的房子刷成五颜六色，无论访客还是邮递员都能一眼锁定目标。

1. Table Mountain 2. Robben Island 3. Bo-Kaap

作者推荐

开普敦有一家牛仔裤工作室，工作室的主人杰克说他专门收集被扔进垃圾堆的破牛仔裤，拿回来洗干净后，再用碎布、粗线、徽章等把裤子上的破洞补好。这样，一条全新的创意牛仔裤就诞生了，不仅时尚，而且环保。

1. 鸵鸟蛋壳画　2. 海豹岛　3. 老船长龙虾餐　4. 坎普斯海滩　5. 大海成了骑行者的背景
6. 海滩边的房子

小海豹保护者

南非大洋路 Atlantic Coast

位于南非南部

推荐旅行时间：1 天

南非的大洋路紧挨着大西洋，海岸线随心所欲地变换着造型，有时是一条笔直的线，有时又被海水推进内陆，像月亮的半张脸。坎普斯海滩[1]是这条景观大道上的第一个必停之处，在这里你会看到 12 座连绵的山峰，它们被称为十二门徒山，恰好与澳洲大洋路的十二门徒岩形成呼应。山腰上建了很多别墅，但车库都在海边，于是地产开发商在车库和别墅之间建了缆车线——也算是一种新颖的回家方式。

在大洋路沿途，你能看到海面上漂着很多棕色海带，就像水妖的头发。当地人说，有海带的地方一定有龙虾和鲍鱼，这两种海鲜也是他们的家常便饭。

从豪特湾[2]的水手码头出发，游客可以乘坐快艇前往海豹岛。暴躁的海风将快艇吹得像快断线的风筝，也让快艇上的游客东摇西晃、惊叫连连。

海豹岛其实就是突出海面的几块岩石，密密麻麻的海豹躺在上面晒太阳。有的公海豹在捉对厮杀，母海豹则在一旁慵懒地观战，似乎在母海豹的眼中，重要的并不是公海豹的输赢，而是阳光是否灿烂。

豪特湾附近有一个拯救小海豹中心，那里有几百只小海豹，有的躺在岩石上晒太阳，有的在浅海中洗澡嬉戏。拯救小海豹中心的创办者马特先生说，小海豹的皮毛在国际市场上售价极高，一旦小海豹长成大海豹，皮毛就失去了商业价值，所以这个拯救中心的任务就是把小海豹喂养到成年，再放归大海。

在拯救小海豹中心，你还能看到一部关于捕猎海豹的纪录片——当猎人把小海豹圈在一起时，它们会因为恐惧而自相残杀。为了避免皮毛受到损伤，猎人不会用枪击杀小海豹，而是用乱棒将海豹打死。

马特先生在这里工作了十几年，靠妻子出售工艺品的收入和一些国际组织的援助维持中心的正常运转，每年都会有很多小海豹在他的保护下幸免于难。

如果你想在附近美餐一顿，可以去菲什胡克镇[3]的厨房海鲜餐厅，点老船长龙虾餐：一只鲜红油亮的完整龙虾摆在巨大的餐盘中央，虾壳沿中线切开，露出里面紧致的虾肉。蘸龙虾的调料有 3 种，分别为红色的辣椒酱、深黄色的橄榄油醋汁和浅黄色的蒜末咖喱酱。佐餐的海鲜有 4 盘，包括炸得焦黄的鱿鱼圈、肉质鲜美的牡蛎、撒着椒盐的虎虾和清蒸鳗鱼。

1. Camps Bay　2. Hout Bay　3. Fish Hoek

旅途随感

人类总以为自己比其他生物高级，似乎也掌握着其他物种的生杀大权。然而，涸泽而渔绝不是生存之道。善待其他生物，也是善待人类自己。

1. 桉树林中的考拉　2. 从直升机上俯瞰大洋路　3. 托尔坎海滩边的冲浪者
4. 十二门徒岩　5. 洛克阿德峡谷　6. 吉布森海滩旁的歌革和玛各

大洋路的"大"

大洋路 Great Ocean Road
位于澳大利亚维多利亚州
推荐旅行时间：2 天

　　汽车从墨尔本向西行驶 1 个小时左右，即可抵达大洋路的起点。那是一道用几十根原木撑起来的大门，门楣上写着大洋路的英文"GREAT OCEAN ROAD"。"GREAT"一词在这里有两重含义：一是代指第一次世界大战，大洋路是由澳大利亚的一战退伍老兵修建的；二是赞美沿途的风景，对于如同海浪一样层层递进的壮丽景色，用任何词语来形容都不为过。

　　大洋路的起点在托尔坎[1]附近，这里是 Rip Curl 和 Quiksilver 这两大冲浪品牌的诞生地。在冲浪店门前的天气预报牌上，写着当天气温、涨潮和退潮时间，以及海浪高度。

　　在大洋路一侧伸入印度洋的奥特韦角[2]有片桉树林。只要你的眼神足够好，你就能看到高居枝头的澳大利亚国宝考拉。考拉爱吃的桉树叶热量很低，于是这些可爱的生灵就用一天睡足 20 个小时的策略来减少能量消耗。

　　如果以法餐作比，托尔坎的冲浪营和奥特韦角的考拉就是前菜，主菜则是十二门徒岩[3]。十二门徒岩是世界著名的海蚀柱景观，原本的名字叫"母猪和猪崽"——大陆是"母猪"，孤悬于海面之上的石柱则是"猪崽"。改名之后，十二门徒岩的知名度迅速提升，因为这个名称为前往此地的旅行赋予了一种朝圣的意味。随着时间的流逝，"门徒"陆续倒下，现在只剩下 7 位。但"七兄弟"大约也难逃厄运，区别只在于倒下的时间，可能是 30 秒之后，也可能是 30 年之后。

　　歌革和玛各是十二门徒岩之外的两根海蚀柱，沿着 86 级的吉布森阶梯走到海滩上就能看到它们。在海雾的掩映下，歌革和玛各竟有一种缥缈虚无之感，这让我恍惚以为自己来到了异域星球，心底一片茫然。

　　接下来是洛克阿德峡谷[4]，峡谷两侧的山峰环抱着海水，只留下一个狭窄的出口通向大海。1878 年，"洛克阿德号"移民船在附近海域沉没，只有两个年轻人因漂到峡谷中才幸免于难，当时营救他们的正是徒手修建了吉布森阶梯的休·吉布森。

　　大洋路其实可以走两遍。第一遍乘车，每到一个景点就下车游玩一段时间。第二遍乘坐直升机，你会看到笔直的大洋路似乎一眼望不到头，偶尔会和一些乡间小路交叉成十字。此时，无论十二门徒岩，还是歌革和玛各，都不过是海岸线之外的几块顽石，这种"不起眼"也让人加深了认为它们会随时倒掉的预期。我的担心还多了一重，因为我发现大洋路离海岸线非常近，随着海水的侵蚀，终有一天，这条路也将消失不见。

1. Torquay　2. Cape Otway　3. Twelve Apostles
4. Loch Ard Gorge

作者推荐

　　你可以在大洋路沿途的汉堡店吃到用袋鼠肉饼制作的汉堡包，味道有点儿像牛肉，只是口感更柴一些。

1. 以猫为主题的街头雕塑　2. "鹤顶红"　3. 藏在猪笼草中的猪笼草姬蛙
4. 婆罗洲蓝眼睛　5. 长着吸盘的树蛙　6. 巴科海蚀柱

犀鸟和猪笼草

古晋 Kuching

位于马来西亚砂拉越州
推荐旅行时间：3 天

在马来语中，"kuching"是"猫"的意思，于是城市管理者应景地将很多以猫为主题的雕塑放在街头。犀鸟的出镜率比猫还要高，因为它是砂拉越州的州鸟，不过它不是以雕塑的形式出现，而是在墙画上飞翔。犀鸟头上有一个形似犀牛角的突起，并因此得名。这个突起让犀鸟的脑袋显得很大，有一种头重脚轻的视觉效果。遗憾的是，我既没有在古晋的街头看到一只猫，也没有看到活的犀鸟。

如果你想看犀鸟，可以去两个地方。一是马登野生动物保护中心，那里就像一个动物园，有四五种犀鸟。二是古晋市中心的婆罗洲文化博物馆，你会看到以犀鸟为原型的图腾，还有一些用盔犀鸟的头骨制作的工艺品。明朝时，这些类似牙雕的工艺品作为贡品被运往中国，由于盔犀鸟的头胄部为红色，在古玩界还有个外号叫"鹤顶红"。世世代代生活在婆罗洲的伊班族也将犀鸟作为崇拜对象，部落里的族长都拥有漂亮的犀鸟面具，会在仪式上佩戴，每年 12 月初还会举办犀鸟节。

除了犀鸟，你还能在古晋的若干国家公园里找到砂拉越的代表物种。

巴科国家公园的徒步路线多达十几条，你可以根据自己的兴趣和体力从中进行选择。短线一两个小时就可以走完，长线则需

要做好露营的准备。你会看到长鼻猴、婆罗洲须猪、长尾猕猴等，最常见的植物就是猪笼草。猪笼草的叶子边缘挂着一个酒杯状的捕虫笼，笼子里是消化液，可以分解落入其中的昆虫。猴子非常喜欢喝捕虫笼里的液体，因而猪笼草又被称为猴杯。

在小班丹湾[1]徒步线的尽头，你可以看到古晋标志性的海蚀柱。巴科海蚀柱看起来就像一条昂着头的眼镜蛇，显得头大身子窄。海蚀柱原本和陆地连在一起，是岬角的尖端部分，随着海水长年累月地冲刷岬角，拱门状的海蚀桥就形成了。当桥面坍塌，残留在大海中的部分就成了海蚀柱。不过海水并不会饶过它，早晚有一天会将它撂倒。

库巴国家公园的特色旅游项目是夜幕下观蛙。整个行程大概 3 个小时，先沿着一条斜坡一路向上，抵达一处水塘后再原路折返。向导一边走，一边借助强光手电筒寻找蛙类。

我跟向导打听寻蛙秘诀，他说技巧就是用手电筒照向黑暗的地方，如果有反光，那可能就是蛙类的眼睛。我按照这个方法找到了两个反光点，走近一看，才发现是刚落下的雨滴。后来，我不仅找到了蛙类，还发现了一只鼷鼷，它有个外号叫婆罗洲蓝眼睛。

1. Telok Pandan Kecil

作者推荐

古晋的叻沙被美食家安东尼·伯尔顿评价为"神的早餐"。汤头用虾壳和十几种香料熬制，出锅前再淋上椰浆。我的吃法是在叻沙之外，还要配上几串鸡肉沙嗲、两片加了咖椰酱的吐司和一杯冰椰汁，这应该可以算"神的早午餐"了吧。

1. 火炬姜的花　2. 作为彩礼的一排铜锣　3. 头骨屋　4. 长屋也是猫的家园
5. 俯瞰视角下的安纳莱斯长屋村　6. 用东革阿里泡酒

长屋和猎头族

安纳莱斯的长屋就像一个建在木桩之上的村落，家家户户被一条长长的走廊连在一起，走廊上还盖着可以遮风挡雨的屋檐。

这个长屋系统已经存在了 300 多年，生活在这里的是被称为陆地达雅人的比达友族（伊班族被称为海上达雅人）。他们原本散居在丛林深处，后来为了抵御敌人的攻击，他们决定住在一起。长屋非一日建成，最初只有几户人家，随后他们的亲戚陆续搬来。现在一共有大约 150 个家庭居住在安纳莱斯长屋，"同一屋檐下"的生活方式不仅让族人在物理上连接在一起，同时也让他们的精神世界高度互联。

现在居住在这里的大多是老人，年轻人都去大城市闯荡了，只在假期才回来。一些家庭将空出来的房间改造成民宿，让游客也可以体验长屋生活，而不只是走马观花。

我入住的那家民宿为复式结构，一层是女主人萨米一家的起居室和卧室，二层是客房。起居室的墙面上挂着一排铜锣，这是结婚时男方出的彩礼。在当地，铜锣是身份和地位的象征，判断一个家庭是否富有就看家中的墙上挂了多少面铜锣。

三餐的食材都是萨米出门就地取材而来，比如两朵火炬姜的花，作为烹饪竹筒鸡的香料；一把守宫木的叶子，用来炒鸡蛋，它的味道很甜；一个菠萝，当作餐后甜点；一块东革阿里的根茎，当地人用它来泡米酒。东革阿里是马来西亚三大国宝之一（另外两个是燕窝和锡器），具有杀菌和提升免疫力的功效。

头骨屋是长屋中最特别的建筑，就像一座小型博物馆，里面有鱼篓、竹筐、陶罐等生活用具。当然，头骨屋中最重要的展品就是被关在铁笼里的十几个骷髅头了。萨米告诉我，这些都是敌人的脑袋。至于为什么要割脑袋，她说这样就能将敌人的灵魂扣下来当奴隶，同时也是一种提振士气的方式。我对婆罗洲的了解主要来自一部名为《野猪渡河》的小说，书中提到，在人与动物，以及人与人争地盘的战斗中充斥着血腥和暴力。后来，猎头族的某些传统因为过于野蛮而被扫进了历史的垃圾堆。

我在长屋中来来回回逛了几遍，看到"女士俱乐部"我就点头问声好，看到"男人帮"我就会被拉过去喝杯米酒。到了晚上，长屋非常安静，那些可以在声音的世界中隐形的壁虎牢牢地占据了每一面墙，毕竟灯下最不缺的就是飞虫。

作者推荐

安纳莱斯长屋距离砂拉越州首府古晋只有一个多小时车程，如果想参观更地道的婆罗洲长屋，可以沿着拉让江前往加帛（Kapit），那里的伊班族长屋就像时光机，可以带你回到过去。

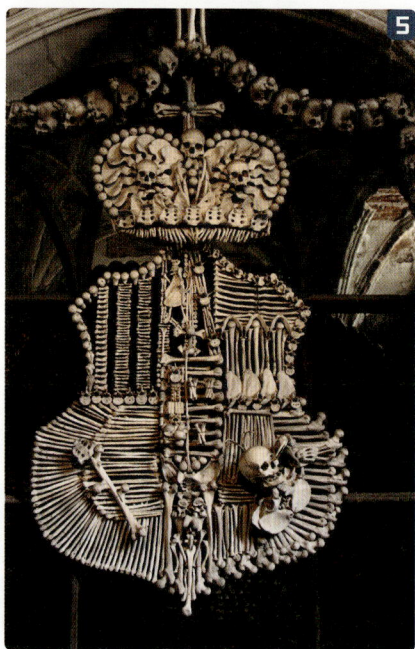

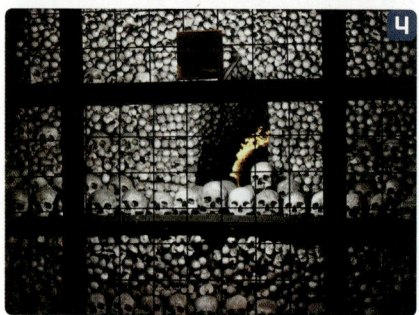

1. 白色的"帽衫"已经变成了黑色　2. 人骨吊灯　3/4. 教堂里到处都是森森白骨

5. 人骨徽章

银矿
和人骨教堂

虽然库特纳霍拉的城市规模与首都布拉格不可同日而语，但在中世纪，库特纳霍拉是敢跟布拉格"掰手腕"的"狠角色"，它们俩还争抢过波希米亚地区的霸主地位。这全因 13 世纪时人们在库特纳霍拉发现了银矿。在那个年代，银币可是"硬通货"。不过，随着 1726 年库特纳霍拉银矿的停产，这座城市的发展也停滞了。

捷克银矿博物馆保留了那段辉煌的历史，你能在那里了解到全民大炼银锭时代的繁盛景象。

矿工采矿时要穿一种带帽子的白色衣服，有点儿像现在的帽衫，只不过是及膝的长款帽衫。采矿工具只有两样——铁镐和锤子。矿工先用镐头抵住岩石，再用锤子敲击镐柄，矿石就会从岩壁上脱落。最后，矿工用绞车把矿石运到地面。绞车最初由人力驱动，随着矿坑越挖越深，当地人发明了一种用 12 匹马拉动的大型绞车，一次可将 1 吨矿石从 200 米深的地下运到地面。

接下来是冶炼过程。工人先用锤子把矿石敲烂，再用石磨将其碾碎，去除杂质后放入熔炉，并在熔炉中加入铅，矿石就变成像大块吐司面包一样的银坯。矿石商人会把银坯运到几百米外的皇家造币厂进行二次精炼，再把提纯后的银锭切成圆片，最终加工成银币。在银矿运转的几百年间，这里一共生产了 2 500 吨纯银锭。

游客可以进入早已废弃的矿坑参观，但地下世界一片黑暗，最窄处只有 40 厘米。

在库特纳霍拉，人骨教堂比银矿博物馆的名气更大。教堂外墙呈浅灰色，顶部有十字架，看起来与其他教堂区别不大。可一旦走进教堂，你就像来到了白骨精的洞穴，目之所及都是一排排人骨。

中世纪的一场瘟疫让周围村民死伤过半，整个库特纳霍拉积骨如山，教堂周围都是坟墓。1870 年，施瓦岑贝格家族买下这座教堂，请来一个本地木匠，让他把 40 000 具人骨制作成教堂里的装饰摆设，这样既可以让往生者的灵魂与上帝同在，又能让教堂的装潢设计与众不同。

在这些人骨中，最有代表性的是一盏位于教堂正中的人骨吊灯。灯架是粗壮的大腿骨，吊坠是互相连接的下颌骨，头颅充当烛台，每一个慕名而来的参观者都会仰视至少半分钟。在教堂内还有一枚巨大的施瓦岑贝格家族的盾形徽章——由人骨拼成，在右下角有一只乌鸦在啄敌人的眼睛。

旅途随感

波希米亚本来只是个地名，现在却被当成形容词来用，波希米亚服装、波希米亚啤酒、波希米亚生活方式……喜欢旅行的人似乎或多或少都有些波希米亚特质，就是骨子里总有一点儿特立独行的基因。

1. 青铜飞龙　**2.** 圣乔治礼拜堂中穹顶上的盾形徽章　**3.** 从高处俯瞰卢布尔雅那
4. 马特库瓦艺术村　**5.** 肉食拼盘

飞龙之城

卢布尔雅那 Ljubljana

位于斯洛文尼亚西北部

推荐旅行时间：3 天

在欧洲旅行时，你会看到各式各样的盾形徽章，它们代表着家族、学校、城市等。这类徽章起源于 12 世纪的十字军东征，用来区分身穿盔甲、无法看清面孔的骑士究竟归属哪方队伍。

在卢布尔雅那城堡的圣乔治礼拜堂中，原本用来装饰穹顶的圣经故事被一枚枚盾形徽章代替，你甚至可以把这里看作一个徽章博物馆，能找到各种在徽章设计中常用的元素，比如狮子、双头鹰、权杖、条纹等。卢布尔雅那的城市徽章是一条盘旋在城堡之上的飞龙。相传，飞龙是这座城市的吉祥兽，护佑卢布尔雅那一次次抵挡住敌人的进攻。

城堡内还有一家影院，戴上耳机和立体眼镜，你只需 20 分钟就可以了解这座城市长达 2 000 多年的历史，从公元前 34 年古罗马人建城到 1991 年成为斯洛文尼亚的首都。

卢布尔雅那市中心有一座石桥，4 只振翅欲飞的青铜飞龙守在石桥四角，它们赋予了这座城市一种魔幻主义气质。飞龙是欧美文学中的经典怪物形象，从《冰与火之歌》中的 3 条小龙到《霍比特人》中的史矛革，飞龙的造型逐渐固定下来，不仅长着翅膀，还能喷出火焰。

如果你想进一步了解这座城市的魔幻气质，那就一定要去游览火车站对面的马特库瓦艺术村[1]。它的前身是南斯拉夫的一座兵营，南斯拉夫解体后，这里被艺术家接管，自由和激情是他们的两大核心创作理念。在艺术村中，无一物不设计，无一物不诡异。原来士兵住的地方被改造成酒吧，露天空地成为造型奇特的舞台，监狱变成青年旅舍，一切都以反传统的方式呈现。

你可以在艺术村看到刻满怪物浮雕的墙壁，它让艺术村从一个单调的建筑群中脱颖而出。这里有世界上最大的涂鸦老鼠，尾巴比一辆汽车还长。最夺人眼球的是几个长着大脑袋的精灵，四肢极纤细，不知电影《指环王》中的怪物咕噜是不是以此为原型。

虽然政府中的保守派把马特库瓦艺术村当成眼中钉，一直想把它拆掉，但前卫的艺术家和世界各地崇尚艺术的青年人把这里视为圣地，他们像飞龙一样守护着这里的自由气息。

我认为艺术家大体可以分为两种：第一种专门负责制造真、善、美，比如法国的闻香师和意大利的鞋匠，但他们因为利益驱使而更接近于匠人；另一种遵循自己的内心，不管是否会被接受，他们都会用画笔、音符及一切"破铜烂铁"渲染生命中压制不住的色彩。

1. Metelkova

作者推荐

不要错过索科尔（Sokol）餐厅的肉食拼盘，拼盘中的五花肉、猪排、香肠一定能让你的卡路里超标。

1. 冬天的村庄　2. 黑颈鹤　3. 纳帕海　4. 扎巴格丹先生　5. 藏族阿妈在给牦牛挤奶
6. 一堂唐卡课

水旁的村庄

称尼村 Chengni

位于中国云南香格里拉市

推荐旅行时间：2 天

称尼村在香格里拉机场附近，村民几乎每小时都能看到飞机起降。村子里只有几十户人家，这里的藏式民居用夯土建起三面厚实的外墙，只把东面空出来，因为藏族阿妈每天早晨要给牦牛挤奶，初升的朝阳照在身上、手上，才不会感到特别寒冷。这里的房子都盖得方方正正，通常三四丈宽，四五丈长，夯土墙内部用木柱支撑民居的主体结构。如果是 3 层高的民居，总面积能有五六百平方米，远远望去，就像一座座敦实的大粮仓。

曾入围戛纳电影节的短片《年让》讲了一个类似神笔马良的故事，一支神奇的画笔让小年让心想事成。年让的扮演者就是来自称尼村的少年丹增顿旦，而扮演年让父亲的帅气大叔也来自称尼村，名叫扎巴格丹。

扎巴先生的父亲年轻时沿着茶马古道前往印度，这一走就是 20 多年，小扎巴也在那个炎热的国度出生、长大。他回忆起自己的童年生活，说那时家里没有电视和电话，每晚唯一的娱乐就是听父亲讲关于家乡的故事。"父亲总提到家乡洁白的雪山和幽蓝的湖泊，太美了，小时候我最大的梦想就是回到家乡。父亲还说家乡是一个叫称尼的地方，在藏语里，称尼的意思是水旁的村庄。"扎巴先生喜欢引用《故乡与我》中的一句诗来描述他和称尼村的关系：我只有把自己放进故乡的人群中 / 故乡 / 才是我的 / 我也是 / 故乡的。

纳帕海就是扎巴先生父亲挂在嘴边的幽蓝湖泊。冬天时，这里是一个观鸟天堂。最显眼的是黑颈鹤，当它们从空中飞过时，就像刷刷掠过的羽箭。虽然黑颈鹤的外形惊艳，但它们的叫声比乌鸦的好听不了多少，这让高颜值带来的好感一下子打了折扣。整个冬天，它们都在纳帕海度过，春天时再飞回青海或西藏的老家。

同样迁徙到纳帕海越冬的还有绿头鸭和斑头雁，它们的个头比黑颈鹤小很多，喜欢站在凸出于水面的冻土之上。冻土与我脚下的土地被水面或者冰面隔开，这一道道天然屏障也是这些飞禽的安全感来源。我试着把一只脚踏上岸边的冰面，当身体前倾，重心刚转移了一半，就听到脚下传来"咔嚓咔嚓"的冰裂声，裂痕像叶脉一样由近及远地蔓延开去，让我不敢再多走一步。不用等到中午，这层薄薄的冰面就会在阳光的强势进攻下化为乌有。

作者推荐

如果你也想拥有年让的绘画本领，可以在当地学习唐卡初级课程。老师先为大家讲解唐卡的来历，随后带领学员一步步勾勒出佛像的轮廓。唐卡绘画以大量几何图形为辅助，天分高的初学者只需半个小时就能画得和老师一模一样。

1. 滑翔伞准备起飞　2. 藏托克寺　3. 车水马龙的噶伦堡街头　4. 手工造纸厂
5. 染色的奥格里纸　6. 挂着汉字招牌的餐馆

滑翔伞和造纸术

噶伦堡 Kalimpong

位于印度东北部西孟加拉邦
推荐旅行时间：2 天

作为茶马古道进入印度之后的第一站，噶伦堡至今依旧一派人沸马喧的景象，车子一开进市中心就自动进入"树懒模式"。我是从扎巴格丹先生那里听说的这个地名，他父亲当年就是从噶伦堡进入印度的。

噶伦堡建在督尔宾山[1]和迪沃罗山[2]之间的谷地。藏传佛教庙宇藏托克寺[3]位于督尔宾山的最高点，寺中的唐卡壁画非常值得一看。下午4点，寺中有一场晚课，虽然僧人吟诵的经文我一个字都听不懂，但我对他们的乐器颇感兴趣：有两三米长的铜钦，有高悬的双面柄鼓，有困住孙悟空的金铙。这些乐器吹的吹、敲的敲、拍的拍，组合成恢宏的乐曲，让人顿感自身的卑微和佛法的无边。

迪沃罗山的山顶已经变成喜马拉雅山鹰滑翔伞基地的起飞平台。前一秒我还在仰望五颜六色的长方形滑翔伞，下一秒我就被安全绳紧紧绑住。我数了数，我和滑翔伞之间一共连着24股绳子。我身后还绑了一个座袋，它的作用有三个：里面装了应急的备用伞，可以用坐姿飞翔，降落时起到缓冲和保护的作用。起飞的过程与我预想的完全相反，我以为要先在山顶跑起来，带动躺在地上的滑翔伞，实际上，伞先借助风力飞到半空，它带着我和身后的教练直接飞到了空中。教练问我怕不怕，我说"当然不怕"。我十分享

受飞翔的乐趣，忍不住发出像鸟鸣一样的啸叫。喜马拉雅山脉南麓的很多地方都适合玩滑翔伞，因为这里的上升气流平稳且持续。这气流也让我的第一次降落以失败告终——眼看就要触底了，滑翔伞又被风吹到天上。所谓"好风凭借力，送我上青云"，生活中我们也需要这样的"好风"助自己一臂之力，但有时等风，风却不来，怎么办？那就自己吹口气，也就是发挥主观能动性。

噶伦堡有很多手工作坊，有做熏香的，有画唐卡的，还有两家喜马拉雅手工造纸厂，由一对兄弟开办。哥哥布林西先生向我详细讲解了造纸的过程：先砍下当地一种叫奥格里[4]的灌木，把剥下来的树皮放在一口大黑锅中煮熟，然后用碎浆机把煮熟的树皮打成纸浆，纸浆看起来就像糨糊一样。接下来，用筛子把纸浆捞起来，挤出纸浆中的水分后，再晒干。干燥后的纸是卷边的，最后一个步骤就是把纸张熨平。造纸厂每天可以做600张这种既柔软又粗糙的奥格里纸，每张能卖20卢比（约合人民币2元）。奥格里纸是有机纸，不含任何化学添加剂，通常被用来印制经文、糊纸灯笼或包装茶叶。

1. Durpin Dara Hill　2. Deolo Hill
3. Zangtok Pelri Phodang　4. Argayli

作者推荐

噶伦堡的主干道两旁有很多小餐馆，大多挂着印有汉字的招牌，可见两国商贸往来频繁。一定要点猪肉蒸饺，再配一瓶冰啤酒，又管饱又解渴。

1. 圣安东尼奥的河滨步行街　2. 教练和我一起飞到半空中　3. 墨西哥风格的购物店
4. 阿拉莫战役中士兵使用的长管滑膛枪　5. 阿拉莫战役遗址　6. 米泰拉餐厅的墙画

跳伞和杂牌军

圣安东尼奥 San Antonio

位于美国得克萨斯州

推荐旅行时间：3 天

比滑翔伞更刺激的飞翔体验无疑是跳伞了。在圣安东尼奥附近的圣马科斯[1]跳伞基地，人们就能体会到这种从天而降的乐趣。登机前你要系好安全背带，确保自己不会从任何角度掉下去。随后，飞机飞到约 3 000 米的高空，这时你已经和教练一前一后像连体婴一样绑在一起。飞机舱门打开后，你可能来不及后悔或者恐惧，教练和你就以一个前滚翻的动作飞到半空。自由落体时间很短，因为教练会马上打开引导伞，你还可以在教练的手势指导下做些随意发挥的动作，比如狗刨式游泳。由于速度太快，你几乎无法分辨从眼前掠过的风景，听力也下降为零，因为风速堪比飓风。紧接着，教练打开主伞，你的身体从水平状态调整为垂直状态，视觉也慢慢恢复，远方的大海和脚下的农田渐渐变得清晰起来。

很多人的遗愿清单中都有"跳一次伞"。遗愿清单具有闭合属性，当一个项目完成，打一个钩，这件事就被画上句号。梦想则不同，它具有开放属性，当一个梦想完成，这个梦想可能又会引出新的梦想。

圣安东尼奥距离美国和墨西哥的国境线很近，自古以来纷争不断。最初，这里是印第安人的地盘。后来，西班牙人、墨西哥人、得克萨斯人轮流统治这里。1845 年，圣安东尼奥所在的"孤星共和国"并入美国，一切才算尘埃落定。

在这部"你推翻我，我推翻你"的史书中，阿拉莫战役无疑是浓墨重彩的一笔。战役遗址就在圣安东尼奥市中心，现在只剩一座教堂和一排兵营。

1836 年，一支由农民、拓荒者、冒险家组成的杂牌军与墨西哥正规军在这里打了一场要塞保卫战，杂牌军不到 200 人，正规军人数却多达两三千。虽然杂牌军最终全军覆没，但这种为自由而战的精神彻底点燃了得克萨斯人心中的希望之火。毕竟，以一当十的勇气胜于以十当一的能力。如果你是枪械爱好者，可以在阿拉莫要塞摸一摸当年的主要作战武器——长管滑膛枪。

虽然墨西哥在这里的统治结束了，但墨西哥的美食文化顽强地扎根于此。米泰拉餐厅从 1941 年起就在这里经营了，无论是装修风格、服务员的着装，还是菜品摆盘，都可以用五颜六色来形容，这种审美也深深地刻在墨西哥文化中。餐馆里有一面名人墙，你能在上面找到女画家弗里达和她的壁画家丈夫里维拉。

1. San Marcos

旅行技能

跳伞时有几个动作要领：出舱时头要向后仰，双手抓紧胸前的安全带；飞行时双脚向后勾，让身体呈向上弯的香蕉状；着陆时，双膝微屈以抵消身体动能。

1. 宇航员培训中心　2. 土星五号　3. 得克萨斯长角牛　4. 用牛皮、鳄鱼皮、鸵鸟皮制作的牛仔靴　5. 得克萨斯烤肉　6. 骑公牛比赛

太空版迪士尼和牛仔节狂欢

休斯敦 Houston

位于美国得克萨斯州
推荐旅行时间：3天

虽然美国登月火箭的发射中心位于佛罗里达州，但控制中心在得克萨斯州的休斯敦。在飞向月球的阿波罗13号发生故障后，宇航员立即与控制中心取得联系，并说出了那句经常被引用的名言："Houston, we have a problem！（休斯敦，我们有麻烦了！）"

休斯敦太空中心就是一座建在美国国家航空航天局（NASA）旁的太空版迪士尼乐园，你可以在这里触摸月球碎片，观看登月电影，还可以乘坐观光车进入NASA内部参观宇航员培训中心。科学家们也在这里研发新一代的宇宙探索工具。防护棚中的土星五号是参观重点，在中国的长征九号升空前（预计在2028年发射），它将一直是最重的运载火箭（起飞重量有3 038吨）。

太空中心每年吸引了大量游客前来参观，激发了无数参观者对太空的好奇。人类已经从飞行时代进入星际大航海时代，说不定新一代的麦哲伦和哥伦布就在这些参观者中。

在电影《星际穿越》中，你会反复听到一句台词：不要温和地走进那个良夜。这句话的意思是，明知宇宙的尽头是黑暗，也要尽力证明人类来过。对个人来说，探索内心宇宙时也要拿出不温和的态度，当良夜降临，你才不会感到遗憾。

每年2月底到3月中旬，休斯敦的瑞兰特体育场[1]会举办为期3周的牛仔节。牛仔节分为牲畜展和牛仔竞技两部分，得克萨斯长角牛是牲畜展上的头号明星，它的两个牛角尖之间的平均距离为2.54米，看起来威风凛凛。

你还能在牲畜展上吃到著名的得克萨斯烤肉，是否好吃取决于使用什么佐料腌、使用什么木头熏、使用什么酱料蘸，你会在不知不觉中吃得肚子都快撑破了，难怪美国人的肥胖率那么高。

你还可以给自己定制一双牛仔靴，这绝对是最讲究的鞋履之一，从靴领到绲边，从翼尖到镶嵌，光专有名词就有十几个，可对我们这些外行来说，能看懂的只有价格。

牲畜展结束后，当天的重头戏——牛仔竞技正式开始。体育场内灯火通明，五六种竞技项目轮番上演，骑公牛、骑野马、套小牛、绕桶跑等都是牛仔的看家本领。骑公牛的危险系数最高，牛仔要在暴怒的公牛背上待满8秒，一只手抓牢牛背上的勒带，另一只手还要高高扬起。

竞技结束后，还有一场音乐会压轴，登台的通常是乡村摇滚歌手，主办方也曾邀请猫王这种级别的超级巨星。

1. Reliant Stadium

作者推荐

你可以到丰田中心观看火箭队主场比赛，体验喝啤酒、给球队加油、看啦啦队表演的"球迷三件套"。

那智山｜日本

1. 百内 W 线上的徒步者　2. 湖光山色　3. 三塔峰　4. 法国谷的雪崩　5. 蓝色的浮冰
6. 格雷冰川

在百内徒步

百内 Torres del Paine

位于智利南部
推荐旅行时间：5 天

旅行者一说去百内，十有八九是去徒步，因为百内的 W 线曾被《孤独星球》评选为全球最佳徒步路线之一。

W 线最突出的就是 W 的三个尖，从西到东分别为格雷冰川[1]、法国谷[2]和三塔峰[3]。格雷冰川就像被冻住的海洋，在法国谷可以听到雪崩的巨响，三塔峰就像断了两指的五指山。在我看来，W 线最迷人的风景不是这三处，而是从格雷冰川营地附近的观景台上可以望到的大大小小的浮冰，最近的冰块一伸手就能碰到。最大的一块像一座漂浮的小山，越接近水面的部分蓝色越深。世界上色彩那么多，我唯独偏爱蓝色，因为那是天空和大海的颜色。我相信眼前的冰山会越来越蓝。这种颜色的变化也是一种成长吧，时间给了它生命。

整条 W 线走下来需要四五天。百内还有一条 O 线，它把主要景点连成一个圈，走完需要七八天。

百内徒步的难度介于初级与中级之间，W 线的最高点海拔只有 900 多米，而 O 线的最高点约 1 200 米，对经常徒步的人来说并不高。在路上，你既能看到银发老者，也能看到一些小孩跟在父母身后。路标也很清晰，沿着橘色标志走，想迷路都难。如果遇到岔路，你还会在路口看到大写的"NO"。

虽然百内公园里有几只游荡的美洲豹，但它们的地盘和徒步路线之间被几个湖泊隔开了。因此，你在徒步时能看到的动物只有狐狸和长耳兔，它们见了人几乎不躲。

百内的天气变幻莫测，有时上午还让人热得想穿 T 恤，一场大雨后就进入了冬天。

在百内徒步的人经常说的一句话是西班牙语的"你好"，绝对没人说的一句话是"请问到……还要多长时间？"这句话一出口，就说明你已经有点儿气馁，而不是在享受旅途。

百内的后勤保障完备，营地实行全餐制，早晚餐都很丰盛，荤素搭配还有汤，保证让你的体力得到恢复。除此之外，营地还会为你准备中午的简餐，用锡纸包着，有面包和水果，肯定能吃饱。在百内徒步，最便捷之处就是山泉水可以直接饮用，这样，你就不用背着饮用水上路了。不过，当你从一个营地前往下一个营地时，仍旧需要重装徒步，就是把所有行李背在身上。

前往百内并不容易，从国内出发至少要转两次飞机，再坐两趟长途汽车。如此千里迢迢，到底值不值？我现在已经开始想念巴塔哥尼亚的大风、冰爽的山泉水和令人震撼的雪山了。

1. Grey Glacier　2. Valle del Francés　3. Las Torres

旅途随感

百内的一块路牌上写着：生命就是一个漫长的周末。既然是周末，那就好好享受吧。

1. 蓝色的冰洞　2. 天然蓝冰　3. 被冻住的甲烷气泡　4. 冰封的贝加尔湖

5. 利斯特维扬卡镇卖鱼的俄罗斯大婶　6. 飞身跃过冰裂缝

贝加尔湖之冬

贝加尔湖 Lake Baikal

位于俄罗斯西伯利亚地区

推荐旅行时间：4 天

贝加尔湖并不是世界上面积最大的湖泊，但蓄水量无可争议是世界第一，这主要得益于它 730 米的平均水深。科学家预言，贝加尔湖的面积还将进一步扩大，并最终成为世界上的第五大洋，不过那是千万年之后的事情了。

3 月的贝加尔湖就像一座天然冰窖，一些因为热胀冷缩作用而被挤到冰面之上的碎冰堆叠在一起，它们被阳光一照，纷纷呈现出耀眼的冰蓝色。

此时，原本用来运送游客的渡轮已经沦为码头边的摆设，好在湖面上的冰层已有一两米厚，汽车可以畅行无阻。不过，前后车辆最好保持几百米的安全距离，因为根本刹不住车。刹不住也没关系，反正往哪个方向开都行，还可以随时随地玩漂移。除了汽车大军，在冰面上穿行的还有一些徒步者，他们双手拄着雪杖前行，身后的雪橇上拉着行李，雪橇通过绳子与身体连在一起。到了晚上，他们就直接搭帐篷过夜，说不定还能看到倒映在冰面上的星空。无论开车还是徒步，一定要注意隐藏的冰裂缝，每年都会有不少汽车被冰裂缝无情吞噬，沉入湖底。

冰泡也是冬日贝加尔湖的奇景之一，由速冻在冰层中的甲烷气体形成。最好用保温杯提前准备一杯热水，找到冰泡之后，把热水往冰面上一洒，冰面一下子就变得湛蓝见底，密密匝匝的气泡在脚下凝成一幅立体画。记得下车时要戴好帽子和围巾，否则冷风拍在脸上的感觉就像抽耳光。

当汽车开到贝加尔湖的另一边时，你会看到冻在悬崖下的波浪，还能找到被冰凌封住的雪洞。我俯身趴在冰面之上，一寸一寸地把身体从冰凌下挪进雪洞。从里往外望，又冰冷，又孤独，如同穿越到渺无人烟的冰河时代。

我还去看了一场贝加尔湖的日出。山顶的经幡渐渐有了色彩和温度，野狗和乌鸦你追我逐的游戏已经进行到五百回合，零零星星的冰裂声变成轰的一声巨响，这一切都让等待日出成了与日出本身无关的事。

利斯特维扬卡镇位于贝加尔湖南部，镇上的集市一年四季都很热闹，其中一半摊位都被鱼贩占了。镇上还有一座博物馆，你能在那里了解关于贝加尔湖的一切。在几百万年前，贝加尔湖与海洋连在一起，后来由于地壳运动，贝加尔湖变成了内陆湖，那些原本生活在海洋中的海豹通过不断进化，竟然变成了淡水动物。

贝加尔湖上有为冰潜爱好者准备的冰窟窿，这可是勇敢者的游戏，想挑战的话，一定要做好身体和心理的双重准备。

旅途随感

完美的旅行应该是递进式的，记得把高潮留到最后。

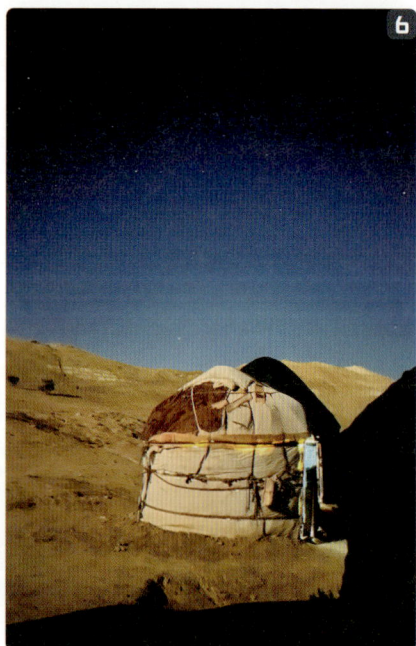

1. 沙海沉船　2. 逐渐断流的阿姆河　3. 火烈鸟　4. 咸海升明月　5. 海边的白色泡沫
6. 夜晚的营地

咸海变死海

咸海 Aral Sea
位于乌兹别克斯坦与哈萨克斯坦交界处
推荐旅行时间：2 天

咸海原本是世界上第四大湖泊，由两条河流注入而成，一条是发源于帕米尔高原的阿姆河，另一条是发源于天山山脉的锡尔河。后来，苏联为了开发中亚地区的种植业，便将两条河流改了道，用来灌溉被视为"白金"的棉田。当我乘坐的越野车沿着阿姆河向咸海行进时，道路两边是一望无际的棉田，可再一看地图，那条表示河流的蓝色曲线突然被掐断，而此地距离咸海还有几百千米，这直接导致咸海的注入量与蒸发量之间的平衡被打破。相比 20 世纪 60 年代，2020 年咸海的面积只剩下不到 1/10，而且这种趋势还在加剧，看来咸海的消失已经进入倒计时（这里说的是乌兹别克斯坦境内的南咸海，北咸海由于哈萨克斯坦政府卓有成效的治理，面积正逐步恢复）。

穆伊纳克[1] 是咸海边的港口小镇，捕鱼业曾是小镇的经济支柱。在鼎盛时期，约 2 万渔民在这里工作，工厂每年生产的鱼罐头超过 2 000 万罐。现在的穆伊纳克只是作为一个渔业小镇的遗址而存在，人口也锐减到不足 5 000 人。你现在只能在镇子里的博物馆看到渔民捕鱼时的黑白照片以及一些水鸟标本。博物馆旁停泊的铁船原本是在海里乘风破浪的，现在全都失去了用武之地。铁船在尘土飞扬的河床中一字排开，以一种锈迹斑斑的方式讲述着小镇的历史。看来所谓海枯石烂，根本用不了千万年，几十年就够了。

穆伊纳克距离现在的咸海边缘还有 200 千米。这段路要穿过一段干涸的河床，汽车不得不臣服于"路面"的起伏而蹦跳着前行。我坐在后排，一遇颠簸，整个人就被弹到半空。窗外是一片"人造"荒漠，在阳光的暴晒下，每年释放到空气中的盐分与沙土多达七八千万吨，狂风一来，盐尘暴遮天蔽日，如同世界末日。不知过了多久，我终于从"海底"看到了一道防波堤似的屏障，我以为那就是岸，可等车子爬到上面，眼前出现了一道更高的屏障，随后又有一道，原来海底这么深。

黄昏之前，一束明亮的蓝光突然出现在眼前，我只恍惚了一下就百分百确定那里就是此行的目的地。司机将越野车开到海边，岸上全是一团团的白色泡沫，就像被扫成一堆的柳絮，风一吹，轻盈的泡沫随风飘散。岸边站着几十只火烈鸟，我还没走近，它们就列队飞向远方。

露营地的海拔比咸海海面高出两三百米，比营地更高的是一个观景台。我一个人坐在观景台的长凳上，望着冰蓝色的海水和夜空中的一轮皓月，身旁一架木头做的小飞机被风吹得嘎吱作响。我心里出奇的平静，因为眼前的画面就像静止了一样，即使再大的风也吹不动。

1. Moynaq

旅行提示

咸海的浮力和死海差不多，你可以尝试漂在海面上，像泡沫塑料一样起起伏伏。

1. 世界第三大沙岛　2. 到海面上透气的海龟　3. 天阁露玛沉船　4. 驾驶全地形车
5. 莫顿岛日落　6. 投喂野生海豚

从捕鲸站到野海豚之家

莫顿岛 Moreton Island

位于澳大利亚昆士兰州

推荐旅行时间：2 天

1952 年，天阁露玛[1] 捕鲸站在莫顿岛西侧的海滩上挂牌营业。在其长达 10 年的捕鲸作业中，共有 6 000 多头座头鲸被转化成 5 吨重的鲸油。后来，随着植物油进入澳大利亚市场，鲸油的价格大幅下降，再加上澳大利亚东部海域座头鲸的数量急剧减少，1962 年，捕鲸站的招牌换成了度假村。

莫顿岛是世界第三大沙岛，你可以抱着滑沙板从山丘上俯冲而下，也可以驾驶全地形车沿着指定路线在沙坡上驰骋，领队在教学时说，眼睛往哪儿看，车就会往哪儿开。

天阁露玛沉船区位于莫顿湾，由 15 艘首尾相连的沉船组成，如果从空中俯瞰，就像大型追尾事故现场。无论你是潜水爱好者还是皮划艇爱好者，都能在沉船区找到探险的乐趣。

除了滑沙和探索沉船，莫顿岛最受欢迎的体验项目是投喂野生海豚。日落之后，游客会自动在度假村的码头边排起五六条纵队，大家都观察着海面上的动静，等待着海豚逐浪而来。为什么它们会准时赴约？这个故事要从 40 多年前讲起。

1977 年，一对夫妇来到天阁露玛度假村，他们发现，码头每天亮灯后就会吸引来很多小鱼，还会吸引以小鱼为晚餐的海豚。1980 年，这对夫妇将度假村买下来后，每晚都会为海豚准备一桶鲜鱼。后来，他们尝试直接用手投喂海豚，海豚似乎也喜欢这种和人类的互动，慢慢养成了来码头吃鱼的习惯。

"美丽"是被人工投喂的第一条海豚，她是三条小海豚的妈妈，后来小海豚们也都有了自己的孩子，出生于 2017 年的"雪碧"是"美丽"的重孙。度假村的工作人员会认真记录每日到访的海豚朋友，他们会因某位海豚妈妈带回刚出生的宝宝而欣喜，也会因某位老伙计再也没有回来而难过……

投喂野生海豚有很多注意事项：要提前洗掉抹在身上的防晒霜和驱虫剂；要用手指捏着沙丁鱼的尾巴，让鱼头朝上，就像举着冰激凌，因为海豚喜欢从鱼头开始吃，这样就不会被鱼刺卡住；不能接触海豚的任何部位；如果打算喂海豚，就要做好全身湿透的准备，因为你要站在齐腰深的海水中，这个水位可以让海豚来去自如。

我站在水里才发现，在一阵阵浪头的拍击下，连站稳都有点儿困难。当终于看到一道黑影朝我游来，我赶忙把举着沙丁鱼的手沉入水下，并把鱼头对着海豚的方向。说时迟那时快，还没等我做出反应，那道黑影就已叼着我手中的小鱼扬长而去。

1. Tangalooma

相较于杀鸡取卵的捕鲸业，投喂野生海豚既能让游客和海豚互动，又能产生经济效益，其实这是两道最简单的数学题，即 1-1=0 和 1+1=2。

1. 卢塞恩街景　**2.** 会拐弯的卡佩尔桥　**3.** 八角形水塔　**4.** 雪山下的卢塞恩湖　**5.** 狮子纪念碑
6. 冰川公园的旋涡形岩洞

文学家偏爱的瑞士城市

卢塞恩 Lucerne

位于瑞士中部

推荐旅行时间：2 天

大仲马称卢塞恩为"世界上最美的蚌壳中的明珠"，托尔斯泰曾写下同名小说《卢塞恩》，马克·吐温的《海外浪游记》就是在这里完成的。卢塞恩能得到诸多文学家的偏爱大抵和这里的风景有关，湖光山色总会让人心境通透，适合放空和创作。

卡佩尔桥是卢塞恩的地标，一出火车站就能看到，就在左手边的罗伊斯河上。这座桥最初约 200 米长，由于两岸陆地面积的增补，于是就缩短为现在的 170 米。不过，河道并没有那么宽，所以这座桥不是直的，而是在水面上拐了一个弯。当你过桥的时候，别忘了抬头往上看，三角形的屋面板上画满了 17 世纪时的画作，题材取自瑞士神话和历史。卡佩尔桥建于 14 世纪，1993 年的一场火灾差点儿将它烧毁，好在很快就依照原样重新建好。桥边有一座 30 余米高的八角形水塔，水塔的功能变换了好几次，从监狱到瞭望塔，再到金库。

卢塞恩的另一个标志是一处长达 10 米的狮子纪念碑，由本地的雕刻师卢卡斯·阿霍恩于 1821 年制作，是为了纪念在法国大革命中牺牲的瑞士士兵。垂死的雄狮俯卧在盾牌之上，身上还插着断矛，神情看起来十分悲恸，马克·吐温形容这是"世界上最令人悲伤却又最动人的岩石"。

卧狮旁边即是冰川公园。1872 年，当地人在挖掘地窖时偶然发现了一个冰河时期留下的旋涡状深洞，由冰盖裂缝中裹卷砾石的水流侵蚀而成，洞底布满圆形岩块。随着发掘工作的深入，考古学家还发现了两千万年前的棕榈树叶化石，这说明那时的卢塞恩地处亚热带海滨。

所谓冰河时期，通常指地球的第四纪冰期，在这一时期，极地的冰盖扩大到现在的温带，比如欧洲冰盖边缘在北纬 50 度附近，当时的卢塞恩就在 800 米厚的冰盖之下。

为了迎接春天的到来，每年 2～3 月，卢塞恩都会举办一场狂欢节，具体时间每年略有不同，通常从"圣灰星期三"之前的"油腻星期四"开始。在那个周四早上的 5 点，随着一声巨响，狂欢节的序幕就此拉开。狂欢节的主角是花车上的费瑞奇，他是最古老的行会头目，花车上还有他的家人——妻子费瑞岑和他们的孩子。狂欢节会持续 6 天时间，直到"圣灰星期三"前一天的"肥胖星期二"。狂欢的人群戴着各种怪物面具，用鼓声、笛音和笑声驱赶严寒和黑暗，迎接春天的到来。

旅途随感

风景就在那里，你去、我去、今年去、明年去，都不会有什么不同。不过，即使去相同的地方，我的旅行与你的旅行的最大区别就在于遇到的人不一样。一个人旅行时总会遇到形形色色的人，正是他们成就了丰富多彩的旅途。

1. 阿甘杜岩　2. 月桂树森林　3. 吹口哨语的人　4. 戈梅拉岛首府圣塞巴斯蒂安　5. 在阿古洛村可以看到海对面的泰德峰　6. 金字塔形的泰德峰也是街头画家创作的主题

吹口哨的人

戈梅拉岛 La Gomera

位于西班牙加那利群岛

推荐旅行时间：2 天

戈梅拉岛面积不大，在加那利群岛中仅排第六。不过，你可千万不要因为这个"劣势"而错过它，毕竟不是每个小地方都能"扒拉"出两处世界遗产。

戈梅拉岛是个圆形火山岛，圆心位置隆起成峰，岛上最高点为海拔 1 250 米的阿甘杜岩。这块岩石其实是个火山塞，即火山口的熔岩凝结后，一部分岩体被侵蚀解体，最终形成圆柱形的塞子。如果火山内部仍有岩浆积聚，那塞子迟早会被顶开，火山会再一次喷发。

阿甘杜岩是加拉霍奈国家公园[1]的一部分，公园里 70% 的地方都种着月桂树，这是从第三纪末期（约 260 万年前）存活到今天的珍稀物种，原本在南欧遍地都是，进入第四纪冰河时代后，南欧的月桂树全部被阿尔卑斯的冰川吞没。在戈梅拉岛，大西洋信风带来的降水帮助月桂树摆脱了厄运，月桂树的存在也是加拉霍奈国家公园入选世界自然遗产的原因。走进月桂森林，四周弯曲的树枝就像无数突然被施加了时间静止法术的青蛇，再加一点儿雾气，绝对能拍出魔幻效果。

戈梅拉岛沟壑纵横，这让人与人之间的信息传递成了难题。岛上的原住民发明了一种特殊语言——口哨语。只要哨音一响，山对面的人就能心领神会。这种语言的基本原理就是哨音的不同语调和时长表示不同的元音和辅音，排列组合后竟有 3 000 多种形式。2009 年，口哨语被列入世界非物质文化遗产名录。

你能在岛上一个叫阿古洛[2]的村子里找到会口哨语的人。表演者双手并用，一只手伸进口腔调整舌头位置，另一只手放在唇边充当扩音器。随后两位表演者一个吹口哨，另一个做出相应的动作。接下来的表演需要观众配合，表演者先找观众要一样物品，然后 A 表演者在 B 表演者戴上眼罩之后把物品藏好，接着吹三声口哨，B 表演者摘掉眼罩后很快就根据哨音提示找到了物品。

很多流传千年的非物质文化遗产都因为功能性的丧失而处于一种后继无人的尴尬局面。你现在仍旧能听到、看到的，无非是靠旅游业在"续命"，所以急需为它们找到一种功能性之外的价值，就像戈梅拉岛上一位叫马奎斯的岛民所说，口哨语是属于岛屿的诗歌，特别而美丽，谁说诗歌非得有用？！

圣塞巴斯蒂安[3]是戈梅拉岛首府，原本这里的房子都是白色的，后来当地居民发起了一个给房子涂颜色的活动，于是家家户户都变得鲜艳起来。

1. Garajonay National Park 2. Agulo 3. San Sebastián

作者推荐

戈梅拉岛上盛产牛油果，走累了的时候不妨来杯鲜榨牛油果汁解渴。

1. 泰德火山　2. 地质公园里的火山岩　3. 龙血树　4. 能见度为零的浓雾层

5. 一片彩色房子下的黄沙滩　6. 用棕榈树糖浆做的甜品

穿云破雾的西班牙最高峰

特内里费岛 Tenerife Island

位于西班牙加那利群岛

推荐旅行时间：3 天

西班牙的最高峰为海拔 3 718 米的泰德峰，可这座山峰并不在西班牙本土所在的伊比利亚半岛，而是位于大西洋中的加那利群岛。如果从海底计算，泰德峰总高 7 500 米，是全世界第三高的火山。虽然 100 多年来，泰德峰只是象征性地喷出几缕热气，上一次喷发是在 1909 年，可在过去几百万年中，它的脾气可一点儿都不小。其实，整个加那利群岛的形成都和泰德峰的喷发有关。

特内里费岛上的 TF-21 公路可以直接把你送到泰德峰缆车站，缆车终点在半山腰，那里有几条徒步路线可供选择。如果在黄昏前后抵达，你还能看到泰德峰映在大西洋上的巨大三角形倒影。

泰德峰下有个地质公园，地貌如同火星表面，石块都是火山岩，密度小、质量小，连小朋友都能轻松举起一大块。这里也是人类进军外太空的理想实验基地。2017 年，欧洲航天局曾在这里测试星际漫游车。

游客从零海拔的港口到泰德峰缆车站要坐车穿过一片森林。森林里云遮雾罩，这层浓雾不仅为植物生长提供了充足的水分，还能起到隔音的作用。当汽车开到浓雾之上，整个世界一下子静了下来，除了风声，似乎还能听见自己的心怦怦跳的声音。

特内里费岛是龙血树的老家，这种植物的生长遵循指数规律，树枝一生二，二生四，四生无穷，最终，每棵树都会变成一把巨大的伞。传说中，在巨龙和大象交战之后，龙血洒满大地，龙血树随即破土而出。

特内里费岛全年平均气温在 24℃左右，非常适合度假。1974 年，西班牙政府打算在岛上造一片黄沙滩，于是从撒哈拉沙漠运来了沙子。三毛的丈夫荷西就曾在这个工地干过活。现在这片沙滩已经成了最受游客欢迎的避暑胜地。

在特内里费岛的西海岸，你能看到一种叫短鳍领航鲸的大家伙。它们喜食乌贼，不过乌贼都生活在海平面下 400 米到 800 米的区域，雄鲸捕食时会以每秒 9 米的速度下潜，抓住乌贼后不会立刻将其杀死，而是先把它们拽到水面，迅速降低的水压能让乌贼自动放弃抵抗。倒霉的乌贼先由幼鲸食用，然后是雌鲸，如果还有剩余，才能轮到雄鲸，否则它们只能继续去捕食。

船长通常会把观鲸船开到距离鲸鱼家族还有一段距离的海域，然后关掉发动机。你能清楚地听到鲸鱼响亮的呼吸声，很像潮水退去时发出的声响。

作者推荐

特内里费岛上有一家百年老字号餐馆希尔比塔（La Hierbita），你可以在那里试试黑嘴鱼，还可以点一道叫 "Gofio" 的甜品。这种甜品最上层的糖浆取自棕榈树，而且这种糖浆只有在上午才能采到。

1. 毛利人木雕　2. 泥浆池　3. 波胡图间歇泉　4. 牧羊犬赶羊入圈
5. 从山坡上滚下来的悠波球　6. 毛利战舞

地热谷
和毛利战舞

罗托鲁阿 Rotorua
位于新西兰北岛
推荐旅行时间：2 天

14 世纪时，毛利人乘坐独木舟从丰盛湾[1]出发，来到现在的罗托鲁阿所在地。后来，毛利人在给附近的山川湖海取名时采用了一种偷懒的方法，就是根据它们出现的次序，例如"Rotorua"在毛利语中的意思是"第二个湖"。

塔拉韦拉火山[2]位于罗托鲁阿以东，1886 年的那次喷发摧毁了一处名为粉白阶地的著名景观。现在，你只能通过一张发行于 1880 年的新西兰邮票看到粉白阶地的模样，它看起来有点儿像粉红色的土耳其棉花堡。

火山之下有丰富的地热资源，这一片地区被统称为华卡雷瓦雷瓦地热谷[3]，其中几处重要景点集中在一个叫蒂普亚[4]的地方。波胡图间歇泉[5]每天喷发 20 多次，冒着蒸汽的水柱可高达 30 米。附近还有很多温泉池，你可以用温泉水煮玉米和鸡蛋。滚烫的泥浆从池中向上喷溅，形成的涟漪形似一个个同心圆，大大小小的圆圈忽而闪烁，忽而沉寂，如群星般闪耀，于是毛利人将这个泥浆池称为"星尘"。

蒂普亚的雕刻学校已有几十年历史。木雕人像复刻了毛利人的文身与文面，脸上的文身越多，说明所刻之人的战功越显赫。人像的眼睛用贝壳装饰，看起来炯炯有神。

蒂阿罗努伊鲁阿祠堂[6]由雕刻学校的毕业生建造。每天下午，祠堂前会举行迎宾演出。毛利武士挥舞棍棒，有点儿像简化版的毛利战舞。新西兰国家橄榄球队每次比赛前都会表演战舞，目的是用气势震慑对手。毛利战舞的表演场合除了橄榄球赛，还有婚礼、葬礼、朋友分别宴……在毛利人看来，人生的重要节点需要一些仪式感，就像在电影《死亡诗社》的尾声，学生们站到课桌上为基汀老师送行，所有情感都在充满仪式感的表达中完成交换。

新西兰的美利奴绵羊是一种从西班牙引进的细毛羊。你可以到农业馆观赏牧羊犬赶羊入圈的表演。农业馆里还有一个剪羊毛小屋，羊倌从绵羊身后拦腰将它抱住，麻利地用电动剃刀先刮腹部和四肢的羊毛，再刮胸口、后脑和后背的羊毛，不一会儿，那只绵羊就轻了 3 千克。有个冷笑话是这样说的：你知道为什么绵羊剃毛后睡不着觉吗？因为失"绵"。

罗托鲁阿也是悠波球的发源地。我钻进一个透明双层球的里层，随后手脚被固定，再被轻轻一推，球就滚下山坡。如果你觉得不过瘾，还可以往球里加点儿水。

1. Bay of Plenty　2. Mount Tarawera
3. Whakarewarewa Thermal Valley　4. Te Puia
5. Pohutu Geyser　6. Te Aronui a Rua

旅途随感

在旅行中，有很多需要咬牙跺脚才能做出决定的时刻，其实在你还没咬牙跺脚之前，你就已经知道了答案，这和往空中抛硬币是同样的道理。

1. 间歇泉的泉眼　2/3. 逆光的剪影　4. 被石块围起来的泉眼　5. 露天温泉池
6. 一只小狐狸

海拔最高的间歇泉

埃尔塔蒂奥 El Tatio

位于智利北部
推荐旅行时间：半天

埃尔塔蒂奥是由 60 多个泉眼组成的间歇泉群落，这里的海拔高达 4 300 米，是世界上海拔最高的拥有间歇泉的地区。

大多数旅游大巴会在凌晨 4 点出发，在黎明时分到达这里——一定记得多穿衣服，沙漠中昼夜温差极大。此时气温接近冰点，喷出的又是 85 ℃的热水，热水遇冷之后产生白色雾状蒸汽，远远望去，犹如某个工业基地，到处都是同时冒烟的大烟囱。晨光熹微，眼前的一切就像硝烟未尽的战场，穿梭在雾气之中的游客变成了一个个剪影。

泉水按照固定的间隔时间喷发——间隔时间为热水把地下溶洞注满的时间。由于溶洞容积固定，注水速度固定，所以间隔时间也固定——这让导游看起来像个指挥家，他的手指向哪里，哪里的泉水就会喷发。每个泉眼外都用石头围了一圈警戒线，因为这一带地表土壤非常脆弱，随时有可能塌陷。这让人不禁联想起新闻中经常出现的路基塌陷的画面，心里的警戒线又扩大了一圈。

由于海拔高，下车时，你可能会因为高原反应的症状而脚步不稳。一定要小心，不要误踩泉眼，跌入滚烫的泉眼后果不堪设想。

在清晨的游览中，你还会看到骆马、野兔和野鸭……天地万物似乎都在阳光的掌控之下，它照到哪里，哪里就变得鲜活明媚起来，除了一个废弃的钻井平台。当时，智利政府打算对间歇泉进行商业化开发，但在一次爆炸事故之后，他们放弃了这个计划，这让钻井平台像一个躺在荒漠中的钢铁巨人，即使阳光再灿烂，也无法让它醒来。

回程时，我遇到一只小狐狸，它先是藏在枯草之后，随后大胆地朝我走来，离我最近时不到一米。它直直地看着我的眼睛，那种目光更像是在打招呼，而不是在说"离我远点儿"。出生在小行星 B612 的小王子也在沙漠中邂逅了一只狐狸。狐狸希望小王子驯养它，这样的话，它们之间就建立了一种联系，一切也因为这种联系而变得不同。

旅行也是在帮我们建立一种和世界的联系。看到风吹麦浪，我会想到凡·高画中的麦田；听到涛声阵阵，我会想到那些曾经跟我一起坐在海边的朋友；在雨中独行时，我并不会觉得孤独寒冷，而会想到彩虹即将出现在眼前。正是我们和世界之间的这种种联系，让那些平凡的时刻、微小的存在绽放出奇异的光彩。

从间歇泉流淌而出的滚烫泉水汇聚成一个露天温泉池，一些游客会提前准备好泳衣，换上后迅速跳进温泉池。黎明时分的气温只有 0 ℃左右，那种冰火两重天的诱惑，相信没有人能拒绝。

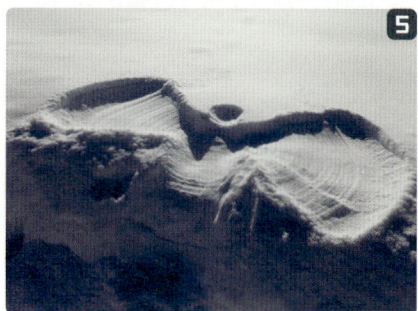

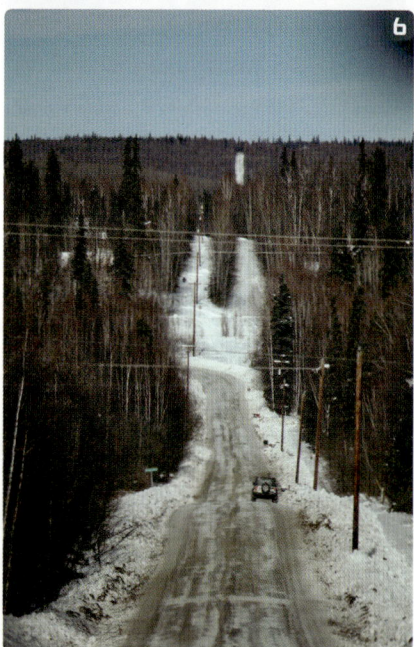

1. 尚达拉农场和极光同框 2. 狗拉雪橇 3. 冰雕屋 4. 切纳温泉 5. 雪天使
6. 林间的路

追极光的人

切纳 Chena

位于美国阿拉斯加州

推荐旅行时间：5 天

很多人专程飞往阿拉斯加就是为了去切纳温泉村——在这里泡露天温泉实在太舒服了！在更衣室厚重的隔离门后，迎接你的将是零下 30°C 的冷空气。走进温泉池，身体马上被 50°C 左右的高温泉水包裹，只有脑袋露出水面。头发很快就被冻成白色钢丝，人仿佛瞬间老了几十岁，还得不停眨眼才能避免上下睫毛冻在一起。

温泉村里有家冰窖酒吧，里面的桌椅、吊灯、酒杯、雕塑都是冰雕作品。在温泉村还可以体验狗拉雪橇的乐趣，12 条雪橇犬拉着你在雪原上一路狂奔。记得千万不能大呼小叫，否则狗会以为主人发出了错误的指令。

游客来阿拉斯加还有一个重要任务，那就是追极光。尽管切纳温泉村也会组织极光旅行团，但这种体验项目在凌晨两点就结束了，而此时极光可能刚刚出现。为了解决这个"痛点"，你可以住在距离温泉村不远的尚达拉农场[1]。

农场的主体建筑是一幢巨型木屋，这里每天都聚集了很多追极光的人，有的游客甚至在整个极光季都住在这里。

白天通常用来睡觉，到了晚上，每个人都窝在落地窗后的沙发上发呆，一旦有人发现天空的颜色变成了绿色，大家就齐刷刷冲到室外，抬头仰望。

人们追极光的理由各不相同。有的人认为极光是一座桥，可以让他们了解过世的家人在天上过得好不好；有的人认为极光代表爱情的永恒，于是他们牵手来到这里；有的人会选择太阳风暴活动频繁的年份来看极光，这时候的极光会更绚丽、更持久。

观测极光必须满足一些客观条件：远离市区，即远离光污染；月亮越"瘦"越好，就像电影开场前要关灯；天气要晴朗且寒冷等。

极光出现时，就像在星空的一角打开了一扇暗门，从里面冒出无穷无尽的绿色烟雾，随后烟雾蔓延开来，变成一片森林。如果真的有一条通往这片森林的路，我倒是乐意闯进去看个究竟。随后，森林散了形，被一双无形的大手轻轻一抚，如同键盘上的琴键一个一个地被按下去，又一个一个地弹起来。

当寂然涌动的光芒照耀你时，你会发现，一切荣辱沉浮都抵不上这一瞬间的仰望。

1. Chandalar Ranch

旅行技能

要想在零下 30°C 的环境中不被冻僵，你需要掌握户外"三层穿衣法"——贴身的排汗层、中间的保暖层和外面抵挡风雪的防护层。三层并不等于只穿三件。例如，保暖层可以是抓绒衣和羽绒服的组合。你还要戴一顶遮耳帽，因为身体热量的40%～45%是从头部散发出去的，做好头部的保暖就能把热量锁住。

1. 选美比赛冠军　2. 狗拉雪橇大赛　3. 皮毛拍卖会　4. 用猞猁皮做的帽子
5. 费尔班克斯郊外的眩目极光　6. 中国艺术家创作的冰雕作品

狗拉雪橇大赛和极光的声音

费尔班克斯 Fairbanks

位于美国阿拉斯加州

推荐旅行时间：3 天

每年 3 月中旬，费尔班克斯都会举办为期 3 天的狗拉雪橇大赛。参赛队伍来自阿拉斯加和加拿大北部狗场，每天要在雪道上奔驰约 27 千米，3 天成绩累加，用时最少的队伍即为冠军。

每支队伍由 12 条雪橇犬、一架雪橇车和一名驾驶员组成，驾驶员负责控制方向和起步停车，最终比拼的还是雪橇犬大腿上的肌肉。

比赛的起点也是终点。刚出发时，雪橇犬们都目露凶光，志在必得；当跑到终点时，它们头上都挂满了冰碴子，就像一群丢盔弃甲的逃兵。这时，雪橇犬的主人通常会端来一大盆肉骨汤，作为对"士兵"们的奖励。参赛队伍似乎并不计较输赢，他们只是想通过这样的活动让阿拉斯加的冬天显得没那么漫长。

比赛最后一天还设有两个分会场。一个是拍卖会场，猎人们把野兽的皮毛、头骨、犄角一样一样地摆在空地上，可能只有在这样的场合，狐狸和狗熊才能和谐共处。经验丰富的拍卖师报着一路飙涨的数字，并喊道："第一次、第二次、第三次，成交！"另一个则是选美比赛会场，当地居民身着皮草出场，除了服装的功能性和美观性，参赛者的气质也是评判的内容之一。

你可以在北方极地博物馆了解关于极光的一切，里面有一间隔音房，在里面可以清楚地听到极光的声音——是被放大几百倍之后的效果。那声音就像遥远的哨音，空灵又让人神往。旁边的注释写着：极光的声音既没有开始，也没有结束，只有在被人类听见时，它才"活"了过来，就像极光的形状和色彩，也因人类的仰望才产生意义。

其实不止极光，你我脚下的大地、头顶的天空、无处不在的空气等都是有声音的，并随着自然的律动而变化，只是这些声音的频率无法被人类的耳朵捕捉到。

北方极地博物馆还展出了很多生活在阿拉斯加的动物的标本，如雪雁、雪兔、北极狐等。猞猁是唯一生活在这里的猫科动物，它们的脚就像穿着雪地靴，捕猎时速度非常快，可谓踏雪无痕。

博物馆里还展示了阿拉斯加地区原住民因纽特人的生活。他们住的冰屋就像半地下室，用由海豹油做成的油灯取暖照明。如果一间屋子里住了好几家人，那么每家都会有一盏自己的"海豹灯"。因纽特人的生活物品要么来自大自然的馈赠，要么来自邻里之间的物物交换。通常，男人负责制作工具和打猎，女人负责缝衣和做饭。

作者推荐

每年冬天，费尔班克斯都会举办冰雕展，建议黄昏或入夜后再来参观，因为冰雕离不开灯光的渲染。

1. 郁金香花田　2. 骑向春天的自行车　3. 姹紫嫣红就是"春天的颜色"　4. 插在代尔夫特蓝陶花瓶中的郁金香　5. 农民会穿着木鞋到花田中干活　6. 黑郁金香

春天的正确打开方式

库肯霍夫 Keukenhof

位于荷兰莱顿市附近

推荐旅行时间：1 天

在 15 世纪，库肯霍夫所在地是女伯爵雅蔻芭的私人领地。女伯爵喜欢在自己的地盘上种蔬菜，后来，这里就被命名为库肯霍夫，意为"厨房花园"。到了 20 世纪，一群爱花如命的花农看上了这块宝地，经过多年耕耘，库肯霍夫逐渐成了世界上最大的郁金香主题公园，每年仅开放 8 周，从 3 月中旬到 5 月中旬，这段时间也正好是郁金香的花季。

库肯霍夫被分成 7 个部分，各个部分之间由步道连接。目之所及，除了由 450 万株郁金香组成的大大小小的花坛，还有各种雕塑和珍贵的树木。

如果说郁金香是公园里的明星，那黑郁金香就是其中的巨星。法国影星阿兰·德龙在电影《黑郁金香》中扮演了一位劫富济贫的义匪，他的外号就是"黑郁金香"。在库肯霍夫，黑郁金香数量不多，你要仔细寻找。其实黑郁金香的颜色并非纯黑，而是黑中带了一点儿紫。

为了让库肯霍夫在对外开放的 8 周中每天都能成为焦点，园艺师要在长达 10 个月的培育期内下足功夫。他们要根据预先设定的花海模型，把花种埋到或深或浅的土中，花种之间还要保持或近或远的距离，浇灌时的用水量也要恰到好处……谁说园艺师不是艺术家？他们是美的创造者，艺术造诣一点儿不比画家和音乐家逊色。

郁金香在 16 世纪末被引入荷兰后，很快就获得了贵妇们的青睐，一些稀有品种甚至被炒到了天价。以一种名为奥古斯都的郁金香的球茎为例，当时一颗球茎就能换阿姆斯特丹运河边的一栋楼，这也成了人类历史上的首次经济泡沫。当然，泡沫终有破裂的一天。随着价格踩踏式下跌，奥古斯都的价格最终只有最高点时的六万分之一。

现在，郁金香的价格由拍卖会决定，拍卖大厅里有个像钟表一样的轮盘，12 点位置是当天的最高批发价。随着拍卖师一声令下，轮盘上的指针一路向下，价格也一路下滑，花商得眼疾手快才能在指针指到自己的心理价位时迅速按下抢价器。一旦指针归零，则本轮流拍。这种拍卖方式可以保证在价格高位拍下的花商选走品质最好的一批。随着价格下降，后面拍下的花商只能选择剩下的——拍卖的是优先选花权。

你可以沿着自行车道穿过库肯霍夫附近的郁金香花田，花田中几万株连在一起的郁金香，虽然看起来缺少个性，却有一种写意的美。

旅途随感

产生"郁金香泡沫"的原因其实就是羊群效应：羊喜欢从众，别人买我也买，商品的价格就会飞涨。所以当别人都在"发烧"时，你就得先"降降温"了。

1. 纳尔迈调色板　2. 埃及博物馆　3. 开罗街头　4. 文明博物馆　5. 比尔加什骆驼市场
6. 大埃及博物馆中的拉美西斯立像

开罗的博物馆

开罗 Cairo

位于埃及北部

推荐旅行时间：4 天

开罗就像一个巨大的集市。当我乘坐出租车穿城而过时，即使隔着车窗，也能听到街头商贩的叫卖声、汽车喇叭的鸣叫声，再加上司机播放的阿拉伯神曲，闹腾中带着一点儿松弛感，不瞒你说，这场景和我想象中的开罗几乎一模一样。可如果把乘车场景换成过马路，放松的神经就会立刻紧绷起来——开罗市中心的很多马路上都没有红绿灯，有时七八条车道上的汽车都在缓慢移动，步行的人要把自己想象成一根针，见到缝隙就赶紧插进去。顺利抵达彼岸后，会有一种渡劫成功之感。

1902 年对外开放的埃及博物馆也延续了开罗街头的集市氛围，大多数展品都随意摆放在触手可及的地方，如同瓜果梨桃任君挑选。在每个重要展品前，至少有七八个导游同时用不同的语言说着相同的话："这是什么，来自古埃及的什么王朝，它的意义是什么，走，我们去看下一个！"

关于埃及博物馆的参观建议，我觉得你可以来两次：刚到埃及时来一次，让你对这个古老的文明产生感性认识；离开埃及前再来一次，让你的认识从感性上升到理性，形成一个完美闭环。

埃及博物馆的镇馆之宝多得数不清，比如标志着上下埃及首次统一的纳尔迈调色板、图坦卡蒙的黄金座椅、用象牙雕刻的胡夫法老等，后者只有 7.5 厘米高，和他的金字塔形成一小一大两个极端。除了这些镇馆之宝，博物馆二层还有一间不许拍照的密室，里面展出了埃及的镇国之宝——图坦卡蒙黄金面具。这副面具估值 10 万亿美元，一听就有价无市，反正埃及政府也无意出售。

为了分担埃及博物馆的人流压力，2002年，两座全新的博物馆同时奠基。

大埃及博物馆位于金字塔附近，现在处于试运行阶段。它是世界上最大的单一文明博物馆。在展出的部分展品中，你能看到一座方尖碑，还有两尊拉美西斯的立像。拉美西斯立像的背后写满了他的名字，向导介绍，这样一来，他复活后就知道自己是谁了。

文明博物馆已于 2021 年正式开放，这座博物馆接管了原本放在埃及博物馆中的 20具王室木乃伊，其中就包括拉美西斯的木乃伊。展厅内光线昏暗，只用射灯将法老的木乃伊及墙壁上的介绍文字照亮。木乃伊都保存得很好，以双臂交叉抱在胸前的姿势躺在玻璃罩子里。看着他们的黑色面庞，有那么一瞬间，我觉得永生也不是不可能。

作者推荐

每周五的清晨，开罗郊外的比尔加什（Birqāsh）都会举办埃及最大的骆驼集市。骆驼来自与埃及接壤的苏丹。买卖骆驼的方式是竞价拍卖，我打听了一下，一头成年骆驼的价格折合人民币约为 10 000 元，不知这是不是游客价格。

1. 胡夫金字塔内部只有 1.3 米高的甬道　2. 8.5 米高的大甬道　3. 墙角的"洞口"是进出法老墓室的唯一通道　4. 墓室中的棺椁　5. 从沙丘上可以看到 9 座金字塔　6. 狮身人面像的四条腿由砖石砌成

我钻进了金字塔

吉萨 Giza

位于埃及首都开罗郊区

推荐旅行时间：2 天

在古代世界七大奇迹中，胡夫金字塔是唯一一处保存至今的。这座金字塔就像考古界的活化石，可以让现代人触摸到 4 500 年前人类文明所能到达的高度——10 万人，用了 20 年时间，将约 230 万块巨石砌成一座约 146 米高的庞然大物，在其后的 3 000 多年，这顶"世界最高建筑"的皇冠从未易主。

胡夫金字塔位于尼罗河西岸，在它身后还有两座金字塔，分别是胡夫儿子的哈夫拉金字塔和胡夫孙子的孟卡拉金字塔。这 3 座大型法老金字塔周围还有 6 座小型的王后金字塔。站在金字塔群西南角的沙丘上，你可以将 9 座金字塔一眼望尽。如果此时正巧有驼队经过，你会瞬间穿越到法老时代，因为目之所及只有黄沙、骆驼和金字塔，没有任何现代元素。

除了远观，还有一种沉浸式游览金字塔的方式，那就是钻进胡夫金字塔一探究竟。

虽然从入口到墓室只有 100 米左右，但这段路异常难走。一是空间狭窄，尤其是第二段 40 米长的上坡路，只有 1 米宽、1.3 米高，每个人都得俯下身子缓慢挪动；二是潮湿闷热，密道内不通风，走不了几步就会汗流浃背；三是时间久，因为进与出的人流都挤在同一条路上，"停"比"走"的时间多

出好几倍。身处如此狭小闷热的空间，我甚至产生了一丝绝望的情绪。好在最后一段连通墓室的大甬道有 8.5 米高，站直身体后连呼吸都顺畅了不少。

走到大甬道的尽头，还要再钻过一个一米见方的石洞，才能抵达法老墓室。无盖的花岗岩棺椁摆放在墓室一角，法老的木乃伊早已不知去向。

作为法老的陵墓，金字塔与死亡有关。在电影《遗愿清单》中，两位濒死的老人在金字塔前有过这样一番对话。A 先生说："古埃及人对死亡有个美好的想象，当灵魂来到天堂入口，上帝会问他两个问题：你找到人生的乐趣了吗？你这一生给他人带来快乐了吗？"对于第一个问题，我的答案和 B 先生一致，都是"找到了"。在回答第二个问题时，B 先生犹豫了，他说："这不是应该由'他人'来回答吗？"我的想法也和他一样，一般人都很难说出"我这辈子给很多人带来了快乐"这种大言不惭的话吧。在电影里，A 先生不依不饶，非要 B 先生给出答案——其实我们都知道自己是否给别人带来过快乐，关心家人，帮助朋友，甚至无偿帮助陌生人，这些都是可以给别人带来快乐的事，这样的事做得越多，答案也就愈发肯定。

作者推荐

狮身人面像屹立在哈夫拉金字塔前，据说"人面"形象的原型就是哈夫拉。我原本以为这座世界闻名的建筑是由一块完整的巨石雕凿而成，走近了才发现，狮子的四条腿是用砖砌的，连砖缝都能看到。

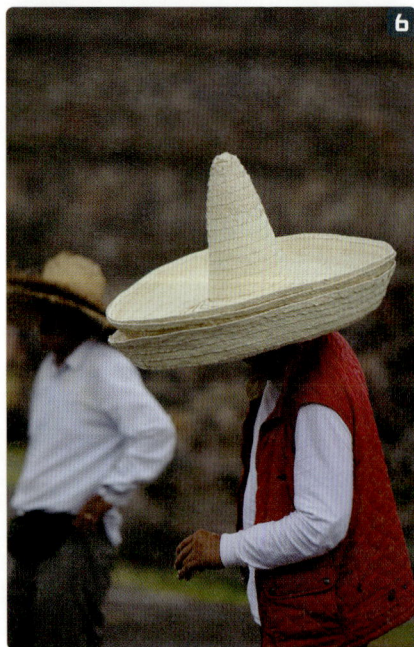

1. 吹海螺的美洲虎　2. 太阳金字塔　3. 月亮金字塔　4. 羽蛇神雕塑　5. 旅游纪念品
6. 巨大的墨西哥式草帽

众神之城

特奥蒂瓦坎 Teotihuacan

位于墨西哥中部

推荐旅行时间：1天

建造金字塔并非古埃及人的专利，远在美洲大陆的特奥蒂瓦坎人也在墨西哥谷建起两座宏伟的金字塔——太阳金字塔和月亮金字塔。这两座金字塔的样式并非胡夫金字塔的角锥形，而是世界上第一座金字塔——左塞尔金字塔的阶梯形，上面一层的面积要比下面一层小一些。从视觉效果来说，日月金字塔看起来只是美观大方的建筑物，少了埃及金字塔那种被风沙吹了5 000年的粗糙感。

特奥蒂瓦坎文明起源于公元前2世纪，衰亡于8世纪左右，两座金字塔都建造于这一文明的鼎盛时期。太阳金字塔建成于约公元2世纪，月亮金字塔的建造时间晚了大约200年。特奥蒂瓦坎的面积达20平方千米，是当时美洲最大的城市。由于这一文明没有留下任何文字记录，考古学家无法判断它究竟经历过多少朝代，君主又姓甚名谁。在特奥蒂瓦坎文明消亡600年后，阿兹特克人来到这里，看到那些不知来历的庞然大物时，认为这是一座由巨人建造的城市，于是给此地起名特奥蒂瓦坎，意为"众神之城"。

太阳金字塔和月亮金字塔通过一条40米宽的南北向大道连接，这条宽阔的道路被西班牙人称为"亡灵大道"，因为西班牙人先入为主地认为金字塔都是帝王的陵墓。

月亮金字塔位于亡灵大道北端，其西侧为祭司居住的彩蝶宫，彩蝶宫庭院里的石柱上刻着凤尾绿咬鹃和猫头鹰的图案。美洲虎宫位于彩蝶宫下方，这个名字来自宫殿内一幅美洲虎吹海螺的壁画。美洲虎宫旁边是居民住宅区，现在只剩下一些只有四面墙、没有屋顶的石头建筑，住宅之下预埋了排水系统，用来在雨季时泄洪，还有将雨水储存起来以供旱季使用的水井。

除了日月金字塔，特奥蒂瓦坎还有几座小型金字塔，其中的羽蛇神庙也是一座阶梯形金字塔，建筑规模比日月金字塔小很多。羽蛇神长着蛇的身子和鸟的羽毛，被视为太阳的化身，因而广受崇拜。

特奥蒂瓦坎的海拔在2 300米左右，天空很蓝，阳光耀眼，属于典型的高原气候。这里的商贩全都戴着锅盖大小的墨西哥式草帽，不仅可以用于物理防晒，还通风透气。最畅销的旅游纪念品是一种口哨，哨音和口哨的外观相匹配，比如美洲虎哨发出的是"嗷——呜"的声音，鸟哨发出的声音就尖锐刺耳，鬼哨的声音令人毛骨悚然。当你在特奥蒂瓦坎漫游时，耳边永远是此起彼伏的哨音，仿佛亡灵们都复活了一样。

旅行提示

特奥蒂瓦坎距离墨西哥城50千米，最方便的出行方式是从墨西哥城汽车北站搭乘开往特奥蒂瓦坎的班车。由于金字塔在英语和西班牙语中的发音非常接近，你只需对司机说几遍英语"pyramid"，他就会准确无误地把你送到景区门口。

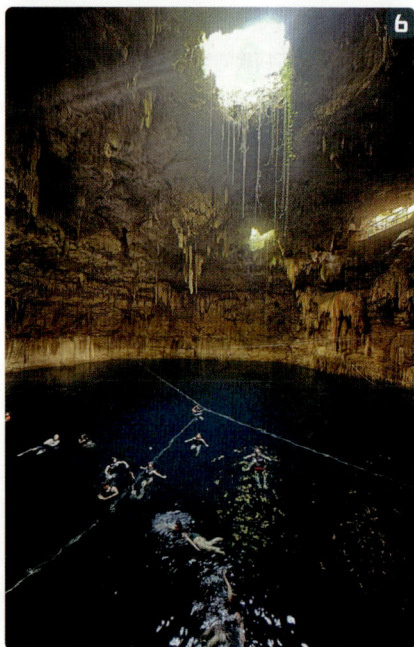

1. 获胜方队长拎着失败方队长的首级　2. 库库尔坎金字塔　3. 奇琴伊察中的千柱廊
4. 球框　5. 球场　6. 在天坑中游泳

精通数学的玛雅人

奇琴伊察 Chichen Itza

位于墨西哥尤卡坦半岛

推荐旅行时间：1 天

奇琴伊察所属的玛雅文明和墨西哥城附近的特奥蒂瓦坎文明有一些相似之处——很多观点都认为这两个文明是奥尔梅克文明的衍生品，也都崇拜羽蛇神。

在奇琴伊察，羽蛇神的石雕出现在库库尔坎金字塔台阶的底部，这座金字塔被称为世界新七大奇迹之一，与万里长城、马丘比丘等齐名。在每年的春分与秋分，阳光的影子分别在日出和日落时与台阶底部的石雕构成完整的羽蛇神形象，随着日照角度的变化，羽蛇神的身体便动了起来。对玛雅文明来说，播种日和丰收日的意义不言而喻。不难看出，玛雅人已经学会利用自然历法来指导生产和生活，这让他们似乎拥有了预测未来的能力，就像现在的科学家可以准确预测日全食或下一次哈雷彗星出现的时间一样。

玛雅人还把对自然历法的研究拆解为一道道数学题。以库库尔坎金字塔为例，金字塔的每一面都有 91 级台阶，四面加在一起为 364 级，再加上顶部的平台，刚好是一年的天数。这是玛雅人发明的日历之一，叫哈布历，还有一种日历叫卓尔金历，每年只有 260 天。这两部历法相当于我们现在用的阳历与阴历。玛雅人还发明了一种长计历，从印第安人认为的时间起点开始，以 1 872 000

天为一个周期（约 5 215 年），这样算下来，这个周期的最后一天刚好是 2012 年 12 月 21 日，也就是之前盛传的世界末日。当然，我们都知道在那天之后，世界仍旧运转如常，"末日说"不攻自破，新的解释为人类已经进入一个全新的周期。

现在的库库尔坎金字塔并非原貌，而是在一座规模较小的金字塔上加盖而成，有点儿像俄罗斯套娃。当你在金字塔的塔身之下击掌时，回声如鸟类啾鸣，据说这就是羽蛇神的原型之一凤尾绿咬鹃的叫声。看来玛雅人不仅精通数学，在声学方面也具有一定造诣。

金字塔旁有一座用石头建成的天文台，其造型和现代的圆形天文台一样。通过星辰在天窗中的位置，玛雅人就能判断出春分和秋分的日期。

奇琴伊察建筑群中还有一座长方形球场。比赛时，两支队伍各 7 人，谁先把球打入对方球筐即获胜。球场边的壁画展现出比赛残酷的一面，即获胜队的队长将失败队的队长的首级提在手里。比赛的最终结果其实是获胜队的队长成了祭祀品，因为他最强壮。虽然两队队长的结局都是死亡，但在玛雅人的信仰体系中，死亡并非生命的终点，能够被献祭才算取得人生最高冠冕。

作者推荐

尤卡坦半岛盛产天坑，当溶洞被地下河掏空后，最后一步就是"天花板"的自然坠落。我去的那个天坑只塌了一个小口，光线无法大大方方地照进来，还需要灯光辅助照明。虽然河水有点儿凉，但可玩性不错，可以游泳、悬索跳水、跳台跳水……

1. 木制教堂　2/3. 高脚屋　4. 土坑料理　5. 一种形似海螺的乐器　6. 女巫师

捕鱼和巫术

奇洛埃 Chiloé

位于智利南部

推荐旅行时间：3 天

作为智利最大的岛屿，奇洛埃南北长约 180 千米，东西宽约 50 千米，人口主要集中在岛屿东侧。岛屿西侧紧邻太平洋，完全被森林覆盖，人迹罕至。奇洛埃岛上有 150 座木制教堂，其中 16 座被列为世界文化遗产。

大多数旅行者上岛后都会直奔首府卡斯特罗，这里的看点是海边的一排嶙峋木屋，木屋底座由立在水中的木桩支撑，当地人管这种木屋叫帕拉菲托斯。涨潮的时候，最外面的高脚屋就成了临时码头，人们可以直接用缆绳将船拴到木桩上。

我在奇洛埃体验了一回出海捕鱼。那天下着小雨，刮着冷风，冻得我骨头疼。当木船离岸很远后，我把渔网抛向海面，前后一共撒了 3 网，可什么都没捞上来。木船主人安慰我说："平常我们都是晚上出海捕鱼，下午 5 点出门，第二天早晨 7 点回家。有时连着三四天打不到鱼，就得一直在海上漂。你才下了 3 网，完全不用灰心。"他又说道："虽然现在的捕鱼技术和方式比过去先进多了，可有的捕鱼方式什么都不放过，连海豹和海鸟都能捞上来，这是对自然的'屠杀'。我们捕鱼的方式虽然落后了一点儿，但是可以节约自然资源。"

在印加时代，奇洛埃在印加人的认知体系中属于神秘又黑暗的地方，因为这里的海水由温转冷，由蓝转黑，不再适合人类居住。不过，往往是这样的地方，容易巫术横行。

1880 年，当地还举行了一场对巫师的审判。一名术士在法庭上说，他们只要穿上一件叫马库尼的背心，就能摆脱地心引力，飞到天上去。他们还有一种可以在水下航行的鬼船，不知电影《加勒比海盗》有没有从这段庭审记录中获得灵感。

现在的奇洛埃，巫术与巫师依旧大行其道。我去拜访过一位女巫师，她一边喝着马黛茶，一边展示各种道具，比如草药和香料，还拿出一块圆盘形木雕，上面刻着日月星辰，不过在她的解读中，这些符号与我们所了解的宇宙完全不同。

在生存条件恶劣的地方，人们往往将一些人类无法与之抗衡的自然现象归因于某种超自然因素，而且由于无法证伪，所以巫师们说什么都对。文明就是为了打破这种认知偏差，让人们知道自己是谁，从哪里来，往哪里去。

作者推荐

在奇洛埃，一些厨房里面没有锅碗瓢盆，只有一个大土坑。当地人做饭时，先把滚烫的石块扔进土坑，再放进海鲜、鸡腿、土豆等，最后用湿布把土坑罩住。用不了多久，被当地人称为古兰多的土坑料理就出坑了。从奇洛埃到塔希提，从夏威夷到新几内亚，这种土坑料理在整个太平洋地区都很流行。

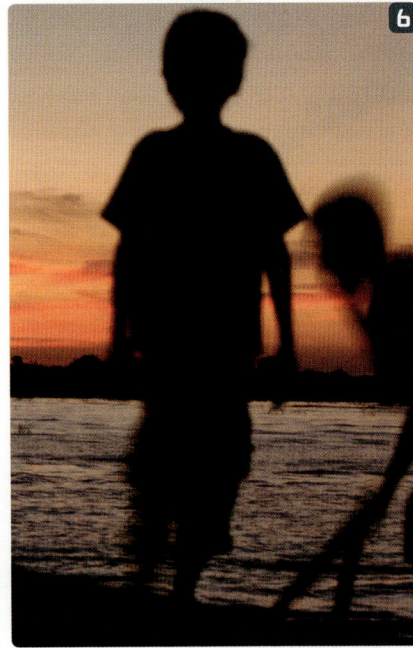

1/2. 水上村庄　3. 空邦鲁村附近的水中森林　4/5. 当地的孩子天生不懂什么叫作娇气
6. 洞里萨湖的日落

柬埔寨的越南浮村

洞里萨湖 Tonle Sap

位于柬埔寨西北部暹粒附近
推荐旅行时间：1 天

　　洞里萨湖是中南半岛上面积最大的淡水湖，有个出口连着湄公河。每年雨季，湄公河河水灌入洞里萨湖，使其面积足足扩大三倍，将广袤的草地、沼泽统统淹没。一到旱季，湖水又会倒流入河，灌溉湄公河三角洲的万顷良田。这简直就是一项天然的水利工程，护佑着河湖两岸的居民。

　　如果你看够了吴哥窟的庙宇，不妨到洞里萨湖看看日落。

　　游客通常在下午 3 点左右到达岸边码头，在这里租一条木篷船前往冲尼[1]水上浮村。浮村虽然隶属柬埔寨，却世代居住着来自越南的移民，这里的官方语言至今仍是越南语。

　　随着湖面越来越宽，水上浮村的轮廓也渐渐呈现在眼前。那是一些零零散散的船屋，看起来都很破旧，茅草铺在屋顶，四面墙就是几块花布。从被风吹起的"门"望进去，一边挂着两张吊床，另一边放着几样炊具，其他的就再也没有了。有一些船屋用铁皮当墙，看起来风吹雨打都不怕，但这里地处热带，住在铁皮屋子里就像住在烤箱里一样。

　　木篷船继续前行，就到了冲尼村的核心区域。在连成一片的船屋里，学校、商店和餐馆都有。这时，通常会有售卖冰镇可乐的男孩跳到你的船上，"弯刀啦弯刀啦[2]"地叫卖着。除了可乐，他们还售卖薯条、水果等。你还能在村子里找到一个鳄鱼池，十几条灰绿色的鳄鱼躺在池底，一动不动地扮演着雕塑。

　　我在那些卖可乐的男孩中间看到一个小女孩的身影，她握着一条比自己胳膊还粗的花斑蛇，可惜到最后我也没弄明白她是要表演耍蛇功夫还是要把蛇卖给游客当宠物。要是换成有些村子外面的女孩，别说用手抓蛇，只是远远看到就有可能像恐怖电影里的女主角一样惊声尖叫起来。所谓穷人的孩子早当家，生活在这里的孩子天生不懂什么叫娇气。

　　看日落的地方在洞里萨湖中央，四周无边无际的湖面被夕阳镀了一层金。船夫把船头转向正西，然后关了马达。风声、呼吸声、心跳声传来，声声入耳。

　　湖面上偶尔会蹿出一条小船，三五个孩子卖力地划着、叫着、闹着。夕阳把他们的脸庞映得通红，随着小船越划越远，我发现自己已经没有心情再看斜阳。

1. Chong Kneas　2. One Dollar，1 美元

作者推荐

　　有一个比冲尼村更远的村庄，叫空邦鲁（Kampong Phluk），那里的每间房子都高得离谱，就像长着六七米长的细腿的怪物。两排房屋之间的土地一到雨季就被湖水淹没，人们进出只能划船。空邦鲁村附近生长着一片水中森林，乘船而入时，就像闯入了树精看守的地盘。

1. 瞭望塔　2. 水上部落的检查站　3. 用托托拉芦苇建造的船只　4. 浮岛上的装饰物
5. 几位岛民在我们离开时跟我们挥手道别　6. 炊具

南美洲的水上部落

的的喀喀湖 Lake Titicaca
位于秘鲁和玻利维亚之间
推荐旅行时间：2 天

的的喀喀湖海拔超过 3 800 米，是南美洲海拔最高的适航湖泊。到的的喀喀湖旅行的人都不会错过乌鲁族的浮岛部落。几百年前，乌鲁族生活在安第斯山间，后来为了躲避印加军队，逃到湖上生活。

湖中盛产一种叫托托拉的芦苇，这种芦苇结实耐用且浮力大，被乌鲁族用来制造体积巨大的芦苇筏。每个筏子表面都有六七十平方米，就像一座座浮岛。乌鲁族是一个名副其实的水上部落，族人在筏子上生老病死。

进入水上部落，要先经过一条在芦苇丛中开辟出来的水路，随后，视野也像泛起的水花一样逐渐漾开，眼前漂浮着几十个枯草色的芦苇岛屿。一些浮岛旁已经停着游船，导游找了半天才发现一座还未被其他游船占领的岛屿，就像在车库里找到了一个空车位。

以前，这些浮岛都是不系之舟，随风飘荡，现在都被铁锚固定在湖床之上，只有在分家的时候，浮岛才会被锯子一分为二。

其实浮岛露出水面的部分只是冰山一角，水下还有三四米厚，因而浮力很大。当你在浮岛上面行走时，会感觉脚底发软，就像失去了一部分重力。

有件事让我感到好奇：浮岛上到处都是干燥易燃的芦苇，如何在生火做饭时防范火灾？导游解释，乌鲁人会在炉子下面垫一块石板，将火苗和草地隔绝开来。"那火星呢？被风一吹，不就燎原了吗？"我的追问让导游十分无奈，他笑着摇起了头。我想，当地人已经平平安安地活了几百年，这大概只是我的杞人忧天吧。也许乌鲁人早就研发出一套防火措施，毕竟四面八方都是水源，又或者即使烧光也不怕，反正湖里最不缺的就是芦苇秆。

浮岛上通常都会有座瞭望塔，用来观察远方的敌情，这也是祖先留下来的传统。岛上还有寝室、厨房、储物仓库等，都是用芦苇编织、捆扎而成。

为了吸引眼球，家家户户都用芦苇秆编出一些与众不同的装饰物。例如，这家把自家船头变成了美洲狮的脑袋，那家把瞭望塔改造成一条张着嘴的大鱼，另一家在拱门上摆一只小鸟，栩栩如生，展翅欲飞。当我把镜头对准小鸟时，它一扇翅膀，竟然真的飞走了。

当我们离开时。岛上 3 户人家的主妇盛装站在芦苇筏上唱歌送行，3 条裙子分别是红色、橘色和粉色，扭起腰来就像 3 个晃动的花瓶，可每个人都明媚地笑着，她们才是这片山水世界最美的风景吧。

作者推荐

你可以尝尝芦苇秆，它虽然看起来坚硬，可剥掉外壳之后，里面是青葱似的嫩芯，嚼在嘴里，像水果一样爽口。芦苇秆也是当地人的主要食材，再加上湖中的淡水，还有鱼和鸭，即使他们不上岸，也照样可以世世代代在湖中繁衍生息。

1. 骑马上山　**2.** 我的房东　**3.** 回家的羊群　**4/5.** 蒂亚瓦纳科文明的遗迹

6. 编织毛线帽的老人

唯有时光

阿曼塔尼岛 Amantani Island

位于秘鲁的的喀喀湖

推荐旅行时间：1 天

那些参加的的喀喀湖两日游的游客通常会在阿曼塔尼岛上过夜。上岛之后，导游就直接用游客数量除以岛上民宿的数量，得出每家民宿可以分到几个游客。经营民宿的印第安妇女头戴黑色方巾，上身穿白色粗布衣，下身穿深蓝色裙子，光脚穿着凉鞋。她们大多皮肤黝黑，眼睛下面的两块苹果肌格外突出，显得又黑又亮。原来，在海拔很高、紫外线很强的地方，"高原红"就会变成"高原黑"。她们笑起来会露出两排洁白的牙齿，据说这和当地人不吃甜食有关。旅游攻略上也建议游客不要给当地孩子糖吃，因为岛上没有牙医诊所。

在岛上的村庄里既看不到贴着墙根晒太阳的老人，也看不到飞来跑去的鸡鸭。房子大多是用泥巴垒的，民宿里通常会有简易厕所，是为了接待游客而建。

下午 5 点，所有游客在岛上的广场集合，一起去山顶看日落。爬山时，能看到许多放羊归家的牧民迎面走来，羊群的影子被夕阳印在大地上。山顶原本建有一座蒂亚瓦纳科[1]神庙，不过早已成为废墟。蒂亚瓦纳科算是比印加文明更古老的文明，图腾是一位长着翅膀的门神。在的的喀喀湖地区，有很多石头拱门，门上通常立着三尊石像，这也是蒂亚瓦纳科文明的遗迹。

一段矮墙围着山顶废墟，矮墙外有一条环形石路，沿着石路走一圈，你能看到各个方向的湖景。往东看，远处的雪山属于玻利维亚。的的喀喀湖由秘鲁和玻利维亚两个国家共同管辖，只要有签证，你就可以乘船在两国之间穿行。

日落后，游客们回到民宿用餐，晚餐通常是用五谷杂粮做成的，比如一盘稻谷做的饼、两勺加了汤汁的蚕豆、一杯冒着热气的薄荷茶，简单、饱腹又健康。我住的那家民宿里有一台半导体收音机，女主人摆弄了一会儿，收音机里突然传出一阵噪声，随后变成舒缓的西班牙语歌曲。

岛上温差极大，日落后体感温度会迅速下降。民宿的房间里只点了半截蜡烛，跳动的火苗让光明之外的世界显得更加黑暗。好在被子足够厚也足够保暖，只是当刺鼻的蜡油味随着冷空气进入鼻孔时，我才发现鼻头比空气还凉。

在阿曼塔尼岛上看不到任何工业产品，一切依照古老习俗，散发着永恒的生命力，仿佛千年前和千年后一切都一成不变。如果用一首歌来形容眼前的画面，我会想到恩雅的《唯有时光》。

1. Tiawanaku

作者推荐

阿曼塔尼岛附近还有一座叫塔基利（Taquile）的岛，岛上有一些印第安人在阳光下编织一种带耳扇的毛线帽。2005 年，这种编织工艺被列为世界非物质文化遗产。

1. 骑自行车的男孩们　2. 客栈里的椅子和吊床　3. 烤得香喷喷的猪肉　4. 东德岛上的一条主街　5. 湄公河上的日落　6. 佛祖和站在他头顶的鸟

简单生活

四千美岛 Si Phan Don

位于老挝南部

推荐旅行时间：5 天

　　四千美岛是湄公河在老挝境内最宽的一段，旱季时河水退落，河面上露出数以千计的岛屿、小渚、沙洲，四千美岛因此得名。

　　东德岛[1]是四千美岛中最受旅行者喜欢的一座。从空中俯瞰，东德岛就像一个梭子，两头尖、中间宽。岛上商业集中在码头所在的东边，一条日出大道串联起几十家餐馆和客栈。岛屿另一侧还有一条日落大道，路边每家都有不错的日落景观。

　　东德岛面积不大，通过一座法国人修建的铁路桥与东阔岛[2]相连，在天气晴朗的日子，人们会聚在桥上看日落。大家都屏息凝神，把目光投向极远处，那满目的绿才是热带国家的本色。日落后，天空的颜色一点一点地变粉、变红，当满目的绿都变成了黑，本已发暗的天空却显得十分明亮，因为群星已在头顶闪耀。

　　东德岛北面有一片沙滩，这里是游客的天堂。他们通常穿着比基尼或者沙滩裤，躺得横七竖八，戴起墨镜，捧着书本，正反两面地晒，看谁先把皮肤晒成小麦色。

　　几头水牛也凑热闹似的卧倒在沙滩上，跟游客们一起在阳光下打盹。眼前的景象就像一幅达利的画，有一种怪诞的美感。

　　晚上，沙滩上燃起篝火。一个编着脏辫的女孩把一根木棍两头蘸上油料并点着，黑暗中便多了两个光点。女孩双手握住木棍中间，手腕一转，火光的轨迹就连成一个耀眼的圈。她不仅在身前转动木棍，还绕到背后，再从胯下捞到胸前，叫好声此起彼伏。

　　紧挨着沙滩的几家餐馆都是欧美人开的，他们贪恋这里的简单生活，来了就不想走了。托尼来自澳大利亚，他开了一家烤猪店，由于会经营，生意一直最好。每天，他都会把一头肥猪架在门口，从下午烤到黄昏，往来的人闻到烧烤香味都忍不住停下脚步，馋的人就更馋了。猪皮的颜色慢慢从粉红变成焦黄，耳朵和尾巴等脂肪不多的部位最先被烤焦。我曾去过两次，金灿灿的猪皮脆而不腻，猪肉有肥有瘦、喷香白嫩，但得自己撒盐和胡椒。

　　在东德岛待了一周之后，我不仅睡眠时间越来越长，心情也有了变化。心情好的时候，即使一个人骑车走路，也能哼出不成调的歌曲；心情好的时候，即使早餐只有一个煎蛋，也能吃得红光满面；心情好的时候，即使什么都不做，也不觉得浪费时光。

1. Don Det　2. Don Khon

作者推荐

　　你可以租一辆自行车进行双岛环线之旅。在东阔岛上，有一道叫塔索帕米（Tat Somphamit）的瀑布，瀑布落差不大，但水链不止一条，就像有人手握一块吸满水的海绵，水流从指缝中流下。

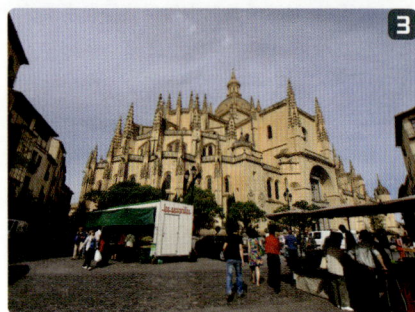

1/2. 古罗马高架输水道　3. 塞哥维亚大教堂　4. 用盘子切烤乳猪　5. 皮酥肉嫩的乳猪肉
6. "母狼哺婴"雕塑

伟大的工程

塞哥维亚 Segovia

位于西班牙中部

推荐旅行时间：2 天

在塞哥维亚，烤乳猪不仅是某家餐馆的招牌菜，更是这座城市的招牌菜。这道菜选用的是出生不到 14 天的猪崽，烤熟后，厨师当着食客的面把一个大白瓷盘竖起来，将瓷盘的边缘当成利刃，把烤乳猪切成几份。这还没有结束，有的厨师会随手将瓷盘扔向空中，盘子落地时崩成碎片，同时发出一声脆响，比这声脆响更响的是食客的拍手叫好声，不知在西班牙是否也有"碎碎平安"的说法。

塞哥维亚老城区有一尊"母狼哺婴"雕塑：在一只母狼身下，两个婴儿嗷嗷待哺。这尊雕塑是一件仿作，原作藏于罗马的卡皮托林博物馆。"母狼哺婴"的传说与罗马的建立有关。相传公元前七八世纪时，一位国王的弟弟不仅篡了权，还把哥哥的双胞胎外孙扔进台伯河，婴儿的啼哭引来一只母狼，母狼用乳汁哺育了他们。孪生兄弟长大成人后，不仅复仇成功，还在母狼哺育他们的河流边建起一座城市，并以哥哥罗慕路斯的名字命名，这座城市就是罗马。

从公元前 1 世纪开始，塞哥维亚所在的地区就归罗马管辖了。为了将河水引入市内，罗马人建起长长的输水道。输水道是根据"水往低处流"的现象来实现引水的，为了让起点和终点之间始终保持落差，沿途悬空的地方就得建起高架桥。旅行作家林达在《西班牙旅行笔记》中写道："看过塞哥维亚的输水道，这张去西班牙的飞机票，就算是值了。"

塞哥维亚输水道建于公元 1 世纪，水流在输水道中奔流了整整 18 个世纪，到了 19 世纪，这条输水道才彻底停用。比起输水道超长的服役时间，更让人啧啧称奇的是，在输水道的建造过程中没有使用黏合剂，就是把石块像垒积木一样垒起来，却不会一碰就倒。输水道高约 28 米，分上下两层，共有 167 道拱门。拱门也叫拱券，是一种可以分散荷载的建筑结构，同时也能增加两根支撑柱之间的距离。除了实用性，优雅的弧形也增加了建筑的美感。有些教堂的穹顶其实是拱券的变体，将平面拱扩展为立体拱。中国河北的赵州桥的拱洞也是对拱券结构的延展利用，在降低桥梁自重的同时，增加了承载能力。

古罗马输水道的出现与两位杰出的工程师有关，建筑师维特鲁威的《建筑十书》为输水道的建造奠定了理论基础，而曾任罗马水务专员的弗仑提努斯直接参与了水道的设计与建设。

旅途随感

弗仑提努斯曾说："你怎么能把埃及那些闲置的金字塔拿来和惠及民生的输水道相比呢？"输水道的价值显然远远大于那些为帝王歌功颂德而建的建筑，因为它服务的对象是老百姓。

1. 巴都尔火山和巴都尔湖紧紧拥抱在一起　2. 德格拉朗梯田　3. 骑车穿行在稻田间

4. 民居中的家庙　5. 柯图在给一位马来西亚游客算命　6. 自带泳池的民宿

苏巴克系统和巫医

巴都尔火山 Gunung Batur

位于印度尼西亚巴厘岛北部

推荐旅行时间：3 小时

虽然海拔3 142米的阿贡火山[1]才是巴厘岛的最高峰，但旅行者似乎更偏爱海拔低得多的巴都尔火山，因为它和巴都尔湖[2]紧紧"抱"在一起，单论"颜值"，巴都尔火山就比孤零零的阿贡火山高出不少。

巴都尔湖是世界文化遗产苏巴克灌溉系统[3]的一部分，巴都尔湖负责为整个系统提供水源，这一古老的系统还包括水渠、水坝和水神庙等部分。世界遗产委员会认为，苏巴克灌溉系统体现了巴厘人的哲学观念：人的幸福由精神世界、现世生活和自然资源这三方面构成。苏巴克灌溉系统以水神庙为核心，为人口稠密的巴厘岛解决了吃饭问题，是当地信仰、生活与自然和谐统一的体现。

从金塔马尼村[4]能够远远望见巴都尔火山和巴都尔湖，这里也是某些骑行线路的起点和最高点，自行车由旅行社提前运过来，在这里开始骑行，你就可以和队友一起俯冲而下。

骑行团会沿途参观巴厘岛的民居。当地人相信万物有灵，认为椰子树上住着神仙，因此房子不能比树高，当地政府也规定房子高度不能超过15米。民居多为院落式平房，由家庙和居室两部分组成。院子的入口极为狭窄，至于原因，有两种说法：其一，可能是为了防止小偷搬走大件家具；其二，可能是为了阻挡恶魔来犯。无论哪种说法是正确的，都说明巴厘人在现代文明中努力保留着自己的传统和文化。

水稻梯田是骑行路上出现频率最高的景观，其中德格拉朗梯田的名气最大。这里除了梯田，还有点缀其间的椰子树、鸡蛋花树和茅草屋。

在电影《美食、祈祷和恋爱》中，女主角也喜欢骑着自行车在稻田间走走停停。一位叫柯图的巫医对她说，世界不仅要用眼睛看，用脑袋想，更要用心去感受。女主角最后在巴厘岛收获了爱情。

后来，慕名来找柯图算命的人不计其数，大家都希望得到柯图的指点，让走进死胡同的自己咸鱼翻身。我也本着万事宁可信其有的原则来到柯图的家。他从我的眉骨摸到下颌，从后背摸到膝盖，从手心摸到手背，每摸完一处，他都会煞有介事地抛出一条惊世大预言："你一定能活到100岁！""你是一个环球旅行者。""你一定能娶个漂亮老婆，生好几个小孩。"

柯图一边说一边笑，我当然不会完全相信他的话，但这些所谓的预言都是善意的、无害的、能让人看到希望的，再加上柯图的笑声，至少保证了这一天的好心情。

1. Gunung Agung 2. Lake Batur 3. Subak System
4. Kintamani

作者推荐

在巴厘岛选民宿，最好选择那种建在稻田边且自带泳池的。在岛上可以租到自行车或摩托车，出行非常方便。

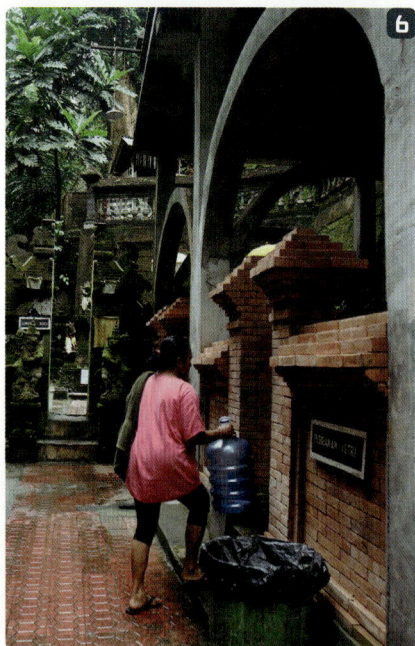

1. 水池边蹲着石象　2. 圣泉寺的长方形水池　3. 一字排开的泉眼　4. 野外浴池旁的神庙
5. 泉水异常清澈　6. 本地人把瓶瓶罐罐都装满泉水

用圣水沐浴

圣泉寺 Pura Tirta Empul
位于印度尼西亚巴厘岛中部
推荐旅行时间：1 天

　　印度教神庙是巴厘岛上储备最丰厚的资源，按照官方说法，岛上有 4 600 多座神庙，真是走过路过都不会错过了。刚开始我还像模像样、毕恭毕敬地进入神庙参观，等看完第三个，我就跟司机说，路过下一个时不用再停车了。话虽这么说，有一座神庙是非去不可的，那就是圣泉寺。

　　从外表看，圣泉寺和其他神庙似乎没什么不同，就是游客更多一些，其中还有不少本地人。进门之后才会发现别有洞天，一个长方形水池两边各蹲着一头石象。池水的颜色接近孔雀绿，大家都泡在里面，排队等着用圣泉沐浴。圣泉寺的泉眼并非只有一个，而是一字排开的十几个。人站在泉眼下面，水柱刚好落到头顶。每个泉眼各司其职，有的负责消灾避难，有的负责净化心灵，有的负责健康长寿……要是在中国，求学得拜文殊，求子得拜观音，求财得拜关二爷，还得辗转各地，还是在巴厘岛方便，洗个澡就全搞定了。沐浴有统一动作。我双手合十置于下颌，低着头闭着眼，也不知道应该祷告些什么，于是直接冲进水柱。一瞬间，水柱轰地一下在头顶炸开，就像跳进水里后，耳朵突然听不见声音了。本地人的动作还要更复杂一些，有的还请来专业助浴师。助浴师站

在沐浴者身后，直接把他的脑袋摁进水里，然后猛拍他的后脑勺，仿佛溅起的水花越大，实现愿望的可能性越高。

　　巴厘岛还有一处野外浴池，位于一座山谷谷底。谷底有一座神庙，四周摆放着鲜花贡品。神庙两边各有一处可以沐浴的地方，女浴室的围墙高一些，男浴室几乎无遮无拦。沐浴用的水自然就是山间泉水，本地人沐浴后，还会把带来的瓶瓶罐罐也都装满泉水，回家后再用泉水清洗鲜花贡品，以示虔诚之心。

　　去野外浴池那天，我遇到了一位身穿白衣的长者，于是跟他请教这里的泉水有什么名堂。他说这里的泉水具有疗愈功能，很多当地人都会过来沐浴，也不分时段，半夜都会有人来。如果自己来不了，就让家人把泉水带回家。今天是他儿子的生日，他就是来帮儿子取圣水回家沐浴的。

　　这处野外浴池是我偶然发现的。有一天我拍鸭子的时候，总能看到当地人把摩托车停在路边，然后从车上取下空空的水壶水桶，最后消失在稻田后的密林里。我觉得这里面一定有文章，就跟了过去。这种偶得的体验不仅自带一种天然的神秘感，还帮我找到了一把打开本地生活的钥匙。

旅途随感

　　是否多有意外之美是背包旅行和跟团旅行的区别之一。越是能让我们睁大眼睛、心跳加速的所见所闻，越能在记忆中久久留存。这种意外之美可遇不可求，因而愈发值得珍惜。

1. 蛋壳彩绘　2. 克差舞　3. 面具舞　4. 伊达师傅正在帮我制作面具　5. 各式各样的刻刀
6. 站在芭蕉叶上的鹭鸟

艺人和匠人
扎堆的地方

乌布德 Ubud

位于印度尼西亚巴厘岛中部

推荐旅行时间：4 天

在 16 世纪初，大批住在爪哇岛的印度教徒东迁至巴厘岛，他们大多住在巴厘岛中部的乌布德，其中有僧侣和贵族，还有各类艺人和匠人，如画师、舞蹈家、雕刻师等。通过一代又一代的手艺传承，巴厘岛的艺术之花繁盛至今。乌布德之旅大多以艺术体验为主题，比如参观画廊、欣赏舞蹈、学习木雕制作等。

乌布德有很多画廊，当你吃饭、游览或遛弯的时候，说不定一转身、一抬头就能和大大小小的画廊"撞个满怀"。虽然有的画廊也会展出一些前卫作品，但巴厘岛人的生活和印度教的神话故事是两大永不过时的主题。

巴厘舞蹈是神话故事的载体之一。每天傍晚，乌布德皇宫都有为游客定制的精彩表演。表演通常以克差舞开场，几十个赤裸上身的成年男子围成同心圆，他们摇头晃脑，目光迷离，高举双手，模仿猴子的叫声，叽叽喳喳的声音也成了用舞蹈呈现印度史诗《罗摩衍那》的背景音乐。克差舞还衍生出一种火舞，男性舞者会赤脚踩过满地燃烧的椰子壳。

一共有 9 种巴厘舞蹈被评为世界非物质文化遗产。黎弓舞最具美感，由女性舞者表演，灵动的眼神和抖动的双手是这种舞蹈的特色。托宾舞是一种面具舞，常用的面具多达三四十种。

舞者佩戴的面具通常由木头雕刻而成，为此我特意拜访了一位名叫伊达·巴古斯的木雕师。他从 9 岁开始跟随父亲和叔叔学习雕刻面具，因技艺精湛，他还接到了很多海外订单。他跟我说，每个面具都充满能量，有些特殊面具只在庙宇中才能看到。

我花了 2 个小时才把一块木桩粗略雕刻成人脸的模样，当然，伊达师傅出了 90% 的力，我只是帮着打个下手。他先用斧头劈，再用凿子削，最后用刻刀雕，越到后面，所使用的工具与木头的接触面越小。

伊达师傅说："我们都是从大树底部慢慢奋斗才登顶的，但在顶部时要小心，大风把人吹得摇摇欲坠，此时要牢记自己的根基，这就好比只有地基牢靠的房子才不会倒塌。"对他来说，这个根基就是巴厘岛的艺术；对我来说，则是对旅行的热爱。

除了体验艺术类项目，生态景观也是乌布德之行的看点。乌布德西南方向有一处圣猴森林，那里的猴子骄横跋扈，会把游客当成抢劫对象。东北方向有个叫佩图鲁的村子，每天黄昏时分，几千只鹭鸟同时归巢，因为鹭鸟喜欢在村里特有的无花果树上筑巢。观鸟时记得戴头盔，而且不能张嘴——如果你不想用鸟粪洗头漱口。

作者推荐

乌布德的艾玛酒店提供很多文化体验课程，如烹饪、舞蹈、绘画、扎染等。

1. 河回村民宅　2. 河回假面舞　3. 僧人　4. 扮演新娘的小伙　5. 刚果龟壳面具

6. 我的作品　7. 孙悟空面具

我有一个面具

河回村 Hahoe Village

位于韩国庆尚北道

推荐旅行时间：2 天

洛东江在河回村盘绕出一个"S"形的弯道，村名正取自"河回于此"的地形特征。韩国古村落多为同一氏族聚居之地，河回村也不例外，村民七成姓柳，且多为读书人，他们赋予了这个村庄书香之气。

书生们在读书之余还创造了一种假面舞，假面由十几个各具特色的人物形象组成，有两班（贵族）、僧人、屠夫、老奶奶、新娘等，每到节庆，当地人就会戴上假面跳舞，河回村也因此被列为世界文化遗产。

你可以在河回村的露天剧场欣赏假面舞。表演时还有乐队伴奏，乐器中除了铜锣和朝鲜长鼓，还有一把长唢呐。唢呐一响，每个假面人便极尽所能地表演与面具所代表的人物相匹配的动作：两班头戴黑帽，手拿折扇，面具上的嘴是歪的、眼是斜的，一看就不是什么好人；僧人身披袈裟，胸挂佛珠，走起路来摇头晃脑；老奶奶走得很慢，还牵着真人扮演的黄牛……演出结束，所有演员摘下假面后重新亮相，这时我才发现，原来扮演新娘的是一个小伙。

在河回村的面具博物馆中，你能看到世界各地的代表性面具，如斯里兰卡的眼镜蛇面具、泰国的孔剧面具、北美洲的巴克瓦斯面具等。作为传统文化的一部分，面具大多出现在婚丧嫁娶和祭祀仪式中。有些特定的面具不是谁想戴就能戴的，比如刚果的龟壳面具只有部落酋长才有资格佩戴。

在面具博物馆中，色彩最绚丽、种类最丰富的面具系列来自威尼斯。在 17—18 世纪，佩戴面具成了威尼斯的一种不成文的社交礼仪，甚至还出现了出门必戴面具的"面具客"，直到拿破仑占领威尼斯，面具客才逐渐消失。如今，一年一度的威尼斯狂欢节更是让假面文化大行其道，人们戴着面具，披着斗篷，坐在贡多拉中穿行于威尼斯的运河之上，显得华丽而神秘。我曾在威尼斯的一家面具工作室学习给面具上色的技巧，原本我打算画一些复杂的图案，画到一半时，老师对我说，纯色也很好看——委婉地否定了我的努力，但他还是用画笔帮我在面具的鼻根处扫了几笔当阴影。

在面具博物馆中，我还遇到一位"老朋友"——孙悟空面具。记忆一下子被拉回到小时候，当时 1986 版《西游记》正在热播，而且每个暑假都会重播。父亲给我买了一个美猴王面具，仿佛只要戴上它，我就会变得厉害一点儿，因为我不能给齐天大圣丢脸。那时的我对"十万八千里"还没什么概念，只知道那是一段很远很远的距离。

旅途随感

面具可以让我们暂时忘记身份、年龄，甚至性别和姓名，而旅行似乎也有这个功能。

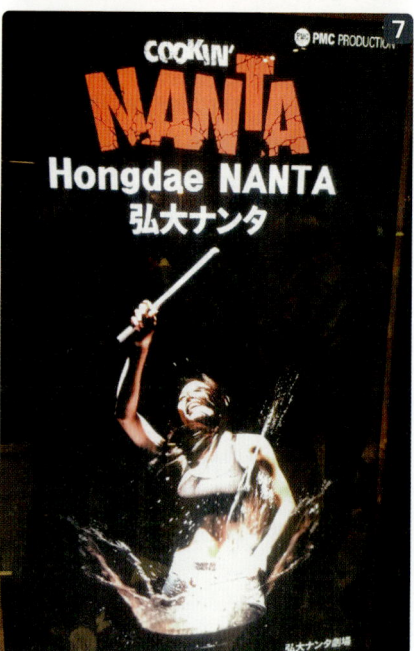

" 1. 北村韩屋村 2. 韩纸 3. 伽倻琴 4. 大笒 5/6. 辣白菜教学课 7. "乱打秀"海报

传统韩屋体验

首尔 Seoul

位于韩国西北部

推荐旅行时间：4 天

很多韩国青年会选择到北村韩屋村拍摄韩服写真，因为具有古典美的韩服和充满复古风的韩屋天生就是一对好搭档。

韩屋采用榫卯结构的木架做骨骼，用泥巴和稻草填充墙壁，再用质地坚韧的韩纸隔出功能不同的房间。韩纸透光，却不隔音，住在韩屋也就没有个人隐私，所以韩国年轻人不太情愿住在这样的房子里，外国游客却竞相住进来，只因韩屋本身就是韩国传统文化的代表。

一间完整的韩屋通常还包括一个可以晒太阳的小院。院子一角摆满存放辣白菜的大肚子圆缸。以前腌白菜是为了延长蔬菜保质期，让冬天也有菜可吃，现在辣白菜成了韩国美食的代表，无论什么规格的宴席上都少不了它。在首尔，你可以参加专门面向游客的辣白菜腌制课程。桌上摆满原材料，有大白菜、葱和白萝卜，调料有盐、虾油、捣碎的姜蒜和鲜红的辣椒粉，老师先在讲台上示范，我们再动手腌制。第一步，先将葱切丝、萝卜切块，然后将各种调料混合在一起给葱丝和萝卜块"按摩"。辣椒粉就像染色剂，不一会儿就染红了手。第二步，将第一步做好的半成品塞到扒开的白菜帮子里，接着继续"按摩"，直到里里外外都着色均匀。第三步，将成品放入塑料盒并密封好，两三天后，白菜被闷出酸味，这时就可以放进冰箱冷藏保存了。

韩屋的取暖方式和我国东北的暖炕一样，通过在地板下烧柴来加热，睡觉时直接把被褥铺在地板上。我住的那间卧室里摆着一架钢琴，女主人说这间卧室是她孩子以前住的，孩子长大后搬了出去，她就把空出来的卧室作为民宿房间。晚餐由女主人一手包办，除了烤肉，还有酸萝卜、干紫菜、鲜葡萄等五六碟小菜，辣白菜自然必不可少。晚饭结束后，房东夫妇竟一起为我演奏韩国传统乐器，女主人弹着 12 根弦的伽倻琴，男主人吹着大笒——一种用竹子做的大号横笛，琴笛合奏之音在温暖的韩屋中飘飘袅袅。

在韩国还有一种传统音乐演奏形式叫"四物游戏"，就是用 4 种不同的乐器奏出音量极高的音乐，令人的心怦怦直跳。现在首尔最受欢迎的"乱打秀"就是从"四物游戏"发展而来。"乱打秀"的场景设定在一间厨房，整场演出没有台词，只靠表演者击打锅碗瓢盆的响声撑满 90 分钟，剧情紧凑，声效震耳，不会有片刻让观众感到无聊。乱打秀曾在爱丁堡边缘艺术节上获得最高分，首尔共有 3 家剧院每天分不同时段演出，足见其受欢迎程度。

作者推荐

想要一站式品尝首尔美食，不要错过鹭梁津水产市场。这里的几百个小吃摊位可以让你大快朵颐，吃饱了也别急着回酒店，每天凌晨 1 点市场内还会举办一场拍卖会，拍卖的都是刚从海底捞上来的虾兵蟹将。

1. 熊野古道上的"王子" 2. 在古道中穿行 3. 路边的稻草人 4. 中川王子

5. 创意无处不在 6. 沿途的杂货店

遇见 99 个 "王子"

熊野古道 Kumano Kodo

位于日本本州岛南部的纪伊半岛

推荐旅行时间：5 天

很久之前，日本人认为纪伊半岛的熊野三山上住着神明，于是上至皇室贵族，下至黎民百姓，纷纷来这里朝圣。熊野古道就是把熊野三山连在一起的朝圣路的统称。古道一共有 6 条路线，分别为小边路、伊势路、中边路、大边路、纪伊路和大峰奥丘路。最出名的是中边路，全程 50 千米，徒步需要 4 ～ 5 天。

泷尻王子是中边路的起点，也是沿途 5 座最重要的"王子"之一。相传在 12 世纪和 13 世纪，朝圣者会先在这里沐浴，然后才正式启程。这里的"王子"并不是指国王的儿子，而是指人们在朝圣路上休息和祈祷的地方。

熊野古道上一共有 99 个"王子"（实际上并没有这么多）。大一点儿的"王子"就像废弃的古刹，小一点儿的"王子"就是路边的一块石碑。每一个"王子"附近都有一处地标性的自然景物，如大树、山泉、瀑布等。你还能在某些"王子"旁边找到一枚鲜红的印章（通常藏在一个类似信箱的神龛里）盖戳，作为到此一游的证明。当你摇响铃铛（如果有），神明就知道你来了。接下来你还要拍两下掌，鞠两个躬，留下一枚硬币（5日元就可以），才算完成标准的参拜流程。当然，你也可以选择不参拜。

除了一路上的"王子"，你还可以按图索骥地找到一些茶社遗址，古代的朝圣者会在路过时坐在里面交谈几句。

在熊野古道徒步不用向导带路，因为每隔一段距离就有清晰的路标。有时，徒步路线会被公路拦腰截断。不过不用担心，你很快就能在马路对面找到接续的路径。通常，你还能在公路边看到一家连锁便利店（遍布日本的 Michi-no-Eki），可以在自动贩卖机上买瓶冷饮，或者买个饭团填饱肚子。

如果对重装徒步没有信心，你可以预订行李搬运服务。只要每天早晨收拾好行李，然后把它放在民宿门口，就会有运输公司把行李运到下一站。这样，你就能轻装上阵了。

什么样的天气才是适合徒步的好天气？雨天不是，晴天不是，不下雨的阴天才是。即使遇到烈日炎炎的天气也不用担心，因为古道沿线山林密布，头顶的树杈就像无数双交叠在一起的巨手，严严实实地挡住阳光。

在熊野古道徒步，一路上看不到太多让人叹为观止的奇景，无非枯枝败叶、青苔露珠、鸟语花香。不过，能够体验这些返璞归真的美好，可能也是旅行的目的之一。

特别提示

熊野古道沿线的民宿接待能力有限，需要提前预约！我在出发前两个月预约，一些自带温泉的民宿就已客满。不过我在 5 天的旅行中还是有 3 天泡到了温泉。

1. 熊野本宫大社　2. 本宫镇　3. 纯黑色的钢铁鸟居　4. 百闲观景台看到的风景

5. 民宿晚餐中的鹿肉刺身　6. 汤之峰温泉村里的公共温泉

鸟居和温泉

本宫 Hongu

位于日本本州岛南部的纪伊半岛

推荐旅行时间：1 天

本宫镇就像一个大型养老院，镇子里目之所及都是老人。

熊野本宫大社也在镇子里，和熊野三山的另外两座大社（速玉大社和那智大社）并称熊野三大神社。本宫大社建在半山腰，一条石头台阶直接通向大门口，台阶两旁的旗子上印着捐修人的名字。

本宫大社原址位于河边，后来被一场洪水冲毁，人们不得不选址新建，到现在也有100 多年历史了。本宫大社旧址所在的稻田里矗立着日本最大的鸟居（高 39.9 米），这座鸟居是纯黑色的，由钢铁打造，看起来比红色的木制鸟居坚固得多。所谓鸟居，就是类似牌坊的大门，是神社入口。进入鸟居之后就到了神界，来访者应该时刻注意自己的行为举止。

本宫镇有几家咖啡馆，你可以先吃一个抹茶冰激凌再出发。

从本宫镇开始徒步，跨过一座钢铁大桥后，就进入了熊野古道的小云取越线。这段路的最高点是一个叫百闲观景台的地方，那里视野极佳，天气晴朗的时候，据说可以看到 3 600 座熊野神山的峰顶。

汤之峰温泉村与本宫镇仅一山之隔。村子里有条小河，河面上飘着一股臭鸡蛋味，这是硫黄温泉特有的味道。你只需花 390 日元（约合人民币 20 元）就能到公共温泉里舒舒服服地泡个澡。据说这种温泉功能多多，比如溶解角质，缓解关节疼痛，提高新陈代谢，就差包治百病了。温泉村有一家名为"Teruteya"的民宿，二层有七八间客房，一层有点儿像迷宫，用比纸厚不了多少的"墙"隔出许多功能区，如厨房、餐厅、洗衣房、温泉池等。躺进温泉池里，四肢百骸都被泉水包裹，身体滑得像一条鱼。晚餐非常丰盛，矮桌上摆满各种食物，如鹿肉刺身、鸭胸肉、煎鱼、腌笋、水果捞、烧酒……连咸菜都好吃得不得了。

走了一天之后，能用美食和温泉从里到外地补一补身体，竟有一种鱼与熊掌兼得的快感。

旅途随感

在旅行中，出发和告别这两件事会周而复始。随时准备出发，随时在告别，再出发，再告别。这种循环不是从终点回到起点，因为其间已经走了一段路，看到了许多不一样的风景。告别、出发以及方向的自我选择与决定，是抽离时间、地点、人物后的旅行本质，也是旅行者终生追寻的乐趣所在，也因为这种对未知存在的追寻，让我始终相信，旅行者是一群乐观的人，他们相信会有奇迹发生。并且，在一次次告别、出发、选择、决定的过程中，完成自己的成长。

1. 三重塔　2. 瀑布与塔　3. 满目苍绿　4. 那智大社　5. 青岸渡寺

6. 用耙子整理枯山水

佛寺与神社

那智山 Nachisan

位于日本本州岛南部的纪伊半岛

推荐旅行时间：2 天

如果没有那条落差 133 米的那智瀑布，整张熊野三山的旅行地图恐怕就要改版了。你可能会认为 133 米并不高，比不了 155 米的庐山瀑布，更比不了 979 米的安赫尔瀑布[1]，不过它在日本却名列第一，被当作神明来膜拜，那智大社也应运而生。大社由 5 栋有 1 000 多年历史的木结构建筑组成，入口处的橘黄色鸟居在葱茏的山林中显得十分醒目。

那智大社建在半山腰，比它矮一点儿的是青岸渡寺。相传一位来自印度的上人在瀑布下发现了一尊观音像，他把观音像供奉于此，这就是青岸渡寺的前身。现在的大殿由丰臣秀吉修建，也有将近 500 年的历史了。大殿旁的佛堂中供奉着大黑天——实际上就是印度教中的毁灭之神湿婆，不知为何，在传入日本后成了七福神之一（另外六个是惠比寿、毗沙门天、弁财天、福禄寿、寿老人、布袋和尚）。在明治时期以前，日本的佛教和神道教基本不分家，所以你经常能看到佛寺与神社相依相伴的景象。如果说这两者有什么区别，那就是佛教是"舶来品"，神道教则是土生土长的。

橘黄色的三重塔也属于青岸渡寺，这座塔绝对算得上是那智山最上镜的建筑，经常和瀑布一起出现在明信片上。

那智山间还有很多依山而建的木房子，就像大海边的高层住宅，家家户户都是海景房。无论你站在哪里，都能欣赏到飞流直下的瀑布。

大多数游客都会先坐公交车到山下的大门坂站，然后要么走到瀑布之仰视，要么爬到最高点俯瞰。我是直接从山里钻出来的，因为这里也是熊野古道大云取越线的终点。我在山间埋头走了一天的路，突然看到融合在一起的佛堂、园林和飞瀑，那一瞬间感受到的震撼，就如同闯入了桃花源。

我的熊野古道中边路之旅也在那智山结束了。一路走来，我觉得非常宁静。这种宁静并非鸦雀无声，事实上，我总能听到各种声音，比如风声、鸟鸣、蛙叫，而当我用心去感受这些声音的时候，我的心也静了下来。

每年七月中旬，在那智瀑布下都要举行扇祭，12 把 50 千克重的巨型火把被点燃，照亮了众神回家的路。另外建议住在瀑布旁的美泷山庄，瀑布哗哗流淌而下的白噪声可以伴你安然入眠。

1. Angel Falls

我们常说摄影器材不重要，关键在于取景框背后的眼睛。可究竟是什么在控制眼睛的焦点和可视范围？我认为是我们的情绪，风起云动澎湃激昂也好，穷途末路彷徨无助也好，异乡雨夜孤单思念也好，正是摄影帮助我们记录下了当时的情绪。时隔经年，再看曾经的照片，我们会看到曾经的那个自己。

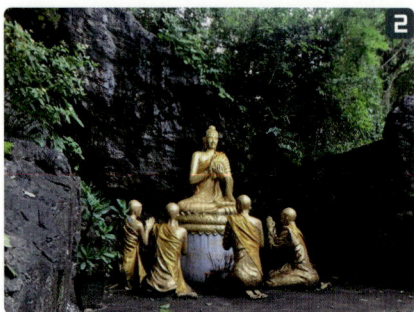

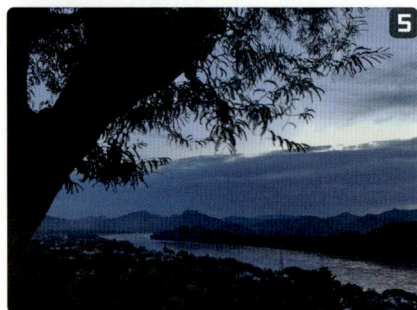

1. 清晨的布施　2. 处处可见的佛像　3. 村庄里的男孩　4. 小城夜景
5. 在普西山俯瞰湄公河　6. 香通寺的生命之树

佛教名城

琅勃拉邦 Luang Prabang

位于老挝北部

推荐旅行时间：4 天

琅勃拉邦主城区建在湄公河与南康河交汇处的一座半岛之上。三层以上的建筑在这里是找不到的，因为楼房高度不能超过庙宇的尖顶。

作为老挝北部著名的佛教之城，1995 年，琅勃拉邦被联合国教科文组织列为世界自然与文化双遗产城市。琅勃拉邦仅市区就有 30 多座庙宇，其中以两河交汇处的香通寺香火最旺，寺内那棵生命之树总会让人凝视良久。老挝人大多信仰小乘佛教，男性在成年前都要受戒为僧侣。琅勃拉邦常住人口只有约 7 万，却供养了 2 000 多名僧侣。

每天早晨的布施仪式就像一道流动的橘黄色风景线，吸引了无数游客。

布施仪式有一些需要遵守的礼节，比如不能接触僧侣的身体，拍照时不能开闪光灯，不能用左手递送食物，要确保食物新鲜等。布施者都坐在路边的草席上，静静等待僧侣的到来。

早晨五点半，我来到参与布施人数最多的洋人街，比我更早到来的是那些专业摄影师们。他们早早选好机位，固定好三脚架，如临大敌般掏出长枪短炮。

黎明前后，僧侣鱼贯而至，年长的走在最前面，他们的袈裟颜色偏红，双肩被严严实实地包裹着；小沙弥走在队尾，袈裟颜色偏黄，还要露出一侧肩膀。他们都赤脚前行，经过布施者时，钵盂中就会被放进糯米饭、饼干、糖果等。僧侣每日只吃两餐，且过午不食。他们只取当日所需，把剩下的食物转赠给当地贫苦家庭和流落街头的孩子。

作为前法属殖民地，琅勃拉邦到处都是殖民者留下的痕迹，比如法语的商店招牌，还有弥漫在街头巷尾的法棍香味。这也是西方旅行者喜欢琅勃拉邦的原因，这里既有神秘的东方情调，也有熟悉的家乡味道。

洋人街是游客最集中的地方，街道两侧遍布酒吧、书店、餐馆、旅行社、外币兑换处……每天下午从 4 点半开始，这条街的一半会被封，然后凭空出现一个夜市。夜市上的摊位都不大，摊位用一根不知从哪儿拉来的电线连接一个灯泡来照明。售卖的商品完全投游客所好，木雕、灯笼、纸伞……商品价格低廉，甚至还有讲价的余地。

有一条小巷与洋人街垂直交叉，小巷里挤满了食肆排档，各种食物的味道混杂在一起，肯定能把你吸引到这里。虽然食物香气四溢，但卫生状况就只能睁一只眼闭一只眼了。

作者推荐

你可以租一辆自行车往南骑过普西市场，随后经过一些原生态村庄。村民可能也知道每天都会有旅行者经过，会摆摊售卖一些土特产，比如绣品、银饰、提线木偶等。

复活节岛 | 智利

1. 地下水宫　**2.** 四位国王为哥伦布抬棺　**3.** 西班牙广场　**4.** 西班牙国宝级舞后克里斯蒂娜·奥约斯
5. 斗牛庄园里的黑牛　**6.** 斗牛士的"光之衣"

弗拉门戈的起源地

塞维利亚大教堂是在原清真寺的基础上重建的。人们来到这里，主要是为了看一口棺材。棺材被 4 位国王（的雕像）高举过顶，在西班牙，能获得这种荣光的只有哥伦布。现在，整个中美洲都讲西班牙语，这基本上要归因于哥伦布的 4 次航海。1498 年，哥伦布第三次航海的起点就是瓜达尔基维尔河[1]旁边的塞维利亚港，21 年后的 1519 年，麦哲伦也从这里开始了环游世界的航行。正是在塞维利亚，大航海时代两位伟大的船长完成了交接班。

希拉尔达塔[2]位于塞维利亚大教堂的东北角，塔内连在一起的坡道直通塔顶，这样的设计是为了让骑马的士兵也能登塔，就像在一些中世纪古城里，骑士可以骑着马沿着环城坡道一路到达山顶皇宫。希拉尔达塔是一座清真寺宣礼塔，可它在哥特式教堂旁边却没有丝毫违和感。

从宣礼塔继续往南，就到了阿尔卡萨宫[3]。这是一座摩尔人建造的宫殿，它与格拉纳达的阿尔罕布拉宫外观雷同，也有几何对称的结构、繁复的雕刻图案和带水池的花园。用来接待国宾的使节厅仿佛直接复制了阿尔罕布拉宫的设计，在那里，你会看到天花板上的装饰如群星闪耀。阿尔卡萨宫也是《权力的游戏》的取景地之一，其中有场密谋戏拍摄于地下水宫——主要供王室成员消暑纳凉。在最炎热的时候，地下水宫里的气温能比室外低 15℃。

弗拉门戈舞起源于塞维利亚的吉卜赛人街区，你可以在弗拉门戈博物馆了解到这段往事。博物馆的创办人为西班牙国宝级舞后克里斯蒂娜·奥约斯，她曾在巴塞罗那奥运会的开幕式上表演独舞。

皇家骑士斗牛场是西班牙最古老的斗牛场之一，内部有座小型博物馆，展出的斗牛士战袍件件金光闪耀。战袍上遍布烫金刺绣，有的还缝着反光片和宝石，因而也被称为"光之衣"。当斗牛士穿上"光之衣"，就像天神下凡一样。塞维利亚郊外有一座名叫嘉乐拉[4]的斗牛庄园，专门为斗牛季培养重半吨的纯种黑公牛。在那里，你可以围观牛仔对黑牛的日常训练。

1. Rio Guadalquivir   2. Giralda   3. Alcázar Palace
4. La Calera

旅途随感

如果没有歌剧《塞维利亚的理发师》，我可能都没听说过塞维利亚这个地名。一旦对一个地方有了最初印象，我们脑海里就建起了一间毛坯房。当我们来到这里，看到教堂、王宫、斗兽场时，毛坯房就升级成了精装房。一个地方能否在我们的记忆中长久留存，关键在于当时的我们和谁在一起，于是那些在路上遇到的朋友、擦肩而过时看到的笑脸，都会慢慢变得清晰起来。到了这一刻，我们才算完成了对一个地方的全面探索。

1/2. 马德里的红是弗拉门戈舞者的长裙　3. 斗牛士的斗篷　4. 擦鞋匠的家当
5. 色香味俱全的西班牙海鲜饭　6. 索菲亚王后国家艺术中心博物馆的藏品

马德里的红

马德里 Madrid
位于西班牙中部
推荐旅行时间：5 天

在西班牙，几乎每个城市的市中心都有一座马约尔广场。马约尔在西班牙语中是"大"的意思，在众多马约尔广场中，马德里的这座尤其大。广场原本是供市民休闲娱乐的地方，但在马德里，市民被游客代替。专门做游客生意的街头画家敏锐地觉察到这个现象，于是纷纷在马约尔广场上支起画架。他们就像游客肚子里的蛔虫，知道游客大多喜欢看弗拉门戈和斗牛（毕竟这两个项目都是西班牙的国技），于是 10 幅画中有 8 幅跟这两个主题有关。弗拉门戈和斗牛还有一个共性：舞者的长裙和斗牛士的斗篷都是红色的，代表着火辣辣的激情。

看弗拉门戈一定要选小酒馆。舞台上只能容纳乐师、歌手和舞者，再没有多余的空间。好在弗拉门戈是一种站在原地就能完成的舞蹈，不用像跳芭蕾舞一样满场飞。通常男舞者身穿紧身黑色衣裤，女舞者则一袭长裙，头发向后挽成髻。无论踩脚、打响指还是击掌都像临时添加的打击乐器，这些声音和作为背景音乐的吉他声混合在一起，砌成了一堵密不透风的音墙，排山倒海般压向观众，观众的心也提到了嗓子眼，着魔似的发出一声声"Ole（加油）！Ole！Ole！"的呐喊。突然，吉他声停了，击掌和踩脚的声音也同时消失，舞者像被施了定身魔法一

样凝固在舞台中央，只有观众的叫好声凭借惯性拖延了两秒，等观众回过神来，全场掌声雷动，差点儿把小酒馆的屋顶掀开。

在西班牙，每位斗牛士都渴望身披"光之衣"出现在马德里的拉斯本塔斯斗牛场。马德里的斗牛季从 3 月到 10 月，斗牛比赛通常在下午举行，阳面的票价要比阴面低不少，毕竟在伊比利亚半岛的阳光下连续晒几个小时可不是一件令人愉快的事情。

我原本以为斗牛是一人和一牛之间的决斗，实际上，牛的确只有一头，人却分成四拨。首先，手举粉色斗篷的助理斗牛士将公牛激怒；随后，骑马进场的长矛手负责将长矛刺入牛背，起到给公牛放血的作用，当公牛失血过多时，体力也随之下降；接下来出场的是花镖手，他将带钩的花镖扎入牛背，继续给公牛放血，此时牛背已被鲜血染成深红色；最后出场的是主斗牛士，他一手持剑，一手举着红色斗篷，公牛在斗篷的引逗下发疯般向斗牛士冲去，此时斗牛士需要保持冷静，侧身闪避的同时，将利剑刺入公牛的心脏。

斗牛是古罗马决斗在现代社会的变体，由于太血腥而遭到动物保护主义者的强烈抵制，西班牙的加泰罗尼亚大区已颁布法律禁止斗牛活动。

作者推荐

如果你是皇家马德里足球俱乐部的忠实粉丝，可以到伯纳乌球场看一场皇马的主场比赛。

1. 罗马街景　**2.** 西班牙阶梯　**3/4.** 古罗马斗兽场　**5/6.** 万神殿　**7/8.** 许愿池

2000 年不倒的秘密

罗马 Roma

位于意大利中西部

推荐旅行时间：4 天

　　世界上没有第二个城市可以像罗马一样，将 2 000 年前、1 000 年前和近现代的建筑混搭在一起，这也充分证明"罗马并非一日建成"。

　　如果给 2 000 年前的建筑排一个名次，古罗马斗兽场一定稳坐头把交椅。斗兽场建于公元 72 年，是一座 4 层环形建筑，可容纳 9 万名观众，与北京的国家体育场（鸟巢）旗鼓相当。斗兽场内的观众席也分等级，从下到上分别是贵族、平民和奴隶的座位，荣誉席则是皇帝和元老院长老的专座。是的，在古罗马时代，斗兽场允许包括奴隶在内的全体社会成员进入。现代体育场几万名观众在短时间内同时进场和离场的设计，就是从古罗马斗兽场的多通道分区模式中获得的启发。游客可以站在看台高处俯瞰斗兽场的内部格局，也可以钻进地下通道寻找那些曾经关押猛兽的暗室。

　　电影《角斗士》为我们呈现了一场决斗即将结束时的景象。获胜的角斗士站在斗兽场中央，左手握剑，宽厚的剑身泛着冷光。他的脚边躺着战败的对手，鲜血正从战败者胸口、腹部和大腿的伤口流出。身穿银灰色盔甲的皇帝从荣誉席上缓缓站起，斗兽场内瞬间一片死寂，所有人都在等待一个可以预知的裁决。皇帝伸出右手，拇指朝下——杀。

　　在"2 000 年前"的建筑中排次席的是万神殿。万神殿由马库斯·阿格里帕于公元前 27 年建造，烧毁后又由哈德良皇帝重建。

　　万神殿的穹顶直径约 43.3 米，地面到穹顶最高点的距离刚好也是 43.3 米，相当于万神殿内部可以放下一个直径为神殿高度的球体。万神殿穹顶中央是一个直径约 12 米的圆孔，阳光形成的光柱像探照灯一样在万神殿内部缓慢地扫射。在每年的五旬节（复活节后第 50 天），无数玫瑰花瓣会从洞口飘落，如同下了一场红色的雨。

　　万神殿也是拉斐尔的长眠之地。他与米开朗基罗、达·芬奇并称"文艺复兴三杰"，他的画作多以圣母为主题。说来惭愧，我第一次知道这三位大师的名字，还是因为一部动画片《忍者神龟》，他们都是跟着鼠大师学习忍术的龟徒弟。

　　为什么古罗马斗兽场和万神殿可以屹立 2 000 年不倒？这和它们所使用的建材有关。由于罗马周边多火山，建筑师便将石灰和火山岩的混合物作为搅拌混凝土的原料，这种混合物被称为罗马水泥。罗马水泥形成的混凝土不仅强度高，还具有修复裂痕的神奇功能，这也让万神殿的穹顶在 2 000 年后的今天依然是世界上最大的无钢筋混凝土穹顶。

作者推荐

　　几乎每个到罗马的游客都会往特莱维喷泉（许愿池）中抛一枚硬币，许的愿望中必然有一个是"重返罗马"。抛硬币时要背对喷泉，把硬币从左肩上方抛出去。我也曾照葫芦画瓢，且亲测有效。

1. 圣索菲亚博物馆的穹顶　2. 蓝色清真寺　3. 圣索菲亚博物馆在左，蓝色清真寺在右

4. 地下水宫　5. 博斯普鲁斯海峡　6. 加拉达塔　7. 土耳其吊灯　8. 金色马面甲

教堂的变迁
城市的变迁

伊斯坦布尔 Istanbul

位于土耳其西北部

推荐旅行时间：4 天

395 年，罗马帝国分裂为东西两部分，东罗马又被称为拜占庭帝国，定都君士坦丁堡。532 年，东罗马的查士丁尼皇帝下令建造圣索菲亚大教堂。

圣索菲亚大教堂的穹顶在建造时并没有像万神殿那样使用混凝土，而是用普通砖石垒砌而成。穹顶的重量由 40 个可以采光的拱券支撑，当走进教堂的信徒抬头仰望时，40 扇采光窗连成一个近乎透明的光圈，让穹顶仿佛与底座分离，因而历史学家称穹顶"由黄金链悬于空中"。

在圣索菲亚大教堂建成近千年后的 1453 年，奥斯曼帝国打败拜占庭帝国，君士坦丁堡更名为伊斯坦布尔，圣索菲亚大教堂也变成了一座清真寺。

时间又过了大约 500 年，1935 年，土耳其第一任总统将这座清真寺变为博物馆。这次改变虽然削弱了这个庞然大物所承载的宗教意义，却极大地提升了它作为文明见证者的价值，无论国号历经几次更迭，也无论人们的信仰是否改变，这座建筑一直在这里，对发生的一切冷眼观察。现在，你在圣索菲亚博物馆既能看到代表基督教的六翼天使，也能看到代表伊斯兰文化的奥斯曼帝国大勋章。

圣索菲亚博物馆所在的苏丹艾哈迈德区是游客最密集的地方，这里有拜占庭皇帝带来的古埃及方尖碑，有镇压美杜莎的地下水宫，有奥斯曼历代皇帝居住的托普卡帕宫，还有蓝色清真寺。这座清真寺因内部装饰了约 21 000 块蓝色瓷砖而被称为蓝色清真寺，它的本名为苏丹艾哈迈德清真寺。1609 年，艾哈迈德一世在建造蓝色清真寺时对标的就是圣索菲亚大教堂。蓝色清真寺建成后成了伊斯坦布尔最大的清真寺，而且拥有 6 座宣礼塔，可是麦加的大清真寺只有 5 座宣礼塔，这一僭越之举让艾哈迈德一世不得不出资为麦加的大清真寺加建了 2 座宣礼塔，让它成为全世界唯一拥有 7 座宣礼塔的清真寺。

在伊斯坦布尔，只有一个地方可以看到圣索菲亚博物馆和蓝色清真寺同框的画面，那就是加拉达塔。我在黄昏时登塔远眺，当日光消失时，所有建筑都失去了鲜明个性而变成漆黑的一团，只有一座座铅笔一般的宣礼塔让这座城市看起来与众不同。

加拉达塔所在的贝伊奥卢区与苏丹艾哈迈德区隔着金角湾相望，这两个区都是伊斯坦布尔的欧洲部分，你可以在金角湾码头乘船从南到北穿越欧亚之间的博斯普鲁斯海峡，此时，欧洲在左，亚洲在右。

作者推荐

伊斯坦布尔的大巴扎是一个巨大的室内集市，出入口多达 26 个。我的兴趣点在土耳其吊灯、古航海图和阿拉丁神灯之间来回转换，最终让我心动并被我买下的是一个刻着伊斯兰图案和阿拉伯文字的金色马面甲。

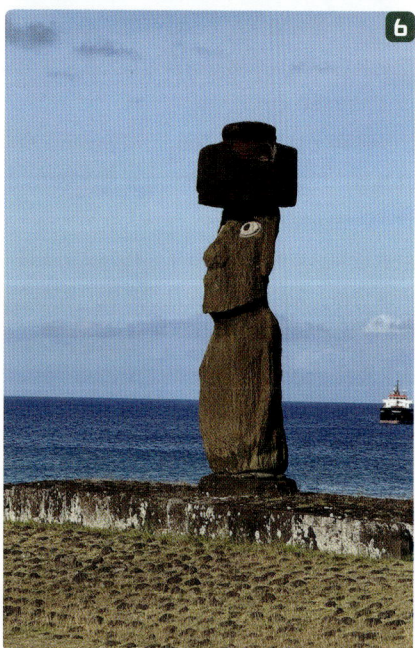

1/2. 拉诺拉拉库采石场的摩艾石像　3. 复活节岛日落　4/5. 阿胡通加里基的 15 尊摩艾石像　6. 珊瑚石做成的眼球和眼白

神秘的石像

复活节岛 Easter Island

位于太平洋东南部

推荐旅行时间：3 天

1722 年 4 月 5 日，荷兰航海家雅各布·罗赫芬在浩瀚的太平洋上发现了一座岛屿，由于那天刚好是复活节，他便将其命名为复活节岛。

即使以现在的眼光来看，复活节岛也处于世界的边缘。它属于智利，但与智利大陆本土相距约 3 600 千米，客机要飞 5 个小时左右；距离最近的有人居住的皮特凯恩群岛也有 2 000 千米。不过，在西方人发现这座岛屿之前，居住在岛上的波利尼西亚人一直认为这里是"世界的肚脐"。这种看法倒是与"地心说"一致，当我们对居住地之外的世界一无所知时，便会倾向于认为自己生活的地方就是宇宙的中心。

罗赫芬在岛上发现了很多神秘的石像，这些被称为摩艾的石像都有着相似的面孔：突出的眉骨，深深的眼窝，挺直的鼻梁，有的还戴着巨大的圆柱形帽子。考古学家认为，岛上的居民将摩艾视为祖先，把它们立在海边的祭台上，让它们背朝大海、面向家园，是为了得到祖先的庇佑。

最壮观的一组石像位于复活节岛东侧的阿胡通加里基[1]，15 尊摩艾石像并排而立，高矮胖瘦各不相同，就像国际象棋棋盘上的王、后、象。1960 年，一场海啸将阿胡通加里基的石像尽数冲倒。后来，在一家日本公司的帮助下，这些石像才重新站起来。

拉诺拉拉库[2]采石场拥有 400 多尊编了号的摩艾石像，它们或立或倒，有的半截被埋在土里，还有许多只雕刻了鼻子和眼睛的半成品。我从采石场的小径上走过时，就像在和岛民的祖先进行一场面对面的交流。

复活节岛西侧的阿胡塔海[3]是岛上唯一可以伴着石像看日落的地方，这里共有 7 尊摩艾石像，分别站在 3 块祭台上，其中一尊还用珊瑚石做出了眼球和眼白。在逆光下，7 尊摩艾石像都成了漆黑的剪影。

我连着看了三场日落，其中一晚，有对中国来的母女坐在我旁边。女孩问我："你觉得旅行的意义是什么？"我随口说道："观察世界，了解自己。"女孩说，这就像小学课本上的标准答案。我愣了一下，一时想不出更好的答案。

日落后，我一个人沿着海滩朝酒店走去，路灯把我的影子拉得很长，身后传来音乐和狗吠。我突然意识到，旅行的意义可能就是帮助我们的大脑形成一个个由声音、气味、画面组成的记忆切片，这无关世界的运行方式，也无关我们是谁。这样的切片只能用心去捕捉，而无法被任何现代化的设备记录下来。或许，这样的切片越多，我们的遗憾就越少，也就越不愿意自己的人生推倒重来。

1. Ahu Tongariki 2. Rano Raraku 3. Ahu Tahai

旅途随感

所谓旅行，就是训练我们用心感受当下的能力。

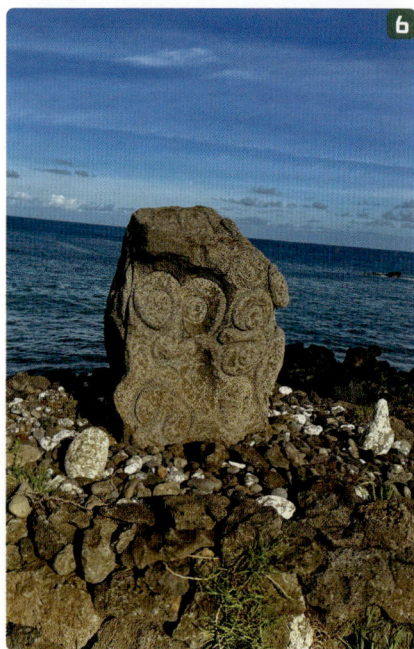

1. 奥伦戈的石头房子　2. 乌燕鸥栖息的岛屿　3. 蓝绿色的拉诺卡乌火山湖
4. 以鸟人为主题的舞蹈表演　5. 马科马科的石像　6. 像面具一样的马科马科图腾符号

鸟人争霸赛

奥伦戈 Orongo

位于复活节岛西南部
推荐旅行时间：半天

18 世纪初，复活节岛的信仰模式逐渐从祖先崇拜过渡到鸟人崇拜。祖先崇拜以遍布全岛的摩艾石像为载体，鸟人崇拜的载体则具象化为实实在在的"鸟人"[1]。鸟人由一年一度的鸟人争霸赛选出，被岛民视为创造神马科马科[2]在凡间的代理人。

为何是鸟人，而不是兽人或其他动植物形态？对孤悬于太平洋上的复活节岛来说，那些从远方飞来的海鸟无异于天外来客。只有它们，可以将天空、大地和海洋连为一体。在每年飞来复活节岛的众多海鸟中，乌燕鸥最特别，因为它们在春分前后来到这里，代表着寒冷季节的结束和耕种季节的开始，可以给人们带来希望。岛民相信，乌燕鸥下的第一枚蛋具有神奇的力量，而第一个拿到这枚蛋的人就被称为鸟人。

为了获得鸟人的头衔，每个部落都要挑选一名参赛者参加这场争霸赛，这个人叫霍普[3]，通常是部落里的年轻男性，有时族长本人也会亲自参赛。

奥伦戈就是举办鸟人争霸赛的大本营，位于复活节岛西南部的拉诺卡乌[4]火山附近。这里建有很多石屋，霍普们集中住在石屋中，还要学习攀岩、游泳等技能。

比赛正式打响后，霍普们要先从 300 米高的悬崖上速降到海岸边，然后趴在一条芦苇筏上，向乌燕鸥栖息的小岛游去。虽然这段水路只有 1 500 米长，但风浪和鲨鱼都有可能让这段冒险之旅戛然而止。

当第一个拿到鸟蛋的霍普大声喊出自己部落的名字时，他便晋升为新一届鸟人，接下来会有一系列庆祝仪式，包括一场几乎跨越全岛的游行，这很像进士金榜题名后的骑马游街。鸟人所属的部落会获得岛屿的管辖权和资源分配权，直到下一届鸟人产生。每位鸟人都有自己专属的名字，这个名字也被用来纪年。复活节岛的年表中有 100 个不同的名字，说明鸟人争霸赛至少举办了 100 届，直到 1867 年因外来信仰而废止。最后一位鸟人叫"Rokunga"。相比战争或世袭，通过体育比赛来确定谁当鸟人的方式给复活节岛蒙上了一层理想主义的色彩。

现在的奥伦戈已经成了一座露天博物馆，这里有当年霍普们居住的石屋，从石屋所在的山顶望过去，可以看到乌燕鸥栖息的小岛。在奥伦戈还有很多与马科马科神相关的石雕。有时马科马科神的形象是高度抽象的图腾符号，看起来像一副面具；有时他的形象又非常具体，像人一样有鼻子有眼。

1. Tangata Manu 2. Make-Make 3. Hopo 4. Rano Kau

作者推荐

霍普们渡海时所用的筏子由产自拉诺卡乌火山湖中的托托拉芦苇制成。火山口附近有个观景台，你可以从观景台上看到火山内部，就像一只巨碗，碗中盛着蓝绿色的"汤"，蓝色的是湖水，绿色的就是托托拉芦苇。

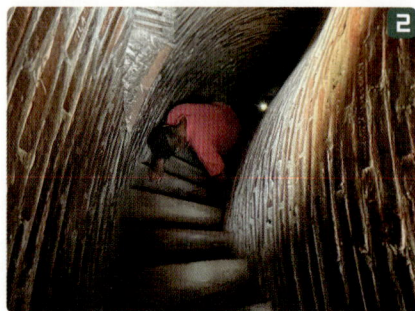

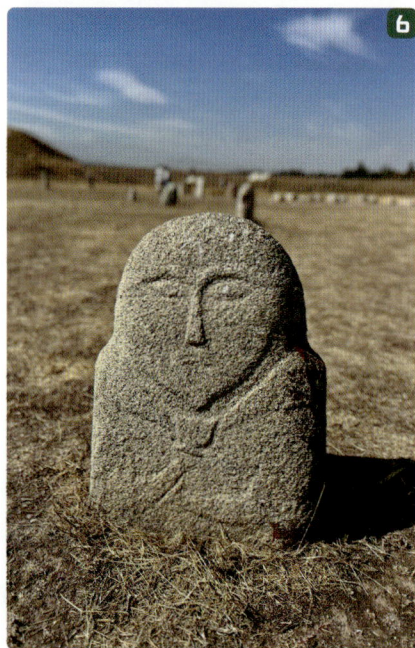

1. 布拉纳塔　2. 塔内的台阶又陡又窄　3. 已经成为废墟的碎叶城遗址　4. 惊起黑鸦一片
5. 巴拉沙衮遗址中的石像和石碑　6. 只有上半身的石像

诗仙故里

托克马克 Tokmak

位于吉尔吉斯斯坦北部

推荐旅行时间：1 天

　　托克马克是玄奘西行途中的一站。《大唐西域记》记载，"清池西北行五百余里至素叶水城"。清池即现在的伊塞克湖，素叶即碎叶，为唐朝打败东突厥后在西域设立的重镇。相传，诗仙李白就是在碎叶城出生的。

　　1982 年，托克马克的一位农民在当地一个叫阿克贝希姆的地方发现了一块佛像基座。经考证，这是当年碎叶城镇守使为母亲所造，这也让消失了很久的碎叶城再次出现在世人面前。

　　游客从托克马克前往阿克贝希姆只能包车。曾经繁华热闹的碎叶城现在只剩下两处废墟：一个土坡和一个土坑。我只能从依稀可辨的地基轮廓中想象李白出生时的碎叶城。远方是雪山，近处是三两牧人，稻田里有一群乌鸦，我一走近，它们就呼啦啦飞向另一片稻田。

　　李白是中国最受欢迎的诗人之一，他擅长在诗作中使用数词，比如三千尺、落九天、三万里、五花马、千金裘、三百杯……不胜枚举。除此之外，李白似乎在以一种宇宙视角写作，诗作中经常出现"天地""银河""万物""百代"等字眼，读这样的诗，怎能不让人心生豪迈。而且这样的诗只有出自李白之手才可信，因为只有他敢让高力士为自己脱靴，让杨贵妃为自己磨墨。没有

这样的狂傲人生做铺垫，即使把再多的"个十百千万"加入文章，也只能是东施效颦。

　　碎叶城是李白一生的起点，据说李白在这里长到 7 岁才离开。所谓 3 岁看小、7 岁看老，所以我想来这里看看究竟是什么样的环境塑造出李白放荡不羁、热爱自由的个性。坦白讲，我有点儿失望，碎叶城现在只剩下两处废墟，而且都没人保护，可能过不了多久，这两处废墟也会湮没于时光。但李白毕竟是位拥有宇宙视角的诗人，创作时能够穿越时空和维度，于是眼前的景象似乎就能和他写的"浮生若梦，为欢几何"联系到一起，也让我深以为然。

　　除了碎叶城遗址，很多人来到托克马克还为了参观一处叫巴拉沙衮的遗址，它是世界文化遗产丝绸之路上的一处。现在，遗址中的建筑只剩下一座孤零零的布拉纳塔。这座塔建于 10—11 世纪，是一座清真寺的宣礼塔。现在的布拉纳塔高 24 米，塔内的阶梯又窄又陡，游客登塔时需手脚并用，且只能单向通行。

　　站在塔顶，可以看到已成废墟的巴拉沙衮遗址全貌。塔下立着几十尊石人雕像，都是从托克马克附近的楚河谷地搜集而来。这些雕像是突厥文化的遗存，大多数石人只雕刻了上半身，作用相当于守墓人。

旅途随感

　　武侠小说里写练剑的最高境界是人剑合一，其实这也适用于艺术创作，无论写诗、画画还是弹琴，最高境界都是人和作品高度统一。

1. 45 米高的旗杆　2. 阿拉套广场　3. 12D 电影　4. 橡树公园　5. 在街头下国际象棋的人
6. 卡尔帕克帽子

什么样的城市值得漫步

比什凯克 Bishkek

位于吉尔吉斯斯坦北部

推荐旅行时间：3 天

对于那些面积不大、景点又相对集中的城市，我们用双脚就能解锁它们。在英语里，这种在城市里走走边看的方式叫作"City Walk"，也就是"城市漫步"。吉尔吉斯斯坦首都比什凯克就是这样一个适合漫步的城市。它的前身是某个汗国的堡垒，由此可见其小。在苏联时期，这个地方叫作伏龙芝，伏龙芝是一位在此地出生的军事将领。苏联解体后，比什凯克才荣升为一国之都。

阿拉套广场是这座城市的中心，从英雄雕像到玫瑰花园，从喷泉水池到休闲座椅，广场上应有尽有，却唯独少了一点儿威严气势，就像大一号的街心公园。

广场北侧立着一根 45 米高的旗杆，一面鲜红的吉尔吉斯斯坦国旗迎风飘扬。45 米不算矮，可在中亚各国的旗杆竞赛中，它只列位第三，排在它前面的是土库曼斯坦首都阿什哈巴德 133 米高的旗杆，冠军则属于塔吉克斯坦首都杜尚别的旗杆，高 165 米。

广场西侧是一个没有围墙的游乐场。在苏联城市的规划中，游乐场、马戏团和芭蕾舞剧院是雷打不动的娱乐三件套。虽然比什凯克的游乐场里也有旋转木马、海盗船、碰碰车等经典游乐设施，但各个小巧玲珑，就像临时组装拼凑而成。唯一让我感兴趣的是一家 12D 影院，其他影院最多 4D、5D，就

是在 3D 的基础上增加喷水、吹风、摇椅子等动态效果，那 12D 又能玩出什么花样呢？在好奇心的驱使下，我买票进了场，原来所谓的 12D 指的是内容会在 12 个不同的场景间穿梭，有森林、荒漠、海洋等。观影结束后，我并没有感到失望，因为城市漫步的意义就在于"找不同"，在语言、文化、风俗等方面与我们差异越大的城市，"不同"之处就会越多。能够找到 3D 和 12D 之间的"巨大"差异，我也就不虚此行。后来，当我在另一个中亚城市看到 15D 电影的广告牌时，不禁会心一笑——这次绝对不会上当了。

广场东侧是一个由橡树组成的城市公园，高大挺拔的橡树营造出遮天蔽日的视觉效果，让人如同置身森林。我在公园里遇到的年轻人、推着婴儿车的母亲、下象棋的老人，无不神态放松，他们的状态也让我逐渐从初到一个陌生城市的紧张状态中放松下来。

城市公园里有一块半个篮球场大小的国际象棋棋盘，棋子有半人高，这让下棋成了脑体结合的运动。我还发现，比什凯克的男人都喜欢戴一种白色的羊皮毡帽，这种帽子叫卡尔帕克，它有四个面，分别代表空气、水、火、土四种元素。在婚礼或葬礼等重要场合，当地男人都会戴上这种帽子，他们说："丢了卡尔帕克就如同丢了脑袋。"

作者推荐

比什凯克是品尝中亚美食的好地方，这里有马奶酒、烤羊舌、放了整头大蒜的抓饭，还有一串就有半斤重的羊肉串……

1. 给甜瓜"驱魔"　　2. 二手零件区　　3. 布料服装鞋帽区　　4. 金光闪烁的牙齿　　5. 烤馕

6. 斗鸡

丝路集市

费尔干纳山谷 Fergana Valley

位于乌兹别克斯坦东部

推荐旅行时间：3 天

费尔干纳山谷由几座大山合围而成，锡尔河从东向西横穿而过，让这里水土肥美，成为中亚地区的"粮仓""棉库"和"水果篮"。大约有 800 万人居住在山谷中，相当于中亚人口的 1/5。

费尔干纳山谷自古就是丝绸之路上的重要中转站。汉朝时，这里归大宛国管辖，听说大宛国的汗血宝马能日行千里，汉武帝便派遣使者前去，想以金马交换。几个世纪后，玄奘途经费尔干纳山谷前往西天求取真经。又过了几个世纪，意大利人马可·波罗也经由此地前往元朝上都。西方的玻璃制造技术、葡萄种植技术和东方的养蚕织布技术等都是先传播到费尔干纳山谷，再向东或向西传播。如此看来，丝绸之路不仅是货物的交换通道，还让东西方的技术能够在更大的范围内得到普及。

巴扎是费尔干纳山谷之行的重点，一定不要错过每周四和周日在马尔吉兰[1]举办的昆泰帕巴扎[2]。一条车水马龙的主路为昆泰帕巴扎带来源源不断的客流，同时把这个巴扎分成食品区和杂货区，各占马路一边。

杂货区还可以进一步细分为家具区、地毯区、厨具区等。这里还有一个男人的乐园——一个由轮胎、链条、轮毂等组成的二手零件区，家里的任何设备出了故障，都能在这里找到解决方法。女人的天堂无疑是布料服装鞋帽区。我注意到这里的女人都戴着头巾，这也体现出费尔干纳山谷保守的一面。无论男女，只要上了年纪，嘴里就多出几颗金牙，这在当地是财富和审美的象征。

食品区也可以细分为烤馕区、洋葱区、水果区等。馕被烤成金黄色，上面印着花纹，用来区分不同的店家，相当于品牌商标。洋葱是当地人的主菜，称重时不按个数或者重量，而是按麻袋，可见需求量之大，无论烤肉还是大盘鸡都要用洋葱来提味。我在水果区看到一个男人用冒烟的药草给甜瓜"驱魔"，"驱魔师"得到的酬劳就是一个甜瓜。我在家禽区看到很多男人围在一起大呼小叫，走近一看，原来他们在斗鸡，每个人都抱着自己心爱的大公鸡，等比赛时再把它们放在空地上一决高下。

马尔吉兰是中亚的丝绸业中心。一家叫 Yodgorlik 的丝绸厂有专门面向外国游客的导览团，向导会带领游客前往各个车间，让他们了解从蒸蚕茧、抽丝、染色到织绸的整个流程。当地主要生产一种叫 Khanatlas 的薄款丝绸，女人用这种布料做头巾和长裙。

1. Margilon　2. Kumtepa Bazaar

作者推荐

里什顿（Rishton）是费尔干纳山谷中的制陶业中心，当地土质极佳，不用添加任何工业制剂就能放到陶轮上塑造成型。这里有一家陶瓷博物馆，馆里的墙壁上挂满瓷碟瓷盘，不仅用于展示，还可以出售。

1. 金城的城门　2. 沙漠骑行　3. 塔尔沙漠的日落　4. 帕特瓦哈维里内的天井

5. 远方是金城城堡　6. 精雕细刻的哈维里

在沙漠骑行

杰伊瑟尔梅尔 Jaisalmer

位于印度拉贾斯坦邦

推荐旅行时间：3 天

杰伊瑟尔梅尔所属的拉贾斯坦邦曾归莫卧儿王朝管辖，莫卧儿王朝的开国皇帝巴布尔来自中亚的费尔干纳山谷，他曾在回忆录中写道："撒马尔罕和布哈拉那些有名的无赖泼皮，大部分来自马尔吉兰。"

杰伊瑟尔梅尔城堡始建于 1156 年，是印度最古老的城堡之一。无论城堡还是以城堡为中心的民居，都是用黄色砂岩建造的。一点点黄，再加一点点阳光，就产生了耀眼的效果，因而杰伊瑟尔梅尔又称为金城。大约 1/4 的当地人住在城堡里，他们的祖先为王公服务，是花匠、工匠和士兵；他们现在则为游客服务，将祖辈传下来的基业变成客栈、饭馆和旅行社。

金城正好位于印度通往中亚各国的咽喉要道之上，往来的商队都把这里当作长途跋涉中的重要驿站，一些财大气粗的富商还在这里买房置地。19 世纪时，有一户叫帕特瓦的生意人做宝石生意发了财，于是将金城中的一座老宅翻新，没想到这次例行的翻新让他们的新家帕特瓦哈维里[1]成了极受游客欢迎的地方。"Haveli"一词源自波斯语，意为商人居住的豪宅。哈维里虽然占地面积不大，但内部装饰异常繁复，有点儿像江南园林，从外面看隐山藏水，一墙之后别有洞天。帕

特瓦哈维里分左右两进，中间通过空中走廊连接。贪心的主人不放过任何可以雕琢的地方，阳光透过被称为"Jali"的栅格屏风形成斑驳的光影。

金城的各家旅行社都会向游客推销到塔尔沙漠骑骆驼的项目。这片沙漠位于印度和巴基斯坦的交界处，游客需要先乘车前往沙漠边缘的戈壁，再骑骆驼到沙丘之中等日落。

驼夫大多是当地的男孩，他们穿着白色的长袍，嘴里发出"突突突"的声音。骆驼收到指令后猛然抬起前腿，把我送上 2 米的高空，我感觉身体直着往后仰，急忙一弓身，抓紧手中的缰绳。骆驼的后腿随即蹬直，前后终于趋于平稳，可左右仍旧摇晃不停。

"突突突，突突突"的声音就像司机手握的方向盘或者驯兽员手里的皮鞭，可以准确控制骆驼的转向加速。我试着模仿过，可喉咙里发出的声音始终似是而非，呵呵，特特，咯咯，都不如驼夫发出的声音快速有力。

连绵的沙丘出现在戈壁尽头。驼夫指挥骆驼在一片空旷的沙地上停下，骆驼先屈前腿，再把后腿卧在身后。我下了骆驼，踏上沙堆，即使隔着鞋仍能感受到黄沙的炽热。

1. Patwa-ki-Haveli

作者推荐

杰伊瑟尔梅尔城堡里有一家名为苏佳（Surja）的客栈，老板因地制宜地对宽厚的城墙加以利用，只盖了另外三面墙就建起了房子，真是聪明的主意。露台和城堡的防御工事连成一体，因而视野极佳。

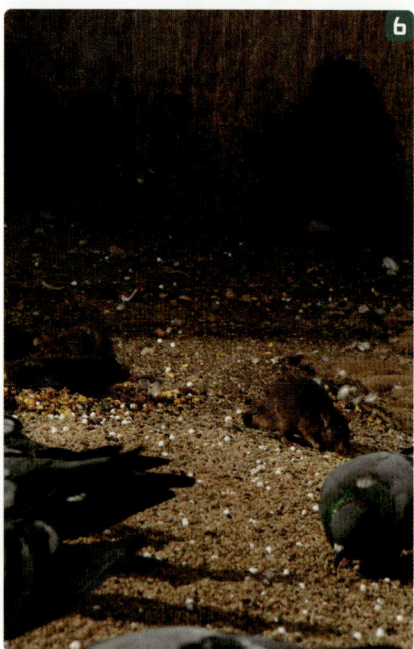

1. 正在睡觉的两只老鼠　2. 老鼠在神庙中横冲直撞　3. 墙上的老鼠洞　4. 本地的孩子并不惧怕老鼠　5. 老鼠的水盆　6. 老鼠与鸽子争食地上的米粟

供奉老鼠的神庙

比卡内尔 Bikaner

位于印度拉贾斯坦邦

推荐旅行时间：2 天

很多人来到比卡内尔，仅仅是为了去那座老鼠神庙。

从外面看，神庙异常洁净，也无异味。银色大门上刻满动植物图案，其中一幅是鸽鼠争食。神庙不收门票，但游客必须脱鞋才能进入。外国游客大多把鞋脱了放在庙外，而当地人把鞋放在门里。

正门后是一块篮球场大小的空地，地上铺着黑白相间的大理石方砖。头顶有张密网，除了阳光，什么都钻不进来。正前方是主庙。左边的空地上摆着几个搪瓷盆，里面盛满了水或者牛奶。饮水区后是食堂，一个工人正用一口大锅熬煮着什么；几个穿着鲜艳纱丽的妇女在一旁闲聊；穿白衣的教士光着脚躺在庙前的台阶上睡觉；一个男孩站在墙边，像是在追打什么东西。我观察这一切的位置是空地正中有阳光直射的地方。

在上面的描述中，我有意忽略了它们，这座神庙真正的主人：老鼠。

空中的密网是为了不让嗜鼠的飞禽伤害神庙里的老鼠，没有天敌的老鼠再也不用畏首畏尾，而是甩着长长的尾巴，窜来窜去，发出哧溜哧溜的声音。添上这些到处乱窜的老鼠之后，视觉和听觉上的冲击绝对要比坐在影院里看恐怖大片来得真实刺激。

环顾四周，能看到的老鼠至少有四五百只。有的在水盆或奶盆边贪婪地喝着，有的挂在雕花铁门上悠然地睡觉，有的和从庙门飞进来的鸽子争夺地上的米粒。

相传 14 世纪时，湿婆派女神杜尔迦到人间扶危济困。杜尔迦到人间后，化身为法力强大的女祭司。一天，一个说书人抱着死去的儿子找到女祭司，恳求她救活儿子。女祭司找死神雅玛帮忙，冷漠的死神拒绝了女祭司的请求。女祭司为了抗议雅玛对亡灵的控制，把所有死去的说书人的灵魂都暂时寄存于老鼠体内，等老鼠死后，那些附体的灵魂依旧可以转世为人。为了让亲人们的魂魄不必东躲西藏、四处游荡，说书人的后代就为那些被附体的神鼠修建了这座神庙。他们相信神庙内奔跑的老鼠是他们逝去的亲人，他们也相信自己死后会化身老鼠，到这座神庙报到。

当地还流传着这样的说法：在老鼠神庙中不小心被老鼠踩到会获得一天好运；如果能看到白色鼠王，那就是最大的幸运了！

旅途随感

在世界上绝大多数地方的绝大多数人看来，老鼠都是一种传播疾病、制造恐怖气氛的动物。可偏偏在印度，它们被当成家人和朋友。多元意识影响多元世界，多元世界又反过来造就多元生活。人们根据不同的世界观对这个世界做出不同解读，这无关对错、美丑、善恶。正如有时黄金是屎，当穿越沙漠途中只需一瓶水时；有时屎又是黄金，当农夫急需用它浇灌庄稼时。

1. 皇宫广场　2/3. 泰米尔区　4. 神僧　5. 喂鸽子的妇人　6. 加德满都的木偶

它的晨昏
与神更接近

加德满都 Kathmandu
位于尼泊尔中部
推荐旅行时间：4 天

皇宫广场[1]是加德满都一处规模庞大的寺庙建筑群，层层叠叠的神庙围绕皇宫而建。在建造皇宫广场的统治者心中，神庙就是排场和威严，是让子民归顺的精神砝码；在普通百姓眼中，他们有了越来越多可供选择的神仙或者信仰，可谓两全其美。女神庙、象头神庙、湿婆神庙、毗湿奴庙……每尊大神都不缺信徒，不过，2015 年的一场地震让这些庙宇全部灰飞烟灭，只有老皇宫的一部分幸存。

广场上游荡着许多印度僧人，他们留着胡须，衣着光鲜，看起来气宇轩昂。这些僧人会主动和游客拍照，再索要合影费用。他们早已练就最上镜的表情和姿势——眼神微聚、嘴角微抬、手臂微举，如同神明附体。广场上还有很多售卖鲜花和贡品的女人，她们穿着淡绿、粉红或杏黄的纱丽，衣服的颜色与售卖鲜花的缤纷，让原本单调的广场变得五彩斑斓。

泰米尔区[2]是加德满都的背包客大本营，如果你在这儿住上几天，而且还有早起的习惯，那么你一定会像我一样喜欢上这里的清晨。尼泊尔人通常很早就起床，先用红色花瓣和着米面搅成一种粉红色的面糊，再把这面糊涂在眉心。当地人把它叫作"提卡"，在印度教中，提卡代表信仰和食物。尼泊尔人的清晨通常在礼佛中度过，除了加持自身，

还会把更多贡品献祭于庙堂之上。神庙里的羊油灯次第点亮，微弱的光芒在天地间蔓延，此明彼暗，此起彼伏。神庙外，清晨的淡淡雾气中似乎隐藏着说不清的神秘，恐怕不会再有别的地方比这喜马拉雅深处的国度更适合作为神话发生的背景。

黄昏时，夕阳仿佛失去了支撑，一点点滑向大地尽头。我被一座古老的建筑吸引，顺着台阶走上去，原来那也是一座神庙。我不太关心庙里供奉的究竟是何方神圣，只想从高一点儿的地方眺望城里居民的悠然生活。

曾几何时，我也向往过上这种与世无争的生活。旅行恰巧提供了一种在不同国家、不同民族的不同生活状态中进出的可能。可是作为生活在那种固定模式中的人，这究竟是他们的主动选择还是被动接受？如果是前者，他们是适应了妥协了吗？如果是后者，他们会不会背叛并离开？其实这也像大多数人的生活状态，每天固定的上班路线，固定的排便周期，固定的作息时间，你是主动选择的还是被动接受的？你会选择适应妥协还是背叛离开？每个人都应该有属于自己的答案。

一条斜挂天际的彩虹将我拉回现实，那条彩虹从某座神庙的檐顶连到某棵树的茂盛华盖，就像一座桥。

1. Durbar Square　2. Thamel

作者推荐

加德满都的木偶剧演出很热闹，每个木偶都有两张面孔，一面是兽，一面是人。

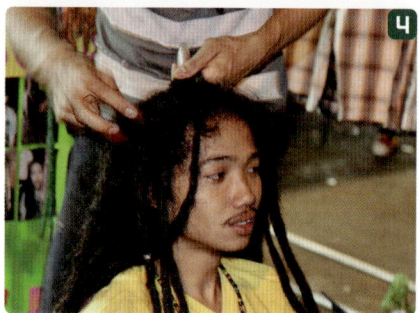

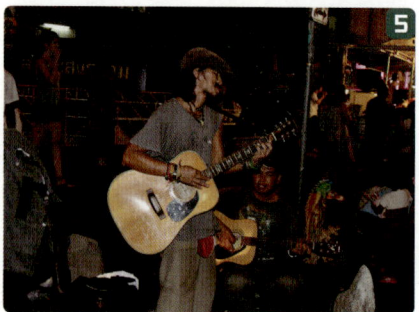

1. 白天的考山路　**2.** 晚上的考山路　**3.** 每天迎来一波又一波背包客　**4.** 编非洲辫
5. 街头弹唱　**6.** 宋干节期间的考山路

背包客把这里当成家

曼谷 Bangkok

位于泰国南部

推荐旅行时间：5 天

在小说《海滩》的开头，亚力克斯·加兰把曼谷的考山路描述为背包客的乐土。这里美食丰富，小旅馆众多，基本符合西方旅行者对东方世界的想象，后来，随着同名电影在全球热映，考山路也跟着"封神"。于是，一年又一年，一代又一代的背包客前来这里"朝圣"。

考山路离大皇宫不远，以前路边都是米铺，现在被背包客接管。

其实在东南亚，像考山路一样专门为背包客打造的吃喝玩乐一条街比比皆是，如胡志明市的范五老街、加尔各答的萨德街等，这些地方除了交通便捷和物价低廉，还有一个共同点，那就是荡漾着看不见摸不着的自由气息。这里说的自由并不是那个可以与平等、独立等词汇并列的大自由，而是一种随心所欲的小自由，比如今天想怎么穿都行，今天想跟谁一起玩都行，今天想几点睡都行。

大多数住在考山路的旅行者都会自动把生物钟调到欧洲时区，干什么都比曼谷时间晚五六个小时。起床要到下午三四点，睡觉就顺延到早晨五六点。其实这也是考山路的生物钟，艳阳高照时最冷清。虽然夜晚也凉快不了多少，不过，有了白天的炎热做参照，就显得分外舒服。

每天太阳一落，考山路就像被拧紧发条的鸭子一样嘎嘎嘎地叫起来。晚上可干的事情实在太多，多到选了这几样就得放弃那几样。街边的发型师可以帮你把头发编成非洲辫；路边的裁缝店可以为你量身定做一套西装；酒吧的生意总是最好的，如果当晚有一场足球比赛，那大家的疯狂劲儿就像明天是世界末日一样。

考山路上的广告牌也是商家的必争之地，都是一些跟旅行有关的牌子，比如啤酒、功能饮料、电子产品等。

T 恤衫是出货速度最快的快销品，那件正面印着"SAME SAME"（差不多），背面印着"BUT DIFFERENT"（不过还是有点不一样）的标志性 T 恤衫，几乎人手一件。

考山路的热闹好像永不停歇。凌晨 2 点，只有几盏霓虹灯打了烊，噪声依旧，一分贝不降。凌晨 5 点，远方的天空泛出淡淡的白，连和尚都出门化缘了，还有许多年轻人坐在咖啡馆里聊天。直到清晨 6 点，长途客车送来最新一批睡眼惺忪却满心憧憬的背包客，这才到了大家去睡觉的时间。

作者推荐

在每年 4 月 13 日—15 日的宋干节期间，考山路绝对是泼水狂欢的主战场，人潮汹涌到需要在路口设置控制人流的通道。水枪是每个人的必备武器，否则既没法攻击，也没法偷袭。在曼谷过泼水节有两条铁律：第一，拥有的武器越多，湿身程度越高，因为容易成为被攻击对象；第二，打不过，就加入！

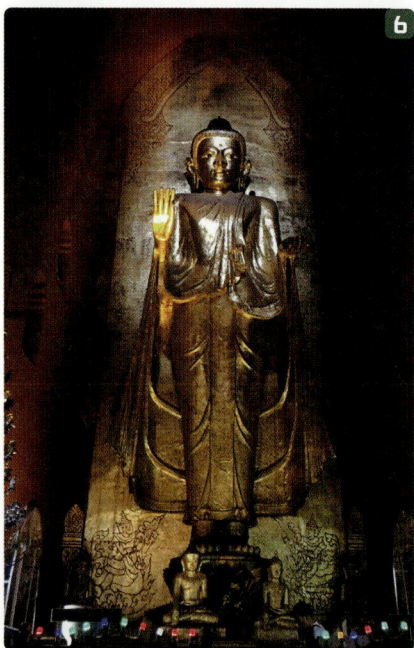

1. 清晨黑金色的伊洛瓦底江　2. 逆光中的万千佛塔　3. 从热气球上俯瞰阿难陀塔

4. 瑞喜宫佛塔旁的诵经廊　5. 扎着道士髻的撒撒呦少年　6. 阿难陀塔中的镀金佛像

晨光中的塔林

蒲甘 Bagan

位于缅甸中部

推荐旅行时间：3 天

11 世纪中叶，缅族国王阿奴律陀第一次统一缅甸全境。在其后长达 230 年的时间里，蒲甘王朝的王族和子民似乎只做了一件事，那就是广造佛塔，想必他们也做了很多其他事情，但都无法像佛塔一样半永久地驻留在时空中。当地有句歌谣："若问蒲甘佛塔数，四四四六七三三。"这当然是夸张的说法，如果真如歌谣所说，444 万座佛塔还不得占满伊洛瓦底江边的每一寸土地。到了 13 世纪末，当成吉思汗之孙忽必烈率军打败蒲甘王朝之后，轰轰烈烈的造塔事业才算告一段落。

转眼就到了 20 世纪，当初用木头建造的佛塔早已被雨打风吹去，即便是砖石建造的佛塔，也在一次次的地震中脱了相、走了形。20 世纪 70 年代，由联合国主持的修复工作正式启动，很多佛塔逐渐恢复了 1 000 年前的模样。2019 年，蒲甘的佛塔建筑群正式入选世界文化遗产名录。

蒲甘的佛塔遵循上部座佛教的造塔原则。主塔居中而立，上尖下圆，基座多为方形，四角还立有小塔，整体错落有致。一些大型佛塔还建有正方形围墙，每面围墙正中各开一道小门。除了考古学家有兴趣参观每座佛塔，对游客来说，只需选几座代表性的大塔参观即可。阿难陀塔是建筑规模最大的佛塔，

塔内立有 4 尊 9 米高的镀金佛像，分别面朝东南西北四个方向；他冰瑜塔是最高的佛塔，地面到塔尖的距离约 66 米；瑞喜宫佛塔的壁画精美，值得一观。

瑞喜宫佛塔的主塔旁有一条诵经廊，诵经廊左右两边就像打开了无数道大门。宫崎骏执导的动画电影《你想活出怎样的人生》中也有一个这样的场景，每扇门通向人生的不同阶段，如果让我选择，我会毫不犹豫地选择通往当下的那一扇。

除了在塔下仰望或者钻进佛塔内部，还可以乘坐热气球从塔林上方飞过，从空中俯瞰佛塔。4 月中旬是热气球航行的最后时段，接下来是缅甸的雨季，热气球再次升空就要等到 10 月了。热气球通常在清晨起飞，你会看到被天色映成黑金色的伊洛瓦底江和遍布蒲甘平原的万千佛塔。顺着光，你能看清塔上的每个零件；逆着光，你眼前的景象就像一幅充满东方韵味的水墨山水画。

撒撒呦[1]是蒲甘附近的一个小寨子，这里保留了一项传统，那就是幼童成为沙弥之前要留长发，他们把长发梳成一圈空气刘海，再在头顶扎一个道士髻。在缅甸进入殖民时代之后，这项传统在其他地方逐渐消失了，只有撒撒呦这个寨子还依旧保留着。

1. Sat Sat Yo

作者推荐

缅甸的宋干节持续的时间比泰国的宋干节长一天，如果你在曼谷还没过够泼水的瘾，可以到蒲甘或者仰光加入一场场过程惨烈却又能毫发无伤的"战役"。

1. 世界上热气球密度最高的地方　2. 坐在"包厢"中飞越精灵烟囱　3. 在卡帕多细亚，精灵烟囱和现代建筑混搭在一起　4. 格雷梅的洞穴教堂　5. 乌奇萨尔城堡　6. 树上挂满蓝眼睛

飞越精灵烟囱

卡帕多细亚 Cappadocia

位于土耳其中部

推荐旅行时间：3 天

在卡帕多细亚乘坐热气球不受季节限制，无论冬夏，每天清晨都会有几十个热气球同时升空。你既可以坐在热气球下面的"包厢"中飞越精灵烟囱，也可以找个视野开阔的咖啡馆，看五颜六色的热气球填满整片天空。

精灵烟囱是卡帕多细亚独有的火山地貌景观，由沉积的火山灰经千万年的风化作用形成。烟囱杆是浅色的凝灰岩，烟囱的风帽——也有人说那是精灵戴的帽子——由深色的玄武岩构成，最高的烟囱有 40 米，当成百上千根烟囱聚在一起，就成了一大片石头森林。

早在 3 000 年前，曾和拉美西斯二世打过仗的赫梯人就发现卡帕多细亚的凝灰岩具有石质松软的特性，于是挖穴而居。德林库尤地下城深约 85 米，有 1 200 个房间，可以容纳 2 万人同时居住。地下城中不仅有卧室和厨房，还有教堂、坟墓和酿酒坊，每一层都有几十个直达地面的通气孔，这样即使久居地底也不会感到胸闷气短。

后来，定都拜占庭的东罗马帝国宣布基督教为国教，于是卡帕多细亚的山岩中出现了 150 多座洞穴教堂，它们中的大多数都在入选世界自然与文化双遗产的格雷梅国家公园中。这些教堂的名字起得很随意："黑暗教堂"因为采光不太好而得名，"蛇教堂"是因为人们把壁画上的恶龙看成了蛇，"苹果教堂"是因为壁画上大天使手中的圆球被误认为苹果。卡帕多细亚洞穴教堂中的壁画是湿壁画，就是在底层石灰未干时上色，这样颜料可以渗入石灰肌理，除非将石灰层整片铲掉，否则色彩可以永葆鲜艳。世界上最著名的湿壁画宫殿是梵蒂冈的西斯廷礼拜堂。

离开格雷梅国家公园后，经过鸽子谷，可以前往乌奇萨尔城堡[1]。鸽子养殖曾是当地人的生财之道，飞鸽不仅可以传书，还能被摆上餐桌，鸽子粪还是上好的肥料。旅游经济兴起后，鸽子的命运也跟着好了起来，现在只作为游客拍照的背景板。鸽子谷中有两棵枯树，一棵树上挂满用玻璃做的"蓝眼睛"。"蓝眼睛"又称美杜莎之眼，被认为有驱除厄运的功能。另一棵树挂满瓦罐，你可以到当地的工作坊学习制作瓦罐的技能。

乌奇萨尔城堡是卡帕多细亚的最高点，与其说它是一座城堡，不如说是一座巨型凝灰岩石塔，内部已被掏空，改造成了鸽舍、民宅和酒店。站在城堡的最高点，你会看到在精灵烟囱的衬托下，那些现代样式的建筑显得异常矮小。精灵烟囱就像城市的守护者，让卡帕多细亚多了一层魔幻色彩。

1. Uchisar Castle

作者推荐

瓦罐牛肉是卡帕多细亚的当家菜，具体做法是先把生食材放入瓦罐，然后用一片烤馕封住罐口，接下来把瓦罐放在大火中炙烤。开封后，直接将罐子里已经烂熟的牛肉、胡萝卜、洋葱和豆子一股脑扣进餐盘，再搭配米饭食用。

1/2. 圣彼得广场　3. 圣彼得大教堂　4. 米开朗基罗的作品《哀悼耶稣》　5. 梵蒂冈博物馆
6.《最后的审判》局部　7. 梵蒂冈的瑞士雇佣兵　8. 美术馆中的旋转楼梯

大师杰作

梵蒂冈 Vatican

位于意大利罗马城西北角

推荐旅行时间：1 天

作为世界上最小的国家，梵蒂冈的国土面积只有 0.44 平方千米，但它管辖着幅员辽阔的精神疆域，是 13 亿天主教徒的信仰中心。

日影西斜，圣彼得广场上的古埃及方尖碑投下利剑一般的阴影，剑尖指向罗马老城。铺在地面上的白色碎石呈放射状分布，也仿佛日光照耀。圣彼得广场紧挨着世界上最大的教堂——圣彼得大教堂，夕阳余晖透过穹顶，弥散成淡黄色的光幕。石柱、墙壁、天顶、门扉，无一不是精细雕刻的杰作，仿佛一面面穿越时空的镜子，让人们看到文艺复兴的光彩与荣耀。

处在荣耀中心的是米开朗基罗。几百年来，似乎只有他抵达了绘画和雕塑的双重顶峰。他凭借非凡的想象力创作了《创世纪》和《最后的审判》，将《圣经》里的故事变成了栩栩如生的图像，提升了天主教在世界范围内的影响力。他在雕塑领域取得的巨大成就让他作为"文艺复兴三杰"之一的地位更加稳固。你可以在圣彼得大教堂看到他的两件作品《哀悼基督》和《摩西》，它们是任何一部雕塑史都不会遗漏的杰作。米开朗基罗还是杰出的建筑师，为圣彼得大教堂设计了直径达 42 米的穹隆。这座教堂让他的作品长存，他的作品则使这座教堂户枢不蠹。

圣彼得大教堂和梵蒂冈博物馆之间并没有一条可供游客穿行的捷径，你只能先离开梵蒂冈，然后沿着围墙走到博物馆的入口。

梵蒂冈博物馆中最热闹的地方并不是集万千宠爱于一身的西斯廷礼拜堂，而是进入礼拜堂之前的那座露天庭院。院子里始终叽叽喳喳，导游们将自己所带的游客聚成一堆，然后用各国语言口沫横飞地讲起礼拜堂中那两幅著名的湿壁画——《创世纪》和《最后的审判》，从神话背景讲到宗教含义，从绘画手法讲到故事细节……一旦进入礼拜堂，人们就只能用眼睛看，而不能大声喧哗了。

在《最后的审判》中，上帝将一切权力交给耶稣，让他凭着公义进行审判。在那场末日审判中，所有人都要在审判台前就自己的言语、思想和行为进行陈述。正义的人升入天堂，恶人则被打入地狱。

西方宗教有原罪的说法，认为人生来是恶的，人心是黑暗的，需要控制自身欲望，所以教堂里有忏悔室，供人时时自省，持续的自省慢慢变成生活习惯，人就会对他人和善，对事从容。宗教解决的另一个问题是如何看待死亡，它告诉我们，死亡并不是一切的终结，而是一段新路途的开始。无论是否有信仰，只要能控制自己的欲望，善良而不贪婪，就是一种积极的人生态度。

作者推荐

梵蒂冈博物馆的美术馆中有一段旋转楼梯，站在最上层往下看，螺旋往复的视觉效果让人仿佛钻进了蜗牛的壳。

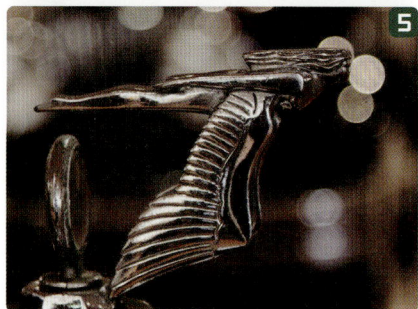

1. 海洋博物馆中的逆戟鲸骨架　2. 黄色潜水艇　3/4. 水族馆　5. 立式车标　6. F1赛车
7. 王子和公主的世纪婚礼　8. 从直升机上俯瞰蔚蓝海岸

大海和汽车

摩纳哥 Monaco

位于欧洲西南部

推荐旅行时间：4 天

在世界各国国土面积排行榜上，摩纳哥位列倒数第二，仅比梵蒂冈大一点儿。摩纳哥的三面被法国包围，一面临着海。

摩纳哥的最高元首是亲王，亲王们的很多爱好都已转化为这个弹丸小国的景点。

1889 年即位的阿尔贝一世就像科幻小说《海底两万里》中的博物学家阿罗纳克斯教授一样喜欢探索海洋世界。阿尔贝一世曾组建科考队，先后 28 次进行远洋考察。他还绘制出世界上第一幅千万分之一比例的世界海洋深度图，对大海的热爱可见一斑。

1910 年，阿尔贝一世亲手打造的海洋博物馆落成，这是亲王给自己收集的众多海洋生物标本安的一个家。该博物馆建在地中海岸边的礁石上，门口摆着一辆极地探险车和一艘黄色潜水艇，复古的款式一下子把参观者拉回阿尔贝一世所处的时代。最大的展厅内悬着逆戟鲸的骨架，还有一个区域专门用来陈列亲王科考时使用的测量仪器和捕鱼工具。水族馆自然不会"缺席"，你会看到海马、小丑鱼、有"活化石"之称的鹦鹉螺，以及身体颜色会随灯光变化的水母……

1949 年即位的兰尼埃三世是个汽车迷。你能在摩纳哥汽车博物馆内看到上百辆各式汽车，有维多利亚时代的马车，有第二次世界大战时期使用的吉普车，还有亲王的若干

座驾。我发现这里的很多车标都是立式的，这种车标盛行于 20 世纪二三十年代，有女神、天使、羚羊、天鹅等，这些小小的立在车头的银灰色雕塑看起来比汽车本身更耀眼。汽车博物馆中还展出了几辆 F1 赛车，4 个巨大的车轮加在一起恐怕比车身都重。从 1950 年开始，摩纳哥就成了 F1 大奖赛分站赛的举办地之一，也是世界上唯一利用城市赛道举办 F1 赛事的地方，比赛时的最高车速可达 270 千米 / 时，如同贴地飞行。汽车博物馆的墙上贴着历届 F1 赛事摩纳哥站海报，海报旁的展示柜中挂着几副签名手套。赛车手套可以增加手和方向盘之间的摩擦力，减少赛车手的体能消耗。赛车手套由阻燃防切割的材料制成，可在意外发生时有效保护赛车手的安全。

汽车博物馆中还有一辆从美国运来的克莱斯勒汽车，这是兰尼埃三世到港口迎娶格蕾丝·凯利时的座驾。作为好莱坞明星，凯利连续参演了 3 部悬疑大师希区柯克的作品，还曾斩获奥斯卡最佳女主角桂冠。息影后，凯利过起了相夫教子的生活。不幸的是，1982 年，在希区柯克和凯利曾拍摄《捉贼记》的那条峭壁公路上，王妃因交通意外香消玉殒，这也为王子与公主的童话故事画上了一个不算圆满的句号。

作者推荐

从尼斯到摩纳哥，可以乘直升机，只需 8 分钟。从直升机上俯瞰，地中海的波涛就像油画画布上凝固的颜料，而所谓的蔚蓝海岸就是一个接一个凹进陆地的 U 形海湾。

1. 一村里奥马焦雷　2. 二村马纳罗拉　3. 三村科尔尼利亚　4. 蔚蓝色的地中海
5. 充满生活气息的三村　6. 五渔村也是彩色的

悬崖边的
彩色房子

五渔村 Cinque Terre

位于意大利西北部
推荐旅行时间：2 天

　　2003 年，我第一次坐火车经过五渔村时，以为那只是从意大利前往摩纳哥必经的一个无名小站。不过，在这一站下车的旅客特别多，于是我透过车窗望了两眼，一侧是地中海，另一侧是梯田，看起来和火车经过的其他地方没什么两样。直到很久以后，我才知道，这里就是大名鼎鼎的五渔村——意大利最小的国家公园，而我回到这里已经是 16 年之后的事情了。

　　五渔村，顾名思义，就是连在一起的 5 个渔村（后文会以一至五村对应从东到西的 5 个村子）。

　　我住在最东边的一村里奥马焦雷[1]。仅是找民宿就费了半天时间，因为层层叠叠的房子就像胡乱堆在一起的积木，这让电子地图和方向感全都失去了作用，我只能先找到大致方向，再跟当地人打听。不过，走出这个山城迷宫就容易多了，无论选择哪条路，只要往下走，最终都会走到村子里的小广场。

　　一条铁路串联起 5 个村子，火车每隔两三分钟就会到站停一次，不知道的还以为自己在搭地铁。你既可以按顺序一个个游览，也可以只选择其中两三个。

　　除了铁路，二村马纳罗拉[2]和五村蒙特罗索[3]之间还有一条徒步路线，沿途会穿过种满葡萄藤和橄榄树的梯田，还有几个可以把彩色村庄尽收眼底的观景台。徒步路线会经过四村韦尔纳扎[4]，但不会经过建在山顶的三村科尔尼利亚[5]。

　　五村看起来更像度假村，不仅规模大，而且设施全，餐厅、商店、咖啡馆等星罗棋布。这里更适合打尖住店，如果想观景，还是其他几个村子更有特色。

　　三村高居山顶，这里最不适合住宿，因为游客要背着行李爬几百级台阶才能到达。不过，这里的生活气息是 5 个渔村中最浓郁的，家家户户的阳台都晾满了衣服，感觉女主人随时会从窗口探出头大喊一声："孩子们，回家吃饭啦！"硌脚的石板路、带腥味的海风、海浪拍岸的呼吸声都在提醒我，这是建在海边的山城。走进它，市井之气迎风扑面；走近它，俯瞰城的过去，仰望山的未来。

　　最佳观景台一定是二村的多尔玛餐厅[6]，座位排布借用梯田地势，上下两层都拥有开阔的视野，黄昏时餐厅爆满，一定要提前占位。我点了一份哈密瓜配生火腿片，浪涛声、刀叉声、一层层暗下去的天色和一点点亮起来的渔村灯火混成一团，咂一口香槟，瞬间把自己遗忘。

1. Riomaggiore　2. Manarola　3. Monterosso
4. Vernazza　5. Corniglia　6. Nessun Dorma

作者推荐

　　五渔村的特色小吃是用油纸包着的炸海鲜，鱿鱼圈、鱿鱼须、大虾等都被炸成金黄色，柠檬片是唯一的海鲜伴侣，用木签插着吃。

1/2. 楠富父子分别拿着当日渔获　3. 安静的渔村　4. 全鱼宴　5. 专门用来抓鳝鱼的渔具
6. 浴室里的不锈钢浴缸

跟着渔民一起出海

志志伎 Shijiki

位于日本平户岛南部
推荐旅行时间：2 天

游客来志志伎，主要是为了体验这里的出海捕鱼项目。通常要先预订一家提供此类服务的民宿，然后看当日天气，只要不刮狂风不下暴雨，游客基本都能顺利出海。

志志伎的渔民主要用固定网，就是里外两张网捕鱼。海鱼游进 A 网后，理论上还是安全的。当然，它们禁不住鱼饵的诱惑，很快就会进入 B 网，成了瓮中之鳖。由于水下空间宽敞，鱼儿不会感到拘束，也不会分泌激素，可以保证肉质鲜美。渔民会早早下好渔网，几个小时后，再带游客来到海上。等渔船开到 B 网附近，几个船员合力拉网。如果收获颇丰，还会启用吊机。跟着渔网一起被吊起来的，还有游客的心情，因为网里有什么决定了晚上吃什么。回程时，船长会把小鱼小虾抛到空中，不一会儿，船后就出现了一支海鸥战队，宛若护花使者。

我入住的民宿叫楠富家，有一前一后两栋独立的日式建筑，中间夹着绿植假山。我的房间约有 8 块榻榻米那么大，11 平方米左右，壁橱里收纳着被褥，拿出来铺好就能睡觉。洗手间里的浴缸设计独特，不是欧式的大白瓷盆，而是下沉式的不锈钢浴缸，上面有个塑料盖。浴缸很深，人可以蹲进去，只把脑袋露出来。

洗完澡，我跑到厨房看楠富先生收拾鱼。

楠富先生不愧是老渔民，刀工细腻。他料理比目鱼时，只一刀就把鱼肉从鱼骨上完整削下，鱼骨也不浪费，作为摆盘的骨架。摆好鱼骨后，他再把鱼肉重新铺上，鱼看起来仍旧完整。比目鱼四周还有一些红红绿绿的点缀物，红色的是小番茄，绿色的有点儿像茼蒿。楠富先生让我掰一截闻闻，我把菜叶子放在鼻尖前捏碎，立刻闻到一股辛辣的气味。

楠富家的客厅不大，正中放着一张矮桌，桌子四周摆着七八个蒲团，大家都盘腿坐在蒲团上。主菜是那条比目鱼，还有鲷鱼和鱿鱼刺身，配菜有天妇罗、手握寿司。

楠富先生看起来上了年纪，他说现在体力有点儿跟不上，出海捕鱼的活儿基本都交给了儿子，自己闲下来才开了这家民宿。楠富先生自豪地说："我家已经接待了几千名游客，我们一起捕鱼，一起做饭，一起喝酒，一起聊天，我还把捕鱼的经历讲给他们听。从客人身上，我也学到了一些新东西，还能了解外面的世界。"

看世界不一定要走到天涯海角，楠富先生就把自己的民宿打造成一个看世界的窗口，那些来来往往的人，以及他们的故事，都在丰富他的生活，拓展他的视野。

作者推荐

志志伎山不高，海拔只有 347 米，爬上去却有点儿费劲，需要借助绳索。登顶后，你能看到五岛列岛（Goto Islands）的海天一色。

1. 郑成功儿诞石　2. 平户大桥就像小一号的美国金门大桥　3. 沙勿略教堂
4. 平户松浦史料博物馆　5. 我在波佐见学习用陶轮制作陶器　6. "鬼洋蝶"风筝

民族英雄和传教士

平户 Hirado

位于日本西部
推荐旅行时间：2 天

无论是从颜色上还是从样式上，平户大桥都可以看作缩小版的美国金门大桥，它把平户岛和九州本岛连在了一起。

平户位于日本西部，自古就是日本与其他国家进行文化交流的门户。在德川幕府颁布禁海令之前，大量来自中国和欧洲的商船都会在平户登陆。

据记载，有位叫郑芝龙的中国商人娶了平户一名叫田川松的女子为妻。有一天，怀孕的田川氏在海边捡拾贝壳，突然临盆，便以乱石为遮掩，诞下一名男婴。男孩长到 6 岁时，随父亲郑芝龙回到中国，郑芝龙入朝为官，官至都督同知。后来，清军入关，郑芝龙降清后不久即被杀害，他的儿子率领父亲旧部一边抗击清兵，一边赶跑了侵占中国台湾超过 30 年的荷兰殖民者，被南明君主隆武帝赐名"成功"。

你可以到平户海边找找这位民族英雄出生的地方，那里有块石碑，上书"郑成功儿诞石"。

在郑成功出生前的七八十年，日本一直被欧洲的传教士觊觎，"历史上最伟大的传教士"方济各·沙勿略就曾到平户传教。那个时代的传教士应该都拥有与旅行家一样的胸怀和勇气，否则不会只身前往万里之外的未知之地。沙勿略先后在印度的果阿和科摩林角，以及马来西亚的马六甲等地传教，在这些地方碰壁后，他把目光投向了日本。

1549 年，沙勿略来到日本，很快就结识了当时的平户藩主松浦隆信。他的到来让日葡贸易迅猛发展，也让藩主赚了不少税金，当时很多藩主纷纷皈依基督教。沙勿略想扩大传教范围，于是前往京都参见天皇，但这次京都之行并没有取得预期的效果。现在，你还能在平户找到淡绿色的沙勿略教堂和沙勿略赴日 400 周年纪念碑。

平户人喜欢放一种叫"鬼洋蝶"的风筝，其制作工艺与中国传统风筝类似，先用竹篾制作骨架，再贴上薄纸。薄纸上的图案颇具九州特色，源自日本古代传说中勇士斩百鬼王的故事。

作者推荐

九州多山，少良田，拥有丰富的陶土和矿泉资源，适合烧制陶瓷。这里有几处著名的陶瓷产地，如有田、唐津、伊万里等。在地名后加个"烧"字，就成了当地出产的陶瓷的总称。波佐见烧是九州陶瓷中比较平民化的一类，由于采用无铅工艺，特别适合作为餐具。《舌尖上的中国 3》《深夜食堂》中都出现了波佐见烧。日本美食评论家北大路鲁山人曾说："器皿，是料理的衣服。"你可以在波佐见找一家陶瓷工坊学习用陶轮制作陶器。

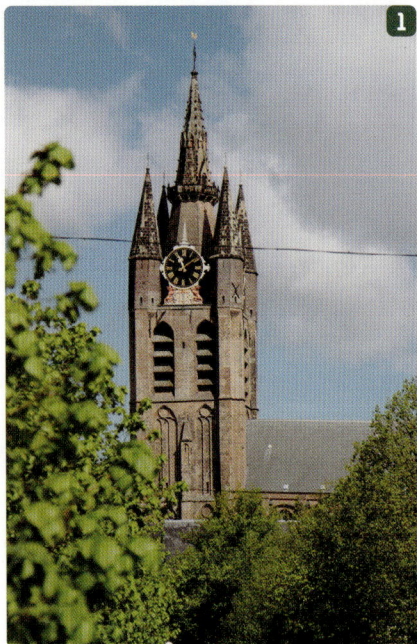

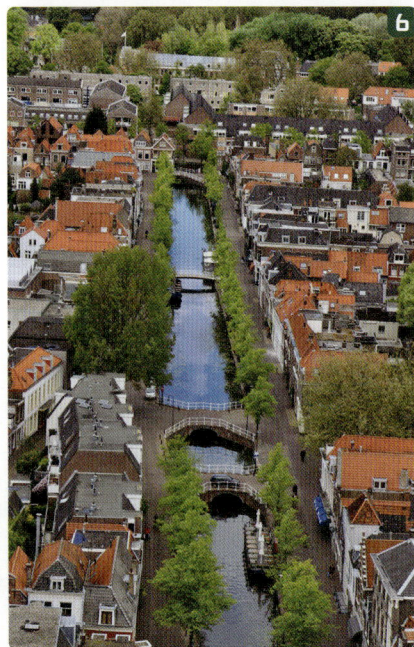

1."倾斜的扬"　2.代尔夫特蓝陶　3.从新教堂高处俯瞰这座城市　4.《戴珍珠耳环的少女》
5.《尼古拉斯·蒂尔普医生的解剖课》　6.城市中的运河

代尔夫特蓝

代尔夫特 Delft

位于荷兰西部

推荐旅行时间：2 天

17 世纪，荷兰东印度公司从中国运来一船青花瓷，这批瓷器因图案精美、质地上乘而深受欧洲上流社会喜爱。然而，由于路途遥远，且瓷器损耗率很高，荷兰本地的匠人决定对青花瓷进行本土化改造。1653 年，皇家代尔夫特蓝陶厂应运而生，并传承至今。

要想制作蓝陶，首先要把黏土捏塑成形，然后进行烧制。画师们在烧好的素坯上画出图案，接着上一层清釉，进行二次烧制，烧制后得到的就是成品。颜料中含有氧化钴，这种成分遇到高温后会变蓝，无论古巴比伦琉璃的蓝色，还是唐三彩中的蓝色，都是氧化钴受热形成的。在近现代，为了迎合游客的偏好，蓝陶逐渐成了"荷兰三宝"（风车、木鞋、郁金香）的载体。

在代尔夫特，与蓝陶在同一时期出现，并且和蓝陶一样有名的，是一位名叫约翰内斯·维米尔的画家。他留下的作品不多，只有 30 多幅，其中最著名的是《戴珍珠耳环的少女》。你可以在维米尔中心看到这幅油画的复制品，如果想看真迹，就要驱车 10 千米前往位于海牙的莫瑞泰斯皇家美术馆。

《戴珍珠耳环的少女》虽然是肖像画，但与传统肖像画不同的是，维米尔使用了一种被称为"特罗尼"（Tronie，在古荷兰语中有"脸部"的意思）的独特的肖像画画法。这种画法主要突出人物的表情和服饰，有点儿像现在流行的街拍照片，强调造型，而非人物的身份或背景。

在观赏这幅画时，你首先会注意到画中少女异常柔和的脸部曲线。画家在少女唇上画了两点高光，显得唇部湿润而逼真。画眼睛时，画家也使用了同样的技巧，用高光来表现眼神中的柔情。阴影中的珍珠耳环同样用高光来提亮。少女回眸的瞬间，被画家定格了几百年。

维米尔被安葬在代尔夫特的老教堂。由于代尔夫特是荷兰东印度公司的据点之一，该公司的一些要员也长眠于此。老教堂建在运河之上，因沉降作用，教堂塔楼已经偏离主轴约 2 米，代尔夫特人亲切地称它为"倾斜的扬"。"扬"是荷兰第二大姓氏，就像中国的张王李赵一样常见。

新教堂的"新"字只是用来区别于老教堂的。如果从开工那天算起，现在的新教堂也有 600 多岁了。如果你爬到新教堂 108 米高的塔楼之上眺望代尔夫特，这座城市的色彩又从瓷器上的蓝恢复成了代表荷兰的橙。

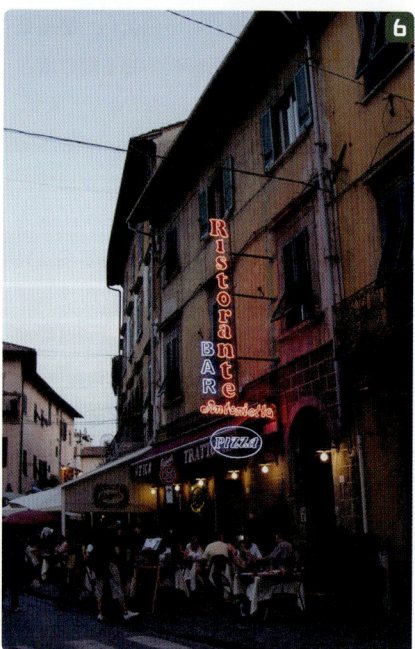

1. 游客以各种姿势和比萨斜塔拍错位合影　2. 比萨斜塔其实是教堂旁边的钟楼　3. 穿城而过的
阿尔诺河　4. 我把睡袋铺在比萨斜塔旁边　5. 比萨斜塔边巡逻的警察　6. 营业到很晚的餐厅

在斜塔下露宿

比萨 Pisa

位于意大利托斯卡纳大区

推荐旅行时间：2 天

在中世纪，比萨是意大利 4 个海上共和国之一，另外 3 个为阿马尔菲、热那亚和威尼斯。在比萨王朝的鼎盛时期，连科西嘉岛和撒丁岛都是它的内岛。

你争我夺是这 4 个海上共和国最爱干的事。在 1284 年的海上战役中，比萨被热那亚打败，比萨人鲁斯蒂谦被关进了热那亚的监狱。14 年后，也就是 1298 年，热那亚打败了威尼斯，威尼斯人马可·波罗被关进了鲁斯蒂谦所在的牢房。巧的是，鲁斯蒂谦是位作家，而时年 44 岁的马可·波罗已经完成长达 17 年的东方游历，肚子里装满了故事。于是，二人一个讲述，一个记录，《马可·波罗游记》就此诞生。这本书很快风靡欧洲，并且在 200 年后影响了出生在热那亚的航海家哥伦布，正是他，开启了大航海时代。

现在的比萨早已不见当年海上霸主的繁荣，游客来到这里都是为了参观那座大名鼎鼎的比萨斜塔。比萨斜塔在动工次年就被发现开始倾斜，之后每年平均倾斜约 1 毫米。到现在，已偏离主轴约 5°。为了救比萨斜塔于将倾，技术人员通过技术手段将其拉回半米。专家认为，只要不出现不可抵御的自然因素，未来 300 年内比萨斜塔都将安然无恙。

比萨斜塔每批次只允许 40 位游客登塔参观，除此之外，游客还喜欢和斜塔拍错位合影：有的人伸出双手想把塔扶正，也有人"落井下石"想把塔推倒，还有人躺在地上，抬起双腿把塔顶住……

与斜塔有关的另一个名场面发生在 1589 年。比萨教师伽利略从塔顶扔下两个质量不同的铅球，两个铅球同时落地的结果一举推翻了亚里士多德的观点，即物体下落速度与物体质量成正比。

我第一次去比萨是在 2003 年的夏天某日，抵达比萨时已近子夜，找到青年旅舍后发现它已经打烊，我的 B 计划是去网吧熬一宿，可意大利的网吧并不像国内一样通宵营业。究竟去哪里过夜？我想到了比萨斜塔，因为那里最安全，一直有警察和保安在四周巡逻。

我来到比萨斜塔之下，把睡袋铺在路边，警察没管我，保安没理我，一些夜游比萨的游客朝我笑笑，像是一种鼓励。我钻进睡袋，也不觉得冷，仰望星空，那璀璨的天河就是最温暖的锦被。

我醒来时已是早晨六点，身体重新贮满能量。我用相机拍斜塔，可能这些照片和其他人拍的没什么不同。但我知道，我和它有过一夜的交集，于是心满意足地离开。

作者推荐

既然到了比萨，怎能不去尝尝美味的比萨饼（尽管现代比萨饼的起源地是那不勒斯）呢？你可以去一家名为蒙蒂诺（Montino）的比萨饼店品尝特色鹰嘴豆比萨，我还喜欢他家放了蒜味香肠的厚底佛卡夏——一种意大利传统面包。

1/2. 日内瓦湖　**3/4.** 欧洲核子中心　**5/6.** 国际红十字会及红新月会博物馆

7/8. 奥林匹克博物馆

科学即是未来

日内瓦 Geneva

位于瑞士西部

推荐旅行时间：3 天

在伽利略和牛顿等人创立经典物理学300 年后，物理学的研究领域已经"进化"为两个完全相反的方向，即研究宏观宇宙的天体物理学和研究微观世界的粒子物理学。

在粒子物理学领域，欧洲核子中心（简称 CERN）是最前沿的科研阵地。我们现在使用的互联网，最初就是为了方便 CERN 的科学家传输数据而顺便发明的。

当看到 CERN 里那面面包括狭义相对论的公式墙时，我感觉脑细胞不够用了，而那些魔术般的互动实验又让我找回了几分对物理学的兴趣。参观的重点是 CERN 的工作人员讲解大型粒子对撞机（简称 LHC）的建造过程和工作原理。这是一条建在瑞士和法国两国地下的环形隧道，总长超过 27 千米。它的工作原理是在环形隧道中将（一些）粒子加速，然后让这些高速粒子相互碰撞。在碰撞中，原先的粒子被撞碎，科学家观察碎裂出来的物质，从而判断原先的粒子是由什么构成的。这就像只有打破蛋壳才能看到蛋清和蛋黄一样，进行对撞的粒子就是那枚鸡蛋，在微观层面，我们暂时无法直接从鸡蛋内部提取其组成成分，只能让两枚鸡蛋相互撞击，当它们粉身碎骨后，科学家就能发现组成（这些）粒子的新物质了。

1995 年，CERN 的科学家发现了反物质，并发现正物质和反物质碰撞时会出现"湮灭现象"——正反物质同时消失，并释放出巨大的能量。医疗仪器对人体内部结构进行显像利用的就是"湮灭现象"。2012 年，CERN 的科学家发现了希格斯玻色子。这种粒子又被称为上帝粒子，它证明了希格斯场的存在。众所周知，世间万物都是有质量的，很多构成物质的粒子却没有质量，正是希格斯场让它们产生质量，并组成了宇宙万物。

我在 CERN 观看了一部叫《日内瓦事件》的纪录片。为了建造 LHC，瑞士政府要征用大量土地，记者采访了一位土地被征用的农民。记者问："您知道这里要做什么吗？"出乎记者意料的是，木讷的农民竟一顿一顿地说出了粒子、循环、加速、碰撞等字眼。记者继续追问："您对物理感兴趣？"农民想了想："当然，因为科学就是我们的未来。"

日内瓦是众多国际组织总部的所在地，如世界卫生组织、世界贸易组织、联合国难民署等。国际红十字会成立于 1863 年，比世界卫生组织还早了 80 多年。你可以在国际红十字会及红新月会博物馆了解这一组织的发展史。在历次战争中，国际红十字会不仅肩负起救死扶伤的职责，还无歧视地对各国战俘进行保护，创始人亨利·杜南也因此成为诺贝尔和平奖的第一位获奖者。

作者推荐

日内瓦位于日内瓦湖西岸，你可以到北岸的洛桑参观奥林匹克博物馆。"更快、更高、更强"是奥林匹克最初的格言，2021 年，"更团结"加入其中。

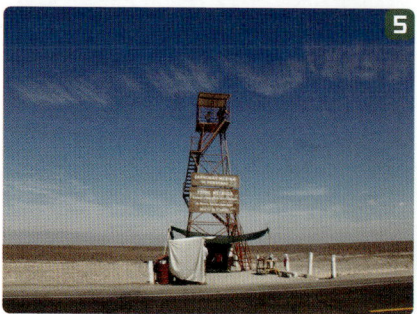

1. 挥手的外星人形象　2. 卷尾猴　3. 蜂鸟　4. 飞机尾翼上印着由纳斯卡线构成的图案
5. 从这座瞭望塔上可以看到三个图案　6. 从地面上看到的纳斯卡线细节

印在大地上的神秘图案

纳斯卡 Nazca

位于秘鲁南部

推荐旅行时间：1 天

纳斯卡的出名与 20 世纪初的南美考古大发现有关。1939 年，美国科学家保罗·科索克乘坐飞机飞过纳斯卡沙漠时，看到大地上竟然遍布"文身"，有线条，有图案，每个都硕大无比，这就是著名的纳斯卡线[1]。上小学时我就知道纳斯卡线的存在，当年《奥秘》杂志某期总结了世界五十大未解之谜，纳斯卡线与百慕大三角、复活节岛人像位列其中。

如果你也想看到那些神秘的纳斯卡线，乘坐小型飞机无疑是最佳方式。不过不要以为只要从空中俯瞰，那些图案就会像秃子头顶上的虱子一样清晰可见，毕竟它们的分布范围广达 500 平方千米，虽然不至于用大海捞针来形容，但至少需要在飞机驾驶员指明方向后，你才有可能看到。

每当飞机盘旋在某处空地上空，乘客就开始玩比拼眼力的游戏。第一个看到图案的人会大喊一声"Yes"，驾驶员集齐所有乘客的"Yes"后，再飞向下一个图案。

我看到的第一个图案是个正朝我们挥手的外星人，它长着大大的脑袋、细细的腿，看起来十分友好。随后，我还看到了蜘蛛、卷尾猴、蜂鸟……最复杂的图案像一条机场跑道，充满现代感，似乎与未来有关。

关于纳斯卡线的来历，至今仍是未解之谜。水源派认为生活在纳斯卡地区的各大家族为了分配水源，在地下水丰沛之地画上自己家族的徽章（比如卷尾猴、蜂鸟等），当代科考发现那些图案下方的确水源丰富，这应该不是巧合。星宿派认为纳斯卡人精通天文，纳斯卡线是他们按照天上星宿的位置画在大地上的参照。地外文明派认为这是外星航天器的起飞跑道，虽然科学界对这一说法嗤之以鼻，不过我却倾向于这种看法，毕竟还没有哪一派能找到一统江湖的论据。

关于纳斯卡线的另一个谜团是大量独立线条无法被归纳成某个图案，直到最近几年，科学家才用 AI 算法发现了两条 83 米长的腿和一条 20 米长的鱼。

尽管人类对自身文明仍旧一知半解，但好在还有很多科学家在扎扎实实地做研究，比如德国数学家玛丽亚·赖歇，她倾尽一生研究纳斯卡线，完美地诠释了"探索"两个字的含义，就像《黄金、香料与殖民地》一书中解释的那样——即找到某种你不知道其存在的事物。

1. Nazca Lines

作者推荐

乘坐小型飞机并不十分安全，在 2008 年和 2010 年接连发生过三起坠机事故。你也可以考虑另一种观看纳斯卡线的方式——在纳斯卡以北的泛美公路旁有一座瞭望塔，登上塔可以近距离看到三个图案：蜥蜴、树木和手掌。

1. 热带海岛　2. 通向海边的缆车　3. 百加得的标志　4. 调配鸡尾酒的工具
5. 锐舞派对上的"跳水"表演

百慕大三角与朗姆酒

波多黎各 Puerto Rico

位于加勒比海地区

推荐旅行时间：3 天

世界上一直有个关于百慕大三角的传说，那三个顶点分别是北面的百慕大群岛、西面的迈阿密和南面的波多黎各。

在过去的 100 多年里，这里成了全世界最恐怖的地方之一，飞机失事，轮船沉没，而且消失得无影无踪，连残骸都找不到。

关于这个未解之谜，有几种不同的解释。海底洞穴说认为，躺在百慕大三角底部的波多黎各海沟中有很多深不可测的洞穴，那些飞机和轮船的残骸就是落入了这些洞穴才杳无踪迹。地磁异常说认为，这一带的磁力线很不稳定，轮船往往会在仪表盘丧失导航功能后触礁沉没。海底燃气说认为，百慕大三角的海底会冒出充满天然气的巨大气泡，气泡升到海面后会发生爆炸，那些路过的倒霉船只就成了牺牲品。

更可信的说法是，百慕大三角是小说家和电影导演制造的噱头，目的是让小说更畅销或电影更卖座。航运保险公司开出的保单也证明了这一点。如果这里真如传说中一样灾难频发，"精明"的保险公司一定会大幅提高保费，就像事故车的保费就要高很多，可轮船经过百慕大三角和经过其他海域的保费基本一致，这就让传言不攻自破。即便如此，当我乘坐飞机穿越百慕大三角前往波多黎各时，心跳还是比平常快了半拍。

现在的波多黎各是美国的一个自治邦，但这里的建筑风格是西班牙式的，因为最早乘风而来的西方人是受西班牙国王资助的航海家哥伦布。

朗姆酒酿造是波多黎各的支柱产业之一。你可以乘坐观光车进入百加得酒厂参观，整座酒厂就像一个热带植物园。百加得是由甘蔗酿造的烈酒，这个品牌由百加得先生在古巴创立，后来又分别在加勒比海地区的波多黎各和哈密尔顿（百慕大）设厂，因为这些地区都盛产甘蔗。

百加得的酒标上有一只蝙蝠，这是百加得先生的太太从栖息在酒厂车间的一群蝙蝠身上获得的灵感。西班牙人认为蝙蝠可以带来好运，对于这个观点，中国人一定能产生共鸣，因为过年时张贴的吊钱上也有蝙蝠的形象，取"福"的谐音。

你还可以在参观结束前跟调酒师学习调制鸡尾酒。一款是百加得自主研发的"自由古巴"，就是朗姆酒兑可乐。另一款叫"莫吉托"，要复杂一些，除了朗姆酒，还要加入蔗糖、青柠汁、苏打水、薄荷叶等。每个环节都有专属的工具，比如挤柠檬汁的夹子、去残渣的过滤器，还有不锈钢摇壶——通过调酒师帅气且剧烈的摇晃动作，酒液和冰块会迅速融合。

作者推荐

到了热带海岛，怎能不去参加一场锐舞派对？DJ 像武林高手一样在打碟机上飞快地一拨一划，声势浩大的音浪就席卷而来，让人忍不住摇摆，忍不住疯狂。

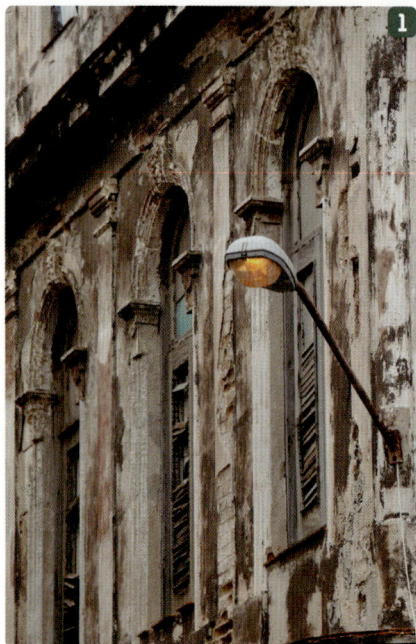

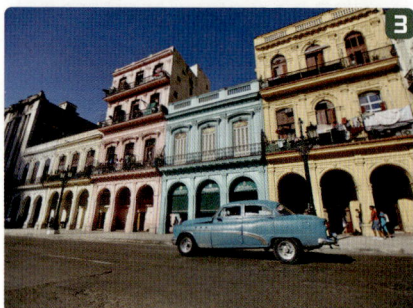

1. 中央区的建筑　2. 小佛罗里达的海明威铜像　3. 色彩明艳的城市　4. 防波堤在日落时被映成金色　5. 拉扎罗制作的"萨尔斯塔斯"　6. 五分钱酒馆的莫吉托

海明威和国营商店

哈瓦那 Havana

位于古巴西部

推荐旅行时间：4 天

一到哈瓦那老城，无须刻意寻找，你就能遇到武器广场、天主教堂和各种西班牙庭院，它们就像一起长大、一起变老的"发小"，无一例外都有圆形石柱、拱形走廊和雕花门窗。其实所谓老城，就是殖民者被迫打道回府时无法捎回家的一份财产。

老城里有两个地方最受游客青睐，它们都和海明威说过的一句话有关，他说："我的莫吉托在五分钱酒馆[1]，我的台克利在小佛罗里达[2]。"

在五分钱酒馆，游客可以一边喝着莫吉托，一边欣赏舞台上的萨尔萨舞。五分钱酒馆似乎只卖莫吉托这一种饮料，吧台下摆满一杯杯尚未制作完成的鸡尾酒，里面塞着几片薄荷叶和一指深的蔗糖汁。在小佛罗里达，游客不仅可以点一杯台克利，还能跟靠在吧台边的海明威铜像合影。海明威在哈瓦那度过了他人生的最后 10 年，获得诺贝尔文学奖的作品《老人与海》的主角就是一位古巴渔夫。

哈瓦那的中央区与老城仅一路之隔，中央区的建筑也颇具欧式风格，不过更破旧，就像被困在了过去某个年代，没人对它们进行修缮。墙皮大块脱落，各种线缆暴露在烈日之下，路灯杆全都锈迹斑斑，当地人可能早就对这一切视而不见了。

在中央区，当地人都喜欢穿颜色艳丽的衣服，比如艳粉色、宝蓝色和明黄色。街上跑的老爷车也全都喷着色彩明艳的车漆，不管它们有没有车窗，车灯能不能亮起，雨刷能不能动，仿佛只要披着一身彩色的"盔甲"，就有了风驰电掣的自信。

在中央区的很多国营商店都会以比较低的价格出售食物、药品等生活必需品，若想丰衣足食，当地人就不得不到非国营商店购买价格翻了几十倍的商品，比如苹果和肉罐头等。

中央区还有家艺术工作室，创始人名叫拉扎罗，在他创造的这个小小世界里，椅子上坐着的、天花板上吊着的、跷着二郎腿看电视的都是一种叫"萨尔斯塔斯"的玩偶，它们长着圆圆的招风耳，鼻头上翘，还长着尾巴。玩偶的皮肤是用废报纸做的，衣服是用彩纸粘上的。拉扎罗说，每个萨尔斯塔斯都长得不一样。"我认识它们每一个人，知道它们各自的习性，比如吊在天花板上的叫帕玛，是一位舞蹈家，只要有风吹来，她就开始旋转。"拉扎罗半开玩笑地问我，"你不会觉得我有精神病吧？"我笑着说："怎么可能，世界不就是被你们这些有点儿神经质的艺术家创造出来的吗？"

1. La Bodeguita del Medio　2. El Floridita

作者推荐

古巴是可可产地之一，可可是制作巧克力的主要原料。在哈瓦那老城有家巧克力博物馆，除了可以看到用巧克力雕刻的作品，还能品尝到各种冷、热巧克力饮品。

1. 海滩上的孩子　2/3. 排球是古巴的国民运动　4. 披头士乐队 4 位成员的铜像

5. 在海滩上拍婚纱照　6. 公路上奔驰的老爷车

古巴人的度假地

巴拉德罗 Varadero

位于古巴马坦萨斯省

推荐旅行时间：2 天

相信我，把时间浪费在巴拉德罗，你绝对不会后悔！无论多少天！

20 千米长的白沙滩让这里成为古巴人的首选度假地。你能在这儿找到构成热带海岛的所有元素：温柔的海风，挺拔的棕榈树，挂着龙虾招牌的餐馆，潜水中心……你还能在第一大道和 59 街的交会处找到披头士乐队 4 位成员的铜像，要知道，以前在古巴可听不到《黄色潜水艇》和 Hey Jude。

与其说巴拉德罗是一座半岛，不如说它更像一条加长加粗的防波堤，长宽完全不成比例——长 20 千米，宽却不到 0.5 千米。两条公路一南一北，贯穿东西，公路上跑着的都是老爷车，老旧得需要先拍两下仪表盘才能启动。古巴之所以有那么多老爷车，与美国的经济制裁有关。从 20 世纪中叶开始，古巴就再也无法进口新车，于是这些五六十年前的老古董不得不服役到现在。

巴拉德罗的浮潜活动和其他地方的有很大区别，你可以把浮潜的前奏省略，不必先坐船到大海深处，而是直接从岸边走进浮潜区，尤其是在一处叫珊瑚海滩的地方，水下能见度超过 15 米，鱼类超过 300 种。我当时参加了一个浮潜团，领队游在最前面，手里拿着一个装满鱼食的矿泉水瓶子，一边游一边挤。透过蛙镜，我看到无数条热带鱼朝我直扑过来，竟有种被鱼轰炸的错觉。

白沙滩位于半岛北面，沙滩排球是海边最流行的运动项目，看着年轻人弹跳扣杀，你就会明白为什么古巴的排球运动一直处于世界顶尖水平。

我好不容易才在沙滩上找到一把还没被占领的遮阳伞，伞下巴掌大的阴影刚好够我囫囵地躺下，翻开一本书，可没看几页，这本已经看了很多遍的《在路上》就只剩最后两行。随后黯然发现无论纸质书还是电子书的存货都已经见底，古巴又上不了网，也就没法下载最新的精神食粮。阅读填补了旅行中的无聊时光，旅途又为阅读提供了相对封闭的环境，二者相得益彰。

古巴的住宿选择不算多，除了国营酒店，更多的是民宿，当地叫 Casa，是西班牙语"家"的意思。我住过四五家民宿，主人都很热情，早餐无一例外都很丰盛，从果汁到牛奶，从吐司到华夫饼，从太阳蛋到煎培根，不仅分量足，摆盘也很别致。

旅途随感

海边的浪花卷过来又退回去，节奏规律，一个人的内心也应该是这种动态的平静吧。对一个旅行者来说，若想获得这种平静，一定要走过两种千山万水，一种是真实的千山万水，一种是内心的千山万水。在内心世界，最初的路途一定充满激情，可我们总会遇到走不出的低谷和迈不过的高峰，只有坚持，才能最终抵达目的地。

1. 唱歌的盲女　2. 床上和平运动　3. 城市天际线　4. 栖息地 67 号　5. 雕塑家亚历山大·考尔德为世界博览会创作的艺术作品　6. 铸铁楼梯是皇家山高地住宅的标配

北美设计之都

蒙特利尔 Montreal

位于加拿大魁北克省

推荐旅行时间：4 天

1969 年 6 月，披头士乐队主唱约翰·列侬和妻子小野洋子在蒙特利尔一家酒店的床上躺了整整一个星期，床头还贴着标语"床上和平"，他们通过这种方式来反对越南战争。这个房间就是费尔蒙酒店 1742 号套房，现在这间套房的墙上仍旧贴着他俩的照片。

蒙特利尔是北美地区唯一的双语之城，曾被一条名为圣劳伦的大街分成东西两部分，英语区在西边，法语区在东边，两个区颇有老死不相往来的架势。据说后来讲法语和讲英语的人和好了，因为他们发现共同的敌人原来是生态环境的恶化。

蒙特利尔是一个充满设计感的城市，1991 年还专门成立了一个设计委员会，目的是让这座城市更美观、更前卫。这也和 1967 年举办的世界博览会不无关系，当年修建的一个叫栖息地 67 号[1]的住宅区直到现在依旧有人前来参观。158 个立方体单元屋错落有致地堆在一起，我家的屋顶就是你家的花园。栖息地 67 号的设计灵感来自《小王子》作者的另一部作品《人的大地》，这本书旨在探索人类应该如何更好地利用栖息的空间，如何与环境和谐共生。

比栖息地 67 号更有设计感的是圣母大

教堂的采光设计，它不像传统教堂依赖彩绘天窗的透光性，而是通过遍布教堂的彩色光源，让圣母更显庄严。这座教堂每周都会举办若干场沉浸式灯光秀。蒙特利尔的基督主教堂也很有看点，20 世纪 80 年代，市政府计划在教堂下面修建购物中心，建筑师别出心裁地在教堂下面建造了无数根混凝土立柱作为支撑，这使教堂看起来就像踩着高跷。

如果想看城市天际线，皇家山公园的孔迪亚龙克观景台无疑是最佳选择。观景台上的游客络绎不绝，于是这里也聚集了很多街头艺人。我在这里眺望远方时，听到身后传来一阵歌声，原来是一位盲女在丈夫的伴奏下一遍遍哼唱着《哈利路亚》，四周流动的仿佛不是空气，而是她的歌声。盲女嘴角上扬，头发被阳光晒成金色。虽然她的眼睛看不见光明，但我相信她的心一定明亮得很。

观景台旁边的皇家山高地是蒙特利尔最时髦的街区，到处都是顶着维多利亚式屋顶的彩色房子，家家户户都有铸铁楼梯，仿佛住在这里的都是艺术家，想尽一切办法让自己住进画里。

1. Habitat 67

作者推荐

你可以到蒙特利尔郊外的枫糖小屋吃一顿枫糖餐，华夫饼、面包片和苹果派蘸上枫糖浆，全都变得有滋有味。取枫树汁需要先在枫树干上打孔，然后接上管子和桶，枫树汁就会源源不断地流出来。那些树龄超过 200 年的枫树流出的汁液至少可以装满两大桶，将枫树汁放在炉火上，就能提炼出枫糖浆。

1. 鹿特丹最低点低于海平面6.74米　2. 魔方森林　3. 天顶画着丰饶之角的鹿特丹大市场

4. 伊拉斯谟雕像　5. 可以直接生吃的鲱鱼　6. 纽约酒店内景

魔方森林和丰饶之角

鹿特丹的"丹"和阿姆斯特丹的"丹"同义，都是水坝的意思，因为这座城市 90% 的地区位于海平面之下，如果没有海坝护卫，这里早就成了一片泽国。

鹿特丹是一座推倒后重建的城市。推倒它的是第二次世界大战的炮火，重建它的则是许多未来风格的建筑。这也是城市管理者的高明之处——他们没有像对待其他同样被炮火摧毁的欧洲城市那样修旧如旧，而是在废墟上涂抹全新的色彩。

魔方森林是鹿特丹的地标建筑，由 51 座立体方块屋组成，建筑师把一个个方块比作树木，水泥森林又成为城市的有机组成部分。这些方块屋集体向上倾斜 45°，不过，方块屋的内部结构还是四平八稳的，里面有公寓、商店，甚至还有一家青年旅舍。

鹿特丹大市场就在魔方森林附近。这是一座中空的倒 U 形建筑，两面玻璃幕墙把建筑下方的空间封闭成一个市场。40 米高的大顶被艺术家画满蔬菜水果，让人一抬头就食欲大振，于是这幅壁画被称为丰饶之角。凡是在丰饶之角中出现的食材，都能在市场内买到。你还可以在这里吃到荷兰的一种地道美食——鲱鱼。荷兰人喜欢直接生吃鲱鱼。

吃之前要去掉内脏和鱼头，然后往鱼身上抹一点儿海盐和洋葱末。吃鱼的标准动作有点儿像口吞宝剑，一手拎起鱼尾，然后仰头张嘴，再一口吞下。

横跨马斯河的伊拉斯谟大桥[1]是一座斜拉桥，高高挺立的索塔就像天鹅高昂的颈项，单向拉出的钢索组成丰满的羽翼，再加上白色的桥身，让它获得了"天鹅桥"的美誉。伊拉斯谟出生于鹿特丹，是 15 世纪和 16 世纪之交著名的人文学者。在他的著作《愚人颂》中，伊拉斯谟用反讽的笔法描绘了文明的发展源自人类的欲望。在鹿特丹大学有一尊头戴愚人帽的伊拉斯谟雕像，鹿特丹大学也被称为伊拉斯谟大学。

鹿特丹不仅有极具创意的建筑，还是欧洲最大的海运港口。几十年前，人们甚至可以从鹿特丹坐船前往美国，不过现在的客运渡轮只能到达英国。纽约酒店曾是客运航线总部的所在地，这里延续了 20 世纪初的装修风格，酒店大堂会让人有种进入了泰坦尼克号的错觉。

1. Erasmusbrug Bridge

旅途随感

"童话大王"郑渊洁的《魔方大厦》是我年少时最喜欢的童话作品之一。主人公来克误入魔方大厦，通过暗道、迷雾、机关，从一个方块国进入另一个方块国。其实，我们生活的这个世界也由不同的方块国组成，而旅行就是在方块国之间通行的那把密匙。

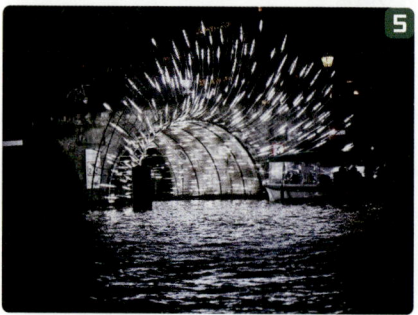

1. 运河上狂欢的人群　2. 摔跤手　3. 橙色的帽子　4. 水坝广场上的嘉年华

5. 运河上的灯光秀　6.《向日葵》

橙色海洋

阿姆斯特丹 Amsterdam

位于荷兰西部

推荐旅行时间：5 天

在荷兰，每年的 4 月 30 日是一个比圣诞节还要热闹的日子。这一天是荷兰女王茱莉安娜的生日，于是被定为女王节，全国放假一天。荷兰的建国者奥兰治-拿骚亲王名字里的"奥兰治"有橙色的意思，这解释了为什么每年 4 月 30 日这天，荷兰会成为一片橙色的海洋，而且凡是有荷兰队参加的体育赛事，看台上都是统一着装的橙色军团。

虽然 4 月 30 日才是正日子，可阿姆斯特丹市中心的水坝广场已经为这个节日预热了好几天。这里布置成了嘉年华，摩天轮、空中飞人、弹射器等大型游乐设施将广场上每一寸空间都塞得满满当当。夜上浓妆之后，肾上腺素飙升引发的惊声尖叫从四面八方传来，让人如同置身鬼屋。

4 月 30 日这天一大早，阿姆斯特丹会变身为一个巨大的跳蚤市场，因为这天全国免税。如果你运气足够好，绝对能淘到不少便宜的古董。

范德尔公园是孩子们的主场，他们或以才艺获得游客的打赏，如拉小提琴、跳街舞和合唱，或以道具吸引游客的目光，比如有的孩子穿着加肥加厚的摔跤服，游客只需花几欧元就能跟他们摔一跤。一个男孩戴上泳镜，站在一块木板背后，只把脑袋从板子上的圆洞里露出来充当"活靶子"，不一会儿，在他的脸上和木板上就会挂满橙色的蛋液——当然，这种颜色非常应景。更多游客选择在这里变装，穿上橙色的 T 恤衫，戴上橙色边框的墨镜和橙色的充气王冠，一下子就拉近了和当地人之间的距离。

你可以利用上午的跳蚤市场和下午的音乐会之间的空当去参观当地两家著名博物馆，欣赏大师的杰作。在国立博物馆，你可以看到《夜巡》，这原本是伦勃朗给民兵队画的合影，最初挂在警卫队的集会厅（现在被改造为 Doelen 酒店）。在凡·高博物馆，你可以找到若干幅《向日葵》中的一幅和不同时期的凡·高自画像。

到了下午，整座城市会被大大小小的音乐现场填满。大的音乐现场有专属舞台，几万人在乐队主唱的带领下一起挥动手臂；小的音乐现场就在老城的巷子里，临时搭建的 DJ 台高悬在左右两堵墙之间，高亢的声浪让狂欢的人群变成前赴后继的人浪。

我最喜欢的音乐现场在阿姆斯特丹的运河之上，一条条满载橙色精灵的小船在蛛网状的运河上缓缓穿行。此时，整座城市就像舞厅里的地板，震动着，颤抖着，承载着成千上万吨欢乐。

作者推荐

每年冬天，阿姆斯特丹运河上都会举办一场灯光艺术展，来自世界各地的艺术家用光线创作出不同主题的作品。

库拉岗日·中国

1. 鳄鱼跳　2. 一条咸水鳄朝我们游来　3. "甜心"　4. 伞蜥　5/6. "死亡之笼"

鳄鱼跳
和死亡之笼

达尔文 Darwin

位于澳大利亚北领地

推荐旅行时间：3 天

1974 年圣诞节，热带气旋"特蕾西"突袭了澳大利亚北部港口城市达尔文。"特蕾西"的破坏力十分惊人，夺走了 71 人的生命，使约 2 万人无家可归。当时，一位神父用录音设备记录下"特蕾西"过境时的怒吼，你可以在达尔文的北领地博物馆和艺术馆听到这恐怖的吼声。在热带气旋面前，人类只有听天由命的份儿。

北领地博物馆和艺术馆里还有一件名为"甜心"的展品，别看它的名字很可爱，其实是一件 5.1 米长的咸水鳄标本。"甜心"曾在 20 世纪 70 年代多次袭击船只，这也是它被"逮捕"的原因。

大约有 2 000 条咸水鳄生活在达尔文附近的阿德莱德河，最长的超过 6 米。鳄鱼拥有一项祖传本领，那就是可以借助强有力的尾巴从水中垂直起跳，它们用这一招来袭击树上的猎物。当地旅行社充分利用鳄鱼的这一技能，开发了一个名为"鳄鱼跳"的旅行项目。

当我参加的"鳄鱼跳"旅行团抵达阿德莱德河渡口后，所有游客登上一艘观光船，船身围了一圈防护网，即使这样，向导仍会再三提醒，不要站起来把头或手伸到船外，否则鳄鱼今天就能换个口味了。

观光船开到河心位置后，向导把一个鸡腿钓在鱼钩上，然后让鸡腿在河面上随波而动。鸡腿散发出的香味立即引来一道 V 形涟漪，等涟漪靠近，我发现那是一条像浮岛一样的黑色鳄鱼。鳄鱼刚要一口吞掉美食，向导立刻一抬手腕，鸡腿就被鱼线提到半空，我们这些看客的心也跟着提了起来。这条鳄鱼可能刚吃饱，不舍得浪费体力去表演鳄鱼跳，所以转身游走了。当然，不是每条鳄鱼都能拒绝诱惑。向导一共派发了 8 个大鸡腿，有时鳄鱼起身跳后失去方向感，整个身体磕在硬邦邦的船板上，发出咣当一声巨响。

鳄鱼跳只是 4 月到 9 月的旱季旅行项目，其他季节前往达尔文的游客也不要失望，因为还有一个更刺激的鳄鱼体验项目，那就是"死亡之笼"。达尔文市中心的鳄鱼公园中有 4 个巨大的鳄鱼池，每个池子里都养着一条跟"甜心"差不多大的咸水鳄。每隔半小时，工作人员会将一到两位勇士放进一个圆柱形的透明笼子，然后用铰链将笼子移到鳄鱼池正上方，最后让笼子慢慢沉入水中。公园里的鳄鱼见多识广，要不是工作人员再三用食物诱惑，恐怕它们都懒得睁眼看看是谁侵占了自己的地盘。"死亡之笼"的亚克力板厚度达 3.7 厘米，再加上水的折射率，竟呈现出一种放大镜般的效果，鳄鱼的眼睛、牙齿和皮肤上的疙瘩看起来都比实际上大得多。这段记忆令我至今难忘。

作者推荐

不要错过鳄鱼公园中的两栖动物馆，你能看到澳大利亚的代表性物种之一的伞蜥，当预感危险即将来临时，它会张开脖子后的伞形皮膜，这能起到一定的威慑作用。

1. 尼罗河邮轮的标准模版　2. 尼罗河日落　3. 苏丹号　4. 赫努姆神庙多柱大厅
5. 伊德富的荷鲁斯神庙　6. 荷鲁斯之眼　7. 供奉鳄鱼神的考姆翁布神庙

尼罗河巡游

阿斯旺 - 卢克索 Aswan to Luxor

位于埃及南部

推荐旅行时间：3 ~ 4 天

大约有 300 艘邮轮往返于阿斯旺和卢克索之间，这也是尼罗河巡游的经典航线，顺流（从阿斯旺到卢克索）要开 3 天，逆流要开 4 天。

每艘邮轮的内部装潢、餐饮等级各不相同，外观却几乎一模一样。这是因为中途经过的伊斯纳船闸限定了邮轮的宽度，太宽的邮轮会被卡住；码头泊位则限定了邮轮的长度，太长的邮轮会挤占其他邮轮的停泊空间；邮轮数量通常是泊位数量的好几倍，所以总能看到四五艘邮轮并排停靠的景象，这就需要所有邮轮在同一高度的船舷两侧各开一扇门，连在一起就成了一条走廊，以方便游客上下船。总之，由于种种条件的限制，尼罗河上的邮轮就像从一个模子里刻出来的。

邮轮大多分为 4 层，顶层的甲板上摆满了躺椅。甲板上的人气指数在日出和日落时达到峰值，在正午时归零，因为没人能招架住炽热的阳光。一天中午，我鼓起勇气走上甲板，没多久就觉得呼吸困难，这种缺氧症状其实是中暑的前兆。

在众多邮轮中，"苏丹号"的名气最大，在 1978 年版《尼罗河上的惨案》中，这艘船就是各种阴谋的发生地。19 世纪时，"苏丹号"曾在托马斯·库克的蒸汽船队中服役。库克是近代旅游业的奠基人，他在英国创立了世界上第一家旅行社，还组织了第一个环游世界的旅行团。

在尼罗河巡游中，除了欣赏世界第一长河的美景，游客还可以到沿途的几个小镇参观古埃及神庙。

伊斯纳的赫努姆神庙就是其中之一。赫努姆是羊头人身的造物神，造人方式是把泥巴放在转动的陶轮上，塑造出人形之后，再赋予其生命。这座神庙虽然规模不大，但壁画上的丰富色彩保留至今。

伊德富的荷鲁斯神庙最为壮观。在古埃及神话中，荷鲁斯是法老的守护神。神庙入口处有一座 36 米高的塔门，门上刻着鹰头人身的荷鲁斯和托勒密十二世法老的浮雕。在埃及旅行时，你经常可以看到被称为"荷鲁斯之眼"的护身符，据说它可以抵御邪恶、危险和疾病。古埃及人还认为，通过这只眼睛能够分辨善恶。

考姆翁布神庙供奉着两位神祇，这也让神庙建筑以中线为轴，左右对称，左边供奉着老年荷鲁斯，右边供奉着鳄鱼神索贝克。索贝克的职责是保护埃及人民免遭泛滥的尼罗河水的侵害。神庙旁还有一座鳄鱼博物馆，你能在这里找到很多鳄鱼木乃伊。

清晨看渔民撒网，傍晚欣赏壮丽的日落，再趁着早晚天气凉爽时参观几座神庙，基本就是尼罗河巡游的全部内容了，不知这个行程是否也由库克设计。

旅行提示

你可以直接到码头旁的邮轮上询问船票价格，通常比旅行社的报价便宜 1/3。

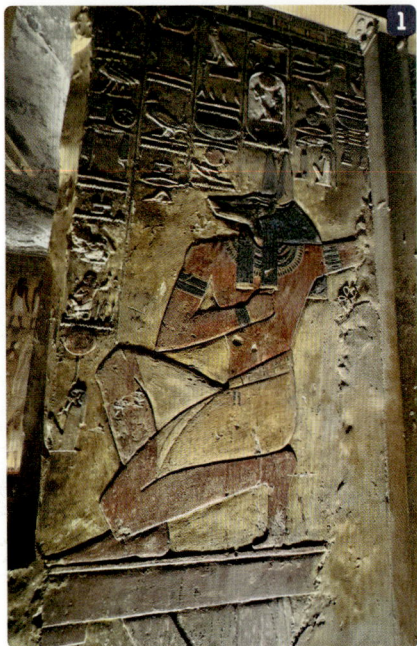

1. 死神阿努比斯和图文并茂的排版　2. 图坦卡蒙墓内壁画　3. 通向墓室的甬道

4. 长着翅膀的女神伊西斯　5. 奈菲尔塔利墓内色彩鲜艳的壁画　6. 考古工作者现场进行修复

帝王谷
和王后谷

卢克索 Luxor

位于埃及中部

推荐旅行时间：3 天

因为太阳从尼罗河东岸升起，于是东岸就成了古埃及人生活的地方，而太阳落下的西岸则用来埋葬死者。60 余位法老被埋葬在尼罗河西岸的帝王谷。法老墓地的结构大同小异，一条向下倾斜的石阶连接着入口和墓穴深处的墓室，区别在于甬道的长度。塞提一世墓中的甬道有六七段，连接起 5 个多柱厅，而图坦卡蒙墓中的甬道只有一段。

大多数法老墓中的棺椁和木乃伊要么早已被盗墓贼偷走，要么被安放在开罗的博物馆里，只有图坦卡蒙的木乃伊依旧躺在自己的陵墓中。这座发现于 1922 年的陵墓堪称过去一个世纪里埃及最重大的考古发现。图坦卡蒙去世时只有 19 岁，还未到建功立业的年纪，但他的陪葬品就已震惊了全世界，可想而知，那些功绩煊赫的法老的陪葬品还不得车载斗量，难怪在盗墓贼眼中，帝王谷就是一个聚宝盆。

当我踏上墓地中的石阶时，两只眼睛都不知该往哪里放，因为壁画填满了除地面之外的每一寸空间。乍看之下，那些壁画令人眼花缭乱，因为组成壁画的元素异常丰富，上面的文字看起来也像缩小版的图像。这是圣书体象形文字，在古埃及王朝结束后，这种文字就失传了。1799 年，拿破仑远征埃及

时在一个叫罗塞塔的地方发现了一块石碑，上面用古埃及圣书体文字、草书体文字和古希腊文讲述了同一件事情，由于古希腊文流传了下来，人们才破译了圣书体的含义和用法。

法老墓中的壁画有两种功能：一是介绍法老在世时的功绩，二是展示诸神引领亡灵复活的过程。在古埃及的众多神祇中，最常出现的是女神伊西斯、死神阿努比斯和圣甲虫神。伊西斯长着翅膀，是死者的保护神。阿努比斯拥有胡狼头，辨识度高。圣甲虫神是重生之神，每年尼罗河洪水泛滥之后，甲虫是最先出现在大地上的生灵。

与人潮汹涌的帝王谷相比，邻近的王后谷就清静不少。在王后谷的陵墓中，只参观拉美西斯二世最宠爱的妻子——奈菲尔塔利的陵墓就够了，这座陵墓是埃及所有景点中门票最贵的，而且规定只能参观 10 分钟。很快，我就明白了票价高昂的原因。相比其他陵墓中早已褪色的壁画，这里的壁画经过几十年的修复后，色泽艳丽如新，仿佛这位王后才刚去世。我还在陵墓中看到考古工作者正在进行现场修复，要不是只有 10 分钟参观时间，我一定会停下来看看他们是怎么画的。

作者推荐

卢克索有一家木乃伊博物馆，在这里，你可以了解到古埃及的普通人的下葬流程：先用清水冲洗尸体，再用混合了油脂的绷带将尸体包裹成木乃伊，接下来用 4 头牛将木乃伊拉到墓地，最后就是等待重生。

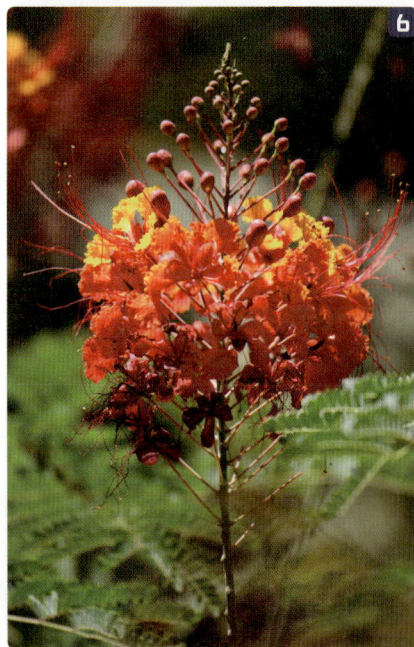

1. 死海边　2. 轻而易举地漂在水面上　3. 沉淀在岸边的盐分　4. 巨大的野生无花果树
5. 努比亚野山羊　6. 凤凰花

268

地表最低之地

死海 Dead Sea
位于以色列、巴勒斯坦和约旦三国交界处
推荐旅行时间：2天

死海是地球表面的最低点，比海平面低了400多米，所以这里也成了地球表面距离太阳最远的地方，因而阳光中的紫外线非常少，晒日光浴几乎无害——当然，这只是我的谬论，紫外线不强是因为死海上空的臭氧层较厚，把大部分紫外线都吸走了。

早在公元前，阿拉伯的游牧民族纳巴泰人就把死海的沥青卖给埃及人了，沥青能起到防腐作用，埃及人用它制作木乃伊，这也是很多刚出土的古埃及木乃伊呈乌黑色的原因。沥青的波斯语音译"mumiai"其实就是英语"mummy"（木乃伊）的词源。死海泥要比死海沥青柔软得多，同样可以用来包裹身体，不过这是出于改善健康状况的目的，因为死海泥含有多种矿物质，具有止痛杀菌的功效，还能让皮肤更紧致。

死海的形成与东非大裂谷有关，几百万年前，这里还连着地中海。现在死海的水主要来自约旦河，河水含盐量还算正常，可每年的蒸发量超过了注入量，于是死海就变得越来越咸，含盐量约为正常海水的8倍，任何生物都无法在这里存活。不过话又说回来，因为浮力巨大，要想在这里淹死还真是难如登天。现在死海的水平面以平均每年约1.2米的速度下降，早晚有一天，死海会完全干涸。

绝大多数人来到死海，都是为了获得一种漂浮的体验。只要你站在海边，把身体往后一仰，就能轻松浮起来。有人尝试躺在水中看报纸，以我的亲身经历来看，在躺下去的一刹那，报纸很难不被打湿。整个人轻则在水里扑腾两下，重则灌进去两口盐水——这可不是什么美妙的体验。每次下水时间不要超过20分钟，否则身体里的水分就会向外渗透，使皮肤皱缩。下水前要检查皮肤上是否有伤口，哪怕只是纸划的小口子也会刺痛难耐。这也是没人敢在死海里游泳的原因，因为海水一旦进入眼睛，那种感觉怎么说呢，就仿佛吃烤串时不小心打了一个喷嚏，辣椒面全都飞进了眼睛。

恩戈地[1]是死海边一片神奇的绿洲，这得益于一眼泉水，它不仅滋养了这一方水土，让来自五大洲的1 000多株耐旱植物可以在这里自由生长，包括猴面包树、仙人掌、索多玛苹果树等，同时也是豺狼、狐狸等野生动物的水源。你还能在这里看到一种长着粗壮弯角的努比亚野生山羊。正是这些动植物的存在，为原本寸草不生的死海带来了一线生机。

1. Ein Gedi

旅途随感

游客就像飞进花丛中的蜜蜂，左看看，右看看，目光总会被更美的花朵吸引；旅行者更像企业CEO，每天都会把工作安排得满满当当。前者会获得一种满足感，后者会获得一种成就感。

1. 从马萨达眺望死海　2. 抽签时使用的陶片　3. 马萨达的蓄水管道　4. 鸽舍

5. 城墙　6. 索多玛山

古城与古卷

马萨达 Masada

位于以色列死海附近

推荐旅行时间：1 天

马萨达古城由犹太国王大希律修建，他在逃离耶路撒冷后曾把这里当成避难所。马萨达之所以能成为世界文化遗产，不是因为它建于公元前，"岁数"大、"辈分"高，也不是因为这里可以俯瞰死海，风景绝佳，而是因为将近 2 000 年前的那次集体殉难事件。73 年，马萨达已经被兵临城下的罗马大军围困了 3 年，眼看攻城槌即将攻破城门，守军的失败已无法避免。为了妻子不被糟蹋、孩子不被奴役，全城人做出了一个悲壮的决定：在犹太教逾越节当天集体殉难。那一天，一共有 960 人殉难，只有 2 名妇女和 5 个小孩藏身水窖活了下来，他们也成了悲剧的见证人和讲述者。后来，在马萨达出土的文物中，考古学家找到了 11 块写着犹太人名字的陶片，这些陶片被证明是犹太人在抽签时使用的，通过抽签选出的战士要先将同胞杀死，然后自戕。也是从那一天起，犹太人彻底失去了自己的国土，开始了长达 2 000 年的民族流浪之旅，直到 1948 年才重新建国。

马萨达建在比死海高出 400 多米的平顶山上，山顶修筑了长约 1 400 米的双层城墙，这让马萨达看起来易守难攻，固若金汤。大希律还在城墙内建造了宫殿、浴室、剧场、会堂等，只可惜这一切都被殉难日的大火烧毁，现在能看出轮廓的建筑物只剩下鸽舍、水窖和蓄水管道。即使以现在的眼光来看，当年的水利工程也异常浩大：蓄水管道将雨水收集起来后，牲口和挑夫把水运到山顶的水窖，12 个水窖的总容积接近 5 万立方米，难怪大希律可以奢侈地在荒漠中建浴室洗澡。

那场罗马人对犹太人的绞杀还产生了两个连带效果：罗马皇帝提图斯为了庆祝胜利，在罗马城中建起一座拱门，后来巴黎的凯旋门就是以这座拱门为蓝本；在沙漠中隐修的一个犹太教分支为了保护犹太文化的根脉，把用希伯来文书写的《圣经》手稿藏在陶罐中，直到 1947 年才被一个牧童发现。这些写在羊皮和纸莎草纸上的经卷被称为《死海古卷》，是近代的考古大发现之一。广义的《死海古卷》是指在死海沿岸发现的古书，马萨达也是发现地之一；狭义的《死海古卷》则指在耶路撒冷以东的昆兰洞穴中发现的经卷，现在这里已经变成国家公园，你可以参观隐修者进餐的食堂和写古卷的书房。

作者推荐

索多玛山位于马萨达南部，这里曾是死海海底，崎岖的路面让越野车"上蹿下跳"。黄昏将至的时候，索多玛山在自身阴影的衬托下变得立体起来。山体看起来呈暗黄色，其实那只是表层的浮沙，用手擦除后，藏在里面的白色盐层就暴露出来。我在司机的怂恿下舔了一口，果然不出所料——咸极了！

1/2. 哭墙　3. 狮子门　4. 苦路之旅　5. 膏礼之石　6. 岩石圆顶清真寺

7. 染成荧光紫的菜花　8. 来来来，我带你去看世界

愿和平之城
永世安宁

耶路撒冷 Jerusalem

位于以色列中部

推荐旅行时间：3 天

在希伯来语中，"耶路撒冷"是"和平之城"的意思，这显然和实际情况有些出入。

耶路撒冷被三大宗教视为圣城。这里是所罗门王建造圣殿放置约柜的地方，是耶稣背负十字架走向生命终点的地方，也是穆罕默德登霄的地方。三大宗教都想成为耶路撒冷的掌控者，于是在这座城市3 000 年的历史中，反抗与镇压、流亡与回归、毁灭与重生的故事交替上演。当罗马人占领耶路撒冷和马萨达后，犹太人被迫流亡，直到拜占庭帝国时期，犹太人才被允许每年回到耶路撒冷一次，他们聚集在第二圣殿的西墙（第一圣殿由所罗门王所建，约公元前 516 年重建的圣殿为第二圣殿，罗马人入侵后将其夷为平地，只剩下圣殿西侧的护墙基座，即现在的西墙）边祷告与哭诉，这就是哭墙的由来。

现在进入哭墙广场的人大致可以分为犹太人和游客两类。除了祷告，犹太人还会在哭墙前举行成人礼，甚至搬来教室里的桌椅，由犹太教老师拉比现场领读经文。犹太人还会在祷告时做一前一后点头的动作——当地犹太人告诉我，这是在模仿燃烧的蜡烛。犹太男性进入哭墙广场时要戴一种名为基帕的小圆帽。在犹太教的教义中，头顶是与上天相连的地方，要用基帕遮盖，以示敬畏之心。而且男孩在举行成人礼之前，鬓角的头发是不能剪的，这种卷曲的头发称为边落。游客大多把哭墙当成许愿墙，将心愿写在纸条上，再塞入墙缝。按照导游的说法，无论你写的是英文、法文还是中文，万能的神都看得懂。

耶路撒冷老城有 4 个主入口，游客大多从雅法门进入。狮子门附近的一所学校是苦路的起点。苦路共分 14 站，且站站有说法，比如耶稣在第二站背起十字架，在第三站第一次摔倒，最终葬在终点的圣墓教堂。虔诚的基督徒会背着一个巨大的木制十字架从第一站走到圣墓教堂。圣墓教堂中有一块暗红色的大理石，被称为"膏礼之石"，那是耶稣下葬前，神父为他的身体涂膏的地方。信徒在膏礼之石前跪拜，用手掌摩挲，用嘴唇亲吻，有的人还会在大理石上洒几滴油，再用丝巾擦去，这条丝巾就成了朝圣之旅中最有价值的纪念品。

圣殿山位于耶路撒冷老城内的东侧，它不仅是犹太教第一圣殿和第二圣殿所在地，伊斯兰教的岩石圆顶清真寺也建在这里。

作为一个普通游客，我到哭墙前许了愿，走了几站苦路，又从远处望了望清真寺的金顶，做这些就像完成"必修课"，但我更喜欢上"选修课"——在老城里漫无目的地游荡。我看到被染成荧光紫的菜花，看到晨光中泛着金光的石板路，看到一只跟我对视的老猫……

我还看到一幅墙画，画面中的拉比伸出大手，似要拉住一个留着边落的男孩的小手，拉比仿佛在说："来来来，我带你去看世界。"

旅行提示

通往圣殿山的门共有 9 道，非穆斯林只能从摩尔门进入。

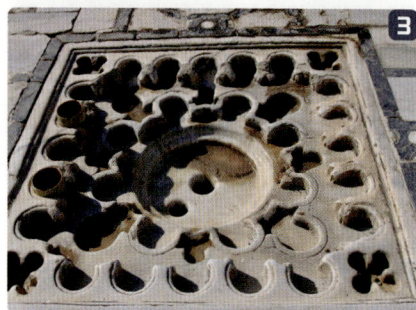

1. 凯鲁万大清真寺中的日晷　2. 清真寺中的礼拜堂　3. 水窖口的设计可以过滤水中的杂质

4. 位于茶楼中的古井　5. 埃尔杰姆斗兽场　6. 凯鲁万的地毯质量上乘

发源于清泉的城市

凯鲁万 Kairouan

位于突尼斯中部

推荐旅行时间：2 天

北非城市大多发源于一股清泉，毕竟挨着撒哈拉沙漠，没有水也就没有生命。凯鲁万的发源自然也与水有关。据说在 670 年的某天，一位阿拉伯将军的战马踩到一个金光璀璨的圣杯。他认得这个杯子，曾亲眼看到它从麦加神泉中消失。将军把圣杯高高举起，一股清泉就从沙土中汩汩流出："这里的泉水连着麦加啊！"清泉的发现让凯鲁万一跃成为北非最重要的城市之一，其在突尼斯人心目中的影响力仅次于麦加、麦地那和耶路撒冷。神泉今天依然存在，位于凯鲁万老城的一幢茶楼之内。茶楼二层空间一分为二，左边是茶室，右边就是那口漆黑的、深不见底的水井。水井一侧架了水车，车辕连着一匹骆驼。骆驼每转一圈，清凉的泉水就会被抽到地面。

凯鲁万大清真寺已有千余年历史，连最新翻修的大门也已 200 岁挂零。作为北非最古老的清真寺，信徒们坚信，到这里朝圣 7 次相当于去过一次麦加。

清真寺内的礼拜堂不允许非穆斯林进入，但旅行者可以透过雕花木门看清里面的建筑结构。偌大的礼拜堂由 400 余根柱子支撑，地上铺展的毯子足有千条。

清真寺内还有一块与足球场一样大的露天空间，地面上铺设的大理石由边缘向中心倾斜了很小的角度，以便雨水顺势流入位于中央的水窖。水窖口的设计非常复杂，可以让水流忽左、忽右、忽下，从而充分过滤水中混杂的泥土和尘埃。按照传统，穆斯林在做礼拜前要先用清水洗净手足等。

水窖旁有个类似日晷的古代计时设备，用来提醒教徒在每日清晨、中午、下午、黄昏和傍晚做礼拜。每当太阳的阴影线与礼拜时间的刻度重合，清真寺的宣礼塔就会向整个城市发出召唤。

凯鲁万的地毯非常有名，在一些规模较大的地毯店，还会有人现场表演地毯编织工艺。地毯价格与单位面积中"结"的密度相关，通常"结"越多，价格越高。

凯鲁万附近有一个叫埃尔杰姆的小城，世界第三大斗兽场就在这里。斗兽场的石墙共有三重，每重墙体都被凿刻出无数马蹄形拱门，拱门错落排列，这样设计的目的是让内场的声音不会过快消散，而且当声波在墙壁之间来回震荡之后，石墙还会产生放大器一般的效果——角斗士的咆哮仿佛被放大了 10 倍，冲击着观众的耳膜。

旅行技能

在世界各地购物时，我有条屡试不爽的砍价经验，每当价格谈不拢时，就跟老板说："如果我现在走了，那就永远不会回来了。"这时老板通常会说："那好吧，我再考虑一下。"

275

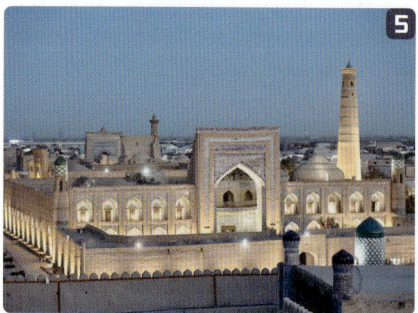

1.卡尔塔米诺尔宣礼塔的基座 2.穿越沙漠的驼队雕塑 3.土库曼羊皮帽子 4.库希纳堡中精雕细刻的木柱 5.伊琼卡拉夜景 6.从伊斯洛姆-霍贾宣礼塔俯瞰希瓦古城

信使和奴隶

希瓦 Khiva

位于乌兹别克斯坦西部

推荐旅行时间：2 天

中亚地区有一句俗语："我愿出一袋黄金，只求看一眼希瓦。"这句话一定出自一位正牵着骆驼穿越卡拉库姆沙漠[1]前往东方世界的西亚商人之口，希瓦是他即将抵达的第一座驿站。这"一眼"意味着充足的水和食物，的确比黄金更重要。唐朝时，玄奘到达的最西边的国度就是希瓦附近的货利习弥伽国，随后他就向南前往印度了。希瓦最早发源于一口古井，我在古城里找到了那口古井所在的院子，但大门紧闭，无法参观。

在以乌兹别克人为主体的希瓦汗国建立之前，希瓦一直归花剌子模管辖。花剌子模出过一位名叫阿拉乌丁·摩诃末的强大君主，在他的统治下，花剌子模的疆域一度扩张至整个中亚及伊朗部分地区。在国力越来越强大的同时，摩诃末的野心也在膨胀，他甚至不将北方的邻居放在眼里，这直接导致成吉思汗挥兵南下。兵败后的摩诃末逃到深山里，据说他当时下了一道命令：凡是带来好消息的信使会得到提拔，带来坏消息的信使则会被扔进老虎笼。这就是王小波在《沉默的大多数》中提到的花剌子模信使问题。天真的国王以为这样就能杜绝坏消息，但这并不能真正解决问题，只是解决了提出问题的人。

在希瓦汗国成立之后，希瓦成了中亚地区最大的奴隶市场。土库曼人从卡拉库姆沙漠抓来的商人和逃兵都被运到这里售卖。一旦有战事，奴隶的价格便会随之暴涨。奴隶市场位于古城东门附近，现在这里主要售卖一些旅游纪念品，比如土库曼人喜欢戴的羊皮帽子，这种帽子大到能把我的脑袋整个罩住。

希瓦古城的城墙高达 10 米左右，东南西北各有一座城门，算是比较标准的古城模板。古城内的区域叫作伊琼卡拉[2]，是乌兹别克斯坦最早被认证的世界文化遗产。古城内的古建筑密度极高，从城堡、清真寺、神学院到民宅、浴室、墓地，让人目不暇接。最引人注目的建筑是卡尔塔米诺尔宣礼塔[3]的基座，在它还未完工时，建造它的穆罕默德·阿明汗从塔上坠亡，于是宣礼塔成了半成品。宣礼塔的基座上贴着青绿色的瓷砖，看起来像一只巨大的花瓶。

你可以爬到伊斯洛姆-霍贾宣礼塔[4]上的观景台，这样就能拥有 360°的全景视角。

另一处观景台位于古城西门的库希纳堡[5]，那里也是看日落的最佳地点。你能看到沐浴在落日余晖中的古城，当天色变暗后，古城里的灯光会勾勒出诸多古建筑的轮廓，就像舞台剧《一千零一夜》的布景。

1. Karakum Desert 2. Ichon-Qala 3. Kalta Minor Minaret
4. Islom-Hoja Minaret 5. Kuhna Ark

作者推荐

你可以住在伊琼卡拉的东方之星酒店，酒店位于穆罕默德·阿明汗神学院内。第二日清晨，在游客大军还未到来之前，伊琼卡拉仍旧是一座安静的古城。

1. 查米纳　2. 里亚比豪兹　3. 喀龙宣礼塔和米里 - 阿拉布神学院的穹顶　4. 雅克城堡

5. 关在地牢里的英国军官雕塑　6. 骑驴的纳斯尔丁

中亚版阿凡提

布哈拉 Bukhara

位于乌兹别克斯坦西部
推荐旅行时间：2 天

我决定去布哈拉的原因很简单，就是想亲眼看看那座出现在《孤独星球》中亚篇 2015 中文版封面上的火柴式建筑。这座建筑名为查米纳，是一座神学院的门楼，由 4 座紧挨在一起的宣礼塔组成。宣礼塔顶着绿松石色的穹顶，就像 4 根朝天摆放的火柴。

查米纳位于布哈拉老城区，两个世纪前，当地人的饮水问题由遍布老城的 200 多座水池解决，但水池滋生的细菌也让瘟疫横行。后来经过改造，大多数水池被填平，只留下其中几处，作为城市历史的见证。里亚比豪兹是其中最大的一座水池，四周桑树成荫，水池边最好的位置被几家饭店占据，游客在欣赏风景的同时，可以品尝正宗的烤肉和手抓饭。

我在树荫下遇到了一位"老熟人"，他叫霍加·纳斯尔丁，在中国，他还有一个家喻户晓的名字，那就是阿凡提。纳斯尔丁是地地道道的土耳其人。我在布哈拉找到了一个区分纳斯尔丁和阿凡提的方法，就是看他骑驴的姿势，正着骑的是纳斯尔丁，倒着骑的是阿凡提。

布哈拉的核心区由清真寺、神学院和宣礼塔组成。从我所住的酒店露台看出去，正好可以看到核心区全景。最高的建筑是 47

米的喀龙宣礼塔，它已经在布哈拉矗立了 1 000 余年。比宣礼塔更引人注目的是米里 - 阿拉伯神学院的穹顶，显眼的绿色让它从一片土黄色中脱颖而出。

历任埃米尔居住的雅克城堡位于核心区西北角。城堡看起来固若金汤，其实大部分皇室宫殿已经变成废墟。

这座城堡里走出过几个暴君，最著名的是被称为"屠夫"的纳斯鲁拉·汗。他成为埃米尔的方式是杀死兄弟和 28 名亲戚，死的时候还让妻子和孩子给自己陪葬。在这个暴君面前，那两名送上门的英国军官就只能自认倒霉了。

那是在 1838 年，查尔斯·斯托达特上校来到布哈拉，打算说服纳斯鲁拉·汗联英抗俄。他不仅没有给埃米尔准备礼物，还大摇大摆地骑马进城。在埃米尔看来，斯托达特的行为极其失礼，于是将他投入一座毒虫横行的地牢。3 年后，亚瑟·康诺利上尉只身来到布哈拉，搭救老乡的计划非但没有成功，还把自己搭了进去。1842 年，纳斯鲁拉·汗先让两名英国军官自掘坟墓，再处死两人以儆效尤。这一事件在英国引起了轰动，据说现在到布哈拉旅行的英国人聊起纳斯鲁拉·汗时仍然心有余悸。现在地牢已经改造成博物馆。

作者推荐

在雅克城堡内的广场上，你可以看到几位现场作画的细密画画家。细密画源自波斯，笔触精细，画法和唐卡有点儿像，多用于图书插图或珠宝盒上的装饰图案。颜料主要来自天然石材或植物，比如青金石、绿松石、木樨草等。

1/2/3. 从不同的观景台看到的大峡谷　4. 黄铜望远镜　5. 加州神鹫
6. 大峡谷就是一本地质教科书

穿越大峡谷

大峡谷 Great Canyon

位于美国亚利桑那州

推荐旅行时间：2 天

大峡谷是世界上最大的峡谷之一，如果从太空俯瞰，它就像地球表面的一道伤疤。1919 年，大峡谷国家公园正式成立，分为南缘和北缘两个部分。南缘全年开放，北缘只在每年 5 月中旬到 10 月中旬开放。

站在大峡谷南缘的观景台上，我发现自己除了发出"太美了""太震撼了"之类的感叹，脑子里竟空空如也。距离大峡谷村 10 分钟车程的图萨扬国家地理游客中心帮我弥补了知识储备上的不足，这里每天滚动播放一部名为《大峡谷：隐藏的秘密》的纪录片。

1869 年，美国人约翰·韦斯利·鲍威尔成为第一个沿着科罗拉多河穿越大峡谷的人。河道两边的黑色岩石构成的险滩让漂流过程惊险不断，因而被鲍威尔称为"邪恶之石"。这种岩石是已有约 17 亿年历史的毗湿奴片岩，地质学家根据依附在片岩上的石榴石测定，在约 17 亿年前，这里有一座海拔超过 9 000 米的山峰。时光荏苒，山峰被削成平原，平原又被海水淹没。海水来来去去，直到约 8 000 万年前，海水在第八次撤退之后再也没回来。后来，由于地壳挤压形成的造山运动，原本沉在海底的岩层被抬高，形成了科罗拉多高原。大约从 600 万年前开始，科罗拉多河逐渐雕刻出大峡谷今天的样子。当然，这仍旧只是一件半成品。

整体来看，红色是大峡谷的基础色，由暴露在空气中的铁元素氧化形成。再看细节，17 亿年的地质演化史全都"写"在大峡谷的断层表面，深色的岩层是大海中的泥浆，浅色石灰岩由海洋生物残骸钙化形成，此外还有黄色的砂岩等。

大峡谷中有一种珍稀鸟类——加州神鹫，这是世界上最大的鸟类之一，体形仅比它的南美近亲安第斯神鹫小一点儿。在世界自然保护联盟濒危物种红色名录中，加州神鹫属于"极危"等级，距离灭绝仅有一步之遥，因而每一只身上都有编号，以便生物学家对它们进行监测。

从大峡谷的南缘前往北缘，加州神鹫飞直线只需 10 分钟；汽车要绕路，需要 4 个小时；徒步则需要一整天，先沿着徒步线路走到峡谷底部的科罗拉多河边，穿过一座架在河面上的吊桥后，再一步步向上前往北缘。

在班夫纪录片《野马无疆》中，4 个来自得克萨斯州的小伙子打算骑马从美墨边境前往美加边境。穿越大峡谷时，他们走的那条路极其险峻，有时只能容一匹马通过，而且一侧即是峭壁。其中一个小伙子说："难怪看不到其他人骑马走这条路，如果突然出现一条蛇、一块落石或者一个塑料袋，我们就有可能摔得粉身碎骨。"

作者推荐

虽然西缘不属于大峡谷国家公园，但这里有一条悬空的马蹄形玻璃栈道，可以让你从另一个视角观赏大峡谷的孤绝之美。

1. 牵着羊驼的印第安大婶　2. 飞翔的安第斯神鹫　3. 在观景台上看神鹫

4. 高低错落的梯田　5. 安第斯山中的牧羊人　6. 坐在峡谷边寻找安第斯神鹫的踪迹

在安第斯寻找神鹫

科尔卡 Colca

位于秘鲁南部
推荐旅行时间：1 天

科尔卡峡谷是世界上最深的峡谷之一，比美国的科罗拉多大峡谷还要深一倍。峡谷山壁上凿出了许多石洞，按照当地传统，去世的印第安原住民会被葬在那里。山壁几乎与地面垂直，非攀岩高手不能及，不知逝者家属是如何把棺材抬上去的。又或者跟三峡悬棺的原理一样，"于临江高山半肋凿龛以葬之，自山上悬索下柩"。

在科尔卡峡谷的神鹫十字架[1]，你有很大概率可以看到世界上最大的飞禽——安第斯神鹫。成年的安第斯神鹫体重近 15 千克，翅展长达 3 米，能飞到 8 000 米之上，是名副其实的鸟中之王。

究竟能否看到安第斯神鹫，谁都无法给出一个肯定的答案。虽然旅行社那个口吐莲花的伙计跟我保证了一百次，可我知道这些保证的弦外之音是"您赶快掏钱吧"。旅行推荐中是这么说的："一般来说，清晨和傍晚是观看安第斯神鹫的最佳时机，不过也需要运气。"那个伙计最后说："科尔卡峡谷肯定是世界上最容易看到安第斯神鹫的地方，这一点我可以跟您保证。"

清晨，峡谷会产生热气流，安第斯神鹫借助热风，可以毫不费力地滑翔到峡谷深处寻找动物的尸体。安第斯神鹫属于食腐性鸟类，判断鸟类是否只吃死尸有个简单方法，就是看它是不是秃头。例如秃鹫，它得把头伸到死尸里面吃肉，如果头上有羽毛，血迹粘上去就很难弄干净。

神鹫十字架停车场与观景台相距 200 米左右。那些站在观景台上的人，有的瞅东，有的瞧西，看起来都很茫然。显然，安第斯神鹫还没出现。突然，所有人都把头扭向同一个方向，随后又一起缓慢转动脖子，这应该是在和安第斯神鹫飞翔的轨迹保持一致。人们的就像一排牵线木偶。

如果你觉得自己视力不好，可以用望远镜来捕捉安第斯神鹫飞翔时的英姿。它们纯黑色的羽翼被阳光一照，闪着一种金属质感的光泽。有的安第斯神鹫飞过去又飞回来，像参加演出似的，得意极了。

齐瓦伊镇[2]是从阿雷基帕前往科尔卡峡谷的中转站。千百年来，印第安原住民在此耕作，留下高低错落、形状各异的梯田，这些梯田连在一起就像一块巨大的调色板。镇上的房子都有一套绿色环保的防盗系统——插在墙头的不是碎玻璃，而是仙人掌。

1. Cruz de Condor　2. Chivay

庄子在《逍遥游》中写道："北冥有鱼，其名为鲲。鲲之大，不知其几千里也。化而为鸟，其名为鹏。鹏之背，不知其几千里也。"既然鹏是中国神话中最大的鸟，而我的名字里又有一个"鹏"字，那当然要与现实世界中最大的鸟相逢，这简直就是命中注定。

1. 米斯蒂火山　2/3. 阿雷基帕市中心的白色建筑　4. 羊驼牧场　5. 一脸惊讶的 Lama 羊驼
6. 安第斯山附近的阿帕切塔

雪山下的白色之城

阿雷基帕 Arequipa

位于秘鲁南部

推荐旅行时间：2 天

阿雷基帕海拔 2 300 多米，如果你只是来这里观光，高原反应不会太严重；如果你还打算去爬附近的雪山，那就得想想如何应对高原反应了。你可以到当地的超市买一种古柯叶做的糖，它能有效缓解高原反应症状。

阿雷基帕被称为白色之城，因为当地很多殖民时代的建筑由一种白色火山岩建造。白色能让人平静下来，用白色火山岩来建造教堂再合适不过。圆锥形的米斯蒂火山[1]距离阿雷基帕只有十几千米，山顶终年积雪。登山者可以独立攀登 5 821 米的米斯蒂火山，也可以在向导的带领下攀登 6 075 米的查查尼峰[2]。

在安第斯圣地博物馆里，你会看到一具冰冻木乃伊，考古学家叫她胡安妮塔。12 岁的胡安妮塔死于 1450 年前后的一场祭祀仪式。1995 年，在美国国家地理杂志组织的一次科考活动中，科考人员在安帕托峰[3]发现了胡安妮塔。她一直保持着去世时的姿势，一只手抓着披肩，四周是一些祭祀用品，如古柯叶、陶器碎片、骆驼骨等。

从阿雷基帕到安第斯山观景台要经过一条盘山公路，路边的交通牌上画着长脖子羊驼的标志，提醒往来车辆此地有羊驼出没，要减速慢行。

作为秘鲁第二大城市，阿雷基帕的经济主要依靠畜牧业，所以你能在路边看到许多羊驼牧场。这里的羊驼大致可以分为三种。个头较小的叫 Alpaca，肉可以食用，毛可以用于纺纱。它们虽然很可爱，但不要离它们太近，否则会被吐口水。个头稍大的叫 Lama，脸形细长，适合运送货物。当地人把羊驼肉切成小块，肉块之间夹些洋葱片，再用木条串起来，放在火上烤着吃，只是他们不放孜然。另有一种野生羊驼叫 Vicuña，四肢细长，毛色褐黄，奔跑速度很快，看起来很像灵动的鹿。

盘山公路的最高点为海拔 4 910 米的安第斯山观景台。天气晴朗时，从观景台上可以看到亚马孙河的源头——密斯米雪山[4]。我想象着一滴冰川融水一路汇入溪泉、河涧，最终注入亚马孙河的历程，仿佛一眼看尽它的秘密。这让眼前这座本来不太起眼的雪山一下子变得神圣起来。

观景台附近遍布暗褐色石堆，连起来就像石头森林。秘鲁人管这种石堆叫阿帕切塔[5]，他们相信为阿帕切塔添砖加瓦能给自己带来好运。我忍受着高原反应引发的头疼，在路边找了一块扁圆的石头，放到一座石塔的最高处。

1. Misti Volcano　2. Chachani　3. Ampato
4. Nevado Mismi　5. Apacheta

旅途随感

米斯蒂火山下有条铁轨，每次看到铁路线，我都会出一会儿神，不知它会将旅人带去哪里，而每个人的故事又将如何展开。

1. 电影胶片电话亭　2. 戛纳老城　3. 影节宫的红地毯　4. 戛纳港口　5. 电影壁画
6. 戛纳国际电影节上的另类时尚

"开盲盒"式观影

夏纳 Cannes

位于法国南部蔚蓝海岸地区

推荐旅行时间：3 天

1834 年，英国的布鲁厄姆勋爵途经法国到意大利度假，不巧因霍乱流行，法意边界被封锁。布鲁厄姆勋爵滞留在当时还是渔村的夏纳。滞留期间，他发现这里风景宜人，于是决定在此处建造别墅。他的这个决定引起欧洲上流社会的好奇，随后，夏纳逐渐变成度假地的代名词。

现在的夏纳是一座与电影密不可分的城市。每年 5 月中旬举办的夏纳国际电影节让影星、电影发行商和影迷会聚于此。

如果你也像我一样，在电影节期间来到夏纳，那一定要去看一场电影，你能获得两种在普通电影院感受不到的观影体验。

一是"开盲盒"。很多在夏纳电影节上放映的电影只注明了片名与看不出国籍的导演和主演，至多有三言两语的介绍，没有剧透，没有影评，只能等电影开场，"盲盒"开出什么就是什么。当然，"盲盒"里可能是惊喜，也可能白开水般索然无味。这是最纯粹的观影体验，如同一次不带攻略不看游记的旅行，充满未知和新鲜感。

二是主创分享环节。观影时，主创团队就坐在观众中间，他们可以直观地观察大家的反应。电影结束后，主创团队起身走到聚光灯下，分享创作灵感、拍摄技巧等。电影的艺术水准我们无从评判，但可以从掌声持续时间的长短判断出这部影片是否受欢迎。

除此之外，你还能在夏纳看到很多与电影有关的元素，比如地砖上的明星手印和签名、用电影胶片制作的电话亭，以及老城入口的巨大壁画。壁画的正上方是 12 个字母——"CINEMA CANNES"，即影城夏纳。画面主体是一组电影工作者群像：灯光师控制打灯方向，音响师高举收音棒，摄影师坐在摇臂上寻找着导演需要的画面。这是夏纳在向全世界的电影人致敬。壁画上的演员都是超级巨星，有查理·卓别林、玛丽莲·梦露、阿兰·德龙等，他们在不同场景演绎或真实或虚构的人生。旅行和看电影一直是我仅有的两个爱好。旅行，让我可以真切地感受世界；电影，告诉我人生有无限可能。

夏纳老城依山势而建。一条石板路从山脚蜿蜒至山顶，路不宽，两旁是高低错落的民居。厚重的木门没几扇打开，各家的窗户却开得错落有致。老城里有很多小店，游客推门而入时，有铃声通知主人有顾客光临，可店主依旧安然看报。能让店主抬头招呼的，都是一些相熟的老主顾，多年经验让店主知道，真正带来稳定利润的还是那些几乎每天打照面的左邻右舍。

旅行提示

要想凑夏纳国际电影节的热闹，一定要提前订酒店，因为在电影节期间，原本只有 7 万人口的小城会涌进 30 万人。如果夏纳当地的酒店没有空房，你可以住在附近的小城，每天坐火车往返。

1. 好莱坞环球影城入口　2. 好莱坞的标志　3. "电影工作室之旅"中的突发洪水
4. 迈克尔·杰克逊的手印和脚印　5. 举办奥斯卡颁奖典礼的杜比剧院　6. 中国剧院

世界电影之都

洛杉矶 Los Angeles
位于美国西部加利福尼亚州
推荐旅行时间：4 天

1915 年，好莱坞环球影城第一次对公众开放，当时的公众只能参观默片的制作过程。经过 100 多年的发展，现在的环球影城已经成为全球最大的电影主题公园，还在奥兰多、大阪、新加坡和北京开了 4 家"分号"。

环球影城魔法般地把经典电影和传统游乐场结合在一起，你可以进入变形金刚终极之战的战场，也可以穿越到遍地恐龙的侏罗纪公园，还可以钻进幽深的金字塔寻找木乃伊。

虽然电影《未来水世界》赔得血本无归，但环球影城中的现场表演精彩得让观众舍不得眨眼。烈焰焚身、飞机坠毁、水上爆破等表演让游客可以近距离感受特效技术在电影中的魔力。

好莱坞环球影城的"电影工作室之旅"是其他 4 家"分号"都没有的项目，这其实占了地利之便，毕竟洛杉矶可是电影工业从崛起到辉煌的风水宝地。在 40 分钟的旅程中，你可以体会电影《精神病患者》的男主角把尸体塞进汽车后备厢的紧张，可以感受地震和洪水的威力，体验被大白鲨追杀的刺激……这一切都在向你展示电影的核心创作手法蒙太奇——通过剪辑，把碎片化的镜头连成具有内在逻辑的故事线。

星光大道位于中国剧院和杜比剧院前的人行道上，上面已经有了 2 500 多颗星星，你可以找找自己熟悉的名字，比如李小龙和成龙。中国剧院前的地面上还有很多明星的手印、脚印和签名。最引人注目的手印却是最不清晰的，那是迈克尔·杰克逊戴着他的水晶手套留下的手印，边缘处已经模糊不清。很多游客把自己的手按上去比大小，多年过去，那一小块地面已经被按出了细碎的裂纹，手印更不清楚了。

杜比剧院是每年奥斯卡颁奖典礼的举办地，平常也会有一些演出活动，很多导演都以自己的作品能够在这里首映为荣。

站在与杜比剧院相连的购物中心的回廊上，你能看到山顶的"HOLLYWOOD"（好莱坞）标志，它从 1923 年起就立在那儿了。你还能在回廊下方找到一条用马赛克拼成的蛇形小道，它被称为"通向好莱坞之路"，上面记载了一个个无名氏努力走向电影殿堂的故事。例如，一名演员不想留在芝加哥，他就先来好莱坞给一位明星当保镖，随后与一家经纪公司签约。后来，当他打算放弃时，却得到了一个角色。现在，他已经获得了奥斯卡提名。能在"通向好莱坞之路"上留名的都是已在好莱坞站稳脚跟的人，有的凭借才华，有的依靠努力，有的单纯靠运气，但他们也有共同点，那就是都拥有迈出第一步的勇气。

作者推荐

好莱坞明星大多住在洛杉矶以西的比弗利山庄，罗迪欧大道是山庄里的顶级购物街区，也是全世界"撞星率"最高的地方。

1. 金奈法院的红色建筑　2.AVM 电影工作室标志　3. 摄影棚　4. 金奈的贫民窟
5. 热情的南印人　6. 打板球的男孩

欢迎来到南印度

金奈 Chennai

位于印度南部泰米尔纳德邦

推荐旅行时间：3 天

金奈是南印度的门户。南印人属于达罗毗荼人种，身材瘦小，皮肤黝黑，从公元前3000年开始，他们就在南亚次大陆上居住了，后来被雅利安人赶到了南印度。

金奈的 AVM 电影工作室的标志几乎是好莱坞环球影城标志的翻版，同样是几个字母环绕在巨大球体上，并且会在夜晚发光，只是看起来锈迹斑斑。AVM 算是泰米尔纳德邦最大牌的电影工作室了，曾制作出在全球很多国家都十分卖座的《宝莱坞机器人之恋》和《宝莱坞机器人 2.0》。你可以进入摄影棚内部参观，不过有了好莱坞环球影城珠玉在前，这个工作室看起来就像临时搭起来的草台班子。印度电影有招募外国游客客串的传统，说不定在 AVM 门口转转，你也能成为下一部印度神剧中的人形背景墙。

金奈全年炎热，仿佛一个恒温烤箱。对住在金奈的人来说，潮湿闷热是一天到晚、一年到头最正常不过的事情。

相比印度其他邦的首府，金奈看起来很贫穷。这里到处都是贫民窟，很多小孩都赤裸着身体，浑身上下就像裹了一层黑泥。贫民窟里大多是用秸秆搭建的简易草房，不知一场大雨过后，这样的家是否还在。

金奈人普遍不会说英语，连拉客的三轮车夫都几乎不通英语，游客在问路时会遇到不少麻烦。在金奈看不到几个外国游客，当地人自然也就没有学习外语的动力。

金奈人十分热情。每当我坐上公交车，很快全车人就会知道我要去的地方。快到站时，前后左右的人都会热情地提醒我："到了！到了！"接着，他们会齐心协力把我和我的包一起挤下车。当我成功下车后，他们都会露出八颗牙齿笑着和我挥手说再见。

你可以到金奈市内的椭圆形球场观看一场板球比赛。板球是印度的国球，1952 年，正是在这座球场，印度国家队第一次战胜英国板球队，这极大地提升了印度人的民族自信。

椭圆形球场内部分成左右两块场地。一边是职业球员的练习场，也是正规比赛用地。场地被打理得十分整饬，碧绿的草坪仿佛刚用油漆刷过。即使在烈日炎炎的正午，球员在场上跑动时依旧全副武装，身穿统一的白色球衫和白色球鞋，戴白色球帽和白色手套。另一边则是业余球员的训练场，没有绿色草坪，只有黄色沙土。在场地上奔跑跳跃的全是十来岁的男孩，在这些小球员的脸上，汗水和泥一起流成一条条小黑河。他们最大的梦想就是成为职业球员，为了实现这个目标，他们并不介意在太阳的炙烤下挥汗如雨，这可能也是其中一些球员摆脱贫民窟生活的方式之一。

旅途随感

热情好客的金奈与德里、孟买等游客众多却人情淡薄的印度城市形成鲜明对比，在这个层面上，不知旅游开发对当地人来说是幸还是不幸。

1. 米纳克希神庙的梯形塔门　**2/3.** 塔门上的神像　**4.** 千柱厅天花板上的莲花图案

5. 池塘中的金色莲花　**6/7.** 古拉姆地板画

莲花之上

马杜赖 Madurai

位于印度南部泰米尔纳德邦

推荐旅行时间：2天

很多人到泰米尔纳德邦旅行，只把首府金奈当成中转站，然后直接前往马杜赖。

让马杜赖绽放光彩的，并不是它古老的历史，而是那座位于城市中心的米纳克希神庙。当印度教在东南亚遍地开花时，各地所建的神庙大多都以米纳克希神庙为蓝本。

高高低低的梯形塔门遍布神庙四处，我数了数，共有12座。塔门之上极尽精雕细刻之能事，将印度教的三亿三千万个神佛具象化为红色的狮面神、托着蟒蛇的大力士、长着络腮胡的印度版千手观音等。除了神仙，塔门上还雕刻着魔鬼和英雄，以及属性介于神仙与魔鬼的夜叉，仅南边塔门上就有1511尊小雕像，细看的话几天时间都不够。每尊雕像都色彩艳丽，即便褪了色，每隔12年也会被重新补漆上色。

东门是神庙正门，紧挨着千柱厅，柱顶天花板上画着一个接一个的莲花图案；南门附近有一座池塘，池塘正中是一座金色的莲花雕塑。

印度是一个莲花之上的国度吧！作为四大文明古国之一，印度宗教体系多元，文化体验丰富，有莲花一样出淤泥而不染的一面，激发着旅行者前去探访，但同时它的炎热、肮脏、贫穷，以及频发的强奸案件，又像荷塘底部的污泥一样，让旅行者发热的头脑迅速降温，进而打起退堂鼓。莲花之上，既不是佛祖，也不是瑜伽，而是一个真实的印度。就拿米纳克希神庙来说，总有一些不可思议的事情在这里上演。我看到虔诚的教徒用洁白的牛奶为神像洗澡；一头大象受到教徒的崇拜，四条腿上却绑着沉重的锁链；人们在地板上画出神秘的几何图案……

更多的几何图案被画在马杜赖普通人家的门口，就像盗贼给同伙留下的暗号，让这座古老的城市如同被一种神秘的气氛笼罩。每天清晨，家家户户的主妇先用牛粪水清洗地面，然后用米粉作画，这相当于泰米尔纳德邦的女红。这些被称为古拉姆的地板画在平日和节日时的复杂程度不同，只在举行葬礼时才会消失。

有的古拉姆可以一笔画出，有的要在每个单元中添加一个点。这些图案虽然看起来复杂，但都能分解成相同的小单元。难怪一些数学家专程到马杜赖研究这种图形语言，他们发现古拉姆中似乎包含着宇宙运转的奥义：无论结构多么复杂的事物都是由简单的元素组合而成。

旅途随感

我在马杜赖"扫街"时看到了很多古拉姆地板画。"扫街"是摄影术语，就是遇到什么拍什么，这是旅行者跟陌生之地建立联系的最快速的方式。最纯粹的"扫街"连相机都不用带，只需要一双脚，再把全身的感官按钮全部打开。

1. 穿花裙、别红花的西班牙女孩　2. 日落时的阿尔罕布拉宫　3. 使节厅的穹顶

4. "死前细妆"的阿尔罕布拉宫　5. 阿尔拜辛区　6. 弗拉门戈舞者

摩尔王朝的末代宫殿

格拉纳达 Granada

位于西班牙南部安达卢西亚大区

推荐旅行时间：2 天

格拉纳达拥有得天独厚的自然资源，它背靠内华达山脉[1]，距离阳光海岸仅半个小时车程。你可能上午还穿着滑雪服，下午就换成了游泳裤。难怪我的一位来自格拉纳达的朋友在说起自己的家乡时，语调和唇角都是上扬的。

论高度，内华达山位列西班牙本土第一，山脚下有一座宫殿，那就是被称为"红堡"的阿尔罕布拉宫[2]。红堡始建于 9 世纪，最初只是一个军事要塞，直到 400 多年后，在摩尔人统治的中后期，才被逐渐改造成宫殿。那时，摩尔帝国的国力已经开始走下坡路，所以昂贵的大理石由木头和石膏代替，但这丝毫无损整座宫殿的华丽。你可以在使节厅的穹顶上看到无数木刻的星星，同样令人叹为观止的还有两姐妹厅，石膏雕刻的蜂窝屋顶就像无数倒悬的钟乳石。

余秋雨将末代摩尔王朝对阿尔罕布拉宫精雕细刻的改造比喻为"死前细妆"，反正知道自己命不久矣，不如走得体面一些；既然结局已定，反倒可以不慌不忙。其实谁的人生不是一场"死前细妆"呢，积极一点儿的说法应该是"向死而生"吧。

1492 年，摩尔王朝的末代君主艾布·阿卜杜拉在红堡被围困 8 个月之后向天主教国王费尔南多和女王伊莎贝尔投降。两位天主教国王在派兵围城时也没闲着，还抽空接见了来自意大利的航海家哥伦布，伊莎贝尔女王还拿出自己的私房钱资助哥伦布的航海计划。

其后两三百年，格拉纳达逐渐衰落，阿尔罕布拉宫也被荒草占据。19 世纪初，美国作家华盛顿·欧文在阿尔罕布拉宫居住了一段时间，他根据历史物证和自己的灵感写出传世名著《阿尔罕布拉宫的故事》，让这座古老的宫殿重新获得世人的关注。

红堡对面的圣尼古拉斯瞭望塔[3]是每天黄昏时游客最多的地方，因为站在这里能将内华达山和阿尔罕布拉宫尽收眼底，日落时分的余晖也让红堡更加名副其实。

虽然摩尔人的统治结束了，但他们的生活方式在格拉纳达的阿尔拜辛区保留了下来，你可以到阿拉伯浴室洗澡，还可以走进茶馆点一杯松仁薄荷茶。

1. Sierra Nevada　2. Alhambra Palace
3. Torreón de San Nicolás

作者推荐

每年五六月份举办的基督圣体节会持续整整一个星期，届时全城放假，郊外的一处空地被打造成嘉年华现场，还会请来当红的弗拉门戈舞者助兴。当地女孩会穿上传统服饰，裙摆处镶着繁复的荷叶边，耳后别一朵红花，有的女孩还会拿一把折扇。我那位格拉纳达朋友说，只有到了安达卢西亚，才算真正到了西班牙。在和他们一起彻夜狂欢热舞之后，我简直对这句话赞同得五体投地。

1. 哥伦布故居　2. 哥伦布故居里的金刚鹦鹉　3. 三毛曾经的家　4. 黑色礁石上的"奶油蛋糕"房子　5. 少年在大西洋岸边跳水　6. 在礁石缝隙中栖息的大蜥蜴

大西洋上的航运枢纽

大加那利岛 Gran Canaria

位于西属加那利群岛

推荐旅行时间：3 天

1492 年，哥伦布率领远洋船队离开西班牙本土。他相信地球是圆的，只要一路西行，就能抵达东方的印度和中国。船队最先抵达兰萨罗特岛[1]，在这里休整一天后继续南下，随后来到大加那利岛，当时哥伦布在岛上居住的地方现在成了一家小型博物馆。

哥伦布故居是一个中空庭院，角落里摆着两门大炮，炮筒上站着一对金刚鹦鹉，这是为了纪念哥伦布首次把这种动物从美洲带回欧洲大陆。庭院二楼的各个展厅通过木质走廊连接，你能在展厅里看到哥伦布乘坐的帆船的模型，以及按照 1:1 的比例复原的船室内景，还有他从美洲带回来的彩绘雕塑。

在 1492 年之前，大加那利岛就是非洲与欧洲之间的贸易中转站，在哥伦布发现美洲大陆之后，这里又成了大西洋上的航运枢纽。山羊、奶酪、甘蔗、橡胶、葡萄酒等货物在大加那利岛中转，许多新移民也途经这里前往美洲，在浩瀚的大海上，他们一定做了很多色彩斑斓的梦。

除了到哥伦布故居了解大航海时代的历史，中国游客往往还会前往另一处故居。20 世纪七八十年代，一位女作家在大加那利岛生活了 10 年，她就是三毛。

三毛故居位于泰尔德市[2]的洛佩·德·维加路[3]三号院，距离该岛首府拉斯帕尔马斯[4]大约半个小时车程。不过，这里早已换了主人，游客也不会贸然打扰新主人的生活，他们只是远远拍张照片，作为到此一游的纪念。

三毛故居前有一条笔直向下的水泥路，路的尽头是大海。海水撞击着岸边的礁石，激起的浪花足有四五米高。礁石缝隙中生活着上千只大蜥蜴，还有很多螃蟹，它们都黑不溜秋的，倒是完美地和环境融为一体。

沿着海岸线继续前行，你会发现岸边非常热闹，冲浪的、跳水的、钓鱼的、晒太阳的……也渐渐明白三毛选择安家于此，可能就是为了和大海零距离接触吧。

你还可以在海滩上找到一座建在黑色礁石上的石头房子，外墙上刷着比彩虹还绚烂的色彩，就像一块粘在礁石上的奶油蛋糕。

我看到一位上半身赤裸的老先生从奶油蛋糕房子里走出来，他倚着栏杆，凭海临风。此时此刻，还有什么旁白比海子的那句"面朝大海，春暖花开"更应时应景？我又突然顿悟，可能之前太执着于这句诗所描绘的实际景象了，其实只要胸怀宽广，哪里都是大海；只要内心快乐，哪里都见花开。

1. Lanzarote   2. Telde   3. Lope de Vega   4. Las Palmas

作者推荐

拉斯坎特拉斯海滩（Las Canteras Beach）位于拉斯帕尔马斯西北方向，是一个月牙形海滩。每天晚上，游客从四面八方涌到这里，吹海风、吃海鲜、喝啤酒，早就把哥伦布的故事忘到脑后。

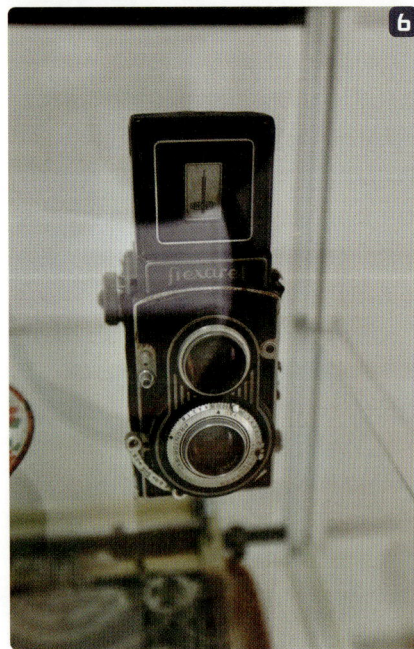

1. 战场遗址　2. 格瓦拉曾驾驶的铲车　3. 乘马车前往格瓦拉纪念广场
4. 格瓦拉铜像　5. 格瓦拉代表了一种理想主义精神　6. 格瓦拉用过的照相机

切之城

圣克拉拉 Santa Clara

位于古巴中部

推荐旅行时间：2 天

1492 年 10 月 28 日，哥伦布率领船队在今古巴东北部的巴里亚湾[1]登陆，他在附近的村子里看到很多长得像亚洲人的原住民，以为自己到了印度。自那之后，美洲原住民就有了统一的名字——印第安人。

喜欢吹牛的圣克拉拉马车夫把这个故事改动了一下，他们说，哥伦布就是在附近登陆的，其实从圣克拉拉到巴里亚湾还有 100 多千米，只能说大差不差了。

圣克拉拉又被称为"切之城"。"切"指的是切·格瓦拉，他曾任古巴政府高级领导人之一，他的头像是当今最著名的反主流文化符号。

圣克拉拉被称为切之城有三个原因：一是格瓦拉领导的起义军在攻下这座城市之后，古巴革命的风向就从逆风转为顺风；二是这里安葬着他的遗骨；三是他的第二任妻子出生在这里。

马车穿过闹市区，停在一处被林木掩映的战场遗址前，这里就是当年格瓦拉领导的起义军一举击溃政府军的地方。

1958 年冬天，格瓦拉率领的第八纵队包围了当地军营，独裁政府派来一列装甲火车支援，很快火车也陷于炮火之中。就在政府军打算开来火车逃跑时，格瓦拉亲自驾驶一辆铲车将铁路挖断。战斗持续了不到一个小时，最终政府军缴械投降。现在，遗址上最显眼的陈列品就是格瓦拉驾驶过的黄色铲车，车头微微上扬，就像胜利者的下巴。

离开战场遗址，马车继续前行，很快就到格瓦拉纪念广场。广场正中是一座花岗岩建筑，基座正面刻着浮雕，基座之上就是身穿戎装的格瓦拉的铜像。

基座背面有两个入口，分别通往墓室和纪念馆。墓室里光线昏暗，中央燃着一盏长明灯，在格瓦拉牺牲 30 周年的纪念大会上，古巴第一任最高领导人菲德尔·卡斯特罗亲手点燃了这盏长明灯，长明灯之下即是格瓦拉之墓。

纪念馆则亮堂许多，里面陈列着格瓦拉生前用过的物品，比如一张他在打游击时睡过的吊床，是用 10 股绳子悬挂的，看起来异常结实，比我在亚马孙的货轮上睡的那种吊床结实多了，我的吊床只用了 6 股绳子悬挂；一台他使用过的相机；一本封面已经卷起的《汤姆·索亚历险记》，这是格瓦拉童年时的课外读物。小汤姆聪敏机智、叛逆勇敢，向往自由自在的生活，还幻想成就一番事业，或许格瓦拉就是从这本书中汲取了理想主义和英雄主义的精神养料。

1. Bariay

1. 少年格瓦拉铜像　2. 大力神Ⅱ型摩托车　3. 格瓦拉故居　4. 罗萨里奥是格瓦拉的出生地
5. 上格拉西亚小镇的街景　6. 卡洛斯帕斯镇的咕咕钟

切的童年
在这里度过

上格拉西亚 Alta Gracia

位于阿根廷中部

推荐旅行时间：1 天

虽然切·格瓦拉在古巴取得了非凡成就，但他是个地地道道的阿根廷人。1928 年，格瓦拉出生在阿根廷的罗萨里奥[1]。4 岁时，为了治疗小格瓦拉的严重哮喘，他的父母把家搬到了著名的疗养胜地上格拉西亚。

当你来到这个山中小镇，你会发现这里的树比房子多，房子又比人多，还有池塘和湖泊，空气清新得就像经过了花香鸟语的过滤。

格瓦拉故居所在的街道两侧全是独门独院的花园别墅，偶尔传出的几声狗吠让这里更显宁静。建筑外墙的颜色都比较素雅清淡，如淡绿、浅灰、乳白，与四周的绵绵绿意非常和谐。

格瓦拉的家也是一幢独栋别墅，由此可见他家的经济条件非常不错。格瓦拉故居在 2000 年被政府收购，随后改造成博物馆并对外开放。故居中的卧室、起居室、厨房都被设计成展厅，通过图片和实物完整呈现格瓦拉的一生。

最醒目的一件展品是一辆诺顿牌大力神 II 型摩托车，这个黑家伙的车轮很大，车座很矮，看起来能载很多东西，难怪被叫作大力神，似乎就是为长途旅行而生的。

1951 年 12 月的一天，在布宜诺斯艾利斯市内某家咖啡馆里，两个年轻人围着一张南美洲地图研究旅行路线。其中一个是时年 23 岁、还未拿到医学院毕业证书的格瓦拉，另一个是比格瓦拉大 5 岁、刚刚失业的麻风病专科医生阿尔贝托·格拉纳多，他们计划从阿根廷出发，经过智利、秘鲁，最终抵达南美洲大陆的最北端，全程历时 4 个月。

他们对彼此承诺：永不放弃，直到梦想实现。格拉纳多碰了一下格瓦拉的胳膊，指了指后面咖啡桌旁的一个身材肥硕的家伙，那个人面前摊着一张报纸，而他已经坐着打起了瞌睡。格拉纳多小声说："你想过那样的生活吗？你不应该活成那样。"

就这样，一段将彻底改变格瓦拉人生的旅程正式开启。这也是电影《摩托日记》的开头。

在圣克拉拉的格瓦拉纪念馆中，最后一件展品是一尊青铜雕像，这尊雕像和上格拉西亚的格瓦拉故居中的雕像一模一样。那是坐在家中走廊栏杆上的少年格瓦拉，他穿着短袖衬衫和短裤，目光投向远方。对少年格瓦拉来说，生命中的一切还是未知的，他肯定想象不到自己波澜壮阔的一生，那投向远方的目光中包含一切可能。

1. Rosario

作者推荐

科尔多瓦（Cordoba）是前往上格拉西亚的中转站，你可以从这里坐 1 个小时长途车去小镇卡洛斯帕斯（Carlos Paz）。小镇的标志是一座已经有 60 多年历史的咕咕钟，每到整点，一只布谷鸟就会钻出来报时。

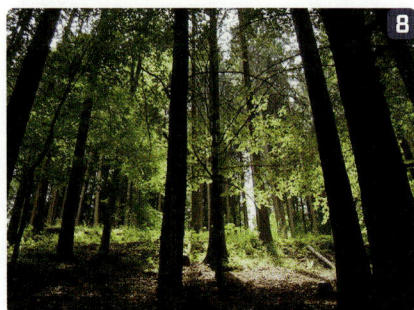

1/2. 贯穿黑森林的铁路　3/4. 各式各样的咕咕钟　5/6. 特里贝格的风景

7/8. 在黑森林中徒步

走进黑森林

特里贝格 Triberg

位于德国南部巴登 - 符腾堡州

推荐旅行时间：2 天

在特里贝格，你能看到世界上最大的咕咕钟，它由钟表制作师约瑟夫·多尔德花费 3 年时间制作，看起来就像一幢木屋。咕咕钟，即黑森林布谷鸟钟，最早出现在德国黑森林地区，这体现了当地的三个特色，即森林中清脆的布谷鸟叫声、精致的木雕工艺和众多的家庭钟表作坊（毕竟这里距离作为钟表世界大本营的瑞士只有一两个小时车程）。

在我看来，黑森林最能代表德国人的性格，它的稳重、深沉和内敛体现了德国人做事时的严谨作风。

从黑森林南部的弗莱堡到特里贝格的火车在茂密的森林中穿行，仿佛这火车不仅是交通工具，还充当了一位上了年纪的向导，沿着一条复杂的路线将参观者引向黑森林深处。沿途要经过许多幽暗的隧道，在隧道最密集的地方，那突然出现的天空就像一扇从隧道中开出的天窗，让人的瞳孔骤然收缩又骤然放大。

在特里贝格火车站旁有座林场，伐木工人把生长了几十年的冷杉削冠剥皮后堆在一起。

徒步黑森林半日游的起点位于特里贝格附近的古滕巴赫，当然，你也可以沿着火车站附近的小路随便走走。

在去往森林深处的路途中，没有人和我同行。漫山遍野都是高大的冷杉，像等待检阅的战士，肩并肩站得笔直，阳光透过树林投下斑驳的光影。森林中的泥土异常松软，长着蘑菇、青苔，还有许多艳丽的红色花朵。花开得很有气势，仿佛整片森林都甘愿成为它的陪衬。

我在森林中看到几间木屋，屋子不算大，看样子仅能供一人居住。每间木屋都顶着红色的人字形屋顶，屋顶上有一小截烟囱，并没有白烟或者青烟冒出来，恐怕这里已经很久没有人烟。我凝视着那些木屋，恍惚间觉得这里曾有女巫居住。或许她们仍然住在木屋里，只不过我们所处的空间维度不同，因而对彼此来说就像空气一样透明。

一个人旅行时，我脑子里经常会冒出许多奇怪的想法。如果跟同伴一起出行，时间都在聊天中打发了，这些想法连冒出头的机会都没有。

在火车站等火车的时候，我不知不觉在座位上睡着了。醒来时，天已经全黑了。火车进站时，站台上只有我一个孤零零的旅客。踏上火车的一刹那，我突然犹豫了，不知道自己是否还属于这个世界，也不知道火车将把我带向何处。

作者推荐

1915 年，黑森林蛋糕在特里贝格诞生，没过多久，这种由樱桃、巧克力和奶油混合而成的酸甜味甜品就风靡世界。

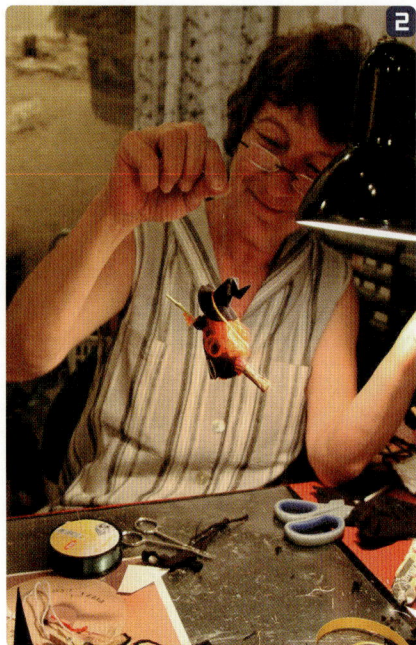

1. 玛利亚女士是个中国通　**2.** 制作提线女巫　**3.** 孔弗朗自由城的街景　**4.** 红眼女巫

女巫飞舞之地

孔弗朗自由城
Villefranche de Conflent

位于法国比利牛斯山区
推荐旅行时间：2天

孔弗朗自由城原本是西班牙加泰罗尼亚人的地盘，后来法国和西班牙划界时把古城划入法国境内，直到现在，城里居民仍讲自己的语言，觉得自己并不是法国人。

我是在小城的一家画廊里认识玛利亚的。玛利亚是个中国通，去过中国七八次，或者学习汉语，或者到某个寺庙清修。她信佛，这从她肩袋上的六字真言可以看得出来。虽然她还无法熟练地发出普通话中的四声，但这并不影响我们之间的交流。

玛利亚在介绍小城历史时提到了一位名叫德·沃邦的军事建筑师。为了防止敌人占据城外高地攻城，沃邦设计并主持修建了自由堡垒[1]，虽然后来这些设施并未派上用场，但自由堡垒与沃邦设计的其他11处军事建筑一起入选了世界文化遗产。

小城的主路边有两条水渠，可以将上城河水引到下城，即使在盛夏时节，人们也能感受到一丝泉水般的清凉。古城内还有许多纪念品商店，售卖的是具有当地特色的工艺品——提线女巫。

玛利亚熟门熟路地带我来到一家专门制作提线女巫的小店。当地有个关于女巫的传说：本来女巫们都住在森林深处，可一到冬天就无所事事，于是纷纷跑到城里以吓唬小孩为乐。当地人认为只要把提线女巫挂在自家门框上，真正的女巫一看已有同伴在这里，就不会来了。

小店里，一位法国老太太正在工作，她把一块黑布剪成圆形，再在中间挖一个同心圆，原来这就是传说中的女巫帽。她用线把帽子缝在女巫尖尖的脑袋上，再让女巫骑在扫把上，就算完成了制作提线女巫的最后一道工序。

除了提线女巫，孔弗朗自由城的蜡画也很出名。蜡画的制作过程是先用熨斗将五颜六色的蜡条烫化，再用熨斗尖和它锋利的边缘在纸上画出树林、日落等颇具比利牛斯风情的景象。

孔弗朗自由城居民的好客是远近闻名的，比如一家餐馆的主厨知道我来自中国后，原本只做西餐的他竟从网上下载了中国菜谱。虽然馒头做得像面包，红烧肉又多放了两勺糖，但这份情谊令人感动。

1. Fort Libéria

评价一趟旅行的质量有个基本标准，就是看你和这趟旅程的契合程度，这并没有窍门，无非就是多看多听多想多问多了解。当你发自内心地觉得不虚此行时，这就说明你已经和这趟旅程的目的地完全融合，这种感觉就像孩子把乐高的最后一块插进自己的作品。

1. 卡尔卡松城堡的两道城墙　2. 城堡外的护城河已经被草坪替代　3. 用妙计退敌的卡尔卡斯夫人　4. 城堡内的水井　5. 双层旋转木马　6. 每周工作 3 次的风车

法国版空城计

卡尔卡松 Carcassonne

位于法国西南部

推荐旅行时间：2 天

在美剧《权力的游戏》的开场动画中，临冬城的设计原型就是卡尔卡松城堡，它是欧洲现存最大的一座中世纪城堡。

作为从比利牛斯山区进入法国的门户，卡尔卡松城堡的重要性不言自明。城堡设计者为了保证自己的作品固若金汤，在城墙外又设计了一座城墙。这种设计很聪明，当敌人攻破第一道城门，还来不及高兴就被无边的恐惧淹没，因为出现在眼前的并不是束手就缚的居民，而是第二座城墙上闪烁着寒光的箭矢。

卡尔卡松城堡建成之后从未被攻破，破城最接近成功的战役发生在 8 世纪，攻城的查理大帝因城堡强大的防御力而不得不采取围而不攻的方法。这一围就是整整 3 年，城堡里储备的物资眼看就要耗尽，只剩下一袋麦子和一只猪崽。这时，城堡主人的遗孀卡尔卡斯夫人挺身而出，她先把麦子全都塞进猪崽嘴里，再把猪崽从城墙上扔下去。猪崽落地后，肚子被摔破，肚子里的小麦都撒了出来，查理大帝看到后很吃惊，没想到被围了 3 年，城里的猪还能吃得比他的兵都饱！查理大帝就像被诸葛亮的空城计摆了一道的司马懿，马上下令鸣金收兵。

在城堡士兵和民众的欢呼声中，卡尔卡斯夫人走上城头敲钟庆祝，撤退途中的查理大帝听到钟声后忙问手下谁在敲钟，手下回答是卡尔卡斯，心神不定的查理大帝错听成卡尔卡松，这也为城堡名称的由来写下一段颇具传奇色彩的注脚。

现在的卡尔卡松自然不会忘记想出妙计退敌的女英雄。在城内闲逛时，我经常与她不期而遇。她或是城墙上的浮雕，或是水龙头上的装饰，又或是被印在菜单封面上吸引游客，显然退敌的女英雄已经成了小城的代言人。你可以入住卡尔卡松的老城酒店[1]，它由古老的宫廷建筑改建而成。窗台与城墙只有一臂之距，你从酒店里可以看到挺立的箭楼，好像保护城堡安全是它一生的使命。

除了卡尔卡松城堡这样的大型建筑，比利牛斯山区还分布着很多小巧玲珑的村落，其中一个叫屈屈尼昂[2]。这个村子最醒目的标志是一架高居山顶的风车，风车旁有个面包房。风车每周工作 3 次，利用风能带动磨盘转动，面粉磨好后再做成面包。面包房到处都覆盖着一层浅白色的面粉，简易柜上摆满各式面包，如法棍、黑麦面包等。老板说用来磨面粉的麦子是有机的，不使用化肥。来买面包的大多是本地人，妆容精致的法国老奶奶一口气买了一大篮，边挑边微笑着说黑麦面包是她的最爱。

1. Hotel de la Cité 2. Cucugnan

旅途随感

在旅途中，我们总会犯错或者出洋相，因为旅行是由无数个第一次组成的，只要下次不忘前车之鉴，那么这些错误都可以被原谅。

1.乘船横渡雅鲁藏布江　**2.**桑耶寺　**3.**僧人在辩经　**4.**雍布拉康　**5.**青朴修行地
6.飞扬的经幡

吐蕃文明发源之地

雅砻河谷 Yalong Valley

位于中国西藏山南地区

推荐旅行时间：3天

雅砻河发源于雅拉香布雪山，在泽当镇注入雅鲁藏布江，河流流域形成的雅砻河谷被认定为吐蕃文明的发源地。这里有藏族人的第一个村庄、第一片田地、第一座宫殿、第一座佛法僧俱全的庙宇。

雄伟的雍布拉康修建于公元前2世纪，比路基高出200多米。那里如同小说《尘埃落定》里的土司城堡，可以居高临下地俯瞰雅砻河谷。佛殿里供奉着释迦牟尼，左右两边分别是松赞干布和第一位藏王聂赤赞普。

桑耶寺位于雅鲁藏布江北岸，由于江岸砂石大多已风化成沙，沙土融入水中，江水就变得如沙尘暴时的天色那般浑浊。桑耶寺中的乌策大殿象征着佛祖居住的须弥山。桑耶寺有个外号叫"三样寺"，因为你能在这里看到藏族、汉族和印度三种风格的交融。这里还有长达90多米的壁画长卷，展现了藏族的历史和藏族人民的生活。如果你觉得光看壁画有点儿不过瘾，还可以在第二天一早观察一下当地人的生活。

早上来桑耶寺转经的人络绎不绝：有摇着拨浪鼓的老人，沿顺时针方向绕着寺庙缓慢行走；有穿彩条藏裙的村妇，转经筒在她们走过之后嗡嗡地响着；还有手捧香柴的老阿妈，她们把清晨采来的树枝塞进香炉，然后对着升腾的烟雾念念有词。这是大多数西藏人一天生活的开始，在各种仪式结束后，他们才去忙各自分内的事情——耕地、看孩子、养鸡喂猪，恢复成普通农民。

我在桑耶寺门口和一位喇嘛聊天，喇嘛名叫哲桑，他每天早上6点起床，从9点开始学习佛经，一直学到傍晚。我问他学习的目的是什么，他说希望能够摆脱六道轮回，转世成佛。

我本想告诉他，我所认知的世界和他的完全不同。在我的世界里，人只有这一生一世，而且不过百年光景，我们的生是偶然，而死却是必然，无论是因为疾病、事故还是因为自我毁灭。我们的灵魂与意识只属于这一具肉身，人死之后，身体会被分解成各种自然元素，而灵魂也将烟消云散。就在我打算讲这番道理的时候，我突然怀疑起自己知识系统的正确性。我似乎没有足够的证据证明自己是对的，同样也无法证明他是错的。毕竟，在不同的人眼中，这个世界始终保持着多样性和神秘感，而尊重别人的信仰其实就是在尊重我们自己。

于是，我对哲桑说，祝你来世成佛。

作者推荐

青朴修行地离桑耶寺大约10千米。去那里要先坐一段能把人颠散架的越野车，下车后，再走2个小时，才能到达传说中莲花生大士修行的地方。直到现在，那里仍旧生活着很多隐修者。

1. 马蹄形的拉姆拉错　2. 通向拉姆拉错的山路　3. 观景台上的经幡像墙一样厚

4/5. 崔久沟的牦牛　6. 牛粪有的是

活在当下

加查 Gyaca
位于中国西藏山南地区
推荐旅行时间：2 天

加查县是通往拉姆拉错的中转站。每到五六月份虫草收获的季节，无数挖虫草的人就会从全国各地赶到加查县。一位陕西大叔对我说，卖虫草的钱减去路费后，还是比在老家种田赚到的钱多得多，他还告诉我一根虫草在陕西卖多少钱，到了北京价格会翻几番。我发现，旅行者的艰辛跟这些为生计奔忙的人相比简直不值一提。

拉姆拉错是一个高山淡水湖，在藏语中意为"仙女的湖"。在藏传佛教中，拉姆拉错有着特殊的地位，负责寻访活佛转世灵童的喇嘛都会到拉姆拉错观湖，并根据湖中所见景观，如山川地貌、房屋村落、灵童相貌等，推测转世灵童的出生地点。而普通人，也可以在这里看到自己的前世和来生。

汽车停在海拔 5 000 米的拉姆拉错停车场，此时，你的眼会出现一条倾斜向上的阶梯，你要爬上百层摩天大楼那么高的阶梯才能与"神湖"面对面。每个人在这段路上都走得十分辛苦，仿佛潜在很深的水底，身负重担，走几步就得停下来喘口气。

观景台上挂满彩色的经幡和白色的哈达，就像一堵软墙。当你扒开挡住视线的五彩丝绸后，"神湖"——那碧绿色的湖泊，那马蹄形的湖泊，那被群山环抱的湖泊——就出现了。

此处不宜大声喧哗，每个人都静默地将视线投在湖面之上。流云快速移动，我看着湖中倒影千变万化，像骏马、像心脏、像匕首，这是否暗示着我的前世和来生？

起初，我觉得应该不是，因为一起观湖的人看到的景象是相同的。下一刻，我就推翻了这个想法，因为每个人的世界观各异，即使面对相同的景象，也会有截然不同的解读。前世和来生玄之又玄，人们不能用眼睛看，只能用心去感受。

于是，我面朝"神湖"，闭目内窥。我首先看到了一片闪烁的红光，随后红光逐渐暗淡下去，变成冰冷的蓝。接着，我看到许多晃动的片段：卡车上藏族大哥递给我充饥的糌粑，旅途中遇到各式各样的面孔，与大学时代的好友一起打扑克，母亲骑自行车送我去幼儿园……混乱不清的意识，既不连贯，也不清晰。不过，我清楚地知道，这些都是发生在今生今世的事情。

没看到前世和来生的影像，我不禁有些失望，可转念一想，看见了又能怎样？如果前世做牛做马，今生就该偷乐生而为人？有家人，有朋友，懂得珍惜现在的生活，就已经很好。

其实，我们都只是活在当下。

作者推荐

崔久沟是从加查前往拉姆拉错的必经之地，这里水清山碧、牦牛成群，还盛产核桃和冬虫夏草。这里有株"核桃王"，已经 1 500 岁了。我躺在崔久沟的草场上，风声入耳，思绪随风起舞，而那些今生最想做的事渐渐浮现在脑海中。

1. 库拉岗日神山　2. 折公错　3. 徒步者　4. 驮着行李的牦牛　5. 木船与僧侣
6. 我们的帐篷

徒步时的高光时刻

库拉岗日 Kula Kangri
位于中国西藏山南地区
推荐旅行时间：4 ～ 6 天

库拉岗日神山海拔 7 538 米，翻过这座山，就到了不丹。

旅行者通常会以徒步的方式来感受这座神山的壮丽。徒步有简单和困难两种模式。

我先说说简单模式。第一天从色乡走到措玉村，接下来的两天都以措玉村为大本营，徒步前往库拉岗日神山下 3 个色彩如绿松石般的湖泊——白玛林错、折公错、介久错，这可真是"一错再错"。第四天，从措玉村前往堆瓦村，经普莫雍错返回拉萨。

困难模式要走六天五夜，虽然不用走回头路，但要全程露营。第三天才能到达库拉岗日神山，不过也因为有了前两天无数个"绝望坡"的对比，神山看起来就像一个奇迹。

在进入库拉岗日地区徒步之前，你需要先请一位向导，否则很容易在大山中迷失方向。我就曾迷失过一次（当时向导在带别人），前后左右都看不到一个人，手机没有信号，脑子里冒出的也都是各种意外情况，突然一个转弯，看到远方的人影，我才长舒了一口气。那种峰回路转的感觉带给我的震撼，也不比看到神山时少多少吧。

在徒步的五六天里，每天的高光时刻一定是即将走到露营地时，看到炊烟从营地袅袅升起，整个人从紧绷状态松弛下来，因为距离热乎乎的饭菜和温暖的睡袋已越来越近。整个行程的高光时刻一定是最后的庆功宴，有人哭，有人笑，有人高歌，有人拥抱。对我来说，真正的高光时刻是在遇到困难的时候。

在徒步的第二天，我们要在海拔 5 000 米左右的 C2 营地过夜。在此之前，我已经便秘了三四天。那天晚上，我在半夜 12 点被腹痛惊醒，随着疼痛加剧，我面临着巨大难题。帐篷外的气温只有 5 ～ 6℃，如果此时出去方便，那我必须穿戴整齐，穿衣服的动静一定会吵醒同帐篷的室友。除此之外，当晚我的高原反应非常严重，头很痛，连翻个身都得先喘两口气。当时帐篷外正下着大雨，我心里也是凄风冷雨。我躺在帐篷里，翻来覆去纠结了差不多 2 个小时，最终还是因为肚子实在太难受，穿好衣服走出了帐篷，摸黑找到临时搭建的露天厕所。我蹲着的时候，雨点一直往头上砸，不过好在不到一分钟就解决了问题。再次回到帐篷时，简直比吃了一顿大餐还痛快。

其实，生活中的很多困难都像不可逾越的大山，可一旦你下定决心，大山也就被你踩在了脚下。

旅行提示

在高海拔地区及低温条件下徒步时，一定要带一个温标合适的睡袋，否则不仅睡得难受，还会有生命危险。

1. 普那卡的老阿妈　2/3. 普那卡宗堡　4. 龙王胜利塔　5. 普那卡的田园风光
6. 迎风招展的经幡

宗堡、拉康和佛塔

普那卡 Punakha

位于不丹中部

推荐旅行时间：2 天

在不丹旅行时，你要了解两个概念：宗和宗堡。宗相当于县，不丹共有 20 个宗，而宗堡相当于行政中心，是政府机构的所在地。除了用于行政办公，宗堡通常也是宗教团体的驻地，这说明不丹是一个政教合一的国家。

在不丹的诸多宗堡中，普那卡宗堡的地位至高无上，因为这里供奉着不丹"国父"夏仲·阿旺朗杰的法身。在 17 世纪早期，夏仲打败叛军，击溃外敌，完成了不丹的统一大业，并兴建了遍布全国的宗堡网络。1651 年，夏仲在普那卡宗堡静修不久后去世，他的法身经防腐处理后被安放在宗堡内的玛钦辛楚神殿，只有历任国王和最高宗教领袖杰堪布可以进入神殿祭拜。这座神殿也是不丹首任国王的加冕之地。普那卡宗堡位于父曲河[1]与母曲河[2]的交汇处，白墙、红瓦、金顶，气势威严。宗堡通过一座防御性的廊桥与外界相连，桥下生活着无数鳟鱼，它们将浑浊的河水搅得更加浑浊。进出宗堡要经过一段 7 米高的可移动式楼梯，在战乱时，只要挪走楼梯，敌人就无法攻入宗堡内部。

普那卡宗堡共有三进庭院，在代表世俗的政府办公区和代表宗教的僧侣驻地之间，有一座 6 层楼高的乌策大殿，就像一面巨大的屏风。镇殿之宝是一尊由夏仲从中国带到不丹的观音像。

不丹还有一种规模较小的建筑，名为拉康，意思是佛的居所。普那卡宗的切米拉康最受游客喜爱，因为这里供奉着一位名叫竹巴衮列的僧人。他以弘扬佛法和拯救苍生为己任，但也离经叛道，不守佛门的清规戒律，极富传奇色彩。通常，导游会把你留在一条田间小路的起点，田埂上插着的五色经幡迎风招展。从这里再走 20 分钟左右，即可抵达帕纳村[3]，从帕纳村再往上走，就能看到黄顶的切米拉康了，花不了多少钱就能让僧侣为你祈福。

除了宗堡和拉康，不丹还建有一万多座佛塔，主要用于纪念和祈福。从普那卡宗前往廷布会经过多曲拉山口，在这里，你会看到一个规模庞大的佛塔建筑群，108 座佛塔围绕最高处的主塔形成三个同心圆，第一层有 45 座佛塔，第二层有 36 座佛塔，第三层有 27 座佛塔。建塔时，每座佛塔内放置了一棵由桧木制成的生命树，树上挂满由不丹各界人士捐献的圣物，如神像、泥塔、经书等。这个佛塔群由不丹第四任国王的王后多杰·旺姆·旺楚克于 2003 年主持修建，目的是祈愿国王和士兵可以从第二次杜瓦战争的战场上平安归来。那场战争只持续了两天就结束了，后来这 108 座佛塔被命名为龙王胜利塔。

1. Pho Chu　2. Mo Chu　3. Pana

作者推荐

你可以在普那卡宗堡旁的普那昌河（Puna Tsang Chu）漂流，这是一条难度适中的二级漂流线路，有惊却无险。

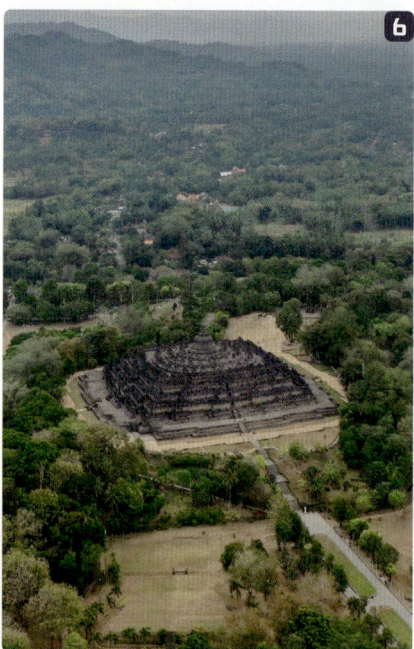

1. 晨光中的婆罗浮屠　**2.** 七层之上的佛塔　**3.** 一尊面朝东方的佛像　**4.** 有凹面的阴石

5. 立面上的石雕板　**6.** 婆罗浮屠全景

山丘上的庙宇

婆罗浮屠 Borobudur

位于印度尼西亚爪哇岛

推荐旅行时间：半天

婆罗浮屠的名字来自梵文"Vihara Buddha Ur"，意为"山丘上的庙宇"。它与中国的长城、柬埔寨的吴哥窟和印度的泰姬陵并称为"古代东方四大奇迹"，同时也被吉尼斯世界纪录认证为世界上最大的佛教庙宇。

婆罗浮屠建造于8世纪和9世纪，由当时掌权的夏连特拉王朝统治者主持修建。整体建筑由200万块火山岩构成，石块与石块之间没有使用砂浆和水泥，而是采用了类似榫卯的建造工艺：一些石头有凹面，称为阴石，另一些石头凸出一些，称为阳石，把阳石和阴石对接，两块石头就被固定在一起。

婆罗浮屠从基座到顶层共有10层。下面6层为方形底座，层与层之间的立面上镶嵌着几千块浮雕板，浮雕的内容包括当地百姓的生产生活，以及悉达多（释迦牟尼是佛教徒对他的尊称）成佛的故事。

第7层至第9层为同心圆底座，与第1层至第6层的方形底座组合在一起，代表佛教"天圆地方"的宇宙观。每一层圆形底座上布满钟形佛塔，佛塔的数量随着底座面积的缩小而层层递减，从32座到24座，再到16座。在所有佛塔中，只有两座佛塔的罩子是打开的，露出里面的佛像，一尊佛像朝东，另一尊佛像朝西。72座佛塔如众星捧月般将第10层的中央佛塔衬托得无比高大，并让它成了信徒心中至高无上的存在。

十层佛塔象征着开悟的十个等级，七级之上就是佛教所说的涅槃。人们常说，救人一命，胜造七级浮屠，看来这位建造了十级浮屠的国王已经为自己积攒了无数功德。

婆罗浮屠建成后不久即遭废弃，一种说法是佛教和伊斯兰教两方势力在爪哇岛上此消彼长所致，另一种说法是默拉皮火山的频繁喷发让原本住在婆罗浮屠附近的居民不得不搬迁到爪哇岛西部。火山灰就像给婆罗浮屠披上了一件"隐身衣"，让它在随后的几百年间彻底隐入尘烟。

1814年，当时统治爪哇岛的英国人斯坦福·莱佛士在巡视三宝垄途中，听说雨林深处藏有一座巨大而神秘的庙宇。喜欢收集古董的莱佛士立刻派人前去勘察，这才使婆罗浮屠重见天日。

在随后长达一个多世纪的修复过程中，修复师不仅要为它除尘（火山时不时就喷发一次，这也让清理工作不可能一劳永逸），还要加固常年被雨水浸泡的地基，同时增加排水系统。待修复完成后，这个消失了很久的东方奇迹才重新露出真颜，矗立在每个不远千里前来的旅行者面前。

旅行提示

如果想看日出，那你必须在凌晨4点起床，然后爬上古迹西侧4 000米外的赛图姆山（Punthuk Setumbu），在缥缈的晨雾中，要不是婆罗浮屠那左右对称的人工痕迹，你很难在崇山峻岭中一眼锁定它。

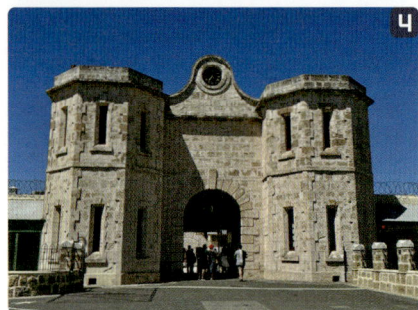

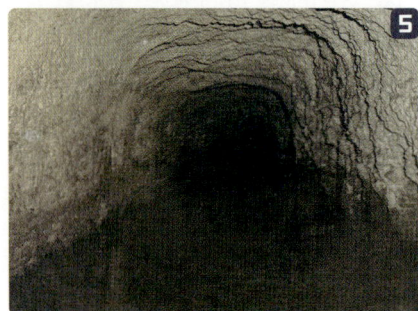

1/2/3. 在弗里曼特尔外海游荡的座头鲸　4. 弗里曼特尔监狱　5. 监狱的地下隧道
6. 雕塑作品《向渔民致敬》

座头鲸的歌声

弗里曼特尔 **Fremantle**

位于澳大利亚西海岸

推荐旅行时间：3 天

每年 6 月前后，座头鲸群便会从南极的捕食区游向澳大利亚西海岸的繁殖区，弗里曼特尔也迎来了一年中的观鲸旺季。

座头鲸名字中的"座头"来自日语，"座头"是日本盲僧艺人的总称，这些僧人把琵琶背在背后，看起来就像座头鲸隆起的背部，座头鲸因此得名。

在其他地方，只要看到鲸鱼的影子就算观鲸成功，但人们对弗里曼特尔的期待明显更高一些，因为座头鲸喜欢将整个身子高高跃出海面，这是座头鲸之间传递信息的方式，由于入水的部位不同，比如后背、鲸翅或尾鳍，就能传递出不同的信息。观鲸船离开弗里曼特尔码头后，行驶约 1 个小时就能到达座头鲸巡航的海域。每次看到鲸鱼跃起，乘客发出的欢呼声几乎比鲸鱼溅起的水花声还要大。有时看到两头鲸鱼从不同的地方跃起，乘客就会在心里给它们打分，胜出者一定是跳得更高且溅起更大水花的那头。

除了通过鲸跃产生声响，雄性座头鲸还会唱歌。只需将收音器放入水中，再连上扩音器，你就能听到它们的歌声了。每首歌持续大约 20 分钟，歌声时而低沉，时而空灵，不仅可以吸引雌性座头鲸，也让有幸听到的人类如痴如醉。不同海域的座头鲸会唱不同的歌，它们每年还会创作新歌。

除了观鲸之旅，弗里曼特尔的监狱之旅也很有名。这座监狱和澳大利亚其他 10 座监狱一起入选了世界文化遗产。参观这座监狱的方式既有普通版的探监之旅，也有进阶版的火把之旅和高阶版的隧道之旅。

弗里曼特尔的发展与这座监狱的地下水资源息息相关。建城之初，人们发现位于监狱地下 20 米的多孔石灰岩含水层可以为囚犯、市民以及进出港的轮船提供淡水。这里最初只有 3 口井，将淡水搬运到地面上一度成为囚犯的苦役之一。随着科技的进步，由蒸汽驱动的水泵取代了囚犯，但过高的效率很快就让井水枯竭。为了解决用水危机，政府下令让囚犯在地下挖出一条 750 米长的隧道，用来储存地下水。

参加隧道之旅的游客在下井之前要先做酒精测试，因为整个过程不仅消耗体力，还需要精神高度集中，喝了酒的人不允许下井。随后，大家戴上安全帽和头灯，穿上安全背带，再用锁扣将背带和垂直梯上的滑索连在一起。

进入隧道之后，大家登上一条平底船。隧道不算宽，双臂平伸就能碰到两侧的石壁。向导让所有人关掉头灯，眼前只剩下一个无比黑暗的世界。在一片黑暗中，听觉变得异常敏锐，此时水滴的声响几乎和鲸跃制造的动静难分伯仲。

作者推荐

你可以在弗里曼特尔的码头找到一组名为《向渔民致敬》的雕塑作品，其中一个作品是"渔民"正在将渔获搬到岸上。

1. 喜欢吃蚂蚁的针鼹　2. 塔斯马尼亚恶魔　3. 萨拉曼卡广场集市　4. 拖车把自行车运到惠灵顿山的山顶　5. 太平洋牡蛎　6. 愤怒的袋鼠

320

塔斯马尼亚的小恶魔

霍巴特 Hobart

位于澳大利亚塔斯马尼亚州

推荐旅行时间：4 天

1642 年，荷兰航海家阿贝尔·塔斯曼发现了塔斯马尼亚岛，它位于澳大利亚大陆东南部，两者相隔 240 千米。在被发现后的 160 年里，这座岛一直保持着未开发状态。1802 年，英国宣布塔斯马尼亚岛为其殖民地，该岛首府霍巴特的开发工程随即启动。

最早来到这里的移民总能在深夜听到一阵阵鬼哭狼嚎，他们很快就发现，这恐怖的声音来自一种叫作袋獾的有袋类动物。袋獾长得实在不怎么好看，外形就像大号老鼠，还长着红耳朵和尖锐的獠牙，于是人们给它起了一个响亮的外号——塔斯马尼亚恶魔。

你可以在霍巴特郊外的邦努诺野生动物园[1]看到袋獾。饲养员把食物放在袋獾栖息的树洞洞口，袋獾会腾地一下窜出来，一口咬住食物，同时后腿向后发力，像是要把美食拖入树洞慢慢享用。袋獾的咬合力在同体型生物中是最强大的，能轻松把骨头嚼成渣。在 20 世纪末期，袋獾得了一种致命的癌症，脸上和嘴里会长出肿瘤。邦努诺野生动物园为袋獾提供了保护，"bonorong"在土著语言中的意思就是"自然的朋友"。

除了袋獾，你还能在这里看到针鼹。这种浑身长刺的小动物以藏在地下的蚂蚁为食，你也可以尝试像饲养员一样给它们喂食，首先要戴上橡胶手套，然后把肉沫放在掌心，它们会伸出又长又软的舌头舔舐肉沫，当它们的舌头在你掌心蠕动时，你会有一种酥麻的感觉。

早期的霍巴特曾被当作关押流放犯人的地方，所以在霍巴特及附近的里士满、亚瑟港等地有许多监狱遗址，向参观者展现了拓荒时代狱囚的悲惨生活。

每周六上午，萨拉曼卡广场[2]都会有一个售卖手工艺品和当地特产的集市，你还可以让当地人用塔罗牌帮你算一卦。萨拉曼卡广场附近有很多不错的餐馆，其中有一家叫"蓝眼睛"，你能在他家吃到新鲜的塔斯马尼亚扇贝和太平洋牡蛎。

海拔 1 270 米的惠灵顿山位于霍巴特西面，当地旅行社会组织惠灵顿山自行车速降活动。拖车先把自行车运到山顶，随后两位向导一前一后负责压队，开始时都是直路，随后出现了弯道，还有刺激的胳膊肘弯。当你骑完长达 22 千米的下坡路段之后，虎口位置可能会有点儿麻，那是因为车速太快，双手会下意识地紧握车闸。

1. Bonorong Wildlife Sanctuary　2. Salamanca Place

1. 纽扣草　2. 袋熊　3. 袋狼　4. 谢菲尔德镇的壁画　5. 蜂蜜口味的冰激凌
6. 妈妈抱着儿子一起在空中飞翔

这里曾是
袋狼的天下

摇篮山 Cradle Mountain
位于澳大利亚塔斯马尼亚州
推荐旅行时间：2 天

在通往摇篮山的盘山公路上，你会看到路边的溪水十分浑浊，那是因为泉水流过连绵无际的纽扣草之后染上了泥土的颜色。不一会儿，大片大片的纽扣草就从眼前冒出来，它们一棵棵地钉在地面上，倒也名副其实。鸽子湖是这段旅程的终点，这是一座由地震形成的堰塞湖，湖面异常平静，倒映着远方的摇篮山。

夜游摇篮山是必玩项目，每晚会有专车前往摇篮山腹地，此行的目的不是看山水，而是看那些在夜间出没的袋鼠和袋熊。自从塔斯马尼亚袋狼在 20 世纪初灭绝，这里再没出现过大型食肉动物。食草动物们会在夜间出门觅食。当汽车的红外探照灯打在它们身上时，它们一动不动，估计是因为视力低下。

在摇篮山的袋狼博物馆有已经灭绝的袋狼的照片，还有世界上仅存的一张袋狼皮地毯。其实，在人类刚刚来到塔斯马尼亚岛时，袋狼的种群数量还很多，可随着岛屿开发，以及农民为了保护家畜，袋狼开始遭到猎杀。虽然袋狼身上长着老虎一样的斑纹，看起来挺厉害，但其实它们连小孩儿都不会招惹。

摇篮山下有很多特色小镇。谢菲尔德[1]被称为壁画镇，通过一幅幅壁画呈现塔斯马尼亚岛上的人与自然景观。你会看到最早来到这里的欧洲探险家，他们骑着骏马，显得意气风发；你还会看到戴着镣铐的囚徒，以及躺在吊床上休息的画家……我还在这里看到了歌手陈奕迅的作品，他的画工暂且不论，画面上那句"Just Leave Me"绝对道出了很多都市人的心声——把我也留在这里吧。

恰德雷[2]有家蜜蜂农场，蜂巢中的女王蜂每天都辛勤耕耘，它们通常可以活四五年，每天产卵 2 000 颗左右。农场博物馆里有关于世界各地养蜂人的介绍，喀麦隆的养蜂人会在夜间举着火把采蜜，火把产生的烟雾会让蜜蜂聚集在蜂巢尾部；美国的养蜂人每年都会带着蜂巢随各地不同的花季迁徙；尼泊尔的养蜂人则要爬到悬崖边才能采到蜂蜜……你可以在农场品尝到皮革木（皮革木是一种塔斯马尼亚岛的特产乔木，树龄在 200 年左右的皮革木花蜜蜜质最稠）口味的蜂蜜冰激凌，每一口都裹着木香。

朗塞斯顿[3]的滑索之旅可以让你体验人猿泰山在树顶飞荡的乐趣。滑索架在高悬的半台之间，最长的一段有 370 米，一眼几乎望不到尽头，中途还要飞过一条溪涧。一对母子排在我前面，男孩八九岁的样子，眼里噙着泪水，但在妈妈的保护下，他一次次完成难度递增的飞行挑战，反正有妈妈在，什么都不用怕。

1. Sheffield 2. Chudleigh 3. Launceston

作者推荐

虽然摇篮山下的鸽子湖环湖徒步只有 6 000 米，却有机会遇到针鼹和鸭嘴兽。记得小心无孔不入的蚂蟥。

乌鲁班巴｜秘鲁

1. 在圣诞贺卡上盖邮戳　2. 北极圈标志线　3. 生活在北极地区的驯鹿　4. 炭烤三文鱼
5. 拥有透明屋顶的极地博物馆

圣诞老人村

罗瓦涅米 Rovaniemi

位于芬兰北部

推荐旅行时间：2 天

1995 年，联合国秘书长将一张写给圣诞老人的贺卡寄往罗瓦涅米，这也让圣诞老人究竟住在哪里的问题一下子有了定论。每年有十几万封写给圣诞老人的信件如雪片般飞来，内容大多是希望圣诞老人帮他们实现五花八门的愿望，通常还会夹寄一张祈愿者的照片，以免圣诞老人钻错烟囱，把本该给甲的礼物给了乙。照片中孩子占了大多数，但也有一些成年人，成年之后仍旧能够保持天真，是一件多么幸运的事情。

罗瓦涅米火车站与圣诞老人村之间有一趟特快班车，村子全年开放，你可以进入圣诞老人的办公室参观并跟他合影，高大、和蔼、长着白胡子的特型演员完全符合人们对圣诞老人的想象。你也可以到村子里的邮局买张圣诞贺卡，写好后交给工作人员，她会在贺卡上盖一枚邮戳，随着"啪"的一声轻响，一个小小的愿望就成了形。这里的邮筒有两种，红色的当天投寄，黄色的要到圣诞节前才寄，邮资一样。

圣诞老人村里有一条 66° 34′ 的北极圈标志线，往北跨过这条线，你就算正式来到北极地区。这个圈子里的任何一个坐标点每年都要经历至少一个极昼和一个极夜。

如果说圣诞老人村展现出北极地区梦幻的一面，那罗瓦涅米的极地博物馆就展示了这一地区现实的一面。

博物馆的屋顶是透明的，如果你在冬天来，还有可能透过屋顶看到漫天的极光。你可以在这里了解北极的自然景观，从鲸鱼到北极熊，从地质结构的变迁到冰川如何形成。就像大家都知道的那样，圣诞老人会坐着驯鹿拉的雪橇到世界各地派发礼物，不过萨米人才是驯鹿真正的主人，他们放牧驯鹿的历史已有几千年，远远早于北欧各国划定边界的时间，而萨米人的生活构成了北极地区的主要人文景观。

萨米人随驯鹿迁徙，而让驯鹿挪动脚步的，则是它们所嗅到的食物气息。驯鹿在春夏两季吃草，在秋季吃蘑菇，在冬季吃地衣。对萨米人来说，驯鹿浑身都是宝：鹿肉可食，鹿皮可披，鹿角可做刀，鹿肠可制绳……萨米人放牧驯鹿时以村子为单位，每个村子都有几千头驯鹿，看起来浩浩荡荡，如军队，如旋涡，如风暴。为了分清每只驯鹿的归属，每个家族会在自家驯鹿的耳朵上打一个特殊的标记。萨米人在继承传统的同时，有些方面也在与时俱进，比如把放牧时乘坐的雪橇换成了雪地摩托。

作者推荐

圣诞老人村有一家开在帐篷里的小餐馆，一定要点他家的炭烤三文鱼，原本我以为这种厚实的鱼肉会很柴，没想到北欧深海里的三文鱼富含油脂，一口咬下去，肥瘦适中，据说圣诞老人也喜欢吃这口。

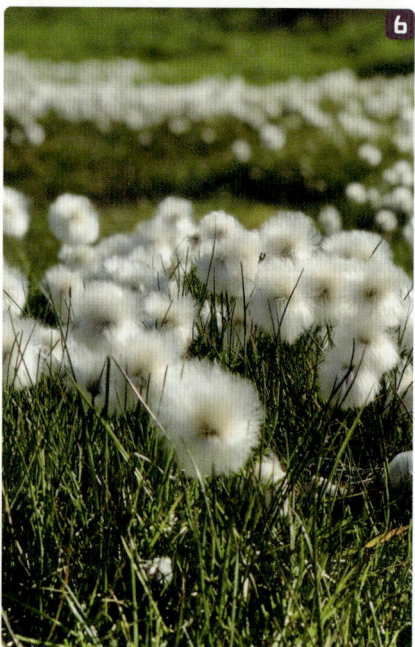

1. 从朗伊尔城到世界各地的距离　**2/3.** 小城里到处都是关于北极熊的艺术作品

4. 北境之地　**5.** 伦勃朗号　**6.** 北极棉

世界最北端的城市

朗伊尔城 Longyearbyen

位于挪威斯瓦尔巴群岛
推荐旅行时间：2天

　　朗伊尔城是世界最北端的常年有人居住的城市。它的名字很有意思，朗伊尔是"Long Year"（漫长的一年）的音译，因为在这里，人们每年都要经历几个月的极昼和几个月的极夜。这样的一年，想想也真是够漫长的。关于这一点，挪威作家奥德·伊瓦尔·鲁德一定深有体会，否则也不会写出《度日如年》。他在书中写道："我知道自己为什么在这里（斯瓦尔巴群岛），而不是在一个拥挤的、到处都是大公司和霓虹灯的都市，因为我不太喜欢和别人打交道。那样的话，我就得按照他们对我的期待而活，然后成为一个儿子、朋友、爱人……而在这里，那些角色就变得毫无意义。当然，即使在这里，我也不是神，我不能让风说刮就刮，让雪说下就下。但在这里，我的地位仅次于上帝，我就是一个人，一个竭尽全力为自己而活的人。"

　　朗伊尔城有一种神奇的植物，绿色的根茎上顶着一个白色的绒球，虽然它看起来有点儿像蒲公英，可你却没办法一口气把绒球吹到天上去。这种植物叫北极棉，喜欢扎堆生长在池塘边。

　　北极棉和其他400多万种植物的种子都被藏在朗伊尔城冻土之下的全球种子库里，哪怕世界末日降临，这艘植物版的"诺亚方舟"也能让地球重新变成绿色。

　　朗伊尔城是旅行者前往北极地区寻找北极熊的起点。旅行者在这里的超市补充最后的补给之后，就要搭上一艘停泊在码头的邮轮，开启从两三天到半个月的北极探索之旅。

　　"伦勃朗号"是我当时乘坐的一艘三桅帆船，船龄接近100岁，经过若干次升级改造，它越来越结实，科技含量也越来越高，还安装了各种我这辈子可能都搞不清所以然的巡航搜救系统。船上还有一名专职搜熊员，他的职责是帮乘客寻找北极熊。虽然斯瓦尔巴群岛生活着3 000多只北极熊，是北极熊密度最高的区域，可邮轮只沿着海岸线航行，这让旅行者看到北极熊的概率大大降低。要是没有搜熊员，想看到那冰雪中的庞然大物就只能靠运气了。

　　在北极地区登陆后，旅行者要遵守如下规定：不能把任何不属于自己的东西带走；不要把石头垒成玛尼堆；徒步时不要超过背着枪的向导，否则你有可能被北极熊视为猎物！

旅途随感

　　几年前VR（虚拟现实）设备流行的时候，我总能看到套路化的推广文案："戴上VR眼镜，坐在家里也能环游世界。"戴上VR眼镜后你的确能看到和现实世界一模一样的风景，可如何能感受到寒风吹面的凛冽，嘴里呼出的热气被衣领挡回来的潮湿，还有那种手脚冰冷但内心火热的激情？这些是借助任何技术手段都无法体验到的。

1.齐柏林飞艇的系留塔　2.曾经用来采矿的小火车　3.世界最北的邮局　4.阿蒙森的雕像
5.北极科考站　6.中国北极黄河站

北极科考站

新奥尔松 Ny-Ålesund

位于挪威斯瓦尔巴群岛

推荐旅行时间：1 天

在登陆新奥尔松前，向导就会提示你：一定要把所有电子设备调成飞行模式。这里是一座科考小镇，仪器都非常精密，任何微小的干扰，比如手机发射的电磁波，都有可能对实验数据造成影响。

新奥尔松原本是一个煤矿小镇，煤矿停产之后，挪威政府重建小镇，再划分成不同区域租给各国政府，用来进行科学考察，中国北极黄河站就建在这里。

新奥尔松只有一条路，一直往前走，再拐个弯，这条路就到尽头了。道路两边除了各国科考基地，还有一家可以免费参观的博物馆。展览分为两部分，一部分是新奥尔松作为煤矿小镇的历史，另一部分则是生活在这里的人们的自述——讲述他们为什么来这里，以及如何在漫漫极夜中获得对抗孤独的力量。

新奥尔松有一家需要预约才能进入的纪念品商店，里面的每一样物品都在告诉你，这里位于北纬 78°55′，是世界最北端常年有人居住的地方。

当你看到一块写着"北极熊出没"的牌子时，那就说明你已经到了小镇与荒原的分界线。这时候把视线放远，你将看到一座铁塔，铁塔呈三棱锥形，稳稳地戳在大地之上。塔前立着一块纪念碑，上面写着：1926 年，来自挪威、美国和意大利的 3 位探险家驾驶着齐柏林飞艇，从新奥尔松启航，不间断地飞行了 70 个小时，最终抵达阿拉斯加。这是人类历史上第一次从空中飞越北极点。这座铁塔就是用来放置飞艇的系留塔。在飞机成为最主要的空中交通工具之前，齐柏林飞艇才是真正的空中巨无霸！它是当时最大的飞艇，比波音 747 客机还要大得多！齐柏林飞艇的发明者才是真正的造梦大师，把人类的两个终极梦想——环游世界和飞翔合二为一。

那次飞越北极点的行动成功之后，由于挪威探险家阿蒙森早已声名大噪，他的名字就排在了功劳簿的第一位。意大利人气不过，又造了一艘更大的齐柏林飞艇，在 1928 年重新尝试飞越北极点。可那次行动失败了，飞艇坠毁在北冰洋的冰面上。14 个国家的救援队伍前去营救，营救过程中又牺牲了 17 人，其中包括阿蒙森。去世的 17 个人只有阿蒙森留下了名字，还在新奥尔松留下了一尊雕像，其他人都变成了冰冷的数字。人类在探索未知的道路上付出过巨大代价，但也因为有这些探索者前赴后继，文明的火光才愈发闪耀。

作者推荐

新奥尔松拥有世界上最北的邮局，你可以写几张明信片寄给远方的家人和朋友。当然，你也可以寄给自己，作为曾经到过北极的证明。只是千万记得，不要把邮戳盖在护照上。

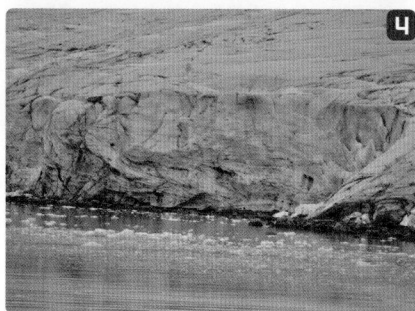

1. 散落的鲸鱼骨　**2.** 当年石块下埋着的是水手写的信　**3/4.** 斯维德布里恩冰川

5. 冰桥　**6.** 髯海豹　**7.** 大鸟吃小鸟

邮局与冰川

海豹峡湾 Kobbefjord
位于挪威斯瓦尔巴群岛西北角
推荐旅行时间：1 天

海豹峡湾内侧有一处浅水港，这里风平浪静，登陆之后，你能看到四周散落的鲸鱼骨。17 世纪的丹麦捕鲸船也曾利用此地天然良港的特点，在港口内的陆地上提取鲸油。在工业革命时期，鲸油是真正的硬通货，不仅可以用来照明，还可以用作工业油脂，做成肥皂和蜡烛。当年，各国为了争夺北极地区的捕鲸权还打打杀杀，后来石油广泛普及，全世界的鲸鱼才躲过灭顶之灾。捕鲸队的遗迹中包括一个垒成圆锥形的石堆，上面斜插着一根木头。这是北极地区最早的"邮局"之一，经过这里的捕鲸船有的向北，有的向南，北上捕鲸船上的水手会用油布把信密封起来，塞到这堆石头下面，回程南下的捕鲸船路过时再把信捎回国内。

我在这个邮局旁边站了很久，试着揣测当年水手们写信时的心情：船已经开到这里了，想回头已经不大可能，当初上船的原因无非是捕鲸收益丰厚，或许还有点儿英雄主义情结，可船开了那么久，心中的狂热也慢慢"降了温"。这时，他们可能会想到几个万一：万一不小心掉进大海，淹死了怎么办？万一扛不住严寒，冻死了怎么办？万一被北极熊吃掉了怎么办？远方的家人翘首以盼，这可能就是他们心中仅存的温暖和依靠了。

当水手把家书塞进信箱，会不会又出现另一种担心？担心回程的船员没有发现自己的信，担心信没有被送回家，担心信的安危甚于自己……水手写给家人的信肯定与金钱无关，与利益无关，与数字无关，与之有关的只是爱与思念。

斯维德布里恩冰川[1]距离海豹峡湾只有一个多小时航程，由于冰裂作用，这里的冰川最终将全部落入峡湾。冰层剥落后露出的岛屿都是崭新的，还没起名字。海面上的浮冰越来越多，与船体碰撞时会发出咣当、咣当的闷响。有的大块浮冰上趴着一两只海豹，髯海豹长着两撇白胡子，每侧都有 200 来根。港海豹的胡子则少得多，黝黑的身体有点儿反光。

每隔一两分钟，就会有一块完整的冰山崩裂，而后落入峡湾，声音总会延迟，两秒后，你才能听到雷鸣般的巨响。冰山落入峡湾后，因重力作用迅速下沉，随后浮力又把它们带回水面。此时，冲锋艇如果就在跟前，很可能会被浮上来的冰山轻而易举地扎穿。虽然不能靠得太近，但冲锋艇可以在安全距离内沿着冰川横向巡航。你还能在这里看到一座冰桥，它像大象鼻子一样横跨在水面之上，谁也不知道那座桥什么时候会塌。

1. Svidjodbreen

作者推荐

北极地区生活着一种外形像天使的海洋生物，除了脑袋和心脏呈不透明的橘色，其他部位完全透明。它的身体两侧还长着一对软肢，无论它朝哪个方向游，那对软肢都会上下摆动，就像一对翅膀。这种生物叫"冰海精灵"，只出现在高纬度海域。

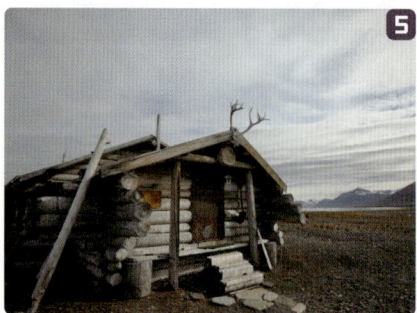

1. 北极的地热温泉　2. 朱坦杰登半岛　3. 姆纱姆纳的内陆湖　4. 北极燕鸥

5. 猎人木屋　6. 遇见北极熊

北极温泉和猎人小屋

流木峡湾 Woodfjord

位于挪威斯瓦尔巴群岛
推荐旅行时间：1 天

在欧洲人跑到特内里费岛测试星际漫游车之前，美国国家航空航天局就先行一步，在 2003 年来到斯瓦尔巴群岛的朱坦杰登[1]半岛研究火星项目，因为这一地区的岩石年龄超过 10 亿岁。由于岩浆喷发，地层深处的岩石被带到地面，这简直就是送给地质学家的礼物。

作为游客，你也可以在朱坦杰登半岛的海滩登陆。岛上有几处即使在冬天也不会结冰的地热温泉，温泉水富含矿物质，流过的地方长满黄绿色的藻类和苔藓。泉水叮咚作响，却让四周显得更为安静。

邮轮从朱坦杰登半岛往东航行 3 个小时，就驶入了流木峡湾。峡湾是挪威的代表性景观，冰川的侵蚀作用让山地之间形成"U"或"V"形山谷，海水注入后就成了峡湾。你能在这里看到很多从俄罗斯北部随洋流漂来的碎木，流木峡湾由此得名。

流木峡湾西部有个叫姆纱姆纳[2]的登陆点，从远处看，这里就像一片平原，平原上有几个内陆湖，湖面上倒映着远方的雪山。偶尔有几只北极燕鸥或红喉潜鸟飞过，打破了仿佛静止的画面。北极燕鸥每年都要在北极和南极之间飞一个来回，单次迁徙时间长达 3 个月，是地球上迁徙距离最长的鸟类。

姆纱姆纳拥有北极地区数量最多的猎人木屋。现存最古老的猎人木屋可以追溯到 1927 年，由著名猎人希尔玛建造，他在那里住了整整 38 年。1987 年，猎人雷达尔建造了一座拥有卧室、厨房和客厅的木屋，在里面住了 7 年，后来将木屋卖给了挪威政府。你能在木屋边找到猎人留下的痕迹，比如木制雪橇、双轮车、驯鹿角，以及高大的置物架。猎人通常会把猎物放在置物架上，这样就不会被循着气味来的北极熊偷走。

流木峡湾是寻找野生北极熊的好地方，我乘坐的"伦勃朗号"在斯瓦尔巴群岛海域漂泊了 10 天 9 夜，只在流木峡湾遇到过两次北极熊。其中一只北极熊一直踩着天边的地平线走，这让它看起来更显高大。它自己玩了一会儿，又大咧咧地拉了一泡屎，才消失在地平线的后面。除了北极熊，我们还在这一带的海面上遇到了一个白鲸家族。

1. Jotunkjelden　2. Mushamna

旅途随感

2018 年夏天，一张瘦骨嶙峋的北极熊的照片引起了热烈讨论。碳排放造成的温室效应让覆盖在北冰洋上的冰盖逐渐消融，而冰盖正是北极熊的天然栖息地和捕猎场所。有不少措施有助于恢复极地生态，比如多种树、少开车、少用煤炭发电等。但想从根本上解决环境问题，每个人都要从身边的小事做起，至少要有环保意识，这样才能在遇到可做可不做的事情时，做出合理的选择。

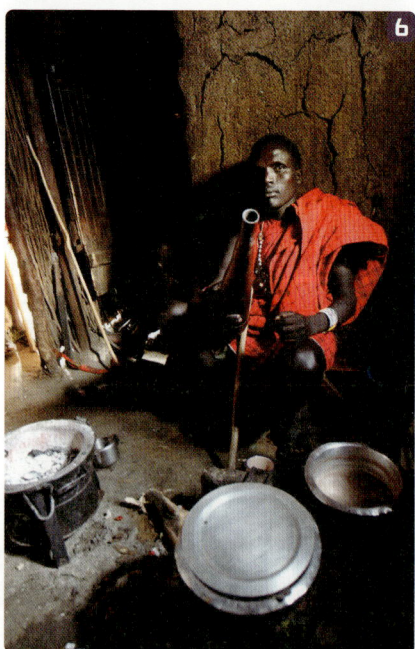

1. 打哈欠的猎豹　2. 草丛里的狮子　3. 乘吉普车游猎　4. 迁徙的斑马　5. 迁徙的角马
6. 马赛人的家

东非草原的迁徙季节

马赛马拉 Masai Mara

位于肯尼亚西南部
推荐旅行时间：3天

从6月开始，由上百万只角马、斑马和非洲羚羊组成的迁徙"军团"会跨过一条在它们眼中并不存在的国境线，从坦桑尼亚的塞伦盖蒂国家公园[1]来到肯尼亚的马赛马拉国家公园[2]。

动物们追逐着雨水而来，因为哪里下雨，哪里就绿草如茵，它们就能不愁吃喝。这些食草动物的到来可把生活在马赛马拉的狮子、猎豹和鳄鱼等食肉动物高兴坏了。在它们的眼中，这简直就是一盘盘回转寿司啊，错过了一个，也根本不用担心，因为下一个马上就会填补空位。随着迁徙季节的到来，东非草原的捕猎季节也拉开了序幕。

捕猎大戏多发生在马拉河[3]。对角马来说，狮子在后面追赶，鳄鱼在河中等待，能成功到达对岸，就是跨入天堂，失败了，等待角马的就是地狱，因此，这样的景象被称为"天堂之渡"。

草原上的王者非狮子莫属，它们处于草原食物金字塔的顶端。狮群如果饿急了，连大象都不放过。不过，在正常情况下，它们不会主动攻击大象，毕竟大象的体重摆在那里，狮群总不能伤敌一千，自损八百。在狮群中，通常母狮负责捕猎。公狮虽然个头更大，看起来也更威风，但只在抢地盘或争配偶时才出手，其他时候，它们只是趴在草丛里晒太阳。

在马赛马拉的生态圈之外，东非草原上还奔跑着一群"钢铁巨兽"，它们的速度比猎豹还快，皮肤比大象还厚，它们就是每天载着游客寻找野生动物的吉普车大军。草原上本没有路，可每天被这群"钢铁巨兽"碾来碾去，慢慢就形成了一张复杂的"公路网"。只有当地的司机知道哪条路通向河马的地盘，沿着哪一条路能找到角马大军。当吉普车距离动物足够近时，你能看清斑马身上的花纹、猎豹身上的斑点，甚至狮子眼中的光。

不过，乘坐吉普车感受不到百兽迁徙时浩浩荡荡的气势，这时候，你需要乘坐热气球。凌晨4点半，热气球基地就已开门迎客。随着热气球逐渐升高，你眼中的世界也在一点点变换着模样。睡了一夜的动物正慢慢醒来，然后排成一支歪歪扭扭的队伍，朝着远方行进。有时因为食肉动物的捕猎，队伍突然被冲散，但草原总会恢复平静。这时太阳刚好升起，一天的轮回和生命的轮回同时上演。

1. Serengeti National Park
2. Masai Mara National Reserve
3. Mara River

旅途随感

久居都市的人，无法体会到日出的魔力，它不仅划分了黑夜和白天，还让万物重获能量，如若新生。

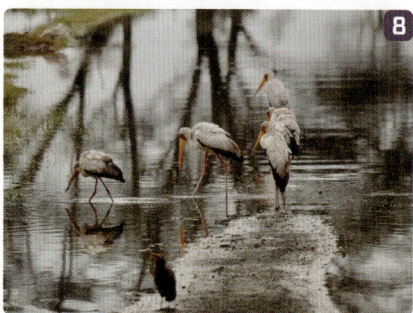

1.隐隐约约的城市天际线　2.非洲瞪羚　3/4.罗斯柴尔德长颈鹿　5.白犀牛　6.野水牛

7.纳库鲁湖边的火烈鸟　8.黄嘴鹮鹳

为什么白犀牛不是白的

纳库鲁 Nakuru
位于肯尼亚西南部裂谷省
推荐旅行时间：1 天

　　人们去纳库鲁，不是为了参观城里的市政景观，而是直接绕到城外的纳库鲁湖国家公园。其实在公园某些特定位置，你也能看到城市的天际线——呈现出一种朦胧的美感。

　　纳库鲁湖位于东非大裂谷南端。东非大裂谷纵贯约 6 400 千米，几乎把整个东非一分为二；它也很宽，最宽处达 200 千米，人身处其中，根本不会觉得自己站在谷底，就像孙悟空也没觉得自己在如来佛祖的掌心玩耍一样。大裂谷中有很多湖泊，大多是盐水湖，它们连在一起就像一条蓝宝石项链。纳库鲁湖原本栖息着世界上最大的火烈鸟种群，可 1962 年的一场干旱让湖底见天，很多火烈鸟都迁徙到了北面的博格利亚湖[1]。不光干旱能让火烈鸟搬家，洪水也可以，因为洪水会冲淡湖水的盐分，火烈鸟最爱吃的蓝藻就不再生长。不过，你还是能在纳库鲁湖边看到排成一线的火烈鸟，除此之外，还有鹈鹕、鸵鸟、黄嘴鹮鹳等 400 多种鸟，观鸟爱好者绝不会败兴而归。纳库鲁湖国家公园也是濒危的罗斯柴尔德长颈鹿的主要栖息地，这种野生长颈鹿在世界范围内已经不超过 2 000 头，它们的主要威胁来自城市扩张和非法捕猎。罗斯柴尔德长颈鹿幼鹿的存活率很低，它们经常受到狮子、鬣狗等动物的攻击，能活到成年的不到一半。

　　"非洲五霸"之一的野水牛在纳库鲁湖边随处可见，毕竟叫水牛，栖息地肯定离不开水源。野水牛天生有一股天不怕地不怕的气势，这股气势主要来自它们的脑门，别的牛的犄角是远远分开的，野水牛的犄角则连在一起，形成了坚硬的盾牌。野水牛以 50 千米的时速奔跑时，那简直就是一辆小汽车，所以经常会上演野水牛反杀狮子的戏码。不过在疾风暴雨之后，野水牛又能和背上的小鸟和平共处。纳库鲁湖国家公园还生活着 200 多头犀牛。犀牛分为黑犀牛和白犀牛，这并不是根据肤色划分的，而是荷兰人给方形嘴的犀牛起名"wijd"（荷兰语"宽阔"之意），听起来很像英语里的"white"，于是白犀牛的名字不胫而走。黑犀牛的嘴略尖，从正面看像一个三角形，它也是"非洲五霸"之一。在肯尼亚旅行时，导游经常会说，这种动物濒危，那种动物即将灭绝！这些噱头的确让游客感觉到濒危动物看一眼少一眼。如何让动物不再濒危，关键在于让当地居民充分获得旅游产业带来的收益，当收益大于盗猎和城市扩张带来的好处，动物可能就不再濒危了。

1. Lake Bogoria

作者推荐

　　没有提前预订游猎团？不用担心，在内罗毕国际机场出口，无数吉普车虚位以待！团期以五六天为主，除了纳库鲁湖国家公园，另外两个必去的国家公园分别是安博塞利和马赛马拉。

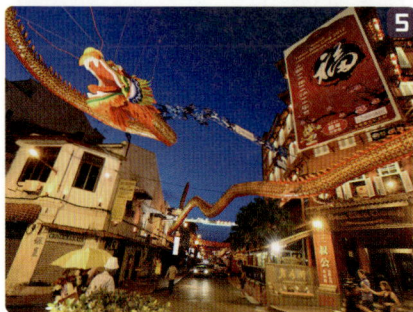

1. 郑和画像　2. 运河边的墙画　3. 花车　4. 红毛猩猩墙绘　5. 鸡场街
6. 郑和纪念馆中的长颈鹿摆件

郑和之后
再无郑和

马六甲 Malacca

位于马来西亚南部
推荐旅行时间：2 天

最早听说马六甲这个地名，是在小时候看的香港电影里，那些趁着月黑风高跑路的大哥，很多都去了马六甲。当然，比马六甲更出名的是旁边那条无比繁忙的同名海峡，来自东南亚的海轮大多都要经过这里前往中亚、欧洲和非洲。

马六甲有条入海的运河，河道两边的房子上画满色彩鲜艳的墙画，墙画倒映在河水中，河水中的倒影就像刚洗过一个巨大的调色板。墙画的内容与马六甲的历史有关，葡萄牙人、荷兰人、英国人曾先后统治过这里，当然墙画中也少不了七下西洋的三保太监郑和。

郑和纪念馆位于马六甲唐人街的鸡场街，里面馆藏丰富，最大的一件展品是一个按1：1的比例制作的长颈鹿摆件，长颈鹿的腿在一楼，脖子在二楼，得打通楼板才能把它塞进去。郑和在第四次航海时到达了非洲的麻林国（现在肯尼亚的马林迪），看到当地的长颈鹿时，他觉得它的外形类似于中国古籍中描述的麒麟——羊头、狼蹄、圆顶、身有五彩、高一丈二尺，于是把两只长颈鹿带回了中国。明成祖朱棣把这个外来物种钦定为祥兽，又命宫廷画师为其作画，《瑞应麒麟图》中身披鳞片的祥兽就是照着长颈鹿画的。

除了仿真长颈鹿，你还能在郑和纪念馆中看到郑和当年率领的远洋舰队的模型，以宝船为旗舰，各类舰艇共计200余艘。纪念馆中还有一枚印章，是明成祖朱棣赠予当时马六甲的统治者的。

郑和比他的欧洲同行早出发了七八十年，可郑和之后，再无郑和。一方面，明朝国库亏空，无法再承担巨额航海费用；另一方面，海禁政策越发严苛，不仅外国人进不来，中国人也出不去。这也直接导致中国错失了一个大好机会，一个在大航海时代领航世界的机会。

郑和七下西洋，不仅提升了明朝在南洋诸国中的影响力，还打通了一条亚非之间的洲际航线，后来航海家达·伽马经过好望角抵达东非后，在阿拉伯水手的领航下，沿着郑和走过的路线到达了印度。

鸡场街非常热闹，你会看到纸扎的狮子头、香烟缭绕的庙宇、大红的对联、各地的中华会馆……它们挤在一起，像一座关于中华民俗文化的大观园。

在马六甲，你一定要坐一次花车，车夫用塑料花和亮片把自己的三轮车装扮得花枝招展，还安了音响，当两辆花车迎面相逢时，简直就像选美比赛。

作者推荐

你可以去马六甲的地理学家咖啡馆（Geographér Café）喝杯咖啡，这里是电影《夏日的么么茶》的取景地之一。

1. 殖民时期的建筑　**2.** 中国渔网　**3.** 清早的鱼市　**4.** 现场加工烹饪　**5.** 卡塔卡利舞
6. 演员在化妆

中国渔网和印度舞

科钦 Cochi

位于印度南部喀拉拉邦

推荐旅行时间：2 天

科钦是南印度最大的景点仓库，你会在这里找到中国人留下的渔网，据说这些渔网是忽必烈的随军商人带来的，也有人认为它们是明代航海家郑和带来的（郑和在第七次下西洋时于科钦北部的古里染疾去世）。

岸边一字排开十来张渔网，每张渔网的四个角系在长木上，长木另一端拢在一起，再被固定在一根更粗的木头上。捕鱼方法是在涨潮时，四五个渔民把渔网沉入水底，让它张着"大嘴"，等待鱼群"自投罗网"。这种渔网改变了当地古老的捕鱼方式，极大地提高了劳动效率。中国渔网旁有个鱼市，人们买完海鲜后，可以找一家餐馆现场加工。

公主大街[1]是科钦的主街，也是背包客的聚集地。大街一头连着一座建于 16 世纪的基督教堂，除此之外，你还能在科钦找到荷兰人留下的墓地和英国人留下的老房子。这让科钦看起来不像传统的印度城市，而像嬉皮士喜欢的大杂烩乌托邦。

到科钦旅行的重头戏是观看一场卡塔卡利舞，"卡塔"是指故事，"卡利"是指表演。这种舞蹈形式起源于 16 世纪喀拉拉邦的农村，故事则取材于两部印度史诗——《罗摩衍那》和《摩诃婆罗多》，主要讲述人神之间的爱恨情仇。

民间的卡塔卡利舞通常从日落之后开始。

先是一阵催场的锣鼓声，把远近村庄里爱看热闹的男女老少召集过来。随着一声嘹亮的呼号，舞台帷幕缓缓拉开，演员闪亮登场。他们的表演不需要语言，而是通过个性鲜明的脸谱、夸张的面部表情、激烈的舞蹈动作来完成对角色的塑造和对剧情的交代。故事推进得非常缓慢，一出戏往往演个十天八天。每天的戏演到转天黎明便戛然而止，没看过瘾的村民就有了一整天的期盼。

为游客安排的卡塔卡利舞已经化繁为简，只取高潮段落，类似京剧中的折子戏。

表演从演员上妆开始，这个环节也非常精彩，你可以近距离看到演员从"人"到"神"的变化，人物的忠奸善恶全部通过脸谱呈现，比如英雄都长着一张绿脸，眼眶墨黑，嘴唇猩红；奸角和英雄长得像兄弟，也是绿脸黑眼红唇，区别在于后者的脑门和鼻头都有一块白斑。

我看的那场是个悲剧故事：天神的女儿爱上人间的王子，天神横加阻挠，王子不屈不挠，最终仍与神女天人永隔。那王子时而瞪眼，时而挥刀，把四周的妖魔鬼怪打得魂飞魄散，伴奏的鼓点也密集得如暴风骤雨。

1. Princess Street

旅途随感

从两部印度史诗的内容可以看出来，在人类社会早期，人们很喜欢将自己的生活和神仙的生活混为一谈，物质世界再匮乏，也不妨碍精神世界"五谷丰登"。

1. 非洲企鹅　2. 海边的飞燕　3. 隐士的家　4. 好望角　5. 鸵鸟　6. 狒狒

从风暴角
到好望角

好望角 Cape of Good Hope
位于南非南部
推荐旅行时间：1 天

非洲只有一种企鹅，于是它们就被称作非洲企鹅。非洲企鹅长得就像麦哲伦企鹅同父异母的兄弟，区别在于麦哲伦企鹅的脖子下方有两道黑色条纹，而非洲企鹅只有一道。

狐狸海滩[1]是非洲企鹅的栖息地之一，距离好望角不远。2 000 多只企鹅在海滩上摆出各种姿势，就像一群身穿燕尾服的绅士。非洲企鹅每年换一次毛，由于新换的羽毛不防水，它们不得不在岸上待 21 天左右。因此，在换毛前，它们通常会像冬眠之前的熊那样把自己喂胖，以熬过无法下海捕鱼的艰难时期。

狐狸海滩附近生活着许多隐士，他们盖起木屋，组成村落。村子里不仅没通电，也没有网线和电话线。他们每天都在海浪的伴奏下，通过阅读打发时间。

从狐狸海滩继续向南，你会在好望角生态保护区看到很多野生动物，如斑马、鸵鸟、狒狒等。斑马身上的线条永远黑白分明，鸵鸟用两条粗腿驮着庞大身躯在沙滩上踱来踱去。狒狒通常全家一起出动，一旦发现哪辆旅游大巴的门没关好，智商超群的它们就会把车门拉开，然后进入车内把食物洗劫一空。游客还不能打不能骂，毕竟他们不是狒狒的对手，同时也有点儿理亏，谁让自己闯进了人家的地盘。好在当地旅游大巴的司机都有备而来，车上总是备着一根木棍，专门用来驱赶狒狒。

在苏伊士运河开通前的 300 多年里，往返欧洲和亚洲的远洋船队都要经过好望角。这里的海风强劲，呜呜咽咽，仿佛裹着海盗的怒吼和失事船员的呼号。

1487 年，葡萄牙航海家迪亚士来到这里，在遭遇风暴之后，航行不得不中止于此，他一气之下给这里起名风暴角。1488 年，迪亚士成功绕过风暴角，成为第一个绕过此处进入非洲东部海域的欧洲船长。1497 年，另一位葡萄牙航海家达·伽马途经风暴角抵达印度。回程时，船上满载黄金和丝绸，这让葡萄牙国王欣喜若狂，因为这意味着除了陆路，还有一条通往东方世界的海上通道，于是他将风暴角更名为好望角。当船队沿着非洲西海岸南下时，船员通常会被大西洋的海浪颠得七荤八素，在看到大陆尽头的岬角时，他们知道，终于可以掉转船头，调整航向，向着神秘的东方进发了。虽然风浪很大，但心中的希望更大。

大西洋的海水翻滚激荡，吸引着游客走到离海最近的石块上，去感受猛烈的海风。我也走了过去，把手臂伸展成翅膀的样子。虽然我不能飞翔，但在那一刻，我真的感到双臂被风轻轻托起。

1. Foxy Beach

作者推荐

你可以参加好望角环线徒步，全长 33.8 千米。

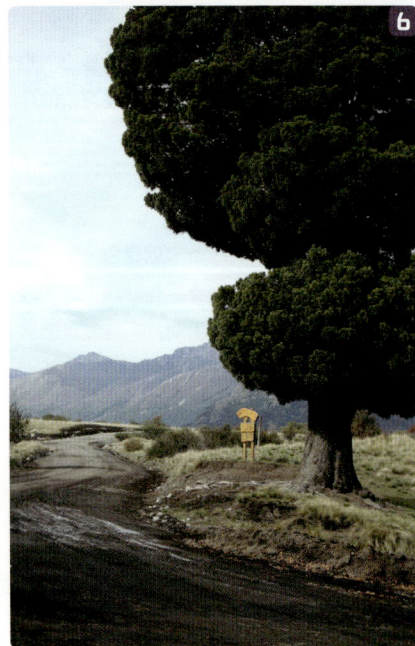

1.圣马丁街头的木头房子　2.俯瞰圣马丁全景　3.在拉卡尔湖边的公路上骑行

4.拉宁火山　5/6.拉宁国家公园

在安第斯山区骑行

圣马丁 - 德洛斯安第斯
San Martin de los Andes

位于阿根廷湖区

推荐旅行时间：3 天

圣马丁 - 德洛斯安第斯（以下简称圣马丁）是最受阿根廷人偏爱的国内度假地之一，因为大多数阿根廷人住在潘帕斯草原上的都市圈，那里只能骑马、放牧，而圣马丁拥有迥然不同的风景，比如雪山、湖泊和森林。

圣马丁的主路边盖满样式美观的木房子，小镇中绝大多数餐馆、酒吧和纪念品商店都集中在这里。即使商店打烊了，橱窗里也灯火通明，以便让那些晚上逛街的游客看清橱窗里的商品，第二天来购买。印着圣马丁这个地名的马黛茶杯绝对是销量第一的单品，它出现在几乎每家店的橱窗。马黛茶是阿根廷的国民饮料，人们可以在任何场合饮用，包括总统开会时。茶杯里结结实实地塞满了马黛茶叶，热水似乎只是用来填充茶叶间的缝隙，所以喝不了几口就要重新添水。

1952 年春天，格瓦拉和同伴驾驶摩托车来到圣马丁，并在一间谷仓里住了几天。现在，谷仓已经被改造成一间小型博物馆，你能在里面看到一部关于格瓦拉的短片。据说格瓦拉也爱喝马黛茶，尤其是在下国际象棋的时候，他说马黛茶可以帮他"润滑"思路。

你可以像我一样在镇子里租一辆自行车，骑车前往半山腰的观景台。一路都是上坡，

我一直在跟变速器较劲，逆风时不得不下车推着走，还得拼命使劲，否则就会不进则退。我对自己说，再加把劲，骑到那朵花的位置再休息；等骑到了那朵花旁边，我又对自己说，那就再往前骑到那棵树那里吧。就这样，在花和树的激励下，我终于骑到了山顶。

从观景台看过去，圣马丁城就像横平竖直的棋盘格，三面是暗青色的山，另一面挨着拉卡尔湖[1]，湖水像蓝色丝带一般缠绕着群山。

你可以从圣马丁的码头坐船前往智利边境，也可以从圣马丁前往拉宁国家公园。拉宁国家公园里长满高大的山毛榉树和茂盛的南洋杉，冰雪覆盖的拉宁火山是镇园之宝，冰火本不相容，这只能说明火山已经太久没有喷发了，从里到外一点儿"火气"都没有。

在圣马丁闲逛时，你一定会看到几家专卖巴塔哥尼亚羔羊肉的烤肉店，还能看到架在炭火上的羔羊被一圈圈地转着烤。每次经过，羊肉的颜色就会变得更深一些，当看到羊肉变成金黄色的时候，相信你一定会像我一样，推开烤肉店的大门。

1. Lago Lacar

旅途随感

在圣马丁骑车上坡的过程也像我们追逐梦想的过程，虽然目标明确，但在过程中，推动我们前进的可能并不是那些宏大的愿景，而是身边的一些小事，就像那朵花、那棵树，虽然看起来毫不起眼，但在某个瞬间，意志会靠它们维系，让我们不至于半途而废。

1/2/3. 七湖之路沿途风景　4. 埃尔博尔松集市　5. 阿根廷 40 号公路标志牌

6. 高杉巨柏散发出树脂松果的香气

格瓦拉打算
在这里安家

七湖之路 Seven Lakes

位于阿根廷圣马丁和巴里洛切之间
推荐旅行时间：2 天

　　《纽约时报》曾选出世界上最值得探访的 52 个旅行目的地，七湖之路榜上有名。这条公路穿越安第斯湖区，沿途湖泊并不止 7 个，官方选出的这 7 个要么面积大，要么在雪山之下，总之风景如画，值得一游。

　　你不用去记住每个湖的名字，不如把它们看作一个整体，沉浸在婆娑树影和粼粼波光交织在一起的氛围感之中。湖边全是生长了几个世纪的高杉巨柏，散发出树脂松果的香气。这种气味似乎有一种魔力，让人吸入一口后等不及细品又赶紧吸第二口。湖边很适合露营，谁能拒绝在湖光山色中醒来呢？

　　1952 年，切·格瓦拉和同伴骑着摩托车经过这里。格瓦拉在《摩托日记》中写道："也许有一天，等我已经厌倦了环游世界，我会回到阿根廷，在安第斯湖区安顿下来，就算不是久住也至少会住些时日，在那儿或许我的世界观会有所改变。"他还打算在森林里建一座医学实验室，透过落地玻璃窗就能将整个湖区尽收眼底。可惜直到他离世，这个愿望也没能实现。在电影《摩托日记》的海报上，格拉纳多开着摩托车，格瓦拉坐在他身后，张开双臂，像展翅的雄鹰一般。

　　七湖之路是阿根廷 40 号公路的一部分，这条公路全长超过 5 000 千米，是世界上最长的公路之一。40 号公路与安第斯山脉平行，沿着山脉东侧从北到南几乎贯穿整个巴塔哥尼亚。在抵达冰川小镇埃尔卡拉法特[1]后，40 号公路转向东，与另一条纵贯巴塔哥尼亚的沿海公路汇合后，继续延伸到火地岛的乌斯怀亚。

　　这条景观大道会经过很多值得停留的地方，比如嬉皮士的常住地埃尔博尔松[2]。每周二、四、六、日，埃尔博尔松会举办集市，扎着脏辫的嬉皮士一边喝着马黛茶，一边懒洋洋地摆摊。摊位都不算大，各家卖的东西都不同，从版画、鹅卵石到毛线布偶，还有波西米亚风格的衣服。埃尔博尔松有一家名为卡雷纳[3]的青年旅舍，占地两公顷，一条小河从它旁边流过。这里有精酿啤酒屋、瑜伽教室，还出租自行车，住客也能自己做饭，这让青旅本身像一个小王国，你可以在里面待很久。青旅老板熟悉周边的每一条徒步路线，可以为你解答任何问题。

　　普埃洛湖[4]国家公园离埃尔博尔松大约 18 千米，两地之间有公交车往返。你可以在湖边钓鱼、露营。我去的那天风很大，湖水拍到岸边都变成了浪。

1. El Calafate　2. El Bolson　3. Casona　4. Lago Puelo

作者推荐

　　如果你在秋天来，可以到七湖之路旁一条通往科尔多瓦山口的岔路走走。站在观景台上，你会看到整个山谷被红色植被覆盖；穿山而过时，你还能观察到森林是如何慢慢变成草原的。

1. 阳光透过云层洒下光之雨　2. 巴塔哥尼亚博物馆　3. 隐藏在山间的落落酒店
4. 教堂山的观景餐厅　5. 准备登船前往智利　6. 纳韦尔瓦皮湖的晨光

南美洲的瑞士

巴里洛切 Bariloche

位于阿根廷西部

推荐旅行时间：3 天

巴里洛切是七湖之路的起点或终点。这个坐落在安第斯山脚、纳韦尔瓦皮湖畔的小镇被称为"南美洲的瑞士"。所谓"某某地的瑞士"，说的是一种标准化的景观，这种景观的组成元素有木屋（或石屋）、鲜花、湖泊、森林和雪山，比如中国新疆的阿勒泰就被称为"东方的瑞士"。

城堡般的落落酒店就是木屋元素的扩大版，不过这家酒店刚一建成即被烧毁，现在看到的酒店只保留了木屋的外形，建材已基本换成石头。建筑师伊齐基尔·布拉斯特罗设计的木屋已经成为巴里洛切的标志之一，其中一栋用圆木和石头垒成的房子现在是巴里洛切游客中心和巴塔哥尼亚博物馆所在地。

这座博物馆中展示了很多具有巴塔哥尼亚特色的动植物标本，比如智利水獭、顶着一个红色脑袋的麦哲伦啄木鸟，也少不了作为阿根廷、秘鲁及玻利维亚国家象征的安第斯神鹫。该博物馆还用图片和文字阐述了巴塔哥尼亚地形地貌的成因，溪流、冰川、火山都曾施加过或大或小的影响。我也在这里了解到巴塔哥尼亚的大风是如何形成的。原来那是从南太平洋刮来的西风，风携带着大量水分，在翻越安第斯山脉时，风中的水分遇冷就变成了雨或者雪降落到地表，留在了安第斯山脉西侧。越过山顶的风由于失去水分而变得"身轻如燕"，当风从山顶俯冲下来时，势能转化为动能，风力就变得越来越强。

我住在纳韦尔瓦皮湖边时，每天都会沿着湖边走走。岸边全是黑色礁石，被冰冷的湖水轻轻打磨着，光滑得像涂了油脂。湖边立着几个木头人像，任由冷风吹拂。我也曾乘坐缆车前往教堂山观景餐厅，透过玻璃窗可以看到四周的雪山和湖水，阳光透过云层洒在湖面上，就像下了一场光之雨。

从巴里洛切出发，翻越安第斯山脉，可以到达智利的巴拉斯港。走这条路又贵又折腾（要穿越 3 个高山湖泊，中途需要把行李从汽车上搬到轮船上，再从轮船上搬到汽车上，前后一共搬 7 次，还要背着所有行李通过两国边检站，格瓦拉和同伴当时走的就是这条路），不过美景总藏在人迹罕至之地，你能在弗里亚斯湖看到在空中翱翔的安第斯神鹫，到了延基韦湖还能看到形似富士山的奥索尔诺火山。当最后一次把行李从船上卸下再塞进汽车后备厢时，我已经精疲力竭，但一想到格瓦拉当年还得和同伴搬运那辆大力神摩托车，我又在心里叫了一声"万幸"。

旅途随感

格瓦拉在走出阿根廷时给妈妈写了一封信："妈妈，当越过国境的时候，我不知道自己是怎样一种感觉，时间好像凝滞在那一刻。忧郁被遗忘在身后的土地上，在新的土地上我充满激情……"这就是旅行的魅力之一吧，既可以让我们忘却过去的烦恼，又可以让我们无限接近未来的自己。

1. 让人垂涎欲滴的煎鲑鱼　2. 佩特罗韦瀑布　3. 奥索尔诺火山　4. "鱼王"的家
5. 在巴拉斯港附近的湖中划皮划艇　6. 皮卡罗木雕像

智利"鱼王"

巴拉斯港 Puerto Varas

位于智利湖区

推荐旅行时间：2 天

在 19 世纪，德国移民帮智利人建起巴拉斯港，所以当你在这里看到满城德式建筑时，不必感到惊讶。

从巴拉斯港出发，沿着 225 号公路西行，壮观的佩特罗韦瀑布会在途中等你。雪山融水撞上黑色的火山岩后，顿时"魂飞魄散"，随即融入一片白茫茫的水流之中。你可以沿着一条带护栏的安全步道走到瀑布核心区，那里到处都是水汽，仿佛刚下过一场大雨。

经过瀑布后，佩特罗韦河逐渐收敛脾气，变成一条特别适合鲑鱼生活的河流。每年都有欧洲钓鱼团专门来这里钓鱼，一钓就是七八天，哪儿都不去。这条河里不仅有银鲑和帝王鲑，偶尔还有大西洋鲑。如果你在网上搜索这条河流的照片，显示的结果十有八九是抱着大鲑鱼的钓鱼爱好者。

亚历桑德罗是一位住在河边的"鱼王"，他曾钓到一条 27 千克的鲑鱼，是普通鲑鱼的两三倍重。"鱼王"的家要坐船才能抵达，那是一片蔓延到山顶的绿色山坡，半山腰盖着一幢房子，这里既是餐厅也是会客厅，透过餐厅的落地窗，可以看到对面的奥索尔诺火山。整片山坡都成了"鱼王"家的院子，养着鸡鸭，还拴着两匹马。在"鱼王"家午餐的一个多小时里，我至少看到 5 只梅花鹿

到河边饮水。为游客准备的鲑鱼都是亚历桑德罗刚钓的，用油煎一下，也不放什么佐料，就是吃个新鲜。亚历桑德罗说他只钓必需数量的鲑鱼，比如 10 个人吃饭，4 条鲑鱼就够了。他虽然靠山吃山，但也懂得适可而止。

饭后还有钓鱼体验活动，用的是飞钓竿，不同的鱼用不同的鱼钩，小点儿的虹鳟用飞蝇钩，大点儿的银鲑则用带飘带的钩子。

巴拉斯港非常适合开展皮划艇项目，下水前有个简短培训，教练会讲解如何挥桨，以及落水后如何自救。

当时我把皮划艇划得快如旋风，教练在一旁提醒："这不是比赛，你要学会做一个老人，听听四周的鸟叫，感受这里的风，享受当下的每一刻，你才能拥有环境里的所有细节。"

负责安排行程的旅行社老板说他大学时学的是工程类专业，本来当个工程师是最好的出路，但他最终决定去做一些与自然有关的事情，于是开了一家户外旅行社，每天带客人划船、捕鱼、观鸟。他对我说："如果每天只为了赚钱，那生活也就失去了色彩和意义。"他停顿了一下，继续说道："马克·吐温曾说过一句话：20 年后，你不会为你做过的事情后悔，让你后悔的都是你没来得及做的事情。"

作者推荐

佩特罗韦瀑布旁立着一个半人高的印第安人皮卡罗木雕像（Indio Pícaro），1990 年，美国副总统艾伯特·戈尔把一个小号的皮卡罗带回白宫，让它一下出了名。

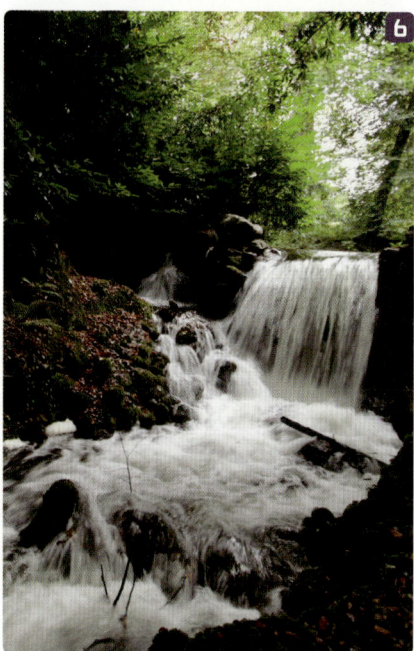

1. 战利品　2/3. 在香农河上飞钓　4. 设得兰矮种马　5. 比尔城堡中的天文望远镜
6. 比尔城堡内的花园

到爱尔兰学习飞钓

香农河 Shannon River

位于爱尔兰西部

推荐旅行时间：2 天

约 400 千米长的香农河是爱尔兰最长的河流，流域湖泊众多，盛产鲑鱼和鳗鱼。如果你想与这条河进行零距离接触，不妨试试飞钓。

如果你和我一样也是个初学者，那么请专家指导就显得很有必要。吉姆老师在香农河钓了 40 年，他浑身上下都是宝贝，光马甲夹层里就藏着各种飞钓鱼钩——钓鲑鱼和虹鳟鱼的鱼钩不一样，和各种精致的剪刀——剪鱼线和剪鱼嘴的剪刀不一样。

在首次飞钓之前，你要先在裤子外面套一条防水裤，然后左手拿鱼竿，右手握登山杖，一步步走到溪流中间。由于水底苔藓湿滑，打趔趄时，你要迅速用登山杖和双腿形成稳固的三角，以支撑身体。

选好位置站定后，接下来就要学习飞钓的关键技术——甩竿，这也是飞钓和垂钓的最大区别。

垂钓时，水面通常静止不动，鱼钩上拴条蚯蚓就能让鱼儿上钩。适合飞钓的溪涧水流湍急，鱼儿要在顺流而下时眼疾嘴快地觅食，因而鱼钩上用不着拴鱼饵，钓鱼者只需把鱼线和鱼钩甩到很远的地方，再慢慢收回鱼线，让鱼钩在水流中像鱼饵一样漂浮，诱骗鱼儿上钩。

甩竿时，身体自然放松，把鱼竿甩向斜后方，再挥臂让鱼线落到尽可能远的地方。虽然说起来只有三言两语，可真正操作起来并不简单，节奏感、角度、力度、身体的放松和平衡等要素一个都不能少。

如果挥竿时发出嗖嗖的声音，说明这不是正确的挥竿方式，因为飞钓的关键在于轻而无声。当把鱼竿甩到最高点时要停顿一下，酝酿片刻后再用前臂带动手腕向前轻抖，鱼线就会悄无声息地落在水面上。

如果有鱼上钩，收线时也有讲究，只需手臂轻轻一抖，飞线的重量加惯性就足以把鱼钩牢，接下来让鱼线引着鱼儿滑行一段距离，等鱼完全咬钩后，再让它追逐鱼漂逆流而上，当它游到脚边时用渔网一捞，鱼儿就被困在网中央了。

吉姆老师说："钓鱼最重要的不是每天钓几条、鱼多大多重，而是要了解那条河，了解那些鱼，了解它们为什么会受到季节、风向、阳光的影响而上钩。"他的话也是对"知己知彼，百战不殆"的另一种诠释吧。

作者推荐

香农河附近的比尔城堡里住着帕森斯家族，你可以进入他们家的花园参观。花园中最重要的展品是一架直径达 1.83 米的望远镜，这是威廉·帕森斯（William Parsons）在 1845 年发明的，在问世之后的很多年里，一直是世界上最大的望远镜。威廉·帕森斯借助这台望远镜发现了 M51 旋涡星系。

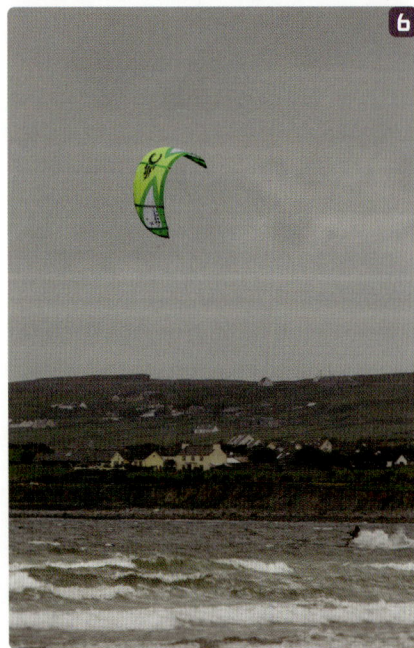

1. 悬崖边的奥布莱恩塔　**2.** 莫赫悬崖　**3.** 路边的一堵矮墙　**4/5.** 学习冲浪技巧

6. 刺激的滑翔伞冲浪

冲浪初体验

莫赫悬崖 Cliffs of Moher

位于爱尔兰克莱尔郡
推荐旅行时间：1 天

从爱尔兰第二大城市科克前往莫赫悬崖的路被香农河阻断，连人带车搭乘渡轮才能通过。汽车鱼贯进入渡轮宽敞的船舱，像钻进鲸鱼的肚子。把车停好后，人们可以走到甲板上欣赏风光。有时水上会起一层薄雾，让远近群山看起来朦朦胧胧的。

莫赫悬崖高出海平面 203 米，锯齿形的岬角如同被巨斧凌空劈削而成。悬崖下有很多海蚀洞，这也是电影《哈利·波特与混血王子》的取景地。电影中，哈利和邓布利多来到其中一个神秘岩洞，寻找伏地魔的不死之谜。

在游客步道靠近悬崖的一侧，有一堵 1.5 米高的矮墙。由于海边风大，修建矮墙主要是为了确保游客的安全。

奥布莱恩塔[1]建于 1835 年，拥有眺望悬崖的最佳视角，在将近 200 年前，这里就成了观光景点。天气晴好时，你还能在奥布莱恩塔上看到屹立在大西洋中的阿伦群岛[2]。

传说中，爱尔兰所有的蛇都是在莫赫悬崖摔死的。其实，爱尔兰没有蛇的真正原因是在冰河世纪之后，连接欧洲大陆和爱尔兰的陆桥消失了，蛇再也没有机会渡海上岸。

另一个传说也和莫赫悬崖有关。据说一群凯尔特人为了躲避迫害，把自己变成马驹，

在悬崖边的山洞里躲藏了几个世纪。后来，7 匹马从黑暗的洞穴中跑出来，眼睛一下子就被阳光刺瞎。它们发了疯似的狂奔，最终从一个叫艾尔·纳·塞拉奇[3]的地方坠落，后来人们称这里为坠马崖。

大西洋的海水裹挟着巨大能量，这种能量的表现形式就是一波高过一波的大浪。坠马崖下方通常会卷起 10 ~ 12 米高的巨浪，这使它成了冲浪高手向往的地方。莫赫悬崖北面的运动中心出租全套冲浪装备。

我换好又暖和又防风的冲浪服，教练让我先抱着冲浪板走到海水里，等海水淹没到胸口时，转身面朝海岸，然后放平冲浪板，身体整个趴在上面，接着用双手滑水。等浪头卷过来时，我发现冲浪板在水面上以极快的速度向前冲，这时双臂用力一撑，身体就能在一瞬间跃起……对初学者来说，能在浪花中站起来就已经非常不容易了，如果还能再坚持两秒，绝对会成为你和朋友聊天时炫耀的资本。

其实，学习冲浪只需掌握两点：平衡和自信。

1. O'Brien's Tower 2. Aran Islands 3. Aill Na Searrach

作者推荐

如果你是观鸟爱好者，最好提前准备好高倍望远镜，在莫赫悬崖边可以看到 30 余种海鸟，包括北极海鹦。不过我在莫赫悬崖没有看见一根北极海鹦的羽毛，倒是在斯瓦尔巴群岛的奥斯安萨斯山一次性看了个够。

1. 悬崖上的北极海鹦　2. 在悬崖下筑巢的海鸟　3. 厚嘴崖海鸠　4. 三趾鸥

5. 夏天的北极狐　6. 海湾中的邮轮

去北极观鸟

奥斯安萨斯山
Ossian Sarsfjellet
位于挪威斯瓦尔巴群岛西北部
推荐旅行时间：1天

在奥斯安萨斯山北面的一处悬崖上，栖息着很多北极海鹦。这处悬崖位于海湾出口，汹涌的海浪让冲锋艇颠簸得厉害，差点儿把我晃吐，无论视线还是镜头都很难聚焦在展翅高飞的北极海鹦身上。好在几只北极海鹦看热闹似的落在冲锋艇旁边，我才能看清它们的模样。北极海鹦十分可爱，巨大的鸟喙呈橘色，面颊上还长着一颗黄色"痦子"，如同鸟中小丑鱼。

很多去斯瓦尔巴群岛的邮轮都会在奥斯安萨斯山——以1878年来此进行科考的动物学家奥斯安·萨斯的名字命名——附近停靠，这里逐渐成了约定俗成的观鸟点。

首先进入视野的是一处高出海平面362米的悬崖，上千只海鸟围绕着崖壁筑巢、盘旋、歌唱，对人类的到来不以为意。

登陆之后，我们沿着一条泥泞的山路走到悬崖上方的平台。沿途开满野花，还有苔藓、地衣等植物。一到夏天，似乎连天寒地冻的北极都变得生机无限。有时还能遇到北极狐。夏天，北极狐的毛并不是纯白色的，而是灰不溜秋的，像沾上了泥水。此时的苔原上一片雪花都没有，要是北极狐仍旧披着一身白毛，威风是足够威风了，可也把自己暴露在光天化日之下，离死也就不远了。那

为什么北极熊的毛一年四季都是白色的？这是因为北极熊的必杀技是跃出水面，然后捕食正在冰面上休息的海豹，所以黑毛白毛并不重要！站在山顶平台上，你会发现停在海湾中的邮轮就像水池里的玩具模型，如果把目光放远，还能看到峡湾对面的雪山。

从山顶平台继续往前走，可以抵达另一处专门用来观察鸟类繁殖的观景点。这里和平共处着两种海鸥：一种是三趾鸥，它长着黄色的嘴和银色的翅膀，腹部呈白色；另一种是厚嘴崖海鸠，它的腹羽是雪白色的，背羽则黑得发亮。如果你也像我一样希望海鸟拍得清楚一些，那就应该离它们近一点儿，毕竟，著名战地摄影师罗伯特·卡帕曾说："你拍得不够好，是因为靠得不够近。"这句话不仅适用于战地摄影，也适用于野生动物摄影。

我拍了一会儿在空中飞翔的鸟群，又把镜头对准在巢穴中等待哺育的幼鸟。在厚嘴崖海鸠的一生中，最关键的一步就是第一次飞翔，这也是它们的成"鸟"礼。只有那些翅膀长硬了的幼鸟才能成功，而那些还没做好准备的，可能跨出去就成了悬崖下那些北极狐的盘中餐，这可真成天上掉馅饼了。

作者推荐

下山时你可以走另一条路，这条路上能看到许多北极驯鹿，北极驯鹿喜欢以家庭为单位进行集体活动。

1. 纽伦堡旧市政厅上的徽章　2. 老教堂　3. 城市全景　4. 纽伦堡街景　5. 面包和拇指香肠
6. 纽伦堡的路牌

纳粹的终结之地

纽伦堡 Nuremberg

位于德国巴伐利亚州

推荐旅行时间：3 天

奥斯威辛的指挥官鲁道夫·霍斯在集中营解放后被英军逮捕，他在纽伦堡审判中供认，齐克隆 B 毒剂是剧毒的氰化物，他用这种毒剂在比克瑙集中营一天就能杀死 6 000 人。

纽伦堡因著名的纽伦堡审判而举世闻名。1945 年 11 月 20 日，国际军事法庭移至纽伦堡。经过 200 多次庭审，审判于 1946 年 10 月 1 日结束。最终的判决结果是，纳粹组织、党卫军、秘密警察为犯罪组织，以第三帝国元帅赫尔曼·戈林为首的 11 人被判处绞刑，另有 3 人被判处无期徒刑。霍斯最终被吊死在他曾大开杀戒的奥斯威辛集中营，也算是恶有恶报了。

纽伦堡审判虽然让几个罪魁祸首伏法，但还有大量参与屠杀的纳粹分子以"我只是奉命行事"为借口脱罪。后来，美国政治理论家汉娜·阿伦特在她的书中将这种以意识形态为掩护的无责任犯罪总结为"平庸之恶"。与显而易见的"极端之恶"相比，我们更要警惕"平庸之恶"，因为后者不受法律监管（就像纽伦堡审判的判例），但仍有一把戒尺可以管住"平庸之恶"，那就是我们的良心。纽伦堡不仅是纳粹的终结之地，也是对犹太人进行系统性屠杀的策源地。1935 年，在纽伦堡通过的法案认定犹太人不具有政治地位，同时禁止德国人与犹太人通婚。

纳粹时期，纽伦堡被希特勒选为第三帝国党卫军党代会召开地，每年有 50 万官兵来这里参加纳粹集会。正因为纽伦堡和纳粹这种脱不掉的关系，它在第二次世界大战后期几乎被同盟军的炸弹夷为平地。战后，德国人尽可能按照纽伦堡历史上的样子将它复原。

在欧洲，大多数城市的兴起都会遵循这样一种模式：先是在商道驿站边自发地形成为往来客商提供便利的市场，随后市场旁边又出现满足信仰需要的教堂，最后在市场和教堂外建起一圈围墙。围墙内叫城，城的核心为市，是为城市。纽伦堡也不例外，它最初只是从威尼斯到科隆的商道上一座不起眼的驿站，随着手工艺人和新兴资产阶级的不断涌入，才逐渐有了城市的规模与模样。在第二次世界大战之前，纽伦堡一直是德国皇帝居住的地方，现在的皇帝堡对外开放，你可以在这里找到神圣罗马帝国的王冠和权杖。

纽伦堡位于德国中部，北通汉堡、柏林，西接法兰克福，往南可前往慕尼黑，往东偏南可前往维也纳，所以它也是一座建在铁轨上的城市，火车迷可以在纽伦堡铁路博物馆找到德国最大的铁路模型。

纽伦堡人喜欢吃香肠，这里的香肠"身材"娇小，约八九厘米长，被称作拇指香肠。拇指香肠的最佳搭配是酸菜和烟熏啤酒。

作者推荐

每年 6 月，纽伦堡都会举办管风琴音乐周，主会场位于市中心的老教堂。

1. 密布的铁丝网　**2.** "劳动带来自由"的标语　**3.** 行刑墙　**4.** 通向死亡的铁轨

5. 静默的参观者　**6.** 密度极高的蹲坑

世界的暗角

奥斯威辛 Auschwitz

位于波兰南部

推荐旅行时间：1 天

奥斯威辛集中营的全称为奥斯威辛 - 比克瑙集中营[1]，它由位于奥斯威辛的一号营地和 3 000 米外的比克瑙二号营地组成。

参观奥斯威辛是为数不多让我深感压抑的旅行体验。

压抑首先来自集中营里密布的铁丝网、画着骷髅头的死亡警告，以及那句醒目的口号——劳动带来自由。这无疑是一句彻头彻尾的谎言，关押在奥斯威辛的犯人每天都要从早到晚地劳动，那些因过度劳累而倒地不起的人，身体马上会被石碾轧过。

然而，他们还算幸运的，更多的犹太人在乘火车抵达奥斯威辛之后，马上被纳粹德国军医分成两列，有劳动能力的人留在集中营做苦力，没有劳动能力的人则被告知在进入集中营之前要先清洁身体，当然，这也是一句谎言。随后，他们要在自己的行李箱上写下名字，等待日后领取。女孩被剪掉长发，戒指、眼镜、皮鞋等个人物品被分门别类保管。当他们走进"浴室"之后，大门就在身后关闭。这其实是纳粹在比克瑙建造的四间毒气室之一，德国军医把齐克隆 B 毒剂从通风口扔入毒气室，用不了一刻钟，里面的人都会在呐喊和挣扎中走向死亡。负责收尸的人打开"地狱之门"，先把一具具尸体抬到焚尸炉，再用高压水枪把毒气室冲刷干净。此时，下一批等待"清洁"的犹太人已在门外排好了队。

在一间改造成陈列室的营房中，我看到几千个无人认领的行李箱、用头发制作的地毯、各种尺码的鞋……与这些无声的证物相比，任何写在纸面上的证词都显得苍白无力。

比毒气室更恐怖的是作为人体实验室的 10 号楼，那些恐怖的人体实验恕我无法一一描述。

10 号楼隔壁的 11 号楼用来惩罚犯错的犯人，惩罚手段通常为鞭刑、水刑或针扎指甲……

10 号楼和 11 号楼之间还有一面行刑墙，犯人被要求跪在行刑墙前面，随后纳粹军官用小口径手枪抵住囚犯后脑一枪毙命。

在参观结束前，导游会把参观者带到那段死亡铁轨前，它正对着一扇大门，那些在第二次世界大战期间走进大门的人，几乎都没能生还。我看到铁轨边摆着参观者留下的花束，还有一些犹太人披着以色列的国旗从铁轨上缓缓走过。

在奥斯威辛，一共有 150 万人（另一种说法是 400 万人）被纳粹杀害，其中大部分是犹太人，来自欧洲各个国家。

永远不要忘记来自奥斯威辛的绝望呐喊，因为那是对全人类发出的警告！

1. Auschwitz-Birkenau

旅行提示

参观奥斯威辛时要保持肃穆，这是对死难者最基本的尊重。

1/2. 老城中心的广场　**3.** 维利奇卡盐矿中的《最后的晚餐》浮雕　**4.** 盐矿中的地下教堂

5/6. 瓦维尔城堡　**7.** 克拉科夫的犹太区

凡救一命
即救全世界

克拉科夫 Kraków

位于波兰南部

推荐旅行时间：2 天

　　克拉科夫是波兰旧都，老城中心的广场在中世纪时是欧洲最大的广场市集，四周环绕着哥特式和巴洛克式建筑。现在广场上添了很多新物，有四轮马车、街头艺人和咖啡座椅，但这些全是配角，主角只有一个，就是来自世界各地的游客。游客逛完广场后，通常会沿着皇家之路走到瓦维尔城堡，这里曾是波兰王室的居所。

　　中世纪时，盐是重要的战略资源，不仅可以用来给食物保鲜，提炼出的食盐还能丰富餐桌上的味道，所以开采盐矿的利润占到了波兰王室收入的 30%。克拉科夫的维利奇卡盐矿像很多因资源枯竭而不得不停产的矿藏一样，成了游人如织的地方。你可以走入地下的盐矿世界，所有雕塑都由盐块雕刻而成，矿工甚至在地下开凿出一座宫殿式教堂。充满盐分子的空气对呼吸道疾病有一定疗效，于是盐矿中开了一家疗养院。

　　1364 年，波兰王室利用维利奇卡盐矿的收入开办了雅盖隆大学，它是中东欧地区最古老的大学。1491 年，哥白尼进入这所大学学习，他在 40 岁时提出的"日心说"推翻了托勒密的"地心说"。哥白尼晚年出版了《天球运行论》，他在书中提到的日月食和五大行星（金木水火土）的概念对那个时代的文学家产生了一定的影响。丹·福克在《莎士比亚的科学：一位剧作家和他的时代》一书中提到，莎士比亚具有初步的天文学知识，他的作品中经常出现日出、日食和极星等新名词，他还在作品中探讨了关于宇宙的命题，这种认知正是根植于他所处的那个从神学向科学过渡的时代。

　　从瓦维尔城堡往东，走过几个街区，就进入了犹太区，你能在这里找到一家建在搪瓷厂里的博物馆。在第二次世界大战期间，搪瓷厂的老板是一个名叫奥斯卡·辛德勒的纳粹党人，为了攫取高额利润，他雇用了工价最低的犹太工人。在经营搪瓷厂的过程中，辛德勒无数次看到党卫军杀害犹太人，于是他从一个唯利是图的商人变成了一个设法拯救生命的人，散尽家财换回了 1 100 名犹太工人的生命。这是真实发生的故事，后来被改编成了电影《辛德勒的名单》。在电影结尾，犹太工人为了表达感谢，用偷藏的金牙铸成一枚戒指，上面用希伯来文刻着一句话：凡救一命，即救全世界。辛德勒去世后被葬在耶路撒冷的锡安山，是唯一被葬在那里的纳粹党人。

旅途随感

　　随着天文学的发展，"日心说"早已被"大爆炸说"取代，但这未必是人类探索宇宙的终点，说不定真相就像电影《宇宙探索编辑部》的结尾，随着镜头拉远，从地球到太阳系，从银河到总星系，最后定格在一个 DNA 双螺旋结构般的宇宙。莎士比亚仿佛成了一位预言家，因为他曾写下："人是宇宙的精华，万物的灵长。"

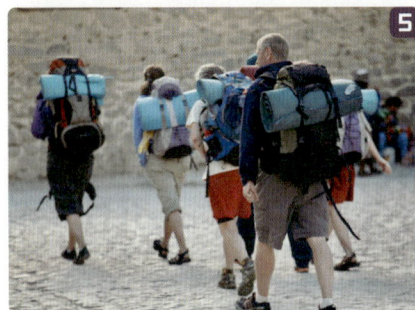

1.欧燕台的防御工事　2.马拉斯盐田的晒盐工　3.星罗棋布的盐田　4.同心圆梯田
5.印加古道上的徒步者　6.前往马丘比丘的列车

粉红盐田
和同心圆梯田

乌鲁班巴镇显然不如同名的乌鲁班巴河出名，因为这条河可以直接将你带到神圣的马丘比丘。

人们来乌鲁班巴镇主要是为了前往附近的两处印加遗迹。一处是马拉斯[1]盐田，盐田中的上千个盐池依山而建。含盐量丰富的山泉顺着水渠往下流淌，把盐池注满后，石头做的闸门就会被关上。在阳光和风的双重作用下，盐池中的水被迅速蒸发，最终剩下细如沙粒的晶体。这里的盐主要呈粉红色（也有白色的），于是又叫玫瑰盐。玫瑰盐主要出口到日本用作浴盐，也有一部分上了法国人的餐桌。盐池可以继承，于是住在附近的印第安人世代代都是晒盐工。

另一处则是名为莫瑞[2]的同心圆梯田。1932 年，这处梯田在美国国家地理协会资助的一次航拍中被发现，填充梯田的土壤来自印加帝国的不同领地，科学家还在这里收集到了不同作物的种子和花粉样本。除此之外，梯田因为高度、日照和风向的不同而形成了不同的微气候，印加人把各种微气候与成分不同的土壤排列组合，用以研发农作物新品种。

如果你从乌鲁班巴沿河流的方向继续西行，遇到的下一个印加遗迹就是欧雁台[3]。你会在小镇上方看到几百年前的防御工事和神庙，相传这里是印加王抵抗西班牙殖民者的地方。欧雁台也是印加古道徒步的起点，徒步者要先前往匹斯卡库绰 82 千米[4]处，随后进行 4 天 3 晚的徒步旅行，沿途要翻越海拔 4 200 米的垭口，并在最后一天清晨抵达太阳门，从这里可以看到马丘比丘的日出。由于每天允许进入古道的人数有限，所以要至少提前 3 个月预订。

从欧雁台到马丘比丘有直达列车，车厢内的最大看点是天花板的一半都嵌着玻璃，再加上两侧的窗户，令双眼的可视范围十分宽广。置身车厢内的乘客就像在航天器里的宇航员，虽然活动范围有限，却能俯瞰整个地球。

火车启动时遵照古老传统，列车员站在火车旁摇响铜铃，"丁零零，丁零零"的声音把乘客全都吸引到响铃的一侧，随后车头拉着车身一步步加快速度，脚边的乌鲁班巴河也朝着相同的方向流淌。雨季的乌鲁班巴河异常暴躁，据说最严重的一次洪灾曾让一个地区的 600 多人集体失踪，最后只找回 35 具尸体。

1. Maras　2. Moray　3. Ollantaytambo
4. Piskakucho KM82

旅途随感

印加人不仅精通农业，还懂医学，可他们没有枪炮。印加人就像活在二维空间里的蚂蚁，爬来爬去都只是在纸面之上，看不到其他文明正以三维视角对他们虎视眈眈，这也是美洲大陆迅速被欧洲殖民者占领的根本原因。

1. 印加古道　**2.** 马丘比丘全景　**3.** 古老的印加遗迹　**4.** 拴日石　**5.** 太阳门　**6.** 乌鲁班巴河

空中之城

马丘比丘 Machu Picchu

位于秘鲁南部

推荐旅行时间：1 天

马丘比丘是曾经在近代史中消失了将近400 年的印加城市，它建于高山之上，隐藏在云雾之间。1911 年，美国耶鲁大学教授海勒姆·宾厄姆在当地克丘亚人的带领下，在安第斯群山之巅发现了这处印加遗址。1913年，美国《国家地理》杂志用整个 4 月刊对这里进行了全面报道，从此，马丘比丘进入了人们的视野。

从马丘比丘被重新发现那天起，关于印加人建造它的目的，考古学界一直争论不休。度假派认为这里是印加王的行宫，就像中国的避暑山庄，当库斯科酷热难耐时，国王就起驾出城来这座山中城堡消暑纳凉。祭祀派认为这里是用来举行祭天仪式的，因为这里离太阳更近一些。

马丘比丘镇坐落在遗址下方的深谷中，两者之间由一条长长的"之"字形山路连接，有班车往返两地。你如果想去遗址看日出，那么早晨 5 点就得起床了。班车在驶出小镇后，缓慢向上爬升。一些徒步爱好者会选择在这时摸黑赶路，他们的身形被车头大灯一照，长手长脚的影子映在光滑的石壁上，就像张牙舞爪的魔鬼。

进入景区后，大多数游客不会马上走进景点的观光路径，而是顺着山路往上爬，找到一个制高点，此时整个古迹尽在眼底。

这时，你可以坐下来等待日出。先是从东方山峦的顶端闪耀出一颗刺眼的火星，很快火星聚成一束更刺眼的光芒，那光芒一路扫下来，黑暗的地盘节节失守。慢慢地，露水变得晶莹，连组成废墟的石块也在逐级提升自己的亮度和饱和度，一切仿佛重新活了过来。这里的日出跟别的地方不同，并不是太阳从低点到高点的简单位移，而是把整个古迹从左到右、从上到下全部照亮的过程。

在马丘比丘，你还能找到一块拴日石，印加人的祖先认为拴日石矗立的地方就是世界的中心。拴日石立在一座山丘之巅，由主石与附石两部分组成。主石呈菱形，像一个扣在地上的石磨，四个角分别指向东南西北，附石为一块立方体石柱，立在主石之上，整体来看就像汉字中的"凸"字。印加人崇拜太阳，害怕太阳落山后再也不能照常升起，于是每年冬至都会举行祭祀仪式，象征性地把太阳拴在这块石头上，拴日石也由此得名。

旅途随感

我喜欢宫崎骏的《天空之城》，动画里的空中城堡，遥远而又神秘，可在被贪婪的人类发现后，终究难逃毁灭的厄运。据说秘鲁旅游局曾想在马丘比丘景区里修建观光电梯，后来因为反对声音太大而搁置。对于一件美好事物，在打听清楚它的底细之后，人们就会坐下来算账，看怎样才能将其价值最大化，这是实用主义者的逻辑，但若想它保存完好，就不能忘记初心，不能被自己的贪婪打败。

1. 库斯科的石板路　2. 图帕克·阿马鲁二世的雕像　3. 形状各异的石头竟然可以严丝合缝地拼在一起　4. 烤豚鼠　5. 一年一度的太阳节　6. 库斯科的集市

南美洲的肚脐

库斯科 Cusco

位于秘鲁南部

推荐旅行时间：4 天

　　库斯科主教座堂里有一幅《最后的晚餐》壁画，耶稣面前的餐盘中的食物是一只烤豚鼠。在秘鲁，当地人饲养豚鼠就和亚洲人饲养鸡、鸭一样普遍。据说，每年有 6 000 多万只豚鼠成为秘鲁人的盘中餐。在库斯科武器广场边的几家餐厅里，烤豚鼠都是招牌主菜。我也入乡随俗地点了一只，没过多久，烤成金黄色的豚鼠就被端上餐桌，它的嘴居然是张开的，还露出上颌的两颗门牙！

　　在印加人的语言中，"Cusco" 是 "肚脐"的意思，引申为 "世界的中心"。虽然这个说法有点儿夸张，但在印加帝国长达 5 个多世纪的统治中，库斯科一直是南美大陆的中心。随着印加帝国的土崩瓦解，库斯科的城市功能也悄然发生了变化，从汇聚元气的 "肚脐" 变成了给西班牙输血的 "大动脉"。神庙宫殿上熠熠生辉的金雕银饰被熔成金块、银锭，从陆路运到利马，再从利马经海路运往欧洲。

　　1533 年，西班牙人弗朗西斯科·皮萨罗在库斯科的武器广场宣告印加帝国灭亡。200 多年后，率领原住民反抗殖民统治的部族首领图帕克·阿马鲁二世在这里被四马分尸。不过，他最终还是站了起来，成为今天武器广场正中那尊高高在上的金身雕像。他头戴皇冠，手握权杖，每天都在提醒秘鲁人

民，自由来之不易。

　　在今天，库斯科仍旧是两种文明碰撞、交流与融合的地方，梳着粗黑麻花辫的印第安大婶在路边卖着颗粒饱满的玉米，而库斯科的官方语言早就变成了西班牙语。

　　每年 6 月下旬，库斯科会举办为期一周的太阳节，感谢太阳神在过去一年洒下的明媚和温暖，同时祈求来年风调雨顺、国泰民安。每天，不同年龄段的方阵组合到武器广场表演，从老年人到孩子，再到青年，最出彩的是压轴的大学生方阵，每个人都使出浑身解数去演绎 "热闹" 这两个字。于是，热闹变成了夺目的色彩。披挂在大姑娘小伙子身上的颜色比彩虹还要炫目，什么大红大紫、大蓝大绿，统统成了旋转的彩裙、蓬松的蹦裘、飞扬的流苏。在这里很难看到黑白灰的服饰。热闹还是纷繁的声响。这时候再派排箫、竖笛上场就会显得有点儿单薄，有的方阵直接把敞篷汽车开到场地中央，用低音炮轰炸人们的耳膜。砰砰砰砰，没人放炮，却比过年还喜庆。热闹也是缭乱的舞姿。大学生本来就精力充沛，又正好到了谈情说爱的年纪，于是老年人玩不来的叠罗汉，孩子学不会的眉目传情，都在大学生的奔跑、旋转、跳跃中被演绎得激情澎湃又柔情似水。

旅途随感

　　在库斯科待久了，旅行者可能会产生一种灵魂出窍的感觉，这种感觉的成因主要与三个因素有关，即轻微的高原反应、强烈的日照和神秘的印加文明。

1. 印第安妇女的麻花辫　**2.** 皮萨克的周日集市　**3.** 玉米是当地人的主食之一

4. 排水沟的出口　**5.** 双面骷髅　**6.** 精心打扮的印第安女孩

跟印第安人一起赶集

皮萨克 Pisac

位于秘鲁南部

推荐旅行时间：1 天

每到星期日，皮萨克小镇都会有个市集。

小镇中心是一个铺着鹅卵石的小广场，早晨 8 点多，摊位就已密布。那些摊位全都一米见方，卖土豆、卖玉米、卖鲜花、卖棉线、卖染料，买卖双方都是前来赶集的农民，有的直接以货易货：我用 2 千克土豆换你一捧鲜花。那些印第安农妇在出门前一定把自己精心打扮了一番，所以市场上才能看到比她们售卖的鲜花还要多得多的色彩。

中心市场向四周延伸出许多小巷，小巷两边则是固定摊位。

对印第安原生态音乐感兴趣的人能在小巷里淘到几百种 CD，选中哪张就可以马上拆开包装试听，排箫、竖笛、丛林鼓组合成的节奏无一不是欢快的。

画廊里的每一寸墙都被充分利用，上面挂满大大小小的水粉画、油画和铅笔彩绘，主题只有两个——印加人的祥和生活和印加王斩妖除魔的丰功伟绩。如果你上前询价，那个满手油彩的画师通常不会先说价格，而是指着画作角落的签名，再指指自己，淡泊地说："我的签名。"这让人一下子感觉自己是在跟一位艺术家对话，也就不好意思讨价还价了。

中心市场里还有一些兜售国际象棋的流动小贩，他们把棋盘摊在自己的手臂上，嬉皮笑脸地凑到你跟前，让你看清棋盘上棋子的样子，一方是印加武士，一方是西班牙士兵。他们才不关心几百年前那场关于家国命运的战役的输赢，能用这个噱头多赚点儿钱才是正经事。

如果你想淘一些不是专门面向游客的物品，可以到市场里的几家古董店转转。我走进其中一家，一眼望去，几乎都是第二次世界大战时的徽章、从欧洲舶来的银碗银碟，以及一些纹路斑驳的木制家具。不过，一个摆在角落里的绿家伙让我的注意力一下子集中起来。那是一个双面骷髅，正面的头骨轮廓更像现代人，而反面的头骨轮廓更像远古人。正反两面的头顶上都盘踞着一条青蛇，在印加文化中，蛇是智慧的化身。老板说："这个，很好，做工好，石头的，很沉，你可以拿起来，4 千克呢！"我把双面骷髅捧在手心，它果然沉甸甸的，看材质，有点儿像绿松石，也有点儿像青金石，石头的颜色从骷髅下颌的深绿过渡到额头的浅绿。我左看右看，舍不得放下。可这分量让我打起退堂鼓，因为后面还有很长的一段路要走，我总不能抱着一块石头走半个月吧。可转念一想，有的东西一旦错过，这辈子可能都不会再遇到了，人或物皆如此，于是这回情感终于战胜理智。

作者推荐

在皮萨克某些小路的中线位置，你可以找到伏于地面的蛇头雕塑，蛇嘴正是排水沟的出口。

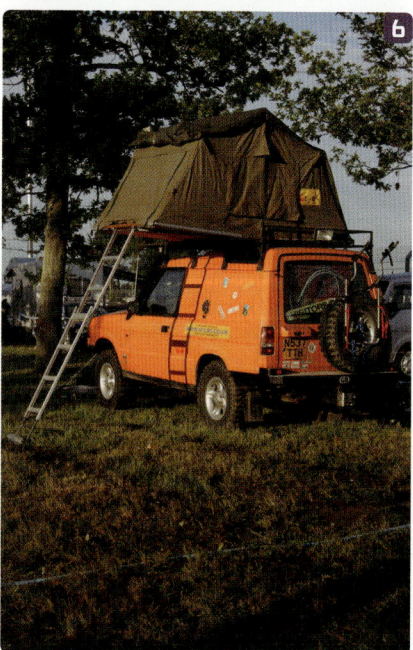

1. 摩天轮　2. 勒芒 24 小时耐力赛的标志　3. 从摩天轮上俯瞰赛道　4/5. 飞驰的赛车
6. 观众自带帐篷

24 小时汽车耐力赛

勒芒 Le Mans

位于法国萨尔特省

推荐旅行时间：2 天

在全球汽车耐力赛排行榜上，勒芒 24 小时耐力赛（简称"勒芒 24"）独占鳌头。这场比赛于每年 6 月举行，赛车要连轴开 24 小时，在一条长 13.6 千米的环形赛道上跑 350 多圈。

一辆赛车由 3 个车手轮流驾驶，换人不换车，主力车手通常要驾驶 14 小时。无论对人还是对车，这场比赛都是一次近乎残酷的考验。正因如此，顶尖车手都想把勒芒 24 的冠军收入囊中。

下午 3 点，勒芒 24 准时开赛，排位赛第一的车手率先从起点出发。赛车底盘极低，看起来就像大号卡丁车。观众坐在看台上给喜欢的车队加油，当然，即使你喊破喉咙，车手也听不见。再有激情的人也不可能一直狂呼，慢慢气势就弱了，而且你也很难看出这一圈与下一圈有什么不同，反倒越看越像中了催眠术，如同有人在你面前晃起了钟摆。

只有当赛车出现剐蹭的时候，观众的神经才会被刺激一下，但没人希望小刺激变成大惊吓。在 1955 年的比赛中发生了严重车祸，一辆赛车撞上前车后起火爆炸，赛车碎片飞向观众席，死伤上百。自那届比赛后，勒芒 24 的安全措施就像松了的螺丝一样被再次拧紧。

赛道旁还临时建起了一座游乐场，旋转木马、空中飞人、摩天轮……该有的都有。只需花 5 欧元就能上去转一圈的摩天轮前永远排着长队，随着车厢越升越高，视野就会扩展到整条赛道，难怪一些摄影师上去后就不想下来了。显然，摩天轮顶端的视角最佳。

晚上 10 点，除了各个车队的工作人员仍旧在忙碌之外，观众都在游乐场里狂欢，只有耳畔不时响起的马达声提醒着大家耐力赛还在继续。

凌晨 3 点，大部分观众都回帐篷休息了，赛车仍一圈圈地开着。马达声在寂静的夜晚听起来就像猛兽的咆哮，车灯也冒出凶狠的光芒。

凌晨 5 点，自以为能坚持 24 小时的人也熬不住了。当他们再次醒来时，勒芒 24 已渐入尾声。

在比赛的最后时刻，观众已不再只给自己喜欢的车队加油，无论哪辆赛车经过，掌声都会响彻全场。能够坚持到最后的，都很了不起。

旅行技能

如何拍摄赛车的动态效果？首先，镜头最好选择长焦，同时打开相机的防抖功能；其次，使用慢速快门拍摄，快门速度在 1/50 秒左右；再次，调整光圈，光圈越大，背景越虚；最后，你还要练就一双"铁手"，能够紧握相机，让镜头焦点随着赛车车身的轨迹移动。

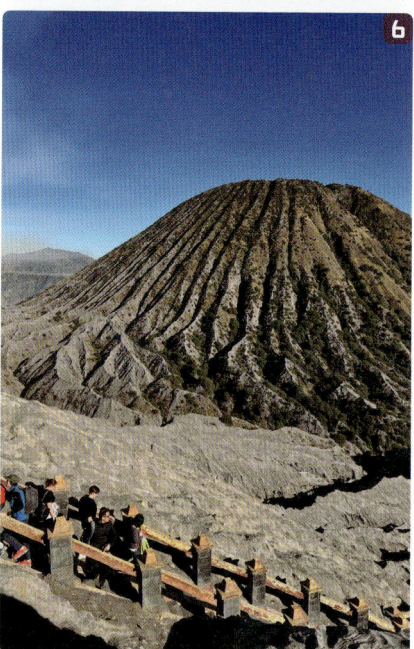

1/2. 布罗莫火山群　3. 日出前，东边的天空被染成橘色　4. 布罗莫火山口

5. 坐在沙海上弹琴的老人　6. 通向布罗莫火山口的台阶

日出观火山

布罗莫火山 Gunung Bromo

位于印度尼西亚爪哇岛东部

推荐旅行时间：1 天

凌晨 3 点本该是一天中夜最深、人最静的时候，可在布罗莫火山旁的塞莫罗拉旺[1]村，从此刻开始无人入眠。

游客被闹钟叫醒后，需要徒步或者乘车前往位于帕南查干山[2]上的观景台，他们要在天亮之前抵达，才能看到日出时的光线将布罗莫火山照亮的景象。村子里的男人大多为游客开车，女人则在景区门口卖饮料和早餐，有的还抱着几件用来出租的厚外套。由于此地的海拔超过 2 000 米，又是在后半夜最冷的时候，对那些只穿着 T 恤和短裤就到印度尼西亚这个热带国家来旅行的游客来说，这些厚外套无异于雪中送炭。

帕南查干山有 3 个观景台。我的建议是直接前往最高处的观景台，毕竟王之涣早就说过："欲穷千里目，更上一层楼。"

当我抵达观景台时，夜色依旧幽暗无边，只能抬起头数星星，不过这兴致总被夜风带来的寒意打扰。不知过了多久，我才看到启明星缓缓升起。不一会儿，东边的天空被染成明亮的橘色，那是日出的前奏。可当太阳从山脊线后蹦出来，大家就"移情别恋"不再看它了，而是扭头看向布罗莫火山所在的西南方向，此时火山的轮廓已完全显现。

这竟是一个火山群！布罗莫火山位于最左边，连主角都算不上，屹立在火山群背后的是爪哇岛的最高峰——塞梅鲁峰。在 6 月到 9 月的旱季，几乎每天都能看到清晰、完整的火山群，而在云遮雾绕的雨季，清晰度就会大打折扣。

日出之后，人们陆续朝布罗莫火山的方向走去。在抵达山脚前，要穿越一片铺满火山灰的沙海，不一会儿我的鞋和裤子就全都跟大地撞了色。山脚和火山口之间有一段 253 级的台阶。站在火山口边缘，你可以看到硫黄燃烧后腾起的白色烟雾，随着烟雾钻入鼻孔的，还有一股酸臭味。

到了上午 10 点左右，游客心满意足地离开了，塞莫罗拉旺村又恢复了宁静。没有人会因为早起而抱怨：对游客来说，日出时的景象就像一场美梦；对村民来说，只是把工作时间提前了几个小时而已。

我乘坐旅行社的车前往下一个目的地，车上都是来自世界各地的背包客。坐在我旁边的是个荷兰人，我俩聊起关于永生的话题。他坚信科学家会发明一种将意识输入电脑的设备，这样即使肉体消亡，意识却能永存。他说只要这种设备发明出来了，他就会选择上传意识。

1. Cemoro Lawang　2. Gunung Penanjakan

旅途随感

在旅途中，我经常遇到很多擦肩而过的陌生人，有时连姓名都不问，正是由于这种彼此陌生的关系，大家反倒可以畅所欲言。这就像在旅行中挖了一个树洞，在打发无聊时光的同时，还有解压的功效。

1. 高台寺　2. 清水寺的本堂　3. "一期一会"的茶道表演　4. 枯山水
5. 虹夕诺雅窗外的风景　6. 三年坂街头的托钵僧

一期一会

京都 Kyoto

位于日本关西地区

推荐旅行时间：4 天

在日本定都东京之前，京都已经做了一千多年都城。这两座城市的英文名也反映出二者的相似性，"Tokyo"看起来就像"Kyoto"换汤不换药的变体。

京都悠久的历史留下无数古迹，其中有17处被认证为世界文化遗产。在京都游历时，你似乎永远走不出由寺庙、神社和传统日式庭院构筑的风景。

京都位于三面环山的京都盆地，寺庙主要集中在东山一侧，从南到北有清水寺、知恩院、南禅寺、法然院、银阁寺等。虽然庙宇各占胜景，但实则大同小异。如果你的时间不多，只能抓大放小地游览两三座庙宇，那我建议从清水寺开始。

清水寺寺门高大、颜色浓艳，门前有两只石狮把守。一进寺门，颜色却质朴起来。本堂由139根木柱支撑，如同悬空的舞台。这里的秋天很美，森然古刹被漫山红枫包围，仿佛寂静与热闹都被它独占。清水寺内还有一座地主神社，可以求姻缘、求消灾、求富贵，看来地主还挺忙的，什么事都得管。

从清水寺往下走，就到了三年坂，这里是京都最热闹的仿古建筑一条街。从三年坂拐进旁边的小路，就到了二年坂，高台寺就在前方不远处。

高台寺就像一个超大号盆景，让人可以穿行其间，盆景这种园艺中深藏于细小处的精致在这里被放到极致。你能在方丈庭院看到枯山水，这是最经典的日式园林景观，全部由细碎砂石铺成，聚拢为山，起伏为水，专供僧侣禅修时使用。在枯山水四周几乎看不到开花植物，这样僧侣就可以在不被凡尘俗念打扰的状态下，潜心修行。

你还可以在高台寺体验日式茶道。茶室正中摆着一张茶台，茶师跪坐其后，烧水、煮茶、搅拌，虽然动作简单，但茶师专注的神情、平稳的气息、娴熟的动作，让游客如同在观赏一支缓慢进行的舞蹈。

当茶汤被端至面前，你不能豪爽地一饮而尽，要先把茶碗轻轻端起，然后观茶色，抹茶的颜色就是早春的颜色，是一种代表无限生机的绿色。茶汤表面泛起很多微小气泡，这是茶师用茶筅搅拌后形成的，也是技艺高超的体现。喝茶前要轻转三下茶碗，欣赏瓷碗表面精美的纹路。咽下茶汤后还要轻轻砸一砸嘴，以表达满意和对茶师的感谢。

"一期一会"是日式茶道的四字箴言。生命只有一次，我们必须全力以赴。琉璃易碎，彩云易散，只有当下是实实在在的，是不忍浪费的。我们可以用一期一会的心态去面对很多事，小到煮半碗茶汤，大到过好这一生。

京都有一家叫虹夕诺雅（Hoshinoya）的酒店，它藏在岚山深处，要乘船才能抵达。酒店的房间里没有电视，不少人专程从繁华都市来到这里，感受山间的寂静。

1. 以弗所图书馆　2. 图书馆正面的四座女神雕像　3. 哈德良神庙的两座拱门
4. 托钵僧之舞　5. 土耳其舞者　6. 土耳其冰激凌

古希腊遗迹和托钵僧之舞

以弗所 Ephesus

位于土耳其西部

推荐旅行时间：1 天

以弗所的每块砖、每根柱子都流淌着古希腊的血液，因为在传说中，它由来自希腊的王子建造。那位希腊王子因多利安人的入侵而不得不背井离乡，去寻找一个安全的地方。在离开雅典之前，他找到一位预言家给自己算命，预言家告诉他："鱼、火和猪就是你东山再起的地方。"

王子的船队穿越爱琴海，来到小亚细亚半岛之后，随从抓来海鱼放在火上烤，没想到引发了一场森林大火，浓烟把野猪熏了出来。看着眼前的烤鱼、山火和野猪，王子立刻反应过来，预言家说的地方就是这里。

以弗所遗址从 19 世纪开始挖掘，到现在也只挖掘了 18% 的面积。考古学家通过剧场可容纳人数——25 000 人，推断出鼎盛时期的以弗所有大约 25 万居民，这还不算从其他地方来的水手和商人。

参观以弗所大概需要 4 个小时，从上层到下层依次是公共浴室、城市会堂、图书馆、集市、大剧院、斗兽场等。

图书馆外观的完整性令人印象深刻。正面站着四位女神，分别代表仁慈、思想、学识和智慧（原件已移至以弗所博物馆）。

库瑞忒斯大道[1]的地砖上有凹凸的斑块，这可不是古代的盲道，而是为了防止人们在过于光滑的大理石地面上摔倒。

你还能在这里看到一排坐式马桶，也不知道以前是否有隔板，或许人们还能在上厕所时聊聊天。如果这个猜测属实，那就说明古希腊的厕所还具备一定的社交属性。

哈德良神庙拥有两座拱门。第一座拱门上有突出的石檐，石檐上有个缺口，看起来就像一排牙齿中少了一颗。第二道拱门上刻着披头散发的美杜莎。

晚上可以住在距离遗址七八千米的海边小城库萨达斯[2]。夜幕降临后，城中会有歌舞表演，其中最吸引人的是托钵僧之舞。

土耳其的托钵僧和日本的托钵僧只是名字一样，前者信仰伊斯兰教，后者则是佛教的忠实信徒，通过化缘获取食物。土耳其的托钵僧身穿白色长袍，头戴细长的帽子，在笛声的伴奏下不停地旋转。对土耳其的托钵僧来说，头顶的帽子就是自己的墓碑，他们通过不停旋转与神对话。

1. Curetes Way　2. Kusadasi

作者推荐

一定要尝尝土耳其冰激凌，它以山羊奶为主要原料，质地非常黏稠。卖冰激凌的小伙子通常还会为你表演一段杂耍，他用一根铁棍挑着冰激凌在你面前左摇右晃，你刚想去接，只见他手腕一抖，冰激凌就出现在别的地方。几个来回后，冰激凌仍旧不会融化，卖家利用的就是它十分黏稠的特点，还能让你深刻地明白什么叫"近在眼前，远在天边"。

1. 光脚走过钙华池　2. 在池子里泡澡　3. "棉花"做的城堡　4/5. 希拉波利斯遗址
6. 棉花堡的日落

可以泡澡的钙华池

帕穆克卡莱 Pamukkale

位于土耳其西南部

推荐旅行时间：2 天

当富含钙质的泉水流出地表后，由于压力及温度的变化，原本溶解在水中的碳酸钙沉淀为固态的方解石，这种物质被地质学家称为钙华。当泉水流过平坦的台地时，容易形成碟形的钙华池，层层叠叠的钙华池沿山势铺展，如同灌满清水的白色梯田，池壁积聚的钙华呈现出棉朵或冰凌的形状，远远望去就像有人用棉花在山间建了一座城堡，棉花堡由此得名。不过，当地人并不认可关于棉花堡成因的科学解释，他们固执地认为，忙着和月神幽会的牧羊人忘了给母羊挤奶，洁白的牛奶漫山遍野地流下来，凝固后就变成了今天的棉花堡。

钙华池景观并非棉花堡所独有，中国也有两处著名的钙华池——四川的五彩池和云南的白水台，可惜游客和钙华池之间隔着护栏，所以只能远观，这就让棉花堡的优势尽显，唯一的条件是不能穿鞋进入。

棉花堡的钙华池有多种玩法。你可以紧贴着池壁站立，让温泉从头淋到脚，相当于淋浴；有的池子水深及腰，你可以将整个身体没入水中，只留口鼻呼吸，相当于泡澡；有的池子里的碳酸钙仍旧呈粉末状，一脚踩下去，池水立刻变得浑浊不堪，你可以从池底抓起白泥敷在皮肤表面，白泥中含有钙、镁等矿物质，有助于治疗多种疾病，相当于水疗；有的钙华已经变成坚硬的涟漪状固体，双脚踩在上面，脚底的每个穴位都被揉搓一遍，相当于足底按摩。

公元前 2 世纪，帕加马国王发现了棉花堡的疗愈功能，于是在这里建起一座叫希拉波利斯[1]的大型疗养院，吸引了很多古希腊贵族前来治病和养老，这也解释了希拉波利斯遗址中为什么会出现上千具石棺。

该遗址占地面积甚广，神庙、剧场、集市应有尽有，但它们都只是作为温泉的陪衬而存在。这里还有一座古游泳池，水温恒定在 36℃，泳池中躺着很多 2 000 多年前的希腊式石柱，据说埃及艳后克利奥帕特拉也曾到这里泡澡。

当然，并非每一眼泉水都具有疗效，其中一眼被称为"地狱之门"的泉水含有剧毒的钚，不仅不能治病，反而会致人死亡，现在这眼泉已被封禁起来，门口挂着一块"危险毒气"的牌子。不过，你仍能听到这眼毒泉涌出地面的声音，如同魔鬼的呼吸。古代的祭司在了解到"地狱之门"的可怖之处后，屏住呼吸把鸟兽摆在泉眼前，当鸟兽命丧黄泉，就反衬出祭司的法力无边。

1. Hierapolis

作者推荐

你可以在黄昏时前往位于山顶的钙华池，那里有条木头栈道，通往看日落的最佳地点。此时的钙华池和落日在同一个方向，夕阳在池子里洒下一层金屑，会让你忘了这里的一切原本都是白色的。

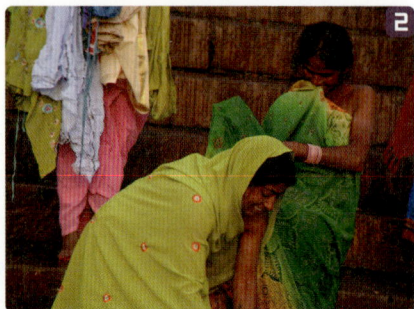

1. 正在晨浴的印度妇女　2. 色彩艳丽的纱丽　3. 恒河夜祭　4. 清晨的瓦拉纳西
5/6. 恒河晨光

晨浴与河祭

瓦拉纳西 Varanasi

位于印度北方邦

推荐旅行时间：3 天

每个印度人心中都流淌着一条神圣的河流。没错，我说的正是恒河。瓦拉纳西被恒河一分为二，旅行者来这里主要是为了观摩瓦拉纳西的两种日常活动：晨浴与河祭。

每天清晨，大约有 6 万人在恒河岸边洗澡。要是赶上重大节日，聚集于此的人不下百万。人们相信恒河水可以消灾纳福，所以街巷间有很多售卖搓澡巾和肥皂的店铺。当地人无论男女老幼都宽衣解带，把自己的下半身浸入恒河水中。年轻的小伙子最先适应冰冷的河水。他们先一个猛子扎进齐腰深的水中，然后把冷水往身上浇，很快身体就有了跟恒河同样的温度。年长的妇女怕冷却不畏冷。她们撩起纱丽，先用脚趾试水，然后把身体缓缓浸入水中。她们是恒河岸边独一无二的风景，远远望去，霓裳艳影，仿佛到了中国唐朝的染坊。

少数人站在水中祷告，双手在额前比画出各种令心境清明的姿势。多数人是真的来这里洗澡。他们打打闹闹，嘻嘻哈哈，用树枝刷牙，用河水漱口，往彼此身上涂抹肥皂泡。他们应该不知道，恒河水的细菌含量超过正常标准 300 倍。当然，在如此感性的地方，哪有什么理性的数值衡量。人们相信，恒河水会让他们更健康。游客们通常会合租一条小船，在恒河上，在朝阳下，围观这万人同浴的壮观场面。

每晚 7 点，达萨斯瓦梅朵河坛[1]会举办一场河祭典礼，仪式由血统纯正的婆罗门祭司主持。祭祀以恒河作为背景，在观众心中铺陈出千年的历史和千里的旖旎。河祭由请神开始，8 位祭司吹响法螺，随后进入拜神仪式，祭司从祭台上拾起一样道具，单手擎着，8 个人整齐划一地在身前比画出江河山峦的曲线。等拜完东西南北四方神明，祭司们再拿起另一样道具，把之前的动作重复一遍。由于动作一直重复，所以看到后来，我的兴趣点就落在对层出不穷的道具的期待。那些道具从简单到复杂：从三炷高香到七层烛台，从孔雀羽的扇子到鸵鸟毛的拂尘，从冒着烟的铜盆到燃着火的火炬，个个显得新鲜奇特。

最后是送神仪式。祭司们把一罐罐清水倒入恒河，让背景也融进典礼。祭司们倾倒得很缓慢，那涓涓细流缠绵悱恻，化作粼粼涌动的 8 条银链，一去不返。

8 位祭司带领看台上的教徒同时发出震天的呐喊。所有人都把双手指向天空，呐喊声重复 3 遍，随即灯灭人散。

由悄无声息开始，以振聋发聩结束，恒河夜祭的艺术结构完整得完美。

1. Dashashwamedh Ghat

毗湿奴客栈（Vishnu Rest House）里的氛围很好，二楼有间狭长的客房，宽不足 3 米，却有 20 米长，并排放着 12 张单人床，推窗可见日夜流淌的恒河。

优鹤 | 加拿大

1. 高耸的塔楼　2. 中世纪的曼哈顿　3. 通往格罗萨塔楼入口的楼梯　4. 水井广场
5. 阳光下的托斯卡纳　6. 弹竖琴的街头艺人

388

中世纪的曼哈顿

圣吉米尼亚诺 San Gimignano

位于意大利托斯卡纳大区
推荐旅行时间：1 天

你如果玩过经典游戏《刺客信条2》，一定不会对这个名称有点儿拗口的城市感到陌生，因为游戏中的很多场景直接照搬了文艺复兴时期圣吉米尼亚诺的教堂和塔楼。

圣吉米尼亚诺有个响当当的外号——中世纪的曼哈顿。曼哈顿有什么？摩天大楼！圣吉米尼亚诺有什么？高耸的塔楼！虽然现存的塔楼的数量远不及中世纪时的70多座，但在托斯卡纳大区，也算非常多了。

圣吉米尼亚诺位于佛罗伦萨以南，它的名字来自一位在450年去世的大主教。后来，这里成了前往罗马的朝圣之路——法兰西珍那古道[1]上的驿站，中世纪的"旅行团"都喜欢在这里住几天，于是小城变得愈发繁荣。塔楼群修建于1150年前后，当地各大家族为了炫富，也为了互相监视，将塔楼越修越密，越修越高。塔楼虽然高矮不同，但外形相似，都是四四方方、高高瘦瘦的，组合在一起会让远道而来的朝圣者产生一种不虚此行的满足感。可惜好景不长，1348年，一场大瘟疫席卷整个欧洲，圣吉米尼亚诺这个小城的人口一下子少了1/3，这也成了它由盛而衰的转折点。1353年，圣吉米尼亚诺成了佛罗伦萨的属地。

进城之后，你会看到一座空阔的水井广场[2]，广场上有一口八角形古井。广场旁有一家名为"Dondoli"的冰激凌店，他家的产品曾在2006年和2009年两度获得冰激凌世界杯的冠军！来到这里，一定要尝尝本地特产的藏红花口味冰激凌。

水井广场旁是波代斯塔宫[3]，宫殿内墙上遍布壁画。沿着回廊楼梯可以走到格罗萨塔楼[4]的入口，这是现在唯一允许登顶的塔楼。塔楼高54米，在现存的14座塔楼中排第一。站在塔顶，你可以看到小城全景，相当于站在帝国大厦86层俯瞰曼哈顿。极目远眺，你还能看到托斯卡纳的田野。

圣吉米尼亚诺不大，三两步就能走完。城里有两座小型博物馆值得参观。一座是葡萄酒博物馆，可以了解当地的维奈西卡品种的白葡萄酒，还可以在博物馆旁边的露台小酌一杯。另一座是考古学博物馆，里面复刻了16世纪的一家药物实验室，到处都是瓶瓶罐罐，让人想起动画片《蓝精灵》里格格巫配制各种药物的工作室。

1. Via Francigena   2. Piazza della Cisterna
3. Palazzo del Podest   4. Torre Grossa

旅途随感

每次去一座陌生的城市，我都会寻找它的最高点，要么是摩天大楼，要么是城市依傍的山峦。如果机场离市区不远，我还会透过舷窗俯瞰整座城市。站在高处，可以获得全新的观察视角，是探索陌生之地的捷径。这就像在兔子和鹰的眼中，森林的样子截然不同，兔子永远看不到鹰眼中的壮阔，也感受不到那托起翅膀的风。

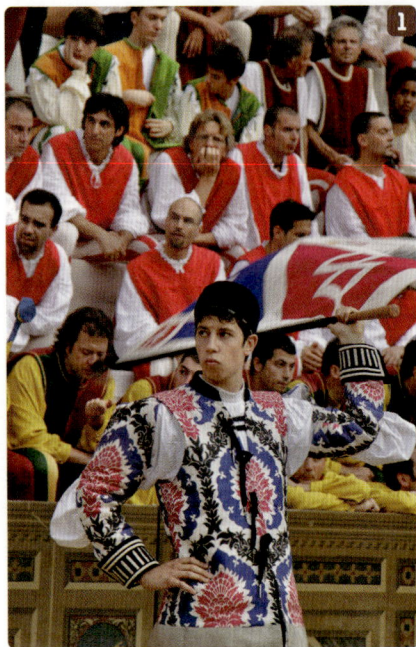

1. 舞旗表演　2. 整个小城都沸腾了　3. 密密麻麻的观众　4. 赛马出场
5. 骑手擎着代表本教区的旗子　6. 入场仪式

中世纪的赛马节

锡耶纳 Siena

位于意大利托斯卡纳大区

推荐旅行时间：2 天

在"母狼哺婴"的神话中，哥哥罗慕路斯创造了罗马，弟弟雷穆斯的儿子塞纽斯则缔造了锡耶纳。

在 13 世纪前后，锡耶纳就已富甲天下，不仅诞生了欧洲第一家银行，锡耶纳方言也成为意大利的官方语言。

如果说老房、老屋保留了锡耶纳的历史，那么一年两度（7 月 2 日和 8 月 16 日）的帕里奥赛马节则保留了锡耶纳的传统。帕里奥赛马节已经延续了 700 多年，即使战争期间也没有中断。每到赛马节，锡耶纳的市政广场就会被彩色旗帜装点一新，无论你是本地人还是观光客，都能在这两天尽情狂欢。为什么要每年举办两次？这是因为锡耶纳一共有 17 个教区，但每次比赛最多只能允许 10 匹马参赛，只有举办两次才能让所有教区都有参赛机会。

虽然锡耶纳古城的道路像迷宫一样曲折，可大家的目的地都是市政广场。这里不需要对号入座，谁来得早，谁就能占据最好的位置。如果从空中俯瞰，会看到密密麻麻的黑点先把椭圆形赛道的边缘涂黑，再一点点往里扩充，当圆心都站满人的时候，比赛就要开始了。不过，最好的位置还是属于那些住在广场四周的当地人，他们只要推开窗户就能将赛马会尽收眼底。

入场仪式完全遵循传统，身穿艳丽中世纪服装的本地人鱼贯出场，有的打扮得像马戏团小丑，有的戴着彩色的头饰，还有的牵着牛羊，如同奥运会的入场仪式，但他们可比运动员抢镜多了。

接下来的舞旗表演才是赛马会的精华。小伙子们把画着教区标志的大旗舞成风，把旗子向上抛得最高的人能收获最热烈的掌声。

舞旗表演会持续大约 1 个小时，此时，场边观众的情绪已经高涨得像冒泡的开水。意大利人喜欢用大喊大叫来表现心中的喜悦。随着场地内人们的声浪一波高过一波，骑手出场了。

赛马没有马鞍，骑手直接坐在马背上。他们挥舞着代表本教区的旗帜绕场一周，随后在起跑点集合。由于场地狭窄，抢跑在所难免，不过观众都十分宽容，并不希望比赛那么快就结束。赛马只比 3 圈，不到一分半的时间就结束了。由于速度太快，骑手的实力又都很接近，光靠肉眼很难判断谁胜谁负，这时，谁先把手中的旗帜举起来，那支队伍就算获胜了。随后，观众会暂时忘记自己属于哪个教区，一起加入一直持续到第二天黎明的盛大狂欢。

作者推荐

锡耶纳保存了自中世纪以来最纯正的意大利语语音语调，所以你可以在这里找到最好的意大利语语言学校。

1. 花之圣母大教堂 2. 从教堂塔楼俯瞰这座红顶的城市 3. 从阿尔诺河对面遥望佛罗伦萨老城
4. 市政广场上的雕塑 5. 韦琪奥桥 6. 市政广场上的大卫仿制品

看得见风景的房间

佛罗伦萨 Florence
位于意大利托斯卡纳大区
推荐旅行时间：4 天

法国作家杜拉斯在《直布罗陀水手》中写道："佛罗伦萨就像一台巨大的时光机器，把 16 世纪的教堂、街道、雕塑一样不差地带到现代世界。"作为文艺复兴运动的发源地，佛罗伦萨的兴起与美第奇家族对这座城市的治理密不可分，他们请来当时最优秀的艺术团队对城市进行全面包装，使佛罗伦萨迅速在雕塑、美术、建筑等领域取得了非凡成就。

大教堂广场和市政广场是大多数游客造访佛罗伦萨的起点或终点。大教堂广场旁的花之圣母大教堂位列意大利三大地标建筑之一，另外两个分别是比萨斜塔和罗马斗兽场。沿着 414 级螺旋向上的古老石阶，游客可以爬到钟塔顶楼。当我站在顶楼露台时，眼前的佛罗伦萨只剩下两种颜色——红色和白色，红色的是屋顶，白色的是院墙。本来红与白完全没有"血缘"关系，但我可以断定，佛罗伦萨的泥瓦工在调配这两种色彩时一定往颜料里添加了一点点橘黄，这让红色不再那么鲜艳，白色不再那么晃眼，橘黄色成了红与白之间的完美过渡。

市政广场更像一个露天雕塑展。在电影《看得见风景的房间》里，度假旅行的英国小姐与莽撞青年在市政广场相遇。英国小姐回国后订了婚，青年从意大利追到英国，在许多热心人的帮助下，终于带着心上人回到了佛罗伦萨。如果结局不圆满，这部电影几乎可以看作 19 世纪版的《泰坦尼克号》。

横跨阿尔诺河[1]的韦琪奥桥[2]同样建于中世纪，是一座拥有 3 个大桥拱的双层廊桥，已有五六百年历史，并在第二次世界大战的炮火中幸存了下来。韦琪奥桥桥面宽不到 10 米，两侧挤着售卖金银饰品的商店。游客来来往往，有人去东岸的乌斐兹美术馆[3]，有人去西岸的波波里花园[4]，还有人停下赶路的脚步，默默站在一边观赏街头艺人的表演。那些艺人把自己打扮成大卫、维纳斯、海神……这就是佛罗伦萨，波提切利在这里创作了《维纳斯的诞生》，但丁写下《神曲》，米开朗基罗雕刻出《大卫》，徐志摩把这里称作"翡冷翠"。

我趴在韦琪奥桥的桥栏上看风景，桥下的阿尔诺河平静地流淌，倒映出两岸房子的斑斓色彩。一扇打开的窗旁似有人影晃动，他应该也是在看风景吧，看河上的桥，还有桥上的人？到底谁在看谁？谁又是风景？

只要始终对世界保持好奇，那么无论走到哪里，你都拥有一个看得见风景的房间。

1. Arno River　2. Ponte Vecchio　3. Uffizi Gallery
4. Boboli Gardens

作者推荐

佛罗伦萨有 3 个"大卫"，米开朗基罗的原作收藏于学院美术馆，站在市政广场上的是个仿制品，还有一个青铜大卫，位于阿尔诺河对岸的米开朗基罗广场，这里还拥有欣赏城市全景的绝佳视角。

1.拉贡水疗中心　2.钻山小火车　3.消失在云雾中的缆车　4.碧绿色的蒂涅湖
5.通往谢夫里湖的徒步路线　6.钓鳟鱼的法国男人

反季滑雪

蒂涅 Tignes
位于法国萨瓦省
推荐旅行时间：3 天

1986 年，蒂涅举办了第一届自由式滑雪世界锦标赛，项目包括雪上技巧、空中技巧、雪地越野等。能够承办如此多样化的雪上竞技比赛，足以证明这里的雪质极佳。

蒂涅的雪场不仅在冬天开放，到了夏天，也会在每天上午开放半天，这主要得益于终年积雪的格朗德默特冰川[1]。你可以乘坐像蠕虫一样的钻山小火车，只需 8 分钟，就能从海拔 2 100 米的山脚抵达 3 032 米的换乘站。缆车厢经过特殊设计，座位在两边，中间的橘黄色铁架用来放置滑雪板。海拔 3 032 米处的气温已经在 0℃以下，接下来还要换乘一段室外缆车才能抵达海拔 3 400 多米的滑雪点，不过那里只有中高级雪道。当年的我在海拔 3 032 米的缆车站旁犹豫了一下，最终还是打了退堂鼓。

从山顶下来后，你可以到拉贡[2]水疗中心的恒温泳池舒展一下筋骨。这里还有一个圆形按摩浴缸，你可以一边欣赏窗外的风景，一边体验水流的激荡。

蒂涅的常住人口只有约 2 000 人。这个位于阿尔卑斯山腹地的小镇就是专门为冰雪运动打造的度假村，村里除了滑雪酒店、滑雪中心、水疗中心，就是餐厅、游客中心等配套设施。蒂涅的酒店会提供从一天到一周的雪卡，你可以凭雪卡到运动中心租雪具、乘坐各种缆车、到水疗中心泡按摩池等，一卡在手，走遍蒂涅。

碧绿色的蒂涅湖就在度假村旁边，夏天，你能在湖里钓到三种鳟鱼，冬天的湖面会变成一个巨大的滑冰场。你还会看到一个有趣的现象：女士们人手一根长长的法棍，就像中国古代的剑客一样。原来她们是去准备晚餐，当然，主菜就是她们的丈夫钓上来的鳟鱼。

我之所以推荐夏天来蒂涅，除了可以反季节滑雪，还因为附近有多条登山徒步路线，包括一条前往谢夫里湖[3]的缓步下坡路。沿途路标不仅指明了方向，还会提示到达下个目的地所需的时间。一路上，你会遇到溪流、瀑布、似锦的繁花和光溜溜的鼻涕虫，还会经过一两个村庄，那些石头房子一看就特别结实，足以扛住冬天的大风。

1. Grande Motte Glacier　2. Le Lagon
3. Lac du Chevril

旅途随感

每次长途旅行之后，我总能感到自己的新陈代谢提速了，也就是吃得多拉得多，即使躺在床上什么都不干，也会比之前消耗更多的卡路里。精神力量也得到了提升，因为在旅途中，我总会产生一些挥之不去的想法，这些想法原本只是平静水面上荡起的涟漪，可当我越想越激动，涟漪就翻卷成漩涡，而那个漩涡连着的，是来自心底的声音。

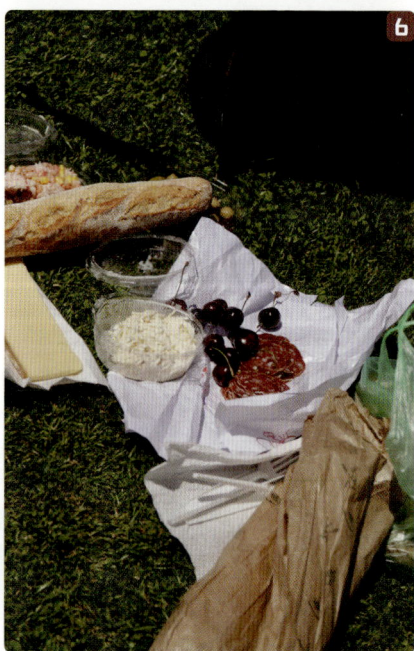

1. 阿讷西的湖与山　2. 河道中的岛屿建筑　3. 阿讷西老城　4. 骑行者

5. 阿讷西湖边的城堡　6. 湖边野餐

396

湖边野餐

阿讷西 Annecy

位于法国上萨瓦省

推荐旅行时间：2 天

阿讷西老城被河道缠绕，河上有石桥，桥边有拱门，拱门里还有不见天日的廊道，这让那些初来乍到的旅行者很容易迷失。

在曲折的河道中有一座小岛，河水被小岛阻隔后分开，就像裤子的两条裤腿。这水中小岛的身份从中世纪的水牢到法国大革命时期的市政厅，再到今天的博物馆，命运的兜转轮回为它叠加了层层历史的厚度。当小岛被作为水牢使用时，里面的牢房不多，但关押的显然都是重犯，厚实坚固的木门上只开了巴掌大的小口。站在建筑二层，你能看到日光打在光滑的青石板上，泛出淡淡光晕。露天咖啡座、冷饮店和各式各样的商店招牌把本就不大的立体空间塞得近乎饱和，不过老城里的人显然对这种拥挤不以为意。女孩倚着青灰的石墙，这淡雅的颜色把她手中的红梅冰激凌衬托得极为鲜艳；骑自行车的小伙子在人群中左躲右闪；端着咖啡杯的老人在和阳光对视，不一会儿，他的眼睛就眯成了缝……

从曾经的水牢出来后，沿着一条倾斜向上的石板路可以径直走到山顶城堡。从城堡里的宝座和水晶灯，你可以一窥当年这里的繁华与荣耀。大多数人爬到山顶是为了俯瞰辽远壮阔的阿讷西湖，如果天气晴好，还能遥遥望见阿尔卑斯雪山。晚餐可以尝尝当地特色法式焗蜗牛，蜗牛壳被烤得酥脆，和里面的蜗牛肉囵囵着一起吃，口感外酥里嫩，如同吃了一块夹心巧克力。

每周二、五、日上午，老城会迎来一天中的高潮时段，各家店铺也知趣地从下午才开始营业，把所有空间都留给从阿尔卑斯山区远道而来赶集的农民。火红的番茄，乳白的大蒜，绛紫的樱桃，五颜六色的橄榄……这些鲜亮的色彩总会让人心情愉悦。你如果像我一样对美食没什么抵抗力，那么你很快就会为了准备一顿野餐而不得不在各种美味之间艰难取舍。我当时林林总总地买了法棍、奶酪、熏肠、大樱桃、沙拉和橄榄，加在一起不到 20 欧元。野餐地点在阿讷西湖边的三月场，光是看着草坪上由众多食物组成的缤纷色彩，就已然心情大好，然后再就着阳光一口一口把美味吃掉，恐怕只有这种方式才能把摄影师眼中的鲜活色彩过渡到美食家口中的淋漓畅快。在湖边野餐十分惬意，无论奶酪、熏肠还是橄榄，在入口的瞬间总能让人联想到法国农民在制作它们时的精心，这就像用舌头欣赏一门艺术。

作者推荐

阿讷西湖边有一条 46 千米长的环湖自行车道。车道并非紧贴湖岸，有时会拐进农庄村落，有时又会穿越隧道，四周景色不断变化，从碧湖蓝天到法式乡村的红塔尖顶，这让骑行的过程变得不再单调。沿途还会经过两座山间城堡，它们隔着幽蓝湖水相望。

1. 头戴交通锥的威灵顿公爵　2.《十字若望的基督》　3. 几十个白色石膏人头雕塑

4. 一节完整的地铁车厢　5. 柳树茶舍　6. 波特纳伦有机农场

交通工具大赏和英式下午茶

格拉斯哥 Glasgow

位于英国北部苏格兰地区

推荐旅行时间：3 天

　　格拉斯哥是苏格兰第一大城市，却总被隔壁的爱丁堡抢风头。很多旅行者只把它当成前往苏格兰高地的中转站，但如果你为它留出两三天，格拉斯哥也能担起创造记忆点的重任。

　　格拉斯哥的所有博物馆都是免费的。在凯文葛罗夫艺术博物馆[1]，既有与自然历史相关的展品，也有很多美术作品，这种混搭的布展方式不会让人产生审美疲劳，因为你的视线会在具体和抽象的作品之间来回切换。该馆的镇馆之宝是达利的《十字若望的基督》，画中的基督受难像与以往所见完全不同，既没有鲜血，也没有掌心的长钉。博物馆大厅中悬挂着几十个白色石膏人头雕塑，每个雕塑的脸朝向不同的方向，表情也各不相同，似乎想要表达人才是最复杂的生物。

　　河畔博物馆[2]由著名建筑师扎哈设计。这是一家以交通工具为主题的博物馆，展出人类在进入飞行时代前使用过的各种交通工具，有滑板、世界上第一辆自行车、三轮挎斗摩托、四轮马车、劳斯莱斯老爷车、一节完整的地铁车厢、双层公交车、独木舟、军舰模型……还有专为女性摩托车骑手发明的防晒头套——可以防尘、防风、防昆虫。

　　虽然格拉斯哥现代艺术美术馆展品丰富，但最吸睛的还要数立于美术馆门前的威灵顿公爵雕像。威灵顿公爵曾在滑铁卢战役中打败拿破仑，是历史上唯一获封 7 国元帅的人，这 7 国分别是英国、法国、普鲁士、沙俄、西班牙、葡萄牙、荷兰。不过，从 20 世纪 90 年代开始，格拉斯哥市民就喜欢在威灵顿公爵雕像头上套一个红白相间的交通锥。为了摘下这顶"帽子"，市政府和顽皮的市民在将近 20 年内你来我往，每当市政府移走交通锥后，雕像头上总会迅速戴上另一个，最后市政府只能睁一只眼闭一只眼了。

　　除了逛免费的博物馆，你还可以品尝正宗的英式下午茶。柳树茶舍在格拉斯哥比较出名，装修风格为蓝白两色，你可以选择大吉岭红茶、锡兰红茶和伯爵茶，三层塔从下到上分别放着三明治、司康饼（搭配黄油和果酱），以及各式甜点，品尝茶点的正确顺序是从下到上、从咸到甜。

　　我们总会对一些事物有刻板印象，认为天津人都会说相声，东北人都长得又高又壮。在走进柳树茶舍之前，我一直以为喝下午茶的地方应该静谧而高雅，没想到里面热闹得像老舍笔下的茶馆。其实打破刻板印象的诀窍只有六个字：多走走，多看看。

1. Kelvingrove Art Gallery and Museum
2. Riverside Museum

作者推荐

　　格拉斯哥郊区有一家叫波特纳伦（Portnellan）的有机农场，你可以在这里留宿并品尝当地的食物。农场紧挨着洛蒙德湖，这个湖是苏格兰高地和低地的分界。

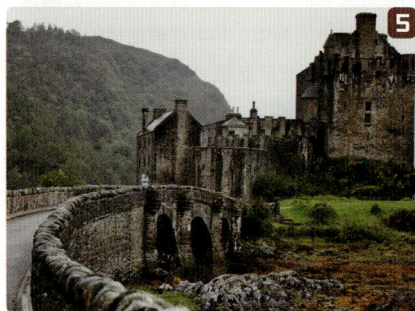

1. 三姐妹山下一座孤零零的房子　**2.** 辽远的苏格兰风笛声　**3.** 一身红毛的高地牛

4. 开往"霍格沃茨"的火车　**5.** 水畔的艾琳多南堡　**6.** 苏格兰男性传统服饰——苏格兰裙

除了大山就是大风

苏格兰高地 Scottish Highlands

位于英国北部苏格兰地区
推荐旅行时间：3 天

从格拉斯哥往北，经过洛蒙德湖，繁华的城市景观迅速被苏格兰高地的苍凉底色代替。如果把高地的峡谷、旷野、溪流单独拎出来看，似乎都不算出众，毕竟山不高，峡谷也不深，可把它们组合在一起，再加上呼啸的冷风和悠扬的风笛声，说不定你也会像我一样产生一种"我上辈子是不是来过这里"的疑惑，有人甚至会把峡谷里的风当成欢迎回家的拥抱。

格伦科峡谷游客中心的墙上写着这样一句话：在苏格兰，每个男人的家门口都有一座高山，因此他们天生就是登山者。这句话很快就得到了验证。在旷野之上，两座白房子孤零零地立着，四周除了大山就是大风。

如果你打算走一条前往失落山谷的徒步线，说不定会听到传说中的哭声。1692 年，生活在峡谷中的凯尔特麦克唐纳一族得罪了英国国王，国王以征税的名义派遣坎贝尔士兵到峡谷大开杀戒。一夜之间 38 人遇害，还有几百人逃至深谷，却因又冷又饿，伤亡惨重，因而这里又叫哭泣谷[1]。后来，麦克唐纳家族的一部分人离开英国，前往美国和澳大利亚等地，他们的后代开创了连锁品牌麦当劳。凯尔特人最显著的外貌特征就是一头红发，这也解释了为什么麦当劳叔叔的头发是红色的。除了凯尔特人，高地牛的长毛也是金红色的。你可以去农场里寻找高地牛，长长的刘海把它们的眼睛都盖住了，让它们看起来就像从动画片里蹦出来的一样。

在格伦科峡谷北面不远处，有一个叫格伦芬南[2]的地方，那里最显眼的建筑是一座弧形高架桥。在"哈利·波特"系列电影每一部的开头，哈利和他的同学都会坐着火车从这里经过，然后开启在霍格沃茨新一学年的魔法旅程。在现实世界，每天会有对开的两班火车经过这座高架桥，下午那班会在 3 点到 3 点半之间出现。如果想拍摄火车经过时的画面，一定要提前准备好相机，否则当火车呼啸而过时，你根本来不及按下快门。

从格伦芬南再往北，你还能遇到一座古老的城堡，那就是已经栉风沐雨 800 多年的水畔城堡——艾琳多南堡[3]。这座城堡曾被维京海盗和日耳曼人占领，在 18 世纪被毁，又在 20 世纪重建。城堡通过一座石桥与陆地相连，另外三面被湖水包围。

1. The Weeping Glen　2. Glenfinnan
3. Eilean Donan Castle

旅途随感

苏格兰高地之旅总能让人体验到一种史诗感。这种感觉往大了说，仿佛自己站在某个历史事件的发生地，并参与其中；往小了说，就是觉得只要找到自己喜欢做的那件事，爬山也好，养牛也好，就像高地人那样，哪怕一辈子籍籍无名，那也是属于自己一个人的史诗。

1. 尼斯河边的田园　2. 穿过因弗内斯的尼斯河　3. 寻找水怪的旅程
4. 站在厄克特城堡遥望尼斯湖　5. 城堡上空的双彩虹　6. 厄克特城堡全景

尼斯湖水怪

因弗内斯 Inverness

位于英国北部苏格兰地区

推荐旅行时间：2 天

因弗内斯是英国最北端的城市，尼斯河穿城而过，一头连着尼斯湖，另一头连着大海。喀里多尼亚运河[1]几乎与尼斯河平行，每天都有游船从唐纳瑞克桥旁边的运河码头出发，先逆行一段，然后进入尼斯湖。与在其他湖泊游览时放松的心情不同，在尼斯湖，你会全程绷紧神经，因为谁也不知道水怪会不会在下一秒把脑袋探出水面透透气。

有关尼斯湖水怪的传说可以追溯到 6 世纪。当时，一位传教士从水怪嘴里救下了自己的仆人。在之后的 1 000 多年里，虽然关于水怪的传闻层出不穷，但人们并没有把它当回事。1933 年 4 月，一名目击者声称在湖面上看到了类似鲸鱼的背脊，大约有 6 米长。同年 7 月，另一名目击者说他在尼斯湖附近看到了一头 4 米高的怪物在马路上行走。事情的引爆点出现在 1934 年，一位外科医生拍到了水怪的第一张照片，照片中，一只看起来像长颈龙的怪物把细长的脖子伸出水面。这张照片让世界各地的猎奇者慕名而来，到现在，一共有 4 000 多人宣称自己曾亲眼见过水怪。

然而，古生物学家指出，长颈龙只能在陆地生活，所以水怪有可能是生活在水里的蛇颈龙。这个解释也不完全正确，因为蛇颈龙的脖子后面有块骨头，它无法抬头，也就无法做出照片中左顾右盼的动作。但无论是长颈龙还是蛇颈龙都早已灭绝。还有科学家指出，尼斯湖水温低，鱼类很少，可能都不够给水怪塞牙缝的。

游船的终点是厄克特城堡[2]。1955 年，有目击者称在城堡附近看到水怪出没。城堡由 13 世纪的防御工事改造而成，在 17 世纪被彻底摧毁，后来又在政府的修缮下"复活"。城堡共分为五层，各层功能不同：地窖里存酒，一到三层分别是餐厅、会客厅和卧室，顶层是露台。站在露台上，你可以看到湖面上任何风吹草动。

我去的那天没看到水怪，但一道双彩虹正好架在城堡之上，而阳光又恰好只把城堡照亮，让眼前的景象宛如奇迹。

让尼斯湖水怪声名大噪的一系列事件都发生在 1933 年前后，与此同时，有苏格兰景观大道之称的 A82 公路建成通车，它连接起了格拉斯哥、格伦科峡谷、尼斯湖等地，所以理智让我倾向于认为这只是一个由政府操盘的营销事件，但情感让我更愿意相信水怪的确存在，只不过暂时还没有找到证据。

1. Caledonian Canal 2. Urquhart Castle

作者推荐

尼斯湖水怪"养活"了一条产业链，你可以在这里买到水怪主题的手办、毛绒玩具，还可以搭乘配备声呐和水下摄影机的专业船只去搜寻水怪，不过船票价格比普通游船的贵很多。

1. 哥特式建筑　2. 爱丁堡街景　3. 爱丁堡城堡　4. 幽灵巴士　5. J.K. 罗琳创作《哈利·波特》的大象咖啡馆　6. 窄巷子

J.K. 罗琳的创作土壤

爱丁堡 Edinburgh

位于英国北部苏格兰地区

推荐旅行时间：3 天

如果你不了解哥特风格的定义，那就一定要到爱丁堡看看。

这里的建筑都黑黢黢的，有的还覆着嶙峋的尖顶；街头艺人要么摆弄猫头鹰，要么表演口吞宝剑，让人恍惚以为走进了《哈利·波特》里卖魔杖的对角巷；如果巷子里突然跑出来剪刀手爱德华、僵尸新娘或者《大鱼》中的巨人，我也不会大惊小怪，因为爱丁堡就像是最擅长拍哥特风电影的导演蒂姆·波顿搭建的天然影棚。所谓哥特风格，就是将黑暗、怪诞、神秘等元素结合在一起，再应用到建筑、音乐、电影等领域。

在爱丁堡，很多窄巷子被称为"Close"——这个词本身就有"死胡同"的意思。最著名的一条 Close 叫玛丽·金小巷[1]。1644 年，席卷欧洲大陆的黑死病（14 世纪也曾爆发）蔓延到爱丁堡，当地政府决定采用"隔离法"来阻断疫情。玛丽·金小巷是疫情重灾区，于是道路被砖头封死，住在这里的病人只剩下死路一条。

如今，玛丽·金小巷已经成了旅游景点，导游穿着 17 世纪的服装，带着你一步步走进巷子里最黑暗的角落。你会看到当年的医生戴过的鸟嘴形面具，鸟嘴中塞满用于过滤空气的草药。病人看到这个恐怖的面具，就知道自己命不久矣。巷子的尽头堆着很多毛绒玩具，这些都是游客送给一个叫安妮的小幽灵的礼物。

白天时，你会在街上看到一辆用来揽客的双层幽灵巴士，车窗里还摆了一副白色骨架。到了晚上，幽灵巴士就会载着游客在爱丁堡游荡，化着骷髅妆的售票员会绘声绘色地讲述关于连环杀人犯、猎巫行动、断头台以及各种酷刑的故事。幽灵巴士还会在一处墓地前停下，当你走在寂静幽暗的墓碑丛林中，把你吓出一身冷汗的往往不是幽灵，而是同车其他乘客的一惊一乍。

爱丁堡城堡矗立在一处火山岩顶上，这里曾是皇室居所，兼具防御工事和监狱等功能。总有人能听到从城堡里传出的风笛声，据说吹风笛的是个失踪的男孩，他还有个同伴，是个无头的幽灵鼓手。2001 年，为了平息有关幽灵的争议，当地政府邀请了 9 位研究灵异现象的专家和 200 名公众到城堡里捉幽灵，超过半数的人都宣称自己看到了超自然现象。

虽然幽灵没捉到，但爱丁堡的知名度提升了。现在，幽灵已经成了爱丁堡最热门的标签之一，每年都会有无数想吓自己一跳的旅行者慕名而来。

1. Mary King's Close

作者推荐

你可以到大象咖啡馆点杯咖啡，J.K. 罗琳就是在这里写出了《哈利·波特》。罗琳的想象力可能就是在鬼怪横行的爱丁堡训练出来的，如果你也喜欢创作，找不到灵感时不妨来这里碰碰运气。

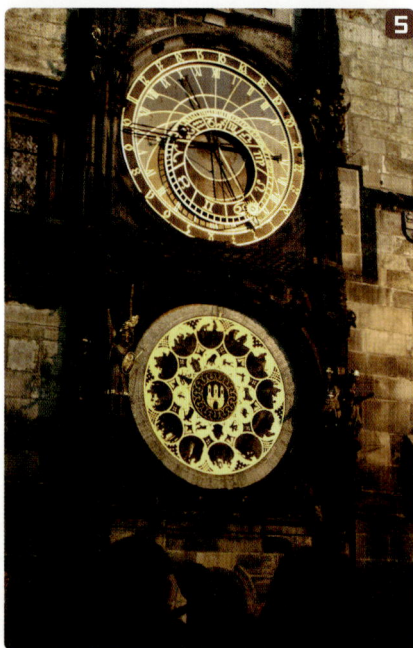

1. 火药塔　**2.** 布拉格全景　**3.** 黄金巷　**4.** 画笔下的查理大桥　**5.** 天文钟与星座钟

查理大桥
走9遍

布拉格 Prague

位于捷克西北部

推荐旅行时间：4 天

在旅途中，我曾两次因听到打动内心的旋律而主动向身边的外国人求教："请问，这首曲子叫什么？这么好听！"得到答案后，我上网搜索，原来两首都是世界名曲。这说明我们的耳朵会被美妙的旋律吸引，这就是音乐艺术的魅力；也说明在我成长过程中美育的缺失。一次是在纽伦堡聆听了一场管风琴音乐会，打动我的是英国作曲家爱德华·埃尔加的《威仪堂堂》；另一次是在布拉格的卡夫卡博物馆，馆内装饰以暗色为主，背景音乐平静地在身边流淌，柔软中似乎蕴含着力量。我问管理员背景音乐的名字，她在一张纸条上写下"VLTAVA"——捷克作曲家斯美塔那的《伏尔塔瓦河》。

比《伏尔塔瓦河》后劲儿更大的则是卡夫卡的生平故事。他把小说当成生活的投射，比如《变形记》中那个变成甲虫的推销员，一觉醒来，世界倒转，从家庭中的主心骨变成了被厌弃的对象。卡夫卡的很多小说都没有结尾，这是因为他对人生价值的思索并没有得出答案。他曾三次订婚，却终未成家。有人认为卡夫卡是不想因家庭生活而失去创作的养分——孤独感。感情方面的需求并非他所认定的人生大事，所以被排在了后面。

除了卡夫卡博物馆，你还可以在黄金巷22号找到他生活及创作的痕迹。

布拉格是一座拥有明显哥特风格的城市，无论是火药塔、老市政厅，还是泰恩教堂，都是一眼可见的尖顶哥特风格。布拉格还有一座哥特风格的大桥——查理大桥。

坊间流传着一种说法：只有把查理大桥走9遍才算来过布拉格。初听此言，我将信将疑，走一遍和走9遍能有多大差别？由于我每天从客栈到伏尔塔瓦河对面的布拉格城堡都要经过查理大桥，从老城到古堡散步的习惯的的确确让我把这座桥走了很多遍。出太阳的时候桥上最热闹，商贩和游客的密集程度让我只能以每分钟一米的龟速前行。下雨时的查理大桥很安静，透过淅沥的雨声，我听到另一种更加磅礴大气的乐音，那是伏尔塔瓦河在流淌。

一来一回总是双数，那9遍之说从何而来？很快我便豁然开朗：最后一遍走过查理大桥后我没有原路返回，而是走到另一座跨河大桥之上。没想到从远处眺望查理大桥，我却无意中获得一个全景视角。古堡、大桥、老城构成了一个完整的布拉格，我终于对查理大桥走9遍的说法深信不疑。

作者推荐

老市政厅的外墙上挂着一个从15世纪开始运行的天文钟，你不仅能在钟面上认出时间和日期，还能辨认出太阳、月亮与地球之间的相对位置关系。天文钟下面还有一个星座钟，钟盘上共有365个刻度，可以指明当天所属的星座，比如我出生在10月7日，星座钟就会指向天秤座。

1. 帕拉尔先生创造的"鬼怪"　2. 童话般的小镇　3. 伏尔塔瓦河穿镇而过
4. 提线木偶　5. 迈克尔·杰克逊的蜡像　6. 正在制作塔塔蜜的捷克女孩

波西米亚的最佳注脚

克鲁姆洛夫 Cesky Krumlov

位于捷克西部波西米亚地区

推荐旅行时间：2 天

克鲁姆洛夫通常会被游客简称为 CK 小镇。CK 小镇之所以能成为捷克的两个必去地之一（另一个当然是布拉格），主要是因为它"长得好看"。伏尔塔瓦河穿镇而过，它没有流成一条直线，而是画出形状像"Ω"的 3/4 个圆。圆圈里是内城，建筑大多为红顶白墙，就像制服统一的合唱团成员。当你站在城堡的彩绘塔楼上俯瞰，丝带般的河流和红白相间的老房子会让你有种走进童话世界的感觉。不过，童话只是小镇的表象，它的内核还是非常波西米亚的——有点儿离经叛道，又不会让人觉得讨厌。

CK 小镇里的波西米亚元素很多，比如随处可见的提线木偶，风一吹就浑身乱抖，不知多少恐怖片曾用它们当道具。

镇子里有家刑罚博物馆，你会在这里看到刑具设计师的奇思妙想，原来真正的恐怖并不来自让人速死的开膛破肚，而是意识尚存时的身心折磨，所谓生不如死，就是不知道还有什么痛苦等在后面。

CK 蜡像馆里光线昏暗，喝啤酒的老头和烤面包的大婶看起来栩栩如生。莫扎特和卓别林的嘴角都挂着一丝诡异的微笑。迈克尔·杰克逊压轴，谁敢说说他的一生不是波西米亚的最佳注脚？

看到这里，你可能会说，欧洲的蜡像馆都快开成连锁店了，有没有什么贴着 CK 小镇标签的宝贝？那我会推荐米罗斯拉夫·帕拉尔现代艺术馆[1]。在这里，帕拉尔先生创造了一个你从未见过的鬼怪形象，每一尊雕塑都是鬼怪的不同分身……

帕拉尔先生是土生土长的克鲁姆洛夫人，小时候就展现出美术方面的天赋。他说自己经常坐在马路中间画画，汽车都会绕着他走。左邻右舍的吉卜赛小孩喜欢陪他一起画画，从不偷这个"小油漆工"的画笔。上学时，他拒绝学俄语，老师就偷偷给他开绿灯。小镇居民的"纵容"让他最终走上了艺术之路，并成了一个有争议的艺术家。他说 CK 小镇一直是他的灵感来源，所以这个现代艺术馆的真正主人就是小镇本身。

帕拉尔先生说他上小学时，有一天老师在黑板上画出了太阳系，第二天，老师又在同一块黑板上画了一个原子。他把这两个不同的概念联系在一起后才发现，宏观与微观是相通的。一个拥有波西米亚气质的小镇培养出了一位风格怪异的艺术家，这可能也是宏观与微观相通的另一种表述。

1. Miroslav Paral Art Gallery

作者推荐

整座 CK 小镇都弥漫着塔塔蜜（Trdelnik）的香味，这是一种捷克本地美食。将发酵好的面团一圈圈裹在一根圆筒形的铁棍上烘烤成空心面包，面包内壁可以涂上巧克力酱，面包外面滚一层糖霜或杏仁粉、肉桂粉等辅料，就制成了美味的塔塔蜜。

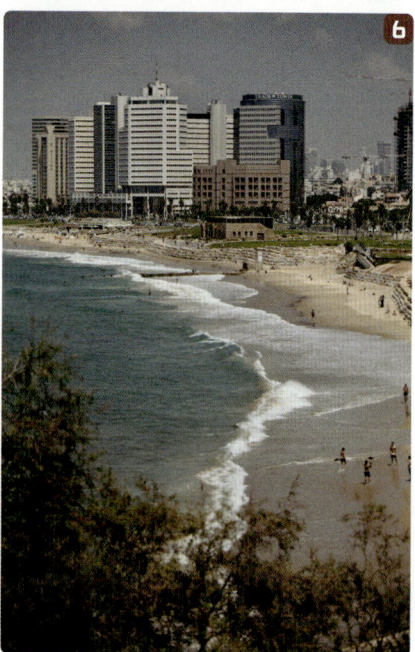

1. 雅法老城　2. 星座街　3. 十二星座马赛克　4. Nova 艺术工作室的作品　5. 手工镶嵌钻石
6. 从雅法老城眺望特拉维夫

军港和钻石

位于以色列东部

推荐旅行时间：1 天

在《旧约·创世纪》记载的那场毁天灭地的大洪水中，造方舟的诺亚拯救了人类。相传，雅法是由诺亚的儿子雅弗建立的，因而这两个名字听起来有点儿像。雅法的历史可以追溯到 4 000 年前，那时它就已是一座军港了。雅法先后被巴比伦人、亚历山大大帝、埃及人占领。

1799 年，拿破仑领导的远征军来到雅法城下。那时城内聚集了来自 10 个部落的守军，虽然他们同仇敌忾，却缺乏组织和协调，城门很快就被拿破仑大军攻破。守军投降后悉数被杀，大量尸体引发了鼠疫。为了鼓舞士气，拿破仑亲自到鼠疫医院慰问伤兵，还把一具尸体抬出医院。这个画面被法国画家定格为《拿破仑视察雅法鼠疫病院》，这幅画现藏于巴黎卢浮宫。

雅法旧城依山而建，你会发现那些随地势起伏的街道都以星座命名。除了 12 条星座街，你还能找到星座喷泉和星座马赛克地砖，还有一座用来许愿的星座桥，据说找到你所属的星座后，面朝大海许愿，愿望就能成真。

雅法旧城地势较高，从这里可以眺望特拉维夫高楼林立的城市天际线。在 20 世纪初，特拉维夫只是雅法的一座"睡城"，住在那里的人白天都要到雅法去打工。后来，

特拉维夫迅速发展成以色列的第二大城市（仅次于耶路撒冷），雅法被包入其中。

特拉维夫是世界四大钻石切割中心之一，另外三个中心之中的纽约和安特卫普也由犹太人创建。在以色列建国前，旅居各地的犹太人总被排挤，只有钻石这种体积小、价值高的物品可以随时跟着主人一起搬家。特拉维夫拥有世界上最大的钻石交易中心之一，你可以在里面的钻石实验室看到钻石加工的过程。什么样的刀刃才切得动钻石？答案是抹了钻石粉的金刚锯，现在主要使用激光来切割。你还可以在钻石实验室了解到钻石评级的 4C 标准，第一个 C 是克拉（越大越好），之后是净度（无杂质）、切割（切面反射的光线是否耀眼）和颜色（以无色透明为最佳）。世界上最大的钻石名叫库里南 1 号，重 530 克拉，拥有 74 个切面，镶嵌在英国国王的权杖之上。

钻石之所以价格高昂，除了物以稀为贵，还得益于犹太人高明的营销策略，把钻石和婚姻联系在一起，让"钻石恒久远，一颗永流传"成了尽人皆知的广告语。看来创造需求是一门披沙拣金的手艺活，眼界和运气都必不可少。

作者推荐

雅法旧城有一家名叫 Nova 的艺术工作室，主要用染色纤维制作质地柔软的挂画，其作品主要作为一些室内场所的装饰。

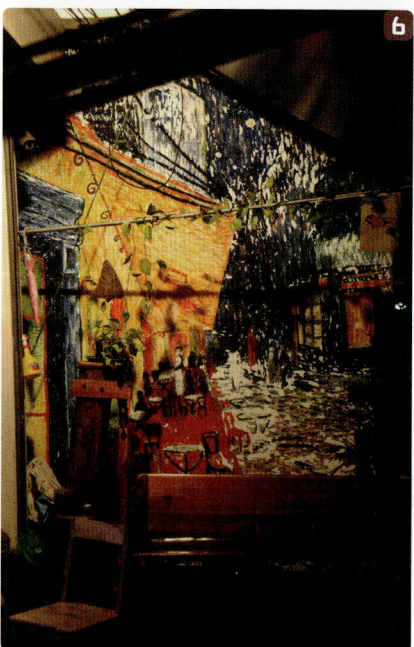

1. 尖竹汶宝石市场　2. 挑选蓝宝石　3. 主座教堂　4. 被冲毁前的水畔木屋
5. 现在的水畔木屋　6. 水岸街区的《夜间咖啡馆》涂鸦

宝石之城

尖竹汶 Chanthaburi
位于泰国东部尖竹汶府
推荐旅行时间：2 天

闪闪发光的除了钻石，还有红宝石、蓝宝石、祖母绿、黄水晶……

每到周末，尖竹汶的宝石市场都会准时开张，与其他市场的卖家都有固定摊位、买家走来走去的形式相反，在这里，坐在摊位后面的才是买家，他们把自己需要的宝石种类甚至克拉数都写在桌子上，卖家走到摊位前，从包里掏出一个塑料袋，把里面的宝石抖落出来。买家用镊子夹住宝石，一颗颗地仔细看成色，必要时还会动用专门用来看玉石的手电筒。

我打听了一下价格，蓝宝石一克拉不到30元人民币。当然，我既不知道真假，也看不出成色。有一句忠告在任何时候都适用：如果你没有专家级的眼光和知识储备，那就不要轻易购买，否则可能花了不少冤枉钱，却买回来一堆一文不值的石头。

至于如何挑选宝石，第一看颜色，最高品质的红宝石为鸽血红，就是鸽子眼睛的颜色，主要产自缅甸；蓝宝石以皇家蓝为上品，就是蓝中带一点儿紫，主要产自斯里兰卡和非洲。第二看光泽，切割良好的宝石会在黑色背景前熠熠生辉。第三看个人喜好，由于每个人的肤色不尽相同，只有适合自己的才是最美的。

如果你是行家里手，尖竹汶的宝石市场就是你大显身手的地方。你也可以像其他宝石商人一样，花 1 500 泰铢租个摊位，准备一个计算器用来讨价还价。

尖竹汶的主座教堂是泰国最大的教堂，圣母玛利亚像上镶嵌了 20 万颗蓝宝石，这也让尖竹汶"宝石之城"的称号名副其实。

现在住在尖竹汶的有四类人：土生土长的泰国人，逃难而来的越南人，殖民时期没有离开的法国人，在东南亚开枝散叶的华裔。你可以把水岸街区[1]看作几种文化的交汇地，这里有中国人盖的庙宇，墙壁上画着印象派风格的涂鸦，河边还有泰国人和越南人建造的自带码头的木屋，可惜 1999 年的一场洪水将许多审美价值较高的水畔木屋冲毁，现在只能从一些老照片上看到它们立在岸边的风姿。

水岸街区也是放松和发呆的好地方，这里有很多河边咖啡屋和私房餐馆，还有一些关于当地风貌的摄影展。如果你觉得白天太热，那就晚上来，一阵晚风加一阵泰式音乐，会让你从繁华忙碌的曼谷一跃而入优哉游哉的小镇。

1. Chanthaboon

作者推荐

如果你是热带水果的狂热爱好者，推荐你在五六月份的水果节期间来尖竹汶，这里是泰国榴梿的主产地之一，盛产一种名为"软金月"的榴梿品种，这种榴梿的果肉真的很像"柔软的金色月亮"。

1. 夜间咖啡馆　2. 清晨的阿尔勒　3. 左手恺撒，右手凡·高　4. 斗兽场的外墙

5. 古罗马剧院　6. 修道院的回廊

414

左手恺撒
右手凡·高

阿尔勒 Arles

位于法国普罗旺斯地区

推荐旅行时间：2 天

在阿尔勒旅行，你根本不用担心找不到方向，因为老城的石板路上有清晰的路标指引。如果想看恺撒，就请向左；如果想看凡·高，就请往右。

在去圣雷米之前，凡·高一直居住在阿尔勒。现在的阿尔勒，许多地方都留下了凡·高的足迹和色彩，比如那家黄色的咖啡馆，凡·高的代表作《夜间咖啡馆》就是以它为原型创作的；那家凡·高曾入住的军队医院，现在已经按照他在这里居住时的样子重建；还有那一座座他作画时所站的石桥，当我站在桥上，还依稀可以辨别出他画作中的近景和远景。

欣赏凡·高的画作很像一次畅快的郊游，你会看到鸢尾花、橄榄树、向日葵、葡萄园、老磨房、麦田、星空……大块大块的色彩自由涂抹，从那灿烂的、未经调和的色彩来看，画画时的凡·高应该是快乐的。他说，一个农夫的形象、一片寂静的大海、一条耕地上的犁沟都是不容易画的，都是活的，都是美的。他看到了隐藏在平庸背后的诗意。他只是要画！要画！要画！于是他画，画布上全是生命的颜色。凡·高从未接受过正规的美术训练，他也得益于此，就像中文系无法培养出伟大的作家，艺术家的营养来源只能依靠对生命的深刻体验。我一直追随着凡·高的脚步，因为我把他视为自己的一位隔代老师。他告诉我，世俗的眼光不重要，自己内心的声音才重要。他教会我，要去细致地观察这个世界，每个人都有自己独一无二的视角。

我们再来说说恺撒。在恺撒大帝成为阿尔勒的统治者之后，一座罗马城市随之建立起来。在老城中心有一个斗兽场，共三层，中央的场地即是人与人或人与兽厮杀的战场。斗兽场现在仍在使用，只不过变成了斗牛场。比赛时，10 名身穿白衣的斗牛士要齐心协力把绑在牛角上的红布取下。

剧院与斗兽场只有一箭之遥，呈扇形分布的观众席如今只剩 20 排。当时的舞台十分壮观，仅仅是挂幕布的石柱就高 20 米，现在只剩下两根不到 10 米的断柱。剧院现在经常举办音乐会。演出时，那两根斑驳的石柱就成了舞台背景，观众也自然而然地走进历史，融入剧情。

在阿尔勒还保留下椭圆形竞技场遗址，竞技场的概念源自古希腊的奥林匹克运动会，运动员驾驶四轮马车在场地内纵横驰骋。

罗马浴池依罗讷河而建，是一个大型穹顶浴池。从现存设施可以初步判断，在 2 000 年前，罗马人就已研发出控制热水流向的循环系统。看来，古罗马时期的人就已经懂得享受生活。

作者推荐

每年 7 月到 9 月，阿尔勒都会举办世界上规模最大的国际摄影节，吸引着全球顶尖的摄影师和无数摄影爱好者。

1/2. 圣雷米老城　3. 凡·高的雕像　4. 莫索尔圣保罗修道院　5. 绽放的薰衣草
6. 凡·高的卧室

隐藏的中世纪

圣雷米 Saint-Rémy

位于法国普罗旺斯地区

推荐旅行时间：2 天

圣雷米是普罗旺斯中部小城，距离阿尔勒大约半小时车程。

圣雷米不大，几百年的老房、老巷构成了老城的主要脉络。游客穿梭其间，很容易产生一种错觉，仿佛一脚踏出，就迈入另一个时空。其实这些老房、老巷只是历史搭起的一个舞台，如果想触摸中世纪的灵魂，你还要花些心思仔细寻找。

你会找到几尊圣母像。她们高居于老宅门楣，眼角眉梢微微下垂，仿佛在心中默默祈祷。现在的圣母应该可以舒展一下眉头，微笑观望着安居乐业的子民，而在中世纪，一场突如其来的瘟疫让她操碎了心，几个星期就夺走了几乎一半欧洲人的性命。人们找不到根治恶疾的灵丹妙药，只能求助于圣母，他们把圣母像雕刻在自家外墙之上，希望信仰的力量能够驱除黑暗。后来，瘟疫不战而退，人们就把这个奇迹划归到圣母的功劳簿上。直到现在，当地仍有在新居外为圣母塑像的传统。

在一条崎岖小路的尽头，你会找到一座教堂，这是电影《达·芬奇密码》中提到的郇山隐修会会址之一。这个神秘组织起源于 1 000 多年前，成员都是社会名流，比如达·芬奇、牛顿、雨果。不过，这个神秘组织是否真的存在并没有定论，但有一点可以肯定，很多人在观看了电影《达·芬奇密码》后，开始寻找这个神秘组织。

你还会找到一间老宅，从这里走出来的是一位伟大的预言家——诺查丹玛斯。他的预言不仅影响了他所生活的时代，还直接对今天人们的生活状态造成了影响。在 20 世纪 90 年代，1999 年人类毁灭的预言闹得人心惶惶，这个预言就出自他的经典作品《诸世纪》。在《诸世纪》中，他预言了法国大革命、路易十六被推上断头台、美国崛起等诸多历史事件。与其说诺查丹玛斯是一个能够预测未来的巫师，不如说他是一个喜欢钻研星象并热爱文学创作的诗人，他的所有预言都采用古体四行诗创作。由于预言的准确性极高，破译《诸世纪》的册子也很好卖。后来，希特勒还曾利用那些破译本中的预言来蛊惑人心。

圣母像、教堂、老宅分别代表了一场大瘟疫、一个神秘组织和一位预言家，找到了这些，你也就破解那串通往中世纪的圣雷米密码了。

作者推荐

圣雷米有一条以凡·高的名字命名的小路，小路通往莫索尔圣保罗修道院（Monastère Saint Paul de Mausole），凡·高生命中的最后一年就是在这里度过的。这也是凡·高创作力最旺盛的一年，那些看似平淡无奇的橄榄树、教堂、医院，全都成了他的创作主题。

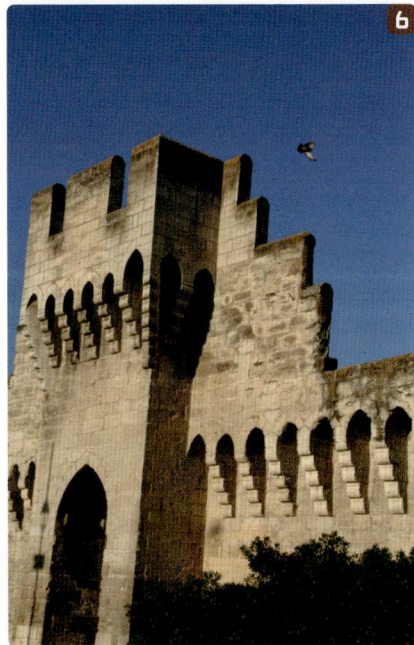

1.克雷芒六世礼拜堂　2.罗马式风格的教皇城堡　3.圣贝内泽断桥　4.照进酒店大堂的晨光　5.向日葵和薰衣草是明信片上的主角　6.阿维尼翁的城墙

教皇的选择

阿维尼翁 Avignon

位于法国东南部沃克吕兹省

推荐旅行时间：2 天

在古法语中，"Avignon"兼具水城与风城两重含义。发源于阿尔卑斯山的罗讷河一路蜿蜒，流经阿维尼翁时，早已由雪山顶上涓涓潺潺的轻音乐变成激涌澎湃的进行曲。阿维尼翁建于岸边高地，在法国南部一马平川的低地平原中有一种鹤立鸡群的气势。所谓"木秀于林，风必摧之"，于是这里从建市之初就一直大风凛冽。

阿维尼翁的热闹是从 14 世纪开始的。1309 年，教皇克雷芒五世把家从梵蒂冈搬到这里。教皇搬家可不是一件小事，于是阿维尼翁地区最好的工匠都被征用。经过几十年施工建设，一座宏伟的教皇城堡拔地而起。整个 14 世纪，一共有 7 位教皇居住在这里。

城堡呈庄严的淡黄色，整体建筑风格为罗马式，这是一种从意大利北部流传到法国的建筑风格，有宽厚的城墙和狭窄的门窗，坚固大气，同时具备防御功能。城堡的亮点是高耸于教堂顶端、全身被金箔包裹的圣母像，它不仅是这座城市的最高点，也是定位器，只要一抬头，人们就知道该往哪儿走。城堡内部格局宏大，克雷芒六世礼拜堂是其中最大的一座室内教堂，虽然现在空空如也，但从其巨大的内部空间（面积相当于两个标准篮球场，高度达 19 米）可以想象出当时的繁荣景象。另一间长方形食堂可容纳 1 000 人同时进餐。

城堡内还有一间专门用于遴选教皇的礼拜堂。当老教皇亡故，所有有资格成为新任教皇的红衣主教会在这间礼拜堂内进行多轮投票。在新教皇诞生之前，这间礼拜堂的所有门窗都会被水泥封死。现在仍能在门框的边角看到水泥留下的印记。

每天日落时分，参观完教皇城堡的游客会涌向城外，因为城外的圣贝内泽桥[1]是观赏城市天际线的最佳位置。

圣贝内泽桥建于 12 世纪，比教皇城堡还要古老，它是朝圣者们经过罗讷河前往西班牙的必经之路。不过此地水流湍急，大桥被反复冲垮重建，直到 17 世纪，当地人在其他地方另建大桥之后，才放弃了重修此桥。本来连通两岸的 22 孔桥到现在只剩下 4 孔，成了一座断桥。

可以想象，在遥远的中世纪，当教皇结束晚间的弥撒之后，穿过密密层层的老街旧巷，走到圣贝内泽桥上，他也像现在的游客一样仰望自己的新家。脚下的河水依然湍急，迎面吹来的大风依然凛冽，可当他看到那足以让心神凝定的教皇城堡时，一定会愉快地想，我选择的地方"风水"不错。

1. Pont St-Bénézet

作者推荐

每年 7 月，这里都会举办为期 3 周的阿维尼翁戏剧节，同时还会举办非官方艺术节，组织一些实验性质的演出，票价也相对较低。

1. 比贝缪采石场　2. 圣维克多山　3. 街心喷泉边的孩子　4. 普罗旺斯风格的桌布
5. 塞尚画的静物（收藏于纽约现代艺术博物馆）　6. 艾克斯的修道院

塞尚的突破

艾克斯 Aix

位于法国普罗旺斯南部

推荐旅行时间：2 天

艾克斯距离地中海不到 35 千米，这里的地下水资源丰富，中世纪时四处喷涌的泉水几乎泛滥成灾。后来，这里广修喷泉，地下水才被降服。

这座城市之所以闻名于世，不仅因为泉水众多，还因为"现代艺术之父"保罗·塞尚。艾克斯是塞尚的故乡，城内有许多与塞尚有关的历史遗迹，在这些地方，你既可以了解塞尚的生平，又能欣赏到他的多幅名作。

艾克斯城外有一座从罗马时代就开始凿挖的采石场，名为比缪缪。对塞尚来说，采石场存在的意义是提供了一个观察圣维克多山的绝佳视角。塞尚一生为这座山画的"肖像画"足有七八十幅。现在，这个采石场进行了整修，游人可以到此感受大师创作时的灵感来源。

在绿树成荫的山脚下，塞尚经过一番观察与思考后，对传统画法提出质疑，并尝试进行突破。塞尚发现，传统画法中对线条和明暗的描绘并不能准确表现出事物之间的空间层次，只有通过仔细观察色彩的变化，并将其呈现在画布上，才能展现出事物的立体感。

他的独特见解可以这样理解：画圣维克多山，他不是先确定明调暗调并勾勒出轮廓，而是先找出景物的颜色构成，比如山的灰与天空的蓝之间的区别，远景的绿与近景的黄之间的区别。塞尚的观点彻底颠覆了古典主义绘画中顺序、轮廓、层次的定义，是一种全新的观察自然的方式。塞尚的作品也影响了后来的立体派和野兽派，开创了后印象主义画派的先河。

塞尚的画室离采石场不远，是一幢小楼，被高大的梧桐环绕。小楼二层就是塞尚作画的地方，温暖的阳光从窗外洒进来，室内仍旧按塞尚在此创作时的格局摆放着各种静物，如干花、骷髅、失去水分的蔬菜水果等。塞尚在静物创作中也融入了全新的理念。他认为应在静止的画布上展现事物的更多层面和它们运动的趋势。在他的静物写生中，所有物体不是处于同一视觉平面，而是呈现一种要从画布上滚下来的姿态。

塞尚在创作时并不太关注事物的具体样子，通常只用几个色块来表现苹果和瓦罐等。他认为艺术与自然是两个并行不悖的空间，艺术创作不一定要原样照搬，艺术家应该对描绘对象有自己的感受和认识。

塞尚的伟大之处在于他从延续了几个世纪的传统画法中找到了突破口，如同在黑暗中奔涌的地下泉水，一旦冲破那层泥土，迎来的便是光芒万丈的新天地。

作者推荐

除了采石场和塞尚画室，你还可以去参观塞尚住过几十年的布方羊圈农舍（Le Jas de Bouffan），他在那里创作了 50 余幅作品。

1. 斯托比自然保护区内的熔岩塔柱　2. 叶尼塞河　3. 街心公园中的普希金雕塑

4. 西伯利亚大铁路　5. 沿途的风景　6. 中途停站，乘客下车活动活动筋骨

西伯利亚铁路

克拉斯诺亚尔斯克
Krasnoyarsk

位于俄罗斯西伯利亚地区

推荐旅行时间：2天

南北走向的叶尼塞河与东西走向的西伯利亚大铁路在克拉斯诺亚尔斯克交汇。这是一座百万级人口城市，在地广人稀的西伯利亚，克拉斯诺亚尔斯克完全可以用人声鼎沸来形容。

你可以在这里的地区博物馆（非常醒目，外墙上画着仿埃及壁画）看到4米高的猛犸象标本。与北极熊一样，猛犸象生活在寒冷地带，灭绝于公元前1670年左右。你还能在这家博物馆找到关于通古斯大爆炸的科考发现。1908年6月30日，在这座城市北部的通古斯河附近发生了爆炸，摧毁了周围的8000万棵树，而且树木全都朝同一个方向倒去。科学界普遍认为，这场爆炸是由一块直径约50米的陨石撞击地球引起的，不过科考团队并没有在陨石坑附近找到陨石残留物。另一种说法认为，爆炸与美国科学家特斯拉有关。上述说法都没得到证实，这也让通古斯大爆炸成了永久的谜团。

在地区博物馆的西北方向有座街心公园，你能在这里看到一尊金色的普希金雕像。普希金的诗歌是反映19世纪初俄国社会全貌的一面镜子，高尔基认为普希金之于俄国文学就像达·芬奇之于欧洲艺术。

你还能在市中心品尝到地道的西伯利亚美食。俄罗斯食物以肉多油厚著称，在天寒地冻的西伯利亚，食物中肉更多、油更厚，似乎只有吃这样的食物，人们才能摄入足够的热量来抵御严寒。

斯托比自然保护区位于城市以南10千米处，这里曾被火山岩浆吞没，现在已恢复成郁郁葱葱的森林。保护区入口有条山路通往山顶，在陡峭的路段，你需要手脚并用才能爬上去。站在山顶，你不仅可以将西伯利亚冷寂的山峦尽收眼底，还能看到岩浆冷却后形成的熔岩塔柱，甚至可以观察到塔柱的纹理变化。

西伯利亚大铁路是世界上最长的铁路，从莫斯科到符拉迪沃斯托克共9288千米，火车要开七天七夜。你既可以购买一张全程车票从起点坐到终点，也可以分段购买车票，在风景好的地方待上几天，然后继续出发。虽然现在基本都可以从线上购买火车票，但在一些小地方，还是得去窗口买票。因此，请一定要记得提前拜托酒店前台帮你把目的地、车次、车厢等级和乘车时间都用俄语写在纸条上，以便购票时直接递给售票员。

慢旅行，尤其是这种超长线的火车慢旅行，会让你发现，一路上景色变了，季节变了，连上下车乘客的族裔都在持续地发生着改变，从高加索的金发碧眼过渡到西伯利亚的方脸细目。

作者推荐

每年夏天都有客船从克拉斯诺亚尔斯克沿叶尼塞河开往北极，不过外国游客最远只能到达伊加尔卡（Igarka）。伊加尔卡位于北纬67°，正好在北极圈上。

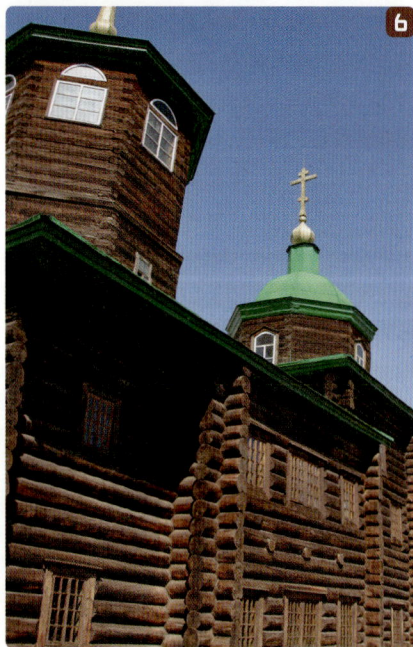

1. 和睦四瑞雕塑　2. 晒太阳的喇嘛们　3. 赤塔寺　4. 路边的格瓦斯饮料车　5. 赤塔大教堂
6. 天使长米迦勒原木教堂

被流放的十二月党人

赤塔 Chita

位于俄罗斯西伯利亚地区

推荐旅行时间：2 天

赤塔是西伯利亚铁路线上的重要站点，从这里往东北，可以直达西伯利亚铁路的终点符拉迪沃斯托克；从这里往东南，一天之后就能进入中国境内。

走出赤塔火车站的时候，你一眼就能看见漂亮的赤塔大教堂。说它漂亮，主要是指配色考究，浅蓝的墙面呼应天空的颜色，几个洋葱形的金色穹顶在阳光下熠熠生辉。

在赤塔，能够与赤塔大教堂比肩的建筑就是赤塔寺了。蒙古族后裔将信仰的火种带到西伯利亚，它虽然不如本土的东正教势力强大，但也已经落地生根，于是你能在当地遇到很多身披绛红色袈裟的喇嘛。赤塔寺中的建筑盖得稀稀落落，反正在地广人稀的西伯利亚，盖房子从来不用考虑容积率。寺院中，有一座雕塑非常醒目，从上到下一共有四只动物，分别是鸟、兔、猴、象，取材自佛教寓言故事集《本生经》中的"和睦四瑞图"。鸟衔来种子，兔子刨坑把种子种下，猴子用树枝保护幼苗，大象用鼻子吸水浇灌，等幼苗长成参天大树，大象就驮起猴子，兔子站在猴子肩上，兔子再托起小鸟，小鸟衔来果实分给大家。至于小鸟为什么不能直接飞上去，似乎并不是这个寓言故事的重点，重点是让大家明白天地祥和的根基在于和睦共处。

如果说东正教和佛教让赤塔开出了信仰之花，那让这座小城开出文明之花的，则是那些被流放到这里的十二月党人。那是在1825 年的 12 月，一群反抗沙皇政策的贵族军官发动了起义，后来起义被血腥镇压，其中一些人被当场处死，剩下的被流放西伯利亚。他们是在 12 月起义，因而被称为"十二月党人"。后来，托尔斯泰根据其中一位十二月党人的经历创作出《战争与和平》；普希金在《致西伯利亚的囚徒》中写道：沉重的枷锁会掉下，阴暗的牢狱会覆亡，自由会在门口欢欣地迎接你们，弟兄们会把利剑交到你们手上。

十二月党人不仅为赤塔规划城市布局，还组织读书会，并致力于发展教育事业。你可以在天使长米迦勒原木教堂找到十二月党人在此地生活的痕迹，他们曾在这座教堂里做礼拜，举办婚礼和葬礼。

现在，教堂内部常年举办关于十二月党人的展览，展出内容包括 80 位十二月党人的肖像，他们从圣彼得堡带来的生活用品，如烛台和棋类玩具等，还有他们在银矿干活时使用的锄头。

作者推荐

在俄罗斯，格瓦斯是防暑降温的最佳饮料。它由面包发酵而成，酒精含量只有1% 左右。黄色的饮料车通常就停在路边，铁皮罐上印着"KBAC"几个字母，一杯只要七八卢布（不到 1 元人民币）。

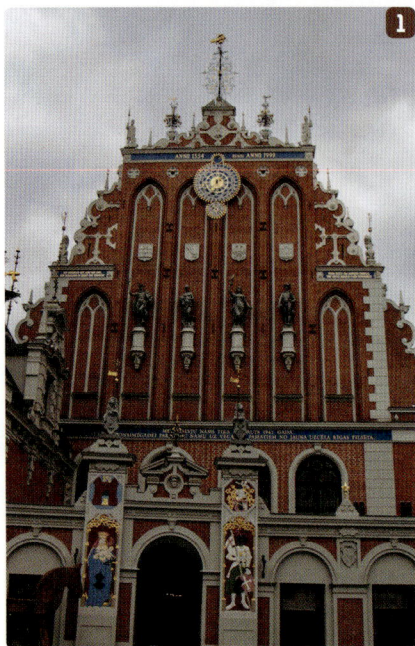

1. 黑头宫　2. 雕塑《不来梅的音乐家》　3. 市中心的彩绘墙　4/5. 新艺术风格建筑上的浮雕装饰　6. 蹲在楼顶的黑猫

新艺术风格建筑大本营

里加 Riga

位于拉脱维亚中部

推荐旅行时间：2 天

里加市中心也有一尊 4 只动物叠在一起的雕塑，不过动物种类与"和睦四瑞"中的完全不同，从上到下分别是鸡、猫、狗、驴，雕塑名为《不来梅的音乐家》。这个故事出自《格林童话》，讲的是 4 只动物在被主人遗弃后，立志到不来梅当音乐家。走进森林时，它们发现了一座房子，里面住着强盗，于是驴喊、狗吠、猫叫、鸡打鸣，它们把强盗赶跑后，过上了幸福的生活。

在《不来梅的音乐家》雕塑附近，你能找到一座砖红色建筑，外立面呈"山"字形，这是修建于 1334 年的黑头宫，第二次世界大战中被毁，1999 年重建。黑头宫是黑头兄弟会创建的俱乐部，取这个名字是因为德国商会的保护者圣徒莫里斯是一个来自埃及的黑人。1510 年的平安夜，黑头会的成员拉来一棵松树，并用鲜花装饰它。后来，装饰圣诞树的习俗逐渐传遍世界。

里加拥有全世界最多的新艺术风格建筑，在老城 2 500 多栋建筑中，1/3 都属于这种风格。

所谓新艺术风格就是反传统，并用新型材料和装饰物增加建筑的美感。

公寓楼的立面上布满浮雕，有面孔、飞龙、狮身人面像等，这让粗线条的建筑显得很柔美，里加人形容这种风格就像在蛋糕上挤发泡奶油。每天都会有许多外国游客站在公寓楼下对着窗户啧啧称奇，不知住在里面的人会为此感到骄傲，还是无可奈何。

新艺术风格没火多久，就被更简约的风格取代。不过现在，它又流行起来。看来建筑和时尚一样，都在经历轮回，不仅是时间的轮回，也是空间的轮回，就像东北大花袄也能走上巴黎时装周，红白蓝三色编织袋也能成为大牌单品一样。

里加的另一个标志是建筑物的顶端站着一只铁皮做的风信鸡，用来测定风向。但有一个例外，有栋房子的房顶上立着一只黑猫。据说房子的主人是一位成功的商人，他想加入商会却被拒绝后，就把黑猫放在房顶，黑猫的屁股正好朝向商会。在当地文化中，黑猫是邪恶的代名词。后来经过法官调解，他被允许加入商会，条件是把黑猫的屁股转向别处。

与西欧国家熙熙攘攘的首都相比，波罗的海三国的首都略显冷清。既然景点不多，不如走进当地人的生活。你可以从容地到街心公园围观大爷下棋，或者到中央市场看看里加人餐桌上都有些什么。

作者推荐

在艾伯塔大街（2A、4 号和 13 号）和伊丽莎白大街（10B 和 33 号），你可以找到新艺术风格建筑的代表作。

1. 由街头艺人扮演的彩色蜥蜴　2. 仍未完工的圣家族大教堂　3. 圣家族大教堂的内景

4. 巴特罗之家的内景　5. 巴特罗之家的窗户　6. 四只猫餐厅

高迪的城市

巴塞罗那 Barcelona

位于西班牙加泰罗尼亚自治区
推荐旅行时间：4 天

如果说在新艺术风格建筑方面，里加以数量取胜，那么在巴塞罗那，仅仅是高迪的 7 件作品就为这座城市赢得了一个世界遗产的标签。贴着"高迪作品"标签的建筑就像一块块骨骼，支撑起巴塞罗那。即使错过了其中一座，也根本不用担心，走不了多远就能看到另一座。

无论是米拉公寓[1]诡异的蜂巢式设计，还是奎尔公园[2]的马赛克拼贴蜥蜴，抑或是圣家族大教堂[3]把对宗教的信仰化为对自然的皈依，都让人确信高迪就是最伟大的建筑师之一。在高迪的建筑作品中，你看不到生硬的直角或者呆板的直线，它们都被圆角或曲线所替代。圣家族大教堂无疑是高迪众多作品中最受瞩目的一个，它已经建了 100 多年，至今仍未完工。当下流行的环保理念在高迪时代就已被应用到建筑之中，他把废弃的陶片、毛石、碎瓦变成了作品的一部分。

巴特罗之家[4]是高迪作品中最富想象力的一个。入口处的旋转楼梯如同鲸鱼的下颌骨，每座楼梯边缘都有一个向上的凸起，就像鲸鱼的牙齿。二楼大厅安装了螺旋形的吊灯，让人恍然以为自己站在一个巨大的贝壳里。储物间被高迪设计成鲸鱼腹腔的形状，那一道道狭窄的拱门就像一排排肋骨。在高达 6 层的天井中，高迪用的是由浅到深的蓝色，让人仰望时产生一种从海面望向海底的错觉。就这样，高迪充分发挥自己的想象力，构建了一个海底世界。

巴塞罗那的主街叫流浪者大街，它一头连着地中海，另一头连着加泰罗尼亚广场。如果说高迪的建筑为巴塞罗那定下了超现实主义的基调，那流浪者大街上的街头艺人就是这种超然气质的进行时表达。街头艺人喜欢把自己打扮成街头雕塑。他们或是用一件宽大的外套罩住脑袋和身体，再悬空支出一顶帽子或一副眼镜，远远望去就像无头人；或是把自己打扮成外星生物，比如异形、E.T. 或者铁血战士，他们聚在一起时会让游客以为自己走进了科幻电影的片场。最辛苦的街头艺人用厚厚的衣服把自己包裹得看不出人形，让人不禁怀疑衣服里是否藏着一台空调。

这些街头艺人通常遵循先付费后表演的模式，当你把零钱放到他们面前的帽子里后，雕塑就像上了发条一样瞬间活了过来，然后眨巴一下眼睛或者开心地搂着你拍一张照片。发条持续时间与投币金额成正比，时间一到，他们就重新变回静止的雕塑了。

街头艺人淡妆浓抹，因为处处都是舞台；旅行者素面朝天，因为处处都是人生。

1. Casa Mila 2. Güell Park 3. Sagrada Família
4. Casa Batlló

作者推荐

你可以到老城区的四只猫餐馆（4 Gats）品尝加泰罗尼亚酱汁鳕鱼。餐馆墙壁上有毕加索的杰作，毕加索曾为这家餐馆画过菜单，还在这里举办了第一次个人展览。

1. 奥尔洪岛北面的悬崖　2. 岛屿日落　3. 胡日尔村　4. 不如跳舞　5. 尼基塔客栈
6. 做完这套手势再去游泳就不会觉得冷了

与其忙碌
不如跳舞

奥尔洪岛 Olkhon Island

位于俄罗斯西伯利亚地区

推荐旅行时间：2 天

　　奥尔洪岛，英语发音很像"our home"（我们的家）。作为贝加尔湖中面积最大的岛屿，旅游手册上说这里有世界上最美的日出和日落，而且民风淳朴，到处都能见到笑脸。

　　渡轮靠岸后，游客要先交纳每天 25 卢布的岛屿资源保护费，如果离岛时能把自己的垃圾打包带走，还能获得一份由岛上居民送出的礼物。

　　岛上的道路起起伏伏，两旁是一望无际的原野。汽车在波浪般的路面上行驶了约 40 分钟后，唯一的村庄——胡日尔村出现了。远远望去，胡日尔村就像一座木屋博物馆，教堂、民宅、码头全都是木头做的，错落的木屋就像一排手牵手的兄弟姐妹。用木头盖房子有两个好处，一是取材方便，二是房子冬暖夏凉。

　　生活在岛上的布里亚特人长着典型的蒙古人面孔——方正的脸、细长的眼睛。他们信仰万物有灵的萨满教。当地司机如果看到路边出现石塔，就会把车停下，然后毕恭毕敬地走过去，从口袋里掏出一张纸币压在其中一块石头下面。当地人相信，一块石头、一棵树、一座山都是有灵魂的，都是被神庇佑的，所以他们会沿途祭拜。即使是在盛夏时节，贝加尔湖的水温也很低，当地人并不

在乎湖水的冰冷刺骨，他们会在下水前做出一套复杂手势，口中念念有词，完成仪式后才跃入水中。他们相信，拜了神湖之后就不会觉得冷。

　　泛岛游是游客最喜欢的体验项目。中巴车在崎岖不平的路面上蹦跳着前行，路边总有动物与车队并肩而行，有时是海鸥，有时是蜂群，有时还会遇到拦路的野马。

　　司机会把车停在一些景点旁边。当地人根据想象为每个景点起了名字：三块并列的山岩叫"三兄弟"，分立两边的山岩叫"夫妻石"。一对夫妻如果想生男孩，就在男人石那边扔一块石头，石头掉进湖里而非落在岸边，那么生男孩的概率就会大大增加；如果想生女孩，就在女人石那边扔一块石头。我看很多人在两边都各扔了好几块石头。

　　我在湖边看到几个穿连体衣跳舞的人，与他们互动的只有轻风与涛声。我觉得这才是自娱自乐的最高境界，与其在世间忙忙碌碌，不如在湖边跳支舞，管别人怎么说，此时此刻，我最快乐。

　　回程时已近黄昏，这时的光线几近完美，随便找个地方坐下，安静地看或者听，你会发现时光有了痕迹，建筑也有了呼吸。

作者推荐

　　尼基塔客栈（Nikita）是岛上知名度最高的客栈。客栈老板尼基塔先生致力于发展岛上的教育事业，每年夏天都会组织当地孩子到各地游学，当然采用的是最节俭的方式。虽然路途艰苦，但孩子们游学回来后对生活和学习都更有信心了。

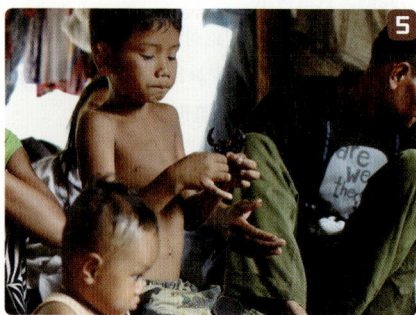

1. 暹粒酒吧街　2. "专家交换"的安东尼在给孩子们发笔和本子　3. 虫子大餐
4. 捕虫团捉到的狼蛛　5. 孩子们将炸熟的狼蛛、蝎子分而食之　6. 狼蛛猎人

"专家交换"
和虫子大餐

暹粒 Siem Reap

位于柬埔寨西北部

推荐旅行时间：2 天

　　尼基塔先生通过游学的方式让奥尔洪岛上的孩子变得自信，而在教育更落后的柬埔寨，一个叫安东尼的美国人创办了一个公益组织，一方面号召游客捐款，让更多孩子上得起学，另一方面邀请一些外国专家培训学校里的老师。

　　安东尼自己是网络工程方面的专家，他就会讲一些互联网方面的课程。这个名为"专家交换"[1]的组织已经把 15 个失学儿童再次送进了学校，为超过 100 个孩子提供了必要的学习和生活资助。安东尼希望有一天"专家交换"能够消失，那将意味着暹粒的每个孩子都能有学上，而非在景点向游客乞讨。安东尼跟我说："我对（柬埔寨）下一代还是比较乐观的，教育普及程度会上升。过去 10 年，这个国家正慢慢好起来，虽然仍比较贫穷，但情况已经在发生改变。正是因为许许多多尼基塔和安东尼的存在，层级之间的沟壑得以变小。他们就像润滑剂，让这个世界运转得更公平和可靠。

　　游客白天大多在吴哥窟的寺庙群中穿梭，傍晚才回到暹粒。晚上，酒吧街就成了全城最热闹的地方，霓虹灯几乎把各家招牌串在了一起。做小本生意的商贩在路边支起摊位，有的卖油炸黑蜘蛛，有的卖散装鸡尾酒，还有的卖沙画，就是把彩色的沙子按照次序装进一个透明瓶子，压实后，玻璃瓶的正面就出现了吴哥窟日出的景象。

　　如果你想品尝半个手掌大的狼蛛，又觉得路边摊的卫生状况堪忧，可以去一家名为"虫子"的法餐厅，尝尝狼蛛甜甜圈、水蟑螂串烧、飞蚁狂野春卷等特色菜。老板说，虫子富含蛋白质、脂肪酸、钙、铁等，而且脂肪含量低。烹饪前，厨师会先去除危险的物质，比如蜘蛛的毒腺、蝎子的毒刺、蟋蟀长着倒刺的小腿等，也就是说，盘子里的所有东西都可食用。

　　老板说，他家的虫子来自暹粒郊区的农村，虫子猎人会把捉虫当成正经生意来做。你可以参加捕虫团，不过只能围观，因为这是一门手艺活，只有虫子猎人知道狼蛛洞穴在哪里。猎人先引"蛛"出洞，随后将其活捉，接下来的一步非常关键，那就是铲掉狼蛛头顶的两根毒刺。虫子猎人除了擅长捉蜘蛛，还是抓蝎子和红蚂蚁的好手。行程结束后，虫子猎人通常会邀请游客到他家做客。在他家里，一锅油已经烧开，把狼蛛、蝎子往油锅里一扔，不一会儿，一顿高蛋白美味就上桌了。

1. Expert Exchange

　　高棉咖喱鸡的做法：把小洋葱、蒜、柠檬草、柠檬叶、黄姜和小辣椒这 6 种原料切碎，用手搅拌均匀后，一份混合而成的咖喱就做成了，再用这份咖喱给鸡肉做"按摩"，然后将"按摩"好的鸡肉炸成焦黄色，把炸好的鸡肉放入芭蕉叶中，搭配米饭食用。

1. 丛林夜游　2. 露出头的水蟒　3. 树懒　4. 金刚鹦鹉　5. 在亚马孙河游泳，前面还有一只河豚
6. 垂钓食人鱼

黑暗森林法则

伊基托斯 Iquitos

位于秘鲁亚马孙河流域

推荐旅行时间：4 天

伊基托斯位于亚马孙河上游，与外界没有公路相连。要想抵达那里，只能乘飞机，或者乘轮船。

在伊基托斯，有个以寻找毒虫为主题的丛林夜游团。出发前，每一名游客都要换上防蛇的胶皮靴。进入雨林后，游客就什么都看不见了，因为茂密的树丛让星月的光辉没有丝毫落地的可能性。此时，游客手里的手电筒只能照亮自己脚下的路，只有向导的手电筒是用来找虫子的。随行的导游会不时停下，给游客展示他的新发现，比如一只趴在树干上翘着尾巴的黑蝎子，在手电筒的强光照射下，一动不动地装死；三条花斑蛇中有两条挂在树枝上，另一条趴在道路中间；一只有毒的蟾蜍眼睛鼓肚皮圆，导游抓住它的后背将它提到半空，它的四条短腿拼命地踢着空气；两只黑蜘蛛在快速织网；一排色彩鲜艳的蘑菇从树洞里探出头……在丛林夜游时遇到的大多是昆虫和两栖类动物，虽然个头不大，却全部进化出"以毒攻毒"的防身本领。按照"他人即地狱"的黑暗森林法则，任何暴露自己的物种都将被迅速消灭。

在黑暗森林中，没有生物能独善其身，

人类杀蛇割皮取胆，蛇一口吞掉蟾蜍，蟾蜍用舌头粘住蜘蛛，蜘蛛用网捕捉蚊子，蚊子用疟疾祸害人类……一切周而复始，生生不息。黑暗森林法则让小到热带雨林、大至整个宇宙保持着动态平衡，而这种平衡才是生机之源，它让万物因恐惧而不断前行。

伊基托斯还有一家动物园，虽然面积不足一公顷，但聚集了亚马孙雨林的大多数代表物种。从天上飞的到水里游的，再到地上爬的，这些动物无不神态放松，不会让游客产生夜游丛林时的那种剑拔弩张的紧张感。

卷尾猴攀藤越溪，动作灵动。金刚鹦鹉会用西班牙语说"你好"。树懒最从容，如果人的步速是一，那么它爬行的速度只有百分之一。水蟒和枯叶龟都生活在一只巨大的水槽里，水体浑浊，表面就像淋了一层油脂。水蟒把头露出水面，如雕像般一动不动，像是在等待猎物。动物们其乐融融地共处一地，黑暗森林法则在这里似乎完全失灵。这可能是因为这些动物之间并不构成食物链中的上下级关系，它们在这里既没有天敌，也不用寻找食物，大家同时退化成宠物，只能等待人类喂养。

旅行技能

每年都有很多牲畜成为食人鱼的猎物，你也可以让食人鱼变成你的猎物：在竹竿一头系一根鱼线，用切碎的鲶鱼肉当鱼饵，把鱼钩沉到水底，不一会儿就会有食人鱼上钩，它嘴朝上张着，两排尖利的牙齿在阳光下闪闪发光。食人鱼是被人类妖魔化的动物，只要你身上没有伤口，即使跳进亚马孙河游泳也不会有事，倒是要防范和注意鳄鱼。

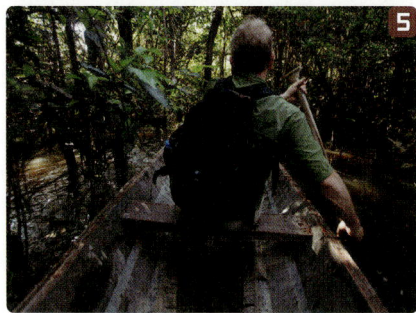

1. 库玛塞巴丛林旅馆　2. 王莲的叶片　3. 王莲的花苞　4. 树木用尖利的刺来保护自己
5. 在水中丛林穿行　6. 麝雉

森林音乐会

库玛塞巴 Cumaceba

位于秘鲁亚马孙河流域

推荐旅行时间：3 天

库玛塞巴是一家丛林旅馆的名字，建在亚马孙河的主航道旁边，它像博拉博拉的水上屋一样，通过一条条悬空的走廊把客房连在一起。从空中看，丛林旅馆就像一只巨大的八爪鱼，八爪鱼头部的位置是公共大厅，集前台、餐厅、酒吧于一体。旅馆里还有一个专门的休息室，里面摆了七八张吊床。如果你打算在这儿住，一定要多带几瓶驱蚊药水。

库玛塞巴所在的区域一边是亚马孙河，另一边是一个面积不算太大的湖泊。当你坐船来到湖心，眼睛就会瞬间被绿色填满。这里的植物从不缺少水分和阳光，可以恣意生长。每一片芭蕉叶都大得可以当雨伞，漂在湖面上的王莲直径足有两米，不知道白居易看到这么大的"玉盘"，又会吟咏出怎样的诗篇。

湖边鸟类众多，但"鸟王"非麝雉莫属。这种鸟和恐龙是近亲，是世界上唯一一种翅膀上长爪子（翅爪）的鸟。麝雉的幼鸟要在翅膀长硬之前，用翅爪来攀登树枝。幼鸟出生三周后，翅爪会自动消失。麝雉的脸是蓝色的，眼睛是火红色的，头顶有羽冠，翅羽呈褐红色。这么多色彩让它天生骄傲，飞起来时就像一片红云从天边飘过。

虽然湖泊两岸由绿色植物垒起的绿墙看似刀枪不入，但里面藏着很多条秘密水路，只有经验丰富的向导才会知道这些秘密。当向导划着木船进入某个豁口，你头顶的天空一下就暗了下来，因为绿墙的背后到处都是不知生长了几个世纪的巨树，它们的老根全都牢牢扎进水中，湿热的空气中充满腐叶的气味。水路其实就是这些大树之间的空隙。为了争夺阳光，所有植物都"费尽心思"，要么长得更高，要么用藤条绞死竞争者，要么本着"人不犯我，我不犯人"的原则，浑身长满尖利的刺。有时，木船会被植物的根卡住，简单的处理方法就是用船桨往旁边的树干上一撑，稍微借力，木船就会自己荡开；复杂的方法是用刀砍出一条路来，颇有进行雨林探险的刺激感。

天黑之后，湖面上还会有一场演出，叫"听！亚马孙的声音"。向导把木船划到湖中央，你会听见四面八方传来的声响逐渐清晰起来，有蝉鸣和蛙叫，如果再加入一些想象，你还能听见蚯蚓蠕动、蛇在爬行、蜥蜴产卵、蟋蟀狂欢……每种声音都自行其是，保持着固有的音量和声频，几十种声道混在一起，就组成了这篇复杂的乐章，哪怕最顶尖的指挥家都无法指挥这支庞大的丛林交响乐团。

旅途随感

当你坐船来到夜色下的湖面上，眼前会出现一个宇宙，构成这个宇宙的是无数星辰；当你把眼睛闭上后，耳边又出现了另一个宇宙，构成这个宇宙的是各种声响。两个宇宙交相辉映，不知哪个更加深不可测。

1. 天然桥　2. 驼鹿　3. 翡翠湖　4/5. 踢马河　6. 在桨板上练瑜伽的女孩

遗落在山中的翡翠

优鹤 Yoho

位于加拿大不列颠哥伦比亚省

推荐旅行时间：2 天

1909 年，美国古生物学家杜利特尔·沃尔科特在优鹤国家公园的黑色页岩中找到了一些古生物化石。

经研究发现，化石中的海洋生物来自 5.05 亿年前的寒武纪。沃尔科特几乎把余生都投入到开采化石的工作中，一共找到 65 000 多块化石。化石中的生物多为节肢动物，包括三叶虫、马尔拉虫、加勒畸虾等。据推测，这些远古生物是在雪崩的瞬间被埋入海底淤泥，淤泥柔软湿润，又能隔绝空气，即使经过了千万年，化石中的动物软组织也保存了下来。化石岩床位于伯吉斯山附近，因而又被称为伯吉斯页岩[1]。

优鹤国家公园成立于 1886 年，名字来自加拿大原住民第一民族的语言克里语，"YOOOHOOO"就是原住民第一次看到优鹤国家公园时发出的惊叹。公园地域辽阔，印第安人第一眼看到的一定不是黑色岩块，而是碧绿色的翡翠湖[2]。这是一个冰碛湖，湖底都是冰川移动带来的泥沙和石块，你站在岸边就能清楚地看到。湖水含有矿物质，被阳光一照，就呈现出像翡翠一样碧绿的光泽，的确值得一声"YOHO"。

清晨的翡翠湖非常安静，湖面就像一面镜子，连一丝褶皱都没有。钓鱼的人就像雕像，心静、眼静、手静。在这样的静谧中，我看到一个姑娘把桨板划到湖心，然后练起瑜伽。这应该很难吧，不仅要使身体保持平衡，还得使桨板保持平衡。不知她是内心强大到可以忽略四周环境的干扰，还是已经融入自然，成了其中的一部分。

沿湖有一条 5 000 米长的环形步道，当湖边唯一的一家客栈出现在你视野右边时，抬起头，再往远处看，就会看到两座高峰，两峰之间就是伯吉斯页岩的发现地。

驼鹿和麋鹿经常到翡翠湖边喝水。两种鹿不难分辨，区别主要在于角，驼鹿的角就像手掌，麋鹿的角像分得很开的树杈。这两种鹿也有一个共同点，就是只有雄鹿长角，雌鹿不长。

从翡翠湖前往国家公园游客中心的路上，你会遇到踢马河[3]冲击石墙形成的天然桥[4]。原本河水要跃过石墙形成瀑布，可石墙上有些缝隙，在强劲水流日复一日、年复一年的冲刷之下，缝隙变成了缺口，又变成现在的孔洞，这证明水和时间结合后无坚不摧。石墙顶端看起来仍旧连在一起，因而被称为天然桥。

1. Burgess Shale Formation　2. Emerald Lake
3. Kicking Horse River　4. Natural Bridge

作者推荐

在优鹤国家公园游客中心旁边的伯吉斯页岩基金会，你可以看到一个化石展。如果你想进入沃尔科特当年采矿的地方参观，需要提前预约专业向导。

1. 驯鹿群落　**2/3.** 古生物化石　**4.** 石环　**5.** 被撑出裂缝的石块　**6.** 北极熊的骸骨

当一天化石猎人

奥斯卡二世岛 Oscar II Island
位于挪威斯瓦尔巴群岛，伊斯峡湾北岸
推荐旅行时间：1 天

弗姆兰德山脊位于奥斯卡二世岛南端。以前，许多捕鲸船在山脊附近的峡湾里停泊；现在，除了一两艘邮轮，早已不见捕鲸船的踪影。

从山脊西侧的浅滩登陆后，眼前是一个长满青草和苔藓的缓坡，一路蔓延到山脚。站在缓坡上，你能看到远远近近的驯鹿群落，它们在这儿没有天敌（北极熊主要吃海豹），对人类的到来漠不关心，依旧埋头吃草。

弗姆兰德山脊由沉在海底的沉积岩构成，在一次地壳挤压运动之后，原本水平的沉积岩产生了 90 度的位移，于是竖起成峰。与此同时，深埋在地底的化石被带到地面。按照岩层结构，较老的在下面，较年轻的在上面，可转了 90 度之后，较老的跑到了左边，较年轻的跑到了右边。在这里，即使你只走短短几米，脚下的岩石也可能会相差几千万岁。看来，有时候时间可以表示距离，比如光年；有时候距离也可以表示时间，比如你在弗姆兰德山脊迈出的每一步，都跨越了千万年。你会先遇到石炭纪（3.59 亿～ 2.99 亿年前），此时的斯瓦尔巴群岛位于北纬 20 度左右，化石里的生物生活在大陆边缘的热带海洋里。你继续往东走五六米，就来到了二叠纪（2.99 亿～ 2.52 亿年前），化石中的生物种类一下子多了起来，你可以找到腕足动物，还有形态各异的苔藓虫。接下来，你会经过三叠纪（2.52 亿～ 2 亿年前），此时的斯瓦尔巴群岛已经位于北纬 55 度，海洋环境变冷，岩层中已经找不到有机物。

几个远古时代连在一起，组成了一条化石之路。哪怕是最不起眼的小石块，人们也需要仔细辨认半天。每年夏天，很多探险家都会来这里当一天化石猎人。

在奥斯卡二世岛的西侧，除了驯鹿，你还能看到两种神奇的地质景观。一种叫石环，就是围成一圈的石头。这可不是人类摆出来的造型，而是大自然的杰作。石环的形成需要苛刻的条件，首要条件就是位于含水量高的冻土层，且地表颗粒粗细不均。由于冻融分选作用——当水结成冰后，体积膨胀，使旁边的石块产生轻微位移，到了夏天，冰块融化，腾出来的空隙被沙土填满。久而久之，粗细不同的石块和沙土就被分离开来——沙粒聚集在中间，石块被挤到边缘，石环就形成了。

你还会看到一些完整的石块中间出现刀劈一样的裂缝，原本那些缝隙很小，随着流进去的水不断热胀冷缩，缝隙就被一点点撑大，再后来石块就碎了。原来，越是柔软的东西，越有不为人知的坚硬一面。

旅行提示

在这里找到的化石可以触摸，但是不能带走，这是约定俗成的规定，每个人都要遵守。

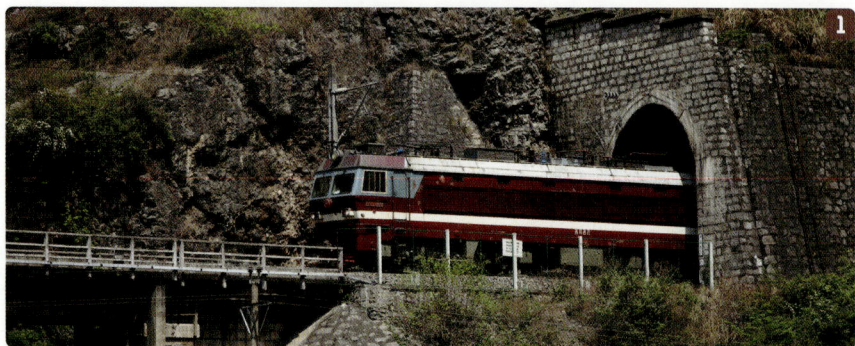

1. 宝成铁路　2. 45 厘米见方的栈孔　3. 悬于峭壁之上的古栈道

4. "一夫当关，万夫莫开"的剑门关　5. 豆腐宴　6. 翠云廊中的巨柏

蜀道难

蜀道 Sichuan Road

位于中国四川北部

推荐旅行时间：3天

在2000多年前，中国人就已经懂得利用石块的热胀冷缩原理来开山凿路。在开凿蜀道时，人们采用淬火浇石法来对付那些挡路的山岩——先用柴火加热石块，再把冷水泼在石块上，一热一冷后，石块之间的缝隙变大，再用凿子一敲，石块就纷纷脱落了。

蜀道自古以来就是汉地与蜀地之间的通路，因秦岭和大巴山的阻隔而变得道阻且长。7条蜀道中，最为出名的是金牛道，金牛道的名称来自"石牛粪金、五丁开道"的古老传说，李白的"蜀道之难，难于上青天"指的就是古蜀道中的金牛道。相传2000多年前，秦惠文王想要伐蜀，但因为山路险峻，军队无法进入，于是就骗蜀王说要送他几头可以拉出黄金屎的石牛，但蜀王得自己派人去拉石牛。财迷心窍的蜀王派了5个大力士开道，拉回了石牛，但也引来了秦兵。

金牛道以广元的明月峡地段最为险要。这里除了古栈道，还有鸟道、纤夫道和水道。民国时，这里通了川陕公路；中华人民共和国成立后，在嘉陵江对面又修了宝成铁路。

古栈道建在陡峭的石壁之上，每个架设栈道的栈孔都45厘米见方、70厘米深，里面还设计了水槽，可以延长插入栈孔中的木桩的寿命。有一档电视节目曾请石匠用古代技法挖凿栈孔，用了约30个小时才凿出一个，从这个细节也可看出开凿蜀道的艰难。不过，现在别说走蜀道已经不难了，就连"上青天"的愿望都已达成。

金牛道上的另一处要塞是"一夫当关，万夫莫开"的剑门关。相传三国时期，名将姜维在汉中兵败后退守剑门关，营中人困马乏，姜维就请当地百姓磨豆浆犒劳士兵，又以豆渣喂马，军力迅速得到恢复，成功击退了敌兵。游客到了剑门关，可以到当地餐馆点一桌豆腐宴，尝尝肘子豆腐、茄饼豆腐、怀胎豆腐、姜维豆腐、川妹子豆腐等名目繁多的豆制品美食。

到了翠云廊，金牛道一下子安静下来。道路两边种满参天翠柏，很多都有千年历史，有的还起了名字，比如张飞柏、结义柏、隆中对柏等，这些名字都来自三国时期的典故。1025年，宋仁宗下令在剑门关至成都的官道两旁种树，这也是史料记载的翠云廊唯一一次奉旨植树。

过了翠云廊，蜀道变得平坦起来，打打麻将，吃吃火锅，怎么着也该放松一下了，毕竟，蜀道的尽头可是成都。

作者推荐

如果你的时间充裕，可以乘坐宝成线（宝鸡—成都）上的6063次火车，穿越陕西、甘肃、四川三省。这趟火车开得很慢，在穿过无数隧道之后，看到满山的碧绿，你的心情会一下子变得明亮起来。

1. 笔直的青藏公路 2. 可可西里保护区纪念碑 3. 青藏铁路 4. 青藏线沿途的粮仓
5. 藏野驴 6. 唐古拉山口的路牌

444

穿越青藏线

青藏线 Qinghai-Tibet Road
位于中国青海省与西藏自治区之间
推荐旅行时间：2 天

宝成铁路的建造难点有两个：一是要在秦岭间穿山打洞；二是为了让铁轨在短距离内迅速抬升，不得不设计出 8 字形超长延展路段，如盘山公路般迂回曲折。宝成铁路在 1958 年通车，也是在那一年，另一条比蜀道还难修建的铁路在青藏高原上开工了。青藏线的建造难点在于要把铁轨铺在千年冻土之上，而冻土的平均海拔超过 4 000 米。高原缺氧不仅增加了施工难度，也拖慢了施工进度，青藏线修了将近半个世纪，直到 2006 年才正式通车。

虽然你可以像那句流行口号"青春没有售价，硬座直达拉萨"说的那样，坐着火车去拉萨，但在格尔木至拉萨段，火车只在两个大站各停留 8 分钟，这就让沿途的很多风景成了浮光掠影。如果条件允许，建议你以自驾或包车的方式探索这段旅途。

109 国道格尔木至拉萨段大约长 1 100 千米，沿途经过可可西里、五道梁、沱沱河、雁石坪、唐古拉山口、那曲等地。唐古拉山口海拔 5 231 米，是一路上的最高点，随后海拔逐渐下降，直到海拔大约 3 700 米的拉萨。

青藏公路是一条优质国道，往来车辆不多。在这段旅途中，公路在视野中常常是一个无限延伸的等边梯形。

经过昆仑山，就到了可可西里保护区，路边竖着索南达杰烈士纪念碑。1994 年，索南达杰为了保护藏羚羊而被盗猎者杀害，陆川导演以此为背景，拍摄了电影《可可西里》。在青藏铁路和青藏公路的某些路段，路基会被人为掏空以形成生态走廊，方便藏羚羊、藏野驴等高原生物迁徙。

经过五道梁时，大多数人会在这里遭遇高原反应。由于海拔高、植被少，这里空气中的含氧量只有平原地区的 40% 左右。当地还流传着一句顺口溜："到了五道梁，哭爹又喊娘。"走这段路时，我把胃液都吐得一干二净。在进入西藏之前，建议提前几天服用红景天。在进入高原的第一天，不要吃得太饱，最好也不要在海拔 4 500 米以上的地方过夜。

接下来，你会在 109 国道边看到发源于格拉丹东雪山的沱沱河，它是长江的正源。

到了唐古拉山口，每个人的感受都不同。有的人还在跟高原反应做斗争，他们乐观地想，接下来全是下坡路，高原反应症状会逐渐消退。有的人会轻轻哼起《青藏高原》，歌词中的苍茫山峦就在眼前，这是以往听歌时不曾有过的体验。

当你看见巍峨的布达拉宫时，青藏线也终于走到了尽头。

旅途随感

旅行就像马拉松，过程再艰辛，游客也会凭借本能坚持、坚持、再坚持，而一到终点，那股劲儿就泄了，所以每次长途旅行结束之后，我都会睡好几天。

1. 八廓街　2. 布达拉宫　3. 大昭寺　4. 在大昭寺磕长头的人们　5. 藏面和奶茶
6. 大昭寺广场

八廓街上

公元 647 年，松赞干布为供奉由尺尊公主带入吐蕃的释迦牟尼等身像建造了大昭寺。大昭寺的全称为"惹萨曲朗祖拉康"，拉萨即由"惹萨"演化而来。

大昭寺建成后，无数藏族人从各个地区前来朝拜。人们一次又一次不知疲倦地磕着等身长头，匍匐、起身、再匍匐、再起身，他们饱经风霜的脸上泛着信仰的光芒。

朝圣者的到来，催生了服务业和商业，于是大昭寺外围的八廓街上出现了各式餐馆、旅店和商店。《圣城拉萨》一书的作者斯潘塞·查普曼曾写道："妇女们经营零售业务和店铺，男人们则进行大宗的商品交易和与此有关的长途贩运。"

在围绕大昭寺而建的老城中，有一个名为邦达仓的大院，这里就是男人们进行大宗商品交易的地方，他们将成吨的羊毛通过茶马古道运往印度的噶伦堡。现在的邦达仓大院已经摇身一变成了一家青年旅舍。拉萨见证了青年旅舍在中国的起步阶段，那时人们通过在青年旅舍留言板上贴纸条来传递信息，然后组队前往珠峰大本营、阿里地区或纳木错。随着时代的发展，留言板已经被微信群取代。

虽然时代大步向前，但背包客们在拉萨的生活始终围绕着大昭寺和八廓街打转：上午在老光明甜茶馆喝一壶甜茶、吃一碗藏面，下午在大昭寺前的广场上晒太阳、聊天。

八廓街东南角的玛吉阿米餐厅颇受背包客追捧，这得益于各种语言版本的《孤独星球》对它的吹捧。那是一幢黄色小楼，经营传统藏式菜肴。招牌上画着一个神态拘谨的藏族女子，她掀开门帘的动作带着犹豫，如同一个待嫁的新娘。我踩着木质楼梯上到餐厅二层，看到房间里色调昏黄，放置着许多混搭在一起的装饰品：20 世纪初由西方人拍摄的拉萨老照片，涂金抹银的巨幅唐卡，从西方舶来的油画，冒着青烟的香炉，装圣水的铜壶。几乎每张桌子上都摊着一本厚厚的留言簿，上面全是食客们的涂鸦："Live the life you love. Love the life you live."（过你所爱的生活，爱你所过的生活。）"太阳落山了，大雪落下来了，大饼烙好了，有人要抒情了，让他们去抒吧。我肚子饿了，我要吃大饼！我要吃大饼！！我要吃大饼！！！""你何时来？你何时走？你走了之后是否会再来？你再来时是否会回到这里？你回到这里时是否会回到今天？那时的你是快乐还是忧伤？"

旅途随感

古往今来，留言簿大约是自由度最高的文字载体，可写可画，可中可洋，可以发泄不满，可以化解委屈，可以借物言志，可以充满豪情。留言簿上的只言片语，留下了旅行者在那一瞬间的真实感受。如果被后来人看到了，无论快乐还是悲伤，都会在他的心情画布上被双倍渲染。

447

1. 从那根拉垭口望到的纳木错一角　2. 湖水清澈得像黏稠的空气　3. 纳木错的日落
4. 湖边的白牦牛　5. 藏族小女孩　6. 羊八井温泉

神女的眼泪

纳木错 Namtso

位于中国西藏当雄县

推荐旅行时间：4 天

纳木错海拔 4718 米，是世界上海拔最高的咸水湖。当汽车开到海拔 5190 米的那根拉垭口时，你就能望到天边的那一抹湖蓝了，湖水背后的雪山是念青唐古拉山。传说，纳木错是天神之女，爱上了勇敢的藏族青年念青唐古拉，但他们的爱不被天界允许，纳木错被天神带回，湖水即是神女的眼泪。

从拉萨往返纳木错的一日游行程紧凑，几乎全天都在赶路，留给游客自由活动的时间非常有限。他们拍拍雪山，拍拍湖水，拍拍牦牛，也就该拍拍屁股走人了，所以最好是在湖边住一晚，因为雪山与湖水在不同时段所呈现出的美截然不同。

下午你可以在扎西半岛沿顺时针转湖，转一圈大约需要 2 个小时。虔诚的藏族人相信，转 7 次扎西半岛相当于转湖一圈。如果你想来一次真正的转湖，那至少需要一个月。藏族人还相信，在羊年转湖一次相当于平时转湖 10 万次。

你还可以在湖边静坐，让鞋与水的边缘无限接近，湖水清澈得就像黏稠的空气。都说水至清则无鱼，其实纳木错是有鱼的，你能够看到裸鲤和一种高原泥鳅，不过由于生长条件苛刻，湖里的鱼都长不大，并且由于信仰，藏族人也没有吃鱼的习惯。

在纳木错，黄昏时的光线显得疲惫而虚弱，几乎是沿着水平方向照过来的，把人影拉得很长，印在大地上，如同一道道裂缝。此时只剩下几个仍在转山转湖的藏族人，还有漫山遍野的牦牛，它们慢悠悠地吃着青草，晒着夕阳，无忧无虑地生老病死，看着让人羡慕。

日落后，天地变得异常安静，你甚至能听到湖水的呼吸声："哗——哗——"，这声音有着固定的频率，听着听着，人也仿佛进入一种入定状态，心变得像湖水一样透明。这是我留在纳木错过夜的原因，即使被高原反应"趁火打劫"，却能获得难得的清净。夕阳落下，光芒消逝，随即天地之间不再有光亮。

纳木错的住宿设施以帐篷和木板房为主。在海拔那么高的地方过夜并不轻松，吹进帐篷的冷风让我不禁打起寒战，高原反应也会让很多人头疼欲裂。我有个对抗头疼的办法，就是努力回忆看过的书和电影，情节想得越详细越好。虽然你的思绪可能很快就被高原缺氧的现实拉回来，但不要气馁，这种对抗也有助于锻炼意志力。

在返回拉萨之前，你可以到羊八井温泉泡个澡，那里还有专门的藏药浴池。不过，最好事先对自己的身体状况进行评估，否则在温泉水的助力下，更容易产生高原反应。

旅途随感

旅游和旅行的区别：旅游总是尽在掌握，路上很少出差错；旅行则插曲不断，想象中的风花雪月往往会被现实狠踹一脚。

波西塔诺｜意大利

1. 俯瞰巴列姆山谷　**2.** 向导鲍勃·帕雷格　**3.** 帕雷格的帽子　**4/5.** 在巴列姆山谷，猪比人多
6. 瞭望塔

死鸟

巴列姆山谷 Baliem Valley

位于印度尼西亚西巴布亚省

推荐旅行时间：5 天

巴列姆山谷长 72 千米、宽 31 千米，四周群山环绕。大约在三四万年前，人类就开始在山谷中定居。他们从非洲漂洋过海而来，开心时就唱歌跳舞，不高兴了就打打杀杀，逐渐融合成几个规模较大的部落，其中达尼人的数量最多，性格也最温和，不像住在丛林中的拉尼人，个个骁勇好战，还喜欢把敌人的脑袋当枕头。

巴列姆山谷中有多条徒步线路，所需时间从 1 天到 3 周不等。如果你不会讲印度尼西亚语，最好请一位当地向导。推荐一位叫鲍勃·帕雷格的向导，《孤独星球》称他"最有经验、知识最丰富，在整个巴布亚拥有深厚的人际关系网"。

在山谷中，你能看到很多瞭望塔，以前的部落战士会在早晨爬上瞭望塔观察敌情，不过这份工作通常很快就能完成，因为敌人并不愿意在下午和晚上搞偷袭，他们相信天黑后，鬼魂都会蹲在路边。

巴列姆山谷的猪比人多，这里的一半风俗都和猪有关。例如，杀了人可以用猪来偿命；四五头猪可以换一个老婆；看一个本地人有没有钱，就看他拥有几头猪……

在山谷里遇到村民时，有一套标准的问候礼仪：遇到男性先说"纳拉克"，遇到女性则说"拉欧克"（意为"你好"），然后使劲握手。当地人认为，只有敌人才不会触碰对方的身体，如果不想被当成敌人，那就使劲握手吧！

山谷中有一座山丘，上面立着一棵大树。当大家在树下休息时，传奇向导帕雷格给大家讲了一个故事。他说，有一位纪录片导演计划到巴列姆山谷拍摄一部名为《死鸟》的纪录片。那时，美国第 41 任副总统纳尔逊·洛克菲勒的儿子迈克尔·洛克菲勒刚毕业，渴望通过旅行开阔眼界，于是两人一拍即合（迈克尔担任录音师）。这部纪录片为什么叫《死鸟》？因为传说在很久以前，鸟和蛇进行了一场比赛，以决定人类究竟是像鸟一样死去，还是像蛇一样通过蜕皮获得新生。鸟赢了，于是人类终有一死，但却活得更加努力。这个故事说的就是生活在巴列姆山谷里的人。

在纪录片的拍摄间隙，喜欢收藏艺术品的迈克尔跑到南部阿斯玛特[1]地区，从当地人手里购买了大量木雕艺术品，那是 1961 年 5 月的事情。那年 10 月，迈克尔第二次来到阿斯玛特，这次，他带了一整船用来以货易货的物品。不幸的是，船被浪头打翻，迈克尔也失踪了。荷兰殖民政府对此次意外进行了调查，结论是溺亡。有一种民间说法认为，迈克尔被阿斯玛特的食人族吃掉了。

1. Asmat

作者推荐

千万不要错过 8 月上旬的山谷节，那时，各个部落的人都将身着盛装出席，还会有迎宾舞蹈、战斗表演等精彩节目。

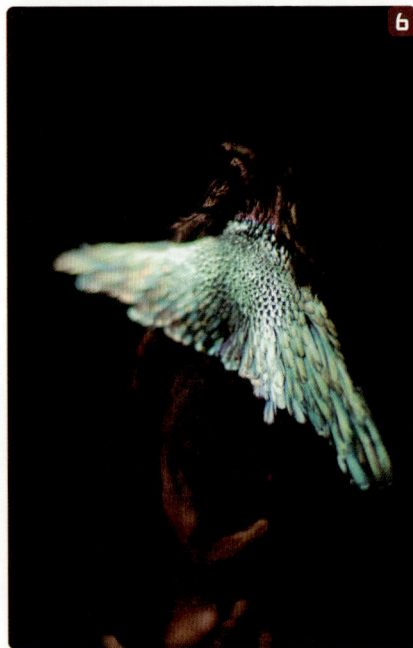

1. 达尼族住的房子　2/3. 达尼人　4/5. 制作红薯宴　6. 华美天堂鸟的标本

茅草屋
和红薯宴

达尼部落 Dani Tribe

位于印度尼西亚西巴布亚省

推荐旅行时间：3 天

达尼部落中的建筑物主要由茅草屋组成，分为圆屋和长屋，圆屋用来居住，长屋用来做饭。有的圆屋是上下两层的复式结构，上层用来睡觉，下层可以烤火。屋子里还会摆一些装饰品，比如圣母像——这里曾是距离荷兰本土最遥远的殖民地，虽然殖民者早就卷铺盖回家了，信仰却被留了下来。有的屋子里还会挂一些鸟类标本，我曾见过一只华美天堂鸟，这是新几内亚岛的原生动物，胸部长着蓝绿色羽毛，用手电筒一照，那片羽毛会发出翡翠般的光芒。

供游客居住的地方通常是建在一片空地上的六七间茅草屋。茅草屋的门框很低，进门时得弯腰 60 度，像鞠躬一样。屋子里铺着稻草，还挂着蚊帐，如果想睡得舒服一些，防潮垫和睡袋必不可少。即使这样，无处不在的跳蚤仍旧会惊扰你的好梦。

招待所外面围着一条护城河，护城河的外面还有一圈篱笆，每次进出都得翻越篱笆，翻越时要加倍小心，以免要害部位被削尖的木棍戳中。

达尼族男人一般不穿衣服，只用一个中空的葫芦瓢套住敏感部位，再用一根细绳把葫芦瓢笔直朝上拴在腰间，除此之外，一丝不挂。达尼族女人通常上身赤裸，下身穿草裙，身后背着一个网袋，里面可以装红薯、

猪崽或小孩。

女性游客可以和当地妇女学习如何用针线编织网袋，而男性游客可以向达尼战士学射箭。弓箭的箭头也有讲究，射杀敌人的箭头被打磨成倒钩刺，射进去就别想拔出来；射猪的箭头后面连着一个血槽，可以加速猪的死亡；射鸟的则是把三个箭头绑在一起，可以扩大打击面。

来到达尼部落，一定要参加红薯宴。吃红薯本身不是重点，毕竟世界各地的红薯味道都差不多，观摩地灶蒸红薯的过程才是重点。

先要搭起一个"井"字形的木架，然后用石块填满"井"口，接着在石块上铺一层干柴，柴上还要再放一层石块，整个木架看起来就像一块巨大的"夹心饼干"。

部落酋长用摩擦生热的方式把一捧草屑点燃，再用草屑引燃"夹心饼干"中间的木柴。等石块被烧得滚烫，族人就用木头镊子把石块夹进地灶，此时地灶底部已经垫满芭蕉叶。烧热的石块上还要铺几层芭蕉叶来隔热，然后才能放主食，也就是洗干净的红薯和玉米，最后还要用几层芭蕉叶密封来锁住蒸汽。

烹饪时间大约 1 个小时，老酋长分到了第一个红薯，软软的红瓤与他没有牙的牙床倒是天生一对。

旅途随感

那些已经走了很久的旅行者有两个使命：一是告诉即将踏出家门的年轻人，这条路上，他并不孤单；二是让那些已经在路上的人知道，其实他可以走得更远。

455

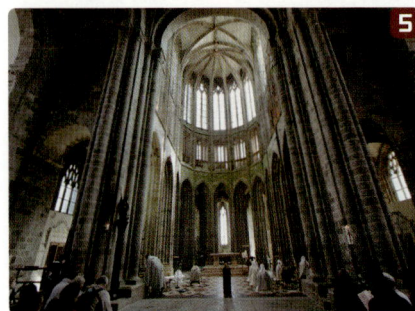

1. 晨光中的圣米歇尔山　**2.** 圣米歇尔山全景　**3.** 羊群从圣山下走过　**4.** 每家做法不同的炒鸡蛋　**5.** 在圣山教堂举行的弥撒仪式　**6.** 脚踩恶龙的米迦勒

大西洋中的孤岛

圣米歇尔山 Mont-Saint-Michel
位于法国诺曼底大区
推荐旅行时间：2 天

圣米歇尔山教堂的修建与一位红衣主教的梦境有关。公元 708 年的一天，主教梦见了天使长米迦勒，后者让他在大西洋中的一块岩石上建一座教堂。主教并没在意，这下可把天使长惹怒了，他用神力点了一下主教的额头，主教这才如梦初醒，然后倾毕生心血在圣米歇尔山建造了一座教堂。后来，教堂变成防御工事，又被改造成监狱。不过，无论功能如何变化，都不会改变一个铁打的事实，那就是每隔一两个月，圣米歇尔山就会被潮水包围，成为大西洋中的一座孤岛。

整座圣米歇尔山可以被看作一座城堡。中世纪时，身穿青铜盔甲的骑士打马穿过城墙正中那扇厚重的铁门，马蹄声在狭窄的石板路上嗒嗒响起，道路两旁卖鸡蛋和猪肉的小贩赶紧收摊避让。骑士催马向前，拐了一个弯之后，市井喧哗就被一种肃穆的氛围取代，此处已是教堂的院墙之下。骑士翻身下马，轻手轻脚地走进修道院，就像一条游进深海的鱼，不会发出任何声响。如今，沿着骑士走过的石板路进入圣山，道路两边热闹依旧，不过小摊上售卖的鸡蛋和猪肉早已被旅游纪念品取代。

每天中午，圣山教堂都会有一场弥撒仪式，游客既可参观，也可加入。本来我对这种"3C 旅行团"（City，城市；Cathedral，教堂；Castle，城堡）并没有多少兴趣，因为它们在欧洲遍地都是，可圣米歇尔山将三者融为一体，它本身既是城市，也是教堂和城堡，真是一举三得。

教堂最下一层是敦实的石柱，中间一层是食堂——空间大到咳嗽一下，回声要半天才能传回——和住宿的地方。再往上一层是教堂和花园。弥撒仪式在中午 12 点准时开始，身穿白色长袍的教士跪在大理石地板上，口中念念有词，念着念着就唱了起来，赞美诗的旋律在明亮的大厅中回荡。

从花园往山下眺望，你能看到退潮后的滩涂变成了银色的沙漠，几个行人化成小黑点在滩涂上跋涉，既看不清来路，也看不出去向。

天使长米迦勒的金身塑像站在圣山最高处（教堂内还有一尊一模一样的石像），他手握长剑，身后的翅膀张开，一条恶龙被他斩于脚下。米迦勒的职责是给人类的灵魂称重，合格的升入天堂，不合格的打入地狱。谁不希望死后进入天堂呢？正因如此，人们才心甘情愿地讨好他，给他单独建了一座城吧。

作者推荐

一定要在圣山吃盘炒鸡蛋。在英法战争时期，圣山被英军围得水泄不通，城里物资匮乏，只剩下鸡蛋可以充饥，为了让鸡蛋吃起来更美味，各家各户研发出了烹调鸡蛋的不同方式。

1/4/5/6. 莫奈打造的花园　2. 莫奈笔下的花园　3. 莫奈的《向日葵花束》（收藏于大都会博物馆）

莫奈的两座花园

吉维尼 Giverny

位于法国诺曼底大区
推荐旅行时间：1 天

　　从圣米歇尔山回巴黎时可以顺路前往吉维尼，那里有莫奈的两座花园，一座是现实中的，另一座则在他的画笔之下。

　　1883 年，刚过不惑之年的莫奈坐上从巴黎开往法国西部的火车，途中他被吉维尼小镇明媚的阳光、缤纷的色彩和田园风光吸引，于是决定在这里住下。这看似偶然的决定标志着两座花园的诞生，但这一切来得并非偶然。

　　莫奈出生于1840年，读书时就对学校所教内容表现出强烈的厌恶，他的反抗方式是在课本边角的空白处给老师画肖像。后来，父亲请来画师教莫奈画画。启蒙老师建议他从对事物的精致描摹转向对色彩和光线的捕捉。莫奈在阿尔及尔的军旅生涯让他对色彩和光线的理解更加深入，北非的烈日让他回到法国后也希望找到一个色彩丰富、光线饱满的地方潜心作画。吉维尼小镇显然是最好的选择。莫奈并没有把花园打理得像传统法式园林般井然有序，而是任由各种花木自由生长。他非常明确自己想要的色彩，就是要在橘色郁金香后用粉色桃花做背景，让黄色雏菊后面长满金黄色的向日葵，只有这样才能获得饱满丰富的色彩。

　　后来，莫奈又在自己的花园旁买下一块空地，挖了一个池塘，岸边种上高大的乔木，墨绿色的池塘里种满睡莲。按照莫奈的说法，每天日夜晨昏不同时段的光线会在睡莲上"雕刻"出完全不同的纹理。晚年的莫奈足不出户，每天就在花园里随便找个地方支起画架，把对色彩和光线的第一感觉涂抹在画布上。此时的莫奈专注于系列作品的创作，光《睡莲》就有 250 多幅。按照他自己的说法，因为时间不同、季节不同，所以阴影不同、颜色不同。至于一朵睡莲究竟有多少片花瓣，睡莲上又停了几只蜻蜓，并不是他描绘的重点。

　　花园正对着莫奈老宅，那是一座精致的淡黄色小楼，被翠绿的爬山虎覆盖。老宅室内装饰的颜色也非常好看，卧房是孔雀蓝的，客厅是鹅蛋黄的。当年，莫奈站在二楼窗台，看着自己亲手打理的花园，成就感是否会油然而生？莫奈曾说过这样的话：人们都在讨论我的画并且争先恐后地说他们看懂了，好像看明白是多么重要、多么彰显身份的事一样。其实，我作画时也不怎么明白，只是画出了对那一瞬间光线和色彩的热爱。

　　据说，莫奈的作品在巴黎的沙龙展出时，一位批评家刻薄地评论道："这完全是印象派，完全没有价值！"于是，一个画派——印象派由此诞生，这个画派的画家还有马奈、雷诺阿、德加……

作者推荐

你可以在伦敦的大英博物馆、巴黎的奥赛博物馆、圣彼得堡的冬宫、纽约的现代艺术博物馆和大都会艺术博物馆看到莫奈和其他印象派画家的代表作。

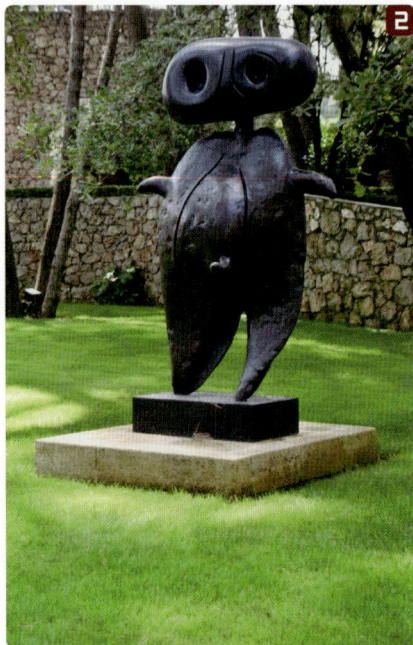

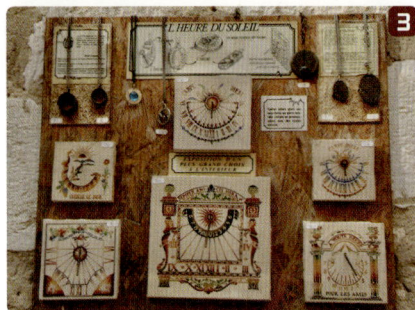

1. 米罗喜欢用三原色创作　2. 不知这是否是 E.T. 外星人的原型　3. 古董店售卖的日晷
4. 停在街边的老爷车　5. 露天音乐会

生活的艺术
艺术的生活

圣保罗 - 德旺斯
Saint-Paul de Vence

位于法国南部蔚蓝海岸地区

推荐旅行时间：2 天

法国南部地区是很多现代派画家的灵感源泉，因为这里的每个海港、每座山谷和每条街道都被上帝赋予了独特的美。

圣保罗 - 德旺斯就是一座被画家发现的小城。这座小城虽然不是为防御而建，却高居山顶。从天堂泻入人间的阳光覆盖了小城的每一间房、每一棵树、每一口井，并在每一样事物背后留下或长或短的阴影。这简直是上帝的杰作！画家们忍不住在心中赞叹。时至今日，小城的风格几乎被画家们改变了，这个人口不足 1 000 的小城中竟然开设了 70 多间画室和美术馆。无论是印象派、立体派还是后现代派的拥趸，都能在这里找到让自己驻足欣赏的艺术精品。

乳白色的马格基金会博物馆[1]坐落在离小城不远的山坡上，主人艾梅·马格和玛格丽特·马格夫妇是法国著名的私人收藏家，收藏了大量西班牙画家米罗的美术作品与雕塑作品。这位超现实主义巨匠擅长使用三原色作画，与毕加索的作品相比，米罗的作品更鲜艳、更抽象。有一间展厅滚动播放着关于米罗的纪录片，你会发现他作画时使用的不是传统的画笔，而是十根手指。他用手指蘸上颜料，然后在画布上随意涂抹。这种随意不会让人觉得是在哗众取宠，因为他的严肃

和专注让人相信那是艺术家在复制内心深处的色彩。

小城的城门旁有一家叫黄金鸽子[2]的饭店，入口处非常狭窄，一进门便豁然开朗。餐厅四壁挂着许多精美的画作，再看画布上的签名，毕加索、马蒂斯、夏加尔的名字依稀可辨。原来在 20 世纪 20 年代，那些追逐奇异光线而来的画家大多还未成名，囊中羞涩的他们就和饭店老板达成一个约定——用画作交换食物。后来，有的画家出了名，留下的作品可以卖出天价，但饭店老板并没有见利起意把画卖掉，与暂时的财富相比，他更希望人们认可他具有前瞻性的眼光。

我终于明白画家们被圣保罗 - 德旺斯吸引的原因，因为我能从那些闪着金光的店牌、人们脸上的光彩、地上晃动的树影间看到光的不同变化和影的不同形状。

所谓生活的艺术，是指用心去体会生活中的点滴趣味：做鞋可以有上百道工序，葡萄酒可以分出上千个等级，就连阳光，细心观察的人都能区分出闪烁其间的上万种颜色；而所谓艺术的生活，则是拥有那种享受点滴趣味的心情，欣赏一幅油画、聆听一场音乐会，或者感受阳光照耀在脸上那一瞬间的温暖。

1. Fondation Maeght   2. La Colombe d'Or

作者推荐

圣保罗 - 德旺斯有一家叫猎户座的树屋酒店（Les Cabanes perchées d'Orion），你能在树屋中伴着蛙声入眠。

1. 来自捷克的学生在写生　2. 格里马尔迪古堡　3. 古董市场上的宝贝
4. 鲜花是小城真正的明星　5. 沃邦港旁的海滩　6. 盐焗鱼

小城明星

昂蒂布 Antibes
位于法国南部蔚蓝海岸地区
推荐旅行时间：2 天

昂蒂布位于戛纳与尼斯之间，从这里开始，地中海岸边的海滩正式从戛纳的细碎黄沙过渡为光滑的鹅卵石。

昂蒂布的沃邦港[1]就像一座游艇博物馆，别看这些被绑着的大家伙个个静若处子，一到航海季节，它们就将前往辽阔的海域"兴风作浪"。

昂蒂布老城已有千年历史，各式各样的老房子错落有致地立在岸边崎岖的道路旁。老城内的古董市场能淘到许多宝贝，比如无名氏的画作、瓷碟瓷碗、单筒望远镜等。如果有耐心和店主讨价还价，有的东西能便宜到一欧元一件。古董市场旁边的农贸集市内有最新鲜的水果、蔬菜、海鱼等，樱桃个个硕大殷红，咬出的汁水浸润心脾。

每年旅游旺季，昂蒂布本地人大多选择外出度假，把空出来的老房子租给慕名而来的游客。当然，超级富豪根本不用临时租房，一些大牌明星如大卫·贝克汉姆、汤姆·克鲁斯、史蒂文·斯皮尔伯格，都在小城附近拥有自己的私人别墅。毕竟这样安静的小城，既离戛纳、尼斯等地不远，又远离大城市的喧嚣。当地旅游局以明星在此安家为噱头来招揽游客，兴许能和明星们在街头不期而遇就成了许多追星族奔赴昂蒂布的主要理由。

其实，昂蒂布还有比贝克汉姆等人更大牌的明星，他就是毕加索。毕加索离开西班牙后，在昂蒂布的格里马尔迪[2]古堡居住了一段时间。后来，整座城堡都被改造成毕加索作品的陈列馆，展出他在此地创作的50多幅作品，《生之喜悦》是其中最著名的一幅。毕加索的天分毋庸置疑，这表现在他作画时往往一挥而就，绝不修修补补、拖泥带水。他的画受到塞尚等后印象派画家的影响，同时融合了古埃及壁画中突出重要部位的原则，逐渐形成了自己的风格。正是这种颠覆传统画法的全新尝试，让毕加索开创了立体主义画派，成为20世纪最伟大的画家之一。

在昂蒂布老城闲逛时，我看到街道两边有许多学生正在采风。他们支起画架，或用素描或用水粉，通过自己的方式记录并重新塑造着小城的美。当我把镜头转向他们时，他们的专注又成为我眼中的风景。此时，周围那些开得招摇的鲜花正笑得灿烂。也许，它们才是这里真正的明星。

一座城市究竟靠什么吸引旅行者，是名胜景点，还是有风格、有特色的生活方式？我选择后者。

1. Port Vauban　2. Grimaldi

作者推荐

在昂蒂布，你可以选一家地中海边的餐馆，点一条盐焗鱼。上桌之前，侍者会帮你把盐壳剥掉。鱼肉异常鲜嫩，它的最佳搭配是葡萄酒和海风。

1. 蔚蓝海岸　2. 尼斯老城　3. 铺着鹅卵石的尼斯沙滩　4. 明信片上的科马酒庄
5. 双层旋转木马餐厅　6. 耐格列斯克酒店

发现爱
传递爱

尼斯 Nice
位于法国南部蔚蓝海岸地区
推荐旅行时间：3 天

如果城市有颜色，那尼斯的色彩一定是属于地中海的蔚蓝。从 18 世纪中叶开始，欧洲的富商显贵就云集在尼斯，而高端客户最关心的，就是居住环境是否足够舒适。

1913 年，一家名为耐格列斯克[1]的酒店在地中海边开张迎客。酒店由荷兰宫廷设计师设计，由精明的罗马尼亚商人管理。本来，定位如此精准的酒店一定会让老板赚得盆满钵满，可第二年，第一次世界大战爆发，酒店生意一落千丈。直到第二次世界大战结束，蔚蓝海岸的旅游业才复苏。1957 年，耐格列斯克酒店由保罗·奥吉耶先生和太太接手，在他们的精心打理下，终于有了起色，并于1974 年被法国政府列为历史纪念性建筑。曾在耐格列斯克酒店下榻的名人不计其数，据说一位阿拉伯王子曾随身带了 1 000 件行李入住。

各界名流下榻于此的原因除了服务贵族化、餐饮米其林化之外，还有一个重要原因，就是这里太像一座博物馆，几乎每个角落都被来自中国、埃及、印度的当代或后现代艺术品填满，而且没有一件赝品。这些艺术品都是奥吉耶太太花费毕生精力网罗而来。耐格列斯克酒店在被那么多艺术品润泽之后，也慢慢变成了一件艺术品。据说几年前比尔·盖茨想把这家酒店买下来，可无论开价多少，奥吉耶太太都不为所动。当了解了

背后的故事之后，我明白了两件事情：一是没有人愿意把自己的家换成一张支票，二是每一件艺术品都是无价之宝。

我第一次到尼斯旅行时，看到《孤独星球》推荐了一家叫科马的酒庄[2]，就打算去看看。地图上显示的距离不算远，于是我和同伴决定徒步过去，可地图上没画等高线，我们沿着山路走，越走海拔越高，却没有越走越远。走了大约一半路程时，天已经有点儿黑了。原路返回不甘心，继续向前不放心，一时间进退两难。一位在路边遛狗的法国老太太了解到我和同伴的窘境后，让我们跟她回家。没多久，她从车库里开出一辆豪华轿车，摇下车窗招呼我们上车。汽车在山路上奔驰，她说起自己退休前一直在巴黎工作，退休后就在尼斯买了房子，与先生一起安享晚年，又说起她的儿子正在亚洲旅行，说不定当时已经到了中国。

很快，科马酒庄出现了，她径直把车开进去，随后用法语问清参观路线，再用英语转述给我们。我和同伴局促得不知该如何表示感谢，她却说不用谢，如果她的儿子在中国旅行时遇到麻烦，相信也会有好心人帮助他，因为 "love is a circle"（爱是一个圈）。说这句话时，她一脸虔诚。

1. Negresco　2. Château de Crémat

作者推荐

耐格列斯克的早餐厅被布置成旋转木马的模样，还是双层的，让吃早餐都有了童话的味道。

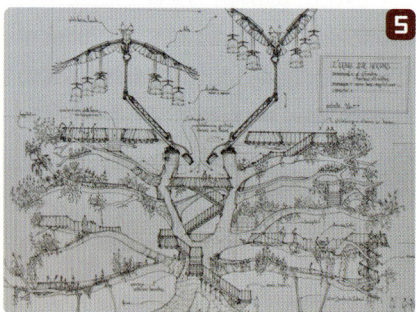
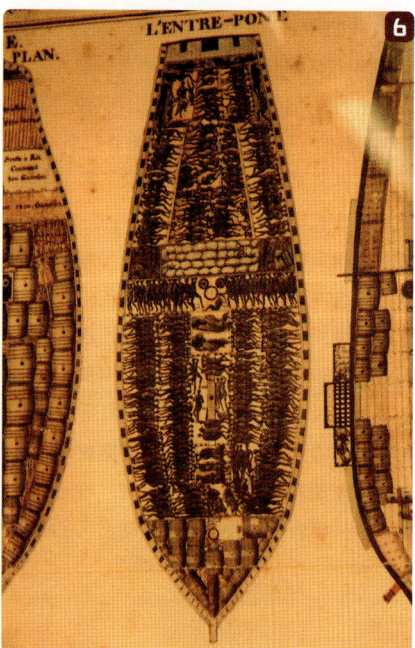

1. 机械大象　**2.** 机械鱼　**3.** 反向推进的鱿鱼　**4.** 机械海龟　**5.** 苍鹭之树草图
6. 运奴船

466

大象漫步
和蒸汽朋克

南特 Nantes

位于法国西部

推荐旅行时间：2 天

南特位于卢瓦尔河下游，城中一座小岛将河水分成南北两支。以前岛上有座造船厂，后来造船厂整体西迁，残留的高大厂房和废铜烂铁被两位艺术家弗朗索瓦·德拉罗齐埃菲斯和皮埃尔·奥雷弗改造成一座兼具复古工业风和未来科技感的机械城。

一头高达 12 米的机械大象是机械城中的头号巨星，它的动力能达到 450 匹（1 匹约为 735 瓦），相当于一辆双层公共汽车。象背之上能承载 40 多名游客，坐在象背上游览，就像印度藩王乘象巡游。机械大象每天在厂区内行走，身体关节运转灵活，尤为巧妙的是长长的象鼻，可以自如卷动，鼻孔还能喷射出强劲的水流。

机械城中还有一座巨型"旋转木马"，不过旋转的并不是木马，而是 36 只机械海洋动物。整个装置从下到上共分为三层，最下层的代表动物有海螺和反向推进的鱿鱼，中层的代表动物是各种大海鱼，上层的代表动物有海龟、水母、飞鱼等。

造船厂的长廊是机械城的大脑，上面提到的所有机械动物从图纸到成品都是在这里完成的。现在，工程师们正忙着打造第三个标志性作品——苍鹭之树，它可以让 400 名游客同时从容地在树干、树枝和树梢之间行走。这棵巨树由钢铁打造，树上兼容了各类生态系统，就像一座立体的空中花园。花园中还点缀着很多机械动物，比如树懒，弓着身子爬行的毛毛虫，以及两只沿着固定轨迹飞翔的苍鹭……

整座机械城的构想都是在向一位出生在南特的科幻作家致敬，他就是儒勒·凡尔纳。凡尔纳不仅影响了一代又一代法国青少年，也影响了千里之外的我。他的《地心游记》让我看见了生活在地球深处的神奇生物，《八十天环游地球》点燃了我想去看世界的梦想。机械大象的灵感来自《蒸汽屋》，旋转的海洋世界则是《海底两万里》的具象呈现。科幻，其实就是超越时代的高科技，而科幻作家的工作就是对超越我们认知的事物进行祛魅，让普通人也能窥见未来的冰山一角。

1987 年，美国作家 K.W. 杰特尔第一次用"蒸汽朋克"来描述这样一种审美潮流：崇尚工业革命，坚定地认为能量守恒定律是宇宙第一生产力，崇拜发条，兼具反抗精神。从这个角度来说，无论是凡尔纳的科幻小说，还是机械城中的衍生艺术品，都是蒸汽朋克精神的最佳代表。

苍鹭之树将在 2027 年完工，届时你会在卢瓦尔河边的采石场看到它，那里正是凡尔纳的家门口。

作者推荐

不要错过位于市中心的布列塔尼公爵城堡，你能在这里了解南特的血腥发展史——原来从这里的港口进出的除了红酒，还有黑奴。

1.《天空之城》中的机器人　2. 由 3 张电影胶片制成的三鹰吉卜力美术馆入场券　3. 涩谷的漫画店　4. 秋叶原的扭蛋店　5. 涩谷的十字路口　6. 我在二手市集买的路飞手办

二次元之都

东京 Tokyo
位于日本东部
推荐旅行时间：5 天

宫崎骏执导的很多电影作品都有鲜明的蒸汽朋克元素。无论是飘浮的"天空之城"，还是哈尔的移动城堡，都由蒸汽设备来驱动。你可以在东京的三鹰吉卜力美术馆看到宫崎骏为电影画的手稿，虽然这位年逾八旬的导演屡屡宣称某部作品是自己的封山之作，可粉丝一直不答应，于是他仍在孜孜不倦地打磨着自己的"最后一部作品"。当然，大家都知道真正起到"催更"作用的并不是粉丝的热情，而是老先生想要创造点儿什么的冲动。

在宫崎骏的诸多作品中，魔法屋是跟蒸汽机同样重要的元素，远的有《千与千寻》中的汤屋，近的有《你想活出怎样的人生》中的苍鹭城堡。吉卜力美术馆就像一座现实世界中的魔法屋，你可以沿着迷宫一样的走廊和不知通往何处的旋转楼梯找到《龙猫》中的巴士、《魔女宅急便》中的黑猫，还有《天空之城》中那个心地善良且战力惊人的机器人。

说到宫崎骏，就不能不提他的黄金搭档久石让，后者的配乐拥有一种令人仿佛进入童话世界的魔力。久石让擅长在作品中使用小号，这与他中学时在音乐社团吹奏小号有关。无论是《天空之城》还是《太阳照常升起》，每当小号的乐音响起，总会让人产生一种"迈步出发"的冲动。

涩谷的漫画店是"御宅族"的乐园。每次走进这里的书店，我总能看到年轻人在高大的书墙前安静地挑选自己喜欢的漫画作品，其实这个场景本身也很有漫画感。我也是被日本漫画影响的一代人，小学时连着追了八九卷"七龙珠系列"，后来还看过那个时代出版的几乎所有日本漫画，从《机器猫》《三眼神童》到《城市猎人》《风林火山》，也记住了很多漫画家的名字，如鸟山明和车田正美，甚至因为手冢治虫这个名字才知道"冢"是坟墓的意思。

除了漫画店，东京还有很多手办店和扭蛋店。秋叶原是手办大本营，除了可以买到最新款和限量款，你还能在周末的二手市集上淘到绝版手办，而且价格只是原价的十分之一或更低。对手办收藏者来说，这些绝版手办价值连城。

涩谷旁的十字路口就像现实版的二次元世界。这里被称为世界上最繁忙的十字路口，每次红绿灯变换，都会有近 3 000 人从四面八方同时过马路，如果从高处俯瞰，无数黑点在二维平面上聚集、散开，聚集、散开，就像城市的心脏正在按自己的节奏跳动，城市的活力和魅力也随着一次次跳动散发出来。

旅途随感

在写这篇短文的当晚，我做了一个奇怪的梦，梦到自己去了一个从未去过的地方，就像钻进了一个万花筒，眼花缭乱，心花怒放。或许这就是二次元文化存在的意义，让我们不仅可以保持童心，还能保持做梦的能力。

1/2/3/4/5. 波塞冬神殿　6. 到此一游　7. 爱琴海　8. 回雅典的班车站

爱琴海边的神殿

苏尼翁 Sounion

位于希腊阿提卡半岛最南端

推荐旅行时间：1 天

我之所以冒出前往苏尼翁的念头，是因为在雅典的报刊亭里看到一张明信片，上面是一座矗立在爱琴海边的神殿，这让我想起了小时候看的漫画《圣斗士星矢》。漫画中，圣斗士修炼的终极目标就是入住雅典的十二宫神殿。那些从少年时代就刻印在记忆中的神殿，那华丽的石柱、神秘的力场像磁石一样，吸引着我在长大后向它靠近。

从雅典到苏尼翁的一日游班车通常在清晨出发。晨光像阿波罗还未睁开的眼睛，在云层中忽隐忽现。希腊是一个盛产"神祇"的国度，除了太阳神阿波罗，还有智慧女神雅典娜、爱神阿佛洛狄忒、海神波塞冬……他们和中国的神仙很不一样，中国的大多数神仙不食人间烟火，希腊的神却拥有许多世俗的特征，比如自恋、嫉妒、刚愎自用……希腊的神更像 X 战警，只是比普通人多了几样超能力而已。

班车沿着海岸线一路南行，越接近苏尼翁，路边的村镇就越少。当路已到头，终于不见人烟，而那神殿如同海市蜃楼般赫然出现在眼前。这是公元前 5 世纪希腊人为海神波塞冬修建的神殿，为多立克柱式结构，一块块圆形巨石垒成 20 米高的石柱，再将长条形石块架在柱与柱之间形成梁。海边的风很大，夹杂着许多来历不明的声音，像是被

裹进时光隧道的祈愿，来自几千年前出海的旅人。

你可以在神殿基座上繁杂的"到此一游"签名中找找诗人拜伦的签名。我看到一个"1888"的字样，这应该是某人在 100 多年前留下的纪念。如果你刻下的只是人名，那么除了你自己，没人在乎你曾经来过。然而，如果你刻下时间，就能让后来人唏嘘，肉身的存在如此短暂，时间才是永恒的。

来神殿游览的大多是日本游客，是否可以这样逆推：20 世纪 80 年代的某一天，一位日本游客到神殿旅游，他被神殿的气势震撼，产生了创作激情，然后根据希腊神话十二宫创作出《圣斗士星矢》。20 世纪 90 年代，中国引进了这部漫画，希腊的神殿作为这部漫画中唯一有形的物质存在，让无数孩子对那神秘所在心生向往。到了 21 世纪初，那千万孩子中的一个，在长大后来到希腊，来到苏尼翁。

一件事物可以传世，不仅在于它能够抵御自然的侵蚀和战火的洗礼，还在于它能在不同时代、不同民族的人心中传承，并且让他们在心中记挂，在梦中相见，那他们早晚会寻踪而至。

旅途随感

如果到了一个陌生的地方，你不知道去看些什么，那就去当地的报刊亭转转，摆在里面架子上的明信片中，一定有你想要的答案。

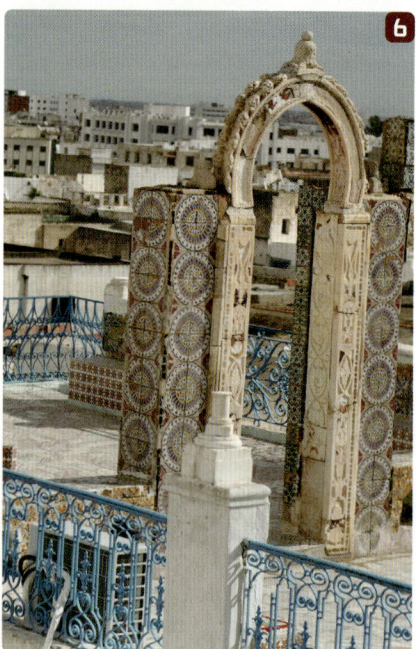

1. 头戴传统红色呢帽的店铺掌柜　2. 一条用马赛克拼成的鱼　3. 手持三叉戟的尼普顿
4. 摩肩接踵的麦地那老城　5. 哈里萨辣椒酱　6. 麦地那老城房顶上的拱门

突尼斯人的世俗生活

突尼斯城 Tunis City

位于突尼斯北部

推荐旅行时间：4 天

突尼斯城有两个必去之地：巴尔杜国家博物馆[1]和麦地那[2]老城。

巴尔杜国家博物馆以马赛克艺术为主题，把无数几毫米见方的石子、贝壳等拼成镶嵌画，其原理就像由无数光点组成的 LED 屏，站在一定的距离，人们可以看到完整的图案，但在很近的距离，只能看到红、绿、蓝三色光点。

馆内展品皆为历代流传下来的佳作，其中古罗马时期的作品最丰富，内容包括田园风光、种植渔猎、宗教传说等。镇馆之宝是《海神尼普顿的胜利》，尼普顿和波塞冬都是海神，尼普顿来自罗马神话，波塞冬来自希腊神话。

作为世界文化遗产的麦地那老城，建筑布局以清真寺为核心，四周是民宅、商业摊点及各类公共娱乐设施。

游览老城通常有两种方式。

第一种是休闲购物式，就是到处逛逛，购购物。以前老城的经营业态分布要基于一定的规则：与脏乱差打交道的行业，如卖炭、打铁等都集中在外围区域，卖鲜花、香水、金银饰品等满足上层阶级生活需要的店铺则大多围绕着清真寺。不过，现在的商铺早已打破传统的规矩，家家户户几乎都只做游客的生意，主要售卖具有突尼斯特色的地毯、鸟笼、红色呢帽等。游客是否驻足的决定因素是老板能否用几种不同的语言打招呼，或者看谁的脸上能挤出一丝貌似真诚的微笑。

第二种是体验式，即把自己想象成当地人，去尝试做一些当地人会做的事——如果我是他，将如何度过一天？

根据我的观察，至少有两件乐事值得尝试。

第一是吃。突尼斯人嗜食辣椒，甚至到了无辣不成宴的地步。当地人认为，辣椒代表激情，当突尼斯男人发现自己妻子做的饭已经毫无滋味的时候，他就明白这段婚姻可能已经到头了。在突尼斯，哈里萨辣椒酱几乎是每餐必备的开胃菜，拌上橄榄油，用面包蘸着吃。

第二是洗澡。在突尼斯有这样一句俗谚：这个世界上有三样东西不会改变，一是泉水，二是朋友，三是哈曼。"哈曼"在阿拉伯语中是"公共浴室"的意思。三毛就曾在《撒哈拉的故事》中写过沙漠里的人如何洗澡。

等到你吃完了，洗舒服了，开始羡慕起当地人的生活，那就说明你已经获得了深度的旅行体验，如果还能从这种体验过渡到思考生活的意义，那么这趟旅行已经趋于完美了。

1. Bardo National Museum　2. Medina

旅行小知识

世界上很多国家与其首都同名，比如墨西哥、危地马拉、巴拿马、吉布提、卢森堡等。

1/2/3. 海边的阿马尔菲　4. 迷宫一样的阿马尔菲　5. 拉韦洛镇的花园

6. 绿宝石洞

立体迷宫

阿马尔菲 Amalfi

位于意大利那不勒斯南部

推荐旅行时间：2 天

阿马尔菲城建于 4 世纪，曾是阿马尔菲海上共和国的首都。

11 世纪，世界上最早的海商法在这里汇编而成，它规定了船主和海员的权利与义务，以及赚了钱大家该怎么分。

13 世纪，一位来自阿马尔菲的海员被认为是西方最早发明指南针的人，但也有人说他只是改良了从中国传入的指南针，使其更适用于航海。

在 14 世纪，接连发生的海啸和瘟疫几乎耗尽了阿马尔菲积攒了几个世纪的财富，昔日明星也就此陨落。最近一两百年，阿马尔菲因杂糅了各种建筑风格（罗马式、拜占庭式、伊斯兰式等），以及紧邻地中海的地理优势，深得旅行者的欢心。阿马尔菲和相邻的波西塔诺[1]、拉韦洛[2]等小镇构成阿马尔菲海岸，并在 1997 年入选世界文化遗产名录。

阿马尔菲的房子全都依山而建，窗户和阳台面朝大海，这让连接各家大门的背巷变成了一座立体迷宫，方向感差的人绕一绕就会走进死胡同。站在山腰处的观景台上，你可以看到小镇全景和戴着"绿帽子"的教堂塔楼。

如果你痴迷于古代建筑，可以坐公交车前往距离阿马尔菲约 7 000 米的拉韦洛镇，那里有几幢建于 1 000 多年前被花园环绕的石头别墅。教皇和国王都曾下榻卢佛罗别墅[3]，西姆布罗内别墅[4]现在是一家酒店。除此之外，环绕着别墅的花园也是看点之一，德国作曲家瓦格纳曾被这些花园吸引，并将其融入歌剧《帕西法尔》。

每年夏天，拉韦洛都会举办长达两个半月的音乐节，只要夏天不结束，音乐就不会停。从拉韦洛返回阿马尔菲不用再坐公交车，后山有条羊肠小径，你跟着路标沿着山路往下走即可。

你可以从阿马尔菲码头坐快艇去绿宝石洞，抵达洞口后再换乘木船进入。洞内相当宽敞，无数钟乳石从高达 24 米的天顶垂下来。船夫唱起意大利民歌，溶洞就成了天然音乐厅，让歌声拥有了混响效果。绿宝石洞之所以得名，是因为洞里的水潭和外面的大海相连，阳光反射进洞穴，就像水底安装了绿色探照灯。不过，我去的那天看到的潭水是蓝宝石色，这可能跟天气有关。船夫还会把沉在水底的雕像指给你看，这让旅程又多了些寻宝的乐趣。

1. Positano 2. Ravello 3. Villa Rufolo
4. Villa Cimbrone

旅途随感

旅行似乎有种魔力，可以让现实世界变得虚幻，让我们暂时忘了还有多少工作需要处理，多少信息等着回复……我们只需要关注脚下的路、耳边的风，还有今日的阳光是否刺眼、海边的空气到底腥不腥。

1. 波西塔诺的黄昏　**2.** 从众神之路看到的小镇全景　**3.** 从船上看到的波西塔诺
4. 徒步时遇到的一间石屋　**5.** 山脚下的地中海　**6.** 不知通往何处的小路

哦，我的神哪

波西塔诺 Positano

位于意大利那不勒斯南部
推荐旅行时间：2 天

所有前往环维苏威火山地区的火车都从那不勒斯的加里波第火车站出发，30 多分钟就能到达庞贝古城，一个多小时就能到达索伦托，从索伦托火车站前往波西塔诺还要转乘长途汽车。

长途汽车顺着沿海公路从西往东行驶，这条公路将阿马尔菲海岸的几个小镇像串项链一样串起来，波西塔诺就是这条项链上的第一颗珍珠。

我最早听说这个地名，是在一部名为《托斯卡纳艳阳下》的电影里。女主角在罗马邂逅了男主角，然后他们一起回到了男主角的老家波西塔诺，明媚的阳光、湛蓝的海水、晾晒的白床单烘托出浪漫的气息，也让爱情的小火苗顺理成章地烧了起来。

前往波西塔诺主要有 3 种方式。第一种是长途汽车，这也是去波西塔诺的首选交通工具。司机在这条路线上开了成千上万遍，于是会炫技似的把车开得飞快。要知道，这可不是一条笔直的公路，弯道一个接一个，让人不得不紧紧抓住扶手。车窗外的风景忽远忽近：眼中是一大片蓝色，那是地中海，如果仔细看，你还能看到白帆星星点点地散布在这片蓝色中；公路边盖着许多小房子，家家户户都被鲜花环绕。我脑海中冒出一个念头——这里的生活也太逍遥了吧！饿了就吃块祖母烤的比萨，热了就买一个冰激凌球，还能吹海风、跳进大海里游泳……突然，司机一个急刹车，我脑海中的画面也跟着烟消云散。长途汽车停在一个三岔路口，它将继续前往阿马尔菲海岸的其他城镇，而我要在这里下车，走上通向波西塔诺镇中心的路。旅游手册上说，在旺季的周末一定要提前预订房间，我却偏不信，于是就遇到了无床可睡的尴尬处境。后来，我甚至没心情看风景了，只能蹲在路边不停刷新旅行网站的预订页面，最终找到一间民宿，但要爬半座山才能到达。略感欣慰的是，民宿有个观景露台，可以看到波西塔诺的全景。

你可以从波西塔诺镇坐游艇前往附近的岛屿，返程时会看到小镇上错落的房子都有暖色调的外墙，由于颜色纷繁复杂，混在一起就像一幅立体画，镇上唯一的景点圣母升天教堂也隐藏其中，要睁大眼睛才能找到它的穹顶。

普罗阿诺镇[1]有一条通向波西塔诺的徒步路线，叫"众神之路"[2]。在这条路线上，徒步者几乎就是在悬崖边行走（还好有护栏）。建议早晨来徒步，这样既可以避免中暑，还能看到沐浴在晨光中的波西塔诺，那景色让人只想轻呼："哦，我的神哪！"

1. Praiano　2. Sentiero degli Dei

作者推荐

一定要在小镇半山腰处的观景餐厅吃一顿晚餐。在这里，你可以看到归舟入港，万家灯火如星海般闪耀，吃什么似乎已不再重要。

1. 科尔托纳镇的中心广场 2. 巴玛苏罗 3. 远方是亚平宁山脉 4. 日晷 5. 街边的工艺品店
6. 向日葵永远是托斯卡纳的组成元素之一

托斯卡纳艳阳下

科尔托纳 Cortona

位于意大利托斯卡纳大区
推荐旅行时间：2 天

科尔托纳是一座位于山顶的小镇，从这里的每扇窗户望出去，你都能看到起伏的亚平宁山脉和连绵的红顶房子。

20 世纪 90 年代，一位名叫弗朗西丝·梅斯的美国作家被托斯卡纳的阳光吸引，她在科尔托纳的郊外买下一栋老房子，然后请了几位波兰籍工匠装修，其中一位还是落魄的文学教授。装修时，她在地窖里发现了几千个红酒瓶和一大堆废报纸，工匠凿墙时还发现了一幅与圣母有关的壁画。

梅斯的生活仿佛换了一条轨道，虽然每天要对付蛇和蝎子、不出水的水管，可她在这里实现了两个心愿：举办了一场婚礼，拥有了一个家庭。她把这一切记在了像字典一样厚的本子里，内容琐碎繁杂，包括野花的名字、意大利语生词、食谱、榨橄榄油的方法、如何根据月亮的阴晴圆缺种土豆……本子里的内容成了《托斯卡纳艳阳下》这本书的雏形，后来这本书被改编成了电影。

梅斯买下的老房子叫巴玛苏罗[1]，这个名称由"Brama"和"Sole"两个词根组成，前者意为"渴望"，后者意为"阳光"，连在一起就是渴望阳光的意思。我从这本书里获得了一些灵感和勇气，决定在中国阳光最灿烂的地方为自己打造一个家，除了两地极为相似的阳光，我更渴望的，同样是无拘无束的生活。

科尔托纳被梅斯比作一座巨大的城堡：曲曲折折的街道就是城堡的走廊，一座座民宅就是城堡里的套房，镇中心的广场就是会客厅。

从小镇中心到巴玛苏罗大约要走半小时，在穿过一座城市公园后，眼前只剩下一条土路，路边种满橄榄树，看不见任何建筑。我以为自己搞错了方向，于是停下来一边比照地图一边眺望远方。我的方向感并没有问题，拐了一个弯后，巴玛苏罗一下子闯入眼中。

这是一栋三层建筑，外墙已经斑驳，不是那种年久失修的斑驳，而是沉淀了历史的斑驳。淡绿色的对开百叶窗朝外打开，二楼中央的露台被栏杆环绕。门外立着一棵棕榈树，应该是新栽的，像个顶着爆炸头的时髦青年。

望着这栋房子，我似乎明白了梅斯对它一见钟情的原因：足够大，各种改造的想法都能实现；足够清静，适合作家创作；看不到任何现代建筑，让人不知身处哪个时代；至于它的面积，电影里是这么说的："黄牛需要耕两天。"

1. Bramasole

作者推荐

你能在科尔托纳的博物馆里找到古罗马时期的石棺、文艺复兴时期的地球仪和大量绘画作品。

1. 阳光下的午餐　2. 蝉是普罗旺斯的标志之一　3. 服务生在准备奶酪拼盘

4. 从梅纳村眺望普罗旺斯的风景　5/6. 梅纳村的街景

阳光下的
普罗旺斯午餐

梅纳村 Ménerbes

位于法国普罗旺斯

推荐旅行时间：2天

有那么几年，国内旅游图书的霸主地位一直被彼得·梅尔的《普罗旺斯的一年》独占，这本书的内容与《托斯卡纳艳阳下》类似，作者都是因为喜欢上某种生活而决定在异乡买房定居，梅尔先生的普罗旺斯生活就是在梅纳村展开的。直到今天，这里依旧保持着传统的生活方式，村口有马戏团的演出海报；商店里出售一些刺绣类织物；面包店烘焙的面包虽然丑了点儿，但又大又好吃；菜单上只有法语，一个英文单词都看不见。

如果你也想体验这样的法式乡村生活，一顿阳光下的普罗旺斯午餐就显得必不可少。这时，你需要一本《米其林红色指南》，它能帮你找到那些位置偏僻但味道绝对一流的餐馆。《米其林红色指南》已在欧美国家流行了几十年。如果说《孤独星球》是背包客的"圣经"，帮助他们用最少的钱解决吃、住、行，那《米其林红色指南》就是享乐主义者的"圣经"，能够告诉他们哪里有最棒的餐馆。

普罗旺斯的米其林餐馆基本都有室外区域。餐桌上的桌布白得就像在石膏水里浆过似的；餐桌上摆着餐盘、刀叉和酒杯，在法餐的等级序列中，刀叉和酒杯的数量决定了用餐的规格；餐布会用银蝉固定，蝉也是普罗旺斯的标志之一。在这样的就餐环境中，吃什么都有胃口，喝什么都容易醉。

食客都穿着隆重，而他们很有可能只是居住在附近的村民。这种猜测也是在我看完《普罗旺斯的一年》之后做出的。梅尔先生在书中写道：连给他洗地板的清洁工都能如数家珍地说出本地哪家米其林餐厅最名副其实，哪家刚换了厨师。每天中午，清洁工还会换上一身干净得体的衣服，到附近的餐厅享受两个小时的口舌之欢。似乎只有法国人才把自己的胃看成全身最重要的器官并小心谨慎地呵护着，所以他们会以盛装去对待吃饭这件事也就不奇怪了。

餐厅的主厨会根据每个季节的出产不同而更换菜品，通常每两三个月就要重新设计一次菜单。菜单上的菜品按照前菜、头盘、主菜、甜品的顺序排列。在甜品之后，还有奶酪拼盘和咖啡（或茶），这些都是一顿普罗旺斯午餐的必要组成部分。只要你在餐桌旁坐下，没有两三个小时就别想起身。

吃一顿普罗旺斯午餐远比填饱肚子复杂得多，从耐心寻找餐馆，感受食物入口时的滋味，揣摩厨师的心思，到饱食之后找个阴凉的地方睡午觉，全都是午餐的必要组成，这还不算那几样固定的"调料"——阳光、微风、美酒，以及一份轻松、闲适的心情。

作者推荐

皇家卡波（La Cabro d'Or）是梅纳村附近的一家米其林一星餐厅，主厨擅长用橄榄油烹饪美味。

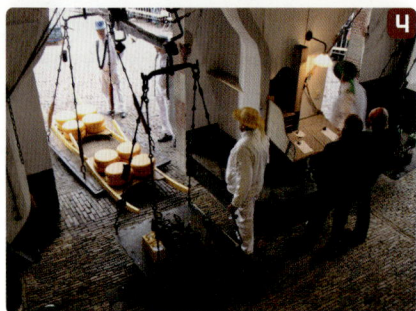

1. 买家在品鉴奶酪 2/3. 用木架搬运奶酪 4. 过磅房 5. 奶酪集市
6. 鞋匠现场制作木鞋

奔赴一场
奶酪派对

阿尔克马尔 Alkmaar

位于荷兰西北部

推荐旅行时间：2 天

不知你看没看过一本叫作《谁动了我的奶酪？》的畅销书，封面是几块千疮百孔的、像立体迷宫一样的三角形奶酪，旁边还有两只小老鼠。这本书不仅在海外畅销，在国内的销量也很不错。不过，中国人不怎么爱吃奶酪（人均年消费量只有欧美的1/200），所以这本书如果想在中国卖得更好，可以起个更"接地气"的名字，比如"谁动了我的白酒"，或者"谁动了我的珍珠奶茶"。

在欧洲，奶酪几乎是美食中的"万金油"，法国人吃饭时喜欢用奶酪佐餐，西班牙酒庄会为品酒的客人准备好奶酪作为红酒伴侣。

在荷兰西北部，有一个被称为"奶酪小镇"的地方，叫阿尔克马尔。小镇上有一家奶酪博物馆，隐藏在一栋三层楼高的奶酪过磅房（为奶酪称重的场所）里。你可以在这里了解奶酪的生产加工工艺，看到传统的制作奶酪的工具。

奶酪的制作工艺就是把牛奶分成凝乳（固态）和清乳（液态）两部分，排出清乳后，把凝乳压实就成了奶酪，但此时的奶酪还不是成品，还要在盐水中浸泡，以提升其稳定性，再把它放在恒温、恒湿的房间中留观4到8个星期，最后的成品就能在市场上售卖了。每年4月到9月的星期五早晨，过磅房前面的小广场上都会举办奶酪集市。每到这一天，广场上会堆满轮胎一样的奶酪，每块足有40千克重。通常，制作1千克奶酪要消耗10千克鲜奶，一块40千克重的奶酪价格之高可想而知。

买家先用一个类似红酒开瓶器的钻头伸进奶酪里，钻头旋出来时就能带出来一小块奶酪（在我小时候，卖西瓜的也会先切一个小角来展示西瓜的生熟），然后对奶酪的色、香、味进行品鉴。一番讨价还价后，奶酪工会把奶酪搬到一个两头翘起的木架上，由于每块奶酪都很沉，木架一次最多只能运8块。紧接着，两个搬运工像抬轿子一样把奶酪抬到过磅房，我尝试了一下，没把子力气还真走不了多远。当然，除了看热闹，你还可以成为这番热闹景象的一部分，比如买两块奶酪带回家品尝。

集市上还有现场制作木鞋的鞋匠，与其说是鞋匠，不如说是雕刻师。木鞋通常采用容易雕刻的白杨木制作，这种木头不仅防潮，还透气不沾泥。虽然现在荷兰农民仍会穿着木鞋干农活，但更多的木鞋被游客买回家，偶尔帮他们唤醒曾去过荷兰的记忆。

作者推荐

荷兰最有代表性的几款奶酪：埃丹（Edam）是球形红色奶酪，又叫红波；高达（Gouda）是像轮胎一样的黄色奶酪，又叫黄波；老阿姆斯特丹（Old Amsterdam）是硬质奶酪。

1. 一座座木桥把村庄连成一体　2. 羊角村的晨光　3. 船行羊角村　4. 骑行羊角村
5. 矮种马的头帘把眼睛都遮住了　6. 乡间别墅

羊角村的晨光

羊角村 Giethoorn

位于荷兰上艾瑟尔省

推荐旅行时间：2天

羊角村就像迷你版的威尼斯，这里水路纵横，村庄被分割成一座座孤岛，孤岛之间再通过木桥连接。据说，几百年前人们挖地基时挖出了一些远古时代的羊角化石，村庄因此得名。

羊角村虽然不大，但也有几家值得参观的博物馆。你可以到农场博物馆了解村庄的历史；到贝壳博物馆看珊瑚与贝壳；在老地球博物馆里观赏稀有宝石。

游览羊角村有两种方式。你可以步行或者租辆自行车，沿着村子里的小路慢悠悠地游览。你也可以租条小船，在河道里穿行。我开船的技术十分差劲，还要一边开船一边拍照，船头不时碰到岸边，游船就变成了"碰碰船"。

无论选择哪种方式，眼睛都像在画廊之间穿梭，视线从一幅画移到另一幅。例如这一幅，鲜绿色的牧场上站着两匹矮种马，它们头碰头、身傍身。矮种马的个头都不高，四肢也很短小，肚子都快挨着草尖了。矮种马身上全是细密的短毛，只有脖子后面的鬃毛是例外，那是一缕缕长长的浅红色软毛，从后往前盖在长长的马脸上，把它们的眼睛都遮住了。矮种马像是披着毛茸茸的盖头，

在朝阳的照耀下，"盖头"显得愈发红了。

再如这一幅，一位老先生挥舞着一把长剪刀修剪家门口的灌木，倚在墙根的一架梯子直通房顶，一个看起来应该是老先生孙辈的年轻人站在房顶上铺最新一季的芦苇秆。一个像是老先生儿媳的妇人从门里走出来，手里拎着一个不锈钢奶桶，那桶的粗细和她的腰身差不多。她把奶桶放在岸边，等着送奶工乘船而来。村民似乎永远都不慌不忙，日复一日地过着自己的生活。

有一幅美得犹如电影海报。其实，我当时已经骑过去了，可就在一瞥之后，心里生出像错过什么大事似的惊慌之感。我赶忙刹车，往后退了几米，画框内分明就是电影《爱丽丝梦游仙境》的海报：近景是一棵大树，根粗冠茂，树旁铺着青绿色的草毯；中景是一架缓慢转动的风车，一只老猫蹲在风车旁边，像风车一样不时转着脑袋；远景是已经升到半空的太阳，洒下的金色光线从舞台后方射过来，把风车、老猫、巨树都映成剪影。升起的晨雾又将这一切罩住。仿佛就在一瞬间，时空倒转，我钻进海报，老猫一吹胡子，坏笑着说："请跟我来。"

旅途随感

将羊角村称为"迷你版威尼斯"是一种偷懒的介绍方式，因为威尼斯太有名了，人们都知道那里有船、有运河、有水畔人家，这样一对比，就能让读者迅速知道羊角村有什么了。类似的修辞手法在旅行文案中被广泛应用，比如把布宜诺斯艾利斯称为"南美巴黎"，把马尼拉称为"亚洲小纽约"等。

1. 威尼斯面具　**2.** 两层楼高的椅子　**3.** 双年展中的展品　**4.** 夜色中的手风琴独奏
5. 运河上的里亚托桥　**6.** 威尼斯的标志——贡多拉

双年展的现代艺术

如果你正好是在单数年的夏天来到威尼斯，那么就会碰上世界上规模最大的现代艺术盛事——威尼斯双年展。当你在寻找圣马可广场的某个瞬间，或者在去玻璃工坊的路上，抑或坐着贡多拉在运河上穿梭的时候，你总会被突然出现在眼前的"这究竟是什么玩意儿"的现代艺术作品吸引。这些零星出现的雕塑和涂鸦仅仅是双年展抛在水城里的诱饵。

军械库是双年展的主展区，位于城堡区，与利多岛相望。这里曾为强大的威尼斯海军服务，也为威尼斯共和国称霸地中海立下过汗马功劳。

军械库展区分为主题馆和国家馆两部分。主题馆呈线性排布，用一条单向通道串联。那是一座长达几百米的巨型单体建筑，墙面斑驳不堪，不知被潮涨潮落的海水浸泡过多少回。主题馆内部被幕布、隔板和灯光分成若干独立展区，有点儿像中国古代那种几进式的深宅大院。国家馆则是发散式的，散落在军械库各处。

我曾参观过三次双年展，2019 年那次更是专程为双年展而去的威尼斯，其中一些作品给我留下深刻印象。

有关于罗马废墟的摄影作品，作品中的废墟并不是罗马帝国遗留下来的，而是这座城市在不断发展的同时留下的伤疤，比如废弃的下水道、烂尾楼、未完工的医院、满地的垃圾、画在墙上的小丑等。

有一把两层楼高的椅子，一个巨大的"人"坐在椅子上，低着头，双手抱住膝盖，头发散下来遮住脸。整个作品被碎布包裹着。

有一张象牙白的座椅，一条黑色的橡胶管从座椅正中伸出来，在动力的驱使下，橡胶管成了一条力道强劲的鞭子，随机抽打在四周的有机玻璃上，留下一道道惨白的划痕，仿佛再抽一下玻璃就会支离破碎。

有用树脂、毛发和金属做成的怪物，穿着人形铁笼逛街的女人，铺满塔罗牌的电梯间……我能描述的只是展品中的一部分，还有大量作品无法描述。

其实"描述"这件事本身也只是用文字对作品的艺术形式进行高度概括，必然会因为"我"的主观印象而被重新编辑，可能已经偏离作者的本意，形成错误判断。

在参观之初，我仔细研究了每组作品的介绍信息，比如作者来自哪个国家、创作动机是什么。很快我就发现信息太多，大脑已经卡住，于是我把接下来的参观看作一场被动的头脑风暴，只是看，只是听，用感觉代替思考。

旅途随感

如何评价现代艺术作品？我的准则是"不去评判"，因为我没有这个资格，艺术家也根本不会在乎。

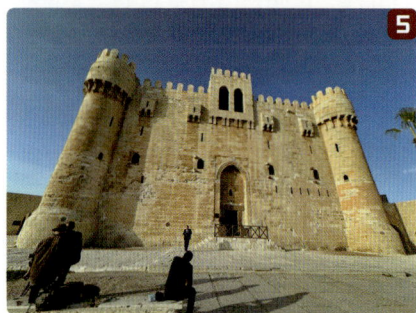

1. 亚历山大灯塔模型　**2.** 新亚历山大图书馆　**3.** 一截来自老馆的纸莎草纸卷轴复制品

4. 亚历山大港　**5.** 凯特贝城堡　**6.** 颗粒度极小的马赛克鸟雀

灯塔和图书馆

亚历山大 Alexandria

位于埃及北部

推荐旅行时间：3 天

约公元前 332 年，亚历山大大帝征服了埃及，他决定在尼罗河的入海口处建造一座新城。新城的选址刚确定，亚历山大大帝就去东征了，并在东征途中溘然长逝。随后，建造新城市的重任落在了马其顿将军托勒密身上，他也顺理成章地成为古埃及最后一个王朝的第一任法老，史称托勒密一世。

为了让这座被命名为亚历山大的城市可以延续古埃及历代王朝的荣耀，托勒密一世搜集了大量雕塑和方尖碑来装点门面，他还为这座城市增添了两座丰碑式建筑。

公元前 283 年，亚历山大灯塔在地中海南岸拔地而起。它的出现让过往船只的触礁风险骤减，后来灯塔还引入照明系统，用置于塔顶的镜面反射火炬的光芒，这样夜航船就可以顺利靠港了。1303 年，亚历山大灯塔在地震中倒塌，不过，你还能在建于 9 世纪的威尼斯圣马可大教堂里看到关于这座灯塔的马赛克镶嵌画，证明它并非子虚乌有。在灯塔倒塌的 100 多年后，苏丹凯特贝在灯塔原址上修建了一座阿拉伯式城堡，城堡至今犹在，由土黄色砂岩建造，其中还掺杂了一些红色花岗岩，据说这些花岗岩就是来自倒塌的亚历山大灯塔。

除了灯塔，托勒密一世还派遣商人到地中海沿岸港口收集书籍（大部分为纸莎草纸卷轴），在亚历山大建造了一座藏书达 70 万册的图书馆，亚历山大地处欧亚非三大洲的交界处，因此这座图书馆的藏书不仅品类齐全，而且语种丰富。图书馆还有一个特别的名字——"Mouselon"，意为缪斯的神庙，这也是英语博物馆一词"museum"的词源。与灯塔一样，图书馆也没能逃脱厄运。流传甚广的说法是，它被恺撒大帝烧毁。

托勒密王朝的统治结束后，亚历山大进入罗马时代，所以你能在城里看到很多罗马遗迹，比如有间飞鸟别墅，得名于地板上的几只马赛克鸟雀，马赛克的颗粒度极小，呈现出一种工笔画般的质感。

2002 年，一座全新的图书馆在亚历山大的港口边落成，藏书量是老馆的 10 倍。阅览室宽敞明亮，天花板与地面的夹角为 65 度，阳光从这个角度照进来，既不刺眼，也不会把书页晒得泛黄发脆。新图书馆有四五个分馆，手稿博物馆收藏有世界上仅存的一截来自老馆的纸莎草纸卷轴的复制品，原件在维也纳。从新图书馆出发，沿着滨海大道能走到海湾另一头的凯特贝城堡。到了晚上，这里到处是卖烤玉米的小商贩。我从此处经过时，滨海大道旁的一整排建筑突然停电，看来亚历山大要想恢复当年世界一流城市的盛景，还有很长的路要走。

旅行提示

在从亚历山大开往开罗的火车上，我的相机不翼而飞，报警后才发现，这并非个案。小偷和骗子是埃及旅行业的公害，一定要小心防备。

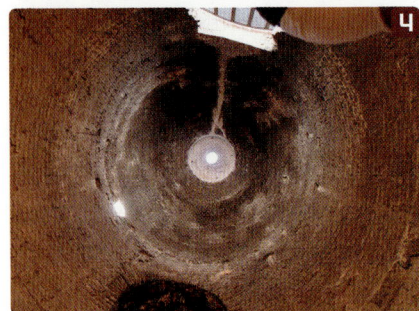

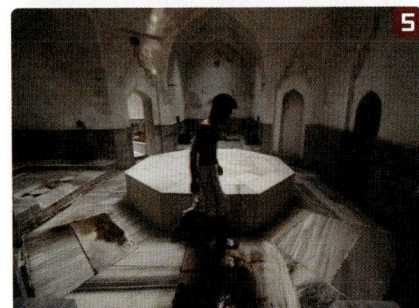

1. 贝尔加马卫城 **2.** 万人剧场 **3.** 白色柱基上遍布蛇形浮雕 **4.** 红色教堂

5. 哈奇哈克姆浴室 **6.** 古希腊风格的雕像

小亚细亚王国

贝尔加马 Bergama

位于土耳其西部

推荐旅行时间：2 天

贝尔加马是帕加马王国的首都，帕加马王国兴盛于公元前 300 年到公元前 200 年，那时亚历山大大帝刚刚去世，罗马帝国还未成气候，这个小亚细亚半岛西部的国家获得了难得的发展机遇。随着时间的流逝，当年雄伟的古希腊建筑如今都已残破不堪。不过，你从贝尔加马卫城的残垣断壁间走过时，仍会被古老王国的旧影震撼，说不定还会问自己两个问题：我是谁？我在哪儿？

贝尔加马卫城位于半山腰，宏伟的宙斯祭坛只剩下地基部分（主体部分在 19 世纪被德国人拆走，现藏于柏林的帕加马博物馆）。从祭坛往上走，你会看到一座依山而建的万人剧场，80 排阶梯座位建在约 54° 的山坡上，并以广阔的山川作为舞台的背景。图书馆离剧院不远，曾藏书 20 万册，威胁到当时号称世界第一的亚历山大图书馆的地位，于是托勒密王朝决定不再向帕加马王国出口纸莎草纸，这促使帕加马人研发出羊皮纸。后来，羊皮纸传到欧洲，并得到广泛应用。

贝尔加马市中心的红色教堂是《圣经·启示录》中的七大天启教堂之一。现在，教堂四壁的砖色依旧鲜红，可房顶却空空如也。中央的讲坛里有个洞，牧师可以钻进去，然后通过雕像对信徒讲话。在成为教堂之前，这里主要供奉埃及神祇塞拉皮斯，它象征着富裕和复兴。

贝尔加马还有一座希腊神庙，用来供奉医药之神阿斯克勒庇俄斯，他是太阳神阿波罗的儿子，手执一根蛇杖。你能在神庙里找到一块白色柱基，上面遍布蛇形浮雕，很多现代医学机构（如世界卫生组织和中华医学会）的标志上都有蛇杖元素，其灵感就来源于阿斯克勒庇俄斯的蛇杖。不过，奠定贝尔加马医学中心地位的是在此地出生的盖伦，他在《医经》中首次提出通过解剖来了解人体结构。

卫城、红色教堂和阿斯克勒庇俄斯神庙是游览贝尔加马时不可错过的古迹"三件套"，你如果想让在贝尔加马的游览体验更完整，可以到土耳其浴室里搓个澡。贝尔加马的哈奇哈克姆浴室[1]已经有 500 多年历史，采光主要靠屋顶的星形气孔。搓澡师会先把你摆在浴室中央一块光滑的大理石上，然后用搓澡巾帮你搓掉污垢，再掏出一个白布兜，里面鼓鼓囊囊全是肥皂水，搓澡师把布兜挤瘪，肥皂水就变成无穷无尽的白色泡沫，泡沫会把你从头到脚淹没。

1. Haci Hekim Hamami

旅途随感

我是谁？我在哪儿？这也是我在旅行的最初几天经常体会到的感受，因为又要赶路，又要倒时差，有时在车上睡得昏天暗地，到站后整个人都是蒙的，不知此时是何时，而自己又身处何地。

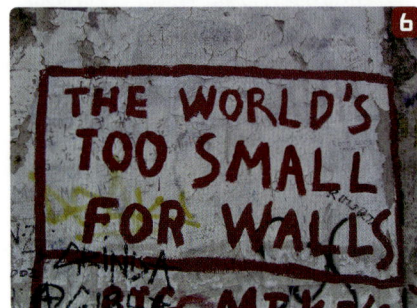

1/2. 德国国会大厦的玻璃穹顶　3. 勃兰登堡门　4. 柏林大教堂　5/6. 柏林墙
7. 旅游纪念品商店售卖的纳芙蒂蒂半身像

一座门一堵墙

柏林 Berlin

位于德国东北部

推荐旅行时间：4 天

德国国会大厦顶着一个新潮的玻璃穹顶，这和法国卢浮宫的入口是一座透明金字塔有点儿异曲同工，都由传统建筑与现代元素叠加而成。支撑起穹顶的是一根倒圆锥玻璃柱，它的造型如同一场被关在密封罩里的龙卷风。

从玻璃穹顶可以俯瞰柏林街景，不远处即是勃兰登堡门。近两三百年来，几乎每件改变德意志民族历史进程的大事都在它的见证下发生。

1788 年，普鲁士国王为了庆祝七年战争的胜利，在原有的木门基础上建造了这座拥有 12 根希腊式多立克石柱的大门。站在大门顶端的，是挥着翅膀、驾着四马战车的胜利女神青铜雕像。1806 年，拿破仑攻克柏林后顺手把胜利女神雕像掠到巴黎。8 年后，第六次反法同盟攻入巴黎，德意志人又恭迎胜利女神凯旋，并将它重新安放在勃兰登堡门之上。

第二次世界大战之后，东、西柏林分治，勃兰登堡门成了柏林墙中间的一个交通站。在被推倒之前，柏林墙全长约 155 千米，墙的一侧是西柏林，另一侧是东柏林，穿过柏林墙的河流、湖泊都禁止通航，墙两侧都有士兵把守。1989 年 11 月 9 日，民主德国政府决定废除对东德人旅行自由的限制，决定即时生效。本来夜色下已经安静下来的街道重新热闹起来，人们跑到大街上，不约而同地聚集在勃兰登堡门下欢庆胜利。

后来，来自世界各地的艺术家纷纷用灵感和创意在保存下来的柏林墙上涂抹下关于这条分界线的故事。

一面墙上画着放大的手和脚，手拽住脚，脚努力往上爬，手使劲向下拉。那是在 1961 年，18 岁的彼得试图翻越柏林墙，但未能成功。

一面墙上画了一辆破墙而出的汽车，坚固的车身将柏林墙撞出一个大洞。开这辆车的是一个带着情人打算从东柏林逃往西柏林的大情圣。由于柏林墙并不是铁板一块，中间有几个核查人员和车辆的交通站，于是大情圣就打起了交通站的主意。经过调查研究，他发现交通站的栏杆虽然结实，不易撞断，但比较高，如果汽车足够矮，可以直接从栏杆底下钻过去，逃亡计划就此诞生。他租来一辆底盘很低的汽车，趁警察不注意，开足马力，一下子就从栏杆下面钻到了西柏林。

柏林墙上有两句话令人印象深刻：其一，围墙内的世界太小了；其二，别再有战争，别再有围墙！的确，我们生活的世界仍不太平，有比冷战更残酷的战争，还有比柏林墙更加不可逾越的高墙。什么时候这个世界不再有战争，不再有围墙，才算实现真正的和平吧。

作者推荐

柏林的博物馆岛上共有 5 家博物馆，镇岛之宝包括帕加马宙斯祭坛、古巴比伦伊什塔尔城门，以及来自埃及的纳芙蒂蒂半身像，她被誉为"世界上最美的女人"。

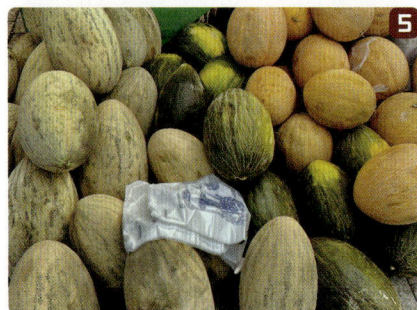

1. 金字塔状的和谐宫　2. 沙特尔可汗帐篷　3. 位于沙特尔可汗帐篷顶层的沙滩浴场
4. 巴伊杰列克观景塔　5. 刚上市的蜜瓜　6. 金色神鸟萨姆鲁克

城市的中轴线

阿斯塔纳 Astana

位于哈萨克斯坦中部偏北

推荐旅行时间：3 天

1997 年，阿斯塔纳取代阿拉木图成为哈萨克斯坦的首都。当时的阿斯塔纳是一个人口才 12 万的小城市，但也正因为小，它就像一张未曾染墨的白纸，拥有无限可能性。政府花大价钱请来世界著名建筑师为这座崭新的首都打造了一条中轴线和若干地标式建筑。

中轴线由日本建筑师黑川纪章设计，他曾参与东京都的城市规划。中轴线在城市设计中并非新鲜招式，西安、北京、巴黎都曾用过，但在那些著名的城市中，中轴线只是万千风景中的一个侧影，而在阿斯塔纳，这条中轴线几乎就是这座城市的全部了。它横贯整座城市，西起沙特尔可汗帐篷，穿过交通和通信部大楼的中央拱门，然后是一条花园步道，两侧有蛋壳状的国家档案馆、外立面呈波浪状的极光大厦、盖着天坛式屋顶的北京酒店……

105 米高的巴伊杰列克观景塔是中轴线上的重点建筑之一，它被称为"生命之树"。"树顶"如鸟巢般朝天空张开，里面裹着一个金球，这是在呼应神鸟萨姆鲁克在通天神树上产下金蛋的哈萨克传说，据说那枚金蛋中包含着关于幸福的所有奥义。游客可以乘坐电梯进入金蛋内部，那里是绝佳的观景台，不过由于金蛋表面覆了一层金色薄膜，从金蛋里朝外看出去，风景仿佛加了一层阴天效果的滤镜。

从巴伊杰列克观景塔继续东行，接下来是哈萨克斯坦总统府，这座全新的建筑左右对称，与中轴线垂直相交。总统府两侧矗立着两幢金色的桶形大厦，就像两名黄金侍卫。

总统府背后是蜿蜒的依希姆河，中轴线到了这里并没有终止，接下来还有金字塔造型的和谐宫，它的功能相当于国家会议中心。再往东则是 91 米高的独立纪念碑，金色神鸟萨姆鲁克立于纪念碑顶端，它拥有不死之身，就像希腊神话中的菲尼克斯。

和谐宫和沙特尔可汗帐篷由英国建筑师诺曼·福斯特设计，他也是德国国会大厦玻璃穹顶的设计师。

沙特尔可汗帐篷的灵感来自中亚游牧民族居住的帐篷，呈不规则的圆锥形。外立面使用特殊建材，不仅可以在晚上透出帐篷里的光，还有保温隔热的功能。帐篷内部是一个大型购物中心，在购物中心顶层，还藏着一座沙滩浴场。浴场有一层保温罩，里面的温度和湿度都很高，我一进去就出了一身汗。浴场里不仅有人造沙滩和泳池，甚至还种着几棵棕榈树，在距离大海超过 2 000 千米的内陆城市竟然还能感受到夏日海滨的快乐，就像身处一个凭空打造的楚门世界。

作者推荐

每年 8 月，中亚的瓜果批量上市。在阿斯塔纳的集市上，我发现蜜瓜竟有那么多品种，圆的、扁的、橄榄形的，薄皮的、厚皮的，表面光滑的、带褶皱的……

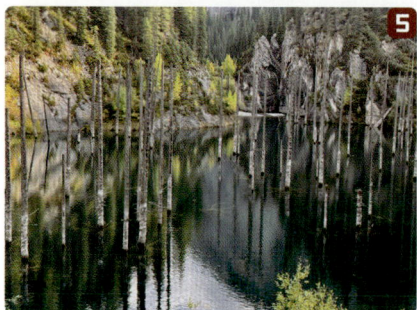

1/2. 科尔塞湖　　**3.** 戴眼罩的金雕　　**4.** 天山云杉　　**5/6.** 湖中森林

双湖记

阿拉木图 Almaty

位于哈萨克斯坦东南部

推荐旅行时间：3 天

在阿拉木图众多一日游路线中，双湖游最受欢迎。这是一条"特种兵"路线，全程 16 个小时，要披星而出，戴月而返。

科尔塞湖[1]是天山山脉中的一座高原湖泊，距离阿拉木图约 300 千米。科尔塞湖的停车场旁有个观景台，站在观景台上可以看到崇山峻岭之间密密麻麻地生长着天山山脉的代表性物种——天山云杉，这些绿色"巨塔"的倒影将原本碧绿的湖水染成了墨绿色。观景台的护栏上站着几只戴牛皮眼罩的金雕。金雕是哈萨克猎人打猎时的左膀右臂，但驯服金雕的过程非常残忍。从野外抓来的金雕被放在一根麻绳上，7 天 7 夜不能睡觉，直到金雕熟悉了主人的气味，并且吃下他投喂的兔肉，才算熬鹰成功，此时的金雕已经失去所有记忆，成了一个捕猎机器。出现在景区里的金雕只是游客拍照时的道具。

科尔塞湖有两种游览方式，一种是骑马环湖，另一种是湖中泛舟。由于时间有限，只能二选一，我选了划船。沿着湖边小路走了一段距离后，就会看到很多招揽生意的年轻人。每家的船各不相同，脚踏的、划桨的、鸭子形的、汽车形的、双人的、4 人的……刚开始我还打算使劲儿朝远方划去，但很快

我就发现，哪怕只是在湖心画圈，也已经不胜快活了，哪里还需要分泌多余的多巴胺。

科尔塞湖的风景和新疆的伊犁河谷差不多，但卡因迪湖[2]就完全不同了，它曾被《孤独星球》评为"世界上最令人惊叹的 20 个旅游目的地"之一。卡因迪湖位于科尔塞湖以东，游客乘坐大巴车到达一个村子后要换乘小巴，因为最后那段路的崎岖程度远超锯齿形的搓衣板，大巴车根本开不上去。经验丰富的司机知道如何将劣势转化成优势，他将车载音乐的旋钮拧到头，播放的全是动感十足的迪斯科音乐。虽然乘客的身体仍在被动地甩来甩去，但双手都跟着音乐主动地摇摆起来。卡因迪湖是在 1911 年的一场地震后形成的堰塞湖，面积并不大，仅 400 多米长，百八十米宽，让它成名的是湖中的那片森林。堰塞湖将原本生长在陆地上的云杉淹了一半，因海拔高、水温低，云杉在水中泡了 100 多年都没有被微生物分解，就像功夫片里的梅花桩。天山山脉一带常有野兽出没，如狼和棕熊。别说这些野兽，就算你跟我说在月光皎洁的夜晚，卡因迪湖边会出现霍格沃茨魔法森林里的半人马，我也不会感到惊奇。

1. Lake Kolsay   2. Lake Kaindy

旅途随感

从阿拉木图开往比什凯克的长途车上，我和一对正在环球旅行的中国夫妇聊起来。切换回普通话聊天比用英语聊天轻松多了，不用多说一个字，也不用少说一个字，对方就能知道你要表达的意思，这就是母语和后天所学语言的区别。母语的另一个特别之处就是当你到了鬓毛衰的年纪，也能乡音无改。

1. 帕卡尔和巴尔马特　2. 霞慕尼镇　3. 南针峰　4. 攀登勃朗峰
5. 连接冰海和霞慕尼镇的红色列车　6. 冰海

498

仰望西欧最高峰

霞慕尼 Chamonix

位于法国阿尔卑斯山区

推荐旅行时间：3 天

1786 年，一位叫米歇尔·帕卡尔的霞慕尼医生和他的随从雅克·巴尔马特首次征服了勃朗峰。在霞慕尼的街心广场立着这两位先驱的铜像，顺着巴尔马特手指的方向，你能看到海拔 4 810 米的勃朗峰。如果你打算到勃朗峰的山顶看看，可以参加当天就能往返的登山团。登山起点位于南针峰，从这里到勃朗峰峰顶的路程有 8 000 米，单程需要 4 个小时左右。

从霞慕尼到南针峰可以搭乘缆车，这是世界上垂直距离最长的缆车索道，能将你从海拔只有 1 050 米的霞慕尼送到 3 842 米的南针峰缆车站。

南针峰观景台比缆车站高几十米，观景台的指示牌上标注着每座山峰的名称与高度，你可以在这里寻找并欣赏阿尔卑斯的绝岭雄峰。由于勃朗峰旁有好几座海拔 4 000 多米的雪山，从观景台看过去，勃朗峰就泯然于众峰之中了。

观景台上有一道雪门，门内挂着一块警示牌，上面写着：经过此门，生死自负。这里就是登顶勃朗峰路线的起点了，登山者由绳索连在一起，一步步走向远方，成为白色画布上"蠕动"的黑点。

南针峰缆车分为上下两段，返程时你可以只搭乘上半段，然后从位于半山腰的中转站下车，这里是一条名为大北台徒步线的起点，沿途景观密集，从冰川、乱石岗、溪涧到山花、野驴、鼻涕虫……我在大北台线徒步时，突然一回头，看到南针峰在云间若隐若现。所谓"横看成岭侧成峰"，同样一座山，从不同角度看，人们所获得的美感都不相同。

这条徒步线的终点是冰海，这是法国最长的冰川，冰川融水流入塞纳河，最终汇入大西洋。冰海虽然封住了涛声，却仍旧拥有浩瀚的气势，从视线的尽头出现，又在另一头消失。

交错运行的缆车可以把游客带到冰川边缘的冰洞。冰洞内湿气很重，冰水顺着冰凌流到头发上，里面用文字和图片介绍了冰川的形成和面临的消融危机。这片看起来静止的海洋会以每年几十米的速度移动，每隔一段时间，冰洞就要重建，所以淡蓝色的冰海上密布废弃的冰雕博物馆。

有火车连接冰海和霞慕尼，车身被涂成火红色，在深绿色的山林中显得分外醒目。

作者推荐

在霞慕尼，徒步登山会消耗大量体力。为了补充体力，你可以尝试阿尔卑斯的一道特色菜——奶酪火锅。做法是把三种奶酪放在白葡萄酒中煮化，再搭配香肠和面包一起食用。这道菜的口味比较特别，食客的评价也两极分化。

1. 库马约尔镇　2. 罗马风格的石头房子　3. 罗马风格的木头房子　4. 蓝刺头
5. 越野赛跑者　6. 鼓乐团穿城而过

跨越国境线的4种方式

库马约尔 Courmayeur

位于意大利西北部奥斯塔山谷
推荐旅行时间：2 天

霞慕尼和库马约尔分别位于法国和意大利之间的国境线两侧。如果你打算跨过这条线，有 4 条路可选。

最快捷的方式是搭车穿过勃朗峰隧道，车程基本相当于两点之间的直线距离。

观景最好的方式是坐缆车从山顶掠过，从霞慕尼南针峰缆车站可以直达意大利的赫布罗纳缆车站 [1]（海拔 3 462 米，仅在夏季运行），在 5 000 米长的缆车线路中，你将像蜀山剑侠一样飞越重山。

最慢的方式是徒步穿越，环勃朗峰步道（简称 TMB）全长 167 千米，连接了法国、意大利和瑞士的几个村镇。从霞慕尼出发，沿着逆时针方向走到库马约尔需要 3～6 天。

如果在这条步道的英文缩写前再加一个字母 U，便成了 UTMB [2]——全球水平最高的越野跑赛事之一，在每年 8 月中下旬举办。UTMB 分为不同组别，如果你想报名参赛，不仅需要强健的体魄，还要在其他越野赛事中获得足够积分才有机会参加抽签。

我参加过成人组最低级别的 MCC [3] 比赛，全程 40 千米，爬升 2 300 米。最难的那段路和路况、体能都无关。当时，我已经过了位于最高点的垭口，紧绷的神经也放松下来，突然感觉眼睛有些不舒服，应该是额头上的汗水流进了眼睛。我用手一揉，没想到手背上的汗已

经变成了盐霜，被揉进眼睛后，我什么也看不见了，手中的登山杖变成了导盲杖……

越野赛中有两个地方最令人兴奋，一个是起点，赛事组织者通常会播放激昂的音乐，UTMB 起跑点播放的是《征服天堂》；另一个是终点，在观众的欢呼声中，你会忘记自己已经累得不成人形，只记得要挥舞双臂，奔向终点线。

2019 年比赛中最闪耀的明星并非 UTMB 组冠军，而是西班牙选手葛尔卡·苏韦尔迪亚·莱塔门迪亚。当他完成 100 千米的 CCC [4] 组比赛后，仰面躺在地上，把右腿上的假肢取下，然后高高举起，现场立即爆发出雷鸣般的喝彩声。比 UTMB 更具挑战性的赛事是巨人之旅越野赛，全程 300 千米，以库马约尔为起点和终点，爬升高度相当于 3 座珠穆朗玛峰的总高度。

从徒步线路和越野赛事在库马约尔密集交织的景象，可以看出这里对全球户外运动爱好者的重要性。那些不做规划、只想随便走走的泛徒步爱好者不妨在这里住几天，看看雪山，或者在奥斯塔山谷 [5] 中寻找罗马时代的遗迹，也会不虚此行。

1. Punta Helbronner   2. The Ultra-Trail du Mont-Blanc
3. Martigny-Combe-Chamonix
4. Courmayeur-Champex-Chamonix   5. Aosta Valley

旅行提示

UTMB 报名成功后，你需要准备冲锋衣、急救毯、止血绷带、求救哨等强制装备，这些装备几乎用不到，但万一有意外，可以让你在救援团队赶到之前活下来。

1. 奔跑的特里·福克斯雕像　2. 亚冈昆人　3. 捕梦网　4. 里多运河上的船闸
5. 加拿大皇家骑警的马术表演

希望马拉松

渥太华 Ottawa

位于加拿大东南部

推荐旅行时间：3 天

作为一国首都，渥太华并没有多少存在感，知名度完全不能和多伦多、温哥华、蒙特利尔这些城市相比。不过，这也不能怪渥太华，它被选为首都只是因为它正好在多伦多和蒙特利尔之间，这听起来多少有些敷衍。

渥太华是里多运河的起点，这条运河长达 200 千米，通过 47 道闸口把船只运到安大略湖。到了冬天，这条运河就变成一个巨大的天然冰场。

不算宽广的渥太华河上有一座小岛，名为维多利亚岛。小岛的主人是亚冈昆部落，走进他们的村庄，你会看到每顶帐篷的门外都挂着一只捕梦网。亚冈昆人认为，刚出生的孩子晚上会做噩梦，而捕梦网的作用就是在夜晚捕获噩梦，让孩子免受邪灵侵扰。他们招待游客的佳肴是被称为"三姐妹"的玉米、豆子和南瓜，肉类有红鹿肉干。

哥特风格的国会大厦是渥太华的地标建筑，你能在这里找到一尊青铜雕塑，那是一个正在奔跑的人，让人惊讶的是他的右腿——那分明是一条钢制的假肢。这个人叫特里·福克斯[1]，18 岁那年被确诊患恶性肿瘤，必须截去右腿才能保住性命。在福克斯卧床休养期间，他翻着同学带来的运动杂志，读到一个同样被截去右腿的人康复后借助假肢跑了 26 千米时，他仿佛重新找到了生命的意义。一个长跑计划在他心中慢慢成形：我要让人们知道意志比身体更有力量，我要把这次长跑叫作"希望马拉松"！

1980 年 4 月 12 日，福克斯先把假肢在加拿大东边的大西洋中浸了一下，然后穿上跑鞋，按照计划，在穿越加拿大的 10 个省之后，再把假肢浸入太平洋。无论风霜雨雪还是酷日严寒，他那孤独的身影就像电影中的阿甘，成为穿过丛林的一阵风。这一年的 7 月，福克斯抵达渥太华，他的长跑计划终于引起媒体的广泛关注。当他从大城小镇穿行而过时，夹道欢迎的人都呼喊着他的名字。

在更换了 9 条假肢和 12 双跑鞋之后，意志坚强的福克斯还是被病魔打败，不得不重新住进医院。扩散的癌细胞在次年 6 月 28 日夺走了福克斯的生命，此时距离他的 23 岁生日只差一个月。

不过，福克斯发起的"希望马拉松"活动并没有结束，越来越多的人加入其中。此时的他早已不是夕阳下丛林旁那个孤独的身影，他应该可以欣慰地看到，他的希望和梦想在一批又一批后来者的努力下正变成现实。

有的人为了梦想而奔跑，虽未抵达终点，却了无遗憾；有的人没有理想地活着，虽然活得够久，却不值得骄傲。

1. Terry Fox

作者推荐

如果想观看现场马术表演，可以去加拿大皇家骑警音乐骑术中心。

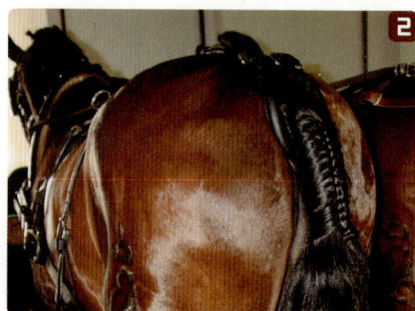

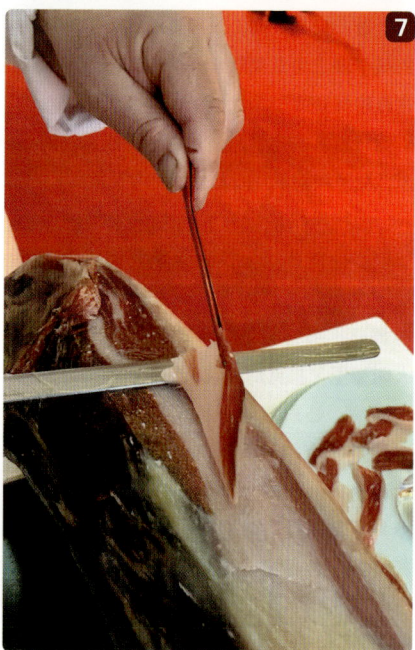

1. 皇家安达卢西亚马术学校表演馆　2. 马尾被编成麻花辫　3. 四肢同时离地　4. 马车表演
5. 索莱拉酿酒法　6. 琥珀色的雪利酒　7. 将火腿肉切成薄片

酒杯中的西班牙阳光

赫雷斯 Jerez
位于西班牙南部安达卢西亚大区
推荐旅行时间：3天

皇家安达卢西亚马术学校每周都会举办马术表演。与英姿飒爽的加拿大骑警不同，西班牙骑手的穿着非常复古，头戴圆形呢帽，上身穿浅色束身短褂，系着黑色领巾，下身穿黑色长裤。上场之前，不仅骑手会打扮一番，骏马也不例外，一些马尾被编成麻花辫，这也让"盛装舞步"的前两个字名副其实。

在马鞭、缰绳和骑手腿部压力的操控下，安达卢西亚骏马在长方形的场地中跳起芭蕾舞，小碎步、横向步、后退步，此刻人与马合二为一。接下来，骏马还要在骑手的辅助下扬起前蹄，同时后腿发力，四蹄同时离地，瞬间变成了法拉利的车标。马车表演是最后一个节目，虽然看起来只是在场地中不停地绕圈，但让4匹马同时转弯、掉头，还要避免和其他马车撞到一起，也需要"台下十年功"。

赫雷斯是雪利酒的原产地，"Sherry"正是"Jerez"的英语说法，两者的词源都是阿拉伯人给这座城市起的名字"Scheris"（雪利斯）。雪利酒是一种加强白葡萄酒，只有产自赫雷斯的酒才有资格称作雪利酒，其他地方哪怕采用相同的酿造工艺也不行。

雪利酒的生产工艺叫作索莱拉酿酒法，就是将雪利酒桶摞成至少三排，越靠下的酒年份越久，越靠上则越新。在陈化雪利酒的六七年中，每隔一段时间，人们就会把上一排的酒注入下一排的酒桶。因此，雪利酒不存在年份酒的说法，每一瓶都是由不同年份的酒混合而成。

加迪斯市距离赫雷斯只有45千米，是一座港口城市，由腓尼基人在大约公元前11世纪修建，是西班牙最古老的城市。后来兴盛起来的迦太基文明就是由从腓尼基人中分出来的迦太基人建立的。

在哥伦布的4次大航海中，有两次是从加迪斯港出发，出发之前，哥伦布买了几百桶雪利酒放在船上。可能是这种加强白葡萄酒的后劲儿太大，晕头转向的哥伦布错把美洲当成了印度。

1588年，西班牙国王腓力二世派遣无敌舰队远征英格兰，最终以惨败收场。英国人清点战利品时，在西班牙的船舰中发现了大量雪利酒，并将之视为酒中极品。自此，雪利酒征服了英伦三岛，从另一个角度帮助腓力二世实现了梦想。莎士比亚在一场王室宴会上第一次品尝到雪利酒，他说这是"装在瓶子里的西班牙阳光"。后来，苏格兰不仅进口雪利酒，还进口酿造雪利酒的酒桶，因为酿酒师发现，这种使用了两三百年的橡木桶可以将威士忌染成琥珀色。

作者推荐

雪利酒的最佳拍档是西班牙烟熏火腿——以"5J火腿"品质最好。火腿分等级，切火腿片的师傅也要经过考核才能上岗，每一片要薄厚相同，且以重约2克为最佳。

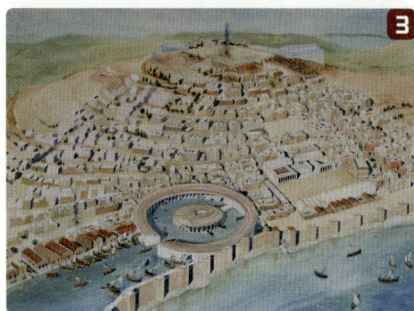

1. 海边的迦太基遗址　2. 迦太基遗址中的罗马浴室　3. 迦太基遗址复原图
4. 盖赫库阿勒遗址　5. 突尼斯人徒手牧鹰　6. 盖赫库阿勒遗址中开满黄色小花

曾经的地中海霸主

迦太基 Carthage

位于突尼斯北部

推荐旅行时间：半天

迦太基文明起源于非洲北部，在鼎盛时期，其势力范围覆盖了西地中海。

传说中，迦太基的建立者是狄多公主，她被族人追杀，逃到了地中海南部的突尼斯湾。按照当地的习俗，外来者占有的土地不得超过一块牛皮大小。聪明的狄多公主找来最锋利的剪刀和最坚韧的牛皮，小心翼翼地将牛皮剪成细条。土著首领眼看着她用牛皮条围住一座小山，这才知道自己吃了哑巴亏。这座山就是拜尔萨[1]，即迦太基文明的发源地。

迦太基是靠航海技术发展起来的。在2 600多年前的奴隶时代，他们贩卖葡萄酒、橄榄油等一切可以赚钱的东西。现在，我们仍然能从保存下来的迦太基遗址看出曾经的繁荣，各类建筑物从山顶一直延伸到山脚。那个巨大的圆形港口即使放到现在，依然能停泊无数艘大船。迦太基帝国在海上横行了几个世纪，与此同时，一个擅长打陆地战的部落逐渐壮大，这就是罗马。

起初迦太基人没有把罗马人放在眼里，可随着罗马的强盛，双方都需要通过一场战斗来证明自己的实力，于是第一次布匿战争（罗马和迦太基之间的战争）吹响了号角。虽然迦太基人适合打海战，但当罗马人用铁钩把敌我船只连在一起时，相当于打了一场海面上的陆地战。经过三次布匿战争，罗马大军的铁蹄踏平了迦太基古城。随后，罗马人在这里建造了剧院、浴室、斗兽场等，所以你现在看到的迦太基古城其实是罗马人修建的。

你还可以前往盖赫库阿勒遗址[2]，那里也是迦太基文明的发源地之一。考古学家发现，此地的300余户人家中没有一家从事农业劳动，大多数居民要么经商，要么靠木刻人像、宝石制作、玻璃切割等手艺为生。商业与手工业的发达让这里变得十分富有。历史学家曾如此形容2 300年前盖赫库阿勒的繁荣景象："几乎家家都有花园，玫瑰被清泉浇灌。"那时，有的富裕人家甚至拥有私人浴室，而且上下水设施一应俱全。

如今的盖赫库阿勒只剩下一截截碎石枯木，成了废墟，成了记忆。那些房舍的完整程度甚至还不如被岩浆掩埋的庞贝古城。

盖赫库阿勒以北20千米就是非洲大陆的最北端，水陆相接的地方是一面嶙峋峭壁，此地距离意大利西西里岛只有大约150千米。其实，地缘环境也可以间接解释盖赫库阿勒曾经的繁盛：它将非洲与欧洲连在一起，遥想当年，不知有多少野兽从这里转运到古罗马的斗兽场，也不知有多少古希腊陶器、意大利雕塑从此地流入北非上层社会。

1. Byrsa 2. Kerkouane

作者推荐

突尼斯国家足球队有个外号叫"迦太基之鹰"。在地中海岸边，你能看到突尼斯人徒手牧鹰的绝技。

1/2. 庞贝古城中的豪宅　3. 议事广场上的神庙遗迹　4. 条条大路通罗马　5. 人形模壳

6. 一条狗的模壳　7. 维苏威火山口　8. 从维苏威火山俯瞰那不勒斯市

末日来临的那一天

庞贝 Pompeii

位于意大利那不勒斯南部

推荐旅行时间：半天

公元 79 年的一天，维苏威火山突然喷发，庞贝被整体"封印"在火山灰之下，这也让它在之后近 2 000 年的漫长岁月中没有像其他古城一样被改建、被洗劫或被摧毁，而是像琥珀中的昆虫，近乎完美地保存到今天。

对游客来说，要想在大脑中复原庞贝曾经的繁荣景象，就得把考古学家的研究成果叠加在现存的残垣断壁之上。

那时的庞贝古城完全可以用熙熙攘攘、车马喧嚣来形容。官道穿城而过，其尽头就是罗马，这也是所谓"条条大路通罗马"的其中一条"大路"。这些官道就像辐条一样，把罗马的各个统治区与帝国的心脏紧密连在一起。

议事广场位于庞贝古城中心，这里神庙林立，无论朱庇特还是阿波罗都拥有专属的神庙，可惜的是，现在只剩下一排排罗马式立柱。这座广场也是进行选举的地方，为了拉选票，候选人要在这里发表演说，还要互相辩论。广场边有市场，蔬菜店、水果店、海鲜店"头碰头，脚挨脚"，有的墙上还有招揽生意的广告。在最近才重见天日的一幅壁画上，甚至出现了一张圆形的比萨，只不过还没进化到加小番茄和芝士的现代比萨模样。

作为罗马贵族的度假地，庞贝的娱乐设施可谓十分丰富，有剧院、浴室、泳池……住宅区也划分出等级，从中产阶级的普通住宅到 3 000 平方米的豪宅（含奴隶居所）应有尽有。豪宅客厅中央有水池，地面铺着马赛克石砖，墙上画着祈求神明保佑的壁画。贵族吃饭时不是坐在椅子上，而是趴在三面倾斜的"床"上，除了嘴和胃在运动，其他身体部位完全放松——嗯，贵族是懂享受的。

可这一切永久定格在了那一天。

其实，庞贝并非毁于一瞬。火山喷发后先形成遮天蔽日的火山灰云团，这末日景象让很多人仓皇逃离，不过，很多老弱妇幼和心存侥幸的人成了罹难者。在被火山灰埋葬之前，致命的毒气给了人们"最后一击"，随后落下的火山灰将他们的尸体紧紧包裹，肉身很快腐烂并化为乌有，火山灰冷却后，形成了"人形模壳"。后来，考古学家根据这些"人形模壳"做了很多石膏人，石膏人的姿势就是那些罹难者最后的模样，有的躺在床上，有的蹲在墙角，有的拥抱在一起……

或许有一天，当人类离开地球之后，外星人会来到这个蓝色星球参观，它们通过保留下来的文明遗迹来想象地球人曾经的美好生活，就像我们现在想象 2 000 年前庞贝人的生活一样。

作者推荐

游览完庞贝古城后，你可以乘坐旅游大巴前往维苏威火山口。

1.伊亚镇全景　2.遥望爱琴海　3.半山泳池　4.伊亚镇本身即是风景　5.一家超市

6.铺满黑色鹅卵石的沙滩　7.眼中只剩下两种颜色　8.伊亚镇的金色日落

四色天堂

圣托里尼岛 Santorini

位于希腊爱琴海

推荐旅行时间：3 天

圣托里尼岛上的费拉镇[1]也被称作"蓝白小镇"。如果说蓝色的爱琴海是背景，那峭壁上错落的幢幢白屋就是点缀；如果说这些错落的白屋是背景，那其上的蓝色门窗就是点缀。蓝色和白色互相包容，互相依托，互不干涉。这种审美世代传承，时至今日，两种交织的颜色竟成了圣托里尼岛的最佳名片。

除了蓝与白，圣托里尼岛还有另外两种颜色——沙滩的黑色和落日的金色。岛屿南部有一片叫佩里萨[2]的沙滩，沙滩上铺满黑色的鹅卵石。

关于这些鹅卵石的来历，当地流传着两种说法。第一种说法是，在 4 000 多年前的一天，圣托里尼火山突然爆发，大量岩浆喷涌而出，遇海水之后冷却成黑色岩块，大的沉入海底，小的漂到岸边。这些黑色岩块又经过浪涛的千万次打磨，形成了现在的黑色鹅卵石。

第二种说法接近神话，与神秘消失的亚特兰蒂斯大陆有关。传说中，亚特兰蒂斯拥有高度发达的文明，文明使国家富足，富足使统治者横征暴敛。为了统治世界，亚特兰蒂斯国王组建了一支海军战队，一路打到希腊雅典。这激怒了万神之王宙斯，他诅咒道：

"让亚特兰蒂斯一夜间消失！"没想到咒语应验，只用了一夜工夫，亚特兰蒂斯就沉入大西洋的海底。就在整块大陆行将消失的瞬间，亚特兰蒂斯国王用神力把女儿变成无数黑色的珍珠，期待着咒语破除，女儿重生。黑沙滩上的无数鹅卵石其实就是国王女儿的化身。

每天黄昏前后，无数大巴车把游客拉到圣托里尼岛北部的伊亚镇[3]。下车后不用打听方向，跟着人流就一定能找到看日落的最佳地点。即使已经到了晚上 8 点多，太阳仍旧高挂天空，就像大牌明星，不等观众到齐，绝不开始表演。观景台上早已人山人海。我是一个爱热闹的人，但总觉得看日落应该找个安静的地方，静等日落大海，万籁俱寂。

于是，我一个人朝山下走去。山脚下有许多小旅馆，都建在山坡靠海的一侧，我找到了一块空地，安静地坐下来，顿时感觉到天地间的寂静和辽阔。我拿出相机，调整焦距，本来想拍夕阳的，但镜头固执地停在一对恋人身上，他们在远方的露台上、在夕阳的照耀下，抱着、吻着、笑着……一个人看日落，因为无人分享，所以倍感孤单。

1. Fira　2. Perissa　3. Oia

作者推荐

费拉镇的史前博物馆中有一只青铜时代的黄金羊，它来自圣托里尼岛南部的阿克罗蒂里（Akrotiri）遗址，由于公元前 17—16 世纪的一次火山喷发，遗址所在的城邦被火山灰彻底掩埋，直到 1967 年才被考古学家重新发现。

1. 逆光中的棕榈树就像一朵妖娆的黑玫瑰　2. 游艇在马尔代夫的玻璃海中前行

3. 长满珊瑚的潟湖　4. 一条小鲨鱼　5. 新月岛泳池　6. 马尔代夫的午后时光

马尔代夫的香与不香

马尔代夫 Maldives

位于印度洋北部

推荐旅行时间：3 天

马尔代夫的国际机场建在大海之上，当你走下飞机舷梯时，迎接你的除了湿热的空气，还有在机场码头边自在游弋的热带鱼群。

在马尔代夫，主流的旅行方式是选择一座建有酒店的岛屿，然后吃住都在这座岛上。岛屿酒店从四星级到七星级不等，区别在于沙滩、餐饮和服务的质量，当然，还有价格。

走出机场后，你要先找到你所预订的酒店设置在机场大门外的迎宾台，同班乘客到齐后，酒店工作人员会带着你们前往码头，由停在码头的快艇或者水上飞机送你们去酒店。水上飞机的飞行高度较低，你可以从"上帝视角"俯瞰印度洋上一滴又一滴由潟湖组成的蓝眼泪。

抵达后，酒店服务员会微笑着在第一时间为你奉上冰镇的毛巾和饮料。岛上住宿有沙滩屋和水上屋两种。住在水上屋，你可以直接从房间里跳进大海。餐食方面，建议选择全餐，即包三餐。通常情况下，四五星级岛屿上提供的是自助餐，六七星级岛屿上提供的餐食是当日主厨推荐。即使在低星级的岛屿上，你也可以让服务员安排烛光晚餐，主菜多为龙虾。

岛上的活动中心是游客最常光顾的地方，游客可以在这里租到免费的浮潜装备，也能选择付费的出海项目。我的第一次马尔代夫之行显得非常充实，跳岛、海钓、浮潜、去居民岛、看日落，一个不落。当然，你也可以什么活动都不参加，每天只在泳池边看看书，或者黄昏时去踩踩白沙滩。

不得不说，马尔代夫属于那种自带柔光滤镜的旅行目的地，无论度蜜月、合家出行，还是工作太忙需要减压，这里都是不错的选择。更不用说由于气候变暖、海平面上升，马尔代夫将在一百年内消失，这会让人油然生出一种惋惜情绪，也把柔光效果拉到满级。

不过，就像《旅行的艺术》中提到的那样，现实中的旅行和想象中的美好意向往往存在偏差。例如，我曾参加五天四晚的新月岛之旅，由于飞机出现机械故障，五天四晚直接变成九天八晚。抵达时的兴奋逐渐被无聊代替，空气愈发潮湿闷热，自助餐也顿顿雷同，我甚至感觉自己被困在了一座孤岛之上。经济学中有个规律叫边际效应递减，通俗地说就是当你吃饱之后，即使端出山珍海味，也很难再勾起你的食欲。

还有一次，我住在一个六星级岛屿的水上屋，那几天正好是我的某本游记的收官阶段，我就把自己锁在房间里，甚至连窗帘都拉上，虽然这对窗外的碧海蓝天不够尊重，但能够完全沉浸在自己的世界里，同样可以获得极大满足。

旅行提示

不要去捡海滩上的珊瑚和贝壳，更不能将它们带走，否则会面临高额罚款。

色达｜中国

1. 牛头碑　2. 飞扬的风马纸　3. 鼠鸟同穴　4. 鄂陵湖　5. 阿尼玛卿雪山
6. 云层在大地上投下斑驳的阴影

探访黄河源头

玛多县 Maduo County
位于中国青海省果洛藏族自治州
推荐旅行时间：4 天

　　玛多县的平均海拔 4 500 多米，是青海省海拔最高的县。当然，旅行者来这里不是为了体验头疼、心悸、呕吐等高原反应症状，而主要是为了探访黄河源头。

　　从玛多县向西南方向行驶 1 小时，就到了星星海。岸边河滩是高原鼠兔的地盘。它们长得灰不溜丢的，头顶一对圆耳朵，外形像老鼠，但牙齿结构更接近兔子。爱打洞的高原鼠兔既是草场退化的元凶，也是肉食动物眼中的美味佳肴。你还能在这里观察到一种奇特的自然现象——鼠鸟同穴，鸟儿把鼠兔的洞穴当成躲避阳光的地方，同时又能帮鼠兔看家护院。

　　从星星海再向西行，就到了鄂陵湖。黄河源头有两大湖泊——鄂陵湖和扎陵湖，两湖相距 15 千米，中间通过河道连接。两湖之间隆起的山包叫措日尕则山，在抵达措日尕则山之前，你会看到多卡寺。相传，多卡寺前的迎亲滩是松赞干布迎接文成公主入藏的地方，"柏海迎亲"中的"柏海"指的就是扎陵湖和鄂陵湖。

　　措日尕则山上的标志建筑是高达 5 米、重达 5 吨的牛头碑，你从这里往两边看，藏蓝色的湖水与天际连成一线。牛头碑附近悬挂着很多经幡，藏族朋友把一沓沓五色的风马纸撒向蓝天。"风马"在藏语中被称为"隆达"，就是把马的形象和经文印在可降解的薄纸上，这样就不会对环境造成污染。抛撒风马纸的寓意是祈祷出行平安。当成百上千的风马纸迎风飞舞时，你会看到风的形状。

　　虽然牛头碑上刻着"黄河源头"四个大字，但它并不是黄河真正的源头。扎陵湖的上游是星宿海，这里地势平阔，河水流速变慢，直到填满一个个沼泽池之后才继续往下游流去。如果从空中俯瞰，这片大地上银光闪耀，如同布满夜空的星宿。注入星宿海的河流一共有3条，分别是约古宗列曲、扎曲和卡日曲。1978 年，经地质学家考证，卡日曲为黄河真正的源头。这条中国的第二长河就发源于巴颜喀拉山支脉各姿各雅山下的几眼山泉。

　　护卫黄河的阿尼玛卿雪山也在青海省果洛藏族自治州境内，从高速公路的知衮代垭口可以清楚地看到雪山全貌。阿尼玛卿也是藏传佛教四大神山之一，另外三座是冈仁波齐、卡瓦格博和尕朵觉沃。

旅途随感

　　有的人因为看了一本书或一部电影而去旅行，我看完《摩托日记》后，开启了赴南美的旅程；有的人是为了心中的某个目标而去旅行，比如"7+2"（登顶七大洲最高峰和徒步抵达南北两个极点）；有的人只是随大流，哪里出名就去哪里；有的人是为了替别人完成旅程，比如《朝圣之路》中的父亲替儿子走完圣地亚哥之路……那么，你是为了什么去旅行？

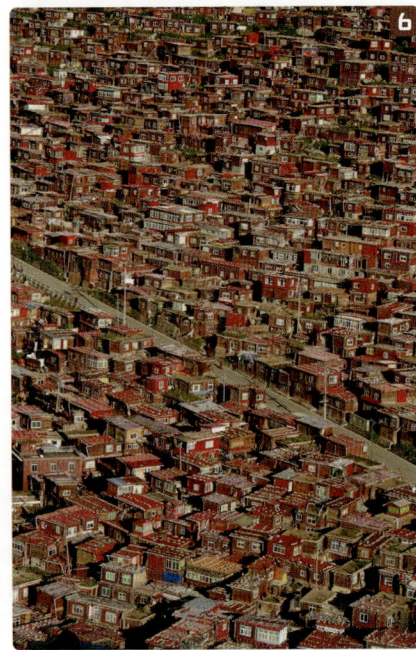

1. 收集牛粪的牧民　2. 九曲黄河第一湾　3. 年保玉则的晨光　4. 色达的坛城
5. 佛学院的夜晚　6. 密密麻麻的僧房

九曲黄河第一湾

川西北 Northwest Sichuan

位于中国四川西北部

推荐旅行时间：5 天

黄河一路东流，与白河在川西北的若尔盖县汇合，形成了一个"S"形的转弯，这就是九曲黄河第一湾。站在若尔盖县唐克镇的观景台上，你可以看到躺在大地胸膛上的黄河河道如蛇身般蜿蜒。都说"仁者乐山，智者乐水"，其实这句话还可以反着说，当人们站在绝美的山河画卷面前时，情操会得到陶冶，胸襟会得到涤荡，并由此变得"仁"与"智"。若尔盖县地处川西北高原，这里是青藏高原的一部分，由阿坝州、甘孜州的部分地区组成。

四川阿坝县的莲宝叶则景区和青海久治县的年保玉则景区共享了巴颜喀拉山的最高峰——海拔 5 369 米的年保玉则峰，莲宝叶则在山峰南麓，年保玉则在山峰北麓。几个湖泊倚在山脚，南面有扎尔尔错，北面有神女湖和妖女湖。到了晚上，你走到神女湖栈道的尽头就能看到倒映在湖水中的银河。整个景区到处都是土拨鼠洞，这些灰褐色的小家伙喜欢挺直腰板，像站岗的士兵一样东张西望；有时你还能看到两只土拨鼠打架，它们互相掐着对方的脖子，也不知道是为了争地盘还是争食物，又或者只是日常消遣。草地上开着一种紫色的高原花朵，紧贴着地面生长，学名叫星状风毛菊。一天清晨，我来到湖边，身边到处都是将醒未醒的牦牛，牧民在草地上收集着新鲜的牛粪，湖面上腾起晨雾，远方是若隐若现的雪山……

色达县与阿坝县都位于巴颜喀拉山南麓，两地之间有直达班车，世界上最大的佛学院——喇荣五明佛学院就在色达城外海拔将近 4 000 米的山谷之中。前往这座佛学院的旅程，能够让你感受到至少三重震撼。

第一重是视觉震撼。密密麻麻的僧房从谷底蔓延到山脊，将原本碧绿的山谷染成绛红色，约有 2 万名倾心佛法的学员在此生活，他们身穿的袈裟也是绛红色的，当你和他们擦身而过时，会看到团团红云起起落落。

第二重是听觉震撼。在色达，诵经的声音从早到晚从不间断，整座山谷就像一个天然扩音器，无论你走到哪里，无论你在干什么，都会被不绝于耳的梵音完全笼罩。

第三重是心灵震撼。你既可以到讲堂聆听一节佛法课，也可以前往坛城和虔诚的藏族人一起沿顺时针转经。坛城是唐卡创作的主题之一，唐卡上的坛城是俯瞰视角下的平面图，色达的坛城则是立体的，分为上中下 3 层，中央最高处的建筑代表须弥山，即佛法宇宙的中心。围绕坛城转经的过程类似于冥想，由于动作单一，意识可以得到解放，在充满佛法智慧的地方思考人生中的难题，说不定会得到某种启悟。

旅行提示

色达早晚温差很大，如果你打算拍摄五明佛学院的夜景，一定要多穿衣服，否则就会像我一样，天还没黑鼻涕泡就冒了出来。

1. 康定街景　2. 黑牦牛　3. 新都桥　4. 骑行者　5. 孩子的脸上有两片高原红

6. 海子山　7. 川藏线也是风景线　8. 乡城的白色藏房

从蜀地到藏地

川西 Western Sichuan

位于中国四川西部

推荐旅行时间：3 天

自驾川西的过程，就是从蜀地到藏地的过程。你如果选择从成都出发，沿途会经过泸定、康定、折多山、新都桥、理塘、巴塘等地，完全可以把整个川西地区当成一个不收费的天然景区。那些用来描述景点的词汇，比如移步易景、十里不同天等，都能完美嵌入关于川西的旅游宣传文案。

泸定桥是川西自驾之旅的第一个景点。它太有名了，不仅出现在诗句"大渡桥横铁索寒"中，同时也是历史遗迹，至今已有300多年历史。

作为甘孜州首府的康定因一首《康定情歌》而闻名天下，你能在这里找到情歌路、情歌广场、情歌大酒店……康定的藏语名称念作"达折多"，"达"即丝绸，"折"为优质，"多"为二水（打曲和折曲）交汇的谷底，说明这里千百年来就是出售优质丝绸的地方。

你可以在海拔 3 100 多米的折多塘观景台上看到"第一眼雪山"。继续前行，你会发现路边的骑行者越来越多，随着海拔升高，推车前行的人逐渐多了起来，每个人都铆足了劲。折多山成了挡在骑行者面前的第一道关口，挺过去，拉萨可期；败下阵，只能打道回府。

折多山观景台海拔 4 200 米，石碑上写着"西出折多"4 个大字，让人不禁想起"西出阳关"，再往西行，恐怕也一样"无故人"了。从石碑向上爬 200 多级台阶，你就能来到折多山巅，那里矗立着一座圆锥形经幡塔，从悬挂经幡处往山脚望去，来时的公路如蛇身般蜿蜒。

折多山口是真正的汉藏交汇之地。往东，属于四季分明的亚热带季风气候；往西，则是绵延无际的青藏高原，气温也变得越来越低。

作为国家级摄影基地，新都桥由牧场、牦牛、藏房、闪着银光的溪流，以及在清晨与黄昏时流淌的光影等元素构成。接下来，你会看到一片连着一片的高山牧场，遇到牧民时，他们问一句"你好吗"，正确的回答并不是"我很好"，而是"扎西德勒"。

理塘县的海拔超过 4 000 米，在此留宿容易引发高原反应。建议前往巴塘县过夜，那里的海拔只有 2 500 多米。经过理塘后，你可以继续沿 318 国道进藏，也可以南下入滇。如果选择后者，沿途风景会迅速变化，植被变得稀疏，到海子山时已经看不到绿色，山上的石块层层累累，就像天神搭出的积木。再往南，经过白色的乡城后，你就进入了云南境内。

旅途随感

自驾旅行的魅力在于自由度高，就像播放在线视频，你可以在感兴趣的地方踩一脚刹车，如同按下暂停键，觉得哪里可以一带而过就一踩油门"两倍速"快进。

1. 冲古寺　2. 五色海　3. 牛奶海　4. 碧绿色的溪流　5. 俄初山的石屋　6. 岩羊

寻找心中的日月

亚丁 Yading

位于中国四川甘孜州稻城县

推荐旅行时间：2 天

亚丁风景区由三座神山和十几个海子——湖泊组成，长、短两条徒步路线将它们连在一起。

在短线入口处，你能一眼望到冲古寺，雪山下的冲古寺自带神秘感。在英国作家詹姆斯·希尔顿的著作《消失的地平线》中，雪山下也矗立着一座神秘的庙宇，那里的僧人各个身怀绝技。这似乎已经成为西方文艺作品中约定俗成的设定，凡是中国的僧人，必定天赋异禀。如果不信，你可以去看电影《2012》和《蝙蝠侠：侠影之谜》。

《消失的地平线》讲的是 4 个主人公因为一次飞行事故来到一个世外桃源般的地方，那里人人长寿，信仰藏传佛教，他们将这里称作香格里拉，即心中的日月。后来他们也为寻找心中的日月开启了一场奇趣冒险之旅。故事灵感来自探险家约瑟夫·洛克发表在美国《国家地理》杂志上的系列游记。中国有两个地方还为"香格里拉"这个地名展开过竞争，尘埃落定后，距离亚丁最近的镇子成了香格里拉镇，而云南的中甸县更名为香格里拉县，后撤县设市。

亚丁长线徒步往返大约 10 千米，海拔逐渐升高到 4 000 米之上。沿途除了神山圣水，许多小动物还不时出来"抢镜"，比如松鼠，只要你敢伸出手，它就敢把你掌心的零食抢走；岩羊比松鼠不知大了多少倍，可胆子却很小，总是警惕地与人类保持着安全距离；羽毛艳丽的野山鸡专心致志地用刀子般的喙去啄牛粪里还没被消化的野草。

牛奶海与五色海是这条长线上的两个亮点。牛奶海之所以叫这个名字，我猜跟岸边的白色砂石有关，那些砂石一直铺到湖底，岸边的水也仿佛被染成了奶白色。五色海比牛奶海高出一两百米，所谓五色，指的是 5 种不同的蓝色，这跟湖水中的矿物质有关，也跟光线折射有关。

回程时，你会路过央迈勇雪山。不过，这座雪山看起来一点儿也不豪迈英勇，可能是相较于其他雪山高度并不突出的缘故。雪山融水在山脚汇成碧绿色的小溪，流速极快，像是小跑着去见自己的恋人，迫不及待中藏着快乐。

俄初山位于亚丁风景区以北，这里人迹罕至，山上有许多石头房子，看起来没了烟火气息。我猜想，这里可能是冬牧场所在地，只在入冬后才会升起炊烟；又或者原先住在这里的山民早已搬到镇子上，只留下一个个停留在时光里的空壳，等待后人来访。

旅途随感

旅行和新闻有相似的地方，都与时间、地点、事件有关。两者的不同之处在于，新闻的"保质期"很短，很容易就"过期"了；旅行的"保质期"则很长，哪怕过了二三十年，一旦想起，你会立刻穿越到过去，当时的一切也跟着活了过来。

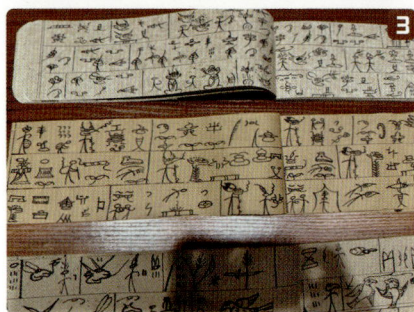

1. 玉湖村的主路　2. 洛克故居中的单人床　3. 东巴象形文字　4. 灰白色的干河坝
5. 落在我裤子上的蚂蟥　6. 流沙坡

植物学家
在中国

玉湖村 Yuhu

位于中国云南省丽江市

推荐旅行时间：2 天

1922 年，约瑟夫·洛克第一次来到中国，当时他的身份是植物学家，目的是寻找治疗麻风病的大风子树种子。2 年后，他带着 8 万件植物标本回到美国，并于同年再次来到中国。此后 20 余年，洛克以玉龙雪山下的巫鲁肯村（今玉湖村）为大本营，然后前往四川、甘肃、青海等地探险。他还成了美国《国家地理》杂志的特约撰稿人，他在一篇游记中写道："赶完一天的路，我正在营地中写日记，突然听到金钱豹的吼声，这可把骡子给吓坏了。我们朝墨色的天空中开枪，希望那只大猫能知难而退，没想到这反倒激怒了它，开始步步逼近，最终，骡队旁的篝火让它掉了头。"

洛克当年居住的地方已经变成了洛克故居，那是一个典型的纳西族三坊一照壁式院落：三面是二层小楼，一面是照壁。你可以在这里看到洛克收集的植物标本、使用的相机、睡过的单人床，还有东巴泥偶和用象形文字写下的东巴经卷。

东巴是纳西族对神职人员的称谓。洛克在巫鲁肯村居住时，看到东巴在驱鬼仪式上将双手伸入油锅，并赤脚踩在滚烫的犁铧上，以显示不凡神力。洛克翻译了上百本东巴经书，回到美国后，他出版了《纳西语—英语百科辞典》，这极大地提升了东巴文化在世界范围内的知名度。

抗日战争时期，洛克凭借其在印度、缅甸和中国的丰富旅行经验，参与了驼峰航线的设计工作。这是一条在印度和中国之间运输战略物资的特殊航线，由于要飞越喜马拉雅山，飞行线路在山谷和山峰间像驼峰般起伏，因此得名驼峰航线。

从洛克故居出门右转，就到了那条纵贯玉湖村南北的主路。这里的房子大多用石材建造，看起来就像一座座堡垒。

从玉湖村出发，有两条颇受旅行者欢迎的徒步线路。一条徒步线路经过龙女湖前往干河坝。干河坝在玉龙雪山最高峰扇子陡下方，石灰岩风化形成的灰白色粉末沉积在谷底，如同干涸的白色河床。雨季时的干河坝可能会变成沼泽，徒步时需步步留心。

另一条徒步线路沿玉湖村主路一直向北，可以前往玉龙雪山大峡谷。这条路线的难点是中途的流沙坡，流沙坡同样由石灰岩粉末沉积而成，既陡且滑，经过这里时需要集中精神。穿过流沙坡后，海拔就升高到 4 000 米以上，视野一下子开阔起来，除了大峡谷，你还能看到山脚的干河坝和远方的丽江古城。

旅行技能

雨季时山林中蚂蟥成灾，蚂蟥们就像装了热成像仪，能准确落在人身上，然后贪婪地吸血。对付蚂蟥的第一步是物理防御，尽可能穿长衣长裤；一旦发现蚂蟥在吸血，就要进行化学攻击，将提前准备好的食盐撒在蚂蟥身上，让它松嘴。

1. 神瀑　2. 笑农大本营　3. 冰湖　4. 卡瓦格博峰　5. 神湖　6. 从高处俯瞰神湖和眼前的世界

中国徒步之乡

雨崩 Yubeng

位于中国云南省德钦县

推荐旅行时间：5 天

雨崩徒步路线并不是一条环线，而是以雨崩村为大本营，前往神瀑、冰湖、神湖等目的地的徒步路线的总称。

雨崩村分为上雨崩和下雨崩两个村子，中间隔着一段山路，徒步需要半个小时。上雨崩村地势高，可以看到梅里雪山中的神女峰和将军峰。下雨崩村比上雨崩村低了 100 多米，只能看到神女峰。我去的两次都选择住在下雨崩村，因为村边有个池塘，如果起个大早，又恰好天气晴朗，可以看到池塘里的日照金山。

按照徒步难度划分，神瀑线难度最小，水泥石板一直铺到神瀑之下，除了高原反应可能会造成一些麻烦，基本零风险。从下雨崩村出发，径直往雪山方向走，很快就钻进树林之中，沿途能听到流水飞溅的声音，还能看到河边密密麻麻的玛尼堆。一些摇着拨浪鼓的藏族人会与你擦肩而过，他们会前往路旁的莲花生大士修行地朝圣。最后 1 000 米难度稍大，因为海拔迅速抬升，但只要坚持下去，每个人最终都能抵达神瀑。神瀑之水顺着山壁淌下来，站在底下冲个凉，据说能洗掉灾难与困厄。

冰湖线难度中等，起点位于上雨崩村。经过螺旋形的上升路线后，你会来到一个叫笑农大本营的地方，在 20 世纪 90 年代，中日联合登山队曾在这里驻扎。当你爬上一座石山后，冰湖就完整地出现在眼前。几条冰川从对面山顶垂下来，冰川末端的融水汇入湖泊，呈现出浓酽的绿色。从冰湖向上，就是攀登梅里雪山主峰卡瓦格博峰（高 6 740 米）的登顶线路。1991 年，中日联合登山队的 17 位登山者全部遇难。后来这座雪山被禁止攀登。

神湖线难度最大，海拔从 3 000 米升到 4 400 米，往返需要 12 小时。最初的七八千米需要在山间闷头行走，穿过竹海和杜鹃林，到处都是从树顶垂下的松萝，它们有个外号叫"树胡子"。当你看到对面的卡瓦格博峰时，说明这段上坡路终于到了尽头。接下来是一条横切路，路面只有一米多宽，一侧是深不见底的大斜坡。

再往前是一片高山牧场，一些重装徒步者会选择在牧场的背风处露营。从这里出发，再翻过两个垭口，神湖就出现了。它比冰湖小，颜色更浓、更绿。你还可以从神湖继续向上爬，此时已无路可循，可风景之美又让人说不出一句抱怨的话。

雨崩徒步最打动我的地方，就是爬到力所能及的最高处，回头看时，那个由一步步的来路和一滴滴的汗水堆积起来的世界如梦境般触手可及。

作者推荐

你可以到飞来寺观景台上方的某个酒店露台欣赏日照金山，这样就能把飞来寺观景台的 8 座白塔当成前景，把梅里十三峰当成后景。

1. 苹果丰收了　**2.** 稻草人节　**3.**《绿野仙踪》中的稻草人、狮子和铁皮人　**4.** 南瓜王
5. 二手摩托车　**6.** 南瓜节

秋天的节日

米福德 Meaford

位于加拿大安大略省乔治亚湾南岸

推荐旅行时间：2 天

米福德这座城市的 Logo 是一个苹果，因为这里是加拿大的苹果主产区之一。一到秋收季节，到处都能吃到酸甜可口的苹果派。一些苹果园会推出采摘苹果的体验项目。

摘苹果的技巧是先用手掌包住整个苹果，然后手腕一转，扭断苹果蒂——这个动作让我想起武侠电影里的大侠出招，大侠把敌人的脖子一拧，对方就倒下了。这里产的都是不打农药的有机苹果，在衣服上擦一擦就能直接吃。

在苹果园吃午餐时，女主人说起一条十公里原则。"我家一日三餐吃的东西都来自方圆十公里的土地。"她边说边在一块面包上抹上苹果酱，然后把面包递到我面前，"你看，这果酱是我家自己做的，这面包是用附近农场收割的麦子做的。"

她又倒了一杯葡萄酒，也端到我面前："一会儿上的小羊排，还有这酒，原产地也在这附近。同样的阳光，同样的空气，同样的水源，让所有食物都有了相似的味道，这就像搭配服装，一件上衣总要搭配颜色、风格差不多的裤子和鞋才好看。"我不禁点头称是。

每年秋天，米福德都会举办一个稻草人节。家家户户都会用麦秸和玉米秆制作稻草人，然后给它们穿上衣服，再安上南瓜做的脑袋，最后摆在自己家门口或者挂在路灯杆上。别看白天时这些稻草人还挺可爱，当你晚上从那些路灯杆下经过时，稻草人就变得有点儿吓人了。葡萄牙人认为稻草人是不祥之物，于是在几百年前这里被葡萄牙人占领之后，当地人就曾用稻草人来吓唬侵略者。作为《绿野仙踪》主角团成员之一的稻草人，自然不会被米福德人遗忘。稻草人想要脑子，狮子想要胆量，铁皮人想要一颗心，而多萝西想要回家，于是他们一起踏上实现愿望的旅程。每个人都想在旅途中有所收获，尤其在这趟只拥有一次的人生旅行中。

每年稻草人节举办期间，距离米福德不远的埃尔金港[1]还会举办南瓜节。在南瓜节上，孩子们嬉笑打闹，主妇们则忙着为即将到来的万圣节采购南瓜饰品。"南瓜王"的评选最抓人眼球，附近的农民用拖拉机把自家宝贝运到主会场，再一个个过秤称重。要想获得"南瓜王"的称号，南瓜的重量至少要达到 500 千克，高度至少要超过一米。

南瓜节的分会场是一个二手老爷车集市，除了老爷车，还有古董摩托车，车旁标注了品牌、型号和出厂年份，如果遇到喜欢的，可以直接骑走。

1. Port Elgin

旅途随感

所谓一方水土养一方人，一个地方的人天天吃差不多的东西，到后来连他们的性格都变得差不多了，例如在中国东北，土地被太阳烤成黑色，东北人的性格也像太阳一样火辣，而到了江南，水乡的柔软又让人不太容易着急。

1. 一泻千里　2. 清晨的尼亚加拉瀑布　3. 从直升机上俯瞰尼亚加拉瀑布　4. "雾中少女号"
5. 水雾弥漫　6. 从瀑布内部的隧道中观赏水帘洞

全方位体验
尼亚加拉瀑布

尼亚加拉 Niagara

位于加拿大和美国交界处

推荐旅行时间：2 天

尼亚加拉瀑布位于北美洲的安大略湖和伊利湖之间，落差有几十米，是世界上水流量最大的瀑布。据说，"Niagara"这个词是当地土语，意思相当于"哦，天哪"。

有几种方式可以让你全方位体验尼亚加拉瀑布的魅力。你可以坐直升机从空中俯瞰，上游的河水流到马蹄口时突然变成失去重心的咆哮战马，它们势不可当地从高处冲下，以自毁的方式完成对自然力的膜拜。你也可以乘"雾中少女号"游船到形成瀑布的马蹄口的下方仰望。上游船前一定要记得穿雨衣，因为那滚滚而来的水汽能让你在光天化日洗个凉水澡。当游船距离瀑布越来越近的时候，那些想和瀑布合影的人思索的恐怕都是同一个难题：如何避免水汽进入自己的照相机。除了上天下海，你还可以在瀑布旁的一站式服务中心体验尼亚加拉瀑布。服务中心内播放的 4D 电影《尼亚加拉的愤怒》可以让人们在虚拟世界感受尼亚加拉的"愤怒"。圆形场地中心是建在水面上的钢架平台，四周的 360°环形银幕时时刻刻都在展现尼亚加拉瀑布的湍急和汹涌。站在平台上，仿佛乘着一艘快船，随着波浪左右摇摆，全景银幕上显现出河流、丛林、山川、村落，屋顶的暗处还不时刮来风下起雨，以配合影像内容。

最精彩的部分在最后面，突然间，钢架平台剧烈摇晃，小船失去控制，随着激流冲下瀑布，感觉自己仿佛也一脚踏空直坠深渊，这切身的离心体验和身边突然洒落的雨水让一切都变得更加真实。

历史上曾有 12 人挑战从上游顺瀑布漂流而下，其中 7 个人都失败了。剩下的 5 个成功者中竟有一位是白发苍苍的老太太。她选择的漂流工具十分特殊，不是橡皮筏，而是啤酒桶。她躺在里面，再用柔软的枕头填满身体与啤酒桶之间的每一处缝隙。成功之后，有媒体采访她："请问从天而降的那一瞬间是什么感觉？"老人脸上闪过一丝红晕，颇为不好意思地说道："哦，之前喝了点儿酒，当时睡着了。"这令人啼笑皆非的回答又为尼亚加拉瀑布增添了几分传奇色彩。

一些建在尼亚加拉瀑布旁边的酒店都有"瀑布景"房间。抵达尼亚加拉小镇的第二天，由于时差作祟，我很早就醒了。拉开窗帘时，我发现位于 12 层的酒店房间刚好对着这壮观的自然奇迹，那时太阳刚刚升起，朝霞为瀑布打上一道红光。

旅途随感

有时候获得快乐的方法就是要先吃一点儿苦，比如跑步时，我们要先坚持熬过疲劳期才能分泌出多巴胺；又比如在旅行中，只有不断挑战自己，完成一些艰难的任务，我们才会成就感满满。

1. 滴落在蘑菇上的树脂　**2/3.** 斑斓的秋色　**4.** 阶梯状的尼亚加拉断崖　**5.** 失事的木船
6. 布鲁斯步道北线终点的标志

秋天就去
加拿大

布鲁斯步道 Bruce Trail

位于加拿大安大略省

推荐旅行时间：从 1 天到 1 个月

尼亚加拉瀑布的形成与一种叫作尼亚加拉断崖的地质结构有关。海床上升到一定高度后就变成了一条悬崖般的分界线，这条线从尼亚加拉瀑布一直延伸到布鲁斯半岛，河水经过断崖时就形成了大大小小的瀑布。

你可以沿着断崖的边缘徒步旅行，这就是全长 890 千米（用白色记号标示）的布鲁斯步道，另有 400 多千米的辅路（用蓝色记号标示）。虽然这条路段四季皆可徒步，但秋天才是最佳的季节，你会看到不同色彩叠加在一起的秋之斑斓。

大部分路段都被参天林木遮蔽，如果担心迷路，不妨请一位专业向导。老麦克是布鲁斯步道上为数不多的义工之一，退休后义务帮助徒步者探路，堪称一本关于当地地理、历史、自然、动植物等多学科的百科全书。除了知识渊博，他还带着各种急救工具，走在他旁边，心里就会多一份踏实。

大多数人都不会一口气走完全程，而是选取其中几段。

我选择的那段步道以一条丛林瀑布为起点，我踏着由落叶铺就的棕褐色地毯一路前行。树根旁长满色彩各异的蘑菇，有的蘑菇上还粘着一层琥珀色的树脂。如果哪只飞虫经不住诱惑前来吸吮，又正好被落

下的另一滴树脂包裹，那么再过千百万年，它就成了琥珀。老麦克不时停下脚步，指着路边的岩石说："那上面的白色凸起实际上是珊瑚化石，这里曾是海底的一部分，海床升高后就成了森林。"

当晚，我住在一家湖边的客栈，第二天一早就看到湖面上氤氲的晨雾。加拿大的秋色由浓绿与深红之间的无数过渡色彩组合而成，再被湖中的倒影翻倍，更让人感到秋意的无边无际。

我选择的另一段步道接近北端终点，丛林景观已经让位于湖畔风景。印第安头像湾[1]和格鲁托岩洞[2]是相邻的两个景点，在它们附近，你会看到尼亚加拉断崖像体育场的看台一样逐阶降低，最终沉没于水下。站在某处崖顶，你可以看到湖水的颜色从近景的翠绿过渡为远景的深蓝。

可以在布鲁斯半岛的小盆港[3]找到布鲁斯步道北端终点的标志牌，还可以从那里坐玻璃底船去寻找两艘百年前的失事船只。船只搁浅的位置离水面很近，你可以清楚地看到木船的构造，如同鉴赏一件古董。

1. Indian Head Cove　2. The Grotto
3. Little Tub Harbour

旅途随感

有的人拍照是为了取悦别人，当听到别人说那张照片真好看，角度好、构图好、色彩好时，便会沾沾自喜。有的人拍照是为了取悦自己，自己觉得好的照片，一定是记忆的平滑表面上一个个与众不同的小凸起，可以帮助我们记住来时的路。

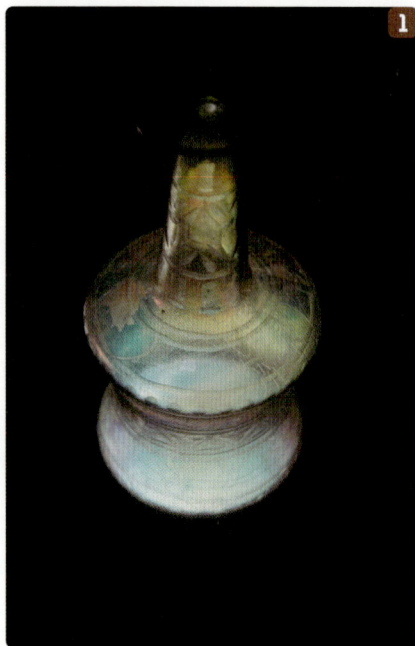

1. 沉船中的玻璃器皿　2. 忙碌的考古学家　3. 双耳罐　4. 乌鲁布伦沉船的复制品
5. 地中海边的小镇　6. 博德鲁姆的海边

一艘3 300年前的沉船

博德鲁姆 Bodrum

位于土耳其小亚细亚半岛

推荐旅行时间：2天

博德鲁姆拥有典型的地中海风光，清一色的白房子，蔓延，蔓延，从岸边到天边，让大海显得更深，让天空显得更蓝。在这里的鱼市上，你能找到最新鲜的鳟鱼、鲥鱼、比目鱼、剑鱼等，还可以付费请旁边的餐厅烹饪，别错过油煎比目鱼和现烤鲈鱼。

作为地球上最古老的通航地区，地中海从青铜时代起就肩负着商贸运输的重任，漫长的时间也让地中海的海底变成了一座沉船博物馆，这里还有无穷无尽的水下宝藏等待潜水员和考古学家去发现。

博德鲁姆的水下考古博物馆就被用来专门陈列打捞上来的沧海遗珠，你可以在这里看到罗马的玻璃瓶、西班牙的双耳罐、迦南的珠宝、埃及的象牙首饰盒……

玻璃展厅是这家博物馆中光线最差的地方，只用射灯从下方照亮玻璃器皿。当你的视线在那些玻璃器皿上缓慢移动时，你一定会看到溢彩的流光。在玻璃展厅旁还有一个吹制玻璃作坊，你可以在那里了解到传统的玻璃制作方法。

博物馆中最重要的一个展厅里陈列着一艘沉船的复制品。1982年，一名潜水员在土耳其乌鲁布伦角[1]发现了这艘沉船，人们前后打捞了十余年，才让它重见天日。经过放射性碳测年法判定，这艘船的沉没时间为公元前14世纪，由于没有比这更早的沉船记录，乌鲁布伦沉船就成了被打捞上来的最古老的沉船。

这艘木船长约16米，船舱中有约10吨重的铜锭和1吨重的锡锭，10：1也恰好是冶炼青铜器所需的铜锡比例。除此之外，船上还有来自地中海沿岸不同城邦的黄金、水晶、玛瑙、象牙、龟壳、陶器、青铜兵器等物品，这些物品证明了乌鲁布伦沉船曾是一艘在地中海沿岸城邦间往来的商船。不幸的是，它遭遇了海难，却幸运地将很多被考古学家视若珍宝的货品保存了3 300多年。

乌鲁布伦沉船的价值远不止于此，考古学家经过研究发现，锡锭中的一部分来自中亚，也就是现在的哈萨克斯坦。这是否说明一条贯穿亚洲和欧洲的商贸通道在丝绸之路开通的1 000多年前就已在发挥作用？这一发现似乎也解释了为什么三星堆祭祀坑中出土了很多原本或许并不属于川蜀大地的祭祀品。我们是否能够进一步推测，在很久之前的青铜时代，那条从地中海延伸到中亚的商路已经伸入华夏？

1. Uluburun

旅途随感

时至今日，三星堆仍旧有许多谜题未解，当越来越多类似的沉船或者祭祀坑被发现之后，或许我们就能梳理出一条完整清晰的逻辑链，毕竟存在即合理，这是颠扑不破的真理。

1. 五彩的卡米尼托　2. 糖果盒球场　3. 明艳的三原色搭配　4. 河床竞技队主场比赛

5. 厚实的潘帕斯牛排　6. 贝隆夫人的墓地上摆满了鲜花

足球、探戈和牛排

布宜诺斯艾利斯 Buenos Aires

位于阿根廷东部沿海

推荐旅行时间：4 天

布宜诺斯艾利斯的五月大道十分宽阔，它一头连着五月广场，另一头连着议会大厦，很容易让人联想到巴黎的香榭丽舍大街，难怪布宜诺斯艾利斯有个别名叫"南美巴黎"。这里的人也跟巴黎人很像，旅行攻略上说，如果一个布宜诺斯艾利斯人摔死了，那么他一定不是从摩天大楼上掉下来的，而是从自以为是的骄傲上摔下来的。

布宜诺斯艾利斯有多家甲级足球俱乐部，博卡青年与河床竞技是其中最出名的两家。博卡青年俱乐部的主场呈长方形，外墙刷着和球队队服颜色相同的深蓝色和明黄色，看起来就像糖果盒。很多球迷都会来这里"朝圣"——一代球王迭戈·马拉多纳曾在这里效力。不过，江山代有才人出，现在"球王"的头衔已经传递给梅西。如果你恰好赶上一场博卡青年队与河床竞技队的德比大战，就会有一种置身于战场的感觉——两队球迷会把对方的旗子踩在脚下，甚至放火点着……当然，球场上也有温情的一面，开赛之前，球迷会把门票折成纸飞机，看谁的能飞得更远。

卡米尼托[1]是布宜诺斯艾利斯色彩最丰富的地方。有一幢木板房，墙皮被刷成鲜红色，窗框比雨后的天空还蓝，窗棂又是刚打出的蛋黄色，三原色的搭配法算不上高明，可在卡米尼托，几乎每幢房子的用色都大胆而明艳，组合在一起的规模效应就让人过目不忘了。

有一种观点认为，卡米尼托是探戈的发源地，这里的居民大多都是从欧洲移民过来的蓝领，在繁重的劳动之余，他们喜欢通过轻松的舞蹈来消除疲劳，有心人把这些零散、简单的舞步排列组合，加入一点点阳光和一点点南美人的刚毅，就成了探戈的前身。在卡米尼托，几乎每家餐厅和咖啡馆都会用探戈表演来吸引游客。男女舞者的上半身基本保持一个姿势不变，下半身的动作则让人眼花缭乱，尤其是女舞者，她们的双脚在地上滑来滑去，双腿在空中踢来踢去，吸引了超过 90% 的视线。

对了，别忘了品尝最正宗的潘帕斯牛排。我当时点了一份七分熟牛排，一刀切下去，粉色的汁水就从牛肉纤维中渗了出来（这是其他地方五分熟牛排的效果）。如果是三分熟的牛排，汁水的颜色就是鲜红色。与牛排一起上桌的还有一盘配菜，里面混着辣椒酱、青橄榄、西红柿干和山羊奶酪。

1. Caminito

作者推荐

位于布宜诺斯艾利斯市郊的雷克莱塔墓园，和巴黎的拉雪兹公墓一样，都已经成了热门的旅游景点，在墓园入口处可以领取免费地图。墓园中到处是天使的雕像，只不过天使的眼睛都是闭着的。当我找到贝隆夫人的墓地时，《阿根廷别为我哭泣》竟在我的脑海里自动播放起来，这也是阿根廷国家足球队每次被淘汰时的背景音乐。

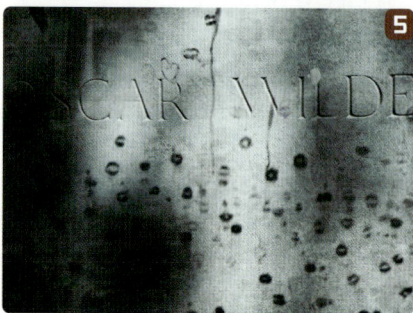

1. 日落时的埃菲尔铁塔　2. 卢浮宫的入口　3. 爱之墙　4. 蓬皮杜艺术中心
5. 王尔德之墓　6. 巴黎圣母院

打卡式、体验式、沉浸式

巴黎 Paris

位于法国北部

推荐旅行时间：1 周

如果这是你第一次去巴黎，你一定会像当年的我一样到卢浮宫寻找蒙娜丽莎、胜利女神和断臂的维纳斯；到凡尔赛宫寻找路易十四、路易十五和路易十六；沿着香榭丽舍大街从协和广场走到凯旋门，再沿着乔治五世大街走到埃菲尔铁塔；到巴黎圣母院仰望玫瑰花窗，到荣军院看一眼拿破仑的棺材；到罗丹博物馆找一找思想者雕塑；到蓬皮杜艺术中心拍一拍看不懂的现代艺术；最后到奥赛博物馆跟几位印象派大师打个照面。

以上就是绝大多数旅行者第一次到巴黎都会做的事情。如果你是个资深玩家，那我会在上面的清单之后再加上几个体验式旅行的选项。

你可以从巴黎市中心坐直升机到凡尔赛宫，行程亮点是从空中俯瞰埃菲尔铁塔。

你可以坐挎斗摩托车游巴黎，它将载着你经过爱之墙（墙上用各种语言写满"我爱你"）、巴黎市中心唯一的葡萄园、蒙马特高地艺术村，最终抵达圣心教堂。

你可以到丽兹酒店的埃科菲厨艺学校学做一道法国菜，厨艺课为期 2 小时到 2 周。我选的那道菜是烤鸭肉配车厘子，先用小刀剜掉车厘子的核，再用糖浆熬煮果肉，鸭胸肉在被送进烤箱前要先挑掉多余的肉筋，摆盘时还要放几片罗勒和薄荷叶。

你可以预订儒勒·凡尔纳餐厅的一张桌子。这家米其林一星餐厅位于埃菲尔铁塔二层，离地约 123 米，拥有环视巴黎的最佳视角，需要提前 3 个月预订。

你可以到拉雪兹公墓找找名人墓地，比如肖邦、比才、巴尔扎克……别人的墓前摆放的都是鲜花，而王尔德墓的玻璃罩上却有无数个吻，那些深深浅浅的吻印被阳光一照，墓碑上的投影围成一圈，中间是王尔德的名字。

你还可以到薇薇安拱廊购物，这里有一家巴黎最古老的书店，还有一家专门卖拐棍的商店。拐棍店的店主说，在 19 世纪之前，拐棍的制作工艺非常讲究，画家的拐棍里可以变出画笔和调色板，美食家的拐棍里可以变出刀叉，小偷的拐棍里可以伸出一个机械爪——不知出售这样的拐棍算不算知法犯法。

如果这些仍旧不能让你过瘾，那么你可能还需要一场沉浸式旅行，在巴黎住个一年半载，像巴黎人一样生活，比如周末去吃早午餐，随便找家咖啡馆坐一下午，在塞纳河边散步而不是赶路。

打卡式、体验式、沉浸式并无高下之分，你只需找到适合自己的旅行方式就好。

旅行提示

巴黎有很多小偷，他们通常会趁地铁关门的瞬间行窃，所以坐地铁时记得把包背在胸前。

1. 让大公现代艺术博物馆　2. "宇宙飞船"　3. 阿道夫拱桥　4. 从台地看到的卢森堡市
5. 卢森堡古堡　6. 从"欧洲最美的阳台"看到的风景　7. 维安登城堡　8. 周末的早午餐

千堡之国

卢森堡 Luxembourg

位于欧洲西部

推荐旅行时间：4 天

著名建筑师贝聿铭认为，卢浮宫关乎建筑，但更是对一个文明的表达。这句话道出了他的设计理念，即建筑是历史和艺术的载体。这种理念也体现在贝聿铭设计的让大公现代艺术博物馆上，几何形态的建筑似乎也是置于其中的现代艺术作品的延伸。装置艺术作品是这座博物馆的主角，艺术家将抽象的概念转变成了空间中的物品，后者会与参观者的意念发生碰撞。例如，喷出墨汁的喷泉；悬在空中随风飘动的纸片，这件作品叫"星之海"；日本雕塑家新宫晋创作的"宇宙飞船"位于博物馆正中，朝不同方向弯曲的数条金属管喷出水流，水流因重力形成抛物线，抛物线如同金属管的延伸，让整件作品呈现出动态之美。

让大公现代艺术博物馆位于卢森堡市西北郊的台地之上，从这里可以看到主城区的风景。卢森堡市内也有若干观景台。站在宪法广场上的金色少女雕塑下，你能看到横跨佩特罗斯大峡谷的阿道夫拱桥，它将卢森堡市的新城与老城连在一起。

19 世纪之前，卢森堡古堡一直是这座城市的防御工事，法国军事建筑师沃邦曾参与了古堡的设计工作。古堡内有狭长的地道，

第二次世界大战时成了市民躲避空袭的防空洞。古堡外有条风景走廊，被誉为"欧洲最美的阳台"，从"阳台"上可以看到阿尔泽特河边的老城建筑，其中一幢建筑上写着数字"1738"，说明它已将近 300 岁。

卢森堡被称为"千堡之国"，实际上共有 76 座城堡，距离卢森堡市约 1 个小时车程的维安登城堡是其中的代表。维安登城堡高居山顶，乌尔河从城堡下方的山谷中流过。正所谓铁打的城堡，流水的主人，这座建于 11 世纪的罗马式建筑在变成博物馆之前换过五六次主人。1820 年，一个经营香料的商人买下这座城堡，并将其化整为零出售。你现在去欧洲最大的古董市场——巴黎圣图安市场淘宝，说不定还能找到维安登的铜镜、陶器和丝绒面的座椅。

从维安登城堡望出去，你可以看到乌尔河边一座 3 层楼高的名人故居。1871 年，雨果在这里住了 3 个月，在那之前，他曾在流亡期间两次造访维安登。如果你看了 2024 年巴黎奥运会的开幕式，一定记得手举火炬的"刺客"溜入巴黎歌剧院时，舞台上正在排演的剧目就是改编自雨果著作的音乐剧《巴黎圣母院》和《悲惨世界》。

作者推荐

你可以在卢森堡市找个咖啡馆体验欧洲的早午餐文化。菜单上包罗万象，从咖啡、面包到肉酱派、芝士蛋糕，再到牛排和红酒。毕竟是把两顿饭连在一起吃，每个人的食量都大得惊人。除了吃饱吃好，欧洲的早午餐也是家人朋友聚会的社交活动，还有什么比在周六的早晨一起畅聊八卦更轻松呢？

1. 热气球起飞前的准备工作　2. 乘坐热气球飞过卢瓦尔河谷　3. 隐身在密林中的城堡
4/5. 在肖蒙城堡举办的国际花园节　6. 横跨谢尔河的舍农索城堡

城堡中的王与后

卢瓦尔河谷 Loire Valley

位于法国中部

推荐旅行时间：3 天

卢瓦尔河谷是世界上城堡密度最高的地区之一，主要是因为法国历朝历代的王侯将相都想在母亲河边为自己打造一个有风景可看的家。不过，这几百座城堡长得都差不多：从功能布局来说，花园、宴会厅、卧室、厨房，一个都不少；从内部陈设来说，兽首挂件、华盖床、壁炉和烛台都仿佛电影《美女与野兽》中的布景。有的城堡被改造成酒店，你可以在里面住一晚，比如池塞城堡[1]。肖蒙城堡[2]的特色是每年都会举办国际花园节。我去的那年，展览主题为"未来的生态系统"。园艺师认为，在一场席卷全球的大灾难后，人类终将消失，但用不了多久，地球又会在植物的呵护下重焕生机。

有一种方式可以让你在有限的时间内多看几座城堡，那就是乘坐热气球飞越卢瓦尔河谷。随着热气球缓慢爬升，你会看到卢瓦尔河穿过森林，它"慢条斯理"地流淌着，仿佛有一种持续又充沛的能量潜藏在这种平静之下。森林边有农田，农田外有牧场，若隐若现的神秘城堡成了这幅田园风光图中的点缀。

若说名头最响亮的城堡，一定是香波城堡[3]，它由法国国王弗朗索瓦一世主持兴建，无论是占地面积还是房间数量（光烟囱就有365 个），都让它成为当之无愧的"城堡之王"。与"王"相对，摘取后冠的一定是舍农索城堡[4]。

舍农索城堡建在卢瓦尔河的支流谢尔河[5]之上，与其说它是城堡，不如说它是一座五孔拱桥，桥下河水的流动赋予了它阴柔之美。这座城堡由查理八世的宫廷大臣主持建造，但画设计图的是这位大臣的妻子。后来，另一任国王亨利二世把这座城堡送给了情妇黛安娜，黛安娜为城堡增添了拱门和一个花园。亨利二世死后，王后凯瑟琳用略显寒酸的肖蒙城堡从黛安娜手中换回了舍农索城堡，然后继续为城堡添砖加瓦。18 世纪，这座城堡被杜邦夫人收入囊中，她把那条跨河的走廊变成了社交沙龙，法国启蒙运动的代表人物伏尔泰和卢梭都是这里的常客。在这几位不同时代的女性的倾心打造之下，舍农索城堡才有了今天的模样。

在第二次世界大战期间，谢尔河成了沦陷区和自由区的分界线，很多法国人正是通过舍农索城堡中长长的走廊从黑暗奔向光明。

1. Château de Chissay　2. Château de Chaumont
3. Château de Chambord　4. Château de Chenonceau
5. Le Cher

旅途随感

热气球升到空中之后，因内外气压一致开始水平飞行。此刻，风成了方向的主宰。风说跑步，热气球就不能走路；风说下降，热气球就不敢抬头。只有不自量力的人才会想跟风"打擂台"吧，聪明的做法是先了解风力的运行方式，再把风力变成自己的力量。

1. 中世纪晚宴上的烤猪排　2. 凯尔特风民谣表演　3. 本拉提城堡内景
4. 民俗体验园中的舞会　5. 稻谷丰收了　6. 将稻草捻成草绳

中世纪的城堡晚宴

本拉提 Bunratty

位于爱尔兰克莱尔郡东部

推荐旅行时间：1 天

本拉提城堡外观方方正正，就像个灰黑色的盒子，虽然它在爱尔兰这座"城堡博物馆"里不算出众，但里面布置得就像冷兵器时代为庆祝骑士凯旋而举办的晚宴现场。在拱顶宴会厅里摆着七八张长条木桌，几十盏白色烛灯熠熠生辉，十几个身穿传统束腰晚装的侍女在席间穿梭。

晚餐原封不动地照搬庆功晚宴的菜单，有玉米汤、烤猪排、山鸡腿、黑麦面包，还有自酿的葡萄酒。吃饭的家伙也沿袭中世纪的传统，喝酒用木碗，餐具只有刀，没有叉子和勺子，要想吃肉就得用手。这种可以大碗喝酒、大口吃肉的场合让人油然而生一股豪迈之情。

上菜间隙还有表演，演员是个小丑，像极了扑克牌里的大小王。在小丑插科打诨间，食客也记住了一段段鲜活的爱尔兰史。这种表演从来不缺互动环节。小丑端起一杯白兰地，一个劲儿地夸这酒实在好喝，还让台下一位老先生品鉴，可那位白胡子老先生一脸不情愿，这让小丑略显尴尬。在小丑的再三劝说下，老先生才皱着眉头轻轻抿了一口。下一刻，老先生手一抖，把酒碗摔在地上（好在酒碗是木头的），两只手死死掐住自己的喉咙，就像中毒了一样，斜斜地向后倒了下去。所有人先是一惊，随后掌声、叫好声在大厅里回荡。这先抑后扬的表演实在比小丑的套路化表演更加精彩。

我的位置在第一排，第二次互动时竟被小丑一把从座位上抓起来，原来城堡里丢了东西，他怀疑是我偷的！我被小丑关在宴会厅侧门后的一个地牢中，求饶三次后才被放出来，如果要获得国王的赦免，必须清唱一首歌。我唱了《乡间小路带我回家》[1]的高潮部分，没想到刚唱了两句，竟引发了全场大合唱。后来我才知道，当时台下的游客中大多都是从美国回家寻根的爱尔兰后裔，这首歌自然引起了他们的共鸣。

在本拉提城堡边还有一座民俗公园，有丰收庆典的表演——年长的村民在教男孩们如何把稻草捻成结实的草绳，再用草绳编成毯子，铺在房顶。还有几个村民在收稻谷，谷子通过机器自动分离谷壳和谷粒，谷壳被吹得到处飘扬，仿佛在方圆几米的空间里下了一场人造雪。当然最热闹的还是歌舞环节，村民们换上色彩鲜艳的民族服饰，开始载歌载舞，不知谁在我头上戴了一顶毡帽，又有一位身材高挑的舞伴拉着我冲进舞池，大家排成排，围成圈，一起沉浸在这场丰收的狂欢之中。

1. Take Me Home, Country Roads

旅途随感

大家喜欢《乡间小路带我回家》这首歌的原因应该在于那句"Take me home"吧，作为一个旅行者，再长的路也会有终点，而终点就是那个叫"家"的地方。

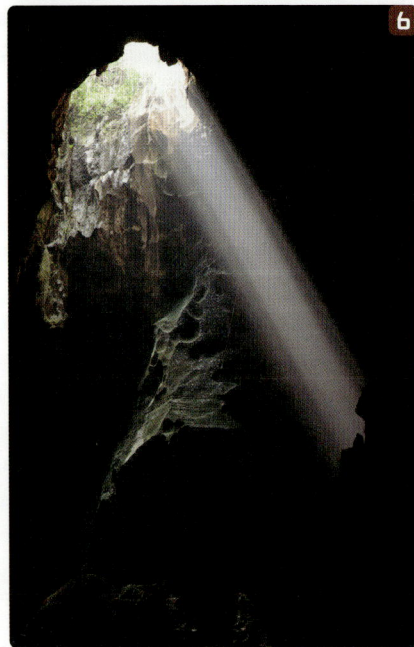

1. "尼亚女士" 的头骨　2. 商人洞　3. 巨洞的洞口　4. 用赭石画的红色壁画
5. 普南人在收集鸟粪　6. 一束阳光从洞顶天窗洒到洞内

天上的燕窝和地上的"黑金"

尼亚洞 Niah Caves

位于马来西亚砂拉越州
推荐旅行时间：1天

据考古学家推断，早在旧石器时代，智人就生活在尼亚洞里，依据是几块鹅卵石器具。比石器更有价值的线索，是一块被考古学家称为"尼亚女士"的头骨，经过年代测定，这位女士被埋葬于大约3.5万年前。

文明进程的加快使智人告别穴居生活，去更容易获得食物的森林与河边居住。在五六百年前，尼亚洞重新变得热闹起来，因为婆罗洲的猎人发现，生活在尼亚洞里的几百万只金丝燕创造了取之不尽的燕窝资源，当时燕窝在亚洲各国需求量极大。据说，七下南洋的郑和是第一个吃到燕窝的中国人。

燕窝的主要采集者是伊班族。每到燕窝季（5月、6月和11月），他们就扛着一捆竹竿进入山洞，然后把竹竿连起来直达洞顶，伊班人再顺着竹竿抵达有燕窝的石缝中采集。这是世界上最危险的工作之一，稍不慎，采集者就会掉下来，摔得粉身碎骨。

尼亚洞的参观路线由商人洞、巨洞和壁画洞这三个几乎相连的洞穴组成。商人洞不产燕窝，是伊班族和燕窝商交易的地方。这里有伊班族临时居住的房子，旁边还挖了两口水井，一口用来饮用，另一口用来清洗燕窝。

巨洞的洞口宽250米、高60米，虽然这两个数字相乘得到的面积已经令人叹为观止，但它的肚子更为巨大。我走到洞穴深处再往回看时，发现洞口已经变成了一条窄缝，就像从鲸鱼肚子里看鲸鱼嘴的效果。越往里走，光线越暗。不过洞顶塌了一块，就像开了一扇天窗，阳光洒进来，变成一道边缘清晰的光柱。我仰头望去，看到几只金丝燕正围着光柱起舞。地上铺着一条栈道，栈道有点儿粘脚，粘住双脚的物质是被当地人称为"黑金"的鸟粪，可以增加土壤肥力。按照约定俗成的规定，收集黑金的工作只能由普南族完成，普南族和伊班族分工明确，井水不犯河水。政府还将收集工作细分为A、B两种执照，对应刚落下的新粪和日积月累的老粪。

从巨洞继续往前走，就到了壁画洞。1958年，考古学家在壁画洞里发现了一艘棺材船。棺材船是用铁樟木做的，非常结实，里面还残存着一些人类的骸骨。现在，棺材船和骸骨都已被运到博物馆，只留下无法运走的壁画。壁画长达几十米，是用赭石画的，呈现出斑驳的红色。壁画上有舞者、船只和一些抽象的符号。考古学家认为，这是为死者描绘的另一个世界的景象。

旅途随感

诗人北岛曾说："一个人行走的范围，就是他的世界。"尼亚洞里的远古智人只能靠双腿行走，于是被困在山洞里几万年。到了可以用骆驼驮运货物的时代，丝绸之路就能穿越沙漠、盆地和高原。随后，人类文明又快进到大航海时代、火车时代、飞行时代……在即将到来的太空旅行时代，说不定我们也能飞出地球去看看。

1. 钟乳石柱　2. 汉溶洞　3. 一场名为《起源》的灯光秀　4. 野猪林　5. 麋鹿　6. 树屋

溶洞与树屋

莱斯河畔昂村 Han-sur-Lesse
位于比利时南部瓦隆大区
推荐旅行时间：2 天

莱斯河畔昂村拥有一个米其林旅行指南中的三颗星景点——汉溶洞[1]。考古学家在溶洞里的河床中发现了很多宝贝，比如青铜器、陶器和珠宝，他们认为在一万年前的中石器时期就已经有人类跑到洞中躲避野兽了。

莱斯河从溶洞中穿过，为游客修建的 2 000 米长的步道也随着河道蜿蜒。有时，头顶的嶙峋石林映在镜面似的水面上，几乎让人无法分清哪个是实景，哪个是虚像。

捏出眼前万千变化的巨手，其实是世间最柔软的物质——水。水通过化学和物理两种方式打造出自己的杰作。雨水进入泥土中的腐殖层后有了微酸性，这种微酸的水继续下渗，与地底的石灰岩发生化学反应，在石灰岩被溶解的同时，形成了可溶于水的碳酸氢钙。随后，部分水重新钙化成为固体。在汉溶洞，这种化学反应从 1.45 亿年前的白垩纪一直持续到今天，不仅掏空山体，造就了幽灵般的洞穴，还创造出钟乳石、石笋、石柱等地宫中的摆件。拿石笋来说，它需要 100 年才能长高 1 厘米。水的物理攻击则从大约 1 600 万年前开始，那时的莱斯河已经渗入地下，由于水流中含有固体颗粒，颗粒与原生岩石之间的摩擦作用让岩体逐渐土崩瓦解，其结果就是溶洞变得越来越大。

汉溶洞为参观者准备了一场名为《起源》的灯光秀，演出场地位于"武器屋"[2]。这场视听盛宴由法国导演吕克·佩蒂打造，他充分利用了溶洞中的回声效果和至暗环境，让观众能以上帝视角快速浏览从物种起源、人类出现到地球融入浩瀚宇宙的整个过程。

汉溶洞景区包括一个自然保护区。野猪是保护区里数量最多的动物，有四五百头，有的野猪长着尖锐的獠牙。为了确保安全，游客需要坐观光车才能进入野猪林，谁要是敢自己走进去，那野猪拱的可就不是枯枝败叶了。除了野猪，你还能在自然保护区里看到北极狐、豺狼、猫头鹰、麋鹿等动物。保护区贴心地为游客搭建了一个位于树顶的观景台，站在这里，可以看到保护区的全景，你会惊讶地发现，在城市林立的西欧竟有如此大的一片茂密森林。

你可以在自然保护区的树屋营地过夜。营地中共有 6 间树屋，树屋四周延展出一层保护网，应该是为了防止客人半夜睡得迷迷糊糊时一脚踩空掉下去。

虽然树屋营地没有水、电、无线网络等，但是可以烧烤，而且酒品和菜品都相当丰富，从比利时修道院啤酒到香槟，从各种肉串到德式香肠，不一而足。当酒斟满，肉上桌，大家就可以通过交换彼此的故事下酒了。

1. Grottes de Han　2. Weapon's Room

旅行提示

汉溶洞内的气温常年保持在 9℃，你需要准备一件保暖的衣服。

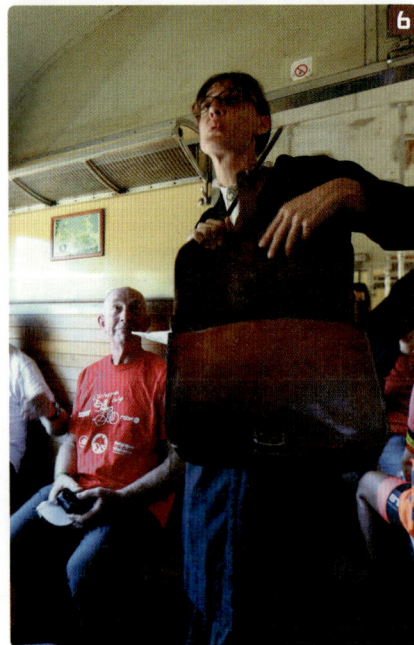

1. 在秋色中骑行　**2.** 整装待发　**3.** 背在身后的小黄鸭　**4.** 骑行队伍
5. 贝洛依城堡　**6.** 蒸汽火车上的检票员

平民版
瓦隆之箭

瓦隆大区 Wallonie

位于比利时南部

推荐旅行时间：3天

每年 4 月，比利时南部的瓦隆大区都会举办一场名为"瓦隆之箭"的自行车比赛。赛程为一天，骑行距离不超过 210 千米，每年都会吸引众多骑行高手前来争夺桂冠。

当地旅游局为了让普通游客也能感受骑行瓦隆的魅力，每年秋天还会举办一场平民版的瓦隆之箭，赛程长达 7 天，每天骑行距离约为 70 千米。只要交纳少许费用，你就能加入这场自行车嘉年华。

说起瓦隆大区，你可能会感到陌生，不过这里的一些小镇世界闻名，比如曾让拿破仑败北的滑铁卢、水疗的发源地斯帕[1]，还有著名的修道院啤酒产地希迈[2]等。每天在小镇、湖泊、城堡之间骑行，尽享秋日的色彩盛宴。

我曾参加 2018 年平民版的瓦隆之箭，将近 200 人的骑行队伍浩浩荡荡。队伍中既有身穿领骑衫的专业运动员，也有佩戴红十字标识的医疗人员，还有随叫随到的修车组，以及负责压队的摩托车小分队。有一位志愿者的胳膊上别着一个红色标志牌，他会先于大部队抵达前方路口，然后像足球比赛中的裁判一样高举红牌，两侧车辆就会自动停下。骑行者除了身穿荧光绿色的反光背心，有的还会携带自己的专属装备，比如一名骑行者在背包上挂了一只毛绒小黄鸭，还有一名骑行者在后座上拴了两个气球，这让骑行者本身也成为一道风景线。

瓦隆骑行的组委会就像漫威系列电影的导演，在沿途安排了很多彩蛋，比如聘请厨师驾驶移动厨房为骑行团队现场烹饪比利时美食；经过城堡时，我们可以进入其中探秘。其中有座城堡叫贝洛依，被誉为比利时的凡尔赛宫，当我们抵达时，工作人员全都穿着宫廷服饰站在门口笑脸相迎。

组委会还安排了两次火车之旅，我们先把自行车放在拖车上，然后登上颇有历史感的蒸汽火车车厢。火车上的检票员一身中世纪装束，手里握着一根教鞭一样的木棍，看谁跷起二郎腿，就用木棍在他腿上敲两下，同时露出嫌弃的表情，这种打扮与做派可能都是为了契合蒸汽火车和那个时代吧。下火车时还有一个简短的欢迎仪式，短笛和架子鼓营造出一个军乐团的演奏效果。这一切都让骑行成了次要的事情，它的作用不过是把我们从一个景点转移到另一个景点。

每天骑向终点时，大家已经不像出发时那样一副志在必得的模样，反倒都轻松得不行，就像买菜回家或者看完电影。抵达目的地后，这一天仍未结束，组委会搭起舞台，请来乐队，每个人都高举双臂，将激情释放。

1. Spa 2. Chimay

旅行提示

参加长距离骑行活动，一定要穿臀部有软垫的骑行服，这样会舒服一些。

1. 嬉瑟的王尔德 2. 到处都是吉尼斯啤酒的标志 3. 吉尼斯酒厂里的重力酒吧
4. 彩色的乔治亚式大门 5. 铜头酒吧里的乐队 6. 快乐农夫酒吧里的踢踏舞表演

酒吧之都

都柏林 Dublin

位于爱尔兰东部

推荐旅行时间：4 天

都柏林为世界贡献了许多大文豪，比如剧作家萧伯纳、诗人叶芝，还有以都柏林为背景写出《尤利西斯》的詹姆斯·乔伊斯，但最受都柏林人欢迎的一定是王尔德，如今他的雕像就倚在梅瑞恩广场[1]的一块石头上，姿势嘚瑟得要命。

梅瑞恩广场附近皆为名人府邸，家家户户的大门刷着不同的颜色，明黄、草绿、暗红……这种门属于乔治亚式，左右两根立柱，门楣之上是孔雀尾形的玻璃窗。

爱尔兰人爱喝酒是出了名的，你在世界各地都能找到爱尔兰酒吧，里面的氛围与喧闹的舞厅和主打高级社交的威士忌酒吧都不同，很像酒吧版的青年旅舍，陌生人也能在这里轻松交流，聊几句就碰杯，碰几次就能搭着肩膀一起唱歌。爱尔兰的咖啡馆里也有一丝酒精气味，因为"爱尔兰咖啡"里面加了威士忌。

爱尔兰酒吧里的当家单品非吉尼斯黑啤莫属。在都柏林，你可以到城市西面的吉尼斯酒厂参观，听讲解人员讲述品牌发展史、黑啤酿造工艺，以及吉尼斯世界纪录是如何诞生的，最后一个项目是到顶楼的重力酒吧喝一杯最正宗的吉尼斯啤酒。你还能在这里学习打酒技巧，啤酒不仅要打满，还要分层。简单来说，先把酒杯倾斜，让啤酒沿杯壁流进酒杯，快满的时候竖起酒杯，这时白色泡沫会自动跑到黑色酒液之上，就像一层白色奶盖。

作为都柏林最古老的酒吧，铜头酒吧[2]已有 800 多年历史。酒吧里不设舞台，乐队像是硬挤在客人座位中间，乐手看起来都是爷爷辈的，唱的都是老歌，营造的轻松氛围会让人情不自禁地跟着一起哼两声。

你能在一家叫快乐农夫[3]的酒吧中欣赏到踢踏舞表演，这也算爱尔兰的"国技"了，最著名的踢踏舞剧就是《大河之舞》。

除了这些或因资历或因特色而单打独斗的酒吧，都柏林的大多数酒吧都集中在圣殿酒吧区[4]。随便走进一家酒吧，你都能听到爱尔兰人在高谈阔论，从政治到电影，从美酒到文化。聊着喝着，他们也在不知不觉中醉了。难怪那些乔治亚式大门要刷上不同颜色，非官方说法是，这是为了让那些醉汉在深更半夜不至于走错门。

1. Merrion Square　2. Brazen Head
3. Merry Ploughboy　4. Temple Bar

旅途随感

萧伯纳的墓志铭看起来比较朴实："我早就知道无论我活多久，这种事情还是一定会发生。"叶芝的墓志铭来自他生前写的一首诗："投出冷眼，看生，看死。骑士，策马向前。"如果让我写自己的墓志铭，那上面只会有六个字："我走过，我见过。"

1. 巨型啤酒帐篷　**2.** 当地人都身穿传统的巴伐利亚服装　**3.** 大家一起高呼"干杯"
4/5. 啤酒节现场也是一个游乐园　**6.** 香喷喷的烤猪肘

啤酒嘉年华

慕尼黑 Munich

位于德国巴伐利亚州

推荐旅行时间：4 天

到了慕尼黑，你可以不去新美术馆欣赏印象派画家的作品（巴黎奥赛博物馆中的印象派作品更全），不去英国公园[1]冲浪（这里是人造浪，不如去海边），不去宝马世界了解汽车工业的发展史（反正现在已经进入电动汽车时代），也可以不去附近的达豪集中营（波兰有臭名昭著的奥斯威辛集中营），但你一定要去参加慕尼黑啤酒节，它一直是世界上最大的啤酒盛典。

慕尼黑啤酒节从 1810 年开始举办，到现在已经将近 200 届（被两次世界大战耽误了好几年），也从最初国王对子民的恩典（可以免费吃喝）变成了一年一度的超级狂欢节。

为期半个月的慕尼黑啤酒节最早叫十月节，可 10 月的德国已经相当冷了，于是提前到 9 月，并在 10 月的第一个星期日结束。啤酒节的举办场地一直固定不变，就在慕尼黑市中心的特蕾西娅草坪，200 多年来它不断改建翻新，现在已经成为以八大啤酒帐篷为核心、以星罗棋布的游乐设施为点缀——光出山车就有四五个、以无数食肆购物点为补充的多功能狂欢基地。如果你也打算参加慕尼黑啤酒节，强烈建议你晚上来，因为游乐设施的彩灯会在夜晚点亮，透过微醺的醉眼，你会发现所有事物都在旋转。

啤酒节上的内场帐篷是慕尼黑各家啤酒公司的大本营，虽然每家的装饰风格不同，但无一例外都巨大无比，可以同时容纳上千人。最忙碌的是身穿巴伐利亚传统服饰的服务员，她们一定练就了高超的平衡功夫，怀里抱着七八杯一升装的大酒杯，在人群里挤来挤去的同时还能做到滴酒不漏。

按照规定，下午六点之前只能演奏传统吹奏乐器，到了晚上才能使用打击乐器并唱响欢快的流行歌曲——你看，还是得晚上来吧！夜幕一降临，啤酒帐篷里就沸腾起来，大家随着音乐左摇右摆，还和身边新认识的朋友一起大喊"Prost"（德语"干杯"的意思）。

啤酒节场地内最重要的公共设施就是厕所了，几乎每间厕所前都排起长队。一块隔板左右是两排小便池，隔板只有 1.5 米高，于是两边的人在撒尿时就要面对面。我和对面的人尴尬地不让眼神交错，可两秒之后，谁都没绷住，一起笑了起来。

虽然慕尼黑啤酒节非常热闹，但每年只举办不到 3 个星期，如果没赶上也别气馁，还可以去市中心的皇家啤酒屋[2]，一大杯金黄色的啤酒搭配同样色泽金黄的烤猪肘，绝对是最纯正的慕尼黑味道。

1. Englisher Garden　2. Hofbräuhaus

旅途随感

旅行时，作息难免紊乱，比如为了看日出不得不早起，或者因为乘坐"红眼航班"，半夜才到目的地，但身体强大的自我调节功能总会在其他时段帮我们把睡眠补齐，这种失而复得的快乐在旅途中几乎每天都会发生。

1. 新天鹅堡近景　2. 站在玛利安桥上看到的新天鹅堡全景　3. 旧天鹅堡　4. 巴伐利亚高原
5. 通往菲森的铁路　6. 路德维希二世的全身肖像

王子、天鹅和古堡

菲森 Fussen

位于德国巴伐利亚州

推荐旅行时间：2 天

人们喜欢用"童话般"来形容欧洲的古堡，最有资格使用这三个字的是新天鹅堡，因为迪士尼的睡美人城堡就是以它为原型。

新天鹅堡距离菲森大约 7 000 米，每隔几分钟就有往返大巴接游客上山。

新天鹅堡的"新"是用来区别于旧天鹅堡的，施塔恩贝格湖[1] 位于两座城堡之间，湖水浓酽，巴伐利亚国王路德维希二世就死在这里，和他一起离世的还有他的私人医生。

当地政府为了保护古迹，通过把游客分成不同语种团队的方式来分散人流，购买门票时，游客会被告知几点几分在哪里集合，随后由导游带队进入新天鹅堡参观。新天鹅堡的主人就是路德维希二世，有三样东西是他生平最爱：古堡、歌剧和天鹅。

先说古堡。绝大多数人喜欢古堡是因为它们很神秘，仿佛里面的盔甲会移动，壁画里的人物会眨眼，蜡烛的火苗会根据主人脾气的好坏忽隐忽现。路德维希二世也喜欢古堡，但他更喜欢建造古堡。他在所辖巴伐利亚疆域内建造了很多座古堡，除了新天鹅堡，还有林德霍夫宫[2] 和海伦基姆湖宫[3] 等。

再说歌剧。1861 年，年仅 15 岁的路德维希二世第一次观看了瓦格纳创作的歌剧，立刻就被那兼具浪漫主义和英雄主义的旋律征服。从此，瓦格纳的歌剧一直伴随着他，

而他最大的心愿就是将飞扬的旋律变成真实的事物。他的确做到了，新天鹅堡顶楼宴会厅就是他专为瓦格纳而设。在那里，歌剧中由骑士、朝圣者和游吟诗人组成的世界变成壁画铺展在眼前。

最后说天鹅。新天鹅堡动工后不久，路德维希二世的表姑茜茜公主送给他一只瓷制天鹅，他爱不释手，后来连门厅、走廊、天花板上都有了天鹅的倩影。

在通往宴会厅的回廊上，你可以看到路德维希二世的全身肖像。年轻英俊的路德维希二世身穿白色紧身裤和蓝色巴伐利亚上衣，披着白色大氅，散发出一种贵族气质，却少了些许威严。

1886 年，在溺毙之前半年，路德维希二世因挥霍无度被内阁强行判定为精神错乱，"疯王"的绰号也由此而来。茜茜公主对这个判定不以为然，她说："真正的疯狂不常有，是的，或许这只是智慧结晶的丰收。"这让我想起电影《爱乐之城》中的一段台词："疯狂才是关键，这样新的色彩才会被发现……那就尽管去绘画，去作诗，去表演。致有梦想的人，无论看起来多么愚蠢。"

1. Starnberger See 2. Schloss Linderhof
3. Schloss Herrenchiemsee

作者推荐

新天鹅堡旁边有条小路通往后山的玛利安桥，站在桥上可以看到新天鹅堡侧面全景，桥下淌出一道瀑布，像一条受惊的小白龙。

1/2. 迈索尔王宫　**3/4/5/6.** 开启高饱和色彩模式的德瓦拉加市场

藩王之死

迈索尔 Mysore

位于印度卡纳塔克邦

推荐旅行时间：2 天

迈索尔王宫就是藩王的家，几乎整座城市都围绕它而建。王宫虽然建于平地之上，可四周有高大的塔形印度教寺庙护卫，这让它成为天然路标，无论你走到哪个角落，只要看到它就不会迷路。

这座王宫是在被焚毁的旧宫遗址之上重建的，重建工程从 1897 年开始，到 1912 年完成，这也是印度历史上建造年份最接近现代的一座藩王宫殿。你会在宫殿画廊中看到一幅油画长卷，它描绘了一场盛大的集会，每一格都展示了不同的场景，连在一起恰似一幅印度版的《清明上河图》。宫殿中还有一间展室，用于陈列藩王打猎所得的猎物，其中包括长颈鹿的鹿头。标本制作师技艺精湛，留住了长颈鹿眼中的惊慌失措。王宫内到处高悬着王室成员的肖像，画面唯美，仿佛是某家大牌杂志找来造型师、摄影师、灯光师为模特拍摄的一组复古时装大片。

迈索尔王宫在有限保留印度特色的基础上全盘西化，这与藩王制度的形成密切相关。藩王制度是英国殖民者为了更好地统治印度，向各地的"土皇帝"做出的妥协。英国殖民者把管理权下放给 500 多位大大小小的藩王，再从军事和经济两方面对藩王进行制约。

1947 年，印度独立，藩王制度被取消。

藩王们虽然不再保有领地，但每年仍旧可以从国库领取高额免税年金，这也加剧了贫富分化。到了 1971 年，强硬的印度总理甘地夫人才宣布取消藩王年金。

迈索尔的最后一位藩王有许多爱好。他喜欢阅读古书，一旦在古书中发现某个未知古庙的线索，就会按图索骥。每年，寻找神庙的旅行都有四五次，每次短则半月，长则月余。每次他出行时，都会在正常班次运行的火车后加挂一两节专属豪华车厢。人一旦习惯了某种生活方式，就很难做出改变。在阅读、旅行、朝圣的过程中，末代藩王显然获得了莫大的精神享受。当藩王称号被废除，他仍旧维持着原有的生活方式。但后来年金停发，他的经济状况陷入窘境，他不得不辞退世代为他的家族服务的侍卫、厨师和星象师，也不得不终止以古书为起点、以神庙为终点的旅行。

1974 年，末代藩土以生吞碎钻的方式结束了自己的生命。关于他的死因，民间流传的说法是，他打了一场明知不可能赢的官司，无法面对结果。

藩王之死的真正原因应该是死于原有生活的无以为继，然后被时代变革的车轮滚滚碾过。

作者推荐

德瓦拉加市场（Devaraja Market）不仅卖菜，也卖各种香料、花环和番红花粉——印度妇女将这种粉末点在眉心，缤纷的色彩让这个市场成了摄影师的最爱。

1. 教练在给我上泰拳课　2. 正式泰拳比赛　3. 我做的泰餐　4. 清迈的周末市集
5. "消失的书店"　6. 松德寺

泰拳、禅修和泰国菜

清迈 Chiang Mai

位于泰国北部

推荐旅行时间：5 天

与现代拳击相比，泰拳最有效的攻击武器并非拳头，而是肘与膝。职业泰拳手从童年开始就要接受严格乃至残酷的训练，才能获得更快的速度、更凶狠的攻击和更顽强的抵抗。

清迈有几家面向外国游客的泰拳学校，课程设置灵活多样，从基本的泰拳技法到可以上拳台打比赛的高阶课程应有尽有。体验课程包括五个部分：热身、步法训练、单项攻击、防御训练和一对一格斗训练。每个部分都有专业拳师现场指点。

在清迈，每周都会举办拳王争霸赛，由十八组选手对打。比赛一旦开始，就会到其中一方被打倒为止。除了拳击台上的激烈拼杀，场下更是热血沸腾，所有观众都变得歇斯底里，处处弥漫着亢奋的气息。

不过，清迈也有自在悠然的一面。你可以去参观一些著名庙宇，比如双龙寺和松德寺，还可以在寺庙中学习禅修课程。主讲僧人除了讲解入定法门，还会告诉你：生活中的禅修远比入定重要，懂得善待他人，重视过程而非结果，从以往的经验中学习，这样的修炼与积淀会让生活变得更充实，人的心态也会更坦然。

清迈有许多烹饪学校，每所学校的课程设置基本相同：早晨由大厨带队到当地菜场采购食材，然后到私家厨房一边听课一边自己操作，最后大家把自己的作品端上餐桌，尽情享用。

早晨的菜场分外热闹。大厨先从菜摊间拿起各种蔬菜让我们辨认，对那些从没见过木耳、茄子的西方人来说，只剩下连按快门的惊喜与兴奋。

私家厨房位于一栋郊外别墅。学员先在教室集合，接着主厨详细讲解每道菜的做法、佐料的添加顺序及用量。总体感觉泰国菜和中国北方炒菜的做法相似，都是先热油，后放食材，出锅前勾芡汤汁。不同之处在于泰国菜要使用大量辣椒、咖喱、椰浆等调味料，只要能在做菜过程中创意十足地将这 3 样扔进炒锅，就一定能做出地道的泰国美味。一道菜装盘上桌后，盘子的一角通常会放半个青柠檬，酸涩的柠檬汁有去腥去腻的神奇功效，顶起了泰国菜酸辣味道的半边天。

我去上厨艺课那天，菜谱上共有 6 道菜，前菜是青木瓜沙拉和椰浆蘑菇汤，主菜是红咖喱鱼、蒜蓉鸡块和清炒竹笋，甜点是香蕉派。

作者推荐

清迈有家开了 30 多年的二手书店，叫"消失的书店"，现在有大约 25 000 本书，书架上根本摆不下，连楼梯、走道上都是书。老板乔治来自爱尔兰，我在 2017 年去清迈时，他已经 70 多岁。乔治最喜欢《人性的枷锁》。我问乔治："书店已经开了那么久，一直做同一件事，您会觉得疲倦吗？"他笑着说："如果找到自己真正喜欢做的事，就永远不用退休了，因为你没把它当成工作。"

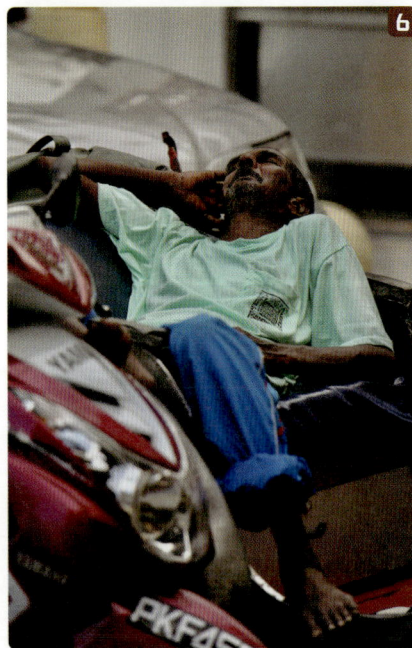

1. 藏传佛教庙宇　2. 鞋匠一家人　3. 印度教神庙　4. 爱情巷的路牌
5. 打铜仔街 120 号　6. 打盹的人力车夫

混搭的
马来小城

槟城 Penang

位于马来西亚西北部

推荐旅行时间：3天

　　槟城就像一座巨大的迷宫，既有四通八达的大马路，也有突然出现的死胡同。比大街小巷更容易让人迷失的，是这里混搭的宗教信仰。

　　每天5次，阿訇的声音通过高音喇叭塞满城市的每个毛孔，让人以为自己误入时空隧道，到了北非和中东。可当我在大街小巷闲逛时，发现圆顶清真寺并没有几座。如果不是在礼拜时间，里面甚至略显冷清。

　　与清真寺相比，印度教神庙就热闹多了。槟城的印度教源自印度的泰米尔纳德邦，神庙建筑呈上窄下宽的梯形结构，每一层都站满神像，层数越高，神像越少，但神的法力越大。

　　更接地气的是中式庙宇，正殿里除了供奉佛祖，通常还会支起一张四方桌，桌边坐着一位身穿中式大褂的老先生。他安静地看着中文报纸，香客进进出出，他连眼皮都不抬一下。很多四方桌边坐着不止一个人，本着物尽其用的原则，一桌麻将就在观音如来的注视下，在绕梁的香火中，哗啦哗啦地打起来。

　　在槟城，基督教、藏传佛教、锡克教、小乘佛教甚至鲁班都拥有一席之地。大家你拜你的神，我上我的香，在这个国家的历史长河中，不知究竟来过多少位神仙。这也让

我找到了一种由宗教衍生出来的混搭体验：耳朵听到的是阿訇的声音，鼻子闻到的是印度人身上的咖喱味，眼睛看到的则是中式祠堂里龙飞凤舞的图腾。难怪《孤独星球》里这样写道："在槟城，一个印度人在祭坛上香，祭坛上供奉着印度教的罗摩神像、中国的观音像和他已故的华裔妻子的黑白照片。"

　　槟城有一条爱情巷[1]，情侣跑到路牌旁拍照，单身的人也到这里默默许愿，希望能够找到另一半。与那些混搭在一起的神佛相比，爱情才是人类的终极信仰吧。

　　1910年11月，孙中山领导的同盟会在槟城打铜仔街120号召开了庇能（槟城的旧称）会议，决定再次在广州发动起义（后被称为黄花岗起义），会议后孙中山远赴加拿大为起义募款，温哥华、维多利亚、多伦多三地致公堂为大楼典押以支援革命。黄花岗起义虽然失败了，但为辛亥革命奠定了军事基础。作为同盟会槟城基地旧址，现在的打铜仔街120号可供游人参观。基地不大，里面摆满古色古香的家具，墙上挂着孙中山先生的画像，院子中央还有一个天井。站在天井中，可以看到四方的天空。中文报纸《光华日报》也是在这里诞生的，是马来西亚发行历史最悠久的中文报纸。

1. Love Lane

作者推荐

　　槟城有一家叫红色花园（Red Garden）的大排档，我第一次吃炒粿条和蚝煎都是在这里。这里的砂煲田鸡粥和大姨咖喱鱼也值得一试。

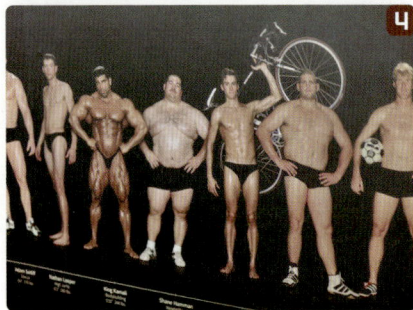

1. 斯坦利公园里的图腾柱　2. 图腾柱顶端的雷鸟　3. 海雾来袭　4. 身材各异的运动员

5. 卡皮拉诺吊桥　6. 巨型鼻涕虫　7. 藤架上的葡萄正等待冬天来临

图腾柱和冰酒

温哥华 Vancouver

位于加拿大不列颠哥伦比亚省

推荐旅行时间：3 天

温哥华被夹在太平洋和落基山之间，来这里旅行，就是要把自己扔进海洋和深林。

从温哥华的码头上船不久，你就能看到深蓝色的太平洋了，虽然遇到鲸鱼属于小概率事件，但一定能看到躺在礁石上晒太阳的海狮。我去的那天正好赶上一场海雾，几十层楼高的白色浓雾就像一条盖在海面上的棉被，能见度瞬间降到百米之内，看来草船借箭并非只是罗贯中想象出来的计谋，在现实中真的有可能发生。

斯坦利公园里不仅有 15 万株红杉树，还竖着 8 根图腾柱。竖立图腾柱是少数几个第一民族部落的传统。图腾柱主要用雪松木制作，不易腐坏。图腾柱从上到下雕满动物和人的形象，雷鸟通常位于最上方，下面还有熊、狼、鲸鱼等，在第一民族的心目中，它们是天空、大地和海洋的守护神。图腾柱上的人物形象大多代表这个部落的祖先。

除了斯坦利公园，你还可以在卡皮拉诺吊桥公园里再次和图腾柱不期而遇。吊桥长约 137 米，人走上去摇摇晃晃。过了桥之后，一条树冠走廊可以将你带入森林深处。森林中有很多巨型鼻涕虫，有的长达 20 厘米，深绿色的皮肤上布满黑色斑点，如同异星生物。

温哥华是 2010 年冬奥会的举办地，你可以在里士满的奥林匹克博物馆看到关于那场盛会的记录。博物馆中有两幅摄影作品，展示了不同体育项目中运动员的体型差异，虽然跳高的、举重的、骑自行车的运动员的身材截然不同，但每个人都坚定又自信。博物馆中还有很多模拟器，比如当你双脚踏上滑板，身前的显示屏上就会出现一条高台滑雪赛道，随着画面变化，你能体验从高台俯冲而下，腾空几十米之后再落地的速度感。

温哥华地区是冰酒产地之一。冰酒的诞生完全是阴错阳差，那是在 1794 年的德国，一场提前到来的风雪推迟了采摘葡萄的时间，农民舍不得扔掉已被冻成冰球的葡萄，依旧将它们榨成汁，口感竟出乎意料的好。看来世间所有的阴错阳差都是最好的安排。

世界上可以生产冰酒的地方并不多，因为这需要特殊的气候条件，冬天要异常寒冷，其他季节则要足够温暖，放眼世界，只有加拿大、德国和奥地利等国符合条件。当气温降到零下 10℃，葡萄中的水分凝结成冰，此时葡萄果肉中的精华部分由于失去水分变得更加黏稠，它们就是冰酒的精华所在。由于"精华"的产量有限，冰酒的价格远远高于普通葡萄酒。

作者推荐

温哥华有一个类似迪士尼飞越地平线的体验项目，同样是模拟飞行，同样以大地为参照物，只不过把飞越地平线时看到的风景换成了加拿大的山川、河流、森林和海洋。

1. 在惠斯勒骑行　2. 山地越野　3. 水上飞机　4. 乘坐越野车游猎　5. 出现在雪线上的小鹿
6. 两架水上飞机即将飞越雪山

打开深秋的方式

惠斯勒 Whistler

位于加拿大不列颠哥伦比亚省

推荐旅行时间：3 天

2010 年的温哥华冬奥会让惠斯勒一举成名天下知。其实在那之前，这里早就是户外运动的天堂了。无论冬夏，惠斯勒的山林间永远都有徒步者、骑行者和滑雪者的身影。

惠斯勒由 2 座山峰（黑梳山、惠斯勒山）和 5 个湖泊组成。惠斯勒村是旅行者的主要聚集地，除了饮食和住宿，你还可以在这里租到或买到各种户外装备。专业的装备为活动参与者提供了安全保障，能够增强玩家的信心和勇气，就像出征前的士兵都要穿上盔甲一样。当然，高阶玩家会自带装备。

一年四季都有打开惠斯勒的专属方式，比如冬天的滑雪和雪鞋徒步，夏天的游泳和漂流，如果你在秋天来，有两种方式可以让你在山林间自在漫游。

一种是骑行。如果把视线的焦点定格在四周的风景上，那骑行者就是穿山而过的风；如果把焦点定格在骑行者身上，四周的风景又糊成一片。想休息的时候，你就把自行车撂在草坪上，车轱辘一转，就滚出湿漉漉的秋意。

骑行也分两种。如果是休闲游，沿路面印着自行车标志的小路就能"解锁"惠斯勒的几个湖泊。格林湖水域辽阔，每小时都会起落数架水上飞机。湖边还有几幢木屋，如同《瓦尔登湖》所描述的景象：阅读、劈柴、

喂马、自食其力，在春夏流转中慢慢变老。还有一种骑行方式是山地越野，无论是线路还是装备等级都全面升级。线路为冬季雪道，地形起伏如同波浪。头盔必须为全盔，比休闲骑行的半盔多了保护后脑和下巴的钢铁遮罩。越野自行车尺寸更小，操控性也更好。山地越野是专业玩家的地盘，上场前要先掂量自己的技术是否过硬，就像高级雪道，走下来会丢人，摔下来肯定会受伤。

另一种是乘坐越野车游猎。在上山途中，越野车每转一个弯，你都能看到不同的风景。雪线之上，山林的颜色逐渐从浓绿变为花白，我一眼望过去，四肢百骸仿佛被一种辽远的心绪涤荡，千百种想法同时冒出来，又在一瞬间消散。

深秋也是黑熊疯狂觅食准备过冬的季节，但旅行者遇到熊的概率并不高，熊的猎物——警惕性高又蹦蹦跳跳的小鹿倒是随处可见。

如果你觉得让别人当司机还不过瘾，可以自驾四驱全地形车。不过山路十八弯，对驾驶经验有一定的要求。

惠斯勒虽然看起来有点儿高冷，却能在旅行者心中燃起一团火，让每个人比之前更爱自然、更爱运动、更爱放肆大笑。这样的惠斯勒，住一晚怎么够？来一次怎么够？

作者推荐

观赏水上飞机的起降过程非常减压，尤其是当飞机机头朝上飞越雪山山顶的时候，仿佛把自己的心也带了上去。

1. 夜色中吹萨克斯管的先生　2. 芳堤娜城堡酒店　3. 圣诞饰品专卖店　4. 南瓜和黑蜘蛛
5. 秋风被染上一身颜色　6. 在圣安妮山骑车越野

宛若童话

魁北克市 Quebec City

位于加拿大东部

推荐旅行时间：4 天

从火车站前往酒店要穿过 17 世纪的城墙、18 世纪的街道、19 世纪的酒馆，当我看到酒店那扇嘎吱作响的旋转木门时，就像看到电影《盗梦空间》里永远在旋转的陀螺，真不知道它会把我转到哪个世纪。

魁北克市是北美地区唯一拥有城墙的城市，你可以沿着 4.6 千米长的城墙走一圈。城堡模样的芳堤娜酒店坐落在老城中心，1943 年，丘吉尔和罗斯福参加了在这家酒店举行的代号为"四分仪"的会议，会议通过了盟军于次年从法国诺曼底登陆的计划。那场战役开辟了欧洲的第二战场，也加速了以希特勒为首的第三帝国的灭亡。

加拿大的劳动节在每年的 9 月，不仅是夏天结束的标志，也代表着节日季的开始。万圣节、感恩节、圣诞节、新年，纷至沓来的节日让人们在工作时多少有些浮躁。

老城里有一家规模很大的圣诞饰品专卖店，店里的圣诞树挂件都很有加拿大风情，有红色的三叉戟形枫叶，还有打冰球的运动员。本地人只在圣诞节期间来这里采购，而在一年中的其他时候，这家店还得靠来自世界各地的游客照顾生意。

眼下距离 10 月底的万圣节还有一个月时间，但万圣节的装饰已经陆续出现在街头。我看到数不清的南瓜灯，从镂空的三角眼和月牙嘴里冒出的是暖暖的黄光。市政厅的正门口还站着一个真人大小的尖鼻女巫，她手里提着的篮子里爬满黑色的毛绒蜘蛛。

在夜色中晃荡的可不只我一个。路边一位吹萨克斯管的先生将悠扬的音符吹进清冷的空气，那乐音仿佛是有温度的，让每个听到的人都觉得温暖。酒馆里聚集着很多人，他们制造的热闹跟曼谷和纽约的歇斯底里不同，更像一群普罗旺斯农民干完一天农活后的聚会，他们大声聊天、猛撞酒杯，用力拍着对方的肩膀。

我回到酒店时已过午夜，脚下那层厚实的红地毯从旋转门铺到电梯间，又从电梯间铺到客房门口。从窗户往外望去，对面的尖顶塔楼被冷光照耀，与远方那连成一片的暖黄色灯光形成鲜明对比，让塔楼看起来像关着被恶魔囚禁的公主。此时一阵浓雾飘过，我一走神，就好像看到了一个童话。

作者推荐

每年秋天，魁北克市附近的圣安妮山会举办山地自行车越野赛，虽然赛道只有 4.1 千米，但落差高达 600 米。圣安妮山还有若干适合普通骑手的路线，只要做好防护，你也能一试身手。哪怕不去体验这种速度感十足的冒险活动，你也可以参加直升机观光团，这个季节的森林将秋色具象化，就像画家用手指蘸满颜料，然后在画布上一通乱抹，风从画上吹过，仿佛都能染一身颜色。

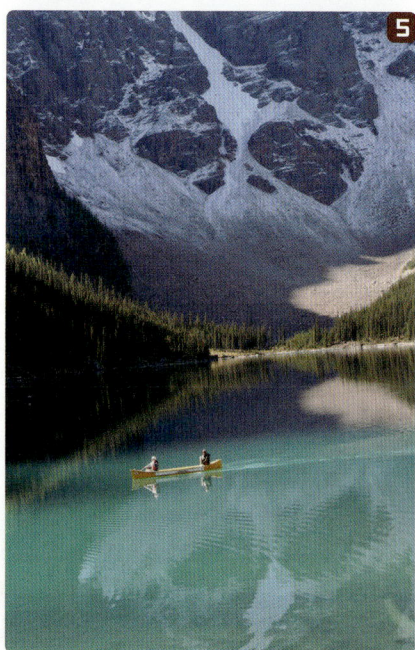

1.路易丝湖费尔蒙城堡酒店　2.站在酒店屋顶看到的路易丝湖　3.佩托湖　4/5.梦莲湖

落基山间的伊甸园

路易丝湖 Lake Louise

位于加拿大阿尔伯塔省

推荐旅行时间：2 天

1882 年，加拿大太平洋铁路公司的一名勘探员在当地部落酋长的带领下来到路易丝湖边。第一眼看到那雪山冰湖时，他仿佛被美杜莎的眼睛石化了。他这样形容当时的感受："那蓝得无边的湖泊，那白得让人眼盲的雪山，还有北美红鹿这种仿佛从神话时代就在这里跳跃的生灵，这一切就像上帝遗落在人间的伊甸园。"

路易丝湖费尔蒙城堡酒店是观赏湖光山色的最佳地点。面朝湖水的一侧有一排落地窗，窗内是一家西餐厅。你可以一边聆听现场音乐演出，一边看着窗外比油画还要富有层次和美感的风景。

路易丝湖边有条步道，铺路的是色彩鲜艳的蘑菇，络绎不绝的游客让笔直的水杉从来不曾感到寂寞。步道尽头是一间茶社，走累了的游客可以在这里歇歇脚、喝喝茶、聊聊天。

每天清晨，湖边都会支起一排三脚架，摄影师们安静地等待着清晨的第一缕阳光把雪山照亮的瞬间。那时，有两座雪山会同时被染成金色，一座在天边，一座在湖心。

路易丝湖附近还有两个湖泊值得一去。从城堡酒店向南开车大约 13 千米，就来到另一个水平如镜的湖泊——梦莲湖[1]。湖水被10 座尖顶雪山环绕，那些雪山无论"身高"还是"长相"都大同小异，由于挑不出重点，就被笼统地称为十峰山。你可以在梦莲湖中泛舟，斑斓的船身映着翠绿色的湖水，划着划着，自己也成了风景。不过，你可别一时冲动跳进湖里游泳，因为水温只有 4～5℃，据说由于湖水太冷，这里的鱼儿都长不大。湖边的山不算高，步行 20 分钟就能到顶。站在山顶观景台，如果你竖起耳朵倾听，能听到山的呼吸、树的呼吸、水的呼吸。旧版加拿大 20 元纸币的背景图案就是在梦莲湖取的景。

佩托湖[2]在路易丝湖的北面。观景台位于半山腰，从这里你能看到呈长条形的湖面，其中一边还有 3 个分岔，就像加拿大国旗上的枫叶。与落基山间的其他湖泊一样，佩托湖的颜色也由融入湖水的矿物质所决定。在将近一万年前，冰河运动将石英冲进湖中，石英被挤压成粉末沉入湖底。石英粉在6 000 多年的时间里缓慢溶解，在阳光的照射下，湖水便呈现出炫目的色彩，这些色彩因季节变化而发生改变：4 月时水温较低，湖水呈现出深蓝色，到了 6 月，随着水温升高，湖水就会变成绿色。

1. Moraine Lake　2. Peyto Lake

真正的宁静并不是深更半夜马路上的噪声统统消失，也不是站在沙漠里能够清楚地听见自己的呼吸和心跳，而是事事如常，可以按照自己的意愿和节奏生活，很多事发生了，又好像什么都没发生一样。

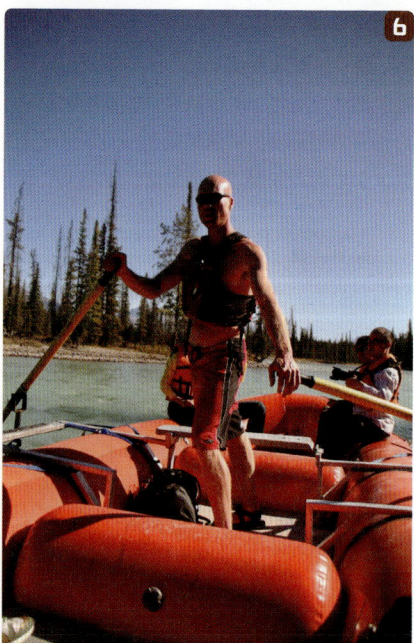

1.危险的冰洞　2.冰原探险号雪车　3.哥伦比亚冰原　4.酋长山上凸出的"下巴"和"鼻梁"
5.落基山的秋色　6.阿萨巴斯卡冰河漂流

冰原与漂流

哥伦比亚冰原
Columbia Icefield

位于加拿大不列颠哥伦比亚省和艾伯塔省
推荐旅行时间：1 天

从路易斯湖前往贾斯珀的路上会经过哥伦比亚冰原。哥伦比亚冰原的发现与一次无心插柳的探险有关。19 世纪时，欧洲上流社会中流传着一个传说：加拿大的落基山间隐藏着一座海拔超过 5 000 米的雪山。那些早就对阿尔卑斯山失去兴趣的登山家一下子来了劲头，纷纷收拾行囊，奔赴加拿大。可山高路险，再加上一年中只有几个月适合登山，那些登山家总在关键时刻偃旗息鼓。

1898 年，一位探险家率先踏上这片广阔的冰原，他本以为这只是通向那座 5 000 多米高峰的阶梯，可放眼一望，冰原被山峰围绕，那些山峰没有一座超过 4 000 米，当然也就更无法与阿尔卑斯山的最高峰（4 810 米的勃朗峰）相比了。哥伦比亚冰原的冰川融水朝东、北、西三个方向流淌，分别注入大西洋、北冰洋和太平洋。

从游客中心乘坐车轮直径超过 1.5 米的冰原探险号雪车可以轻松抵达阿萨巴斯卡冰川[1]，冰川为冰原的延续部分，雪车停靠的地方是冰层最厚的安全地带，周围用蓝色交通锥围了一圈，圈外即为危险地带。如果时间充裕，你还可以参加由向导带队的冰原徒步

团，团员之间通过绳索连接，如果有人掉入冰窟，其他人能立刻把他拉上来。

你还可以搭乘橡皮筏沿着阿萨巴斯卡冰河顺流而下，亲眼见证雪水从细流变成大河的过程。掌舵者站在橡皮筏中间，同时挥动左右两桨，像一只飞翔的大鸟。河流中不时有礁石挡路，都是被强劲的水流切割后的石灰岩，虽已支离破碎，但突兀地立在水中，仍会给漂流带来风险。舵手运桨如飞，只一拨一划就绕过了危险的礁石。有时舵手会故意让橡皮筏和激流硬碰硬，那种碰碰车加激流勇进的双重快感会让你瞬间回到童年。

漂流时注意观察远方的酋长山，那是灰褐色山脊线勾勒出的一位酋长的侧脸，包括向前凸出的下巴、笔直的鼻梁，还有脑后由白色岩石构成的长长羽毛。几百年来，酋长山一直是第一民族的圣地，没有人敢上山打扰酋长休息。一个小时的漂流旅程在冰河下游的一座浮桥边结束，每个人都浑身湿透。如果此时阳光尚好，就先别急着赶路，在岸边找块光滑的石头，趴在上面，让阳光从头晒到脚，这是让你速干的唯一方式。

1. Athabasca Glacier

旅途随感

旅行中的体验可以分为主动式与被动式两种。主动式体验的目的是让遗愿清单上的项目越来越少；被动式体验包括被偷、被骗、被抢等，虽然我们都不希望这类事件发生，但如果发生了，我们要吸取教训，这样就算同类事件再次发生，你也会知道该如何从容应对。

1. 湖边的黄昏　**2.** 玛琳湖岸边的观景台　**3.** 精灵岛　**4.** 贾斯珀国家公园　**5.** 麋鹿
6. 湖边骑行

湖畔时光

贾斯珀 Jasper
位于加拿大艾伯塔省
推荐旅行时间：2 天

贾斯珀国家公园成立于 1907 年，跟邻近的班夫国家公园相比，面积更大，动物密度更高，也让你拥有更多在湖泊、峡谷、森林中撒野的机会。

玛琳湖[1]是贾斯珀国家公园的"当家花旦"，长达 22 千米的湖泊沿岸遍布松林与雪山。旅游大巴只能停在玛琳湖北岸停车场，接下来你可以选择露营、徒步、湖中泛舟等方式游览玛琳湖。难怪有人说班夫是用来看的，而贾斯珀是用来玩的。

大多数游客都会乘坐游船前往玛琳湖中的精灵岛[2]，它看起来就是一个长着几棵松树的小岛，但因为它的照片经常出现在加拿大旅游局的宣传手册上，慕名而来者众多。友情提醒：那些照片都是摄影师长期蹲守加后期的成果，普通游客在不同季节、不同时段看到的精灵岛都不相同，惊艳程度与你的心理预期呈负相关。

玛琳峡谷[3]在玛琳湖北岸附近，它也是落基山脉中最深的峡谷。你可以沿着从停车场延伸出去的环形步道饱览峡谷风光。最高处有座木桥，当你站在桥上，把视线从峡谷中的瀑布上往脚下移动时，双腿可能会发软。飞瀑在峡谷间奔涌咆哮，像在寻找出路。一到冬天，瀑布就会结冰，适合攀冰爱好者来挑战。

贾斯珀国家公园里的波维尔湖[4]旁边是有百年历史的费尔蒙木屋度假村，两代英国女王都曾下榻于此。这里的度假小屋四座一组，四扇门朝着四个方向。

你可以租一条小艇在湖中垂钓。不过，根据度假村的规定，无论你的鱼竿被拉弯多少次，都不可以把钓上来的鱼带走吃掉。

你也可以租一辆自行车，和同伴一起绕湖骑行。当山地车拨到五挡时，虽然骑着费劲，但速度极快，不过在转弯和下坡时千万不要全速冲刺，否则有掉进湖里的危险。湖边还有一个 18 洞的高尔夫球场，骑车经过时要先按响车铃，给打球人发出信号，否则被高尔夫球打到脸上的感觉可不舒服。

当然，你也可以环湖徒步，绕湖一周大约需要 40 分钟。虽然风景如画，但最打动我的是湖边的一组人物群像。一个女孩在湖边的长凳上抱着笔记本电脑打字，脸上挂着愉悦的笑容。几个老人在一棵高大的橡树下享用晚餐，金色的阳光照着金色的池塘，也把他们的晚年映成金色。

晚上，你可以在湖边享用自助晚餐。按照宴客程序，晚餐后通常是喝酒聊天的时间。此时，话题的中心人物并不是政客或财阀，天性散漫的加拿大人并不会把身份与财富作为衡量成功的唯一标准，往往那些拥有很多故事的人才会成为这个环节的焦点。

1. Maligne Lake　2. Spirit Island　3. Maligne Canyon
4. Lac Beauvert

作者推荐

早晨的湖边有惊喜，你会看到各种鹿，毕竟在贾斯珀，麋鹿、驼鹿、驯鹿多的是。

瓜纳华托 | 墨西哥

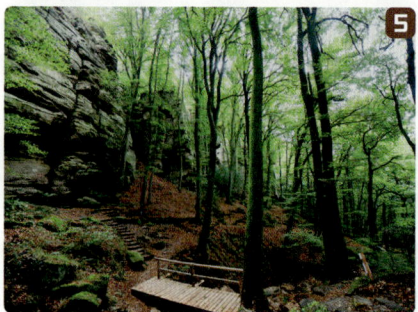

1. 陈列在申根纪念博物馆中的保加利亚海关帽 　**2.** 代表希腊的星星　**3.** 两块柏林墙残片
4. 石桥上的两国国徽　**5.** 苔藓把树干染成绿色　**6.** 卢森堡的"一线天"

打破边界

申根 Schengen

位于卢森堡东南部

推荐旅行时间：1 天

　　虽然申根只是卢森堡大公国的一座小城，但它的名气大得很。那些去过申根国家旅行的人，对这个名字都不会陌生，因为贴在他们护照上的并不是某个具体国家的签证，而是统一的申根签证。

　　1985 年，《申根协定》在摩泽尔河上的一条游船中签署，这条河就在申根这座小城的东侧，河中某个位置刚好是卢森堡、法国、德国三国的交界点。其实首批签署《申根协定》的国家还有荷兰与比利时，不过当时比利时、荷兰与卢森堡已经缔结同盟，甚至还有一个专门的词汇"BENELUX"（由三个国家名称中的前两三个字母组成）来描述三国的同盟关系。

　　《申根协定》打破了欧洲各国之间的界线，不仅使成员国公民可以自由通行，也让来欧洲旅行的人只需要申请一国的签证就能游玩大多数国家。

　　申根纪念博物馆里陈列着各国海关工作人员的帽子，以前旅行者每次跨越边界，都要面对这些"大壳帽"的审视。现在它们被聚在一起，作为国境线曾经存在的证明。

　　博物馆外立着一些中空圆柱，柱子上有很多星形图案。不少图案中雕刻了代表各个成员国特色的浮雕，内容都是该国最具知名度的物、景、人，比如荷兰的郁金香、法国的埃菲尔铁塔、希腊的奥运五环标志、比利时的漫画人物丁丁等。有些国家的图案比较难猜，比如瑞典的，我观察了半天才发现流行组合 ABBA 的四个字母。

　　申根纪念博物馆中还收藏了两块柏林墙残片，每块高 2.8 米、宽 1.2 米，柏林墙的倒下象征着分裂德国的边界不复存在，这和《申根协定》的签署异曲同工。

　　在申根以北有一座连接卢森堡和德国的石桥。曾经，石桥的两边都设有海关；现在，石桥中间一块雕有两国国徽的石板代表着两国的边界。生活在石桥两侧的人过桥跑个步就算出了一趟国。

　　石桥在卢森堡一侧所属地区叫作穆勒塔尔，它还有个绰号叫"小瑞士"。这里虽然没有像阿尔卑斯山一样壮丽的雪山，却有 3 条号称"天然氧吧"的徒步路线，总长 120 千米，无论你是打算走 4 个小时还是 4 天，都能找到合适的路线。其中，B 线会穿过很多嶙峋的层岩，有些巨岩之间只容一人通过。在卢森堡，这样的窄路被称为"Alkummer"，翻译成中文应该就是"一线天"。在徒步时，你能看见各种绿色，不仅树叶是绿的，连树干和岩石也被苔藓染成绿色。

作者推荐

　　摩泽尔河谷地区盛产葡萄酒，推荐伯纳德·马萨德（Bernard Massard）酒庄的起泡酒。将起泡酒倒进酒杯后，你会看到金色的液体中仿佛同时升起 100 万个气泡。香槟就是起泡酒，但只有在法国香槟地区产的起泡酒才能被称为香槟。

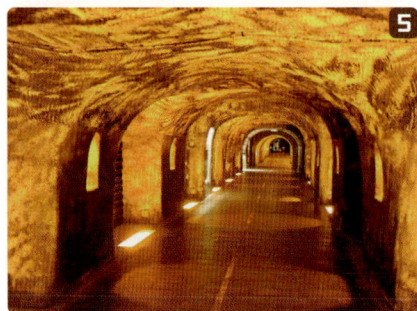

1. 被评为世界文化遗产的葡萄园　2. 韦尔齐的风车　3. 树屋酒吧　4. 玛姆酒庄
5. 酩悦酒庄　6. 搭配香槟的经典小食

香槟之路

香槟 Champagne

位于法国东北部

推荐旅行时间：4天

香槟几乎是各种庆祝场合的标配。砰的一声，香槟盖像子弹一样射到空中，快乐的氛围瞬间被点燃。

在法国香槟大区有一条著名的香槟之路，从兰斯[1]到埃佩尔奈[2]，这条路的精髓就是每天可以品尝不同口感的香槟。

玛姆酒庄是兰斯的当家品牌，至今已有近200年历史。玛姆酒庄的酒窖看起来就像战争时期的避难所，里面的温度常年保持在15℃。玛姆酒标红带的灵感来自拿破仑，这位大元帅喜欢授予取胜的将军红色绶带，这也让开香槟意味着人们在某件事情中取得了胜利。玛姆还曾冠名过F1赛事，每次比赛结束，获胜选手就会把玛姆香槟喷向庆祝的人群。

香槟之路的第二站位于韦尔齐[3]。韦尔齐的山毛榉森林中有一间树屋酒吧，在树屋中品尝香槟时，森林里的鸟叫就成了背景音乐。树屋酒吧的老板给我看了他的规划图，他打算在森林中建造更多钻石形树屋，使它们自成一个生态社区。

从韦尔齐南下，来到欧维莱尔[4]，这里是香槟的发源地，“香槟之父”唐·培里侬就是在这里发明了香槟配方，村里的葡萄园已被列为世界文化遗产。走在小村里，我看到半截嵌在石墙里的橡木桶，仿佛一拧龙头，就会有金色酒液像泉水一样流出。

香槟之路并不是一条固定的参观线路，沿途大小酒庄无数，你可以随意挑选几家，一边参观，一边续杯。我走进一家名叫巴诺特的香槟厂，女主人介绍，香槟的制作方法是在发酵好的白葡萄酒中加入香槟酵母，在二次发酵的过程中，要让瓶口朝下呈45°，等杂质全部沉淀到瓶口，把整瓶酒冷冻，再把瓶口处的部分酒液融化，这样酒石和杂质就会流到外面，接下来要立刻换上新的软木塞，并用铁丝扎紧。

埃佩尔奈的酩悦酒庄是香槟之路上的压轴品牌，酒庄看起来恢宏大气，呈现出一种法式皇家风范。比起玛姆，酩悦香槟与拿破仑的渊源更深。在唐·培里侬研发出配方之后，酩悦香槟的创始人克劳德·酩悦就照方抓药，但酒庄一直名不见经传，直到他的孙子杰·雷米接管之后，认识了当时还是青年军官的拿破仑，拿破仑很喜欢这种起泡葡萄酒，这让酩悦香槟声名大噪。现在，全世界每卖出四瓶香槟中就有一瓶是酩悦。我在酩悦酒庄的商店里找到一瓶我出生那年的酩悦香槟，可一看价格，我又放了回去。

1. Reims 2. Épernay 3. Verzy 4. Hautvillers

作者推荐

搭配香槟的经典小食有马卡龙、肉馅面包和奶酪。在香槟大区，那条可以直通巴黎的马恩河是最适合饮用香槟的地方。我坐在船上，咂两口香槟，不一会儿就感到有点儿眩晕，说不清是因为香槟的后劲儿大，还是因为河水的荡漾。

1. 虾仁蘑菇　**2/3.** 月桂街　**4.** 洛格罗尼奥郊外的一家米其林一星餐厅　**5.** 大西洋鳕鱼
6. 洛格罗尼奥夜景

想吃塔帕斯
来这里就对了

洛格罗尼奥 Logrono

位于西班牙西北部
推荐旅行时间：2 天

作为里奥哈大区的首府，洛格罗尼奥看起来一点儿都不出众。教堂比不过巴塞罗那的圣塞罗堂，马路也没马德里的格兰维亚大街宽敞。不过，洛格罗尼奥有月桂街[1]，这就足够了，照样能把游客从四面八方吸引过来。几十家塔帕斯小馆肩并肩站在月桂街两侧，没人说得清它们之间的关系是敌是友。要想从装修差不多、招牌又完全看不懂的餐馆里选择一家并不难，看哪家人最多，挤进去就好了。

塔帕斯是西班牙人发明的一种轻食，通常是一小碟菜（可以是肉串，可以是鱼虾，甚至可以是巧克力）配一块面包，当然还少不了一杯酒。西班牙人吃塔帕斯就像法国人逛酒吧，一份塔帕斯加一杯酒，吃完后再换另一家。

塔帕斯分量不大，吃的规矩却不少，也要讲究蔬菜、鱼肉的先后顺序，而最后一定会以甜品收尾。月桂街上有一家叫"维也纳"的巧克力店，主打三种口味的夹心巧克力。品尝巧克力也像喝红酒一样不能一口吞下，而要用舌温将其一点点融化，充分感受舌尖上的甜润滋味。第一块巧克力包裹着橄榄油，

第二块包裹着玫瑰花瓣，第三块则包裹着红酒。这"岁寒三友"可是里奥哈地区的特产。有一家塔帕斯店主打虾仁蘑菇，就是把虾仁放进蘑菇的菌盖，然后用牙签穿起来。一口咬下去，谁也说不清嘴里混杂了多少种味道——森林？大海？让人浮想联翩。

月桂街有个外号叫"大象之路"。当我吃完 4 份塔帕斯又连喝了 4 杯啤酒之后，不知是胃中的食物还是已经蔓延到四肢百骸的酒精让我的双腿变得越来越重，可鼻子却越伸越远——"大象之路"果然名副其实！

里奥哈地区也是西班牙著名的红酒产区，这里的酒庄星罗棋布。望隆酒庄[2]距离洛格罗尼奥 20 分钟车程，错综曲折的回廊将橡木桶里的美酒隐藏在恒温酒窖之中。酒庄三层是一间博物馆，展出了各种关于葡萄酒的艺术品，其中一幅画描绘了人们在喝酒之后的三种状态：喝了一杯的是个孩子，两杯下肚的像勇往直前的青年人，喝到第三杯的则变成了野兽。

1. Calle del Laurel　　2. Bodegas Ontañón

作者推荐

洛格罗尼奥郊外有一家米其林一星餐厅 Venta Moncalvillo，餐厅里有 10 个种满蔬菜和香料的有机菜园。经营这家餐厅的是兄弟俩，弟弟是主厨，哥哥是招待。晚宴有 7 道菜，不同的菜搭配不同的酒。例如，啤酒配前菜，白葡萄酒配莴笋，另一种干白配五花肉青豆。主菜有两道，一款清淡的红酒配大西洋鳕鱼，随后是一种高度红酒配当地特产羊排。最后是两道甜点。

1. 世界最南端的葡萄园　2. 拥有三顶厨师帽的艾菲酒庄餐厅　3. 鹿角冰激凌

4. 华人淘金者曾居住的房子　5. 在箭镇附近骑行　6. 静静的箭河

三顶厨师帽

箭镇 Arrowtown

位于新西兰南岛
推荐旅行时间：2 天

红酒可以按级别分类，从高到低分为法定产区酒、地区餐酒和日常餐酒。红酒产区按所属国可以分为旧世界和新世界两大类，旧世界指传统欧洲产区，如法国、西班牙和意大利，新世界则是旧世界曾经的殖民地，如加拿大、新西兰和智利。

箭镇所属的中奥塔戈是世界最南端的新世界产酒区，这里的酒庄沿袭了欧洲的销售套路，采用先品后买的模式，一些高级酒庄还设有餐厅，充分利用美食和美酒所产生的美妙化学反应，生意也就水到渠成地做成了。

艾菲酒庄邀请名厨沃恩·梅比作为餐厅合伙人，在他的主理下，酒庄餐厅连续多年被评为三顶厨师帽餐厅，这是澳大利亚和新西兰评定餐厅等级的标准，相当于米其林三星。只要戴上一顶帽子，那味道就绝对不会差，如果戴上三顶，那说明这家餐厅在食材、服务、环境、餐酒等方面都下足了功夫，最重要的还在于主厨会通过美食讲故事。

艾菲酒庄曾推出一份 10 道菜的主厨推荐菜单，其中包括插在绿骨鱼嘴中的前菜、混在一堆鹅卵石中足以以假乱真的黑松露奶油卷、夏日鲜花、蓝鳕鱼和烤虾、点缀着花瓣的烤鹿肉，最绝的是最后一道——沾满鲜血的鹿角，其实是洒了焦糖汁的鹿角冰激凌，视觉效果我给打满分。这就像一次乡野旅行，

厨师用河里游的、山里跑的、地里长的新西兰南岛特色物产张罗出一桌美味大餐。吃完鹿角冰激凌，我用餐巾擦去嘴角的"鲜血"，同时在心里为厨师鼓掌，如同一场精彩演出的谢幕。

1862 年，人们在箭镇旁的箭河中发现了金沙，于是淘金者蜂拥而至，箭镇还因此获得了一个外号——新金山，用来区别北美的旧金山。

一部分淘金者来自中国，他们在新西兰的吃穿用度能省则省，住的房子是用石头和木板搭成的，既矮又小。你可以在箭镇附近的"华人定居点"看到这种极其简陋的房子。我还在箭镇的湖区博物馆里找到很多关于中国淘金者的记录。如果某个淘金者客死他乡，他的同乡会想尽办法将他的骨灰带回国，毕竟落叶归根是中国人心中永远的执念。

箭镇周边山路崎岖，非常适合开展山地骑行活动。你可以在箭镇租一辆自行车，然后前往皇后镇或卡瓦劳大桥，沿途会经过葡萄园、羊驼牧场、溪流和吊桥，还能看到野鹿。路牌上提示：每年 11 月初到次年 1 月底是野鹿产崽季节，千万不要打扰藏在草丛中的幼鹿，以免它们因受惊而跑到其他地方，母子分离对小鹿来说绝对是一场灾难。

旅行推荐

你是否也有一个黄金梦？可以在箭镇租个淘金盘，然后到箭河里试试运气。

1.旧金山街景　2.金门大桥　3.格兰特大街　4.一个将全部家当背在身上的嬉皮士
5.旧金山的维多利亚式建筑　6.渔人码头的海狮

唐人街
和嬉皮士

旧金山 San Francisco

位于美国加利福尼亚州

推荐旅行时间：4 天

1848 年，一名木匠在加利福尼亚州的一条河道中发现了黄金，淘金热就此开启，这也让旧金山这个原本只有 800 人的渔村迅速扩张为一座人口多达 10 万的城市。很多中国人漂洋过海来到这里，随着淘金潮结束，大约 6.3 万华人矿工留在了旧金山。在那个时期的美国，中国人、欧洲移民和黑人普遍受到歧视，只能居住在指定区域，这就是北美最大的唐人街的由来，现在大约有 10 万华人生活在这里。其实，住在唐人街这样的地方和生活在国内没什么两样，到处都是中文招牌，你还能吃到可口的中餐，在中医诊所按方抓药……不过，在中国城里闲逛的以欧美人居多，他们喜欢在古董店里淘宝，再置办一两件富有东方风情的佛像、木雕和瓷器等。

沿着唐人街的主街——格兰特大街——可以找到城市之光书店，这里是"垮掉的一代"的大本营。"垮掉的一代"是指第二次世界大战后出现的一个群体，他们反对一切陈词滥调，过着放荡不羁的生活，杰克·凯鲁亚克和艾伦·金斯堡是其中的代表人物。凯鲁亚克的著作《在路上》曾深刻地影响了我，在那些看不清方向的时刻，这本书给予了我继续前行的勇气。书中有这样一段文字："你是说我们将来老了要变成流浪汉吗？""老兄，那不也挺好吗？如果我们想，

当然可以做到。那样的结局没什么不好。不被别人的心愿干扰，不听政客和富人摆布，没有人来骚扰你，自由自在过完一生，我觉得挺好的。"

金斯堡是嬉皮士文化的引领者之一，海特街则是整个旧金山嬉皮士最多的地方。如果按照大众审美的标准，那么这条街上几乎所有人都穿着奇装异服，可如果按照这条街的标准，那我们看起来更像另类。"神秘的东方"一直是嬉皮士文化的主题之一，宗教、神话和瑜伽都是嬉皮士信手拈来装点门面的元素。

上帝为了阻止人类建造可以通天的巴别塔，让人们说不同的语言，这样人类就无法团结起来，渐渐地，他们分成了不同的部落和种族，建立起了各自的国家，后来别说造巴别塔，只要连续几年不打仗，老百姓就像生活在天堂了。对旅行者来说，由于语言文字、生活习惯、个体选择不同而形成的沟通障碍无处不在，有时这让我们头疼不已，有时这又是乐趣所在。旧金山是一座现实中的巴别塔，为了管理方便，当地政府曾让来自不同地域的族群分区而治。旧金山也创造了一种打破巴别塔的方式，那就是用心去学习、去尊重、去包容、去爱，一个人只要做到了这些，那么无论能否建起巴别塔，他都是一个比昨天更好的自己。

作者推荐

旧金山值得"打卡"的地方实在太多，如金门大桥、九曲花街、渔人码头等，每一个地方都值得你专门来一趟。

1. 雅加达街头　2. 由巴达维亚市政厅改造而成的历史博物馆　3. 印度尼西亚银行博物馆
4. 金库中摆满纯度 99.99% 的金条　5. 巴达维亚咖啡馆　6. 存钱罐

在雅加达逛博物馆

在长达 300 多年的荷属殖民地时期，雅加达被改名为巴达维亚。在那个时期建造的很多欧式建筑，现在依旧原封不动地保存着，一部分被改造成博物馆，另一部分则成了复古咖啡馆或连锁品牌餐饮店。

巴达维亚市政厅几乎照搬了阿姆斯特丹市政厅的设计图纸，两者都在楼顶正中建了一座凸出的钟楼。把巴达维亚市政厅改造成历史博物馆实在是一个绝妙的创意，里面的古董家具都不用挪地方，因为它们本身就是历史的一部分。历史博物馆两侧分别是哇扬博物馆和艺术博物馆，在这片被称作哥打区的外围，还有两座由银行改建的博物馆——印度尼西亚银行博物馆和万子立银行博物馆，这些博物馆改造项目应该是由同一人操刀，基本原则是尽可能保留原有建筑的特色，大改不如小改，小改不如不改。

早在 16 世纪，印尼人就开始和欧洲人做生意了，从西方舶来的"银行"概念也早早植入当地人的意识。在这两家银行博物馆中，你可以看到各种处理金融业务的工具，从算盘到计算器，从点钞机到自动取款机。你还能进入密室一般的金库，看到整齐码放的纯度 99.99% 的金条。到了存钱罐展厅，我的童年记忆一下子被唤醒了，看着那些兔子形状或小猪形状的存钱罐，我恍然大悟，原来存钱罐才是银行的原始形态，让钱积少成多以备不时之需，只是没有利息。印度尼西亚的银行还会设立一个单独的中国柜台，相当于现代银行的 VIP 客户区，这是因为中国人数学好、算账快，于是被委以重任，通常银行还会为中国柜台配一个翻译，以便和外国客户沟通。

其实，我在哥打区一个接一个逛博物馆的原因与这里的天气有关——实在太热了，走不了几步就想钻进博物馆里吹空调。

从哥打区往北走，你会看到一条由荷兰人修的运河，河上还悬着一座荷兰式吊桥。继续向北，你就来到了雅加达的港口区咖留巴，这里有一家由荷兰东印度公司的仓库改造而成的海事博物馆：这个千岛之国的兴衰从来都与海洋息息相关。13 世纪末，意大利人马可·波罗在回国途中经过苏门答腊岛；15 世纪，中国航海家郑和在七次下西洋中，有六次把宝船停在爪哇岛北部的三宝垄；16 世纪，葡萄牙人和西班牙人为了香料群岛的丁香打得不可开交；后来，"海上马车夫"荷兰和"日不落帝国"英国又为了统治印度尼西亚的权力争来争去。

海事博物馆的冷气很足，从立式空调呼呼地吹出肉眼可见的白色冷风，我一进博物馆就凑过去吹了个透心凉，当然脑子里也会有"这么吹还不得感冒了啊"的念头闪过。

作者推荐

巴达维亚咖啡馆就在历史博物馆对面，包浆的木地板、满墙的老照片、慢悠悠旋转的吊扇仿佛把那个殖民时代一股脑儿搬到眼前。

1. 哇扬戏中的生命之树和人物形象　**2.** 佳美兰演出，近景中的乐器为罐锣
3. 用于葬礼的马车　**4.** 水宫　**5.** 大型露天展览之"KAWS：假日"　**6.** 普兰巴南的湿婆神殿

苏丹的爱好

日惹 Yogyakarta

位于印度尼西亚爪哇岛

推荐旅行时间：4 天

　　同在爪哇岛的日惹和雅加达分工明确，日惹是文化之都，雅加达是经济与政治中心。作为印度尼西亚现今唯一由苏丹统治的省份，苏丹的喜好决定了你在日惹时的参观重点。

　　日惹的首位苏丹哈孟古·布沃诺一世爱坐马车，于是就出现了一家马车博物馆。除了作为苏丹的座驾，马车还根据功能分为婚礼车、葬礼车等。葬礼上使用的马车异常宽大，轿厢中刚好可以放进一副棺材。苏丹喜欢游泳，于是请来葡萄牙设计师打造了一座东西合璧的水宫。水宫落成后，苏丹认为不能让外来者知道太多秘密，竟然让设计师有来无回。水宫的外立面布满印尼元素的浮雕，泳池四四方方，里面还有对称排布的伞形喷泉。

　　虽然现在的苏丹哈孟古·布沃诺十世依旧住在祖上修建的王宫里，但当你参观这座王宫时，神龙的首尾你是没有机会看到的。他的家臣倒是随处可见，就像游戏里的NPC，他们身穿深色高领制服，头戴一种名为 Blangkon 的蜡染帽冠。王宫里有一块专门的演出场地，每天的节目单都不同，周一和周二是佳美兰，周三和周六是哇扬戏，其他日子还有爪哇诗朗诵和传统舞蹈表演。

　　在王宫中演奏佳美兰的是一支由几十人组成的庞大乐队——相当于西方的交响乐团，乐器有定音的吊锣、一字排开的编锣和罐锣，还有用软木槌敲击的铜排琴等。演奏者全都盘膝而坐，这种坐姿决定了佳美兰不会产生锣鼓喧天催生斗志的效果，相反，只会让人昏昏欲睡。

　　哇扬戏即皮影戏，一个说书人的角色串起印度史诗《罗摩衍那》中的一段段故事。除了脸谱化的人物形象，哇扬戏还有一种特殊的道具——生命之树。当生命之树用在开场时，是在提醒观众，此刻我们就要进入神话世界了，结尾时生命之树再次出现，一进一出，令演出形式完整。

　　距离日惹约 18 千米的普兰巴南是一处由火山岩建造的印度教庙宇群落。三座主庙像三根笔直朝天的烧焦玉米，湿婆神庙牢牢占据正中的位置，神庙内共有 4 座神殿，分别供奉着湿婆、湿婆化身以及他的妻子和儿子。梵天神庙和毗湿奴神庙分立湿婆神庙左右，各自只有一座供奉本尊的神殿。

　　我去普兰巴南参观那天邂逅了一个名为"KAWS：假日"的展览。一尊 45 米长的粉红兔雕塑躺在草地上，三座神庙都成了它的陪衬。"KAWS：假日"曾到过长白山、香港、新加坡等地，巨物爱好者可以关注一下这个展览，说不定下一站就会来到你的城市。

作者推荐

　　日落之后，连接日惹火车站和王宫的那条街道异常热闹。摩托车的轰鸣声、马蹄的嗒嗒声、商贩的叫卖声，还有路边乐队的伴奏混合成一股股音浪，再加上烤串的香气，让你立刻感受到一种专属于东南亚城市的热情。

1. 佛殿中央的钟形圣物　2. 马蹄形的阿旃陀石窟全景　3.26 号窟的卧佛

4. 残缺不全的壁画　5. 参观阿旃陀的印度女孩　6. 佛祖立

玄奘听到
梵音的地方

阿旃陀 Ajanta

位于印度马哈拉施特拉邦
推荐旅行时间：1 天

1819 年某日，南亚次大陆某地，一队英国士兵正在崇山峻岭间狩猎。砰的一声，一只受伤的猛虎顺着陡峭的山路往山下狂奔，眼见它跨河渡涧，钻入对面山间一处看不出深浅的洞穴。当英国士兵在老虎失去踪迹的地方寻找时，有个士兵看到了藤蔓深处若隐若现的廊柱雕像。莫非那里藏着一座古庙？回营后，那个士兵把这件蹊跷事报告给长官，长官又说与当地藩王。藩王先是一怔，随后双目微合，暗自沉吟——看来那座传说中的佛窟真的存在。

藩王马上组织了一场发掘。当密不透风的荆棘藤蔓被清理后，一座震惊佛学界、美术界、雕塑界的艺术宝库重见天日。这一重大发现吸引了无数专家学者前来考察，学者们查阅古今典籍，只在一本中国唐朝人撰写的游记中发现了与此地有关的记载。这本游记就是玄奘写的《大唐西域记》。

638 年某日，玄奘游历南印度时途经这个佛窟群落附近的商道。他依稀听到山谷间传来钟鼓梵音，于是循声而去，翻过一座山，越过两条河，转过三处坳，一座香火缭绕的千年古刹终于出现在眼前。回到长安后，玄奘将沿途见闻转换为隽永文字，著成《大唐西域记》。该书第十一卷记载："叠岭连嶂，重峦绝巘……高堂邃宇，疏崖枕峰……精舍四周……巨细无遗，备尽镂镂……"这段古文可简单翻译为：从前有座山，地势很凶险。山里有座庙，庙里很漂亮。

这座被玄奘记载在书中、后被英国士兵发现的山间庙宇即为始建于公元前 2 世纪的阿旃陀石窟群。为何如此重要的佛教古迹却长久无人问津？这是因为在 8 世纪末期，随着佛教的衰落和印度教的再次兴起，阿旃陀石窟群的风头被新开凿的印度教石窟抢走了。

阿旃陀石窟群中共有 30 窟保存至今，其中 5 窟为佛殿（9、10、19、26、29 号窟），剩下的都是僧房。佛殿有穹形天顶，居于中央的是一座钟罩形石雕圣物，圣物内安放着佛祖舍利。僧房内设房间若干，有石床石枕，可以起到防暑降温的作用。

早期修建的石窟内并无端坐的佛像，因为原始佛教不允许将佛祖人格化。佛即是佛，无影无踪，法力无边。直到 2 世纪后，佛祖和菩萨的形象才在每一座石窟中或坐或立或躺。请一定不要错过 26 号窟的卧佛像。

阿旃陀石窟群中的壁画非常精美，比如你会在第 1 窟看到手持莲花的菩萨，以及菩萨身边神态各异的妇人和武士。

作者推荐

阿旃陀石窟群在 8 号窟附近有条小河，河上有座桥，过桥之后，沿着小路就能走到一个观景台，从那里可以看到完整的马蹄形山谷。

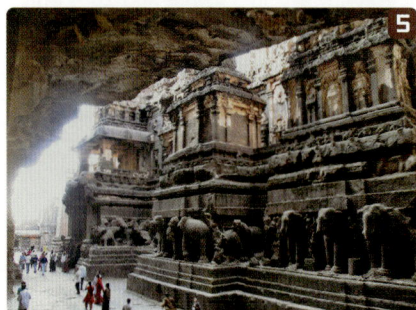

1. 住在神庙里的猴子　2. 凯拉萨神庙由一块完整的山石雕刻而成　3. 神庙顶端的石狮
4. 缺失鼻子的石象　5. 以仰角看凯拉萨神庙　6. 图案繁复的石柱

用整块大石雕刻的神庙

埃洛拉 Ellora

位于印度马哈拉施特拉邦

推荐旅行时间：1天

　　当阿旃陀佛教石窟群逐渐被嶙嶙山石和寂寂野草湮没时，一处印度教石窟则在热火朝天地开工兴建。这就是埃洛拉石窟群中的第16窟——凯拉萨神庙[1]。

　　凯拉萨神庙原本是一片坐东朝西的岩石斜坡。按照设计师的蓝图，7 000名石匠要把巨石雕刻成"美玉"，相当于把半座山凿成一座庙宇。如果硬要把这座石窟建筑归入某个艺术门类，其实它更像一座从外到内凿刻的雕刻作品，而不是一件从下到上建造的建筑作品。

　　工程分为两部分。在前70年，工匠们从大石顶端向下挖凿。他们凿出4只拧着身体耀武扬威的雄狮，凿出雄狮下的莲花台，凿出神殿内的神像、祭台和16根支撑神殿的石柱。在后80年，工匠们又在神殿下方凿出无数只鼻子朝外的大象，让它们做出托举着神殿的姿态，大象基座旁又凿出环绕神殿的回廊。

　　整个工期长达150年。虽然现在几乎所有大象的鼻子都已残缺折断，却一点儿都不影响整座神庙在艺术上的不朽。

　　传说中，凯拉萨是喜马拉雅山脉中的一座神山，是印度教三大主神之一湿婆隐居的地方。神庙刚刚建成的时候，四周都涂抹了一层白色石灰，用来表示皑皑白雪。

　　对比阿旃陀和埃洛拉，你会发现佛教与印度教造像有以下几点不同。

　　第一，人与非人的区别。佛教神像大多是以人类为模本进行雕刻，佛祖、观音都有唇耳口鼻。印度教神像大多由非人造型衍生而来，比如象神、猴神等。

　　第二，静态和动态的区别。佛教神像大多采用静态，姿势上或坐莲或垂手，表情上或凝神或闭目，让人心气平和，很快进入物我两忘之境。印度教神像大多采用动态，姿势上或挥拳或舞刀，表情上或愠怒或惊喜，让人顿觉生机无限。

　　第三，简单和复杂的区别。佛教洞窟内只有几样东西，想来佛祖平常也十分寂寞，只能闭目参禅。印度教洞窟内则瑰丽得让人眼花缭乱。湿婆有太多事情可做，与恶神打架，同众神狂欢，而且还有那么多狮子和大象围观。

　　埃洛拉石窟群不仅拥有印度教石窟（第13窟至29窟），还拥有12座佛教石窟（第1窟至12窟）和5座耆那教石窟（第30窟至34窟）。

　　观赏凯拉萨神庙的最佳位置是神庙旁的小山，那里有绕寺而建的空中回廊，游客可以从不同角度观赏这座人类雕刻艺术的瑰宝。

1. Kailasa Temple

旅行提示

　　从埃洛拉前往孟买的火车票一定要提前购买，否则就会像我一样，上车后不得不和另外5个浑身散发咖喱气息的印度兄弟一起挤在卧铺床底，我的头和他们的脚也像兄弟一样亲密无间。

1.莫高窟九层楼　2.玉门关　3.古长城遗址　4.魔鬼城　5.月牙泉

莫高窟
和雅丹魔鬼城

敦煌 Dunhuang
位于中国甘肃省西部
推荐旅行时间：4 天

敦煌所在位置刚好是丝绸之路南北两线从西向东进入中国后的汇合之地，各国商队和中国的探险家都在这里留下痕迹，于是你在莫高窟既能看到犍陀罗的造像艺术，也能依稀见到阿旃陀凿窟礼佛的影子。

当东征的亚历山大大帝来到南亚次大陆上的犍陀罗国时，古希腊的雕刻技术就被用来为佛祖造像，于是佛祖拥有了立体的五官，那高挺的鼻梁一看就是欧式的，连袈裟上的褶皱都被清晰地雕刻出来，最著名的犍陀罗造像就是已经被毁掉的巴米扬大佛。在莫高窟第 275 号特窟中，交脚菩萨（双腿交叉）和思惟菩萨（跷着二郎腿）的坐姿都与犍陀罗风格保持一致，而且两尊菩萨衣服上的褶痕都清晰可见。

莫高窟始建于 366 年，比阿旃陀石窟群晚了 500 年左右。不知开凿莫高窟的乐僔和尚按功能将石窟主要分为佛殿和僧房这两大类时，是否参考了阿旃陀石窟群的分类方式。在实际使用中，莫高窟僧房的功能逐渐退化，有的已经小到容不下僧人的一个转身。敦煌不仅风沙猛烈，而且冬日苦寒，石窟并不适合长居，不比阿旃陀石窟群地处终年炎热之地，住在石窟中反倒凉快一些。

相比阿旃陀，莫高窟壁画除了在内容上进行本土化改造，绘画技法也略有差异。阿旃陀通过明暗关系表现凹凸质感，而莫高窟通过色晕渲染呈现立体轮廓。

从敦煌向西，丝绸之路南线过阳关，经疏勒（今喀什）、葱岭（今帕米尔高原）前往中亚，北线过玉门关，经碎叶城（今托克马克），与南线在大宛（今费尔干纳）重新合拢在一起，再向西延伸至康居（今撒马尔罕）、波斯等地。

现在的阳关只剩下一捧黄土，号称春风不度的玉门关仍旧立在一片戈壁之上。

从玉门关继续西行，就到了罗布泊的边缘地带，这里曾是中国第二大咸水湖，现在已经干涸成一片死亡之海。

敦煌雅丹国家地质公园也在玉门关以西的戈壁之中，"雅丹"在维吾尔语中意为"拥有陡壁的山包"。这座地质公园还有个外号叫"魔鬼城"，一是因为这里到处都是风蚀而成的雕塑，让人很容易迷路，在这样的地方迷路，离死亡也就只剩一步；二是因为沙暴肆虐时，风声如猛鬼嘶吼，让人不寒而栗。不过，这说的都是从前，现在，身处国家地质公园内的魔鬼城不会让游客感到一丝恐惧，大家会在不同的风蚀雕塑前小声讨论，这个像舰队，那个像天外来客，大自然的魅力之一就是在造物时不拘一格吧。

作者推荐

鸣沙山和月牙泉构成一种"山泉共处，沙水共生"的奇景，除了敦煌，我只在秘鲁的依卡沙漠看到过这样的景观。

1. 通往帕米尔高原的天路　**2.** 喀什古城的高台民居　**3.** 峡谷中一条纤细的河流

4. 中国的西大门　**5.** 吉日尕勒　**6.** 慕士塔格峰

中巴友谊公路

喀什 Kashgar

位于中国新疆南部
推荐旅行时间：2 天

喀什是中巴友谊公路的起点。喀什旧称"喀什噶尔"，是"汇聚宝石之地"的意思。自古以来，这里不仅汇聚了宝石，也是丝绸之路上的重镇，在张骞出使西域的时代就已经有"市列"（市场中的店铺，出自《汉书·食货志》）了。走进喀什老城，如同走进中亚的某个城镇，难怪电影《追风筝的人》会选择在这里取景拍摄，展现书中描绘的阿富汗首都喀布尔。

中巴友谊公路还有一个名字，即喀喇昆仑公路，因为这条公路要翻越喀喇昆仑山脉。它是世界第二高的山脉，与南边的喜马拉雅山脉和北面的昆仑山脉几乎平行。

喀什的平均海拔不到 1 300 米，中巴友谊公路要像爬天梯一样逐级升高到海拔 4 000 多米。随着高度的上升，四周的景色也在飞速变化，从光秃秃的黑色山石变成纯白色的雪山和冰川。海拔 7 649 米的公格尔峰和海拔 7 530 米的公格尔九别峰是路边最高的"两兄弟"，可它俩的知名度远不及"三弟"慕士塔格峰（海拔 7 509 米），后者坡度较缓，在全世界海拔超过 7 000 米的雪山中是比较容易攀登的一座，很多想挑战珠穆朗玛峰的登山者都会先来攀登慕士塔格峰以检测自己的体能状况。

即使你不打算登山，只是从山脚下经过，慕士塔格峰和喀拉库勒湖组成的风景也能让你感叹自然景观之壮阔。

在经过海拔 4 500 米的苏巴什达坂后，你就正式踏上了帕米尔高原。

塔什库尔干是一路上规模仅次于喀什的城镇，你可以在这里住一晚补充体力，第二天再前往红其拉甫口岸。不过，后一半路经常封闭，出发前要先打探清楚。

海拔 4 733 米的红其拉甫是中国的西大门，也是全世界海拔最高的边境口岸。在这么高的地方，你连续快走几步就会气喘吁吁。红其拉甫这个名字有"死亡谷"的意思，因为这里的空气含氧量只有低海拔地区的一半，而且常年狂风大作。来这样的地方走一遭，还真有点儿危险。红其拉甫口岸对面就是巴基斯坦，你不仅能看到界碑，还能看到守护国门的两国士兵。

穿过红其拉甫口岸之后，中巴友谊公路还将延续 600 多千米，最终抵达巴基斯坦的塔科特[1]。

1. Thakot

作者推荐

在前往红其拉甫的路上，有个土堆状的建筑物立在塔什库尔干河岸边。可别小看这个土墩子，它可是旧石器时代的遗存，叫作吉日尕勒，这个词在塔吉克语中有"驿站"的意思。吉日尕勒已经在这里默默守候了一万年。

1. 石头城上碉楼形状的凸起　2. 土坯基座　3. 金草滩　4. 叼羊比赛　5. 抓肉
6. 雄鹰是石头城的标志

通达东西的石头城

塔什库尔干 Taxkorgan

位于中国新疆帕米尔高原

推荐旅行时间：3 天

塔什库尔干（以下简称塔县）在维吾尔语中意为石头城。塔县位于帕米尔高原东端，这里也是丝绸之路上的重镇，张骞、玄奘、马可·波罗等不同时期的中外旅行家都曾在这里跨时空相会。

石头城至今犹在，就在县城以北步行可到的地方。玄奘在《大唐西域记》中把它描述为"都城基大石岭，背徙多河"，是说石头城建在一处石岗之上，背靠的徙多河即为现在的塔什库尔干河；"山岭连属，川原隘狭"是说四周高山连绵，谷地平原比较狭窄；"谷稼俭少，菽麦丰多"是说这里农作物种类较少，以豆类、青稞为主。这样的描述即使放到今天，仍旧与塔县的地形及物产特征高度吻合。

《大唐西域记》用客观平实的笔触记录了西域各国的宗教、民俗和文化，《西游记》则在此基础上，虚构出车迟国、女儿国、比丘国等西域之地，这可能是艺术来源于生活的另一种表现。

现在的石头城只剩下土坯基座，周长在 1 300 米左右，可以看到突出于墙体的马面（或称为墩台）和一些碉楼形状的凸起。最好在清晨来，你能看到石头城所在的石岗下有片金草滩，草滩被银链一样的河面分割缠绕。对牛、马、羊来说，这片草滩犹如天堂。你可以沿着栈道走入草滩深处，抬眼望，雪山在天边；低头看，牛羊在眼前。

帕米尔高原古称葱岭，生活在这里的塔吉克族以"帕米尔雄鹰"自居。他们自创的鹰舞为国家非物质文化遗产，经典动作就是拧腰躬身，双臂后举，如雄鹰翱翔天际。

在塔县可以看到叼羊比赛。牧民分成两队，骑在高大壮硕的牦牛上，为了一只羊而展开竞争。不过，骑牦牛叼羊只有在大型节庆或婚礼上才能看到，日常叼羊比赛就用骑马来代替。比赛开始后，两队人马踢沙踏石，争抢一只已被掏空内脏的白色羊羔，四周的欢呼声此起彼伏。双方既比力量，又比技巧，还比勇气，没有丰富的骑马经验，估计都没机会上场。

无论哪支队伍取得胜利，等到晚上，所有人都可以共享一顿烤全羊大餐。据说，由于草原上气候恶劣，一旦遭遇暴风雪，牧民就要把羊羔提到马背上带回家，慢慢就形成了叼羊比赛。

作者推荐

塔吉克族待客热情，餐桌上美食丰富，从烤馕到无花果干，从秘制酸奶到手抓饭，应有尽有。塔吉克族把抓肉称为"乌尔西"，先把羊肉切块，再放到冷水锅里，通过加热去除血沫，最后小火慢炖出锅。切肉用的英吉沙小刀就产自喀什南边不远的英吉沙县。

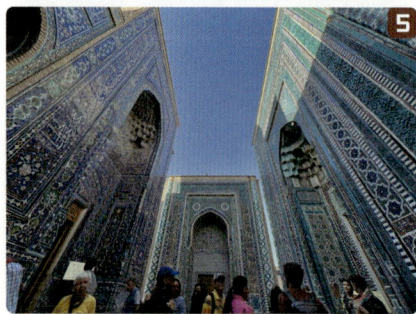

1. 帖木儿的陵墓　**2.** 列吉斯坦广场　**3.** 吉利亚 - 科里神学院　**4.** 坐在龙舟上的武则天

5. 沙希 - 津达　**6.** 舍尔 - 多尔神学院拱门上的狮子图案

撒马尔罕的金光大道

撒马尔罕 Samarkand
位于乌兹别克斯坦西南部
推荐旅行时间：3 天

20 世纪初，英国诗人詹姆斯·弗莱克曾写下这样的诗句：本不当知的欲望，驱使着我们，走上通往撒马尔罕的金光大道。

不知曾有多少人被这句诗催促着打点行装，开启一场前往中亚的旅行。虽然"金光大道"并非有形实体，只是用来形容实现愿望的美好过程，但我的确在撒马尔罕找到了两间黄金屋。一间是帖木儿的陵墓。现在的撒马尔罕其实是帖木儿在废墟上重建的，新城的景观远胜旧城。另一间是吉利亚-科里神学院中的清真寺，吉利亚-科里是"镶金"的意思。清真寺的天花板上贴着一层金箔，精雕细琢的金色穹顶会让人产生轻微的眩晕。

吉利亚-科里神学院与在它左邻右舍的舍尔-多尔神学院、兀鲁伯神学院（兀鲁伯为中世纪学者、天文学家、诗人和哲学家）组成了中亚的著名地标景观列吉斯坦广场。三座神学院拥有相似的外观，三道高大的拱门呈品字形排布，再与各自的侧翼及宣礼塔连在一起，显得神圣又庄严。只是在舍尔-多尔神学院拱门上方装饰的两头狮子显得有点儿调皮，冲淡了肃穆的氛围。兀鲁伯神学院由帖木儿的孙子兀鲁伯建造，建造时间比列吉斯坦广场的另外两座神学院早一些。你可以在拱门上方看到星辰的图案，这是因为兀鲁伯是一位天文爱好者，在神学院内的博物馆里还能看到他的塑像和一架望远镜摆在一起。拱门背后为神学院的学生宿舍，现在变成了售卖旅游纪念品的摊位，所售商品大同小异，地毯、瓷碟、冰箱贴、镶嵌画上的图案都与列吉斯坦广场的前世今生有关。

在帖木儿重建撒马尔罕之前，这座城市的历史就已长达千载。东征至此的亚历山大大帝曾感叹："关于马拉干达（撒马尔罕的旧称），我听说过的一切都是真实的，它比我想象的更漂亮。"成就这座城市的，是它得天独厚的地理位置。撒马尔罕位于中亚的十字路口，往东可到中国，往南可到印度，往西则通往波斯及更远的地方。早期的国际贸易让这座城市变得富庶，这从一幅 7 世纪的壁画上就能看出来。这幅壁画在城郊一处名为阿夫拉西阿卜[1]的遗址中。在这幅残存的壁画正中，是当时撒马尔罕的统治者拂呼缦，在他的身边，有骑马而来的突厥人，有拎着蚕茧的东土大唐人，还有举着宝盒和项链的新罗人等。壁画的面积很大，占据了三面墙，在进门右手边的墙上还画着坐在龙舟上的武则天。

1. Afrosiab

作者推荐

沙希-津达（Shah-i-Zinda）由一条陵墓大道和 44 间墓室组成，是世界上最美的陵墓之一。每间墓室的内外墙上都镶嵌着蓝色的瓷砖。我是在黄昏时分来到这里的，瓷砖被金色的暖阳照耀着，蓝底之上多了一层黄，就成了青色，这种视觉效果让"青出于蓝而胜于蓝"这个成语又恢复了原本的意思。

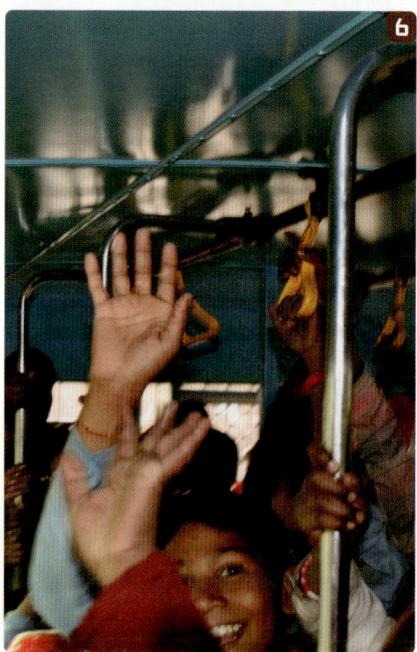

1/2. 泰姬陵　3. 路边摊　4. 亚洲最大的穹顶拱门　5. 潘其玛哈宫
6. 在阿格拉坐公交车

最美的陵墓

阿格拉 Agra

位于印度北方邦

推荐旅行时间：3 天

1631 年的一天，莫卧儿王朝第五代帝王沙·贾汉的妻子因难产而生命垂危。她对丈夫说："如果我死了，你仍旧爱我的话，请为我建造一座世间最美的陵墓。""好！"深爱妻子的国王毫不犹豫地答应了。痛苦往往是人类潜能的催化剂，在沙·贾汉最悲痛的时候，一座世间最美的陵墓也在他的心中有了雏形。

1632 年的春天，阿格拉的百姓发现有运石船在亚穆纳河边日夜倾卸大理石石块。不久，他们中最优秀的泥匠、瓦匠、花匠、石匠都被国王征用。2 万余人，22 年时间，国王终于兑现了他的承诺。

泰姬陵属于典型的穆斯林陵墓建筑。正四面体结构，中心对称，四周有石柱卫护。陵墓外立面用各种宝石拼贴出《古兰经》经文，经文字号被设计成上大下小，人们仰视颂读时会感觉字号上下一致。四根石柱向外倾斜微小角度，一旦发生地震，石柱不会向内倒塌损伤陵墓。

观赏泰姬陵的最佳视角是从远端观景台上平视，近景是百合与月季组成的花圃，中景是两排常青的林木，一条笔直的水带穿过林木中间，端坐于远方高台上的就是那座世间最美的陵墓。

走进陵墓正门，中央安放的是国王与泰姬的两具石棺，他们终于可以依偎在一起。

泰姬陵旁有条小河，河对岸杂草丛生，荒芜一片。按照国王最初的梦想，对岸本应另建一座陵墓，结构样式与泰姬陵完全一样，只不过泰姬陵是纯白色的，而国王为自己建的这座则是纯黑色的，两座陵墓之间用一座黑白相间的石桥连接。可惜后来国王被篡权的儿子幽闭至死，这个完美得像童话一样的梦想最终没能实现。

除了泰姬陵，阿格拉还有绛红色的阿格拉堡，以及距离阿格拉 40 千米的胜利之城 [1]，这里曾短暂地作为莫卧儿王朝的首都。

胜利之城的建筑群由清真寺和皇宫两部分组成。清真寺正门高达 54 米，直到现在，它仍是亚洲最大的穹顶拱门。比起清真寺的巨型拱门，皇宫的入口显得十分逼仄，断壁残垣挡住了视线。往里走，人们才会发现残破的只是门口的屏风，里面是造型百态的亭台、精纹细饰的楼阁，它们以永恒的凝固，与日的阴晴、月的圆缺互相打磨。潘其玛哈宫 [2] 无疑是皇宫中最华丽的建筑，上下 5 层，共由 176 根石柱支撑，最上面一层用 4 根石柱支撑起一座白色小亭。据说每到夏日傍晚，国王就喜欢坐在顶层的小亭里仰望天空。

1. Fatehpur Sikri 2. Panch Mahal

作者推荐

推荐住在泰姬陵南侧的泰甘吉区（Taj Ganj），在那里，一些客栈的天台被改造成可以观赏泰姬陵的露天餐厅。

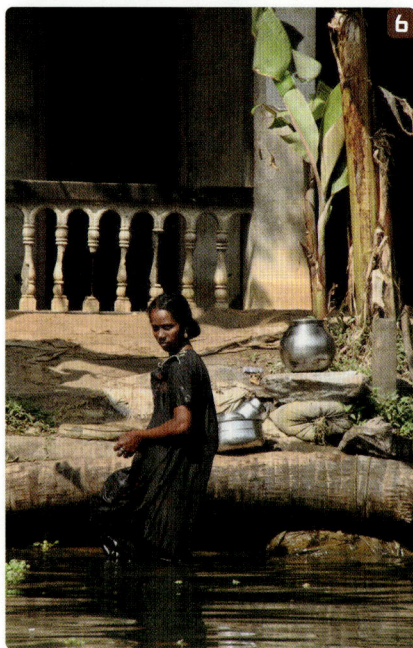

1/2/3. 在椰林水巷中航行的船屋　4. 船屋上提供的午餐　5. 一群鸭子挡住了船屋的路
6. 生活在椰林中的当地村民

椰林飘香

阿勒皮 Alleppey

位于印度南部喀拉拉邦

推荐旅行时间：2 天

　　美国《国家地理》杂志曾选出"一生必去的 50 个地方"，印度有两个地方入选，一个是泰姬陵，另一个就是喀拉拉邦[1]。"kerala"有"椰子之乡"之意，椰林水巷[2]就是这种自然风光的典型代表。

　　阿勒皮通常被当作椰林水巷的入口。所谓椰林水巷，就是在椰树林中开凿出无数条或宽或窄的运河，总长度超过 900 千米，如同街巷里弄，也满足了当地居民的出行需求。

　　游览椰林水巷有几种方式，其中之一是乘坐只走长线的大船，这种船可以容纳几百人，也因为船体巨大，无法驶入水巷中的狭窄航路。虽然独木舟可以完美解决这个问题，但它的缺点也一目了然，那就是划不了太远。

　　最受欢迎的游览方式是租一艘船屋。船屋有大有小，即使是最小号的也分为前、中、后三个舱位。前舱就像会客厅，摆着竹椅和餐桌，舵手坐在船头控制方向；中间是客舱，除了一张大床，还内置了一个简易厕所，厕所上方悬着花洒，直接从河中抽水；后舱是厨房。大号船屋体形巨大，有的配备了中央空调，其中最豪华的几艘被当地人称为水上宫殿。无论船屋大小，造船材料都取自当地的椰树。椰树纤维的韧性极高，用椰绳把椰树的树干绑扎在一起，船屋就成形了。椰树不仅可以用来建造船屋，还是当地的经济支柱，椰汁可当饮料，椰青可为水果，椰壳可作容器，也算物尽其用了。

　　椰树下是已有上千年历史的村寨。村民们在岸边捕鱼、洗澡、晒衣，看到相机镜头时也不会闪避，看来早已习惯自己的生活成为椰林水巷风景的一部分。"扑通扑通"的声音不时传来，那是熟透的椰子落入水中发出的声响。两船交错时的场面最惊险刺激，两边的船长和舵手都起哄般喊着口号，两艘船却总能在几乎相撞的瞬间有惊无险地分开，船上的乘客都被吓出一身冷汗，又不禁叫一声好。这应该是船夫们捉弄游客的把戏。

　　落日像一团血红色的火焰，椰树、河水、鸟群都被照亮了。所有船屋都不在夜间航行，各自停泊在椰林边。

　　晚餐后，你可以坐在船头仰望星空，不过防蚊工作一定要做到位，否则你会发现自己的大腿和手臂上到处都是红色的"星星"。

　　到了晚上，船员可能会邀请你到村寨中参观，还会请你喝他们自己酿制的椰子酒，酒液呈混浊的白色，有股淡淡的椰香。这款酒要是放在酒吧里，一定会被叫作"椰林飘香"吧。

1. Kerala　2. Back Water

旅途随感

　　随着可供选择的交通方式越来越多，这个星球上任意两点之间的距离就跟橡皮筋一样富有弹性，无论天边还是眼前，似乎都是在一念之间。

1. 水上市场　**2.** 撑伞的印度明星　**3.** 船上装满热带水果　**4/5.** 泰国版椰林水巷

6. 美功铁道市场

水上市场

丹嫩沙多 Damnoen Saduak

位于泰国中部

推荐旅行时间：半天

很多旅行者喜欢到那些"生面孔"国家的市场里逛一逛，美其名曰这是了解当地人生活的一扇窗。拿泰国的丹嫩沙多水上市场来说，这里不仅深受游客喜欢，还是很多电影的取景地，比如《007之金枪人》和《人再囧途之泰囧》。这个市场太有泰国特色了，挤挤挨挨的小船里装满五颜六色的热带水果，如红毛丹、龙眼、杧果、波罗蜜、香蕉、山竹等，就像给小船刷上了不同颜色的油漆，哪怕一口还没吃，眼睛就先被色彩"喂饱"了。我去丹嫩沙多那天，正好遇到一个印度摄制组，盛装打扮的女明星独坐船中，还撑着一把红油伞，开拍前助理不停地帮她补妆。

丹嫩沙多距离泰国首都曼谷约100千米，每天早晨，当满载游客的旅游大巴到达时，水上市场就迎来了最繁忙的时刻。市场中心区的那条河道被大大小小的船只塞满，几乎看不到船下的水面，如同陆地行舟。每条船都以趋近于零的速度移动着，游客却不以为意，正好可以从容地挑选水果。不仅运河中热闹，岸边的小吃摊也都生意兴隆。泰式米粉店的翻台率最高，米粉沉在暗红色的浓汤中，上面铺着鸭血、肉丸、肥肠等浇头，汤底还可以换成酸辣口味的冬阴功汤。

我去过3次丹嫩沙多，时间跨度长达10年，最近一次去时，我发现一些船上增添了遮阳顶棚，这里的空气依旧是热的，也是热闹的。有一次，我让船夫将船划到市场外围的运河中，眼中的缤纷和耳中的吵嚷迅速被绿色和宁静取代。河边有很多木头房子，连接着自建的码头，到处是棕榈树和椰树，映在水中一片碧绿。运河上的人家、木桥和棕榈树，让我恍惚以为回到了喀拉拉邦的椰林水巷。

美功铁道市场距离丹嫩沙多约20分钟车程。这个市场一看就是面向本地人的，卖的都是游客不大会买的水产和肉类。卖鱼的大叔将一条条鲶鱼化整为零，然后把鱼头和鱼身各自放到铁盘中分开卖；卖肉的大妈一边数钱一边轰苍蝇。火车每天8次穿过这个市场，间隔30分钟到2个小时不等。火车经过时，商贩们不慌不忙地将遮阳的篷布收起来，但售卖的货品依旧摆在铁轨旁边，这让我脑子里出现了一幅火车驶过时菜汁飞溅的画面。这纯属我多虑了，虽然火车车身比铁轨宽很多，但与地面还隔着一段距离，刚好给菜筐和鱼盆留下藏身之所。火车驶过后，篷布被重新拉下，铁道市场迅速复原。

作者推荐

乍都乍周末市场（Chatuchak Weekend Market）位于曼谷北郊，是世界上最大的跳蚤市场，共分为30个区，从古董到花鸟鱼虫，从二手《孤独星球》到泰国乐器，应有尽有。在乍都乍的中文地图上，第30区被翻译为"零碎"，就是将所有无法归类的货品归了类。

1. 旌善阿里郎表演　2. 高丽参　3. "朝鲜半岛地形图"　4. 束草的海边　5. 鱼肉刺身拼盘
6. 生吃章鱼

五日集市

江原道 Gangwon-do

位于韩国东北部

推荐旅行时间：4天

在江原道的旌善，只要是日历中带有"2"和"7"的日子，都会举办一场五日集市，不仅有远近乡民带着自家的土特产到集市上售卖，还有喜欢凑热闹的首尔人和游客专门坐火车前来赶大集。

最受欢迎的土特产有山蓟菜、蘑菇、高丽参等。干蓟菜泡发后可以和甜辣酱一起拌米饭吃，山蓟菜还可作为主食，以前发生饥荒时，当地人就会上山寻找山蓟菜来充饥。新鲜的蘑菇被切成可试吃的小块，便于买家品尝。高丽参的包装非常原生态，盒子里填满泥土，再把高丽参埋在土里，标签上会注明品质和产地。高丽参可增强人体免疫力，但吃多了会上火流鼻血。品尝特色美食也是人们前往五日集市的动力之一。除了蝌蚪面和炒米饼，我最喜欢的是韩式烤鳗鱼，一整条鳗鱼不一会儿就被烤成金黄色，吃起来可比小打小闹的鳗鱼饭过瘾多了。

在韩国，不同版本的阿里郎一起入选了世界非物质文化遗产，官方评语中提到的阿里郎则专指旌善阿里郎，讲述了一对恋人因为阿乌拉吉江的阻隔而无法相见。在五日集市上，那些身穿黄袄粉裙的韩国大妈会为游客表演这段凄美的爱情故事。

江原道多山，到了冬天就成了一座天然滑雪场，这也是2018年冬奥会选在江原道的平昌举办的原因。即使在别的季节来江原道，你也能参加很多十分刺激的户外项目。江原道北部的河流十分湍急，夏天可以在河中漂流或玩皮划艇。距离旌善不远的仙岩村有一条从山顶到山脚的滑索，滑行时一定不要错过左手边的风景，那是一座被西江水环绕的小岛，看起来就像缩小版的朝鲜半岛，因而被称为"朝鲜半岛地形图"。

束草位于江原道最东边，再往东就是太平洋了，很多韩国人会选择在新年第一天来这里迎接东升的旭日，游客则大多是被束草的海鲜吸引而来。水产市场的中央即是海鲜食肆，你可以从一缸缸活鱼中选择自己喜欢的那条，拿下去再端上来就变成了一大盘生鱼片，边角料也不会浪费，统统变成鱼骨汤。韩式海鲜的吃法和韩式烤肉一样，主菜边摆着七八碟免费的小食，包括辣酱、蒜瓣、青菜、小海螺等。活虾也是一道特色菜，剥皮后连一丝黑线都看不到，而且虾肉是甜的。章鱼同样可以生吃，切断的爪子在神经元的刺激下会乱动，即使吃到嘴里，你也能感受到它们挣扎的力量。不过这道菜有点儿危险，每年都会有人因被章鱼的吸盘吸住喉管窒息而死，点这道菜前要三思。

旅途随感

品尝到异域美食，不亦乐乎；雨后见到彩虹，不亦乐乎；最后一分钟赶上火车，不亦乐乎；邂逅投脾气的朋友，同样不亦乐乎。旅行正是由许许多多不亦乐乎的时刻组成。

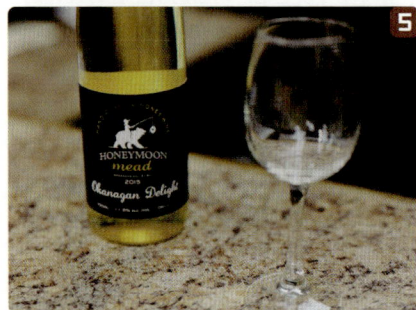

1. 头戴鹰羽冠的原住民酋长雕塑　2. 响尾蛇伺机而动　3. 被原住民视作药湖的斑点湖

4. 挖西洋参　5. 手工酿造的蜂蜜酒　6. 太平洋红鲑洄游

第一民族的传统生活

奥索尤斯 Osoyoos

位于加拿大不列颠哥伦比亚省

推荐旅行时间：3 天

奥索尤斯紧挨着美国和加拿大之间的国境线，拥有加拿大唯一的沙漠景观。早在那条笔直的国境线出现之前，北美洲的原住民就在这里安营扎寨了。加拿大的原住民自称"第一民族"，虽然这个名称在法律上与印第安人同义，但最好不要用印第安人来称呼他们，这会被他们视为一种冒犯。

你可以在因克米普沙漠文化中心[1]了解第一民族的生活。他们大多以游牧为生，住在拆装方便的帐篷里，这种帐篷是圆锥形的，顶端有个开口，用来通风和排烟。他们会把树枝上的尖刺拔下来拗成鱼钩钓鱼，用细长的松枝编篮筐，用木棉树的树干制作独木舟。对旅行者来说，因克米普沙漠文化中心展示了当地的风土人情；对第一民族来说，这家文化中心还有另一重功能，那就是告诉那些从小离开父母去寄宿学校学习现代文化的第一民族儿童，不要忘记自己从何处来。

沙漠文化中心还立着一尊酋长雕塑，他身骑骏马，头戴鹰羽冠，在当地，鹰羽冠是勇气的象征。这里还生活着比第一民族更古老的原住"民"——响尾蛇，这种在沙漠中以 S 形"行走"的毒蛇有极强的毒性，一条响尾蛇的毒液能让 9 个成年人命丧黄泉。

奥索尤斯有一个颇具草间弥生风格的斑点湖。斑点的边界其实是矿物质经阳光暴晒后形成的结晶，其中包括硫酸钠、银、钛等成分。第一次世界大战中，湖中的矿物质被用来制造弹药。斑点湖是一片盐碱湖，鼎盛时期每天的产盐量可达 1 吨。在第一民族看来，斑点湖是神圣的药湖，湖水可以杀菌，把湖泥抹在身上还能治疗某些皮肤病，如牛皮癣和脚气。

不过，在第一民族的"药箱"中，西洋参才是压箱底的灵丹妙药。《本草纲目拾遗》中有关于西洋参的记载："味类人参，惟性寒。"现在，西洋参已被证明拥有降血糖、保护心血管、镇痛散热等功效。奥索尤斯所在的不列颠哥伦比亚省有不少西洋参生产基地，一般来说三至五年生参根效果最好，可以切片，也可以磨成粉末制成胶囊服用。

奥索尤斯位于奥卡纳根河谷[2]的最南端，河谷两岸是加拿大葡萄酒的主产地之一。继续向北，就到了亚当斯河[3]，这里是太平洋红鲑的出生地。每到 4 年一次的洄游大年，几百万条红鲑逆流而上，河流仿佛被染成了鲜红色。第一民族给这种鱼起了一个更形象的名字——血鱼，并把它纳入自己的食谱。

1. Nk'Mip Desert Cultural Centre　2. Okanagan Valley
3. Adams River

作者推荐

秋天是丰收的季节，你可以在奥卡纳根河谷边的戴维森果园（Davison Orchards）采摘苹果，还能喝到果园自酿的蜂蜜酒。如果想看红鲑产卵，你可以去亚当斯河流域范围内的罗海布朗省立公园（Roderick Haig-Brown Provincial Park）。

1/2. 欧文桑德的秋色　3. 鲑鱼逆流而上　4. 万圣节将至　5. 印有白求恩医生头像的 T 恤衫

鲑鱼洄游

欧文桑德 Owen Sound

位于加拿大休伦湖边

推荐旅行时间：2 天

白求恩医生在欧文桑德念完了大学预科，这恐怕是我唯一能找到的一个中国旅行者和一个加拿大城市之间的联系。虽然这种联系看起来微弱而遥远，但寻找交集正是了解一个陌生目的地的方式之一，可以天然拉近一些距离。

欧文桑德市内有座公园，每当秋天来临，这里的每棵树都顶着火红的树冠，就像刚染了最新一季的时髦发色。公园里有条小溪，一脚踩下去，溪水也就刚没过膝盖。就在这浅浅的小溪里，几条深灰色的大鱼正逆流而上，鱼背上散布着黑色的斑点，有的在水中缓慢地游着，有的已经翻起肚皮。

这些都是从湖区游来的鲑鱼。它们通常在产卵后死亡，幼鱼以父母的尸体为养料，长大后顺流进入大海，在生命结束前再逆流回到生命的起点，颇有一种叶落归根的味道。大家都说鱼的记忆只有 7 秒，为什么鲑鱼能准确记住回家的路？生物学家这样解释：鲑鱼的脑细胞中含有微量铁元素，能够精准感知磁场变化，它们会根据这种变化寻根溯源。不过，河道的天然落差给鲑鱼洄游造成了很多阻碍，因为在有落差的地方，水流速度陡然加快，鲑鱼要想游到上游水域，就得拧着身体对抗水流的冲击。我亲眼看到 4 条鲑鱼做着相同的尝试，但其中 3 条都失败了。在漫长的洄游之路上不知还有多少这样的阻碍，而且，熊和鹰也有可能让这条回家的路戛然而止。在一对鲑鱼每次产下的上千枚鱼卵中，最终只有少数可以回到家乡。这就是自然法则，永远会残忍地淘汰大多数，也永远会慈悲地放出一条生路。

鲑鱼的一生颇有一种宿命的意味，其实旅行者的一生又何尝不是如此，只不过微量的铁元素被替换成一代代遗传下来的基因片段。人类的祖先都是旅行高手，直到现在，很多民族仍旧延续着这种远行的基因，比如在天山南北逐水草而居的哈萨克族，游走在欧洲各地、以卖艺为生的吉卜赛人，骑在驯鹿上的鄂温克族，生活在西亚沙漠中的贝都因人……另一些人则习惯了安稳的生活，在医疗、住房、教育、养老、法律、金融等体系的保障下，一代代安居乐业。两种生活方式并无好坏之分，只是不同的人做出的不同选择罢了。

我自然更喜欢那种每天都不一样的生活，喜欢身体里流淌着最新鲜的血液，即使长年累月跋山涉水，我也乐此不疲。我知道世界上还有很多人和我一样，所以并不觉得孤单。

旅行提示

在加拿大钓鱼需要提前购买钓鱼证，如果你只想体验一下钓鱼的乐趣，购买一天的钓鱼证（沃尔玛超市有售）即可。此外，加拿大渔业法规还严格限制了可钓的鱼类和能够带走的数量。

1. 抵达瑟灵安岛　　2. 正在下蛋的母海龟　　3. 海龟孵化基地　　4. 浅水区的青环海蛇

5. 小海龟爬向大海　　6. 海龟蛋

海龟的家园

龟岛 Turtle Islands

位于马来西亚沙巴州

推荐旅行时间：2 天

龟岛国家公园由三座相邻的小岛组成，瑟灵安岛是其中唯一一座允许游客上岛参观的。

上岛之后，你首先会看到一个接待大厅（兼餐厅），大厅的门头上有一块电子公告牌，上面显示着前一天有多少只母海龟登陆，以及它们一共下了多少蛋。接待大厅后面是一片空地，看起来绿油油的，像一片菜园。其实这里是小海龟孵化基地，绿色的是纱网，可以避免小海龟成为蜥蜴或海鸟的野餐。

由于海龟只在天黑之后登陆，白天就成了游客的自由活动时间，可以去浮潜、环岛徒步，还可以坐在岛屿西边的海滩上看日落。岛上有一座小型博物馆，只在日落时开放。你可以在这里了解到海龟长达 1.85 亿年的演化史。最初，海龟有 30 个亚种，现在只剩下 7 个。自从人类在这里出现之后，海龟的数量进一步减少，这是因为海员和渔民发现，海龟肉和海龟蛋的营养非常丰富，于是大量捕捞。现在的海龟属于珍稀物种，于是人们在瑟灵安岛上设立了保护站。

晚餐结束后就是漫长的等待，谁也无法准确预测第一只海龟登陆的时间。当工作人员到接待大厅告知游客海龟开始登陆时，人群中迅速漾起一阵兴奋，随后大家快速朝海滩走去。

母海龟上岸后做的第一件事是筑巢，通常会挖一个直径一米多、深度半米的沙坑，然后趴在坑里下蛋。纯白色的海龟蛋又圆又亮，就像刚出锅的汤圆。工作人员把海龟蛋收集起来，一窝大概 100 颗。在不会打扰海龟的红外灯照射下，你会看到海龟妈妈在流泪，其实它们是在清洗挖坑时落入眼睛里的沙子。

接下来，游客跟随工作人员前往孵化基地，工作人员将海龟蛋放入提前挖好的深坑，填上沙土之后，还要插一块牌子，上面写着海龟的种类、当天的日期和海龟蛋的数量。

孵化过程约为 60 天，显然大多数游客不会在岛上再住两个月，不过可以观看刚孵出来的那窝小海龟与这个世界的第一次拥抱。

此时，龟岛游进入最后一个流程。游客再次来到海滩边，工作人员把一篮子当天出生的小海龟往沙滩上一倒，小海龟们就奋力地朝大海爬去。不知它们怎么辨别大海的方向，是看到了海面反射的星光，听到了海风的声音，还是嗅到了海水的气味？也许这是一种本能，海龟妈妈也是凭借这种本能从深海回到家乡，海龟爸爸则不必返乡，它们去环游世界了。

作者推荐

第二天清早，游客可以在沙滩上看到海龟妈妈迈着蹒跚的脚步爬向大海，它们爬得异常缓慢，毕竟挖坑和下蛋都非常耗费体力。它们触碰到海水的刹那，沉重的壳不再是负担，它们挥舞四肢，就像飞起来一样。

1. 顶着圆壳的象龟　2. 孤独的乔治　3. 脸都吃成了青绿色　4. 其貌不扬的海鬣蜥

5. 从盐腺中喷出海水　6. 威风凛凛的陆鬣蜥

孤独的乔治

圣克鲁斯岛 Santa Cruz Island

位于厄瓜多尔的加拉帕戈斯群岛

推荐旅行时间：2 天

加拉帕戈斯象龟是世界上体形最大的陆龟。该群岛上原本生活着 15 种象龟，现在只剩下 11 种。对于象龟的逐渐消亡，人类"功不可没"。达尔文曾在游记里写道，一艘军舰上的船员只用了一天时间就捕捉到 200 只象龟，由于象龟不吃不喝也能活好几个月，它们便成了漫长航行中的优质蛋白质来源。达尔文也尝过龟肉，他说："把龟的胸甲连肉一起烤熟，味道异常鲜美。"

象龟原产于美洲大陆，它们随漂流瓶一样的浮木来到加拉帕戈斯群岛，这个过程至少需要 2 个星期。爬行动物可以长时间不吃不喝，因而能熬过喝不到淡水的 2 个星期，如果换成哺乳动物，早就渴死在半路了。

现在的圣克鲁斯岛上建有一座象龟养育中心，负责象龟从孵化到长壳，再到放归自然的整个流程。象龟的孵化期长达 120 天，几乎是海龟的 2 倍。孵化室内的温度恒定，这直接决定了象龟的性别，雄龟会在约 28℃ 的环境中出生，与雌龟匹配的温度要高一些，约为 29.5℃。

象龟按照龟壳形状主要分为圆壳和马鞍壳两种。在西班牙语中，"Galápagos"就有马鞍的意思。圆壳龟主要生活在湿润地带，低头就能吃到长在地表的植物；马鞍壳龟生活在干旱地带，需要仰头才能吃到头顶的仙人掌。

平塔岛上的最后一只象龟在 2012 年离世，即便生物学家想尽办法帮它繁衍后代，这个美好的愿望最终还是落了空。人们将这个可怜的单身汉称作"孤独的乔治"，你可以在象龟育种中心看到它的标本。

许多野生象龟生活在圣克鲁斯岛的高原牧场。牧场里大大小小的水塘是象龟最喜欢待的地方，通常一泡就是好几天。沿着一条被游客踩出来的小路往前走，你可以看到各种状态的象龟，比如吃草的、交配的、赶路的。

除了象龟，你还能在圣克鲁斯岛看到两种钝嘴鬣蜥——海鬣蜥和陆鬣蜥。海鬣蜥其貌不扬，达尔文形容它是丑陋的、乌黑色的、笨拙的动物。这种鬣蜥是世界上唯一能够在大海中觅食的蜥蜴，海藻是它的主食。

陆鬣蜥在圣克鲁斯岛上的栖息地叫龙山，那里盛产陆鬣蜥的主食仙人掌。陆鬣蜥的体形比海鬣蜥大很多，身上布满橙黄色的鳞片，从脖颈到尾巴的整条脊柱上长满背刺，显得威风凛凛。我曾与一只陆鬣蜥对视良久，恍然之间以为它是一条龙。

作者推荐

象龟育种中心是圣克鲁斯岛上的查尔斯·达尔文研究站的附属机构，研究站里有两尊达尔文雕像，一尊是采集标本时的青年达尔文，一尊是发表《物种起源》时的中年达尔文。加拉帕戈斯群岛与达尔文可以说是相互成就。

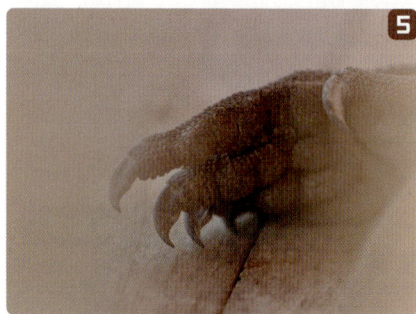

1. 正在打架的科莫多龙雕塑　2. 躲在凉亭里避暑的科莫多龙　3. 向导的武器

4. 现实版的侏罗纪公园　5. 科莫多龙的爪子　6. 一条正在搜寻猎物的雌性科莫多龙

现实版
侏罗纪公园

科莫多 Komodo

位于印度尼西亚努沙登加拉群岛

推荐旅行时间：2 天

科莫多巨蜥是世界上体形最大的蜥蜴，成年雄蜥体长可达 3 米，体重可达 100 千克，四肢粗壮，走起路来"地动山摇"。科莫多巨蜥身披暗褐色的角质鳞片，愤怒时可以用两条后腿支撑起全身重量，站着撕咬对手，就像电影里的海洋巨兽哥斯拉，因而又被称为科莫多龙。从外形来看，科莫多龙更像断了翅膀的西方龙，而非头上长角的东方龙。

科莫多国家公园由若干座相邻的岛屿组成，岛上一共生活着 3 000 多条科莫多龙，科莫多岛和林卡岛[1]上还专门设有游客中心，可以让游客在安全的环境中与科莫多龙亲密接触。

在林卡岛登陆之后，你会看到一条悬空栈道，栈道两侧有护栏，以防科莫多龙爬到栈道上攻击游客。栈道上每隔几十米就有一个讲解点，工作人员会讲解科莫多龙的生活习性。

科莫多龙属于杂食动物，既吃陆地上的牛、鹿和野猪，也会爬到海边享用搁浅的巨型鱿鱼等。它们还喜欢吃同类幼崽，很多未成年的科莫多龙只能躲到树上。

科莫多龙的嗅觉器官并不是鼻子，而是分叉的舌头。它们伸出长长的舌头在空气中左嗅嗅、右嗅嗅，就能辨别出猎物所在的大致方位。

捕猎时，科莫多龙先用粗重的尾巴给猎物来一记扫堂腿，再用牙齿咬住猎物，下颚的毒腺还可以分泌毒液。等猎物中毒而死后，科莫多龙才慢慢享用。不过，如果饿急了，它也能将猎物一口吞下。

科莫多龙还掌握了一种非常独特的繁殖方式——孤雌生殖，也就是在没有雄龙参与的情况下，雌龙也能完成繁育下一代的任务，只不过生下来的龙宝宝都是雄性。孤雌生殖只发生在极端条件下，比如雌龙被困孤岛，几个月都无法遇到同类。在正常情况下，科莫多龙还是需要通过两性繁殖来繁衍后代。

上完知识课，接下来我们就要进入科莫多龙的领地和它们面对面了。从此刻开始，你必须时刻紧跟向导，因为杂食的科莫多龙偶尔也会吃人。向导手中的武器是一根分叉的木棍，可以起到震慑作用。

我是在中午登上林卡岛的，当时烈日当空，科莫多龙都躲了起来，我只在水塘边和半山腰的凉亭里看到两条。工作人员说，寻龙的最佳时段是清晨与黄昏。

1. Rinca Island

旅行提示

与科莫多龙拍照时，一定要遵守安全规范，曾有一名游客在近距离拍科莫多龙时被咬伤了左腿。

1.达尔文和不同喙形的达尔文雀　2.西班牙岛上的达尔文雀　3.嘲鸫　4.黄嘴波纹信天翁

5.蓝脚鲣鸟　6.西班牙岛的白沙滩

观鸟天堂

西班牙岛 Española Island

位于厄瓜多尔的加拉帕戈斯群岛

推荐旅行时间：1 天

很多人不知道，达尔文只是进化论的两位奠基人之一，另一位是本书曾提到的博物学家华莱士。1858 年，林奈学会在伦敦举行学术会议，宣读了两人关于进化论的论文，这个堪比发现新大陆的重要理论首次公之于世。随着《物种起源》的出版，达尔文收获了世界影响力，华莱士的光环则逐渐暗淡。

华莱士的灵感来自他在东印度群岛的探索和发现，达尔文的论据则与他在加拉帕戈斯群岛的标本采集工作有关。

达尔文发现，加拉帕戈斯群岛上一共生活着 13 种地雀，这些地雀后来被鸟类学家大卫·拉克命名为达尔文雀。这 13 种地雀都是近亲，拥有共同的祖先。由于不同岛屿上的食物种类不同，它们的喙慢慢进化出不同的形态，有的大一些，适合吃坚果；有的尖一些，可以从鲣鸟身上吸血；有的长一些，适合吃昆虫……所谓物竞天择，是指生物在代际间产生微小变异，适应环境的变异会被强化，反之则被淘汰，经过千万代之后，它们和祖先的区别就非常明显了。

达尔文在加拉帕戈斯群岛上收集到的嘲鸫标本也支持这一论点，不同岛屿上的嘲鸫的喙形变化也和它们的食物有关。嘲鸫擅长模仿其他鸟类的叫声，在人类看来，这种行

为带有嘲讽之意，故又名嘲笑鸟。我和船友一上岛，七八只嘲鸫就飞到我们脚边，叽叽喳喳地叫个不停。向导说，它们是在索取食物，不过我们不是来给它们帮忙的。随后，向导对着空气说了几句鸟语，不一会儿，就有很多小鸟飞到旁边的树枝上。

作为加拉帕戈斯群岛中的观鸟天堂，西班牙岛是黄嘴波纹信天翁的唯一栖息地。这种信天翁的翼展长达 3 米，头部和颈部的羽毛接近白色，身体的其他部位颜色较深，介于灰色与褐色之间。它们还掌握了一种特殊的本领，即在睡觉时可以只让一半的大脑休息，另外一半仍旧工作，这样交替进行，就能长时间在海上飞行。每到交配季节，两只信天翁会通过触碰彼此的喙来谈情说爱，一旦关系确立，将终身相伴，不离不弃。

蓝脚鲣鸟也是加拉帕戈斯群岛上的"明星"之一。这种鸟长着一双滑稽的蓝色大脚。蓝色在生物界中非常少见，蓝脚鲣鸟的蓝色大脚为色素沉积所致，而色素来自它们的主食沙丁鱼。一只蓝脚鲣鸟的双脚越蓝，它就越健康，因为这说明它不愁吃不饱。雄鸟在求偶时会展开双翅，两只大脚一起一落，就像在跳舞。如果雄鸟求爱成功，雌鸟也会展开翅膀，就像在说"我愿意"。

旅途随感

进化论只能解释生物从 1 到 10 的进化，而从 0 到 1 的革命性变化又是如何实现的？至今还没有统一的说法。我更倾向于认为，生命是由高维度文明所创造。其实我想表达的是对这个世界的赞美，它太丰富，太绚烂，宛如一个奇迹。

1. 并肩而立的脚踢岩　**2.** 鲨鱼来了　**3.** 海龟湾　**4.** 海底花园　**5.** 沉船上的标志
6. 海水中的丁达尔现象

潜水圣地

圣克里斯托瓦尔岛
San Cristóbal Island

位于厄瓜多尔的加拉帕戈斯群岛
推荐旅行时间：2 天

圣克里斯托瓦尔岛（以下简称圣岛）是达尔文乘坐"比格尔号"首次在加拉帕戈斯群岛登陆的地方。他在《比格尔号航海日记》中写道："到处是被阳光炙烤的低矮灌木……干燥的地面使人感觉空气中弥漫着一股热浪。"圣岛的炎热，我在前往军舰鸟巢的路上就感受到了，这里灌木低矮，徒步时根本找不到庇荫的地方。与其在烈日下被烤得汗流浃背，不如到海里痛痛快快地洗个澡。

包括圣岛在内，加拉帕戈斯群岛有 108 个官方指定潜水点。

脚踢岩是看鲨鱼的好地方，距离圣岛码头约一个小时航程。脚踢岩是两块并肩而立的海中巨石，高约 150 米，四周聚集了大量鱼群。

下水前，潜水向导会先教一些简单的手势，便于潜水者之间"通风报信"：看到普通鲨鱼就单手擎在头顶，就像露出水面的鲨鱼鳍；看到锤头鲨就双手握拳举到太阳穴两侧，就像长了两个犄角；遇到章鱼就一只手的掌心朝下、五指张开，再轻轻抬起……我刚下水就看到了一条锤头鲨，还没等我做出头上长犄角的动作，它就没影了。接着，我发现脚下出现了一张随波漂流的地毯，仔细一看，那是密度极高的鱼群，黑压压的一大片。不一会儿，两条黑鳍礁鲨游过来，它们的身体被鱼群衬托得就像泛着白光。此时鱼群并没有一哄而散，因为它们懂得一个道理——决定自己命运的并不是游动的速度，而是和同类相比被吃掉的概率。

海龟湾在圣岛西北部，这个潜水点只有七八米深。很多海龟或趴在海底休息，或在海里闲庭信步，看起来自在极了，速度甚至比它们在陆地上爬行时还慢，可以让人仔细打量。这里还有各种各样的海洋生物，比如后背长满荆棘的海星、细长的斑点海鳗，还有"海狼风暴"——成千上万条银白色的梭鱼聚在一起，就像海面下刮起了一场龙卷风。

圣岛的码头附近还有一个沉船潜点，沉船位置距离海面 14 米左右。残骸散落四处，可以看到一根根龙骨、巨大的螺旋桨叶，以及被带刺海胆覆盖的船舷表面——现在都成了鱼群的藏身之所。在潜水向导的指引下，我看到了刻在船身上的"GALAPAGOS"标志，不过这几个字母已经被海水腐蚀得模糊不清。潜水向导还带着我钻过一条七八米长的隧道，在隧道里只能看到出口处的亮光，只能听到呼吸器发出的咕噜咕噜的气泡声，幽闭恐惧症患者慎入。

作者推荐

圣岛有机场连接南美大陆，因而很多游客将这里作为邮轮之旅的起点或终点，八天七晚是比较主流的玩法，每天安排三到四次登陆或潜水活动，可以把加拉帕戈斯群岛的主要物种看个七七八八。

1. 从另一个视角看教堂　**2.** 通向雅各宾教堂观景台的陡峭楼梯　**3.** 从高处俯瞰图卢兹

4. 市中心的砖红色建筑　**5.** 遍布鸟粪的汽车　**6.** 紫罗兰小屋和它的女主人

空客和小王子

第二次世界大战之后，图卢兹就成了法国的航空航天工业中心。作为空中客车公司总部的所在地，很多引领时代的飞行器都是从这里飞向世界的，比如超音速协和式飞机与"空中巨无霸"A380。可惜这两个家伙都已停产，但你仍旧可以参观空客工厂的总装车间，了解机身、侧翼、尾翼等庞然大物是如何被组装在一起的。

其实早在第二次世界大战之前，图卢兹就已经在航空领域小有名气。一家名为拉第格的公司开辟了从法国图卢兹到西班牙阿利坎特[1]的邮政航线，随后，这条航线进一步延伸到北非和南美。拉第格公司有一位名叫安托万·德·圣埃克苏佩里的飞行员，他在工作间隙撰写了一系列与飞行相关的书，比如小说《夜航》《南方邮航》和散文集《风沙星辰》《空军飞行员》等。他在《风沙星辰》中写道："在图卢兹凹凸不平的石子路上，这是一辆阴郁的车子……"那天是圣埃克苏佩里第一次执飞邮政航班，而"阴郁的车子"就是送他去机场的班车，"阴郁"展现了他内心的忐忑。圣埃克苏佩里把自己想象成即将上战场的战士，对手就是航路上不可预知的危险，比如雷电、山峰和海洋。当然，他的第一次起落很顺利，但是他清楚地知道，他和他的同事或许都将在未来的某一天消失在天际。在 100 年前，飞行这件事多少还有些实验性质。那些第一次穿越沙漠、海洋和夜空的飞行员，就像大航海时代的冒险家一样，在挑战人类的极限。圣埃克苏佩里非常幸运，他驾驶的飞机曾以 270 千米的时速撞进撒哈拉沙漠的怀抱，他却安然无恙。他在书中写道："我们还活着，这真是不可思议。"1944 年 7 月 31 日，他和他的飞机冲向蓝天后，再也没有返航。圣埃克苏佩里就是《小王子》的作者，其实书中的小王子和他在撒哈拉沙漠遇到的飞行员都是圣埃克苏佩里自己。

除了现代航空业，图卢兹也有很多历史古迹，比如雅各宾教堂[2]，它为参观者提供了从高处俯瞰教堂内部的视角。爬上教堂里陡峭得令人双腿颤抖的木楼梯，你就能在观景台上看到城市全景——一个砖红色的世界，这也是图卢兹被称为"粉红之城"的原因。

你还可以钻进这座砖红色的迷宫，可能在下个转角就能找到圣埃克苏佩里当飞行员时经常入住的酒店。你也可以在市政厅里治疗一下自己的颈椎——那里的壁画尺寸很大，需要仰着头才能欣赏。你还可以在加龙河[3]边走走，很快你就会发现图卢兹的生态环境很不错，因为停在树下的汽车上早已遍布鸟粪。

1. Alicante   2. Church of the Jacobins   3. Garonne

作者推荐

紫罗兰小屋（Maison de violette）是一家开在船屋里的小店，满屋都是紫色的糖果、饼干和蜡烛。紫罗兰是图卢兹的市花。

1. 当代马戏节海报　**2.** 走钢丝　**3.** 杂技表演《稀有的鸟》　**4.** 表演者在排练

5. 杂技表演《公主》　**6.** 欧什夜景

628

艺术感十足的当代马戏节

欧什 Auch

位于法国西南部热尔省
推荐旅行时间：2 天

每年 10 月，欧什都会举办当代马戏节，至今已举办了 30 余届。当地政府设立这个节日的初衷是为了提高城市知名度，后来这个节日却成了当代马戏艺术发展的助推器。

说起马戏，我们最先想到的可能是巨大的圆形帐篷，然后是小丑，再加上空中飞人、驯兽表演、高超杂技，一场马戏表演就算完整了，虽然这样的节目看起来像流水线生产的产品，但只要能把孩子们逗乐就行。当代马戏看起来更先锋一些，有的演出要求观众保持安静；有的全靠演员即兴发挥，连剧本都没有；有的几乎不使用道具。虽然空中飞人、睡钉板、走钢丝等传统马戏元素也会出现，但在当代马戏中，技术已经让位于艺术。在这一点上，当代马戏有点儿像戛纳国际电影节，买票进场的观众并不期待看到一场爆米花电影，而是希望看到推陈出新的电影，往往越深刻、复杂、挑战智商的先锋作品，越能获得评论家的好评。

马戏艺术与其他艺术形式的最大区别在于现场的紧张感。例如，在一场叫《凿沉》的表演中，舞台中央立着一根 4 米高的木桩，底部并没有固定。表演者在同伴的帮助下爬到木桩顶端，再一点一点地站直。木桩很细，目测直径不过 20 厘米，并且一直在晃。我情不自禁地想，如果站在上面的人是我，我的腿会止不住地哆嗦吧。

走钢丝也能给观众带来这种捏一把汗的紧张感。钢丝架在 40 米的高空，表演者手握一根 10 米长的平衡杆，在没有任何保护措施的情况下做出高难度动作，那一刻全城的人都注视着表演者。这场表演是在探索如何将马戏和城市融合在一起，还可以增加市民的参与感。

有的马戏表演既没有台词，也没有道具。比如在《稀有的鸟》中，观众的视线全都集中在表演者的动作上。两个表演者的手臂抵在一起，互不相让，不一会儿两人就满头是汗。一个表演者踩着另外几个表演者用手搭起的"桥"在空中前行，他往前迈一步，其他人就要跟着移动。一个表演者先站到同伴的肩上，然后身体向后倒，其他人再把他接住，这需要表演者和同伴之间有默契和信任才能完成。其实这也暗合了生活的道理，即人与人之间的关系始终处在竞争与合作的动态平衡中。

要说当代马戏节的最大受益者，一定是台下的孩子们，他们从小被马戏艺术耳濡目染，也就拥有了接受新鲜事物的能力，心胸越来越宽广，足以包容所有怪诞之物。

作者推荐

热尔省隔壁的朗德省出产一种专门用来产鹅肝的西南灰鹅，有的鹅厂可以参观。当然，参观的最后一个环节一定是工作人员向你推销鹅肝酱。

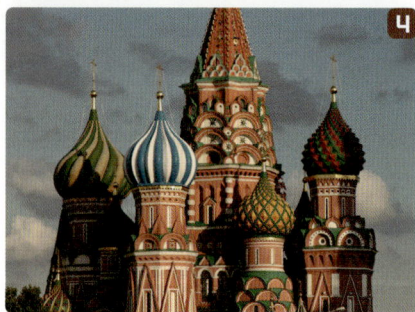

1. 小丑卸妆照，他的眼角挂着一滴泪　2. 马戏团全体成员一起谢幕　3. "七姐妹"之首的莫斯科大学主楼　4. 圣瓦西里升天大教堂　5. 克里姆林宫内的沙皇钟　6. 买个套娃带回家

小丑出场

莫斯科 Moscow

位于东欧平原中部

推荐旅行时间：4 天

我有一位供职于天津马戏团的舅爷，20世纪 80 年代，苏联国家大马戏团来天津人民体育馆演出，舅爷给了我父亲两张入场券，当时的我还是个小屁孩，所以对那次演出并没有什么印象，这也是长大之后的我要在莫斯科之旅中加入"看场马戏"这个必选项的原因。不出所料，莫斯科的马戏表演果然精彩呈现。全体演员谢幕时我才意识到，在传统的马戏演出中，地位最高的并不是驯兽师和飘来荡去的空中飞人，而是打扮夸张的小丑，他负责串场和救场。当舞台转换时，小丑出场，聚光灯只照在他一个人身上，他玩抛接球，可永远接不住；他玩喷火，火星差点儿燎到他的假发——不是演技太烂，而是太好。当演员失误，小丑出场，他把一个个玩具抛向看台，孩子们的注意力瞬间被转移。我在马戏团的散场通道找到了小丑拥有至高地位的佐证，名人堂里贴的全是历代著名小丑的卸妆照。

百老汇音乐剧《小夜曲》中有一首插曲叫《小丑进场》。女主角的生活一直不太顺利，邂逅曾经的情人后，她打算重拾旧爱，没想到旧爱已有新欢，为了化解尴尬的气氛，她唱起《小丑进场》。是的，我们的生活都不是童话故事，总会有无风而起的波澜，虽然不能尽如人意，但还是要继续。当遇到过不去的难关时，不妨派心中的小丑出场。

除了马戏团，莫斯科的另一个鲜明标签是被称为"七姐妹"的斯大林式大楼。斯大林式大楼都采用对称结构，内部设计也整齐划一。在 1990 年之前，作为"七姐妹"之首的莫斯科大学主楼一直是欧洲最高的建筑，其"身高"达到了 240 米。为了将这座主楼全部纳入相机的取景框，我倒退着走了很远的距离。

红场是俄罗斯的政治心脏，它四周全是如雷贯耳的重要建筑，如克里姆林宫、无名烈士墓、圣瓦西里升天大教堂等。升天大教堂没有正面、反面和侧面之分，从任何角度看过去，填满视野的都是纷繁的色彩和天马行空的造型。教堂中间是一座顶着金色洋葱头的尖塔，尖塔周围的 8 个洋葱头各代表一位圣人。"圣人"的造型各不相同，有的是矮胖子，有的是瘦高个，有的穿着蓝白两色的衣服，有的身上到处是黄色的菱形花纹。当时下令建造这座教堂的沙皇在验收时被教堂的美丽惊呆了，为了防止工匠们复制出另一座教堂，他把主建筑师杀死，并弄瞎了所有工匠的眼睛。

作者推荐

很多人都将套娃视为莫斯科之旅的必买之物。据说有一对俄罗斯情侣分隔两地，男孩思念女孩时，就按照女孩的模样刻一个娃娃，一年刻一个，一年比一年大一点儿，等到两人重聚时，女孩收到了这份意外的礼物，喜极而泣。就这样，套娃作为一份承载着心意的礼物流传了下来。

1. 芭蕾舞剧《天鹅湖》　2. 喀山大教堂　3. 马蒂斯的《舞蹈》　4. 滴血教堂
5. 涅瓦河的夜景　6. 夏宫中的雕像

重返沙皇时代

圣彼得堡 Saint Petersburg

位于俄罗斯西部

推荐旅行时间：4 天

1992 年，经过全民公决，俄罗斯第二大城市的名称经过一个世纪的兜兜转转，从彼得格勒、列宁格勒回到沙皇时代的圣彼得堡。

埃尔米塔日博物馆（冬宫为其主体建筑）在改造之前，只是沙皇的起居场所。历任沙皇在冬宫的改造和装潢上都投入了巨大热情，里面的家具、内饰无不采用最昂贵的材料、最繁复的款式。冬宫馆藏之丰富可以用两个例子来说明。其一，如果每件文物看一分钟，需要 5 年时间才能看完。我在这里游览时，花了 2 个小时才逛了几个展厅，一看地图，竟然连冰山一角都算不上。其二，埃尔米塔日博物馆在阿姆斯特丹开了一家分馆，只展出冬宫里摆不下的藏品，这也足以在西欧艺术界引发一场不大不小的"地震"。冬宫中最著名的展品是达·芬奇的两幅圣母画像，它们总能吸引最多的游客。马蒂斯的《舞蹈》也不可错过，相信你也会被画作传递的喜悦情绪感染。

圣彼得堡有一条与涅瓦河同名的大街，也吸引着游客前来观光。大街两边不超过 6 层的巴洛克式建筑群落从莫斯科火车站一直延伸到芬兰湾入口，为这里众多顶级时尚店增添了一丝贵族气息。在这些建筑中，最著名的是两座风格完全不同的教堂。

一座叫喀山大教堂[1]，样式仿照梵蒂冈的圣彼得大教堂，几十根高大的罗马式立柱围成一个向外开口的半圆，颜色整体采用水泥色系，灰暗而庄严。

与肃穆的喀山大教堂相比，滴血教堂[2]外墙选用的颜色可以用斑斓来形容。滴血教堂同样顶着 9 个硕大的洋葱头圆顶，几乎可以看作莫斯科圣瓦西里升天大教堂的翻版，只不过建造时间晚了 300 多年。这种洋葱头造型是在向伊斯坦布尔圣索菲亚大教堂的盔式顶致敬。滴血教堂在沙皇亚历山大二世被暗杀的地点上建造，这也是起名为"滴血"的原因。

为了与天空与河水相得益彰，冬宫的立面为蓝白色调，而作为沙皇避暑地的夏宫则把金色用到极致。夏宫建在海边，分为上花园、宫殿和下花园三部分。宫殿正中有一个阶梯形瀑布群，阶梯两边是 37 尊金色雕像，每一尊雕像的造型都不相同，瀑布群正中的雕像展现了大力士参孙和狮子搏斗的场景，参孙用巨力掰开金狮的大嘴，强力的水柱从狮嘴中喷涌而出，冲天直上。

1. Kazan Cathedral
2. Church of the Resurrection of Christ

作者推荐

一定要看一场原汁原味的芭蕾舞剧《天鹅湖》。演出共分为三幕（也有四幕版本），中间各休息 10 分钟。第一幕，王子爱上被魔王施了魔法的白天鹅公主；第二幕，魔王用诡计逼迫王子迎娶自己的女儿黑天鹅；第三幕，王子与白天鹅公主的爱情迸发出强大的力量，最终有情人终成眷属。

1. 游街音乐会　2. 从皮皮拉观景台俯瞰瓜纳华托　3. 城市夜景　4. 彩色的城市
5. 亡灵节版堂吉诃德　6. 银矿上的教堂

银矿上的城市

瓜纳华托 Guanajuato

位于墨西哥北部中央高地

推荐旅行时间：3 天

在电影《寻梦环游记》中，主人公意外地闯入了亡灵的世界。在那个世界里，房子都冒着彩色的光，电影中的城市就是以瓜纳华托为原型设计的。瓜纳华托是一个万花筒般的城市，彩色的房子沿着山坡铺展开来，就像被上帝打翻的调色板。

如果你想被"调色板"染上一身颜色，那么有两种玩法可以尝试。

一种是近看。随意钻进一条巷子，无须琢磨脚下的路通向何方，即使迷了路也不必担心。很快，你的眼睛就会被各种饱和度非常高的色块填满，艳紫、翠绿、幽蓝……那是各家各户涂抹在墙壁上的颜色。

另一种是远观。你得费点儿力气，爬上皮皮拉观景台，此时也不必去分辨哪里是教堂，哪里是大学，哪里是民宅，你只需把建筑外立面的色彩组合在一起，就能看到那个无与伦比的瓜纳华托。建议在黄昏时前往观景台，你不仅能看到落日的柔光给城市罩上一层金色，还能看到华灯初上的斑斓夜景，与《寻梦环游记》中的场景几乎一模一样。

入夜后，瓜纳华托会举办游街音乐会。这是当地传统的聚会形式，起源于西班牙，音乐家和游吟诗人先在人流密集的广场集合，然后走街串巷，把音乐带到这座城市的每个角落。除了载歌载舞，领队的人还会讲很多笑话和故事。虽然他说的西班牙语我一个字都听不懂，但那种氛围能让人迅速快乐起来。

瓜纳华托能够拥有今日的面貌，主要得益于它是一座建在银矿之上的城市。这里的银矿在 16 世纪被发现，在之后的 250 年里，瓜纳华托成了全世界挖出银矿最多的地方。银矿大亨们积累了巨额财富，为了补偿对矿工造成的伤害，18 世纪时，他们在这里修建了一座教堂。两三百年来，教堂墙壁听得最多的祷告，恐怕就是矿工们祈祷自己可以平安出井吧。

瓜纳华托还有一个鲜明的特色，就是地面上没有一辆汽车，因为所有车都在地下奔驰。密密麻麻的采矿坑道早已在地下连成一片。在矿产资源枯竭后，当地政府把这些废弃的坑道加宽、加固，增添照明设施、交通灯、方向牌、人行道，就组成了一张纵横交错的地下交通网。

作者推荐

塞万提斯国际艺术节在每年 10 月举办。最初，艺术节只是由当地大学生将塞万提斯的作品改编后进行表演，后来越来越多的艺术门类加入其中，比如音乐和舞蹈，表演内容也不再局限于塞万提斯的作品。在瓜纳华托，还有一座为塞万提斯的第一男主角堂吉诃德建的博物馆，艺术家们通过画作、雕塑、象棋甚至邮戳等形式，呈现出了这位骑士既高傲又滑稽的形象。

1. 打开风车磨坊的钥匙　**2.** 价格不菲的藏红花　**3.** 用来接胡子的陶碟　**4.** 拉曼查的田园
5. 一场以孔苏埃格拉城堡为背景的演出　**6.** 孔苏埃格拉风车群

堂吉诃德大战风车

孔苏埃格拉 Consuegra

位于西班牙拉曼查大区
推荐旅行时间：2天

孔苏埃格拉在西班牙语中是藏红花的意思，于是这里也被称为藏红花城。在西方，藏红花的主要用途为餐桌上的调色香料，且小小一瓶，价格不菲。每年10月末，孔苏埃格拉还会举办藏红花节。

小镇郊外有一家陶艺作坊，主人玛利亚一直坚持用传统方式设计自己的作品，虽然产量低得惊人，却能保证每一件作品都精益求精。这家作坊的产品大多和梦幻骑士堂吉诃德有关。你会看到缺了一角的陶碟，就像被咬了一口的苹果公司标志，其实这是中世纪男人刮胡子时用来接胡子的，那个缺口刚好可以卡在下巴上。不过，堂吉诃德对这个小玩意儿有自己的理解，他把它戴在脑袋上，就成了一顶帽子。这在《堂吉诃德》的插图版本中经常能够看到。

孔苏埃格拉风车群位于一个山丘之上，那里高高矗立着11座风车，远远望去，它们异常高大，这也就不难理解为什么堂吉诃德把风车看成了巨人。桑丘说："您仔细瞧瞧，那不是巨人，是风车；上面胳膊似的东西是风车的翅膀，给风吹动了就能推转石磨。"

堂吉诃德道："你真是外行，不懂冒险。他们确是货真价实的巨人。你要是害怕，就走开些，做你的祷告去，等我一人来和他们大伙儿拼命。"

很多人认为堂吉诃德与桑丘一个是疯子，一个是傻子，其实他俩一个是理想主义者，一个是现实主义者。堂吉诃德挂在嘴边的是自由、梦想、荣誉，而桑丘整天想的是下顿吃什么、晚上住哪里。没有人可以活得像堂吉诃德或者桑丘那样纯粹，大多数人都介于两者之间。

建造风车的地方自然山风猛烈，大风的成因在于拉曼查的干燥气候与南面的地中海所形成的湿度差，这让眼前的平原如同河道，把大风一路护送至地中海。每座风车对应一把钥匙，打开其中一座，里面的磨坊现在仍可照常工作。

孔苏埃格拉城堡被夹在风车之间，虽然土黄色的外墙已斑驳脱落，但内部构件依旧完好，有储藏间、蓄水池、祭祀堂、议事厅等。每到周末，这里都会上演一场城堡保卫战。演员来自当地演出团体，个个演技精湛。演出以城堡为背景，将历史、爱情、信仰融为一体，让参观者在欢笑与惊窝中完成对城堡的游览。演员只有七八个人，每个人都要在演出过程中换四五套服装。表演的舞台即为各个功能大厅，只不过舞台转换要靠观众移步换景。

作者推荐

风车群旁有一家陶艺餐厅（El Alfar），这里的沙拉很棒。好吃的秘密并非切得很碎的培根，而是打底的橄榄油，因为橄榄油能在食客的唇齿之间留下一丝自然的香气。

1. 在马德里的西班牙广场，高高在上的塞万提斯俯瞰着自己创造的两个经典角色　2. 托沃索的民居博物馆
3. 沿路到处都是风车　4. 拉皮塞村的客店　5. 雷阿尔城的报时钟　6. 手握长矛的堂吉诃德

姑娘和客店

堂吉诃德之路
Ruta de Don Quixote

位于西班牙拉曼查大区
推荐旅行时间：5 天

10 月 31 日

作为西班牙的传统农业区，拉曼查似乎只有三种颜色：小镇上房屋的白色，田野上橄榄树和葡萄藤的绿色，以及野花的红色。

为了纪念《堂吉诃德》出版 400 周年，西班牙政府把书中出现的地点串成一条长达 250 千米的"堂吉诃德之路"，这条路以马德里的西班牙广场为起点，途经托莱多、藏红花城等地，沿途设有路标，找不到路标也没关系，毕竟到处都是风车，书中那位瘦高骑士与他矮胖随从的身影随处可见，或是街心雕塑，或是壁画，又或是报时钟。游客对此也很"买账"，凡是他俩出现的地方，快门声此起彼伏。

在距离藏红花城大约 40 分钟车程的地方，有个叫托沃索[1]的白色小镇，据说《堂吉诃德》的作者塞万提斯曾在这个小镇上住过一段时间，还在这里认识了一个叫安娜的姑娘，而堂吉诃德暗恋的杜尔西内亚就是以安娜为原型的虚构人物。小镇上的房屋都不超过两层。这里有一家民居博物馆，民居的卧室里摆放着许多中世纪的家居陈设，比如暖被子的铜壶和带密码锁的箱子，参观者能在这里一窥当时贵族的生活。博物馆的院子里则摆满了农具，有压葡萄汁的大桶、耕地用

的耙子和采橄榄用的大筐。葡萄、麦子和橄榄是当地的主要经济作物，葡萄酿造的美酒、以麦子为原料的面包、调味用的橄榄油，构成了西班牙餐桌上的美味。虽然如今的劳动工具已经十分先进，但原料基本没有变化。

堂吉诃德离开家后住的第一家旅店就是拉皮塞村[2]的客店。书中所说的客店今天依然存在，中世纪时，这些客店为南来北往的商人们提供了很多便利，商人们可以在这里住宿，骑来的牲口也能免遭野兽伤害。不过在堂吉诃德眼中，这家客店的老板是一位城堡堡主，堂吉诃德希望在这里获得骑士的封号。老板显然不愿意和疯子过多计较，他草草把骑士封号授予堂吉诃德，连住店的钱都没有要，就急着把堂吉诃德给送走了。

雷阿尔城[3]是"堂吉诃德之路"的终点，每天中午 12 点，市中心的时钟都会开启"表演模式"：端着酒壶的桑丘，举着长剑的堂吉诃德，还有他俩的创造者——手握羽毛笔的塞万提斯，会像谢幕一样轮番登场，和走完这段长路的你说再见。骑士的冒险在书中就此结束，但你的旅途才刚开始。

1. El Toboso 2. Puerto Lapice 3. Ciudad Real

作者推荐

如果你是骑行爱好者，可以先把自行车推到拉皮塞村郊外的山顶，然后像旋风一样俯冲下去。当地很多骑行者都爱这么干，就像希腊神话中反复推石头的西西弗斯，只不过对神来说，这是一种惩罚，对骑行者来说，却是一种享受。

639

欺骗岛｜南极洲

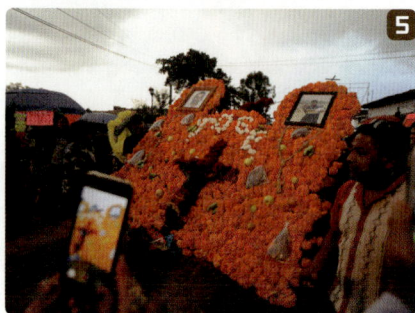

1. 用万寿菊的花瓣铺路　2. 辛祖坦镇的标志　3. 有点儿可爱的骷髅妆
4. 当地人在家族墓地中等待逝去的亲人回家　5. 亡灵节游行　6. 精心布置的墓地花园

在村子里
过亡灵节

按照墨西哥传统，亡灵节会持续两天，11 月 1 日是幼灵节，2 日是成灵节。幼灵节是给夭折的孩子过的，成灵节是给去世的成年人过的。一般 1 日是村里最热闹，2 日则是城里最热闹。在电影《寻梦环游记》中，亡灵跨过阴阳桥回到家乡墓地和家人团聚的片段就复刻了在村子里过节的景象。几乎所有关于亡灵节的旅行攻略都会推荐辛祖坦村，因为这里的仪式最传统、最正宗。如果你还没想好这一天去哪儿过，来这里准没错。

辛祖坦村的中心位置矗立着一座圣方济各修道院，修道院对面是一条主街。11 月 1 日这天，主街上方会悬挂一排排亡灵节剪纸，两边则是临时搭起的店铺，最受欢迎的无疑是墨西哥卷饼店和烤肉店。给游客画骷髅妆的化妆师们都忙个不停，毕竟对游客来说，画上鬼脸可以更好地感受节日氛围。我排了半个小时，才让化妆师在我脸上化了一个哭泣的小丑妆，大红色的嘴唇翘得老高，乌黑的眼圈下挂着两滴眼泪。化完之后我对着镜子左看右看，却怎么看怎么不对劲儿，原来问题出在衣服上，冲锋衣要是换成肥大的灯笼袖外套，再戴上红色的塑料鼻头和五颜六色的假发，才更像那么回事儿吧。

在游客忙着吃东西和化妆时，本地人也在做最后的准备，只不过他们的主场在墓地。每一家的墓地都被布置成微型花园，你会在花丛中看到自行车、吉他等花艺作品。墓地里除了鲜花，还有人们准备的水果和亡灵面包等。

亡灵节游行在下午 5 点半左右拉开帷幕。游行以家庭为单位，打头的通常是两位男士，他们举着花圈，上面贴着逝去亲人的照片，有时不止一张。家家户户都请了乐队，乐手把长笛、圆号、单簧管吹得哇啦响。在墨西哥人的世界观里，只有让亡灵高高兴兴地回家，来年才能风调雨顺。

我去辛祖坦村参加亡灵节活动那天下了一场大雨，雨停之后，我跟着村民一起走到墓地。虽然道路已被雨水淹没，但所有人仍在往前移动——原来大家都是踩着坟墓在走。我一边走，一边在心里跟地下的世界连声说对不起。

圣达菲村[1]距离辛祖坦村只有 5 000 米，这里是《寻梦环游记》中的太奶奶的原型的家乡——这位原型老奶奶于 2022 年 10 月去世，享年 109 岁。如果你在亡灵节时来到这里，会看到当地人在家门口用万寿菊花瓣铺成一条可以让亡灵回家的路。

1. Santa Fe de la Laguna

旅途随感

很多人提起死亡时都是悲伤、肃穆的，但墨西哥人却把亡灵节过成了狂欢节，这为我们提供了对死亡的另一种解读。

1. 墨西哥城亡灵节游行　2. 军鼓方队　3. 阿兹特克舞者　4. 太阳石　5. 生命万岁
6. 马里阿契乐队

生命万岁

墨西哥城 Mexico City
位于墨西哥中南部
推荐旅行时间：4 天

每年 11 月 2 日，墨西哥首都墨西哥城的改革大道上都会上演一场盛大的亡灵节游行。几十个花车方队盛装打扮，服装、化妆、道具都体现了人类对亡灵世界的想象。游行终点位于宪法广场，花车会在这里停几天，游客可以近距离拍照留念。

宪法广场北侧立着主教座堂和仍在挖掘的阿兹特克大神庙。在西班牙人抵达美洲之前，墨西哥已经被阿兹特克人统治了将近两个世纪。现在，阿兹特克舞者每天都会在宪法广场上表演，他们戴着巨大的扇形羽毛头冠，浑身上下挂着果壳和贝壳，看起来就像招魂术士。魂魄招没招来不知道，游客倒是招来一圈。接下来就是针对游客的一对一付费表演，舞者们拿出各种道具，在游客身上又拍又蹭，就算完成了祈福仪式。

如果你想对墨西哥文明进行系统了解，那就别错过墨西哥国立人类学博物馆。在墨西哥这片土地上，各种文明你方唱罢我登场，玛雅、墨西卡、瓦哈卡、托尔特卡……提起文明，我们脑海里就会冒出三个字：了不起。可当你在这儿走完一圈，会发现"了不起"已经被"活下去"取代。是啊，只有想方设法地活下去，才会有创造文明的可能。

博物馆的镇馆之宝是重量超过 24 吨的阿兹特克太阳石，表面用文字符号和图像雕刻了阿兹特克太阳历：内圈的 20 个图形代表阿兹特克历法中每个月的 20 天，射向四面八方的三角形代表太阳的光芒。

另一个知名度与墨西哥国立人类学博物馆不相上下的地方是被称为蓝房子的弗里达故居。这位长着一字眉的女画家一生命运多舛。她 6 岁患脊髓灰质炎，18 岁惨遭车祸，流产后终身未育，在生命的最后阶段，截肢后又染上肺炎。她画自己，画婴儿，画满身刀口的女人……弗里达故居里有一幅她临摹的西瓜。她在去世前往瓜瓤上添了几笔：VIVA LA VIDA（生命万岁）！她是在向世人宣告：我这一趟来得很值！就像拼尽全力升到最高处的焰火，总得绽放一回，让所有人看见。

看弗里达的画，你会有一种痛感。如果想缓解这种痛感，那就去加里波第广场吧！每天晚上，十几个流浪乐队聚集在这里，凡是能发出响声的东西都能成为他们手中的乐器。在墨西哥，这种表演形式叫马里阿契，只需要花几美元就能请他们现场演奏。

旅途随感

在博物馆里漫无目的地走着，一些诸如"了不起"或"活下去"之类的想法就会自然而然地冒出来。任何新想法的出现就像在白纸上画画，一方面需要丰富的人生阅历打底，另一方面需要多彩的感官刺激填色，这恐怕也是很多人一直在路上的原因吧。

PRECAUCIÓN
ZONA DE
FUERTES
VIENTOS

Parque Nacional Torres del Paine

1. 帅气的高乔女牛仔　2. 小马漫步马场　3. 阿拉伯马和克里奥尔马
4. 提示风大的标志牌　5. 萨尔托格兰德瀑布　6. 诺登斯乔湖对岸的角峰观景台

像高乔人一样骑马

纳塔莱斯港 Puerto Natales

位于智利南部

推荐旅行时间：2 天

对很多旅行者来说，纳塔莱斯港只是前往百内国家公园徒步的中转站。他们最多在这里存行李，到户外用品店补充装备，或者徒步回来后在这里大吃一顿。

然而，请不要忽略一个事实：这里可是巴塔哥尼亚！"像高乔人一样在巴塔哥尼亚骑马"，是很多旅行者愿望清单中的选项。高乔牛仔是对南美牛仔的统称，要想区分南美和北美的牛仔，只要看帽子就行。高乔牛仔喜欢戴一种软塌塌的贝雷帽，北美牛仔则喜欢戴硬壳的牛仔帽。

1520 年，麦哲伦率领船队来到阿根廷东南部的海湾，登陆后看到原住民穿着一种兽皮鞋，在沙滩上踩出巨大的脚印，于是麦哲伦用"大脚人"来称呼原住民，这也成了巴塔哥尼亚这个名称的由来。巴塔哥尼亚的面积约 67 万平方千米，大部分位于阿根廷，小部分位于智利，占据了南美大陆的南端，主要景观为冰川、雪山和湖泊。从纳塔莱斯港前往百内国家公园的 9 号公路旁有条岔路，通向一个名为小马漫步的马场。你可以预订从 1 小时到几天的骑马旅行。这里只有两种马：阿拉伯马和克里奥尔马，它们都耐力非凡。如果你精通骑术，通过评估后，就可以"银鞍骏马驰如风"。如果你是新手，也可以在高乔牛仔的带领下，以一种"马鼻碰马尾"的方式在山林间漫步。

以半天的骑马行程为例，离开马场后，你可以先沿着开满野花的山坡向上骑行。第一站来到神鹰观景台，如果运气好，你能看到翱翔的安第斯神鹰。接着继续前行，到山顶悬崖边俯瞰索菲亚湖[1]，此时，你也获得了神鹰的视角。耳边大风呼啸，带来的全是自由的气息。

除了骑马，你还可以参加半天的徒步行程，那是百内 W 线不会经过的一段路。萨尔托格兰德瀑布[2]是这条徒步线的起点，瀑布由两湖交界处的落差形成，水量很大，形成咆哮之势，再借着狂风的推波助澜，让人不由得担心被卷入激流。路边的标志牌上画着卷发的风神，提醒你这里的风很大！遇到躲无可躲的大风时，我就把登山杖往地上一戳，同时通过半蹲的方式降低重心。

大约 1 小时后，你将抵达角峰观景台，观景台与角峰之间隔着诺登斯乔湖[3]，大风把湖水卷成水雾，雾气通常是白色的，有时也会因为阳光的短暂驻足而呈现出彩虹的五颜六色。

1. Lago Sofia　2. Salto Grande Waterfall
3. Lago Nordenskjöld

旅途随感

"Pingo"是马的意思，"Salvaje"是自在漫游的意思，连在一起就成了小马漫步这家马场的核心理念：在自然、自我的环境中体验快乐。其实，这种理念也可以运用到生活中，当你遇到解决不了的难题时，不妨先让脑袋放空。

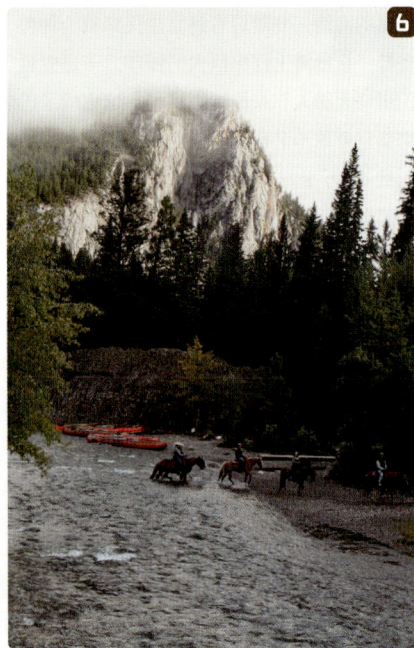

1. 搭木梯下到洞底　**2.** 落基山　**3.** 班夫费尔蒙温泉酒店　**4/5.** 落基山间的牛仔
6. 骑马和漂流是探索落基山的两种方式

加拿大首个国家公园

班夫 Banff

位于加拿大阿尔伯塔省

推荐旅行时间：2 天

1883 年，加拿大太平洋铁路公司的 3 名工人在落基山间踩到一股暖流，他们逆流而上，很快发现一个洞口，其中一名工人搭木梯下到洞底，发现洞里有个温泉池。工人们从池水散发的硫黄味中嗅出发财的机会，于是向政府申请合法占有温泉池，政府驳回了他们的申请，并宣布这里属于全体加拿大人。1885 年，加拿大第一个国家公园——班夫国家公园正式成立，它就起源于那处被偶然发现的温泉，其实早在一万年前，加拿大的原住民就已经知道它的存在。

那 3 名铁路工人发现的洞口和温泉池现在成了"岩洞和盆地国家历史遗址"，你只能参观游览，如果想泡泡温泉，可以到班夫的上温泉区。处在班夫温泉鄙视链顶端的，一定是那个藏在班夫费尔蒙温泉酒店的室外温泉池，水温常年保持在 45℃ 左右，你可以边泡温泉边欣赏落基山脉起伏的轮廓。

这家酒店的设施都为顶配，住客办完入住手续，还会拿到一张酒店地图，因为内部路线错综复杂，很容易迷路，这也给住客带来了一种探险的乐趣。这里很适合作为鬼故事发生的背景，现成的故事就有一个——据说一名酒店保洁员在过世后仍旧对这里恋恋不舍，会不时飘到客房中打扫卫生。如果你早晨醒来发现本来凌乱的房间已被收拾得干干净净，可不要以为那只是一个还没做完的美梦。

每年 11 月初，班夫镇都会举办为期一周的班夫山地电影节，这是全世界极限运动玩家的盛会。惊心动魄、夺人眼球、手心出汗都是形容"班夫电影"的常用词。2018 年的影展作品《徒手攀岩》获得了 2019 年奥斯卡最佳纪录长片。

班夫附近的卡纳纳斯基斯[1]有很多牧场。你可以跟随牧场中的牛仔，一起骑马前往三姐妹山——一些与落基山相关的电影的取景地。牛仔们的行头一看就比南美洲的高乔牛仔更加专业，从头到脚分别是卷边牛仔帽、牛仔夹克、牛仔裤、高筒牛仔靴。没有骑马经验的人必须死死抓住缰绳才不会从马鞍上被弹下去。可一旦走慢了，贪吃的马又会被路边的野草吸引，任你如何拉扯，它也要把那新鲜的野草吃进嘴里才肯罢休。如果前面的路被茂密的树林挡住，那马队就得排成纵列，在头马的带领下穿过树林。当你听见河水声越来越大时，卡纳纳斯基斯河就在不远处了。河水流速很快，你还可以坐在漂流筏上，通过另一种方式感受落基山的风光。

1. Kananaskis

旅途随感

班夫山地电影节的电影总能让观众产生某种"我也能""我也可以试试"的念头，进而产生征服自然的冲动；同时也会让观众对自然产生敬畏之心，并让他们知道，那些挑战极限的人之所以能够成功，是因为自然给他们留出了一条通路。

1. 蓝颊鹦嘴鱼　2. 蓝纹小丑鱼和海葵　3. 蓝色的鹿角珊瑚　4. 核桃仁形珊瑚

5. 隆头鹦哥　6. 珊瑚魔法号的水上平台　7. 宝蓝色的潟湖

大堡礁的N种玩法

凯恩斯 Cairns

位于澳大利亚昆士兰州

推荐旅行时间：2 天

大堡礁就像一项庞大的海底基建工程，无数代珊瑚虫夜以继日地工作，才建造了今天世界上规模最大的珊瑚礁群落，它被称为世界七大自然奇观之一。

在众多可以作为探索大堡礁起点的城市中，凯恩斯最受青睐，因为凯恩斯的旅游业起步很早，拥有的水上平台也最多。水上平台的优势在于能够扩展出很多"插件"，比如半潜艇、玻璃底船，以及可以起降直升机的浮岛等。

每天有十几艘游船从凯恩斯的码头出发，每艘游船的目的地不一样，选择游船前需要做好功课。"大冒险号"前往绿岛和诺曼礁；"太阳恋人号"前往摩尔外堡礁，它的水上平台号称拥有最多"插件"，包括直接伸进大海的旋转滑梯，就像一座海上的迪士尼乐园，更适合全家出行；"银燕号"会去三个外堡礁，选择这艘游船的都是潜水爱好者，相比白化严重的近海堡礁，外堡礁的珊瑚从颜色到种类都更丰富；"珊瑚魔法号"在水上平台停留最久，有 5 个小时。"珊瑚魔法号"的目的地是摩尔外堡礁，船程大约 1.5 个小时。在航行中，船员会讲解安全注意事项，派发甜品和饮料。因游船开得飞快，很多乘客会晕船呕吐。

抵达水上平台后，每个人可以根据自己的兴趣选择体验项目。如果想鱼和熊掌兼得，那你会异常忙碌。半潜艇和玻璃底船都是半小时一班，乘客可以隔着一层加厚的钢化玻璃欣赏珊瑚的万千形态。这两个项目的危险系数为零，所以老幼咸宜。年轻人要么浮潜，要么深潜，反正珊瑚礁就在眼前，只要戴上蛙镜就能看个一清二楚。

大堡礁拥有世界上最多的珊瑚种类，常见的有鹿角形、灵芝形、核桃仁形等。是否知道这些珊瑚的学名并不重要，因为看着看着，你只想拍着造物主的肩膀说一句："你真行！"在这个物种之丰富堪比亚马孙雨林的生态圈中，不仅有软珊瑚、硬珊瑚，还有海绵、海藻、水螅，以及比珊瑚更夺目的热带鱼群等。

隆头鹦哥是这片海域的"明星"，只因它个头极大，能长到一两米长。它隆起的额头就像拿破仑戴的角帽一样，所以又有个外号叫拿破仑鱼。小丑鱼则是另一个极端，因为个头极小。寻找小丑鱼有个窍门，就是先找到与它共生的海葵。小丑鱼帮海葵清理坏死的组织，海葵的无数触角则为小丑鱼提供了藏身之所。

回程可以乘直升机，俯瞰视角下的大堡礁又是另一种景象。目之所及是各种色号的蓝，深海的藏蓝，潟湖的宝蓝，还有点缀其间的暗青色珊瑚礁，以及无数种从深蓝到浅蓝的过渡色，像一片出现在海面上的星空。

作者推荐

凯恩斯不仅有海洋景观，还有雨林景观。你可以乘坐空中缆车观赏库兰达的热带雨林风光，观光行程全长 7 500 米，据说这里是电影《阿凡达》中潘多拉星的原型。

1. 会变色的"海妖" 2."珊瑚温室" 3."海洋卫士" 4. 珊瑚礁和鱼群
5. 约翰·布鲁尔礁 6. 马夫鱼

水下博物馆

汤斯维尔 Townsville
位于澳大利亚昆士兰州
推荐旅行时间：2 天

汤斯维尔是通往大堡礁的另一个入口。2019 年，英国雕塑家杰森·德凯莱斯·泰勒在汤斯维尔的海边立起了一座叫"海妖"的海中雕塑，这是泰勒在汤斯维尔打造的水下艺术博物馆的第一个艺术装置。"海妖"的神奇之处不仅在于它会在天黑之后发光，还在于光的颜色会随海水温度的变化而变化。如果水温在 22 ～ 23℃（冬季最冷时的温度），"海妖"就会变成深蓝色；如果水温高于 31℃，"海妖"就会变成暗红色；如果水温介于 23 ～ 31℃，"海妖"的颜色就是冷暖色调的组合。

2020 年，泰勒创作了第二件作品"珊瑚温室"，它被放置在汤斯维尔外海的约翰·布鲁尔礁海面下方 18 米处的海床上。这件作品就像一座半成品房子的框架结构，还有人字形屋顶。珊瑚温室重达 58 吨，被吉尼斯世界纪录认证为世界上最大的水下艺术品。珊瑚温室由不锈钢和中性混凝土建造而成，既不会破坏海洋环境，还可以和真正的珊瑚结合，从而拥有属于自己的生命。一些孩子形象的雕塑出现在温室内外，就像珊瑚守护者。

2022 年，泰勒创作的第三件作品被放置在珊瑚温室附近，名为"海洋卫士"。这是一组人物群像，每个人都有名有姓，包括被称为"珊瑚教父"的查理·维隆，发现珊瑚产卵现象的彼得·哈里森，以及研究巨蚌的专家理查德·布雷利。他们是真正的海洋卫士，因为只有对海洋足够了解，才能有的放矢地进行保护。

这座水下艺术博物馆 24 小时免费开放，潜水向导就是你的导游。

这并不是泰勒打造的第一家水下博物馆，他的成名作位于墨西哥坎昆。当时，我在潜水向导的指引下找到了小汽车、大房子，还有三四百个人物立像，就像站在海底的兵马俑。坎昆的水下博物馆更像一件充满想象力的开创性作品，汤斯维尔的水下博物馆则融入了环保理念，可以引发参观者的思考。

乘坐快艇从汤斯维尔到约翰·布鲁尔礁要 2 个小时，快艇上的工作人员会利用这 2 个小时介绍海洋生物方面的知识。

工作人员讲到，珊瑚礁对黑鳍礁鲨和白鳍礁鲨至关重要，不仅为它们提供食物和哺育后代的环境，还可以帮它们挠痒痒，赶走它们皮肤上的寄生虫。在海洋生态系统中，除了小丑鱼和海葵有共生关系，珊瑚和虫黄藻有另一种更为重要的共生关系。虫黄藻通过光合作用为珊瑚提供养料，珊瑚则为虫黄藻提供"住所"。珊瑚本身是白色的，我们看到的丰富色彩其实是虫黄藻的颜色。当海水升温时，珊瑚就会驱赶虫黄藻，这就是珊瑚白化的原因。由于失去了养料来源，珊瑚最终也会死亡。在过去的 20 年里，大堡礁一共发生过 7 次严重的珊瑚白化事件。

作者推荐

除了水下博物馆，汤斯维尔附近还有一个顶级潜水点——扬加拉沉船的残骸。

1. 邦迪海滩雕塑展 2. "冰山"泳池 3. 开满蓝花楹的悉尼大学 4. 在墨尔本赛马节当天开派对的悉尼人 5. 海港大桥就像一个巨大的衣架 6. 悉尼歌剧院 7.《图兰朵》即将开场

踏着时令
去旅行

悉尼 Sydney

位于澳大利亚新南威尔士州

推荐旅行时间：4 天

如果你在 11 月初去悉尼，应该会比在其他日子去要忙碌一些。

10 月下旬到 11 月上旬举办的邦迪海滩[1]雕塑展已近尾声。从邦迪海滩到塔玛拉玛海滩[2]的步道边点缀着几十个材质五花八门、造型标新立异的雕塑，它们为本就十分迷人的海岸线增添了额外的艺术气息。"冰山"泳池位于邦迪海滩边缘，是一座接近百岁高龄的泳池，拥有几条 50 米长的标准泳道，泳池里的水引自大海，赶上海风凶猛的天气，海浪会直接扑到池子里。

11 月初是蓝花楹盛放的季节，最佳赏花地是悉尼大学。大学里的哥特建筑群古色古香，就像澳洲版的小牛津。此时刚好是毕业季，你能看到很多身穿学士服的学生正忙着跟母校合影。

11 月的第一个星期二是墨尔本杯的举办日。这本是一场在墨尔本举行的赛马比赛，悉尼的观众只能通过电视观战，但这并不妨碍悉尼人借用别人家的节日来开自己家的派对。在西方，一些社交场合要求客人根据邀请函上的着装规定穿衣戴帽，墨尔本杯的着装要求是相对轻松的半正式，男士可以在西装口袋里放条丝巾，女士可以穿小礼服，有的还会搭配头饰。在墨尔本杯比赛日的前几天，悉尼的一些商场橱窗里就会陈列出几套穿搭方案，如果你也准备去参加派对，不妨有样学样。

除了上面提到的这几个时令性行程，在悉尼还有两个雷打不动的旅行必选项。

第一个是爬到悉尼海港大桥的最高点。这是世界上最大的单孔拱桥，远看像一个巨大的衣架。每年的新年钟声敲响时，全世界第一枚庆祝礼花就是从这里发射升空的。

第二个是去海港大桥对面的悉尼歌剧院看一出歌剧。关于这座歌剧院的造型，有人说像贝壳，有人说像帆船，还有人说像海螺，但设计师说他的设计灵感来自打开的橘子。除了外形夺人眼球，让悉尼歌剧院名闻天下的还有它所采用的声音处理技术，舞台四周安装了扩音板，天花板上还挖出长方形孔，用来抑制混响效果。

没有比到现场观看一出歌剧更让人激动的了，可天下的事，往往事与愿违。我看的那场是普契尼的《图兰朵》，全程意大利语的高音输出，我完全听不懂，于是潜意识里把传入耳朵的所有声音都当成白噪声，然后就睡着了，只在歌剧演员唱起《今夜无人入眠》和《茉莉花》时，我才努力睁了睁眼睛。我承认，这可真是暴殄天物。

1. Bondi Beach   2. Tamarama Beach

旅途随感

自助旅行最大的魅力并不在于可以一拍脑门，说走就走，而在于"自助"二字，也就是自己安排，尤其是在预算有限、时间有限这两个限制条件下，如何高效地利用每一分钱和每一分钟。

1. 手搭凉棚的齐天大圣　**2.** 印度神庙中的哈努曼　**3.** 叶耀宗绘制的墙画　**4.** 店屋
5. 黑胡椒蟹

寻找峇峇娘惹

新加坡 Singapore

位于马六甲海峡

推荐旅行时间：3 天

1947 年，澳洲航空开通了著名的袋鼠航线。这条航线从悉尼出发，途经 6 个航点，像袋鼠一样蹦蹦跳跳地飞向伦敦。随着飞机性能的不断提升，现在悉尼和伦敦之间只需要一个航点就够了，而这个航点就是新加坡。

明朝时，一些随郑和下西洋的官兵留在了马来半岛，他们和当地女子所生的混血儿被称为土生华人，男人叫峇峇，女人叫娘惹。

后来，娘惹文化被专门用来指代这种土生华人文化，它是南洋文明的一个重要分支。所谓南洋文明，是指在那些受季风影响的热带岛屿（或半岛）上，由华人、印度人、马来人、阿拉伯人和西方殖民者，以及他们各自的生活习惯和信仰混合而成的一种文明形态。

在新加坡，牛车水是最大的华人社区，最初这里没有自来水，居民只能用牛车拉水。牛车水由无数店屋组成，一层通常是带骑楼的商铺，骑楼可以遮阳避雨，二三层（如果有三层的话）为民居，这也是"店屋"这个名称的由来。店屋保留了娘惹建筑的传统风貌，木制百叶窗、花砖和大片大片的阔叶植物让人一看就知道自己到了南洋。

纱笼（筒裙）可芭雅（上衣）是传统娘惹装束，也是新加坡航空的空姐制服，采用印花的蜡染布制作，配色优雅，再搭配空姐招牌式的微笑，令人如沐春风。

峇拉煎是娘惹菜的当家调料，由小银虾经发酵和日晒后制成。叁峇酱是峇拉煎的升级版，在峇拉煎中加入辣椒，你可以尝尝叁峇酱炒空心菜。新加坡国菜黑胡椒蟹也是一道娘惹菜，兼具鲜、香、辣等特色。

峇峇娘惹普遍信仰大圣佛祖，他们认为齐天大圣法力无边，可以为自己指明方向。你可以在中峇鲁的齐天宫看到手搭凉棚、头戴凤翅紫金冠的大圣形象。新加坡还有供奉印度猴神哈努曼的神庙。似乎只有在南洋，两位猴王才会平起平坐。

峇峇娘惹指明朝时来到马来半岛的华人及其后裔，他们讲一种被称为"峇峇话"的语言——夹杂着马来语、汉语（闽南方言）等。后来的华人移民虽然不能被称为峇峇娘惹，但个个都是语言天才，可以在汉语、粤语、马来语、英语之间随意切换。

墙绘大师叶耀宗在中峇鲁的一面墙上创作了一幅与华人生活相关的作品：一位大叔坐在藤椅上看着《星洲日报》，墙上挂着钟表、日历牌和全家福，桌上供着福禄寿三星，屋子一角还摆着陶瓷花瓶。

作者推荐

在新加坡，一年到头只有小暑和大暑之分，人们只能将社交活动推迟到日落之后，这让天台酒吧大行其道，因为高处不仅有风，还有风景。CÉ LA VI 就是这样一个天台酒吧，这 6 个字母是法语"C'est la vie"（这就是生活）的简化版。生活嘛，还是应该轻松点儿。

1. 石头战车　2. 白色猴王　3. 到田里给丈夫送饭的村妇　4. 莲花宫　5. 象棚
6. 渡河的圆舟

658

猴王的地盘

亨比 Hampi

位于印度卡纳塔克邦
推荐旅行时间：2 天

亨比曾是毗奢耶那伽罗王朝的首都，从 14 世纪到 16 世纪，这个印度教王朝繁荣了 200 多年，疆域从内陆延伸到阿拉伯海。国家一旦富裕起来，国王就喜欢大兴土木，于是 500 多座寺庙、宫殿拔地而起。在 1565 年的一场战役中，毗奢耶那伽罗王朝战败，亨比被洗劫一空。在此后的几百年里，寺庙和宫殿变成了残垣断瓦，散落在田埂边、水渠旁、乱岗上，渐渐被荒草湮没。

亨比的古迹非常多，如果一处处寻过去，三四个月都未必够用。当然，游客并不具备考古学家的野心，大部分人只是挑几处重要的古迹游览，就像贪玩的学生在考试前突击复习那样。

在维达拉寺[1]，你能看到一辆石头做的战车，这是印度教三大主神之一毗湿奴的代步工具。车轮以前还能转，后来被固定在地面上，应该是怕被游客玩坏了吧。

维鲁巴克沙寺[2]的寺门有 50 米高，在现代建筑统统限高的亨比，它无疑是巨无霸一样的存在。每天早晨 8 点，寺中的大象会到河边洗澡，当地人相信它能带来财运。

皇室中心区景点密集，既有皇后洗澡的大浴室，又有皇后用来打发时间的莲花宫[3]。

宫殿地基呈八角形，内部空间层层扩展，就像盛开的莲花。象棚[4]也在附近，11 间象房组成联排别墅。在印度国王眼中，象群代表着排场。

在一座石山的山顶有座白色庙宇，里面供奉着猴神哈努曼。在印度史诗《罗摩衍那》中，亨比正是猴王的地盘，就像中国的神仙也都有各自的道场一样。成龙主演的电影《神话》曾在这里取景，如果让亨比人知道你来自中国，一定会叫你"Jackie Chan"，还边说边摆出一个武术招式，一看那模仿李小龙向侧面踢腿的经典动作，就知道他们分不清 Jackie Chan 和 Bruce Lee。

自行车能把你带到亨比的绝大多数地方，是环线游的首选交通工具。即使需要过河也不用担心，巨大的圆舟能让你畅行无阻。

有时，我的注意力会暂时从古迹上移开，因为我总能看到一抹抹鲜艳的色彩，那是在河边洗衣、在田间种地、或者顶着饭盒给丈夫送饭的妇人。她们身穿颜色各异的纱丽，为古迹增添了色彩。

1. Vittala Temple   2. Virupaksha Temple
3. Lotus Mahal   4. Elephant Stables

旅途随感

对未知城市的探索像冒险一样充满刺激，但没有一个旅行者无所不知，也就没有人能够避免旅行中的各种失误。当失误出现时，如果是一个人旅行，我想的是如何解决问题，甚至还会感到兴奋；如果和同伴在一起，我就会觉得内疚，会尽可能事先考虑得周全一点儿，可这样也就多了些拘束，这应该是我更喜欢一个人旅行的原因吧。

1. 餐巾纸薄饼　2. 巴生肉骨茶　3. 福建炭烧面　4. 榴梿大排档　5. 吉隆坡石油双塔
6. 雪兰莪锡器

"榴梿忘返"的南洋味道

作为马来西亚首都和亚洲航空公司总部的所在地，吉隆坡是很多游客前往东南亚一些小众目的地的中转站，这让吉隆坡的存在感有点儿低，人们似乎找不到一个非去这里不可的理由。毕竟，论城市的现代化程度，它比不上新加坡；论吃喝玩乐的多样性，曼谷似乎更胜一筹。不过，吉隆坡是多种族、多文化的交汇地，我们不妨从美食角度找一条潜入这座城市的捷径。

早晨可以到巴生[1]吃肉骨茶。巴生作为肉骨茶的发源地，街边招牌全被一个比一个更正宗的肉骨茶品牌霸占。肉骨茶分为汤锅和干锅，汤锅就是将瓦煲放在小火上慢炖，可以加排骨、大骨、小骨、内脏等食材；干锅有点儿像三杯鸡的做法，一堆猪骨、内脏加上白糖、米酒、酱油，待汤汁熬干后，调料的味道就都进入食材了。我偏爱汤锅，因为有白胡椒的味道。

吃过早餐，如果胃口还有空间，你可以到街边的咖啡店喝杯咖啡，配咖啡的并非法式羊角包，而是抹了咖椰酱的吐司。咖椰酱代表马来西亚本土特色，里面有鸡蛋和椰蓉的味道。

中午，你可以到唐人街点一碗福建炭烧面。黑乎乎一大盘，面条、青菜、海鲜本来的颜色都被酱油膏的深褐色盖住了。

晚餐可以选择马来人开的大排档，推荐的美食有羊汤（汤浓，肉烂）、半生鸡蛋和椰浆饭（有米饭、鱼干、辣酱、花生、椰浆和煮鸡蛋，用香蕉叶包着）。每一份的量都不大，但价格实惠。半生鸡蛋要用胡椒粉、酱油拌着吃，胡椒的辛辣正好可以盖住鸡蛋的腥味。

至于餐后甜点，我推荐两道：一是选一家榴梿大排档，榴梿大排档就像国内夏天的西瓜摊，一排排榴梿任君挑选，猫山王是价格最贵的榴梿品种；二是到印度夜市品尝改良版"餐巾纸薄饼"，这种薄饼看起来像巫师的尖顶帽，高七八十厘米，其实就是把印度饼摊得像纸巾一样薄。

相信此时，你胃里的食物已经快堆到嗓子眼了，但别急着回酒店睡觉。最后，我还想推荐位于盛茂饭店 33 层的天空吧，落地窗正对着吉隆坡的地标建筑——吉隆坡石油双塔。

我们常说，要想留住一个人，先要留住他的胃，相信吉隆坡已经做到了这一点。

1. Basang

作者推荐

马来西亚拥有丰富的锡矿资源，皇家雪兰莪锡器是最受游客欢迎的伴手礼之一。2015 年，这家出产锡器的公司和迪士尼合作生产了电影《星球大战》的锡镴周边产品。

1. 格力高跑步者　2. 时间胶囊　3. 心斋桥　4. 蟹道乐首家门店　5. 我做的大阪什锦煎饼
6. 拥有雪花纹的黑毛和牛

饱食到倒

大阪 Osaka

位于日本关西地区

推荐旅行时间：4 天

从 6 世纪开始，大阪就一直是日本和中国、韩国进行贸易的桥梁。16 世纪末期，丰臣秀吉平定四方诸侯，统一了日本。为了展示实力，丰臣秀吉在大阪的核心区域建造了大阪城。大阪城的最高点是天守阁，你可以在这里看到丰臣秀吉的铠甲和武器，屋檐上的黄金老虎也非常耀眼。

你还能在天守阁附近找到一个飞碟状的银色时间胶囊。1970 年，一个内部真空的不锈钢容器被置于混凝土中，随后又被埋入地下，里面放置了 60 种，共 2 098 件物品。它将在 5 000 年后的 6970 年重见天日，不知到了那个时候，地球会是什么样子，是否还有人类，兴许外星人还能通过这个胶囊了解 20 世纪地球人的生活。

其实，很多人来大阪旅行，他们的脚步基本不会离开由难波站、道顿堀、心斋桥合围而成的区域，因为这里应有尽有：弹珠机店、时尚头手店、酒吧、咖啡馆……

心斋桥边的格力高跑步者广告牌异常醒目，从 1935 年立在这里后，跑步者的形象已经迭代过 6 次，原型人物为参加过奥运会马拉松比赛的金栗四三。这虽然只是食品公司的一块广告牌，却因其积极的寓意而成为大阪的首选打卡地。

另一个显眼广告则属于蟹道乐的首家门店，一只通体赤红的松叶蟹悬在门头。虽然松叶蟹和帝王蟹看起来十分相似，但两者的区别也一目了然，数一数蟹腿就知道了，帝王蟹只有 8 条腿，松叶蟹则有 10 条。全蟹套餐包括蒸蟹腿、蟹肉刺身、蟹肉天妇罗等。

大阪的寿喜锅店也很受欢迎，食材通常以黑毛和牛为主，尤以产自神户兵库县的但马种黑毛和牛为极品，也称神户牛。和牛肉的脂肪形成好看的白色纹路，有人说像雪花，有人说像大理石。

在道顿堀，你能尝到各式小吃，如烤鱿鱼、章鱼烧、鲷鱼烧等。章鱼烧里的确有章鱼肉，鲷鱼烧却只是一款外形像鲷鱼的甜品。

在大阪，几乎每个家庭都会常备一种黑色平底锅，主要用来烹饪大阪什锦煎饼。我曾到当地一家餐馆现学现做现吃，具体步骤是先把鸡蛋和蔬菜搅拌成糊，然后把蛋菜糊摊在平底锅里，注意不要把蛋菜糊全都倒进去，要留一些最后用，接着铺上虾和五花肉，还可以根据自己的口味添加一些辅料，并把剩余的蛋糊浇上去，再煎 20 分钟，最后加些酱油和木鱼花，就算色香味俱全了。

美食一定是大阪旅行的重头戏，当地人把这种体验称为"Kuidaore"——饱食到倒！

旅途随感

大阪是一个商业化程度很高的城市，这种商业化也促进了城市的发展。不仅外国游客喜欢凑这份热闹，就连本国人也可能因为各种便利因素和美食而决定留下来发展，于是人才来了，资金来了，城市也越发繁荣起来。

1. 在地震中扭曲的铁轨　2/3. 基督城街头以南极企鹅和原住民为主题的墙画

4. 零下 18℃风暴仓　5. 只有两节车厢的履带车　6. 有轨电车

地震之城
和南极中心

基督城 Christchurch

位于新西兰南岛

推荐旅行时间：3 天

　　基督城是一座频繁被地震"骚扰"的城市，仅在 20 世纪就发生过 10 次 5 级以上的地震。2011 年 2 月 22 日，一场 6.3 级的地震让这座城市变得面目全非：公路错位，铁轨扭曲，大厦倾覆，还有 185 人失去了生命。好在现在地震带已经向东移到太平洋，基督城也在重建之后逐渐恢复它作为新西兰第三大城市的活力。

　　"地震之城"博物馆采用多媒体形式对地震这种破坏力极强的自然灾害进行了全方位解读。在博物馆的入口处，你会先了解到一个关于地震神的传说。在新西兰原住民毛利人的神话体系中，天父和地母的儿子鲁亚木古是掌管地震和火山的神。鲁亚木古还在子宫里时，每一次活动手脚都会引发一场地震。2011 年那场地震的亲历者形容大地就像碗里的果冻一样晃来晃去。在一片瓦砾中，人们找到了几个时间胶囊，其中一个用沥青封口的玻璃瓶中有张 20 世纪初的报纸，报道了当时的城市新闻和地皮价格。博物馆中还有一面爱心墙，所有挂在墙上的爱心都由两片心形布料缝合而成，寓意是伤痕的愈合。

　　基督城地处南纬 43°，是距离罗斯海最近的城市。罗斯海是凹进南极大陆的一个海湾，也是世界最南端的海洋。世界上最大的南极科考站麦克默多站就建在罗斯海西南方向的陆地上，不仅拥有消防队，还有 3 座机场。每年夏季，超过 2 000 人在麦克默多站从事科考工作。

　　基督城的国际南极中心是麦克默多站的后方基地，也是一个关于南极的主题乐园。你可以钻进零下 18℃ 的风暴仓感受被冷风吹透的刺骨严寒，如果你也像我一样戴着近视眼镜，那么在走出风暴仓的瞬间，镜片上会起一层白雾。你可以乘坐一种只有两节车厢的履带车，它会在人工模拟出的南极路面上行驶，有山坡，有水坑，还有一小段用轮胎铺出的坑洼道路，记得时刻抓紧扶手。

　　你还能进入 4D 放映厅，戴上 3D 眼镜，坐上一艘前往南极的探险船，通过吹风、洒水、摇晃座椅等动态效果，获得一种正在南极航行的临场感，不时出现在视野中的冰川、企鹅、海豹迅速拉近了你和南极的距离。

　　国际南极中心住着一群小蓝企鹅，每天下午会有喂食活动。这是世界上最小的企鹅种类，平均重量只有 1 千克，是体形最大的帝企鹅的几十分之一。

　　在国际南极中心，生物学家在研究企鹅的进化和鲸鱼的迁徙，矿物学家在南极寻找矿藏，地质学家研究地壳运动。科学家们认为，在几亿年前，现在的南极洲、南美洲、中非、南非、澳大利亚、印度等一起组成了南方大陆，也称为冈瓦纳古陆。

作者推荐

　　基督城内有一趟环线有轨电车，中途会穿过一个商业区，车身距离街道两边的咖啡桌不到半米。

1. 看起来还算平静的德雷克海峡　2. 正在觅食的信天翁　3. 合恩角　4. 穿越德雷克海峡后看到的第一座冰山　5. 出现在视线中的第一座南极岛屿　6. 站在浮冰上的企鹅

穿越
魔鬼西风带

德雷克海峡 Drake Passage

位于南美洲南部

推荐旅行时间：2天

德雷克海峡位于南美洲大陆和南极洲大陆之间，是世界上最宽（近1 000千米）和最深（平均深度3 400米）的海峡。更确切地说，这条海峡在南美洲最南端的合恩角[1]和南极洲最北端的南设得兰群岛[2]之间，而合恩角刚好是太平洋和大西洋的分界点。

虽然这条海峡借用了16世纪英国航海家德雷克——继麦哲伦船长后，第二位成功穿越麦哲伦海峡的探险家——的大名，但航海家本人却从未经过这里。

德雷克海峡正好压在南纬45°到60°的魔鬼西风带上，"魔鬼"二字淋漓尽致地体现了西风带的暴躁脾气，动不动就卷起二三十米高的巨浪。

在这样的海域航行，无论多大吨位的海轮都无法完全掌控自己的命运。西风带也因此成了南极大陆的一道天然屏障，阻止着人类靠近。直到1820年，俄国航海家别林斯高晋才作为人类代表第一次抵达南极大陆。1911年，挪威探险家阿蒙森成为第一个踏上南极点的人（他也是第一个驾驶齐柏林飞艇飞越北极点的人）。

大多数从乌斯怀亚前往南极的邮轮都要用两天时间穿越德雷克海峡。有个英语谐音梗是这么说的：如果这两天风平浪静，那就是Drake Lake（德雷克湖）；如果风高浪急，那就是Drake Shake（德雷克的颤抖）。

我乘坐邮轮穿越德雷克海峡时，运气还算不错，"德雷克湖"波澜不兴。即便如此，邮轮的公共区域里还是临时拴了好几条安全绳，乘客站不稳时可以一把抓住绳子。坐着的时候，我能感觉到身体的重心随着海浪的节奏在左右两半屁股之间来回转移。躺着的时候，我总感觉有那么一瞬间，身体被颠了起来，就像炒菜颠勺时菜与锅短暂分离。洗澡的时候，就像参加音乐节，我会身不由己地摇摆……

在穿越德雷克海峡的两天中，乘客除了要跟海浪进行永不止歇的"战斗"，还要参加各类与南极有关的讲座，有讲解如何观鸟的，有介绍南极历史的，还有摄影培训课等。

在登陆南极大陆之前，所有乘客都要先了解国际南极旅游组织协会[3]关于南极的保护条约。条约内容包括：要和企鹅保持5米的距离；拍照时严禁使用闪光灯；南极的路权只有一个标准，就是要让野生动物先行等。

抵达南极的标志究竟是什么？是见到一些从未见过的海鸟，是遇见第一座冰山，还是看到南极大陆边缘的黑色岛屿？应该都算吧，就像轻轻敲了三下大门，那个无比陌生的世界就敞开了自己的怀抱。

1. Cape Horn　2. South Shetland Islands　3. IAATO

旅行提示

如果乘坐邮轮穿过德雷克海峡，一定记得提前吃晕船药，不仅因为药物发挥效力需要时间，还因为临时吃晕船药的话，刚吃进去就有可能吐出来。

1. 邮轮前方即是"海神的风箱"　2. 在欺骗岛徒步　3. 从最高处俯瞰欺骗岛的风景

4. 披挂着白色冰川的黑色火山岩　5. 金图企鹅　6. 帽带企鹅

南极洲的
避风港

欺骗岛 Deception Island

位于南极洲南设得兰群岛

推荐旅行时间：1 天

　　欺骗岛的名字来自它的外貌。从表面上看，这是一座从海面上隆起的黑色岛屿，其实它是一座标准的环形火山，不过火山内部已被海水侵蚀，邮轮也能从海水流入的豁口驶入。

　　这道豁口宽 230 米，被称为"海神的风箱"[1]。由于岛屿内外的气温相差 2～3℃，温度差形成了风，这道豁口就成了风的通道。虽然"海神的风箱"非常宽阔，足够七八艘邮轮并排通过，但危险来自海面下的礁石。在 20 世纪，一艘英国捕鲸船和一艘挪威邮轮曾在这里搁浅。

　　由于火山地热作用，即使在最寒冷的季节，欺骗岛内部的海水也不会结冰，无论科考队还是捕鲸队都将这个天然的避风港当成根据地。在岛上最热闹的那些年里，这里是大约 700 位岛民共同生活的地方，不仅设有邮局，还建有一座小型机场。现在，这里还有 100 多年前挪威捕鲸站用来炼制鲸油的巨大油罐，据说一个夏天能生产 14 万桶鲸油。这也让生活在南设得兰群岛附近的鲸鱼遭了殃。大自然用一场火山爆发对人类进行了惩罚，那是在 1969 年，喷溅的火山熔岩几乎摧毁了岛上的一切。

　　与南极的大多数登陆点只能供游客进行短途游览不同，欺骗岛拥有一条 2 000 米长的徒步路线，往返需要 2 个小时。登陆点在电报湾[2]旁的黑沙滩，所有登陆者排成一路纵队，攀登一座小山，登顶之后还要沿着山口的边缘绕行一圈，再从另一条路返回。虽然最高点的海拔只有 500 米，却能让人拥有一种俯瞰欺骗岛的视角。远处，"海神的风箱"变成了一道窄门，四面八方的黑色火山岩都披挂着白色的冰川，既像写意的水墨画，又像虎鲸身上的黑白斑纹。山脚下分布着大大小小的湖泊，有的呈湛蓝色，有的呈棕褐色，应该是掺杂了不同的矿物质。

　　我们穿着统一的橘色冲锋衣，远远望去，就像一排列队而行的红火蚁。说不定此刻正有更高维度的生命观察着我们，就像人类观察企鹅一样。在高维生命看来，人类科学家对光速、弦理论、宇宙尽头的研究可能就像 1+1=2 一样简单。

1. Neptune's Bellows　2. Telefon Bay

作者推荐

　　巴里恩托斯岛（Barrientos Island）离欺骗岛不远，是南设得兰群岛中著名的企鹅栖息地之一。岛上有两种企鹅，分别为帽带企鹅和金图企鹅。帽带企鹅的脖子下方有一条黑线，就像海军帽的系带。金图企鹅是除帝企鹅和王企鹅之外体形最大的企鹅物种。据向导介绍，40 年前，岛上帽带企鹅的数量是金图企鹅的 5 倍，现在正好反过来。这个数据的变化恰好是全球气候变暖的证明，因为金图企鹅原本生活在更北的地方，那里更温暖。

1. 贼鸥和雌企鹅的"战争"　2. 两只企鹅宝宝即将诞生　3. 一只受伤的阿德利企鹅

4. 虎鲸家族　5. 一条崭新的航道　6. 南极的日落

臭不可闻的企鹅栖息地

宝利特岛 Paulet Island

位于南极洲

推荐旅行时间：半天

宝利特岛能够成为约 10 万对阿德利企鹅的栖息地，与它的独特地貌有关。每年夏天，这座岛上的积雪会被火山地热融化，随后露出无数碎石，这些碎石正是阿德利企鹅用来筑巢的材料。在南极的企鹅家族中，阿德利企鹅非常容易辨认，乌黑的脸上长了一对白眼圈。

在抵达这座直径约 1 500 米的岛屿之前就有迹象表明，我们正逐渐靠近企鹅栖息地。一是在冰面上"站岗放哨"的企鹅越来越多；二是海风吹来一股腥臭气息，每个人闻到后都下意识屏住呼吸。当我们在宝利特岛登陆后，那种味道也跟着变得臭不可闻。

从登陆点爬上潮汐带，视野逐渐开阔起来。漫山遍野的企鹅构成了一个黑白分明的世界，再加上白色的冰川和蓝色的海洋，就与我想象中的南极一模一样了——只是我从未想过，南极是有味道的。那是磷虾在通过约 10 万对企鹅的肠道后散发出来的腐败味道，与海鲜市场的垃圾堆散发出的味道差不多。

在我看来，眼前的画面呈现出无序性，每个晃动着的黑白小点似乎都很忙碌，却不知它们究竟在忙什么。好在向导及时解答了我的疑惑。雄企鹅正衔着石子往家走，它们是建设家园的主力。雌企鹅以一种俯卧的姿势孵蛋，几只贼鸥站在附近的空地上，准备伺机而动。一旦发现哪只雌企鹅在打盹，贼鸥就飞到半空，再俯冲下来偷走企鹅蛋。不过，贼鸥刚起飞，几乎所有雌企鹅便同仇敌忾地仰着脖子发出尖锐的叫声。贼鸥并不是每次都能得逞，雌企鹅也不是每次都能成功赶跑贼鸥，在这种你来我往的攻守战中，大自然保持着平衡。

宝利特岛与南极半岛之间隔着一道海峡，那是鲸鱼迁徙的要道。我们幸运地看到了二十几头虎鲸，它们三五成群，出现在邮轮的前方和两侧。虎鲸又叫杀人鲸，它们成群结队出现时，连蓝鲸这种地球上最大的生物都不放在眼里。每当虎鲸那黑白相间的脊背露出水面时，游客都不禁大声欢呼，可能只有那几只被困在虎鲸巡游航线上的小企鹅兴奋不起来。

由于宝利特岛在南极圈之外，游客仍能看到正常的日出和日落。与地球上其他地方的日落一样，南极的日落也给远近的风景罩上了一层红光。

邮轮前方的海面被一层薄冰封住了，船长决定破冰而行。船体因撞击而微微晃动，并伴随着咯吱咯吱的声响。邮轮前脚刚走，那条刚刚开辟出来的水路又逐渐被冻住，就像我们从未来过一样。

旅途随感

有时候世界很大，我们似乎永远也无法触及它的边界；有时候世界又很小，不过就是我们看到的、听到的、感受到的那么一点儿。旅行的意义就是让两个世界无限接近。

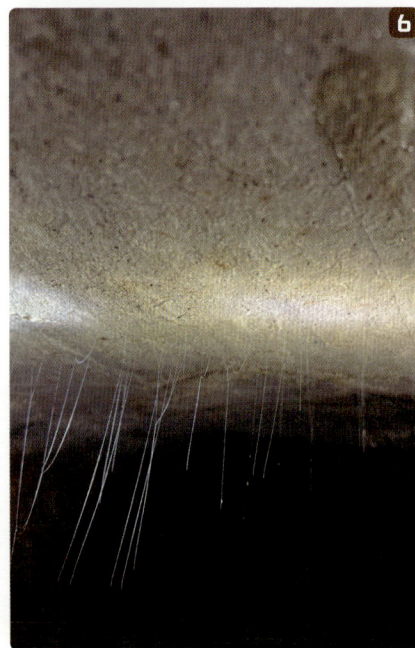

1. 蝙蝠出洞　2. 竹节虫　3. 鹿洞中的蝙蝠粪　4. 铠甲蝮蛇　5. 架在树冠之间的吊桥
6. 蕈蚊幼虫垂下银白色的丝线

顶级猎人喜欢化身为猎物

巫鲁山 Gunung Mulu

位于马来西亚砂拉越州

推荐旅行时间：3 天

如果比拼臭味的浓度，那么在婆罗洲的鹿洞面前，南极的企鹅栖息地不值一提。这股臭气的源头是约 300 万只犬吻蝠拉出的粪山。这座山有多高呢？BBC 纪录片《地球脉动》中给出的数据是 100 米！南极的企鹅栖息地的臭味好歹被冷风稀释了，而鹿洞就在赤道附近，高温、高湿，还不通风。

鹿洞拥有世界上最长的地下河通道。河水流经堆积如山的蝙蝠粪时会带走一部分养分和盐分，而盐分是鹿每天都要摄入的物质，以维持身体机能正常运转。当小鹿发现了地下河的秘密后，每天都会去洞口饮水，鹿洞由此得名。

每日黄昏时分，游客会聚集在一个半圆形的露天剧场，观看一场自然界的奇观——大约 300 万只蝙蝠飞出鹿洞，去森林中享用昆虫大餐。它们的胃口很好，每天能吃掉约 15 吨昆虫！不过，这些蝙蝠并不是同时出洞，而是按照约定好的次序，像运动员入场一样分成若干方队，这也拉长了表演时间，通常会持续 40 分钟左右。每个方队的蝙蝠都有几万只，它们从天空中飞过时就像突然刮起一阵黑旋风。游隼和食蝠鸢是这场大戏的配角，它们的出现迫使方队变换队形，有时像三角旗，有时像贪吃蛇，有时像 DNA 的双螺旋结构……那些落单的蝙蝠就非常不幸地成了牺牲品。

现在，鹿洞已经成为巫鲁山国家公园的一部分，从游客中心到鹿洞洞口有一条 2 000 米长的步道。每走一段路，向导就会停下来，将他的新发现指给我们看。我得睁大眼睛，才能从雨林植物中分辨出那些拟态大师，这不禁让我怀疑自己的可视范围和向导的并不在同一个维度。身穿绿衣的鸟或蛇，趴在树干上的褐色蜥蜴，比树枝还像树枝的竹节虫……这些生物尽可能让自己和周边环境融为一体，这样既隐藏了自己，又能悄然接近猎物。

最厉害的拟态大师非朗洞中的"萤火虫"莫属。朗洞与鹿洞离得很近，可以一起游览。说是萤火虫，但其实发光的是蕈蚊的幼虫，它们从洞顶垂下无数银白色的丝线，向导碰了碰其中一条，那条丝线就被他的手指牵动起来，这说明丝线的黏度很高。为了吸引猎物，蕈蚊幼虫的尾部会发出蓝色的光，其他昆虫逐光而来，就会被丝线牢牢缠住。如此看来，顶级猎人都喜欢以猎物的姿态出现。美中不足的是，游客参观朗洞时，洞中的照明设备会自动开启，蓝色的荧光就无法看到了。

作者推荐

巫鲁山国家公园有很多条徒步路线，你可以参加树冠之旅，穿过十几座建在树冠上且首尾相连的吊桥，桥面只有 20 厘米宽，刚好放下两只脚。需要注意的是，吊桥会经过一些高挂树顶的蜂巢，我就被蜜蜂狠狠蜇了一口，疼得大口吸气。

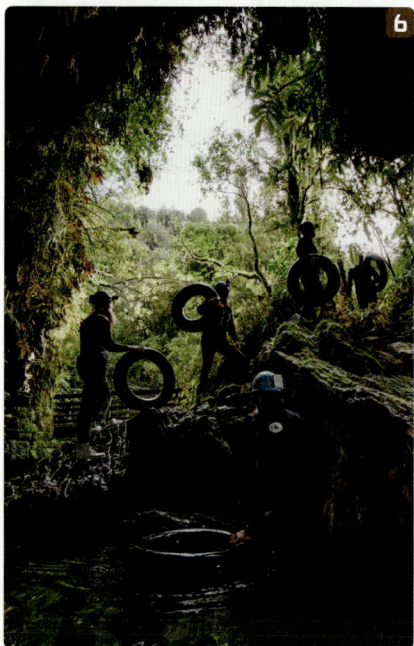

1. 萤火虫洞　2. 静谧的怀托摩　3. 在黑暗中漂流　4. 准备屁股向后跳入水潭　5. 蕈蚊的成虫

6. 人手一个橡胶圈　注：除图2外，其余均为官方图片，因参加黑水漂流时，不能携带任何拍照设备

黑水漂流

怀托摩 Waitomo

位于新西兰北岛

推荐旅行时间：2 天

人们前往怀托摩的目的很单纯，就是欣赏由无数发光的蕈蚊幼虫组成的蓝色"星空"。蚊子喜欢生活在潮湿的地方，而拥有地下河的溶洞恰好创造了这样的环境。蕈蚊通常只有 10 个月的寿命，一生可以分成 4 个阶段，即卵、幼虫、蛹和成虫。由于蕈蚊在后两个阶段无法进食，蕈蚊幼虫必须吃饱喝足，才能为后续的生命旅程积攒能量。

虽然怀托摩是一个规模庞大的溶洞群，但不是每个洞里都有"萤火虫"。大多数一日游游客会选择游览行程只有 45 分钟的萤火虫溶洞[1]。游客乘坐小船就能将溶洞内的钟乳石和星斗般的"萤火虫"看个够。

与这种速览模式相比，黑水漂流是游览怀托摩溶洞的最佳方式。黑水漂流与白水漂流对应，后者因激起白色水花而得名，黑水漂流全程在漆黑的地下河中完成。

参加黑水漂流的人要先穿上紧身潜水衣和像厚袜子一样的软软的胶皮鞋，戴好头盔和防水头灯。这些装备说明洞内漆黑一片，温度只有约 15℃，岩石容易碰到头。穿戴完毕，参加者就可以乘坐接驳车前往鲁阿库利溶洞[2]的洞口。每个人都会领到漂流的主要工具——一个黑色的橡胶圈。

草木掩映下的洞口非常隐蔽，顺着流进溶洞的河流就能进入这座地下迷宫。湍急的

水流几乎推着人往前移动，此时必须反向用力，才能对抗水流的冲击。这也是黑水漂流对参加者的体重有一定限制的原因，45 千克以下的人容易被冲走，175 千克以上的人根本钻不进溶洞。

水深及膝时，我们就坐进橡胶圈，然后在地下河中横冲直撞。有时河水形成分岔，若不是有向导指引，很容易迷路。

在行进过程中，会经过两条瀑布。虽然瀑布的落差不到两米，但我们要采用一种反向跳水的方式跃入瀑布下的水潭，这是对勇气的极大考验，因为身后除了哗哗的水流声，就只剩下一片黑暗。在起跳之前，每个人都摆出相同的姿势——双手握住橡胶圈并将它放在背后，随后被向导一推，整个人就迅速被激流淹没。此时屁股底下的橡胶圈就发挥了作用，它的浮力可以将身体向上托起。

当水流渐趋平静，向导让我们把橡胶圈连成一条线，每个人坐在自己的橡胶圈里，同时抱住后面那个人伸过来的双腿，整体看起来就像一条细长的蜈蚣。

待我们关掉头灯，眼睛适应了黑暗之后，头顶就出现了一条闪烁着荧光的蓝色河流。原本在窃窃私语的我们像同时得了失语症，十几双眼睛中都闪耀着璀璨的光芒。

1. Glowworm Cave 2. Ruakuri Cave

作者推荐

黑水漂流分为 3 小时的普通版（又叫水下迷宫）和 5 小时的升级版（又叫水下深渊），后者包括一段 35 米的绳降和一处滑索。

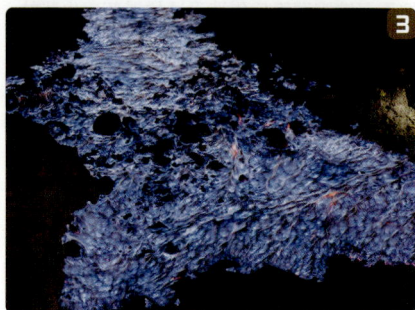

1. 硫黄矿石　**2/3.** 硫黄燃烧形成的蓝色河流　**4.** 日出时的伊真火山湖

5. 被毒气熏死的枯树　**6.** 硫黄矿工

地狱之光

伊真火山 Gunung Ijen

位于印度尼西亚爪哇岛东部

推荐旅行时间：半天

伊真火山在爪哇语中的含义为"孤独之山"。它虽然是一座活火山，却用火山湖的平静掩盖了湖底的暗涌，源源不断的硫化气体注入湖底，不仅让湖水通体湛蓝，也让其酸性直冲天际，pH 值只有 0.5，任何生物都无法在这种环境中存活。

湖边有座硫黄矿，一到半夜，就有络绎不绝的矿工把硫黄矿石运到山下。这活儿主要在半夜干，一旦旭日东升，阳光会把矿工的力气蒸发得一干二净。

跟矿工一样披星戴月的还有游客大军，他们是为了到火山里寻找一条蓝色的"河流"——那是硫黄燃烧的效果，如同地狱之光，炫目、妖娆、邪气冲天。

每晚刚过子夜，几十辆旅游大巴就会把散居在伊真高原各处的游客载到景区入口。向导会给游客发放防毒面具，用来防止呼吸道被毒气灼伤，这应该算是我使用过的最特殊的旅行装备了。

从景区入口到火山口还有将近 5 000 米的上坡路。脚下是松软厚实的火山灰，火山灰被吹到空中，再被头灯一照，就像在下一场固体的雨。不一会儿，所有人都变成灰头土脸的模样。

我们抵达火山口时，四周仍旧漆黑一片，湖水也隐入夜色。接下来，我们要从火山口前往开采硫黄矿石的工作平台，这段路极为陡峭，需手脚并用，之前有一名法国游客一脚踩空后失足丧命。空气中的硫黄味道越来越浓烈，向导让我们把防毒面具戴好，过滤后的空气果然清新了不少。

不时有矿工与我擦身而过，我看到他们用一根扁担挑着两个篮筐，里面放着淡黄色的硫黄矿石。矿工的收入按矿石重量计算，每天挑三次，一次大约 80 千克，算下来相当于每天可以赚 100 多元人民币。难怪很多矿工转行当了导游，如果遇到慷慨的游客，光收小费就比挑矿石赚得多。

山路尽头就是开阔的采矿平台，黑暗中传来"砰砰砰"的敲击声。眼前突然出现了两条蓝色的"河流"——液态硫被炽热的岩浆点燃后流到地面上，还会随着地势的高低起伏而缓慢流淌。

"今天运气不错，"向导对我说，"昨天来的人没有看到蓝色火焰，有时候只有巴掌大那么一块，需要仔细找才能看到。"他继续说道："世界上一共有三个地方可以看到蓝色火焰，一个是这里，一个在冰岛，你知道第三个地方是哪里吗？"我笑着摇摇头，他先做了个鬼脸，然后说道："你家的燃气灶。"

旅行提示

除了防毒面具，你最好再准备一副护目镜，否则当你接近蓝色"河流"时，双眼会被毒气刺激得睁不开，不一会儿就泪流满面。

677

1. 绳状熔岩　2. 熔岩仙人掌　3. 熔岩蜥蜴　4. 加岛环企鹅　5. 军舰鸟
6. 钻进熔岩管的向导

一堂熔岩地质课

苏利文湾 Sullivan Bay

位于厄瓜多尔的加拉帕戈斯群岛

推荐旅行时间：1 天

人们来到苏利文湾，主要是被这里的火山熔岩地貌吸引。

玄武岩浆从地底来到地表，通常有两种方式——喷出来或流出来。喷出来的岩浆迅速冷却，形成像煤渣一样的块熔岩；流出来的岩浆则会以液体的形态缓慢流动，岩浆表层因接触空气或者海水而逐渐冷却成固体，流动时的形态也被永远固定成黑色的熔岩雕塑，如涟漪、发辫或者面条。地质学上有个专有名词用来形容这种绳状熔岩，叫帕霍霍[1]——夏威夷语，因为类似的地质景观在夏威夷群岛的大岛上十分常见。帕霍霍有"外表光滑"之意，与之相对的是啊啊[2]，就是前面提到的块熔岩，它的表面粗糙且见棱见角。

达尔文也曾在苏利文湾登陆，但他的游记中并没有关于这种特殊地貌的记载，这说明在近一两百年间，这里发生过大规模的火山喷发。事实上，整个加拉帕戈斯群岛都是由火山喷发形成的。

帕霍霍通常只有几十厘米厚，由于它具有隔热作用，底层岩浆可以继续流动，有些岩浆流过的地方形成了空洞，叫作熔岩管。在苏利文湾的帕霍霍上行走时，向导会提醒我们注意脚下，不要掉进那些熔岩管里。比熔岩管更大更深的是熔岩隧道，在苏利文湾邻近的圣克鲁斯岛上有一条长达 2 000 米的熔岩隧道，里面的洞穴有两层楼高，不难想象熔岩流经时那种席卷一切的气势。

由于帕霍霍的存在，苏利文湾变成了一个黑色的世界，走在其中，有一种世界末日的荒芜感。不过，这里并非一黑到底，你能看到氧化铁呈现出的红色和氧化硅呈现出的五颜六色。这里既有极度耐旱的熔岩仙人掌，也有喜欢帮海豹赶走苍蝇的熔岩蜥蜴。这个小型生态圈的边缘还生活着几只加岛环企鹅。这种企鹅的祖先是被秘鲁寒流带到这里的，由于食物充足，气候又比南极暖和，它们就成了世界上唯一一种热带企鹅。不过，加岛环企鹅仍旧只去冷水区捕食。当厄尔尼诺现象出现时，海水升温，加岛环企鹅成了受害者。现在，这种企鹅的数量已经不足 2 000 只，属于濒危物种。

苏利文湾非常适合潜水，在其他地方需要下潜十几米才能看到的"大货"，如鲨鱼、海龟、鹰鲼等，在苏利文湾只需戴着呼吸管就能在浮潜时遇见。你还可以和企鹅一起游泳，别看它们站在礁石上静若处子，一到水下，上一秒还在你眼前晃悠，下一秒就像子弹一样射入海底，只留下一串气泡。

1. Pahoehoe 2. AA

旅行提示

在苏利文湾潜水时一定要当心有毒的僧帽水母，它们喜欢把触须垂在水下捕捉猎物。我的胳膊就曾被它的触须缠住，瞬间留下一条像被皮鞭抽过的伤痕，一天之后才消肿。建议下水时穿那种能够包裹全身的潜水衣。

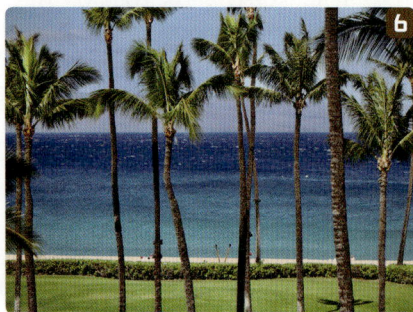

1. 戴着花环的小伙子手擎火把　**2.** 点燃火炬　**3.** 小伙子朝四个方向各鞠一躬　**4.** 跃入大海
5. 夏威夷舞者　**6.** 毛伊岛的海与天

在夏威夷跳崖

毛伊岛 Maui Island

位于美国夏威夷群岛

推荐旅行时间：3 天

黑礁石位于毛伊岛西海岸，千万年前，滚烫的火山岩浆流到海边，被海水一激，冒出冲天白烟。等烟消云散，岩浆就成了海边一整块黑色的礁石。如果从上往下看，黑礁石就像一块巨大的 U 形磁铁，那个"U"的开口朝向大海，一片人迹罕至的沙滩被围在中间。这里是海龟的乐园，它们在这儿下蛋、嬉戏，玩得不亦乐乎。

这块 U 形磁铁不仅吸引了海龟，每晚在这里举行的跳崖仪式也吸引了潮水般的游客。不知从哪儿先传来一阵呜呜的海螺声，随后，一个脖子上戴着白色花环的小伙子举着火把，沿着海滩一路奔跑，将海边的火炬一个个点燃。紧接着，他爬到黑礁石的最高点，朝东南西北四个方向各鞠一躬，然后背朝夕阳，纵身一跃，犹如水鸟张开翅膀扑向海底的鱼群。在掌声从四面八方传来的同时，夜幕也慢慢降临。

除了这个每天举行的跳崖仪式，白天也有很多男孩像冰棍一样一个个往下跳，这让我也跃跃欲试。当我爬到那个起跳的位置，发现那里相当于三层楼的高度。我没有如想象中那般帅气地一跃而下，而是在脑子里闪过许多念头：要是突然刮来一阵飓风，我一下没站稳，就直接摔死在后面的沙滩上了；

要是我跳下去时正好游来一只海龟（真的有很多），我的骨头一定没它的壳硬；要是下面的海浪突然转向，不是涌向沙滩，而是卷回太平洋……

我给自己做了差不多 10 分钟的心理建设，才重新站回跳台。虽然腿还是微微颤抖，可当我再次面朝大海时，我看清了海天之间的那条分界线，也看清了脚下的一片蔚蓝。我的一条腿已伸到半空，另一条腿紧接着跟上。大海在那一瞬间消失了，整个世界从我眼前急速闪过。我的听觉却变得异常灵敏，呼呼的风声在耳边呐喊，似乎要把两耳之间的大脑贯穿。

在落水的一刹那，我感觉浑身像被一双大手力道均匀地捏了一下。之后，触觉被味觉替代，满嘴都是咸的，整个世界也是咸的。浮出海面后，我用手抹掉从头上流下来的海水，眼前的一切跟浮潜时看到的完全不同，我也变得有些不一样了。我想再跳一次，并且决定这次换个帅点儿的姿势。

在进行一次冒险之前，我们总会思前想后，跳海如此，旅行如此，人生亦如此。其实，我们需要做的，无非就是往前迈一小步而已。

作者推荐

捕鲸村（村民早就不捕鲸了，那里现在成了出海看鲸鱼的码头和酒吧、餐馆云集的艺术区）也在毛伊岛西海岸，每年 11 月到次年 2 月，几百头黑皮白肚的虎鲸会在附近海域产崽过冬，2 月过后，它们又洄游到位于阿拉斯加的老家。

1. 普里马维拉科考站　　**2/3.** 形态各异的冰山　　**4.** 我们乘坐的邮轮在西尔瓦湾中行驶

5. 皮划艇　　**6.** 在南极跳水

冰山博物馆

西尔瓦湾 Cierva Cove

位于南极半岛西部

推荐旅行时间：1天

冰山露出水面的体积约占总体积的1/7，所以我们常用"冰山一角"来形容一个庞大事物或者复杂事件只露出很小的一部分。这让冰山具有迷惑性，那些隐藏在夜色中的冰山更是成了船长的噩梦，号称永不沉没的"泰坦尼克号"就是在撞上冰山后沉没的。

西尔瓦湾是一座深水港湾，三面环山，一面临海。这里不仅有从冰盖末端脱落的冰山，也有被猛烈的西风吹进来的流浪冰山，这让西尔瓦湾成了一座露天冰山博物馆。

我去西尔瓦湾那天阳光耀眼，如同闯入水晶森林，我不知说了多少遍"太美了"。真是太美了，千言万语都不及这一句直抒胸臆。

通常来说，冰山的寿命从2年到10年不等，与那些出生后不断长大的生物不同，冰山"出生"时体积最大，随后越来越小，直到消失不见，是逆生长的典型代表。

冰山的形态无时无刻不在变化，西风和海水就像两把刻刀，日复一日地按照造物主的心思改造着冰山的模样，有的冰山像拱门，有的像桌面，有的则像动物或植物，至于究竟像什么，取决于观察者的想象力。当风和水的力量此消彼长，冰山就会显得头重脚轻（或者相反）。原本的平衡被打破，冰山只能通过上浮或倒转，来达到新的平衡。

由于西尔瓦湾的水流异常平缓，很多南极邮轮的船长都会在这里组织户外活动。例如，两人一组的皮划艇，可以划到离冰山较近的地方，但也不能靠得太近，万一冰山倾覆，故事就变成了事故。冲锋艇的巡游半径是皮划艇的好几倍，可以开到普里马维拉科考站。该科考站由十几座砖红色的集装箱式房屋组成，让眼前这幅静止画面灵动起来的是科考站附近的几十只企鹅。看来所谓南极旅行，就是从不同的视角观赏冰川、海水、企鹅、科考站等与南极有关的元素。

最特别的视角无疑是在南极跳水。所有参加这个项目的勇敢者要先在更衣室热身，随后一个接一个走到临时搭建的水上平台，再以各种姿势跃入0℃之下的海水。起跳之前，我还助跑了两步，所以蹦得有点儿远，从我听到救生员说"你成功了"到最终被捞上岸，至少在水里扑腾了七八下，那种被刺骨的严寒包裹的感受，恐怕一生都不会忘记。

有一种更刺激的户外活动只能由探险队员来完成，他们会穿上像太空服一样可以包裹全身的潜水服，潜入西尔瓦湾的水下，拍摄海底世界给我们看。绿色的水草，紫色的珊瑚，黄色的海星……原来南极不只有灰与白，还有很多色彩。

旅途随感

如果人生只活几个瞬间，在南极跳水的那一刻一定是其中之一。

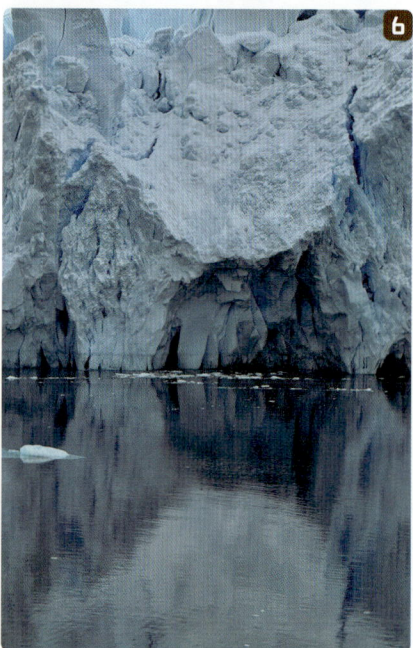

1. 雪鹱　2. 天堂湾　3. 花斑鹱　4. 企鹅高速　5. 在积雪上行走　6. 冰川缝隙中透出蓝色

宛若天堂

天堂湾 Paradise Bay

位于南极半岛西侧
推荐旅行时间：1天

邮轮离开西尔瓦湾后继续向南行驶，用了一夜的时间穿过杰拉许海峡[1]，随后拐进一座平静的海湾。20世纪初，一艘捕鲸船在杰拉许海峡遭遇极端恶劣天气，拐进这座海湾后才化险为夷。这种从地狱到天堂的转换，让天堂湾的名字一下子流传开来。

对那些极地生物来说，天堂湾是一个名副其实的美食天堂。这里盛产磷虾，别看它们个头小，但数量惊人，几乎可以不限量供应。来此的"食客"既包括鲸鱼、海狮和海豹，也包括各种海鸟。这些极地生物的到来，又让那些喜欢观赏自然景观的旅行者仿佛进入了一个生机无限的视觉天堂。

在众多海鸟之中，有两种海鸟的颜值极高。一种是花斑鹱，当它展翅飞翔时，后背会露出黑白花纹，既对称又抽象，不知火地岛上喜欢人体彩绘的塞尔克南人是不是从这种海鸟身上获得的灵感。另一种是通体如玉的雪鹱，当它从冰川前飞过时，要不是有黑色的眼睛和鸟喙，几乎可以隐身。

我还在天堂湾看到了老朋友北极燕鸥，它们刚从北极飞到南极，飞行了2万千米，终于可以在夏天的南极歇歇脚，为次年的长途迁徙积攒能量。

企鹅虽然不会飞，却是如假包换的海鸟。它们在海面上以跃起的姿态行进时，也像飞行了一小段距离。天堂湾中有一片企鹅栖息地，从海岸到栖息地要经过一座雪丘，于是洁白的雪地被企鹅踩出无数条黑色的路，这些路被称为"企鹅高速"。当两只企鹅相遇时，其中一只还会礼貌地侧身让路。虽然企鹅并不惧怕人类，但根据南极保护条约，游客不能站在"企鹅高速"上，这样会让它们望而却步。

阿根廷的布朗科考站就在企鹅栖息地附近。观测极地冰川的变化趋势是科考项目之一。极地学家发现，在过去的20年里，南极半岛83%的冰川在缩小，天堂湾的冰川属于那17%仍在扩张的少数派。这也说明全球变暖的势头仍在持续。

我站在布朗科考站前的平台上，眼前的天堂湾是一个蓝色的世界。天是淡蓝色，海是深蓝色，冰川缝隙隐隐透出冰蓝色。人们常说蓝色代表忧郁，可我却固执地认为，只有在自由自在的天堂里，才会有蓝莲花绽放。

1. Gerlache Strait

旅途随感

南极是世界上最难抵达的大陆。当我把它踩在脚下时，脚下的这一小块土地与南极大陆上的每一块冰、每一片雪都紧紧相连，也与这块大陆的所有秘密紧紧相连，似乎每一步所带来的轻微震动也在摇撼着那些秘密。虽然我无法在这片大陆上走得更远、走得更久，但我知道，带我抵达这里的这条路，又远又漫长。

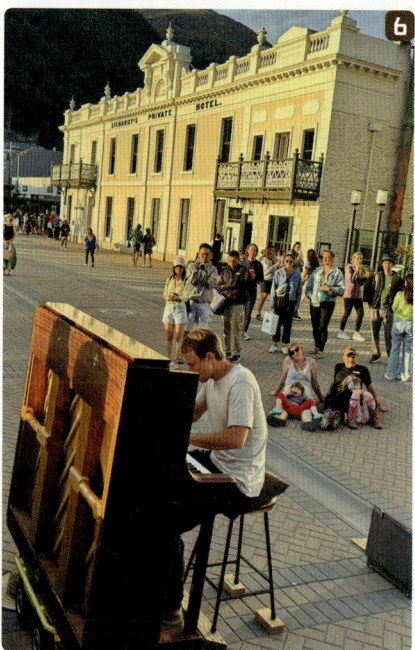

1. 在卡瓦劳大桥蹦极　2. 张开双臂，像飞起来一样　3. 沙特欧瓦河上的喷射快艇
4. 护戒使者　5. 瓦卡蒂普湖上的蒸汽船　6. 皇后镇的黄昏

冒险家的天堂

皇后镇 Queenstown

位于新西兰南岛

推荐旅行时间：4 天

皇后镇是户外玩家心中的天堂。这里有各种各样的户外项目，从滑翔伞到跳伞，从峡谷秋千到飞索速降……每天一早，兴致勃勃的户外玩家被接驳车送到各个项目的体验中心，在心跳加速的同时，身体里的冒险基因也被激活。

卡瓦劳大桥是世界上第一个商业化蹦极地。如果你还没做好凌空一跃的心理准备，可以先到大桥一侧的看台上看看别人的跳跃姿势。做好准备后，你就可以到起跳点报到了。工作人员会帮你系好安全背带，然后用一条蓝色毛巾把你的双腿绑住，再用卡扣把弹跳绳系在你的腰间和腿上，相当于加了双保险，可这样一来就没法正常走路了。我扶着栏杆蹦了两下，这才在起跳台上站定。工作人员开始倒数 5 个数，我也没闲着，在心里对自己说：一鼓作气不能尿。我只犹豫了一秒就感觉脚下一空，卡瓦劳河瞬间模糊成蓝色的色块。弹跳绳被下坠的力量拉直后向上反弹，此时才真正来到蹦极的高光时刻：我始终保持着双臂平伸的姿势，就像飞起来一样。如果你觉得 43 米高的卡瓦劳大桥蹦极不够刺激，还可以去挑战 134 米高的内维斯钢索蹦极，后者距离卡瓦劳大桥不到 10 千米。

皇后镇也是喷射快艇的发源地，沙特欧瓦河的快艇公司从 1970 年就开始运营了，至今已有半个多世纪的历史。喷射快艇从河流中段出发，航程约半个小时，可以让你充分体会到什么叫速度与激情，感受快艇带来的刺激。快艇会随着蜿蜒的河道不停地转弯，有时还要从极窄的峡谷缝隙中穿过。沙特欧瓦河也是电影《指环王》的拍摄地之一，精灵公主亚玟为了保护霍比特人佛罗多，在这里召唤出洪水，卷走骑马的戒灵。在电影里，河水在泛滥之前也就刚刚没过马蹄，说明河床很浅，这也让快艇在飞速行驶时难度陡升。

《指环王》三部曲都是在新西兰取景拍摄的，你如果想身临其境地感受电影中的中土世界，可以去距离皇后镇半个小时车程的格兰诺奇天堂牧场。向导会带你进入一片山毛榉森林，还会提前准备好服装和道具，有的人穿上甘道夫的长袍，有的人挥舞着霍比特人的短剑，看起来就像电影中的护戒使者。

当一天的刺激体验结束后，游客会聚集在瓦卡蒂普湖边看日落。连着看了 3 天日落后，我发现组成日落美景的有归航的蒸汽船，有现场弹奏的钢琴曲，有步履匆匆的旅人，有玩杂耍的街头艺人，还有在码头边跳水的少年……

旅途随感

卡瓦劳蹦极中心贴着一句英文标语："Fear less, live more"（无所畏惧，奔赴山海）。这句话的精髓在于前后互为因果：只有恐惧减少了，才敢去探索大千世界；只有经验丰富了，才能从容应对挑战。

1. 安妮·摩尔姐弟三人的雕像　2. 无人认领的行李箱　3. 皇后镇码头　4. "泰坦尼克号"离开欧洲前曾停靠在皇后镇　5. 背井离乡的爱尔兰人　6. 金塞尔镇的码头

背井离乡的爱尔兰人

科夫 Cobh

位于爱尔兰科克市

推荐旅行时间：1 天

科夫是一个面向大西洋的港口小镇，之前叫皇后镇。镇子里有座博物馆，由老火车站改造而成。这里曾经是火车终点站，所有列车开到这里都要折返。

在 19 世纪中叶，人们坐火车来科夫并不是为了旅游观光，而是为了登上停在港口的渡轮，然后前往大洋彼岸的纽约。

大约有 100 万爱尔兰人移民美国，这股移民潮形成的历史背景与爱尔兰的主食土豆有关。1840 年，一场瘟疫让这里的土豆得了一种怪病，农民不仅食不果腹，还得把有限的能吃的土豆以地租形式上交给横征暴敛的英国统治者。农民们发现唯一活下去的办法就是远走他乡。于是，他们收拾好本就不多的行李，扶老携幼，乘火车来到皇后镇。

除了肉体上的痛苦，他们还要经历一次精神上的死亡。如今在爱尔兰有个传统，就是在人去世后的第一天要举办一场仪式，亲朋好友都要来守灵、喝酒聊天，直到第二天天明。可在当时，这种仪式并非为逝者举办，而是为了给远走他乡的人送行，即宣布这些人将永远离开这里。第二天一早，亲朋通常会把离乡之人送到码头。当巨轮远去，离乡之人看到岸上亲朋的手挥舞得像风中摇曳的烛光，不禁泪眼模糊。在旅行中，我们经常说再见，可对有的人来说，再见的意思就是再也无法相见。

在科夫博物馆，你能看到许多当年的逃荒者没有带走的行李箱，上面贴满标签，里面为数不多的物品也表明当时的物资极端贫乏。

博物馆正中摆放着"棺材船"，由于没钱买票，人们只能挤在船底货舱，既没有食物，又缺医少药，很多人都死在了海上。

博物馆内有个馆中馆，展览主题就是那艘号称连上帝都无法让它沉没的巨轮——泰坦尼克号。1912 年 4 月 11 日，泰坦尼克号离开皇后镇码头驶向纽约，后来在航行中沉没。你能在这里看到许多从这艘船的残骸中打捞上来的遗物。在电影《泰坦尼克号》中，最后一刻上船的杰克也是个去美国闯天下的爱尔兰人，虽然他对未来的憧憬很快就触礁沉没了，但收获了真挚的爱情。

码头边有一组姐弟三人面朝大海的青铜雕像，弟弟的手指遥遥指向大洋彼岸。姐姐名叫安妮·摩尔，在 1892 年美国新移民法生效后，她成为第一个经由纽约埃利斯岛口岸移民美国的爱尔兰人。

作者推荐

距离科夫镇不远的金塞尔（Kinsale）是一个停满游艇的港口小镇。18 世纪初，苏格兰水手亚历山大·塞尔柯克从金塞尔起航。塞尔柯克就是《鲁滨逊漂流记》的主人公鲁滨逊·克鲁索的原型。

1. 布鲁克林大桥　2. 时代广场　3. 身边车水马龙，内心静如止水　4. 从帝国大厦俯瞰曼哈顿
5. 地铁站　6. 跨年夜

世界的十字路口

纽约 New York

位于美国东北部纽约州

推荐旅行时间：1周

纽约最初叫新阿姆斯特丹，一听就和荷兰东印度公司有关。19世纪，作为欧洲移民进入美国的第一站，纽约不仅海纳百川地收留了各国移民，还留下了他们的财富。在电影《海上钢琴师》的开头，一艘长得像泰坦尼克号的邮轮缓缓驶入上纽约湾，一位乘客无意间看到高耸的自由女神像，突然高喊："America！"是的，到纽约了。是的，新生活开始了。

现在，纽约把"城市"这个词展现得淋漓尽致。这里有"大牌"扎堆的第五大道、世界上最大的城市公园、掌控最多资金的华尔街，这里还是宇航员从太空俯瞰地球夜景时最亮的地方。

纽约几乎把全球顶尖的股票经纪人、音乐剧演员、模特、出版人等都招至麾下，这让纽约人觉得自己生活的城市就是世界的中心。正如某期《纽约客》的封面所展现的，画面被哈得孙河一分为二，下半部分是繁华的曼哈顿，上半部分则是纽约之外的世界——一个看起来无比荒凉的世界。

我们暂且不论纽约在蓝色星球上的地位，只说时代广场在纽约的地位。时代广场是这座城市的心脏，每年365天、每天24小时永不停歇地跳动着。有一次，我在午夜来到这里，发现它依旧被无死角全覆盖的露天电子广告牌照得亮如白昼。时代广场还有一个为它量身定做的标签——"世界的十字路口"，因为这里四通八达，似乎能通向全世界，甚至通向宇宙。

在这个"世界的十字路口"，你能做的事情多到用双手双脚都数不过来。

你可以在 AMC25 影院看一场电影，如果正好赶上一部发生在纽约的灾难片，你就能明白什么叫身临其境。

你可以到百老汇剧院看一场音乐剧。《狮子王》《阿拉丁》《歌剧魅影》《芝加哥》都是常演不衰的经典剧目，有的剧目已经霸占了时代广场的广告牌几十年。

跨年夜无疑是时代广场最闪耀的时刻，此时焰火腾空，水晶球降落，数以百万计写满新年愿望的小纸片洋洋洒洒地飘落。有一年我为了凑这个跨年夜的"热闹"，还提前穿好纸尿裤，因为进入时代广场后就没办法出来上厕所了。不过由于整晚一口水都没喝，寒冷的天气又让新陈代谢几乎停滞，直到散场时才有了一点点尿意。

旅途随感

我曾坚定地认为边旅行边赚钱是世界上最棒的工作，可看到百老汇舞台上那些光芒四射的演员时，我的信念打了折扣。是的，这些每天在不同性格的人物之间转换的"音乐精灵"，不仅能体验不同的人生，收获观众最诚挚的掌声，还能在演出结束后回归自己的生活，还有什么比这更完美的呢？

1. 在太平山顶俯瞰港岛夜景　**2.** 天星小轮　**3/4.** 叮当车　**5.** 茶餐厅
6. 出租车里的公仔大世界　**7.** 中环至半山的扶梯

城市之光

纽约曼哈顿有座摩天大楼博物馆，你可以在那里了解所有与摩天大楼有关的世界之最。最近十来年，最高摩天大楼的称号一直被迪拜的哈利法塔霸占。香港也很厉害，在摩天大楼密度最高城市的竞赛中，一直领先纽约。摩天大楼的密度与城市的发展正相关，密度高说明此地寸土寸金，只能向天空要空间。

在香港，欣赏城市天际线的首选位置是太平山顶的凌霄阁观景台，最好在黄昏时前往，这样你会看到两种摩天大楼——白天时银灿灿的摩天大楼和入夜后华灯初上的摩天大楼。你可以从中环花园道缆车站乘坐缆车前往凌霄阁，这条缆车线的历史已逾百年。缆车刚启动时，眼前都是郁郁葱葱的热带植物，不一会儿视野就敞亮起来，缆车左边的摩天大楼也慢慢露出头。

另一个可以远观摩天大楼的地方是港岛对面的九龙。天星小轮在港岛和九龙之间往返，票价只有几港元，对应的是老旧的木板座椅、被海风贯穿的船舱和一鼻子的焦煤味道，同样也对应着东方之珠的百年历史。每晚8点，维多利亚港两岸的44幢高楼成为"幻彩咏香江"灯光秀的主角，它们用射灯、激光、LED屏交叠出一幅流光溢彩的盛世图景。

在香港，与太平山缆车、天星小轮齐名

的百年交通工具还有叮当车。这是一种双层电车，从1904年开始在港岛运营。司机脚边有个可以发出叮当声的脚钟，用来提醒行人及时避让。

港岛上的建筑从海边向山顶蔓延，为了方便人们出行，这里建起许多自动扶梯，其中最出名的是中环至半山的扶梯，这条扶梯还曾在电影《重庆森林》中出镜。为什么我会想到电影？因为我是伴着20世纪八九十年代的香港电影长大的一代人，在那个黄金时代，每年能在录像厅看到的香港电影超过百部，这让香港这个弹丸之地的每条街都有出名的机会，比如拍过《喜剧之王》的煤气灯街和拍过《无间道》的石板街。

石板街与皇后大道中相交，后者是一个高档写字楼林立和品牌旗舰店扎堆的地方。一个工作日的早晨，我从皇后大道中经过，身边全是刚钻出地铁站赶往写字楼上班的白领，西装、领带、红唇、高跟鞋从我眼前唰唰掠过。当我拐到石板街，噪声的分贝一下子降下来，我扎进与皇后大道东平行的士丹利街，茶餐厅老板正光着膀子上货，食客络绎而来，满意而去。相比摩天大楼塑造的城市景观，我更喜欢这种以市民为主体的香港风情，一下子就和小时候看的香港电影对上了号。

作者推荐

如果你足够幸运，就有万分之一的机会坐上米先生的出租车。车厢被他布置成一个公仔大世界，不同系列的公仔成群结队地在车子里任何一处立得住的平面上。车厢外的香港日新月异，车厢内的世界却拒绝长大。

1. 好牧羊人教堂和银河的同框照　2/3. 翡翠色的特卡波湖　4. 毛利人把群星想象成各种动物
5. 约翰山山顶的天文台　6. 目前仍在服役的维多利亚时代的望远镜

仰望星空

特卡波 Tekapo

位于新西兰南岛

推荐旅行时间：2 天

在城市变得越来越明亮的同时，光污染也在吞噬着我们遥望星空的权利。要知道，在罗盘出现之前，航海家正是根据日月星辰的位置来辨别方向。于是，世界上越来越多的地方被列为暗夜保护区，严格限制光污染，目的是让我们的子孙也能和祖先一样，拥有一片璀璨的星空。

特卡波所在的麦肯齐盆地[1]是南半球最大的暗夜保护区，如果你此时来此旅行，体验项目几乎都与星空有关。

你可以通过星空体验之旅了解毛利人的宇宙观。毛利人将黑暗称为"te pō"，将光称为"te ao"，他们说"Nā te pō, ko te ao, ko te ao mārama"，意思是"在夜的最深处，我们看到了光"。他们认为，地球上的人类、动物、植物，甚至地球本身，都是由星云坍缩而成，全是宇宙的碎片，因而可以推导出"万物相连"的结论。这是我在旅途中第二次听到这样的说法，上一次听到是在世界尽头的火地岛。毛利人将星空看作一本巨大的画册，日落之后，画册就被翻开了，而特卡波就是最适合欣赏这本画册的地方。

在特卡波，每晚都会有观星团。观星地点要么在山上，要么在湖边。天文课老师会

从天空中最亮的那颗恒星——天狼星讲起，它是一个双星系统，包括一颗蓝矮星和一颗白矮星。天空中第三亮的星星是南门二，学名为半人马座阿尔法星，现在这颗星的知名度极高，它是科幻作家刘慈欣笔下的三体人的家园和"流浪地球"的目的地。天空中第三亮和第十一亮的两颗星星相距不远，它们连成的直线刚好指向南十字座，这又是一个大名鼎鼎的星座，航海家可以通过南十字星辨认正南方向。大麦哲伦星云和小麦哲伦星云是人类在南半球用肉眼能够观测到的最遥远的两个天体。据天文学家推测，组成大麦哲伦星云的恒星质量大约和 1 000 亿个太阳的质量相当。当麦哲伦率领船队航行在赤道之南时，每遇晴天的夜晚，他都能在夜空中看到两团无法被视线穿透的"云"，当时的他肯定不知道，这两团"云"都来自银河系之外。

知识课结束后，还有用望远镜观星的环节。按照由近及远的顺序，我们最先看到的是月球表面的陨石坑，随后是星云以及棉絮状的球状星团。出现在单筒目镜中的星体越来越炫目，也越来越抽象，仿佛有无数谜题等待我们去解开。

1. Mackenzie Basin

旅行技能

很多旅行者都是被一张照片"勾引"到特卡波的，照片中的前景是好牧羊人教堂，背景是银河，近乎为零的光污染让教堂与银河的同框成为可能。作为摄影爱好者，我也照猫画虎地拍了一张，参数如下：快门，25 秒；ISO，4000；光圈，22；焦距，先指向无穷远，再稍微拧一点回来。

1. 距离终点还有 100 千米　2. 徒步者们　3. 西班牙乡下风光　4. 殊途同归
5. 朝圣的人　6. 除了徒步者，还有骑行者

走在路上的人

圣地亚哥之路
Camino de Santiago

位于西班牙

推荐旅行时间：5～30天

圣地亚哥之路与日本的熊野古道都是位列世界遗产的朝圣路线，你可以选择任意地点开始徒步。圣地亚哥之路并非只有一条，而是有很多条，如法国之路（最著名，也是走的人最多的一条，全长793千米）、北方之路、阿拉贡之路、冬季之路……它们都指向西班牙西北角的圣地亚哥-德孔波斯特拉。

无论你从哪里开始，都要先去起点附近的教堂购买一本朝圣者通行证，接下来要在通行证上盖章，盖章地点是沿途的教堂、酒店、餐厅等，到了终点才能领取朝圣者证书。当然你也可以随便走走，不一定要用证书去证明什么。

人们走这条路的理由五花八门，在电影《朝圣之路》中，有的是为了减肥，有的是为了戒烟，有的是为了寻找写作灵感。我来这里没有特别的动机，如果能在路上收获些什么，那是额外奖励，而且徒步至少可以锻炼身体。这种心态让我非常放松，每天吃吃喝喝，走走停停。

正式出发后，你需要掌握的第一项技能是寻找路标。它可能是一个黄色的箭头、一枚贝壳或者一块里程碑。里程碑上的数字是你与圣地亚哥之间的距离，所以是递减的。有的朝圣者会把自己的感悟写在里程碑上，比如"不要忘记回家的路""感谢一切"等。

所有人都单向行走，擦肩而过时，一定会互致问候"Buen Camino"（一路顺风），说这句话的人往往语速飞快，音量也不大，对方却可以迅速识别，就像使用接头暗号，连眼神都不用确认，就知道是自己人了。除了这句例行公事般的"一路顺风"，大家都沉默地走着，有的人甚至会关掉手机。在这里，最基本的礼貌就是互不打扰，说不定多说一句就会把别人脑海里的宇宙搅得天翻地覆。可每当入夜后，大家各自抵达落脚的地方，呈现的又是截然相反的热闹景象。随处可见的酒杯，各种版本的故事——不用过分当真，只要能打开一扇看世界的窗，就值得凑近耳朵一听。

朝圣路上还有一些临时补给站，大多就是摆在路边的一张木桌，上面放着水果、面包、奶酪等，旁边的牌子上写着：自制美味，费用随阁下。一般情况下，留下5欧元就好。

沿路的村庄有点儿像宫崎骏动画片里的场景，用饱和度极高的色块堆叠出房子、草坪和天空，连每个走在乡间的朝圣者都成了画布上的风景。

一路上美食很多，推荐一道两块牛排夹着一片鹅肝的主菜，一口咬下去，半天消耗的能量就都能补回来。

旅途随感

无论出发时目的为何，只要走上这条路，那些初始动机就会慢慢被抛到脑后，你的全部注意力都只在脚下……走完之后，你会发现，最大的收获可能是有了一种跟自己和解的方式。就是这条路，就是这个方向，管它通向哪里。

1. 圣地亚哥之路的路标　2. 朝圣者庇护所　3. 恍然以为来到中世纪　4. 方瑟巴东村
5. 日出东方　6. 晚餐的前菜

朝圣路上的庇护所

方瑟巴东 Foncebadón

位于西班牙西北部

推荐旅行时间：1 天

方瑟巴东是圣地亚哥之路上的一个村庄。

西班牙的乡村看上去都差不多，石墙、木门和悬挂在教堂尖顶的铃铛营造出一种中世纪的氛围。村子里有一家朝圣者庇护所，所谓庇护所，是指那些为朝圣者提供基本食宿的地方。在这里住一宿只需要 10 欧元，一顿朝圣者晚餐也是 10 欧元。

庇护所的壁炉上方有一面留言墙。墙上最醒目的是世界各地的纸币，一般来说，面值越大，越不值钱。写在小纸片上的留言各种语言都有，其中一张纸片上用英文写着：困难的事和正确的事，往往就是一回事。除了小纸片，墙上还有代表不同信仰的照片和信物，俄罗斯的萨满、印度的三大主神、道士画的符咒、尼泊尔的苦行僧、尖鼻子的女巫……它们都在这面墙上和谐共处——或许所有信仰本质上都是相通的。

晚上七点整，晚餐开始。一张长桌两边已经坐满徒步者，除了我和一个韩国人，其他人都来自欧美，有的第一次走圣地亚哥之路，有的走过若干次；有的走 793 千米的全程，有的只走其中一段。

前菜是切片香肠，刚上桌就被吃光了。主菜是素食版西班牙海鲜饭，米粒颗颗饱满，只是海鲜换成了蔬菜。即使这样，每个人也还是至少吃了两大盘。餐后甜点可以选择苹果或者香蕉。从旺盛的食欲和爽朗的笑声中就能感觉到大家都吃得很开心。

老板拿出两瓶酒，一边给大家倒酒一边介绍："这是加利西亚特色烧酒，专门用来饭后消食。"一瓶是透明的、金盏花一样的淡黄色，一瓶是浑浊的、可可粉一样的浅灰色，每个人分到一小杯，喝下肚又甜又暖。老板适时调大了背景音乐的音量，乐声顿时盖过了大家闲聊的声音。每首都是老歌，都能引发全场合唱。我记不住歌词，就跟着一起哼唱。唱到后来就没人坐在椅子上了，大家用各种舞姿跳舞，有的人还站到桌子上领舞。老板继续给每个人倒酒，这一轮可不是倒进酒杯，而是把每个人拉过来，然后让我们扬起脖子，张开嘴，老板再直接用酒瓶往下倒。

在这一刻，没有人记得自己来自哪里，也没有人在乎自己唱歌是不是跑调、跳舞会不会难看。所有人都只记得此时此刻自己很快乐，即使明天就各奔天涯。

从方瑟巴东再往前走 2 000 米，就到了整条朝圣之路的最高点——海拔 1 504 米的铁十字架[1]。十字架下方堆满了朝圣者带来的许愿石，上面用各种符号和语言写满了徒步者最想实现的愿望。

1. La Cruz de Ferro

旅途随感

有一千多年历史的朝圣者庇护所是青年旅舍的雏形吗？人们在这里很容易找到自信，可能是因为遇见了同频的人，又或者这里就是灵魂的栖息之所。

1. 贝壳形路标　**2.** 阳光普照　**3.** 没有尽头的公路　**4.** 使徒大教堂　**5.** 海鲜大餐
6. 徒步者的包和狗

很"帅"的人生

圣地亚哥 - 德孔波斯特拉
Santiago de Compostela

位于西班牙加利西亚

推荐旅行时间：1 天

公元前 44 年，统治以色列地区的大希律王下令处死耶稣十二门徒之一的雅各，圣徒的追随者用石船将雅各的尸体运回西班牙，并安葬在现在的圣地亚哥 - 德孔波斯特拉（以下简称圣地亚哥）。

相传 9 世纪的时候，一位隐士在星光的指引下，找到了雅各的遗体。消息在欧洲各地传开后，朝圣者络绎不绝，这就是圣地亚哥之路的起源。中世纪之后，圣地亚哥之路一度衰落，直到 20 世纪，随着游客潮的兴起，圣地亚哥和隐藏在西班牙各个角落里的村庄才重新焕发出活力。

在圣地亚哥之路徒步的倒数第二天，我走了将近 40 千米，黄昏时已经濒临崩溃。晚霞消失之后，天空暗了下去，逐渐变成一种视线无法穿透的混沌。就在那一刻，我产生了一个想法，我觉得自己很帅。我当然知道自己长什么样，尤其在走了一天之后，一定离"帅"这个字十万八千里。但我当时真的觉得自己很帅，然后我意识到，这是自我意识的觉醒。我们这一代人从小到大被灌输的观念就是要努力学习，找很好的工作，赚很多钱，但从来没有人跟我们说过，你要成为你自己。可是在那个瞬间，我不仅觉得自己很帅，甚至觉得我的整个人生都非常"帅"，

因为我可以按照自己的想法生活。接下来的那段路，我越走越快，心中十分快活，因为我已经接纳了自己的全部。

在圣地亚哥之路徒步的最后一天，从佩德罗佐[1]前往圣地亚哥，徒步者必须起个大早才能赶上中午在使徒大教堂举办的朝圣者弥撒。徒步者要先穿过一片森林，随后是一条似乎没有尽头的公路。当你终于看到圣地亚哥的轮廓时，究竟是感动还是意犹未尽，恐怕只有体验后才会知道。一位已经走过 6 次圣地亚哥之路的徒步者曾对我说："第一周，痛苦，每天都想放弃；第二周，渐入佳境，慢慢找到呼吸的节奏；第三周，感觉浑身充满力量；第四周，已经恋恋不舍，发誓明年还要再走一遍。"

朝圣者证书的领取地点在使徒大教堂旁边的办公楼里，你会在登记册上看到朝圣者的年龄，既有耄耋老人，也有垂髫小儿。其实，走完这段旅程的方式并不单一，可以徒步、骑车，甚至骑马。

如果时间充裕，你可以继续走到大西洋边的菲斯特拉[2]。在那里，你还能干一件既痛快又有仪式感的事，就是在大海边把一路走来穿的那些充满汗臭味的脏衣服烧掉。

1. Pedrouzo　2. Fisterra

米特西尔 | 奥地利

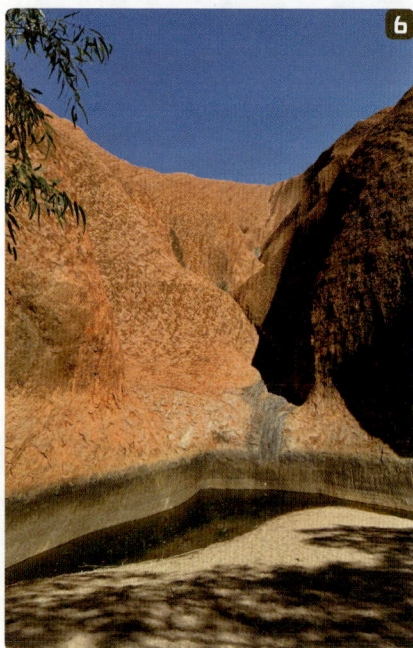

1. 红土中心　　**2.** 夕阳下的乌鲁鲁　　**3.** 近观乌鲁鲁　　**4.** "原野星光"　　**5.** 石壁上的岩画
6. 乌鲁鲁下的水潭

沙漠中的红色巨石

乌鲁鲁 Uluru

位于澳大利亚北领地

推荐旅行时间：3 天

当飞机即将在乌鲁鲁机场降落时，舷窗之外出现了一片暗红色的大地，在这片被称为"红土中心"的沙漠之中，一块突兀的巨石成了视线的焦点。这是世界上最大的单体巨石，原住民管它叫乌鲁鲁，西方人则把它称为艾尔斯岩，它高 348 米，周长 9.4 千米，这还只是露出地表的部分，地质学家认为，还有 2/3 埋在红土之下。

乌鲁鲁是阿南古族的圣地。在阿南古族的祖先马拉人从北方来到乌鲁鲁之前，这里一直是袋鼹的领地。带领游客进行基地徒步的向导会向游客讲述一段半真实半虚构的历史——马拉人在乌鲁鲁竖起仪式柱后，从西方来的温托卡人邀请马拉人去参加另一场仪式，马拉人婉拒后，温托卡人召唤出代表邪恶的巨狗破坏了马拉人的仪式。所谓基地徒步，就是绕着乌鲁鲁走一圈。此时你看到的乌鲁鲁不再是一整块巨石，而会呈现出很多细节，比如石洞、岩画、水潭等。有的石洞是生火做饭的地方，有的石洞充当教室，石壁上的岩画相当于老师写在黑板上的文字，内容为年长者向年轻一代传授的捕猎技能。水潭则是最佳狩猎地点，因为动物们都要来这里喝水。基地徒步大约需要 4 个小时，如果你想节省时间和体力，可以骑自行车或平衡车来完成这段旅程。在 2019 年 10 月 25 日及之前，乌鲁鲁还可以攀登，在那天的日落之后，出于对阿南古族信仰的尊重，澳大利亚政府决定永久禁止攀登乌鲁鲁巨石，游客只能乘坐直升机欣赏乌鲁鲁顶端的风景了。

与基地徒步一样受欢迎的，还有观察乌鲁鲁在日出与日落时所呈现出的色彩变化。以日落时为例，你会看到乌鲁鲁被夕阳一点点染成赤红色，再一点点隐身于夜幕之中。

日落之后，一场无人机秀准时上演。这场秀名为"Wintjiri Wiru"，在阿南古语中的意思是"地平线上的风景"。伴随着画外音的讲解，1 000 余架无人机像繁星一样同时升空，它们组合成阿南古族的图腾符号，以及那条被温托卡人召唤出来的邪灵之犬。

无人机秀结束后，你还可以去参观一场名为"原野星光"的灯光秀。5 万个球形灯泡覆盖了约 4 个足球场大小的区域，灯泡之间通过错综复杂的发光导线相连。这场灯光秀的创造者是英国装置艺术家布鲁斯·芒罗，他的灵感来自雨后的沙漠中冒出来的幼苗。芒罗说："我们都渴望自己与某种宏大事物相联结，没有哪里比乌鲁鲁更容易体会到这种联结，因为塑造乌鲁鲁的除了风景和文化，还有很多共同的记忆。"

作者推荐

尤拉拉是专为乌鲁鲁打造的游客小镇，这里有酒店（包括青旅）、餐厅、电影院和免费的环线班车。你可以在这里的艺术中心跟着阿南古族人学习点画。他们认为，点画是连接梦想与现实的桥梁。

1. 纳西族老人　2. 建在一块大石上的城和奶绿色的金沙江　3. 石头城的西门

4. 晾晒的腊肠　5. 徒步前往太子关　6. 太子关

巨石上的城

宝山石头城 Baoshan Stone City

位于中国云南省丽江市

推荐旅行时间：2 天

怒江、澜沧江和金沙江在云南境内像"川"字一样并排奔流 170 千米，形成三江并流的自然奇观。"川"字所辖地区也是众多少数民族的定居地，如澜沧江边的傣寨、怒江边的贡山独龙族怒族自治县，还有金沙江边的纳西族村落——宝山石头城。

石头城建在一块三面皆是峭壁的巨石之上，从隋唐起这里就炊烟不断。村民还就地取材，将山岩打磨成石床、石灶和石凳，我还在一户人家的房子里看到未经雕凿的嶙峋山石，尽显原始朴拙之风。石头城内的道路分为几横几纵，但并不在一个平面上，有的石阶高达半米，上下都得费点儿力气，当然，这是对游客而言，对土生土长的纳西族人来说，依旧如履平地。走在石头城中，到处都是猪屎和马粪的气味，到处都晾晒着玉米和南瓜。古垛口是石头城的最高点，这是一个宽敞的平台，曾因地势优势而成为防御工事。到了晚上，游客喜欢聚在垛口上望星空。

石头城有东西两道城门，沿着东门外的石板路可以走到山脚的码头，然后乘坐渡船顺流而下，终点是阿海水电站。12 月初的金沙江呈奶绿色，就像天神将牛奶倒入了碧绿的江水，再用一把巨大的勺子搅拌均匀。

西门是石头城的主要出入口，你总能看到纳西族老人坐在城门边晒太阳，他们看起来平静又安详，就像一尊尊凝固在时光中的雕塑。西门外是个小广场，入夜之后，村民会聚集在广场上跳锅庄。这是一种在藏族、彝族、纳西族等民族中很流行的舞蹈，旋律轻快，舞步简单。好客的村民也欢迎游客加入他们的广场舞团，仿佛人数越多，快乐就会呈指数级增长一样。

站在石头城内，你是无法看到庐山真面目的，而太子关徒步就是这道题的解。

第一步，沿着西门外的水渠一路向上。第二步，当水渠消失后，继续踩着田埂前行。有的田里种着柠檬草，很多星级酒店用它来做香氛和精油的定香剂，当你从田边经过时，不仅会自动放慢脚步，还会使劲吸几口。第三步，在经过两个村庄之后，还要沿着一段山路向上爬一截路。此时，你一回头就能看到石头城的完整模样——一座立于峭壁上的云中之城。

接下来继续沿山路上行，不久之后，你就会与金沙江不期而遇。如果把视线放远，那条被壁立的山峰夹在中间的狭窄河道就是太子关了。1253 年，忽必烈率军从太子关横渡金沙江。渡江时，将士都抱着充气的羊皮囊，史称"元跨革囊"。在石头城休整数日后，忽必烈率领大军南下，打败了大理段氏王朝，实现了中国的再次统一。

作者推荐

石头城的餐馆老板会根据你的预算搭配出几荤几素，无论怎么搭配，一定会有一道炒腊肠。腊肠是当地人用猪肉腌的，里面加入了少许花椒，又咸又麻，非常下饭。

1. 加装了齿轨的铁道　**2/3.** 通向少女峰顶的火车　**4.** 展示瑞士人幸福生活的水晶球

5. 电影《冰川时代》里的松鼠　**6.** 风景绝佳的瑞士村庄

欧洲最高的
火车站

少女峰 Jungfrau

位于瑞士中部

推荐旅行时间：1 天

从卢塞恩坐火车到少女峰顶要转三次车，每趟车都开得异常缓慢，不过没人抱怨，大家都巴不得车窗外的风景可以一帧一帧移动。

第二段铁轨中间加装的齿轨可以与火车底部咬合，使火车爬升时不会溜车下滑。

第三段旅程搭乘车身通红的"少女峰号"，它在一片雪白的世界中显得异常醒目。终点站建在穿山隧道之中，这里海拔 3 454 米，是欧洲最高的火车站。

少女峰站上方是一座银灰色的、发着亮光的气象站，站在气象站的观景台上就能遥望阿尔卑斯山，浩然气象展现于眼前，似乎灵感也随之而来。这是过去无数贵族、画家、探险者毕生追求的极致体验。不过山顶风云变幻，可能这一秒还晴空万里，下一秒整个世界就被大雾笼罩，能见度为零。

气象站连着一座冰雪宫殿，宫殿被布置成单向游览的冰雪迪士尼世界。第一个展厅中放着一个巨大的水晶球，水晶球中彩灯闪烁，里面有一个合唱团，他们唱的大概率是瑞士或奥地利山间的一种民歌——约德尔调。

18 世纪中后期，人类社会大踏步迈进以蒸汽机为代表的工业文明时代。到了 19 世纪，投资铁路不仅时髦，还能赚钱。在多山的瑞士，资本家们早早就将目光投向那一座座绝岭雄峰，谁先拿下少女峰，谁就能牢牢捕获冒险家们的野心。

在这段通往峰顶的铁路修建之前，有过三次不太成功的尝试，直到 1893 年，阿道夫·古耶塞勒用铅笔画出一张草图，少女峰铁路才初现雏形。作为一位精明的企业家，他把通往少女峰顶的铁路分成若干段，每一段的终点都是一个观景台，这样就可以完工一段开放一段，再用赚来的钱投资下一段，听起来是不是很像现代商业社会的几轮融资？

除了要解决资金问题，修建铁路还要面对冬季施工因缺水导致的电力紧张，以及工人在高海拔地区施工易发生事故及频繁罢工等问题，安抚工人的方式是每人每天一瓶红酒。少女峰之路来之不易，直到 1912 年 8 月 1 日，这条铁路才全线贯通。

上完历史课，眼前出现了一条冰雪隧道，最窄的地方仅容一人通过，需要扶着旁边的栏杆才不会滑倒。

接下来还有一个冰雕展，你能在这里看到很多阿尔卑斯山区的动物，包括《冰川时代》中的那只松鼠。

作者推荐

巧克力品牌瑞士莲在少女峰顶开了一家巧克力博物馆，这让冷色调的冰雪圣殿温暖起来。

1. 萨尔茨城堡　　2. 莫扎特手写的五线谱　　3. 莫扎特音乐晚宴　　4. 从高处俯瞰城市夜景
5. 金色的店铺招牌　　6. 电影《音乐之声》的取景地

音乐之城

萨尔茨堡 Salzburg
位于奥地利西部
推荐旅行时间：3 天

粮食大街[1]位于萨尔茨堡老城中心，大街并不宽，铺着青色方砖，街边有许多售卖工艺品的店铺，店面都不大。每家店铺外都悬着金色的铁艺招牌，招牌上以文字或图饰作为店铺标识。铁艺招牌与霓虹灯箱功能类似，但两者使用的时间不同，后者是夜越深越显得美丽，而铁艺招牌只有在白天才能反射一点儿太阳的光芒。不过，这符合当地人的工作习惯——天刚黑，店铺就打烊了，几个世纪以来都是这样。

在让人目不暇接的店铺中间，有一幢不起眼的 4 层小楼。小楼的大门呈拱形，门上有浮雕，那是一个人的侧脸像，他留着中世纪特有的卷发，看上去就像欧美法庭上的大法官。他就是莫扎特，1756 年在这里出生。

据说，莫扎特在作曲前会把自己关进一间小屋，闭目冥想，问自己三个问题：我是谁？我从哪儿来？我要往哪儿去？每每这时，莫扎特的灵感就会喷薄而出，随后曲式、旋律、音节等一气呵成。当他的眼睛再次睁开，一部伟大作品也就此诞生。

艺术作品往往与艺术家的某个创造性灵感有关，这种灵感通常会诞生在心境空灵、毫无杂念的时候，所以作家往往深夜起笔，音乐家也会在隔绝周遭嘈杂的时候创作。由此看来，"闭目塞听"也并不一定都是坏事。

莫扎特故居与他的出生地仅一河之隔，故居中用大量展品呈现出莫扎特的音乐人生。故居旁有座花园，花园中有几排米色的阶梯，在电影《音乐之声》中，玛丽亚老师就是在这里领着孩子们一起唱《哆来咪》。

你可以在僧侣山[2]顶的自然爱好者之家[3]用餐，这里有能够俯瞰城市全景的露台。远处是萨尔茨城堡，庞大的宫殿式建筑群耸立在另一座山的顶峰。近处是一座座教堂，大多是穹顶，少数是尖顶，教堂顶上都有金色的十字架。更近的地方是一排排民居，外墙被刷成白色，房顶呈淡淡的绿色。晚上 8 点，太阳已完全落下，教堂顶上的金光不再闪烁，就连近处的白色和绿色也模糊起来。晚上 9 点，城市的主角不再是城堡、教堂、民居，而是一条条灯火通明的街道，路灯连在一起，就像舞动的黄龙。

我第一次这样看风景。以前都是我走路，风景不动；这次是我静止，看风景在时间里流动。

1. Getreidegasse   2. Mönchsberg
3. Naturfreundehaus

作者推荐

虽然莫扎特出生地和故居都馆藏丰富，但要想和这位旷世奇才进一步亲密接触，一定不要错过在圣彼得饭店（St. Peter Stiftskeller）举办的莫扎特音乐晚宴。上菜间隙，一出出经典歌剧在中央舞台上演，其中包括《费加罗的婚礼》《唐·璜》《安魂曲》等歌剧的片段。

1. 肖邦的头发和斗篷被风拂起　2/3. 重建的华沙老城　4. 居里夫人博物馆
5. 华沙老城废墟遗址　6. 科学文化宫

肖邦
和居里夫人

华沙 Warsaw

位于波兰中东部

推荐旅行时间：4 天

很多音乐家在童年时期就展现出过人的音乐天赋。莫扎特第一次登台时 6 岁，贝多芬 7 岁，肖邦 8 岁。莫扎特和贝多芬都是古典音乐的代表人物，讲究音乐形式的规范和结构的完整。肖邦则打破了古典主义的条条框框，将自己的情绪也融入创作之中，是暴风雨来临前的泰然，也是激情过后的忧郁，所以肖邦被称为"钢琴诗人"。在《英雄波兰舞曲》中，肖邦用音乐描绘出一位波兰民族英雄的形象，聆听这首钢琴曲，你不会认为钢琴家在用手指敲击琴键，而是在用激情，一种从内心迸射出的如海潮般奔涌向前的激情。

肖邦生于华沙，葬于巴黎。去世前，肖邦嘱咐姐姐将自己的心脏带回家乡。这颗音乐家的心脏辗转多地，最终被安葬在华沙圣十字教堂左侧的立柱中。为了纪念肖邦诞辰 100 周年，华沙皇家瓦津基公园立了一座肖邦塑像：肖邦侧坐在一棵柳树下，双眼微闭，神态陶醉，头发和斗篷刚好被风拂起。华沙市内还有一座肖邦博物馆，由一座巴洛克式宫殿改造而成，收藏了肖邦的乐谱、信件，还有一架他弹奏过的钢琴。

另一位世界名人也跟肖邦一样生于波兰、逝于法国，那就是居里夫人。居里夫人是第一位获得两次诺贝尔奖的科学家，第一次获得物理学奖是因为她和丈夫对放射性物质的研究，第二次获得化学奖则是因为她发现了放射性元素钋和镭。居里夫人不仅从一堆废渣中提炼出纯镭，还发现镭的放射性对快速繁殖的癌细胞有极大的破坏作用，并将这一发现应用于治疗癌症的放射性疗法中。

1939 年 9 月，德军以闪电战突袭华沙，标志着第二次世界大战在欧洲战区打响。"二战"结束时，华沙老城已沦为一片废墟。华沙人用了约 20 年时间重建老城，意大利宫廷画师贝尔纳多·贝洛托在 18 世纪为华沙创作的 26 幅全景画成了重建时最重要的参考资料。

世界遗产委员会在是否要将这座重建的老城列为世界文化遗产时犯了难，因为这不符合世界遗产的"原真性"原则。最终，委员会冲破阻力，认为"原真性"应该是相对的，如果不以物质，而以华沙老城"复活"这件事所具有的历史意义来说，它是有资格入选的。华沙老城申遗成功后，人们意识到，有时"意义性"比"物质性"更重要，随后对非物质文化遗产的认证才提上日程。

现在的华沙的确比那些从未经历过战火的欧洲老城新得多，少了一些沧桑感，但如果走近了看，你仍能在一些用废墟中的石材重建的建筑表面看到清晰的弹孔。一座老城，能让人想到过去，想到战争，想到现在的幸福生活，这就是老城重建的历史意义吧。

作者推荐

华沙的科学文化宫与莫斯科的"七姐妹"同为四平八稳的斯大林式建筑，你可以站在 30 层的观景台俯瞰华沙老城的风景。

1. 孩子也能参加马拉松　**2.** 哥本哈根新港　**3.** 午后小憩　**4.** 小美人鱼雕塑　**5.** 自行车漫游
6. 我做的开放式三明治

童话大王

哥本哈根 Copenhagen

位于丹麦西部

推荐旅行时间：4 天

哥本哈根虽然从未举办过奥运会，却是当之无愧的运动之城。与荷兰一样，丹麦也是自行车的国度。

在哥本哈根，机动车道旁边可能没有人行道，但一定会有与之平行的自行车道。你可以很方便地租到各种型号的自行车，有的自行车前面会安装一个超大号载物篮，有点儿像东北的倒骑驴。租车时，除了标配的一把车锁，还有两盏 LED 灯，天黑之后，车灯必须点亮，以防发生交通事故。

哥本哈根河湖众多，一艘艘皮划艇从运河上划过。如果赶上马拉松比赛，你不但能看到身体健全的选手，还会看到坐在轮椅上的残疾人被同伴推着跑，所有人都能感受到运动的乐趣和这座城市的温度。

当地最著名的雕塑是取材自安徒生童话的小美人鱼。安徒生出生在小城欧登塞，他的童年是听着各种神鬼传奇故事度过的。可对安徒生来说，这些故事正是栽培想象力的富饶土壤。安徒生的才华很快得到戏剧评论家的欣赏，虽然他写的剧本韵律不齐，甚至还有语法错误，但其中的情感冲突让评论家一致认为，他将会成为戏剧界的新星。在贵族的资助下，安徒生进入正规学校读书。因地位、身份上的悬殊差距，安徒生常被一些学生嘲笑为可怜虫，但这激发了安徒生的创作热情，他的诗作在国家级刊物上发表，他写的游记出版后多次重印，他写的戏剧也终于在国家剧院首演，观众如潮的掌声告诉安徒生，他获得了成功。

这段时期的经历成了《丑小鸭》的创作素材。养鸭场的一只鸭子因为生得大且难看而被其他鸭子咬、被鸡群啄、被女佣踢来踢去。丑小鸭决定到外面的世界去，在那里，它发现，原来自己是一只洁白的天鹅。是的，只要你是天鹅，就算生在养鸭场也没有关系。作为安徒生创作的自传体童话，《丑小鸭》告诉了我们一个简单的道理：是金子早晚会闪光。因此，我们要相信，自己在某个领域是块金子，这是我们战胜生活磨难的底牌。

安徒生曾在新港[1]（建于 17 世纪的一条运河）20 号创作出多部作品。其实在哥本哈根，最惬意的消遣方式就是坐在新港的咖啡馆里消磨时光。新港的模样几十年都不曾改变，彩色的房子一字排开，粗大的缆绳绷得紧紧的，在这里闲逛的人都很放松，这让哥本哈根看起来就像一个不老的童话。

1. New Harbor

作者推荐

开放式三明治曾是港口工人的当家菜，你可以在一家名为 Palægade 的餐厅跟主厨学习如何制作这种三明治，简单来说就是用面包打底，然后抹上黄油，最后加上肉、蛋、菜，总之就是非常随意。

1. 三条腿的红白格火箭　**2.** 小记者丁丁　**3.** 撒尿小童　**4.** 蓝精灵　**5.** 我做的巧克力
6. 街头艺术家迈尔斯的作品

从火箭到火箭

布鲁塞尔 Brussel

位于比利时中部

推荐旅行时间：3 天

在全球最令人失望景点排行榜上，总少不了哥本哈根的小美人鱼和布鲁塞尔的撒尿小童这对难姐难弟。失望来自期望与现实之间的落差，因为它们都有很高的知名度，可当人们千辛万苦地找过去，发现不过是两尊不起眼的青铜雕塑。

撒尿小童的原型是一个灭火的男孩。那是 400 多年前一个月黑风高的夜晚，西班牙军队撤离布鲁塞尔时打算用火药将城市炸毁。一个叫于廉的 5 岁男孩用一泡尿浇灭了导火索，将危机化解于无形，于是获得了"布鲁塞尔第一市民"的称号，他也被塑成一尊雕像，在布鲁塞尔的老城街角一站就是 400 多年。无论冬夏，小于廉始终赤身裸体，只在周年纪念日和圣诞节时，布鲁塞尔市民才给这位永远长不大的荣誉市民穿上新装。

布鲁塞尔还有一个永远长不大的少年，那就是比利时漫画家埃尔热创造的小记者丁丁。丁丁顶着一缕金色卷发，和他的小狗白雪一起，带领读者到世界各地去探险。在 1950 年出版的《奔向月球》中，丁丁和伙伴乘坐一枚红白格的三条腿火箭飞向月球。这枚火箭可以直接在月球表面登陆，而不是现在采用的登月舱模式。特斯拉创始人马斯克曾在社交平台上宣称，他希望他制造的星舰可以像《丁丁历险记》中的火箭一样，能够完整地在月球或者火星登陆。星舰的早期版本"猎鹰 1 号"采用的三鳍片登陆设计就和丁丁的三条腿火箭异曲同工。马斯克曾将发射到近地轨道的两颗卫星称作"丁丁 A"和"丁丁 B"，这两颗卫星飞过洛杉矶时向地面发送了一条信息："你好，地球！"

在布鲁塞尔的漫画艺术博物馆，你不仅能遇到丁丁和他的火箭，还能碰到另一个比利时的国宝级漫画人物——蓝精灵！在 20 世纪 80 年代，《丁丁历险记》的漫画和《蓝精灵》的动画片前后脚进入中国，前者让很多中国少年看到了世界的样子，后者的主题曲则成了"困扰"我很久的"耳虫"歌曲，总会下意识地在脑子里单曲循环"在那山的那边，海的那边，有一群蓝精灵"。

在布鲁塞尔，我还参观了一位街头艺术家的工作室，他叫丹尼斯·迈尔斯，擅长将扭曲的人脸和变形的文字作为街头涂鸦的元素。他的工作室里只开了两三盏灯，看起来略显阴暗，却非常符合涂鸦的非主流气质。涂鸦和墙画是街头艺术的两种表现形式，前者随意，总给人一种画完就跑的感觉；后者正式，往往具有某种寓意。从无序到有序是个必然会发生的过程，在自然界，这个过程叫作熵减，说不定下一个丁丁就会因迈尔斯涂鸦时的灵感而诞生。

作者推荐

布鲁塞尔被誉为"巧克力之都"，有很多教人制作巧克力的工作室，不过这种面向游客的教学往往已经简化到只剩几个步骤，毕竟最后的品尝环节才是重点。

1. 里昂的丝绸工厂　2/3. 遍布密道的里昂老城　4/5. 里昂的墙画艺术　6. 吉尼奥尔

木偶和墙绘

作为法国仅次于巴黎和马赛的第三大城市，里昂的历史可以追溯到公元前。古罗马人原本只是把这里当作一个军事要塞，后来，随着辖区人口逐渐增多，他们又在这里盖了一座剧院。在富维耶山[1]可以找到这座剧院的遗址，观众席可以容纳 4 000 人，如果把毁掉的二层也算进去，坐一万多人都没问题。

说起里昂，大家一定记得中学历史课本中提到的里昂纺织工人起义，这也是欧洲三大工人运动之一。至于为什么是纺织业而不是其他行业，这是因为里昂是法国的丝绸之都，无论女士的裙子还是军官的大衣，所需面料均来自这里，更多的丝绸还被用来织造城堡和宫廷里的窗帘、帷幔和挂毯。你可以在里昂老城找到许多与纺织业相关的遗迹。例如，巷子与巷子之间有很多秘密通道（通常用一段旋转楼梯连接），这是为了使运送的布匹在刮风下雨的时候不会被淋湿。第二次世界大战期间，这些秘密通道成了法国抵抗军的得力助手。

你还能在里昂街头看到两个经典木偶形象，一个叫吉尼奥尔，他还有个一直拿着酒瓶的搭档，叫格纳凡。创造他俩的是一名失业下岗的纺织工人。最初的故事围绕吉尼奥尔和格纳凡的冒险经历展开，现在加入了一些讽刺时事的内容，也算与时俱进了。里昂有几家剧院每天都会上演这对活宝的故事。当我走进其中一家木偶剧院的时候，台下已经坐满观众，他们的笑声就像波浪，后浪推前浪。

里昂是一座名副其实的壁画之城。20 世纪初，一些艺术家在廉租房街区的墙壁上作画，这座露天壁画博物馆一度改变了人们对贫穷街区的成见。后来，里昂艺术学院的学生创立了一个名叫"创造之城"的艺术团体，他们的作品让这座城市变得立体起来。

1 200 平方米的《卡尼》是里昂壁画中最大的一幅，呈现了卡尼街过去的景象。《里昂人》则最为著名，画面上全是与这座城市相关的历史名人，既有织布机的发明者，也有电影工业的创始人卢米埃尔兄弟，还有《小王子》的作者和他笔下一头金发的小王子。他们看起来都和真人等大，仿佛站在自家阳台，和初来乍到的游客打着招呼。一楼还有一面镜子，可以让你也成为壁画的一部分。

每年 12 月 8 日，家家户户都会在窗前点起蜡烛庆祝光明节，以感谢圣母帮这座城市驱除黑死病，也就是鼠疫。

1. Fourvière Hill

旅途随感

我一直有个观念：评价一次旅行是否完美，并不在于看到了多少风景，而在于旅行结束时，有多少个"再见"，说不出口。至于说不出口的原因，无非是在旅途中跟一些人产生了交集，而交集的性质，或者是方向，或者是情感。

1. 克朗先生的作品　**2.** 彩色的城市　**3.** 街头涂鸦　**4.** 爱心墙　**5.** 被列为世界文化遗产的缆车
6. 清晨的港口

南美色彩之城

瓦尔帕莱索 Valparaiso

位于智利中部

推荐旅行时间：3 天

瓦尔帕莱索紧邻太平洋，在巴拿马运河开通前可着实风光过一阵，所有绕行麦哲伦海峡的远洋海轮都要到这里补充给养。即使后来海轮不再绕行麦哲伦海峡，瓦尔帕莱索也没有出现门前冷落车马稀的景象，它很快转型为南美洲的文化之都。彩色的房子、密集的涂鸦和十来辆晃晃悠悠的老式缆车，让瓦尔帕莱索拥有了一种停在时光中的复古感。其实，这样的城市面貌也和瓦尔帕莱索曾是繁忙的港口有关。当时，很多市民在造船厂上班，他们把用不完的油漆带回家刷在墙上，这些给海轮上色的油漆品质极佳，能够防火、防晒、防腐蚀，因而几十年后仍旧色泽鲜艳。

你会看到街边建筑的上半部分是色块，下半部分是涂鸦。那些涂鸦无不充满想象力和创意，比如童话中的美人鱼变成鱼头人身，还穿着一双红色帆布鞋；在一个街角，相交成直角的两面墙上分别画着半张猫脸，只有站在正对直角的位置才能看到完整的画面；一座街心公园用彩色瓷砖拼出无数个心形图案。这些色彩和涂鸦让整座城市充满了生命力，因为创造它们的是烟火气十足的普通市民。

法国版画家罗洛·克朗着迷于这里的艺术氛围，果断把工作室从巴黎搬到瓦尔帕莱索。他相信自己能够在这里找到创作灵感。克朗先生的家有两层：一层是工作室、卧室和餐厅，其实也分不出具体功能，因为到处都堆着颜料、画笔和画稿；二层有个露台，站在露台上能看到五颜六色的老城。

克朗先生的作品都是关于瓦尔帕莱索的，他画这里的色彩、这里的人、这里的街道，实际上，他画的是瓦尔帕莱索的人情味。他说："每天早晨我都会去画这座城市的街道，这时的光线是最美的，但比光线更美的是当地人的笑脸。一次，我在老城区看到一位年轻的母亲推着自己的小宝宝，她给了我一个微笑，一个母亲的微笑，如此美丽又如此温暖，这一幕让我一直无法忘记。"

克朗先生对我说："每个人都有自己的梦想之地，我很幸运，找到了它。"关于梦想之地，每个人的理解都不一样。对大多数人来说，能够平稳度过一生的家乡应该就是梦想之地。对少数喜欢流浪的人来说，梦想之地就存在于每一次旅行之中。

我与克朗先生告别时，按照惯常的礼貌用语，他应该说："Have a nice day！"（祝你今天好运！）可他说的却是："Have a nice life！"（祝你一生好运！）

作者推荐

清晨，你可以到港口捕捉克朗先生口中最美的光线。港口不仅停着渔船，还站着一排排鹈鹕，另有几十只晒太阳的海狮。海狮和海豹很像，区别在于海狮有耳朵，而海豹只有耳洞，没有外耳；海狮的前肢像鱼鳍，海豹则长着毛茸茸的爪子。

1. 米拉弗洛雷斯船闸　2. 正在通过运河的货轮，近景是斜接锁船闸　3. 巴拿马老城

4. 城市天际线　5. 老城中的一家咖啡馆　6. "红酒开瓶器"

国际航运的黄金线

巴拿马城 Panama City

位于中美洲

推荐旅行时间：2 天

中美洲很多地方的名称都是由不同的辅音字母和固定的元音字母"a"组成，比如"Havana"（哈瓦那）、"Bahamas"（巴哈马）、"Guadalajara"（瓜达拉哈拉）等。因此，当你看到地名里有 3 个"a"的巴拿马时，就知道自己到了中美洲。

巴拿马的人均 GDP 在中美洲国家中位居前列，这主要得益于那条将大西洋和太平洋连在一起的黄金水道。正是由于巴拿马运河和苏伊士运河的开通，国际航运就像打通了任督二脉的武林高手，一下子如虎添翼。

早在 16 世纪，西班牙国王就想开通一条通往美洲殖民地的捷径，直到 20 世纪初，这一设想才成为现实。在巴拿马城米拉弗洛雷斯船闸的 IMAX 剧场，一部 3D 宣传片就能让你了解这条运河的开凿历史。米拉弗洛雷斯船闸上还有一个面向运河的观景台，游客在上面能观看轮船通过船闸的过程。

每艘轮船通过巴拿马运河大约需要 8 个小时。正式进入运河之前，先由领航员登船负责导航，有 4 台牵引车帮船调整方向。船从太平洋到大西洋（或反之）要经过多级船闸，因为运河高点所在的加通湖水位比海平面高了 26 米。运河采用了达·芬奇设计的斜接锁船闸，这一设计的巧妙之处在于，当闸门闭合时，由闸门两侧不同水位产生的压力能让呈 V 形的两扇闸门紧紧闭合；在开闸之前，要先打开闸门下方的泄洪口，当两边水位一致时，闸门就能轻松打开了。

由于船闸的宽度、长度及吃水深度等主要指标都是固定的，造船厂就根据这些数据造出专门用于在运河上穿梭的巴拿马型船，可以搭载 5 000 个标准集装箱。小说《三体》中的"古筝计划"就是充分利用巴拿马运河极窄的特点，在运河两侧拉满韧性极强的纳米丝，将经过此处的"审判日号"切割成几十份。2016 年，巴拿马运河完成扩建，可供超巴拿马型船通行。2022 年，一艘名为"西风号"的巨型集装箱船顺利通过巴拿马运河，它当时搭载了 16 285 个标准集装箱的货物。

离开米拉弗洛雷斯船闸后，你可以沿着阿玛多尔海堤大道前往巴拿马湾。海堤一侧停着许多等待通过运河的货轮，就像一座座黑色的孤岛。另一侧则是由无数闪着银光的摩天大楼组成的城市天际线。有一幢楼为螺旋结构，很像红酒开瓶器。

作为世界文化遗产的巴拿马老城非常精致，这里有时髦的咖啡馆、餐馆、酒店，也有古香古色的西班牙式庭院，还有很多由街头艺术家创作的涂鸦作品，你可以在加勒比海的阳光下、在浓郁的艺术氛围中度过午后时光。

旅行提示

巴拿马城的治安状况一直被旅行者诟病，所以不要踏出铺着红色地砖的古城区域，这就像孙悟空给唐僧画的圈，可以保证安全。

1. 克洛吕斯城堡　2. 机械狮　3. 扑翼飞机　4. 螺旋桨　5. 圆锥形的装甲车

6. 达·芬奇的床

穿越者
达·芬奇

昂布瓦斯 Amboise

位于法国卢瓦尔河谷

推荐旅行时间：2 天

昂布瓦斯有两座城堡，城堡之间通过密道连接。大一点儿的叫昂布瓦斯皇家城堡[1]，曾是法国国王的行宫；小一点儿的叫克洛吕斯城堡[2]，只有十来个房间，但它的知名度远超前者，因为达·芬奇人生中的最后 3 年是在这里度过的。

1516 年，达·芬奇接受弗朗索瓦一世邀请，从意大利来到法国，他还带来 3 幅画，其中就包括《蒙娜丽莎》。这也解释了为什么《蒙娜丽莎》后来被收藏在卢浮宫。

很多人都知道达·芬奇是一位伟大的画家，每幅画都价值连城，但很少有人知道，达·芬奇还拥有 N 个身份标签，比如医学家、地理学家、天文学家、音乐家、建筑师……不过，他作为画家的光芒太耀眼，把其他身份都掩盖了。受时代所限，达·芬奇的很多想法在当时看来都是异想天开，但这些想法都被保存在了手稿上，一共 7 000 多页（现在剩下 5 000 页左右）。随着时代的发展，手稿上的前卫设计渐渐在现实中找到了对应物，这时人们才发现，达·芬奇不仅仅是天才和通才，简直是神一般的存在。

如果你想了解达·芬奇的非凡成就，没有比克洛吕斯城堡更合适的地方了。参观分为两个部分，在城堡内你可以看到达·芬奇的起居室和工作室，还有通往另一座城堡的密道。工作室被布置成展厅，墙上贴满手稿，旁边摆着根据手稿制作的模型。模型中有一只机械狮，用鞭子抽三下，它的肚子就能打开，里面藏着一束鸢尾花；一架用木头和帆布制作的扑翼飞机，似乎只要挥舞双臂就能飞到天上去；一个降落伞，伞面由 4 个正三角形拼贴而成，达·芬奇在手稿中写道，只要伞面达到一定面积，就能带着人从高处安全降落到地面。

在城堡外的花园里，由于空间上没有了限制，那些模型就变成了 1：1 的实物。花园里有一架多管火炮、一辆装甲车和一个螺旋桨，达·芬奇认为，通过快速旋转螺杆，让空气产生向上的力，物体就能升高。

花园里还有一座木桥，其独特之处在于可以自由移动。需要用到它的时候，人们就通过绳索和滚轴把它架到河上，过桥之后，再从对岸把它收拢。这种悬浮桥特别适合在打仗时使用，追兵被河流阻挡后就只能望洋兴叹了。

除了上面这些，达·芬奇还发明了自行车、机关枪、巨型弩、潜水服……有人说达·芬奇其实是个穿越者，他只是把在未来观察到的事物画在了 15 世纪的稿纸上。

1. Château Royal d'Amboise 2. Château du Clos Lucé

作者推荐

你可以在克洛吕斯城堡的花园餐厅享用一顿骑士午餐，餐桌上撒着蓖麻籽和胡椒，香料散发出的气味会一下子勾起人的食欲。主菜类似卷起来的煎饼，用餐刀切开后，里面是肉馅。

1. 手舞"光剑"　2/3. 人造闪电　4/5/6. 贝尔格莱德的街头艺术

特斯拉的 4 个实验

贝尔格莱德 Belgrade

位于塞尔维亚北部

推荐旅行时间：3 天

在搞发明这件事上，尼古拉·特斯拉比达·芬奇更进一步，他连图纸都不画，在脑子里就能直接把他想要的东西创造出来。他在自传里写道："我隔着 3 个房间就能听到钟表的嘀嗒声；马车从几千米外的街道上驶过，我就能感受到大地的震颤。"这话要是从其他人嘴里说出来，肯定无人相信，但特斯拉说出来，只会让他的传奇人生显得更加传奇。他几乎凭借一己之力推动整个世界快速进到第二次工业革命时代，我们现在使用的交流电、X 射线、遥控器、无线电等都是特斯拉发明的，甚至隐形战机也与他有关。

尼古拉·特斯拉博物馆位于贝尔格莱德市中心，是一幢不起眼的 3 层建筑。参观者需要等到整点才能进入博物馆，在观看完一段短片之后，工作人员会演示 4 个实验。

第一个实验叫哥伦布蛋。航海家哥伦布为了劝说西班牙国王费尔南多和王后伊莎贝尔资助他的航海计划，为他们表演了一个在桌子上立鸡蛋的绝活，其实哥伦布耍了一个花招，他用的是一枚熟鸡蛋，把其中一头磕破后，鸡蛋就能轻而易举地立起来。尼古拉·特斯拉博物馆中的哥伦布蛋是一枚铜蛋，利用交流电产生的旋转磁场，铜蛋就能沿着纵轴像陀螺一样旋转，看着就像立了起来。

第二个实验是通过电磁波遥控一艘透明的小船。船舱会在电磁波的指引下向左或向右旋转 45°，这样就能控制小船的方向了。

第三个实验和第四个实验都与特斯拉线圈有关。工作人员先让参观者举起管灯，倒数 3 个数字之后，工作人员身后的特斯拉线圈产生放电现象，管灯中的汞原子瞬间被激发，当汞原子从激发态回到基态时会释放光子，光子撞到灯管壁上的荧光粉，管灯就亮了起来。参观者都高举着管灯，就像"星球大战"系列电影中那群手舞光剑的绝地武士。

第四个实验叫人造闪电。我把手掌放到一个金属球上方，中间隔着一段距离，金属球突然发出闪电一样的蓝光，闪电打在手心还有点儿酥麻的感觉。当功率不变时，电压越大，电流越小，由于那道人造闪电的电流很小，它不会对人体造成伤害。1908 年，俄罗斯西伯利亚地区发生了通古斯大爆炸，爆炸的原因至今众说纷纭，有人说那是特斯拉在测试一种全新的武器——球形闪电。

为了纪念特斯拉在物理学领域的杰出贡献，塞尔维亚政府将他的头像印在了 100 第纳尔的纸币上。

旅途随感

从城市漫游的角度来说，欧洲的城市都长得差不多，你会看到比人还多的狗、各种街头雕塑、风格各异的教堂、不同种类的电车、老建筑上的涂鸦……它们就像精致的奶油蛋糕，每次吃两口就好，否则容易腻。

1. 赤道纪念碑　**2.** 竖鸡蛋　**3.** 用来反抗殖民统治的面具　**4/5.** 基多老城
6. 面包山山顶的圣母像

踩在赤道上

基多 Quito
位于厄瓜多尔北部
推荐旅行时间：3 天

世界之大，无奇不有。这个世界上竟有一个让游客排队竖鸡蛋的地方。

这是一个四方形的石槽，石槽里铺满碎石，碎石正中插着一枚铁钉。虽然钉头的面积极小，但它和鸡蛋的接触面更小。排在我前面的女士只用了半分钟就把鸡蛋竖了起来，她的成功让我信心满满，可无论我如何小心翼翼，只要松开手，鸡蛋立马就会失去平衡。看来竖鸡蛋并不像看起来那么容易，哪怕是在世界上最容易做到这件事的赤道上。

赤道是地球上一个非常特殊的存在，人在这里会比在其他地方轻一些；人在赤道上走不出直线；在赤道上，马桶冲水时，水会直接向下流，但在北半球，在马桶里放两片树叶，冲水时树叶会逆时针旋转，在南半球则相反，会顺时针旋转。

赤道纪念碑是一座 30 米高的建筑，位于基多城北，开篇提到的石槽就在从纪念碑向东延伸出去的赤道上，赤道南北两侧各写着一个巨大的字母"S"和"N"。赤道纪念碑上标注着此地的纬度为 0° 0′ 0″，不过建造纪念碑时是由人工测出的纬度数据，根据 GPS 的测量值显示，真正的赤道在纪念碑以北约 300 米处。

你可以沿着纪念碑内部的回形楼梯走到顶层的观景台。纪念碑的不同楼层分别介绍了厄瓜多尔的自然、历史、文化等方面的特色，就像一个微型博物馆。印加人会把逝者放在陶罐里，就像人出生前在子宫里那样。他们认为死亡也是一次旅行，所以会把逝者生前喜欢吃的食物、喜欢用的物品放在陶罐里。这里还有一种丑八怪面具，是用纸糊的，面具嘴里的獠牙来自动物的牙齿，印加人会在集会中戴上它以示对西班牙殖民统治的抗议。

海拔 2 850 米的基多是世界上第二高的首都，仅次于玻利维亚首都拉巴斯。从赤道纪念碑往市区方向走，会经过一个叫拉卡罗琳娜的公园，公园面积很大，光足球场就有三四个，还有橄榄球俱乐部、小型赛车场等。我在公园里的一棵树上看到一只蜂鸟，这还是我第一次亲眼看到这种世界上最小的鸟类，可一眨眼，它就像幽灵一样消失了。

基多老城是在印加城市的废墟上重建的，是典型的西班牙殖民地风格。不大的老城里竟挤进来 87 座教堂和修道院等建筑。老城里的一些车道坡度极大，汽车上行时就像身处谷底，四面八方都是建筑物；下行时又会产生失重感，我恨不得帮司机一起踩刹车。

无论站在老城的哪个位置，都可以看到立在面包山山顶的圣母像，这是世界上最大的铝制雕塑，由 7 400 块铝片拼成，看着既传统又现代。

旅行提示

在基多，抢劫案件频发，所以天黑后不要独自在老城里行走，更不要徒步前往面包山。

1. 明多的云雾林　2. 悬停的蜂鸟　3. 彩绘墙上的红冠伞鸟和巨嘴鸟　4. 双列蓝闪蝶
5. 玻璃翼蝶　6. 明多河漂流

蜂鸟和蝴蝶

明多 Mindo

位于厄瓜多尔北部

推荐旅行时间：4 天

虽然明多和基多之间只有 2 个小时车程，但明多的海拔低了一大截。

明多地处安第斯山脉西麓，常年雾气缭绕，形成了一种只占地球陆地面积 1% 的生态系统——云雾林。森林中的雾气先凝结于叶片，然后落入土壤，同时也滋润了附生在地表的苔藓。苔藓可以吸收比自身重 20 倍的水分，这就像给森林安装了无数台加湿器。云雾林的湿度极高，常年接近 100%，是那些喜欢潮湿环境的动植物的理想栖息之地。你可以在明多主广场的一面彩绘墙上看到这里的代表性物种，从蜂鸟到蝴蝶，从巨嘴鸟到兰花，就像一本博物图册。

在明多，蜂鸟是最常见的鸟类，几乎每家客栈或每个观鸟点都放置着若干蜂鸟专用饮水机，当饮水机下方溢出蜂蜜水，嗅觉灵敏的蜂鸟就会寻芳而来。蜂鸟喝水时可以像直升机一样悬停在空中，这是因为它可以控制翅膀扇动时的方向，当翅膀向斜下方扇动时，上升气流刚好和自重相抵，如果它愿意，甚至可以表演倒飞绝技。明多的云雾林中栖息着几十种蜂鸟，我很快就掌握了命名规则，那就是根据蜂鸟不同部位的羽毛颜色来命名，比如白颈蜂鸟、紫长尾蜂鸟、棕尾蜂鸟等。除了蜂鸟，你还能在圣塔迪奥观鸟点[1]看到绯腰巨嘴鸟和淡嘴簇舌巨嘴鸟，在萨查塔米亚山林小屋[2]看到红冠伞鸟，它长着火红的头冠，就像新娘的盖头。

明多还有很多蝴蝶农场，蓝闪蝶是其中最闪耀的明星，这里的"闪耀"用的是本义而非引申义，蓝闪蝶在花园中飞舞时，会闪烁着明亮的蓝色光线。明多的蓝闪蝶分为两种，一种是黑框蓝闪蝶，蓝色的翅膀外面有一圈黑框，另一种是双列蓝闪蝶，两只黑色的翅膀上各有一道宽宽的蓝色斑纹，故称双列。当蓝闪蝶停在某处时，它的翅膀通常是闭合的，露出的那一面上画着黑色的眼状花纹。有个方法可以让它们在静止时也张开蓝色的翅膀，那就是先在手指上抹一点儿香蕉泥，蓝闪蝶停在指尖并用口器吸吮食物的滋味时，就会张开华丽的翅膀。

蓝闪蝶呈现出的蓝色并非翅膀本身的颜色，其实这是一种光学现象，是翅膀上的纳米级树形鳞片反射光谱中的蓝光，这和透明水滴能够反射太阳的七彩光芒是一样的道理。仿生学家从蓝闪蝶的翅膀上获得灵感，正在研发一种可以变色的窗户。蝴蝶农场中还有一种拥有隐形翅膀的玻璃翼蝶，它和蓝闪蝶一样都是美洲特有的物种。我故技重施，将一只玻璃翼蝶吸引到手指上，然后就看到了一个在指尖上跳舞的精灵。

1. San Tadeo Birding　2. Sachatamia Lodge

作者推荐

明多河漂流使用的是一种特殊的漂流筏，由 7 个黑色轮胎内胎组合成 2、3、2 的蜂窝形状，每个漂流筏可以搭载 4 名体验者。

1. 沉甸甸的咖啡果实　2. 女茶工在"掐尖儿"　3. 茶园　4. 云中的咖啡庄园

5. 用来测试咖啡品质的咖啡豆　6. 林间的长臂猿

云中咖啡庄园

在唐代，生活在西藏地区的人会用茶叶去除肉的腥味，可海拔高的地区并不适合种植茶叶，而云南产茶，同时需要西藏地区的马匹来运输货物，这就为茶马互市奠定了基础。云南普洱市的宁洱县就是茶马古道的起点之一。为了方便运输，普洱茶通常被压成茶饼，一饼大约七两（旧制，7 两约为 357 克），七饼为一提，十二提为一件，一匹马可挂两件，总重约 60 千克。虽然茶马古道已经成为历史，但用茶饼的形式售卖普洱茶一直沿用至今。

除了茶叶，普洱山区还出产小粒咖啡。最近几年，随着咖啡文化在中国的迅速普及，云南的咖啡种植面积逐年递增。一些种植园还提供咖啡课程，咖啡爱好者会特意为此寻访而来。

咖啡种植对气候、海拔和光照都十分挑剔，全世界的咖啡种植园都集中在南北回归线之间。普洱种植的小粒咖啡属于阿拉比卡种，生长在海拔 800～1 600 米的地方。中粒咖啡（云南较少种植）为罗布斯塔种，产区的海拔都在 800 米以下。小粒咖啡对光照的要求很高，既要有阳光，又不能太强烈，否则咖啡豆还没采摘就被晒瘪了。

12 月的咖啡种植园常被晨雾笼罩，开车从普洱市区拐到山间土路，半山腰雾气弥漫，钻出浓雾，就到了咖啡种植园。在这个季节，咖啡树上已经挂满果实，把裹着果胶的咖啡豆含在嘴里，你会尝到微微的甜味。雾气流动，远方的山峦和小村时隐时现，如同一场魔术表演。

采摘下来的咖啡豆晒干后，其中一部分会被运到咖啡庄园，经过含水量检测、颗粒筛选、烘焙及研磨等几个步骤后，会被送到咖啡实验室，你可以在这里观看咖啡杯测——评判咖啡质量——的过程。杯测通常有几条规则：品鉴师在品尝前要先喝几口冰水；一定要喝黑咖啡，以防止口味变酸；要让舌头在嘴里转动，同时发出漱口时的声响，以增加醇香饱满的感觉。

带我参观咖啡种植园的是一位姓侯的农艺师，他说自己后半辈子都不会离开普洱了。我问他，年复一年的春种秋收会不会无聊。他说完全不会，每年都会出现新技术，既可以帮助农民提高亩产，还能获得更好品质。他自信地期待："我希望有朝一日云南小粒也能像蓝山出产的咖啡豆一样驰名世界。"

作者推荐

普洱茶可细分为生茶与熟茶两种。生茶的茶汤呈淡黄色，未经发酵的生茶保留了更多的茶多酚，因而茶气浓，具有和咖啡一样提神醒脑的功效；熟茶在生茶的基础上发酵而成，茶汤呈深红色，由于茶多酚在发酵过程中转化为其他物质，因而熟茶的口感更醇厚一些，没有那种灼心的刺激感。

1. 轨道极窄的"玩具火车"　2. 喜马拉雅动物园中的黑豹　3. 大吉岭的烟火气息
4. 依山而建的城市　5. 埃尔金酒店的茶室　6. 一套完整的攀登珠穆朗玛峰的装备

喜马拉雅茶园和玩具小火车

大吉岭 Darjeeling

位于印度西孟加拉邦

推荐旅行时间：3 天

"大吉岭"这个地名翻译得很传神，听起来有一种"穿山越岭，如沐春风"的感觉。大吉岭原本只是印度东北部一处无人问津的山岭，后来英国东印度公司发现这里的气候特别适合种植高山红茶，于是从中国引入茶种和茶农，开始大规模种植。大吉岭红茶成为英式下午茶的新宠后，大吉岭也走到了聚光灯下。大吉岭的建筑群集中在朝西的山坡上，四周都是茶园。大吉岭红茶可分为春茶、夏茶、秋茶三种，茶汤的颜色也从浅变深。为了把茶叶运到山下，1881 年，大吉岭喜马拉雅铁路全线通车，这条线路的铁轨宽度只有 61 厘米，比正常铁轨窄了一半多，于是又被称作"玩具火车"。火车采用蒸汽动力牵引，当火车开过来时，候车的乘客甚至能看到司炉工往锅炉里铲煤块，炉膛里跳跃着红亮的火苗。汽笛声一刻不停地响着，那尖锐的哨鸣音让人只想捂住耳朵。车厢一直在晃，乘客的脑袋也跟着有节奏地左摇右摆，就像被催眠了一样。火车的速度之慢肉眼可见，不仅汽车、摩托车超不过，有时连自行车都从车窗外飞驰而过。

我还找到一个可以证明它是"玩具火车"的证据：火车中途要经过名为"巴塔西亚环"[1]的临时停车点。"Loop"就是圆圈的意思，

你一定没见过火车转圈吧，但是这个场景怎么让人觉得很熟悉呢？没错，这是火车模型沙盘上经常出现的设计，所以它叫"玩具火车"也算名副其实了。在天气晴朗的日子，你站在巴塔西亚环的观景台上，能看到海拔 8 586 米的世界第三高峰干城章嘉峰[2]。在人们测出珠穆朗玛峰的"身高"之前，干城章嘉峰一度被认为是世界上最高的山峰。

1922 年和 1924 年，两支英国登山队从大吉岭出发，开始了征服珠穆朗玛峰的旅程。这两次冒险都以失败告终，你可以在大吉岭登山博物馆中看到 100 年前的登山装备。1953 年，新西兰登山家埃德蒙·希拉里和夏尔巴向导丹增·诺盖合力完成了人类第一次登顶珠穆朗玛峰的壮举。由此可见，人类对高山的征服从来不是一蹴而就的，只有站在前人的肩膀上才能站得更高、走得更远。丹增·诺盖后来一直生活在大吉岭，还创办了一家登山学院，你可以在那里参加为期一个月的培训班，学到攀岩、登山、丛林生存等技能。登山学院旁有一家创办于 1958 年的喜马拉雅动物园，里面有藏狼、云豹、小熊猫等具有代表性的本地野生动物。

1. Batasia Loop   2. Kanchenjunga

作者推荐

大吉岭有两个品尝下午茶的好地方，分别是由茶农宿舍改造而成的温达美酒店（Windamere Hotel）和埃尔金酒店（Elgin Hotel）。后者更像英属印度时期的军官俱乐部，茶室非常敞亮，茶点也很丰富。

1. 登山向导　2. 青猴　3. 第一晚在马切姆营地露营　4. 像下了一场静止的雨
5. 载歌载舞的向导团队　6. 火炬花

攀登
乞力马扎罗

马切姆营地 Machame Camp

位于坦桑尼亚东北部

推荐旅行时间：1 天

在这个世界上，绝大多数人都无法像埃德蒙·希拉里和他的夏尔巴向导一样登顶珠峰，但可以尝试挑战非洲最高的乞力马扎罗山，这也是唯一不需要借助专业设备就能登顶的洲际高峰。

登山团队一般会在中午前后抵达马切姆门，你能在附近看到许多青猴，它们喜欢摆出慵懒的姿势供登山者拍摄。

登山者进入马切姆门后需要完成两件事：第一，注册登记并签名；第二，将背包给背夫称重，每个背包不能超过 15 千克（不包括背夫自己的行李）。乞力马扎罗山不允许自行行，登山者需要雇用向导团队，通常按照 1：4 的比例，比如 8 名登山者要配 32 名工作人员，包括向导、背夫、厨师等。"坡里坡里"是向导们最爱说的一句话，意思是"慢一点儿，慢一点儿"。如果向导连说 4 个"坡里"，那就是让你用极慢的速度行进，否则你可能会有心脏供血不足的风险。

第一天，登山者要穿越两个植被带，从热带雨林到温带阔叶林，沿途能看到许多热带地区的特色花卉，比如火炬花。

马切姆营地海拔 2 835 米，登山者抵达后要做的第一件事是到公园办公室签到，从这里开始，在后面的每一个营地，你都能看到一块牌子，上面写着从这里到顶峰——乌呼鲁峰还要经过多少营地，要走多少千米。这些牌子自然也被当作拍摄到此一游照片的背景板。

第二天一早钻出帐篷时，你会看到每片树叶下面都挂着露珠，就像一夜之间下了一场静止的雨。

背夫通常会在登山者出发之后再出发，他们要拆帐篷，清理垃圾，打包行囊。他们速度很快，如果说登山者是贴着"新手上路"的私家车，那么背夫就是大货车，嗖的一下就超过了前者。

除了帮助登山者顺利登顶，向导团队还有一个附加功能——带来快乐。*Hakuna Matata* 和《乞力马扎罗山》是他们最拿手的两首歌，有时他们还会自发地分成好几个声部，在快乐的歌声中，旅途中的疲惫也一扫而空。

作者推荐

通往乞力马扎罗顶峰的路线共有六七条。马兰古线（Marangu Route）5 天 4 夜即可登顶，沿途不仅有小木屋，还有软饮供应，所以又被称为"可口可乐路线"。走这条路线，前几天会很轻松，但身体还没完全适应高海拔就要冲顶，所以这条路线登顶的成功率偏低。我走的是马切姆线（Machame Route），比马兰古线要多走 2 天，这 2 天是专门用来调节身体机能的。翁背线（Umbwe Route）和沙拉峰线（Shira Route）适合登山经验丰富的人，龙盖线（Rongai Route）要从靠近肯尼亚的北坡登顶，姆维卡线（Mweka Route）是公认的下山路线。

1. 乞峰大苞硕莲　2. 空中花园　3. 乞峰千里木　4. 挑夫团队　5. 群星滑落天际
6. 山脚下的莫西小镇

空中花园

巴兰克营地 Barranco Camp

位于坦桑尼亚乞力马扎罗山

推荐旅行时间：1 天

在攀登乞力马扎罗山的第三天，我们要从希拉营地[1]走向海拔3 900米的巴兰克营地。前半程爬坡，从海拔3 750米到4 600米，中午在最高点的熔岩塔[2]吃饭，后半程下坡，预计全程要走6个小时。

前半程的路坡度不大，也没有岔路、弯路、悬崖峭壁，就是笔直地通向正前方的雪山尖顶，仿佛翻过几个山头就能到达，可望山跑死马的魔咒牢牢困住了每一个人。

后半程的路全是下坡，2个小时不到就要直线下降700米，而且脚下已完全看不出路的形态，你需要紧跟向导的脚步，他踩哪里，你就踩哪里，几乎就是踏着碎石一步步朝山下移动。

随着海拔高度不断下降，脚下的路逐渐变得平坦起来，不用再时刻关注脚下，双眼被解放出来。此时，周围的植物越来越繁盛，让人如同置身于空中花园。

这里生长着两种与众不同的植物。一种叫乞峰千里木，每株都有三五米高，从扎根大地的主干往上发育出若干臃肿的侧枝，掩映在浓雾中的乞峰千里木就像《天空之城》里手长脚长的机器人。走近了看，你会发现只有位于顶端的叶子是绿色的，其余部分都已枯萎。乞峰千里木的神奇之处在于枯死的枝叶不会脱落，仍旧围着主干，"护送"着养分到达顶端，这些枯枝和枯叶就像许多件难看却足够保暖的旧衣服。

另一种神奇植物叫作乞峰大苞硕莲，长得就像被拉长的菠萝。它们也有对抗寒冷的绝招——到了晚上，叶片会层层闭合，把花蕊保护起来，同时分泌出黏液，液体的比热容比空气大，散热慢，也能保护花芽。

无论是乞峰千里木还是乞峰大苞硕莲，都在物竞天择的自然法则中找到了生存之道，为植物学家提供了研究当地生态环境的范本。

攀登乞力马扎罗山的过程也是穿越植被带的过程，随着海拔逐渐升高，植物的种类和色彩都在一点点减少。

巴兰克营地背靠雪山，面朝山脚下的莫西[3]小镇。晚上，在璀璨的银河之下，莫西小镇也灯光如织，让人说不清镇上人的生活和旅行者的生活哪种才是真实的。

与灯火通明的小镇相比，我半夜在营地中看到的景象才叫震撼。前景是营地中的几十顶帐篷，远景是被白雪覆盖的乞力马扎罗最高峰，更宏大的背景则是无边无际的天穹。

1. Shira Camp   2. Lava Tower   3. Moshi

旅行技能

如果你想拍摄星轨，建议在手机中安装观星软件，它能帮你分辨夜空中的星座。如果你觉得携带三脚架很麻烦，可以就地找块结实的石头，把相机放上去。拍星轨时要用相机的 B 门模式，即使曝光时间只有 1 个小时，你也能拍下如满天流星洒落天际的画面。

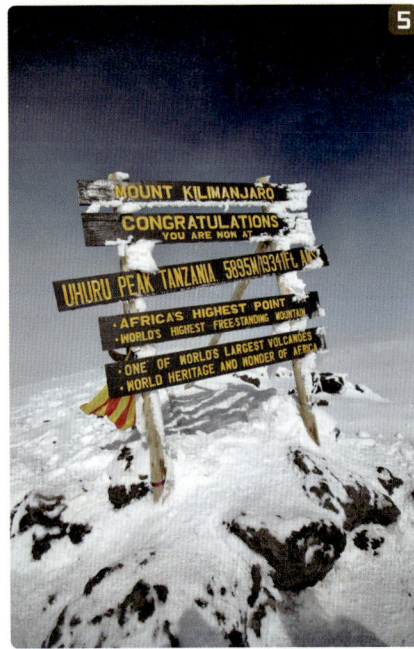

1. 半夜登山时下起大雪　2. 我的向导　3/4. 步履不停　5. 海拔 5 895 米的最高点

登顶之夜

乌呼鲁峰 Uhuru Peak

位于坦桑尼亚乞力马扎罗山

推荐旅行时间：半小时

　　登山者通常要在午夜 12 点左右出发，这样才能在天亮时抵达斯特拉高地[1]，然后继续向上，终点就是乌呼鲁峰。为什么要在半夜冲顶？主要是因为晚上什么都看不见，不会分心，爬山效率高，还有一个附加的好处是能够看到日出。

　　在登顶之夜，除了向导和副向导，有的背夫也会一起上山，以保证每名登山者旁边都至少跟着一名工作人员，这样就不会有人落单。向导让我们把所有衣服都穿上，多少层都不嫌多。我当时上身一共穿了 5 件，从里到外分别是速干衣、卫衣、羽绒服、冲锋衣、长外套；下身穿了内裤、秋裤、速干裤、滑雪裤，最外面还有护膝和雪套。我觉得自己像个全副武装的战士，而敌人只有一个，就是寒冷。如果遇到暴雪天，气温还不算太低，因为云层起到了保温作用。要是赶上大晴天，你将面对的可能就是零下二三十摄氏度的极度严寒。

　　从巴拉夫营地[2]到乌呼鲁峰只有 5 500 米，落差却达到 1 200 米，这段路可以用举步维艰来形容。

　　在寒冷和高海拔的双重压力下，很多人的忍耐力会濒临崩溃，尤其是在看到同伴决定放弃并开始下撤的时候。此时，向导的激励显得尤为重要。不过也不能过分勉强自己，反正山就在那里，这次爬不上去还有下次，但生命只有一次。你可能会遇到的高原病包括脑水肿、肺水肿、膀胱水肿，几乎招招致命，这也是为什么会有很多救援直升机在山间盘旋。

　　在抵达斯特拉高地前，还有一段 Z 字形山路。虽然目标就在眼前，可就是力不从心，希望和绝望两种截然相反的情绪竟同时出现。

　　斯特拉高地海拔 5 756 米，走到这里，你就能拿到登顶证书了。既然都到了这里，是否登上非洲最高峰——乌呼鲁峰，简直是不需要思考的问题。

　　接下来基本上都是平路，继续走大约 1 个小时后，眼前会出现一大片空地，在空地的尽头，一块标志牌逐渐清晰起来，上面写着："恭喜，你已站在海拔 5 895 米的乌呼鲁峰之上，这里是非洲最高点、世界最高孤峰、世界上最大的火山之一、世界遗产和非洲奇迹。"

　　站在这里，有的人哭，有的人笑，大多数人根本没有力气做任何表情。在顶峰最多休息半小时，向导就会催促你下山，因为接下来还有一条漫长而陡峭的下山路要走。

　　若想成功登顶，你只需记住一句话：步履不停。

1. Stella Point　2. Barafu Camp

作者推荐

　　拍摄乞力马扎罗山的最佳地点位于肯尼亚的安博塞利国家公园，因为只有在这里，非洲的最高峰和陆地上最大的哺乳动物——非洲象才能出现在同一个画面中。

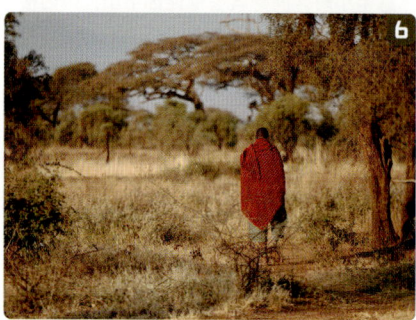

1/2. 乞力马扎罗山下的象群　3/4. 大象喜欢到沼泽泡澡　5. 斑鬣狗　6. 马赛人
7. 尘卷风

非洲象的家园

安博塞利 Amboseli

位于肯尼亚南部
推荐旅行时间：2 天

安博塞利国家公园里生活着 1 000 多头非洲象。每天清晨，你都能看到大象们迈着缓慢而坚定的步子在这座没有围墙的公园里漫步，扬起的尘埃罩在它们身上，就像披了一层锈红色的铠甲。象群以母系社会为架构，领头的是家族中最年长的母象，在它身后，十几位家族成员浩浩荡荡地行进。非洲象的性别不容易分辨，因为无论公象还是母象都长着雪白的长牙，这也是非洲象和亚洲象的区别之一，亚洲象只有公象才有长牙。小象磕磕绊绊地走在象群中间，它们被"家长们"严密地保护着，因为草原上不仅生活着大象家族，还有鬣狗家族，离群的小象最容易受到鬣狗的袭击。鬣狗也被称为草原上的清道夫，它们会吃掉草原上的动物残骸，这可以阻止疾病的传播。

清晨是最容易看到象群和乞力马扎罗山同框的时候，此时云雾还没有遮住山顶的积雪，远远望去，雪峰就像天边的一朵云。

观景山[1]位于安博塞利湖东南方向，是一个观察象群的好地方。山脚下有一片碧绿的沼泽，大象喜欢来这里泡澡，它们趴在水坑中，不一会儿就用污泥给自己敷一层黑色的体膜。这层污泥不仅可以消灭大象皮肤表面的寄生虫，还能让它们免于被蚊虫叮咬。大象还有一个贴身侍卫，那就是白鹭，白鹭会站在象背上帮它们清理皮肤褶皱里的寄生虫。

每天非洲象的主要工作似乎就是吃吃草、洗洗澡，但它们并非看上去那样无忧无虑，而是经历过几次从濒临灭绝到逐渐复苏的过程。例如，在 20 世纪四五十年代，象牙盗猎活动猖獗，非洲大陆上的大象数量从几百万头迅速减少到几十万头。除此之外，牛瘟和气候变化也曾让非洲象的种群数量大幅减少。

站在观景山上，你能看到沼泽旁的空地上不时刮起小型龙卷风。这种龙卷风因地表的干燥空气受热后上升而形成，又被称为尘卷风。有时，三四股尘卷风同时刮起，就像草原上竖起几根土黄色的柱子。

安博塞利不仅是野生动物的家园，也是马赛人的家园。马赛人是草原上的游牧民族，以饲养牛羊为生。他们喜欢披着火红色的斗篷，因为衣服颜色越鲜艳，越不容易受到野兽的攻击。马赛男性的成人礼是杀死一只狮子，不过这项野蛮的仪式已经逐渐被运动会取代。跑步和跳高是运动会上最重要的两个项目，跑得快可以躲避袭击，跳得高可以预知敌情。马赛人还喜欢跳舞，他们的舞姿异常简单，就是原地双脚起跳。一群马赛人跳舞时，就像五线谱上跳跃的音符一样。

1. Observation Hill

旅行提示

在游猎时，向导会提醒每一位游客不要把垃圾扔到窗外，看到野生动物时不要大呼小叫。草原上没有厕所，但向导知道在哪里可以方便。

1. 银装素裹的小镇　2. 圣诞集市　3. 秉烛夜游　4. 穿上了白衣的建筑
5. 克里姆尔瀑布　6. 开向瀑布的火车

冬天的高地

米特西尔 Mittersill

位于奥地利萨尔茨堡州

推荐旅行时间：2 天

一到冬天，新雪就让米特西尔的教堂、市政厅、住宅全都变了模样，就像一大群年轻人粘上白胡子、白头发扮演圣诞老人。

米特西尔是高地陶恩国家公园的入口。

在进入公园之前，可以先去位于米特西尔镇外的国家公园世界[1]参观，提前了解一下高地陶恩国家公园，比如公园里有多少种野生动物，有多少座冰川和高山……所有的数字放在一起，立刻就能帮你建立关于这个户外天堂的初步认知。参观过程也不枯燥，孩子们可以钻进硕大的土拨鼠地洞，也可以像高地山羊一样挑战巨石墙。这里还有一块 56 米长的环形幕布，能瞬间开启沉浸式视觉旅行。

冬天的高地陶恩国家公园无疑是滑雪天堂。缆车把游客带到雪峰之上，滑雪技术高超的、胆大的游客可以直接从高级道滑下去。你如果还不会滑雪或胆量不足，也可以只在缆车站旁边的咖啡馆点杯热饮。

公园里 380 米高的克里姆尔瀑布[2]是奥地利最高的瀑布。你可以从米特西尔乘坐一列只有两节车厢的火车前往，沿途风景会让你想起几部与冰雪和火车有关的电影，比如《极地特快》和《雪国列车》。火车到站后，游客还要穿过一片森林才能到达瀑布正下方。离瀑布越来越近，步子却越走越慢，因为积雪已经及膝，而且路面起伏不平，总担心会一脚踩空。克里姆尔瀑布分成三叠，此时已经被冻住了一大半，水量只有夏天时的 1/3。

到了晚上，你可以参加一个名为"秉烛夜游"的旅行项目，就是跟着向导在雪地里徒步 5 000 米，只有星光和烛光照亮前路。蜡烛非常抗风，下面还有一个纸托，即使蜡油滴下来也不会流到手上，因为温度低，我们还都戴着厚厚的手套。

米特西尔的常住人口只有 9 000 多人，所以这里的圣诞集市小得可怜，数来数去也不超过 20 个摊位。来赶集的大多是本地人，看起来都很熟络。他们大多拖家带口，把孩子往集市上一扔就不再多管，孩子们会自己去找同龄玩伴。大人们喝着又甜又酸的苹果酒，一边碰杯，一边交换八卦和新闻。等天色转暗，小小的集市就成了镇子里最暖的那束光，就像卖火柴的小女孩划亮火柴时看到的景象。

我和同行好友 Betty 聊起米特西尔和这里的居民，都表示非常羡慕。我问 Betty，这样的日子她能过多久，她说一个星期应该没问题，超过半年就受不了了，因为有点儿无聊。我说，那我跟她差不多，最多也只能待半年。"叶公好龙"这个成语说的可能就是我们俩。

1. National Park Worlds 2. Krimml Waterfalls

旅途随感

以前，我心目中的神仙生活就是在风景优美的地方过清闲日子。现在，我改变了想法，真正的神仙生活应该是可以脚踏实地去做自己喜欢的事，并始终对未来充满希望。

1. 被白雪覆盖的滨湖采尔　2. 卡普伦城堡外景　3. 卡普伦城堡内景　4. 长着羊角的坎卜斯
5. 传授约德尔调的老师　6. 小城夜色

羊角怪坎卜斯

滨湖采尔 Zell am See
位于奥地利萨尔茨堡州
推荐旅行时间：2 天

　　滨湖采尔镇环湖而建,湖边有许多商铺,售卖铁艺啤酒杯、绒布装饰品、布谷鸟钟等旅游纪念品。一家名叫米拉贝尔的小店经营传统民族服饰,你可以试穿印着鹿头的毛呢坎肩,再戴一顶插着羽毛的毡帽。当我们来到一个陌生之地,要想快速融入,入乡随俗是一条捷径,也就是去了解当地的传统服装、传统美食和传统活动,这是当地人的日常,也是我们迷恋的远方。

　　滨湖采尔的山间有很多农场。全世界农场的参观流程恐怕都一模一样:先带你走进牛棚、猪圈,接下来参观加工香肠和奶酪的车间,然后免费试吃切好的香肠和奶酪,当然试吃的房间里少不了包装精美的农产品,最后每个人都会买一两样当地特产。

　　在12月的奥地利,天黑得特别早。下午4点半,离滨湖采尔不到20分钟车程的卡普伦城堡[1]就已华灯初上。

　　临近圣诞节,周末的卡普伦城堡正举办圣诞集市。每扇窗都透出温暖的光,让冰冷的建筑仿佛拥有了短暂的生命。集市摊位分散在城堡各处,售卖的商品种类丰富,从圣诞树上的挂件到动物形状的香皂,从冒着热气的苹果派到色彩缤纷的毛线团,或以造型吸引人,或以香气打动人,或以色彩取悦人,总能让人产生购买的冲动。欧洲的圣诞集市和中国的年货市场差不多,从来不缺人气,装饰圣诞树就是西方版的挂灯笼、贴春联。

　　夜幕降临后,演出开始了。你会听到一阵嘹亮的小号声,还会看到几个披着黑色毛发的怪物,头上都长着羊角,羊角朝外旋,拧成倒八字。每个怪物手里都拿着一条鞭子,见人就抽两下,大人小孩都不放过。孩子们都很兴奋,一边躲,一边大喊:"坎卜斯!坎卜斯!"在奥地利的传说中,坎卜斯是个半羊半魔的妖怪,也是圣诞老人的死对头。

　　圣诞老人的工作是给孩子们发礼物,坎卜斯的任务则是惩罚不听话的孩子。虽然坎卜斯们的面具丑陋,却丑得绝不雷同,有的牙齿糟烂,有的眼睛暴突,有的面孔扭曲,而且做工都还不错,甚至让我动了收藏的心思。

　　演出结束,离开城堡时,我看到坎卜斯们已经把面具摘了下来,原来他们都是十几岁的男孩,每个男孩手里都提着坎卜斯的脑袋,就像把刚刚欺负他们的妖怪反杀了一样。

1. Kaprun Castle

作者推荐

　　你可以在滨湖采尔学习一项当地传统技能——约德尔调（Yodeling，参见电影《音乐之声》中的《孤独的牧羊人》）。这是一种民歌唱法,听起来就像公鸡被踩住脖子后发出的声音,简单地说就是真假声的快速切换,还要伴随身体的一蹲一站。传授约德尔调的老师通常会身穿传统民族服饰,还会抱一架手风琴。

1.阿尔卑斯山上的滑雪场　2/3.民宿中的动物　4.温馨的木屋民宿　5.日暮时的村庄

6.动物标靶

阿尔卑斯山滑雪初体验

玛丽亚·阿尔姆 Maria Alm

位于奥地利萨尔茨堡州

推荐旅行时间：3天

玛丽亚·阿尔姆是阿尔卑斯山著名滑雪路线国王之路的起点，35千米长的雪道穿山越岭，各段加在一起的垂直落差达7 500米。你可以在滑雪中心租到除雪裤、雪镜之外的装备，只需在电脑上填写个人信息，就会有工作人员根据你的身高和脚长帮你搭配好雪鞋、雪杖和雪板。

作为初学者，我请了一位经验丰富的滑雪教练对我进行突击培训。

教练教的第一招是"刹车"，说来也容易，就是把雪板交叉成三角形，就像一块比萨。每当我速度太快、手足无措时，教练就会大喊："比萨！比萨！比萨！"随后学习转弯，先往左，再往右，然后左转右转，就在雪地上画出了S形曲线。

经过一个多小时的练习，教练才同意让我去体验真正的雪道，当然只是初级道。我坐着悬挂式缆车来到半山腰。滑雪时，先让雪板平行，双膝微屈，再把雪杖往身后一戳，我就变成了一只鸟，只不过是一只飞得很慢的鸟。与我的小心翼翼形成鲜明对比的是，一群三四岁的孩子连雪杖都不用。教练说，他们个子小，靠摆动双手就能找到平衡。

除了滑雪，你还可以到博根[1]运动中心学习奥地利传统打猎射箭的本领。首先，你需要根据自己的臂力选择弓箭磅数，磅数越高，威力越大。标靶是二三十个隐藏在密林深处的动物模型，命中难度因标靶与射箭者之间的距离及标靶体积的大小而异。我连射了几箭，命中率都只有50%。看到一头麋鹿时，我心想，那么大的目标，不可能射不中吧？又是一箭射出，可麋鹿身上依旧干干净净。我正失望时，教练大喊起来："你射中鹿角了！"我也兴奋起来，虽然谁都能看出来，那是蒙的。

回到玛丽亚·阿尔姆，你还可以参加马车巡游。运动量一旦降下来，寒意马上扑面而来，好在车夫早就准备好了御寒的毛毯。行程终点位于村庄对面的一处山坡。天色一层层暗下去，村子里的灯一盏盏亮起来。那暖黄色的光不仅勾勒出村庄的轮廓，也让每一个夜归人眼中有光。

1. Bogen

作者推荐

你可以住在普罗本乡村民宿（Proneben）。这家民宿的房间里不仅有壁炉，还有桑拿房和厨房，特别适合一家人住。我都数不清这家民宿的农场里究竟有多少动物：三四条狗、四五只猫、十来匹马，还有羊驼、鸡、鸭、鹅……民宿主人杰克布告诉我："每到夏天，还会有更多动物来我家做客，有时我还会给它们起名字。动物们没有把这里当成人类的地盘，而是当成了自然的一部分。"

1. 非洲之傲的蒸汽火车头　2. 最后一节观景车厢　3. 洗手间　4. 公共休息室
5. 铁轨边的男孩　6. 草原上的落日　7. 车厢内的走廊

会移动的
五星级酒店

非洲之傲列车 Rovos Rail

位于非洲南部

推荐旅行时间：3～15天

一列标准非洲之傲列车有20节车厢（根据预订乘客人数适当增减），从头到尾分别为车头、餐车、乘客车厢、公共休息室和观景车厢。与那些全封闭的火车不同，非洲之傲的每扇车窗都能打开，当你把头伸出车窗，可以嗅到青草、奶牛和天空的气息，它们交织在一起，就是非洲草原的味道。

每节乘客车厢内只有3间包厢，包厢里不仅有大床、办公桌，还有爪形浴缸（单人间为淋浴），这几乎相当于五星级酒店的标准配置。

非洲之傲之所以被评为顶级豪华火车，并不是因为现代化的装修。恰恰相反，它营造出一种复古怀旧的氛围，这种氛围的构成元素包括厚实的地毯、散发着暖光的台灯、火车运行时发出的嘎吱嘎吱的声响。在火车的餐车、走廊和休息室等公共空间，严禁使用手机和笔记本电脑，让你免于现代文明的干扰。此外，吃晚餐时需穿正装，男士要打领带或戴领结，女士要穿晚礼服（中国乘客穿旗袍更好）。车上提供熨衣和擦鞋服务。

非洲之傲的餐饮标准与米其林餐厅差不多。正餐有五六道，食材选用非洲特产，还有鱼子酱、三文鱼等。如果中途下车游览，重新上车时会有乘务员为你端来冰爽的香槟和饮料。

在乘坐非洲之傲的旅途中，每天都会有一两次下车观光的机会，比如乘坐越野车进入私人动物园游猎，或者到某个地标景点参观。换乘的交通工具也由非洲之傲提供，车身上印着"Rovos"的标志。

除了观光和用餐，其余时间乘客更愿意在公共休息室消磨时光。车上不仅提供当天的报纸，还供应各种饮品，如南非著名的阿玛茹拉酒，据说大象喝了这种酒都醉得站不起来，所以又叫"大象酒"。大象酒的口感有点儿像百利甜酒，就是咖啡加糖后与威士忌混合在一起的味道。

每到黄昏时分，乘客都喜欢坐在最后一节观景车厢看日落。在那里，乘客不仅能看到缓缓落下的太阳，还能看到许多道彩虹。这才是最正宗的非洲体验。风吹到脸上，如同电影《走出非洲》所描绘的，远方总会有希望。南非前总统曼德拉将南非称为"彩虹之国"，一是因为这里空气清新，折射率高，经常能看到彩虹；二是因为种族隔离制度被废除后，不同肤色的人可以在同一片天空下和平共处。Beyond乐队以一首《光辉岁月》为曼德拉高歌，正是曼德拉，让黑与白这两种相对的色彩融进了彩虹。火车轰鸣，驶向远方，真希望铁轨没有尽头，火车永远不会进站。

作者推荐

非洲之傲有多条线路可供选择，短途的有从比勒陀利亚到德班的线路（3天），跨境的有维多利亚瀑布线（4天）和史诗级别的达累斯萨拉姆线（15天）。

1. 林海雪原　2. 奔驰在集通线上的蒸汽火车　3/4. 冬捕节的预热表演　5. 长达百米的渔网

6. 第一网鱼　7. 膘肥体壮的双峰驼　8. 手握套马杆的蒙古族汉子

燃烧吧，安达

克什克腾旗 Hexigten Banner
位于中国内蒙古自治区东部
推荐旅行时间：3 天

安达在蒙古语中有"结拜兄弟"的意思，《射雕英雄传》中的郭靖和托雷就互为安达。

每年 12 月下旬，克什克腾旗会连着举办 3 个节日，分别是国际蒸汽机车旅游摄影节（以下简称蒸汽机车节）、达里湖冬捕节和银驼节。

蒸汽机车节率先登场。2005 年，在内蒙古集通线上奔跑了 10 年的蒸汽火车被内燃机车取代，成了仓库中的老古董。在这个以蒸汽火车为主角的节日里，那头鼻孔中能喷出滚滚白烟的钢铁巨兽会重新复活。蒸汽机车节的开幕式在克什克腾旗经棚火车站举行，火车进站时冒出的烟雾几乎将整座车站笼罩，就像有一位高明的魔术师表演了一个让火车站凭空消失的障眼法。

"三看热水七钻棚"指的是蒸汽火车在集通线上行驶时会 3 次经过热水镇，还要穿过 7 条隧道。为了拍摄蒸汽火车在林海雪原上奔驰的画面，开幕式一结束我就搭车来到沿途的取景地，然后在冰面上足足等了 40 分钟，当我开始怀疑自己找错了地方时，我就看到一列蒸汽火车拖着白烟哐当哐当地驶来。火车经过后，我发现自己的双脚就像长在了冰面上，差点儿失去知觉。

接下来的达里湖冬捕节才是整个节日季的重头戏，冬捕一般选在开湖捕鱼那天举办，只有等这个日子确定后，蒸汽机车节和银驼节的举办日期才能确定下来。

开湖前不仅有舞龙表演，还有祭祀舞表演，破冰后，还要往冰窟中倒美酒，这是在向河神致谢。冬捕所用的渔网长达百米，从下网到走网，从拉网到出鱼，每个环节都需要几十人同时发力，每一网都能收获几千斤华子鱼和鲫鱼。第一网会以拍卖的方式成交，拍卖价格通常高达几十万元。

银驼节压轴，举办地就在达里湖边。内蒙古的骆驼多为高大的双峰驼，饱食了一整个夏天野草的骆驼全都膘肥体壮、皮厚毛长。银驼节以竞技为看点，赛骆驼、骆驼"选美"、驼球比赛轮番上演。参加银驼节的蒙古族大汉都穿着方便骑乘的长袍子，再扎一根腰带，袍子的颜色都很鲜艳，如天蓝色和草绿色，看起来生机勃勃。有的蒙古族大汉还挥着套马杆，我就被恶作剧般地套住了，还跟着小跑了十几米。

虽然克什克腾旗的蒸汽机车节、达里湖冬捕节和银驼节全都在隆冬举办，但人们的热情会让每个节日热气腾腾。在这样的场景中结交几位安达也就成了顺理成章的事情。

旅行提示

三个节日都在零下二三十摄氏度的户外举办，穿多了不会有人笑话你，穿少了就只能自己挨冻了。

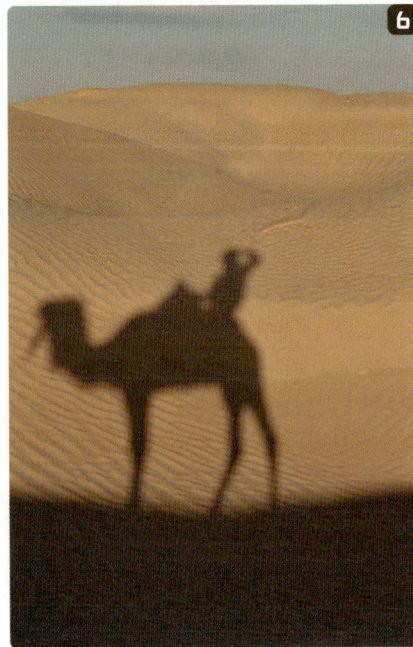

1. 驼夫用头巾把自己裹得严严实实，只露出眼睛　2. 走进撒哈拉　3. 围着篝火跳舞
4. 火星营地　5. "静谧之音"音乐会　6. 在撒哈拉骑骆驼

走进撒哈拉

杜兹 Douz

位于突尼斯南部

推荐旅行时间：2 天

每年 12 月下旬，杜兹国际撒哈拉沙漠节就会被准时提上日程。赛马通常作为暖场表演，重头戏则是斗骆驼。比赛时，两头雄骆驼被拉入场中，双方主人互致问候之后，同时松开缰绳。两头骆驼先彼此打量一番，仿佛在评估对方的实力，用不了多久，必有一头骆驼率先发起攻击，另一头也不甘示弱，你敢咬我的腿，我就直接咬你的脖子。几分钟之后，总会有一头骆驼败下阵来，另一头还在后面穷追不舍……

你可以在杜兹报名参加进入撒哈拉沙漠的旅行团。大多数旅行者会选择一两天的短途旅行，如果时间充裕，也可以预订长达半个月的长途旅行。不过，这是考验体能极限的冒险，出发前一定要对自身实力进行充分评估。

进入撒哈拉沙漠通常有两种方式。一种是骑骆驼，在下午两三点出发，经过 4 个小时骑行后抵达某个看日落的地点，日落后还要骑骆驼再走一段，最终抵达露营地。另一种是乘坐四驱越野车，司机还会在起伏的沙丘间"冲浪"。这时，乘客就像坐在海盗船上，胃里也跟着一阵翻江倒海。

日光照耀下的沙漠是骇人的。一是因为炎热，在沙漠中应对炎热的方式不是把衣服脱光，这会加速体内水分蒸发，聪明的做法是和当地人一样把自己包裹得只露出眼睛。二是因为沙漠中过于安静，如果让骆驼停下脚步，你甚至能听到蜥蜴在沙漠上爬行的窸窣声。

日落之后，视线不再有焦点，那远方的深邃似要把魂魄吸走，让人不敢再多看一眼。驼铃寂寞地响着，除了风声，再也找不到其他应和。

露营地的帐篷里有简单的床和卧具。驼夫在帐篷外燃起篝火，有干柴助燃，火苗很快蹿到一米多高。我一个人躺在沙毯上，仰望星空，头顶的苍穹由千百亿颗星组成。伴着树枝燃烧发出的噼啪声，我竟不知不觉地睡着了。

沙漠中也有规模大一些的营地，比如拥有几十顶白色帐篷的火星营地[1]。这里会举办名为"静谧之音"的音乐会，3 位乐师，3 种乐器（吉他、长笛、小提琴），奏出天地之间、沙漠之中、静谧深处的回响。观众或站或坐，都把全部注意力集中到耳朵上，心无杂念地聆听。如果说按摩师可以让我们的身体得到放松，那音乐"按摩"的就是我们的灵魂。

1. Camp Mars

旅途随感

能够在撒哈拉沙漠中聆听一场音乐会，算得上一生一次的经历了。每个人都想体验不重复的人生，而这种不重复的关键就在于拥有尽可能多的、可以留在记忆深处的美好瞬间。这样的瞬间越多，我们就越会觉得这一趟人生没有虚度。

1. 哈嗒嗒村　**2.** 切尼尼镇　**3.** 柏柏尔人　**4.** 凯欧莱索塔　**5.** 迈特马泰的洞穴酒店

6. 柏柏尔民居中的陡峭楼梯

星战迷的梦想之地

泰塔温 Tataouine

位于突尼斯南部

推荐旅行时间：2 天

"星球大战"系列电影让无数影迷记住了一个叫塔图因[1]的遥远星球。这个星球荒凉、寒冷、寸草不生。但也是在这里，天行者阿纳金出生并且长大。还记得他家的模样吗？低矮，阴暗，造型诡异。别以为这是电影导演乔治·卢卡斯在好莱坞某间摄影棚里搭建的外景，这些奇特的建筑就建在突尼斯南部的沙漠之中，是北非土著柏柏尔人的家。柏柏尔人在此繁衍生息了千年，并因地制宜地开发出一套完善的居住体系。塔图因这个名字的灵感就来自泰塔温。

在泰塔温，名气最大的星球大战外景地是一组联排别墅模样的柏柏尔人居所，叫作凯欧莱索塔，有 4 层楼高，房与房之间通过陡峭的楼梯连接，整体看上去很像一座外星监狱，这组建筑也是电影中用来关押奴隶的地方。

距泰塔温镇大约半小时车程的地方有一个叫切尼尼[2]的小镇，从山脚仰望，可以看到山顶上城堡一样的废墟。沿着"之"字形土路爬到山腰，你可以看到许多从山体中凿出来的房子。那些房子大多有门无窗，游客需要弯腰低头才能进入。里面的空间倒十分宽敞，并且彼此相连。

切尼尼以北大约 20 千米处是一个名叫哈嗒嗒[3]的村庄，第一部"星球大战"电影《新希望》中的很多场景就是在这里拍摄的。迷宫一样的走廊、圆顶低矮的民房、门前葱翠的棕榈树……看到这些，关于星球大战的记忆马上就会被唤醒。记得阿纳金的母亲就是在这里眺望远方，盼望儿子早日归来。

泰塔温镇附近有一个叫作迈特马泰[4]的地方，那里有一座建在地下的村庄。如果不是站在高处俯瞰，根本不会发现这里竟然有人居住。这一带的地面上排列着 500 多个像陨石坑一样的地洞，洞口四周有护栏，通常 4 个人挖 2 年才能挖出这样一个大洞。洞口直径大约 10 米，内壁高七八米，再向洞壁纵深挖出卧室、厨房、客厅等生活空间，通常一个大洞可住五六户人家，洞与洞之间相互连接。

村子里有一家名叫西迪·德里斯[5]的著名酒店。除了前台旁贴着"星球大战"系列电影的大幅海报，酒店内各处装饰也给人一种后现代主义的感觉，再与简陋洞穴搭配，就营造出电影中那种科技发达却民生落后的景象。不过，你如果打算住在这家酒店，那么要做好心理准备，因为第二天催促你醒来的可能不是闹钟，而是相机闪光灯的狂轰滥炸。

1. Tatooine 2. Chenini 3. Haddada
4. Matmata 5. Sidi Driss

作者推荐

当地人喜欢穿黄斗篷，"星球大战"里的武士也爱这么穿。你可以在当地商店买一件穿上，拍照时一下子就成了柏柏尔人。

1. 绿洲节上的马术表演　**2.** 沙漠中的星战基地　**3.** 甜度极高的椰枣

4. 耳廓狐　**5.** 乘飞毯的阿拉丁　**6.** "红蜥蜴号"列车

"红蜥蜴号"
和沙漠绿洲节

托泽尔 Tozeur

位于突尼斯中西部

推荐旅行时间：2 天

拍摄《星球大战》时，无论是在泰塔温还是在迈特马泰，剧组都直接借用柏柏尔人的房子，但导演并不满足，于是又在托泽尔附近的沙漠中搭建了一个外景地。电影拍摄结束后，这个地方就成了景点。你可以在这里看到各种奇形怪状的房子，当然，那是给"外星人"住的。这里还有几根线杆，仿佛是用来接收宇宙信号的。

游客多的地方自然少不了做生意的本地人，有的在卖柏柏尔男人戴的包头巾，每条都有两三米长，要在脑袋上缠好几圈；有的在卖沙漠玫瑰石，天然形成的结晶体酷似玫瑰花瓣，每一朵看起来都很"铿锵"；有的牵来毛色纯正的骆驼，用来跟游客合影留念；还有的牵着一种叫耳廓狐的宠物，这是世界上最小的狐狸，平均体重约为 1 千克，耳朵却长得离谱。

从托泽尔可以搭乘蒸汽火车"红蜥蜴号"前往塞勒德加峡谷。1910 年，法国政府把红蜥蜴列车赠给突尼斯王室，以方便国王前往夏宫的旅行。如今，该列车已经改为旅游专用，但是座椅、陈设和 100 多年前相比没有丝毫变化，车厢之间也仍旧采用古老的挂锁式连接方式。"红蜥蜴号"不时穿过隧道，风从四面八方吹来，气流的快速流动让呼吸也跟着急促起来。

托泽尔地区种植了 4 000 平方千米的棕榈林，这让"绿洲之城"的称号名副其实。走进棕榈林，你会看到棕榈树枝遮天蔽日，树枝上挂着沉甸甸的椰枣。椰枣的味道就像凝固的蜂蜜，这是生活在沙漠中的穷苦人家唯一能品尝到的甜味。棕榈林的地面覆盖着绿色植被，松软得就像铺着每平方厘米有上百个结的阿拉伯地毯。

绿洲对托泽尔人的重要性不言而喻，为了感恩，每年 12 月，托泽尔人都会举办沙漠绿洲节。

你跟着人流就能找到开幕式的举办地点。场地的三面是看台，主席台正对面是一个高达 10 米的土坡，土坡左右两侧对称分布着马道。仪仗队、锣鼓队、马队先绕场一周，然后一排手举旗帜的战士出现在土坡上，虽然人数不多，气势却如千军万马。几匹骏马从一排战士中撕开裂口，沿马道飞驰而下，几个年轻人在马背上自由翻滚，引发观众如潮的喝彩声。

在开幕式上，一场戏剧化的婚礼完美地展现了托泽尔人的文化传统与现代传承。歌者、舞者、鼓手都在舞台上尽力表达对这片绿洲的感激之情。

作者推荐

在达尔夏拉伊特博物馆（Dar Cheraït Museum），你可以看到一个关于《一千零一夜》的主题展览，这里有坐在飞毯上的阿拉丁、航海的辛巴达船长、被装在油篓里的四十大盗……在《一千零一夜》中，宰相的女儿给国王讲了一千零一个精彩的奇幻故事，最终感动了他。

1. 哈利法塔　**2.** 迪拜 Mall 中的滑雪场　**3.** 世界上最大的音乐喷泉　**4.** 棕榈岛上的别墅和公寓

5. 黄金街　**6.** 帆船酒店

没有奇迹
我就创造奇迹

迪拜 Dubai

位于阿联酋东部
推荐旅行时间：4 天

《一千零一夜》传入中国时，拥有了一个信达雅的译名——《天方夜谭》，而迪拜就是一个犹如只存在于"天方夜谭"中的城市。

诞生于沙漠中的迪拜既没有什么了不起的自然资源，也无法像埃及一样蒙荫于祖先留下的遗迹，迪拜只能独辟蹊径，开辟了一条"打造世界第一"的全新赛道——既然没有奇迹，那我就创造奇迹！迪拜已在这条赛道上耕耘了几十年，现在的迪拜已经成为中东地区最具活力的城市。

迪拜曾拥有世界上最大的购物中心——迪拜 Mall，不过现在世界第一的名号已经被德黑兰的伊朗 Mall 摘得。迪拜 Mall 水族馆里的那块用来观赏鱼群的透明树脂板也是世界上最大的。迪拜 Mall 中还藏着一座拥有 5 条滑道的滑雪场，在沙漠城市建滑雪场就像在内陆城市造海水浴场一样不可思议。

迪拜拥有世界上第一家七星级酒店——迪拜帆船酒店。所有客房均为复式套房，装修时使用了几十吨黄金。

迪拜拥有世界上最大的人工岛——棕榈岛。岛屿造型如同一片平铺的棕榈叶，叶茎是交通动脉，连接着不同的叶片。细长的叶片上盖满别墅和公寓，出门即是白沙滩。

迪拜拥有世界上最大的音乐喷泉，无数道强劲水流随着音乐"起舞"，组合成不同的造型，让每个音符有了具体的形态。

在所有的世界之最中，最让迪拜人骄傲的，无疑是矗立在音乐喷泉旁的哈利法塔，828 米的"身高"让它睥睨天下。你可以乘坐秒速 17.4 米的电梯前往 124 层和 148 层的观景台。站在城市之巅，你会发现城市景观又恢复成沙漠的浅色系，让人有点儿担心下一场沙尘暴的到来会让整座城市变得面目全非。

除了领先世界的一面，迪拜也有慢一拍的另一面。你能在迪拜找到充满阿拉伯风情的香料市场和黄金街。当地人除了用香料烹调，还用它来熏衣。只要用火柴点燃松香，不一会儿松香就会冒出缕缕轻烟，再将衣服悬于烟上，不出 10 分钟，衣服就能染上香气并保持一周之久。你还能在香料市场买到各种味道的香水，香气浓烈得就像直接把花瓣里的汁液挤出来再灌进瓶子里一样。

黄金街上有上百家金店，各种黄金饰品琳琅满目，走进去犹如闯入了《一千零一夜》中四十大盗的藏宝洞。在这里买金货可以讨价还价，如果你对店主报出的价格不满意，可以在计算器上按出一个你觉得合适的数字，店主一看那个数字会先惊叫"No！No！No！"，然后微笑着把他的报价降一点儿，直到双方满意为止。

旅途随感

聪慧的迪拜酋长意识到石油资源总有一天会枯竭，于是赶紧用赚来的钱投资旅游业。用未来的眼光看当下，那所有天方夜谭都能变成发展蓝图。

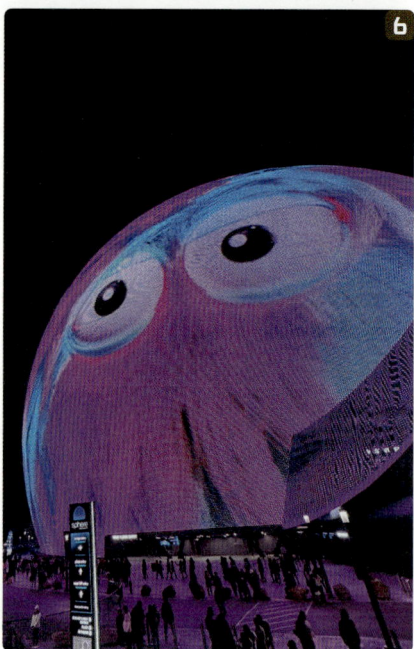

1. Aura 机器人　**2/3.** 拉斯维加斯大道　**4/5.**《来自地球的明信片》

6. 球形剧场

身未动
心已远

拉斯维加斯 Las Vegas

位于美国内华达州

推荐旅行时间：3 天

1829 年，一支西班牙商队在内华达沙漠中发现了一片绿洲，于是将此地命名为"Las Vegas"，在西班牙语中的意思是"青草地"。现在的拉斯维加斯早已"进化"为沙漠中不会消失的海市蜃楼。6.8 千米长的拉斯维加斯大道是这座城市的"主动脉"，它将散落在世界各地的著名景点串联在一起，从吉萨的金字塔到巴黎的埃菲尔铁塔，从威尼斯的里亚托桥到纽约的布鲁克林大桥……每走几步，眼前的风景就会风格大变，如同成人版的迪士尼乐园经典项目"小小世界"，就差耳边响起"It is a small world after all"了。

不得不说，夜晚在让拉斯维加斯更显华丽的同时，也让其更加没有真实感，因为无数霓虹将这座城市包装成了一个赛博朋克的世界，在这样的场景中，即使迎面走来一个机器人，我也不会感到意外。

现在，拉斯维加斯最有名的机器人叫 Aura，它在球形剧场（Sphere）为游客提供导览服务，在人工智能的加持下，它能对任何问题应答如流。不过，哪怕 Aura 能理解最复杂的科学公式，它也无法读懂人类的喜怒哀乐，因为人的情感比宇宙的运行规律复杂多了。

球形剧场就像它的名字一样是个巨大的球体。在球体表面，无数发光元件组成了世界

上最大的 LED 显示屏，这块屏幕上曾展示巨型表情包，这让球形剧场一下子"破圈"而出。

球形剧场内部是一座球幕影院，屏幕面积超过了观众的视野范围，画质达到惊人的 16K 分辨率，声音处理采用波束成形技术，无论你坐在影院的哪个角落，声音都可以像光线一样精确地传入耳中。

为了和这种令人身临其境的视听效果匹配，球形剧场的幕后公司请来《黑天鹅》《鲸》等著名电影的导演达伦·阿伦诺夫斯基，拍摄了一部名为《来自地球的明信片》的纪录片。摄制组飞到世界各地，像收集七龙珠的小悟空一样采拾这个星球上最美丽的风景。

当我坐在陡峭的观众席上欣赏这套"明信片"时，最初我还努力分辨每张"明信片"来自哪里，看到熟悉的地方，会像遇到老友一样在心里说声"嘿"；接着我发现，即便是去过的地方，在导演高超的运镜技巧和超广角镜头的展示下，我竟发现了许多从未注意到的细节，并在心里轻呼"哇"；看到最后，我发现自己已从具体目的地和拍摄技巧中抽身而出，一种情绪从心底陡然升起，那是一种磅礴的、抑制不住的、Aura 完全无法理解的情绪，如何形容它呢？我想借用旅游卫视曾经的一句宣传语，那就是"身未动，心已远"。

旅途随感

每个人的心底都埋着一粒想去看世界的种子，让它发芽的阳光雨露可能就藏在某本书或某部电影中。起风了，我要去远行了。

1. 青年旅舍的院子　2/3/4/5. 各种云、各种树、各种山、各种路

关上卧室的门

2014 年 10 月 6 日，我在丽江的束河古镇开了一家青年旅舍，一晃，10 年过去了。

青年旅舍开业那天刚好是我 35 岁的最后一天。外国的很多青年旅舍都不允许年龄超过 35 岁的人入住，因为按照国际惯例，超过 35 岁就不再属于年轻人的范畴了。这也是我选择在那天开业的原因，从那之后，无论我的年龄是 45 岁还是 55 岁，都可以住在自己的青年旅舍。当然，我们也欢迎所有心态年轻的旅客。因为判断一个人是否年轻，不能只看他身份证上的出生年月日，还要看他的心态，看他是否仍旧愿意抬起头看月亮，而不是忙着低头捡六便士。

每天，我的通勤时间只短短两分钟，整个过程就是穿好衣服走出房门，然后下楼，再走到位于公区二楼的咖啡馆。在不旅行的日子里，我的工作就是读书、写游记。有时屁股坐累了，我就站起身，透过咖啡馆的一扇木窗朝院子里张望。在青年旅舍的院子中央是个水池，池边种着一棵桂树。有时院子里一个人都没有，有时又高朋满座，客人们就着阳光笑着聊着，有没有聊起旅行我听不见，但每个人脸上的兴奋我看得到。有时我虽然直勾勾地望着窗外，却对院子里的景象熟视无睹，因为脑子里还装着刚才写的书稿。

不在咖啡馆的时候，我就躺在自己的床上。房间不大，家具更少。衣柜、鞋柜、书柜各一个，都是 10 年前请木匠打的，生活似乎一直保持着这种简单的状态。

1798 年，法国人萨米耶·德梅斯特写了一本在起居室游荡的书，叫《在自己房间里的旅行》，后来《旅行的艺术》作者阿兰·德波顿从这本书中提炼出一个观点：我们从旅行中获取的乐趣或许更多地取决于旅行时的心境，而不是旅行的目的地本身。心境其实是对周遭事物的感受力，哪怕在自己的卧室，只要用旅行的眼光，依旧可以观察到洒在床上的阳光，还有窗外的蓝天与星空。

我的床上铺着白色的床单，床单上"躺"着一层书。书所占领的地盘甚至超过我睡觉的地方。我喜欢这种想看哪本书顺手就能拿到的感觉，从本科毕业到现在，这个习惯从未改变。床单上的基本都是旅行方面的书籍，其中一半是"孤独星球"系列，另一半是古今中外的游记，它们构成了我的精神世界，哪怕只待在这个小小的房间，依旧可以上下五千年，纵横八万里，然后用一场场头脑中的旅行，见天见地见自己。

旅途随感

每到年底，我都会琢磨一道算术题：我这一年究竟有多少时间是在飞机、火车、轮船、大巴上度过的？一想到这个问题，我脑子里嗖嗖掠过的并不是一串数字，而是各种云、各种树、各种山、各种路。风景后退，时光向前，旅行者用了跟别人相同的时间，却比他们多看了一个世界，这样的人生真是赚到了！

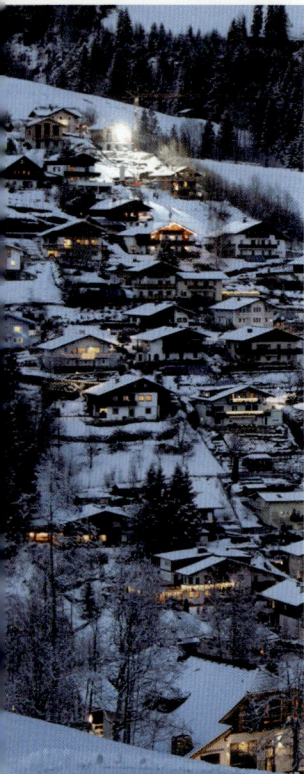

写在最后

　　如果用电影《盗梦空间》里的世界观来比喻，在我们生活的现实世界里，时间是线性的，一秒就是一秒，逝去的不会再倒流，就像中午吃下去的饭，到了晚上就会变成肠道里的屎，毫无逆转的可能。

　　下沉一层，则是我们过往的体验和经历。在这层世界里，时间是非线性的，可倒回，可快进。这些体验和经历就像一个个储存在大脑深处的记忆模块，你可以反复回到某个时间点，还可以在那一刻想停留多久就停留多久。

　　作为一个常年旅行的人，有时我翻到一张陈年照片，思绪就会回到过去，想起当时是出于什么样的理由按下快门——是天气，还是心情？那次旅行遇到了谁？发生了怎样的故事？

　　再下沉一层，则是对自我的认知。这是一个高度哲学化的世界，并不存在时间概念，所谓刹那即永恒，就像宇宙大爆炸的那一刻。有的人直到寿终正寝都不曾到过这个自我认知的世界，而另一些人即使生如夏花，也不会有损生命的完美。

　　第一层是供第二层咀嚼的养分，第二层的思考深度又是第三层自我认知的起点。

　　以上，是我在某天刷牙时想到的观点。

　为什么会想到这些？因为我发现现实层面的生活离我越来越远，我妈做什么我就吃什么，来者不拒不挑食。每天，我花大量时间沉浸在第二层空间里，不断加深对过往旅行经历的记忆，当然，这也和我从事的职业有关。游记的写作素材无非两类：阅读以及曾经的第一手旅行经历。沉浸在这个世界并且不必为柴米油盐发愁，让我深感自由。

　当然，我也知道，极致的自由往往等于极致的孤独，但既然这是自己的选择，我也就没有天黑走夜路的恐惧。

　要说有，也是有的，至少在我20多岁或者30多岁的时候就不像今天这么笃定。这种变化发生的原因，就是我把那些疑虑都交给自我认知的世界去解决。这是不设答题时间的考试，有的题你一看就会，有的题一辈子都解不开。然而，我知道答案在哪儿，它不在风中飘，而在阅读的书里、走过的路上、遇到的人中。它是一种认知的合集。

　当你找到那个答案，就会变得从容，风浪来临时可以一笑了之，这不是用逆来顺受化解危机，而是一种与黑暗对抗的勇气。

索 引

作者声明

虽然本书写了很多目的地，但于大千世界而言，依旧只是九牛一毛。

囿于本人的学识和认知水平，书中观点只是一家之言，如果您不认同，还请一笑了之。

书中的图片拍摄于 2002 年至 2024 年，早期数码照片像素略低，因此画质参差不齐，如果您觉得有碍观瞻，还望见谅。

书中出现了不计其数的地名、人名、历史常识、地理知识等，虽然我和编辑已全力纠错，但错漏之处仍在所难免。如果您发现书中任何问题，请不吝与我们联系，我们会在新版本中及时更正。

全社交平台账号：背包客小鹏

联系邮箱：zhangjinpeng2124@163.com